Die Haftung für Comfort Letters bei der Neuemission von Aktien

Europäische Hochschulschriften

Publications Universitaires Européennes
European University Studies

Reihe II
Rechtswissenschaft

Série II   Series II
Droit
Law

Bd./Vol. 4592

PETER LANG

Frankfurt am Main · Berlin · Bern · Bruxelles · New York · Oxford · Wien

Kai Landmann

Die Haftung für Comfort Letters bei der Neuemission von Aktien

PETER LANG
Internationaler Verlag der Wissenschaften

Bibliografische Information der Deutschen Nationalbibliothek
Die Deutsche Nationalbibliothek verzeichnet diese Publikation
in der Deutschen Nationalbibliografie; detaillierte bibliografische
Daten sind im Internet über <http://www.d-nb.de> abrufbar.

Zugl.: Heidelberg, Univ., Diss., 2007

Gedruckt auf alterungsbeständigem,
säurefreiem Papier.

D 16
ISSN 0531-7312
ISBN 978-3-631-56623-7

© Peter Lang GmbH
Internationaler Verlag der Wissenschaften
Frankfurt am Main 2007
Alle Rechte vorbehalten.

Printed in Germany 1 2 3 4 5   7

www.peterlang.de

Meinen Eltern

Vorwort

Die vorliegende Arbeit wurde im Wintersemester 2006/2007 von der Juristischen Fakultät der Ruprecht-Karls-Universtät Heidelberg als Dissertation angenommen. Die mündliche Doktorprüfung fand am 18. Januar 2007 statt. Literatur und Rechtsprechung sind bis März 2006 berücksichtigt.

Mein besonderer Dank gilt meinem Doktorvater, Herrn Prof. Dr. Dr. h.c. Werner F. Ebke, LL.M., für die Anregung des Themas, für die hervorragende Betreuung und Unterstützung meiner Arbeit sowie für die Erstellung des Erstgutachtens.

Herrn Prof. Dr. Thomas Lobinger möchte ich für die Erstellung des Zweitgutachtens herzlich danken.

Fernerhin bin ich Herrn Prof. A. Morgan Cloud für seine Unterstützung während meines einjährigen Forschungs- und Studienaufenthalts an der Emory Law School in Atlanta zu großem Dank verpflichtet.

Schließlich danke ich ganz besonders meinen Eltern für die langjährige Unterstützung während meiner Ausbildung. Ihnen widme ich dieses Buch.

Bad Homburg, im März 2007

Inhaltsverzeichnis

Abkürzungsverzeichnis

AAB	Allgemeine Auftragsbedingungen für Wirtschaftsprüfer und Wirtschaftsprüfungsgesellschaften (Stand: 1.1.2002)
a.A.	anderer Auffassung
A.	Atlantic Reporter
A.2d	Atlantic Reporter, Second Series
Abl.EG	Amtsblatt der Europäischen Gemeinschaften
Abs.	Absatz
AcP	Archiv für civilistische Praxis
A.D.2d	New York Supreme Court Appellate Division Reports, Second Series
a.E.	am Ende
a.F.	alte Fassung
aff'd	affirmed
AG	Amtsgericht; Aktiengesellschaft; Die Aktiengesellschaft
AG-RR	Die Aktiengesellschaft, Rechtsreport
AGB	Allgemeine Geschäftsbedingungen
AGB-Gesetz	Gesetz zur Regelung der Allgemeinen Geschäftsbedingungen
AICPA	American Institute of Certified Public Accountants
AktG	Aktiengesetz
Ala.	Alabama
Alb.L.Rev.	Albany Law Review
A.L.I.	American Law Institute
Alt.	Alternative
Anm.	Anmerkung
AnwBl.	Anwaltsblatt
App. Div.	Appellate Division
Ariz.	Arizona
Ariz.L.Rev.	Arizona Law Review
AU	Accounting Unit
Aug.	August
Aufl.	Auflage
AuslInvestmG	Gesetz über den Vertrieb ausländischer Investmentanteile und über die Besteuerung der Erträge aus ausländischen Investmentanteilen
Az.	Aktenzeichen

BAFin	Bundesamt für Finanzdienstleistungen
Baylor L.Rev.	Baylor Law Review
BB	Der Betriebsberater
BeckBilKomm	Beck'scher Bilanzkommentar, Handels- und Steuerrecht
Begr.	Begründung
BFuP	Betriebswirtschaftliche Forschung und Praxis
BGB	Bürgerliches Gesetzbuch
BGBl.	Bundesgesetzblatt
BGH	Bundesgerichtshof
BGHZ	Entscheidungen des Bundesgerichtshof in Zivilsachen
BKR	Zeitschrift für Bank- und Kapitalmarktrecht
BörsG	Börsengesetz
BörsO FWB	Börsenordnung der Frankfurter Wertpapierbörse
BörsZulVO	Börsenzulassungsverordnung
BR-Drs.	Drucksachen des Deutschen Bundesrates
BRD	Bundesrepublik Deutschland
BT-Drs.	Drucksachen des Deutschen Bundestages
Bus.	Business
Bus.Law.	The Business Lawyer
Bus.L.J.	The Business Law Journal
Bus.L.Rev.	Business Law Review
Bus. Law Today	Business Law Today
BVerfG	Bundesverfassungsgericht
bzgl.	bezüglich
bzw.	beziehungsweise
c.	chapter
Cal.	California
Cal.App.3d	California Appellate Reports, Third Series
Cal.App.4th	California Appellate Reports, Fourth Series
Cal.Rptr.2d	California Reporter, Second Series
Campbell L.Rev.	Campbell Law Review
C.D.Cal.	Central District of California
cert.	certiorari
C.F.R.	Code of Federal Regulations
ch.	chapter
cic	culpa in contrahendo
Civ.	Civil

Co.	Company
Colo.	Colorado
Colum.Bus.L.Rev.	Columbia Business Law Review
Conn.	Connecticut
Corp.	Corporation
CPA	Certified Public Accountant
Ct.App.	Court of Appeals
D.	District, District Court
d.	der, die, das, des
DAI	Deutsches Aktien Institut
DB	Der Betrieb
DBW	Die Betriebswirtschaft
D.D.C.	District Court, District of Columbia
D.C.	District of Columbia
D.Colo.	District of Colorado
D.Conn.	District of Connecticut
Dec.	December
ders.	derselbe
d.h.	das heißt
D.Haw.	District of Hawaii
dies.	dieselbe
Dist.	District
D.Mass.	District of Massachusetts
D.Md.	District of Maryland
D.N.J.	District of New Jersey
D.Or.	District of Oregon
D.R.I.	District of Rhode Island
DRS	Deutscher Rechnungslegungsstandard
DStR	Deutsches Steuerrecht
E	Entwurf
E.D.N.Y.	Eastern District of New York
E.D.Pa.	Eastern District of Pennsylvania
E.D.Va.	Eastern District of Virginia
E.D.Wis.	Eastern District of Wisconsin
EGBGB	Einführungsgesetz zum Bürgerlichen Gesetzbuch
Einf.	Einführung
F.	Federal Reporter

F.2d	Federal Reporter, Second Series
F.3d	Federal Reporter, Third Series
f.	folgende
ff.	fortfolgende
FAZ	Frankfurter Allgemeine Zeitung
Fed.	Federal
Fed.Sec.L.Rep.	Federal Securities Law Report
Fla.	Florida
Fn.	Fußnote(n)
F.R.D.	Federal Rules Decisions
FS	Festschrift
F.Supp.	Federal Supplement
F.Supp.2d	Federal Supplement, Second Series
Ga.	Georgia
GAAP	Generally Accepted Auditing Principles
GAAS	Generally Accepted Auditing Standards
GBl.	Gesetzblatt
Geo.L.J.	The Georgetown Law Journal
GI	Gerling Informationen für wirtschaftsprüfende, rechts- und steuerberatende Berufe
Harv.L.Rev.	Harvard Law Review
Haw.	Hawaii
HGB	Handelsgesetzbuch
h.M.	herrschende Meinung
Hrsg.	Herausgeber
HWRev	Handwörterbuch der Revision
IAS	International Accounting Standards
i.c.	in casu/in concreto
i.d.F.	in der Fassung
IDW	Institut der Wirtschaftsprüfer in Deutschland e.V.
IDW PH	IDW Prüfungshinweis
IDW PS	IDW Prüfungsstandard
i.E.	im Ergebnis
IFAC	Framework of International Standards on Auditing
Inc.	Incorporated
IPO	Initial Public Offering
ISA	International Standards of Auditing

i.Ü.	im Übrigen
i.V.m.	in Verbindung mit
J.Corp.L.	The Journal of Corporation Law
jew.	jeweils
J.o.A.	Journal of Accountancy
Jul.	Juli/July
JuS	Juristische Schulung
JZ	Juristenzeitung
KAGG	Gesetz über Kapitalanlagegesellschaften
Kan.	Kansas
KapMuG	Gesetz zur Einführung eines Kapitalanleger-Musterverfahren
KGaA	Kommanditgesellschaft auf Aktien
KritV	Kritische Vierteljahresschrift für Gesetzgebung und Rechtswissenschaft
KY	Kentucky
l.	links/linke
LEXIS	LexisNexis
LG	Landgericht
lit.	litera
LLC	Limited Liability Company
LLP	Limited Liability Partnership
LM	Nachschlagewerk des BGH, hrsg. v. Lindenmaier, Möhring u.a.
Losebl.-Slg.	Loseblattsammlung
Mass.	Massachusetts
m.a.W.	mit anderen Worten
Md.	Maryland
M.D.Pa.	Middle District of Pennsylvania
MDR	Monatsschrift für Deutsches Recht
Me.	Maine
m.E.	meines Erachtens
Mich.	Michigan
Mich.B.J.	Michigan Bar Journal
Mich.L.Rev.	Michigan Law Review
Minn.Ct.App.	Minnesota Court of Appeals

Mio.	Millionen
Miss.	Mississippi
Miss.Coll.L.Rev.	Mississippi College Law Review
Miss.L.J.	Mississippi Law Journal
Mitt.	Mitteilungen
MittBl.	Mitteilungsblatt
Mont.	Montana
m.w.N.	mit weiteren Nachweisen
N.A.	North America
NASDAQ	National Association of Securities Dealers Automatic Quotation System
Nachw.	Nachweise
N.D.Cal.	Northern District of California
N.D.Ga.	Northern District of Georgia
N.D.Ill.	Northern District of Illinois
N.E.	North Eastern
Neb.	Nebraska
Nev.	Nevada
n.F.	neue Fassung
N.J.	New Jersey
N.J.S.A.	New Jersey Statutes Annotated
NJW	Neue Juristische Wochenschrift
NJW-RR	Neue Juristische Wochenschrift Rechtsprechungsreport Zivilrecht
No.	Number
Nr.	Nummer(n)
N.W.	North Western
N.W.2d	North Western, Second Series
N.Y.	New York
N.Y.2d	New York, Second Series
N.Y.App.	New York Court of Appeals
NYSE	New York Stock Exchange
N.Y.S.	New York Supplement
N.Y.S.2d	New York Supplement, Second Series
NZI	Neue Zeitschrift für Insolvenzrecht
OCCA	Omnibus Crime Control Act of 1970
Ohio N.Univ.L.Rev.	Ohio Northern University Law Review
Ohio State L.J.	Ohio State Law Journal

Ohio St. 2d	Ohio State, Second Series
Okl.	Oklahoma
OLG	Oberlandesgericht
Or.	Oregon
p.	page
P.2d	Pacific Reporter, Second Series
Pa.	Pennsylvania
PLI	Practising Law Institute
PS	Prüfungsstandard
PSLRA	Private Securities Litigation Reform Act von 1995
PVV	positive Vertragsverletzung
r.	rechts/rechte
RabelsZ	Zeitschrift für ausländisches und internationales Privatrecht
RA	Rechtsanwalt
RegE	Regierungsentwurf
reh'g	rehearing
Rel.	Release
rev'd	reversed, revised
RGBl.	Reichsgesetzblatt
RGRK	Reichsgerichtsrätekommentar
RGZ	Entscheidungen des Reichsgerichts in Zivilsachen
R.I.	Rhode Island
RICO	Racketeer Influenced and Corrupt Organizations Act
RIW	Recht der Internationalen Wirtschaft
rkr.	rechtskräftig
Rn.	Randnummer(n)
RS	Rechnungslegungsstandard
SA	Securities Act von 1933
SAS	Statement on Auditing Standards
Sav.	Savings
S.Ct.	Supreme Court Reporter
S.D.Cal.	Southern District of California
S.D.Fla.	Southern District of Florida
S.D.N.Y.	Southern District of New York
S.D.Tex.	Southern District of Texas

S.D.W.Va.	Southern District of West Virgina
S.E.	South Eastern
S.E.2d	South Eastern, Second Series
SEA	Securities Exchange Act von 1934
SEC	Securities and Exchange Commission
Sec.	Section
Sec. & Comm.Reg.	Securities & Commodities Regulation
Sec.Reg. & L.Rep.	Securities Regulation & Law Reporter
Seton Hall L.Rev.	Seton Hall Law Review
Sep.	September
SMU L.Rev.	Southern Methodist University Law Review
So.	Southern
So.2d	Southern, Second Series
sog.	sogenannt/sogenannte/sogenanntes
Sp.	Spalte
ST	Der Schweizer Treuhänder
StGB	Strafgesetzbuch
St. Rspr.	Ständige Rechtssprechung
Suff.Univ.L.Rev.	Suffolk University Law Review
Sw.L.J.	Southwestern Law Journal
TB	Teilband
Tenn.	Tennessee
Tex.	Texas
Tz.	Textziffer
u.a.	unter anderem, und andere
UK	United Kingdom, Vereinigtes Königreich von England
UmwG	Umwandlungsgesetz
USA	United States of America
U.S.	United States; United States Reporter
U.S.C.	United States Code
USD	United States Dollar
u.U.	unter Umständen
v.	von, versus
Va.L.Rev.	Virginia Law Review
Verf.	Verfasser
VerkProspG	Verkaufsprospektgesetz

VerkProsVO	Verkaufsprospekt Verordnung
VersR	Versicherungsrecht
vgl.	vergleiche
Vor/Vorbem.	Vorbemerkungen
W.D.Ark.	Western District of Arkansas
W.D.Pa.	Western District of Pennsylvania
WiB	Wirtschaftsrechtliche Beratung
Wis.	Wisconsin
wistra	Zeitschrift für Wirtschaft, Steuer und Strafrecht
WL	Westlaw
WM	Wertpapiermitteilungen, Zeitschrift für Wirtschafts- und Bankrecht
WP-Handbuch I	Wirtschaftsprüfer-Handbuch, Band I, 11. Auflage 1996
WPK	Wirtschaftsprüferkammer
WPK-Mitt.	Wirtschaftsprüferkammer-Mitteilungen
WPg	Die Wirtschaftsprüfung
WPO	Gesetz über eine Berufsordnung der Wirtschaftsprüfer (Wirtschaftsprüferordnung)
WpPg	Wertpapierprospektgesetz
W.Va.	West Virgina
Yale L.J.	The Yale Law Journal
z.B.	zum Beispiel
ZGR	Zeitschrift für das gesamteUnternehmens- und Gesellschaftsrecht
ZHR	Zeitschrift für Handels- und Wirtschaftsrecht
Ziff.	Ziffer
ZIP	Zeitschrift für Wirtschaftsrecht
ZPO	Zivilprozessordnung

Einleitung

Unzutreffende Prospektangaben beim Börsengang, gefälschte Jahresabschlüsse, unrichtige Börsenberichte und unzutreffende oder gänzlich unterlassene Adhoc-Mitteilungen haben in den vergangenen Jahren das Vertrauen der Anleger in die Integrität bestimmter Unternehmensführungen und damit zugleich auch das Vertrauen in die Kapitalmärkte erschüttert[1]. Auslöser dieser Vertrauenskrise waren nationale wie internationale Finanzskandale, die durch Unternehmen wie Enron, Worldcom, Parmalat, Comroad, EM.TV, Informatec und Deutsche Telekom verursacht wurden. Die Bundesregierung hat in diesem Zusammenhang Handlungsbedarf erkannt und bereits im August 2002 einen 10-Punkte-Plan zur Stärkung des Anlegerschutzes und der Unternehmensintegrität veröffentlicht[2]. Der Maßnahmenkatalog enthält zahlreiche Vorschläge zur Modifizierung des deutschen Kapitalmarktrechts, mit dem Ziel, einen verbesserten Anlegerschutz zu erreichen. Allerdings wurde die Haftungsproblematik bei Comfort Letters in dem 10-Punkte-Plan der Bundesregierung nicht genannt und insoweit auch kein Vorschlag zur Reform der bestehenden Kapitalmarktgesetze vorgelegt. Der Reformbedarf im Bereich des Anlegerschutzes soll daher zum Anlass genommen werden, die Haftung für Comfort Letters bei der Neuemission von Aktien zu untersuchen. Im Hinblick darauf, dass die USA heute der wichtigste außereuropäische Handels- und Investitionspartner Deutschlands sind und ein hochentwickeltes System von Aktien- und Kapitalmärkten besitzen, das bereits jahrelange Erfahrung mit dem Haftungsproblem im Zusammenhang mit Comfort Letters besitzt, erscheint im Hinblick auf den massiven Wettbewerb der Kapitalmärkte ein Vergleich der Rechtsysteme zur Frage der Verantwortlichkeit des Ausstellers eines Comfort Letter geboten.

Der Begriff des „Comfort Letter", der in den USA bereits seit langem üblich ist, tauchte in Deutschland vermehrt in den späten neunziger Jahren begünstigt durch den steilen Anstieg der Neuemissionen von Aktien auf. Die Einführung der Comfort Letters in Deutschland steht im Zusammenhang mit der Ausweitung des Geschäftsfeldes U.S.-amerikanischer Investmentbanken auf Deutschland, die Übernahme von Führungspositionen U.S.-amerikanischer Investmentbanker in deutschen Investmenthäusern und die verstärkte Nutzung des U.S.-amerikanischen Kapitalmarktes durch deutsche Unternehmen[3]. Der Begriff des „Comfort Letter" hat in Deutschland die unterschiedlichste

---

1 *Haß/Zerr*, RIW 2005, 721. Symptomatisch ist in diesem Zusammenhang der steile Auf- und Abstieg des Wachstumssegments „Neuer Markt" an der Frankfurter Wertpapierbörse. Dort hat sich die Zahl der IPOs pro Jahr von der Eröffnung im März 1997 bis zur endgültigen Schließung im Juni 2003 wie folgt verhalten: 12 im Jahr 1997, 41 im Jahr 1998, 131 im Jahr 1999 auf 134 im Jahr 2000. Danach trat eine Konsolidierung mit lediglich 11 IPOs im Jahr 2001 und 3 Neuemissionen im Jahr 2002 ein. Der Neue Markt sollte zunächst zum 31.12.2003 geschlossen werden (*Schlitt*, AG 2003, 57), die „Schließung" erfolgte sodann bereits zum 5.6.2003, da sämtliche Unternehmen sich in einem anderen Marktsegment listen ließen.
2 *Köhler/Meyer*, BB 2004, 2623; *Seibert*, BB 2003, 693.
3 Vgl. *Köhler/Weiser*, DB 2003, 565, 566 f.

Bedeutung erlangt[4]. So werden „weiche Patronatserklärungen" von Muttergesellschaften gegenüber dem Kreditgeber ihrer Tochtergesellschaften als Comfort Letter bezeichnet[5], die Europäische Kommission erteilt in Form von Verwaltungsschreiben Comfort Letters, und auch bei Unternehmenszusammenschlüssen und Unternehmensakquisitionen werden Comfort Letters verwendet[6]. Der dieser Untersuchung zugrundeliegende Comfort Letter steht dagegen im Zusammenhang mit der Emission neuer Aktien.

Der Aussteller eines Comfort Letter („Aussteller"), in der Regel ein Wirtschaftsprüfer[7], wird im Zusammenhang mit der Emission neuer Aktien von dem an die Börse strebenden Unternehmen („Emittentin") mit der Erstellung eines Comfort Letter beauftragt. In diesem werden bestimmte wirtschaftliche Sachverhalte sowie die Übernahme bestimmter Angaben aus den Rechnungswerken der emittierenden Gesellschaft in den Börsenzulassungsprospekt vom Aussteller bestätigt. Ursprünglich hat sich diese Praxis in den USA nach Maßgabe der Regelung des Securities Act entwickelt[8]. Die Prospekthaftungsnormen des Securities Act haben die Emissionshäuser (underwriters[9]) bereits in den 1930er Jahren bewogen, sich eine „Sicherheit" (comfort) für bestimmte Angaben in den Emissionsprospekten erteilen zu lassen. Hierzu wandten sich die Emissionsbanken an die Wirtschaftsprüfer (accountants) der Emittentin.

In Deutschland können die Emissionsbanken unter bestimmten Voraussetzungen von den Erwerbern neu emittierter Aktien („Anleger") gemäß der börsengesetzlichen Prospekthaftung in Anspruch genommen werden. Eine Prospekthaftung kommt vor allem dann in Betracht, wenn die Emittentin bereits kurz nach dem Börsengang die im Emissionsprospekt dargestellten Finanzangaben nach unten korrigieren muss, das Insolvenzverfahren über das Vermögen der Gesellschaft eröffnet wird, die Emittentin in einem Rechtsstreit verklagt oder die Notierung einer gerade an der Börse aufgenommenen Gesellschaft wieder eingestellt wird („Delisting"[10]). Andererseits besteht für die Emissionsbanken die Möglichkeit, die Prospekthaftung durch den Nachweis einer Due-

---

4   Eine eingehende Untersuchung über die Verwendung von Comfort Letters in den USA findet sich bei *DiMatteo/Sacasas*, 47 Baylor L.Rev. 357, 360 ff. (1995).

5   MünchKomm BGB/*Kramer*, Einl. § 241 Rn. 86.

6   *Ebke/Siegel*, Sonderbeilage Nr. 2, WM 2001, S. 3, unter Hinweis auf *SEC v. National Student Marketing Corp.*, 457 F.Supp. 682, 691 (D.D.C. 1978); dazu unten Fn. 224, S. 62; *Briloff*, S. 289.

7   Nach dem im Zeitraum November 1998 – Juli 1999 durchgeführten Studie von *Ostrowski/Sommerhäuser*, WPg 2000, 961, 968 war bei 26 von 29 Aktienneuemissionen der Aussteller des Comfort Letter gleichzeitig auch der gesetzliche Abschlussprüfer der Emittentin.

8   *Resnik*, 34 Bus.Law. 1725, 1726 ff. (1979); zum geschichtlichen und rechtlichen Hintergrund des Securities Act von 1933, siehe *Ebke*, Dritthaftung, S. 104 ff.

9   Nach Section 2 (11) Securities Act 1933 ist underwriter "any person who has purchased from an issuer with a view to, or offers or sells for an issuer in connection with, the distribution of any security, or participation in any such undertaking, or participates or has a participation in the direct or indirect underwriting of any such undertaking".

10   Hierbei wird zwischen dem einseitigen Zwangsdelisting (siehe dazu die zuletzt ergangene Entscheidung des OLG Frankfurt am Main (23.4.2002) NJW 2002, 1958 = NZG 2002, 518 = BKR 2002, 459) durch die Börse und dem Delisitingverfahren auf Antrag des Emittenten (§ 38 Abs. 4 BörsG i.V.m. § 54a BörsO FWB, kritisch *Weber*, NJW 2003, 18, 22) unterschieden.

Diligence-Prüfung[11] abzuwenden. Vor diesem Hintergrund ist es inzwischen auch in Deutschland zu einem standardisierten Verfahren des Kapitalmarktes geworden, dass die Emissionsbank vor der Durchführung einer Emission neuer Aktien als Teil ihrer Due-Diligence-Prüfung zur Abwendung einer etwaigen Emissionsprospekthaftung von der Emittentin die Vorlage eines bzw. mehrerer Comfort Letter verlangt.

Inhalt und Form der Comfort Letters waren in Deutschland lange Zeit ungeregelt, so dass es den Beteiligten unbenommen blieb, sich über Prüfungsumfang, Inhalt und Form des Comfort Letter selbst zu verständigen. Dabei lief der Aussteller Gefahr, dass immer wieder andere Aufträge zur Erstellung des Comfort Letter an ihn herangetragen wurden, denen er zwecks Vermeidung eines unüberschaubaren Haftungsrisikos entgegentreten musste. Insoweit hat im März 2004 das Institut der Wirtschafsprüfer in Düsseldorf (IDW) einen Prüfungsstandard (IDW Prüfungsstandard PS 910) für die Erteilung eines Comfort Letter verabschiedet, der den Beteiligten einer Transaktion seitdem zur Verfügung steht[12].

A.   Untersuchungsgegenstand

Der Untersuchungsgegenstand der Arbeit ist die Haftung für die Ausstellung von Comfort Letters bei der Neuemission von Aktien nach deutschem und U.S.-amerikanischen Recht. Dabei ist Anknüpfungspunkt der Untersuchung ein fehlerhafter Comfort Letter, der unvollständige oder unwahre Informationen enthält. Die Untersuchung bezieht dabei die zivilrechtliche Verantwortlichkeit des Ausstellers gegenüber der Emittentin, den Emissionsbanken und den Anlegern in den Rechtsordnungen der USA und Deutschland ein. Weiterhin werden auch die in beiden Rechtsordnungen bei der Ausstellung von Comfort Letters angewendeten Comfort Letter Standards SAS No. 72 in den USA und IDW Prüfungsstandard PS 910 in Deutschland von der Untersuchung umfasst. Dagegen sollen kollisionsrechtliche Fragen bei grenzüberschreitenden Platzierungen der Aktien nicht Gegenstand dieser Untersuchung sein, da dies bereits an anderer Stelle geschehen ist[13]. Darüber hinaus soll die prozessuale Durchsetzung bestehender Ansprüche nicht im Einzelnen behandelt werden, um eine sinnvolle Begrenzung der Arbeit vornehmen zu können.

---

11   Der Ausdruck wird inzwischen in Anlehnung an den U.S.-amerikanischen Sprachgebrauch auch in Deutschland verwendet. Er bezeichnet die Möglichkeit eines Entlastungsnachweises nach § 45 Abs. 1 BörsG.

12   IDW PS 910, WPg 2004, 342, verabschiedet am 4.3.2004; siehe zur Entstehung des Prüfungsstandards *Meyer*, WM 2003, 1745, 1749.

13   Siehe *Jäger*, Das Prospekthaftungsstatut; *Kunold*, in: Habersack/Mülbert/Schlitt, § 21 (S. 635 f.); *Krämer*, in: Marsch-Barner/Schäfer, § 9 III Rn. 262-272.

B. Zielsetzung

Das Ziel dieser Arbeit ist die Beantwortung der Frage, wer im Einzelnen für die Ausstellung eines fehlerhaften Comfort Letter haftet. Die Gerichte in den USA haben sich bereits eingehend mit der Frage der zivilrechtlichen Verantwortlichkeit des Ausstellers eines Comfort Letter befasst. Dagegen ist in Deutschland bisher keine einschlägige gerichtliche Entscheidung ergangen. In der Literatur hat die Diskussion zu diesem haftungsrechtlichen Problem, ausgelöst durch den Beitrag von *Ebke/Siegel* im Jahr 2001 in den Wertpapiermitteilungen[14], erst vor kurzem begonnen[15]. Es werden daher in dieser Arbeit die rechtliche Bedeutung des Comfort Letter im Rahmen der Emission neuer Aktien und die haftungsrechtlichen Konsequenzen eines fehlerhaften Comfort Letter im Einzelnen untersucht. Dabei zeigt die Arbeit die in Deutschland geltenden einschlägigen Haftungsregelungen sowie die entsprechenden Regelungen des U.S.-amerikanischen Rechts auf und stellt im Zuge der rechtsvergleichenden Betrachtung insoweit Gemeinsamkeiten und Unterschiede beider Rechtsordnungen gegenüber.

C. Gang der Untersuchung

Im Anschluss an die Darstellung der Funktion des Comfort Letter als notwendiges Instrument anlässlich der Emission neuer Aktien in Deutschland und in den USA wird der in Deutschland geltende neue IDW Prüfungsstandard PS 910 („Grundsätze für die Erteilung eines Comfort Letter") dem in den USA geltenden Prüfungsstandard „Statement on Auditing Standards" (SAS) No. 72 des American Institute of Certified Public Accountants (AICPA) gegenübergestellt. Alsdann schließt sich die Darstellung der Frage der Haftung des Ausstellers eines Comfort Letter gegenüber den einzelnen Beteiligten (Emittentin, Emissionsbank und Anleger) auf der Grundlage der in den USA und in Deutschland geltenden Rechtslage an. Schließlich werden die gewonnen Untersuchungsergebnisse in rechtsvergleichender Betrachtung gegenübergestellt und vor dem Hintergrund der derzeitigen Reformbemühungen der deutschen Bundesregierung zur Stärkung der Anlegerposition der Frage nachgegangen, wie die Haftung des Ausstellers eines fehlerhaften Comfort Letter nach dem heutigem Stand der Gesetzgebung ausgestaltet ist.

---

14   *Ebke/Siegel*, Sonderbeilage Nr. 2, WM 2001.
15   Siehe *Langendorf*, Haftungsfragen bei Anleiheemissionen – Insbesondere vor dem Hintergrund des Comfort Letter; *Kunold*, in: Habersack/Mülbert/Schlitt, § 21 (S. 610-637); *Krämer*, in: Marsch-Barner/Schäfer, § 9 III Rn. 209-273; *Köhler*, DBW 2003, 77; *Köhler/Weiser*, DB 2003, 565; *Meyer*, WM 2003, 1745.

Erster Teil: Aktienneuemission und Comfort Letter

§ 1: Haftungsrechtliche Funktion des Comfort Letter in Deutschland

A. Übersicht

Das Motiv der Emissionsbanken, einen Comfort Letter über die neueren Rechnungslegungsdaten der emittierenden Gesellschaft zu erhalten, erschließt sich anhand der haftungsrechtlichen Rahmenbedingungen eines Emissionsvorgangs. Im Rahmen einer Neuemission von Aktien am Kapitalmarkt sind folgende Rechtsverhältnisse zwischen den Beteiligten unter dem Gesichtspunkt der hier gestellten Frage von Bedeutung[16]:

1. Zwischen Emittentin und Emissionsbank wird ein Aktienübernahmevertrag (underwriting agreement) geschlossen[17].

2. Zwischen Emittentin und Anleger kann unter bestimmten Voraussetzungen ein gesetzliches Schuldverhältnis nach den verkaufsprospektgesetzlichen- bzw. börsengesetzlichen Prospekthaftungsvorschriften begründet werden.

3. Die beteiligten Emissionsbanken schließen sich zu einem Konsortium zusammen und vereinbaren untereinander einen Konsortialvertrag. Diesem liegt ein Einladungstelex oder Einladungstelefax (invitation telex/telefax) der Konsortialführung unter Angabe der Übernahmequote (underwriting commitment) und ein entsprechendes Zustimmungsschreiben der Konsortialmitglieder zugrunde[18].

4. Aufgrund der Mitwirkung der Emissionsbanken am Emissionsprospekt kann ein gesetzliches Schuldverhältnis zu den Anlegern entstehen. Dabei möchten die Emissionsbanken ihre Prospekthaftungsrisiken im Verhältnis zu den Anlegern mit einer ausreichenden Rechtssicherheit gestalten[19].

5. Schließlich besteht zwischen dem Aussteller des Comfort Letter und der Emittentin ein Vertragsverhältnis, das die Ausstellung des Comfort Letter zum Vertragsinhalt hat.

---

16 Zum Ganzen siehe auch *Kümpel*, Rn. 9.123. Darüber hinaus sind weitere Personen wie Rechtsanwälte, Steuerberater, Public-Relations-Spezialisten usw. an einer Aktienemission beteiligt. Sie werden in die Untersuchung nicht einbezogen. Siehe zur Einschaltung eines Transaktionsanwalts unten S. 48.
17 Ausführlich *Fredebeil*, S. 158 ff.
18 *Bosch/Groß*, Rn. 10/322 (S. 189).
19 Der im angloamerikanische Rechtssystem verwendete Begriff der due diligence defense wird inzwischen auch in Deutschland benützt. Siehe oben Fn. 11, S. 30.

I. Platzierungsverfahren einer Aktienemission

Unter einer Emission wird die erste Ausgabe und Platzierung einer bestimmten Anzahl von Wertpapieren durch die Emittentin verstanden[20]. Mit einer Aktienemission nimmt das emittierende Unternehmen mittel- oder langfristiges Eigenkapital über die Wertpapierbörsen auf. In der Regel wendet sich die Emittentin zur Ausgabe von Aktien an ein Kreditinstitut (Fremdemission)[21]. Emissionsbanken wirken im Rahmen einer Aktienneuemission ihrer Kunden bei der Platzierung der Aktien mit. Ihre Funktion kann sich dabei auf den tatsächlichen Absatz der Aktien, die Übernahme des Absatzrisikos oder auf beide Bereiche beziehen[22]. Einzelheiten sind von der vertraglichen Gestaltung abhängig, je nachdem ob eine Festübernahme, Absatzvermittlung oder Absatzgarantie der neu zu begebenden Aktien durch die Emissionsbank vereinbart worden ist[23]. Die in Deutschland gebräuchlichste Form der Aktienübernahme ist die Festübernahme von Aktien durch die Emissionsbanken[24].

Eine Aktienemission beim erstmaligen Börsengang eines Unternehmens (IPO[25]) verläuft wie folgt: Zunächst führt das Management eine entsprechende Entscheidung über einen Börsengang herbei und wählt einen bestimmten Börsenplatz[26]. Es schließt sich die Börsenvorbereitung des Unternehmens an, das die geeignete Rechtsform als Voraussetzung für die Börsenzulassung aufweisen muss und das ggf. vorher in eine Aktiengesellschaft oder Kommanditgesellschaft auf Aktien umzuwandeln ist[27]. Danach nimmt das Unternehmen Kontakt zu den potentiellen Emissionsbanken auf. Hierbei präsentiert das Unternehmen ein Bankexposé, in dem u.a. seine Börsenreife und die Unternehmensstrategie dokumentiert sind. Es schließt sich eine Einladung potentieller Emissionsbanken zum beauty contest an[28]. Sodann folgen Verhandlungen mit den designierten Mitgliedern der Konsortialführung. Hiernach wird entweder eine Absichtserklärung (letter of intent[29]) oder ein Mandatsbrief (engagement letter)

---

20   *Canaris*, Bankvertragsrecht, Rn. 2237; *Hopt*, Verantwortlichkeit, S. 12; *Kümpel*, Rn. 9.2; *Fredebeil*, S. 158.

21   Die Gründe liegen in dem festen Kundenstamm und dem Know How der Emissionsbanken.

22   Vgl. *Bosch/Groß*, Rn. 10/80 (S. 25).

23   Siehe zum Ganzen *Bosch/Groß*, Rn. 10/76-10/81 (S. 24 ff.).

24   *Schanz*, § 9 VI 1.

25   Hierbei handelt es sich um eine aus dem U.S.-Amerikanischen stammende Bezeichnung für die Neuemission von Aktien bislang nicht börsennotierter Unternehmen. Zu den IPO gehört daneben auch die erstmalige Ausgabe von Aktien aus einer Kapitalerhöhung einer bereits börsennotierten Gesellschaft und den Sonderfall einer Privatisierung von Staatsbesitz, vgl. *Hein*, WM 1996, 1, 2.

26   In Deutschland stehen insgesamt acht Börsenplätze an den Standorten Hamburg, Bremen, Berlin, Hannover, Düsseldorf, Frankfurt, Stuttgart und München zur Verfügung.

27   *Harrer/Heidemann*, DStR 1999, 254, 255.

28   *Arlinghaus/Balz*, S. 25

29   Beim letter of intent handelt es sich um eine Übernahme aus der anglo-amerikanischen Wirtschaftspraxis. Allgemeine Ausführungen mit Beispielen aus der Praxis und deren rechtlicher Bewertung finden sich bei *Lutter*, Der Letter of Intent.

vereinbart[30]. Die Konsortialführung lädt nunmehr die Konsortialmitglieder zur Emission der Aktien ein[31]. Alsdann erfolgt die Due-Diligence-Prüfung[32] des Unternehmens. Hiernach erarbeiten Emittentin und Emissionsbanken zusammen das Platzierungskonzept, in dem der Börsenplatz, das avisierte Marktsegment, die Menge der auszugebenden Aktien sowie der Emissionszeitpunkt enthalten sind. Daneben wird der Börsenzulassungsprospekt erstellt und ein Börsenzulassungsantrag vorbereitet. Zugleich wird der Aktienübernahmevertrag geschlossen, wobei zwischen dem beauty contest und dem Abschluss des Übernahmevertrags regelmäßig mehrere Wochen verstreichen. Hierauf beginnt die Übernahmephase, an deren Ende die Aktien durch das Emissionskonsortium übernommen werden[33]. In diesem Zeitraum vollziehen sich zeitgleich u.a. die Börsenzulassung, die Veröffentlichung des Börsenzulassungsprospekts und die Platzierung der Aktien am Marktsegment. In Deutschland werden die Aktien praktisch bei allen Emissionen im Wege des Bookbuilding-Verfahrens am Markt platziert[34]. Hierbei handelt es sich um ein Bieterverfahren, bei dem die Anleger innerhalb einer vorgegebenen Kurs- oder Preisspanne (Bookbuildingspanne) Gebote für die Aktien abgeben können. Das Verfahren durchläuft verschiedene Phasen[35]. Am Ende des Bookbuilding-Prozesses ermitteln die Konsortialbanken aus der Gesamtheit aller Gebote den endgültigen Emissionspreis, zu dem die Aktien verkauft werden.

---

30 *Harrer/Heidemann*, DStR 1999, 254, 258; Muster eines Mandatsbriefes bei *Bosch/Groß*, Rn. 10/ 323 (S. 191 ff). Der Mandatsbrief regelt im Vorgriff auf den eigentlichen Aktienübernahmevertrag neben der generellen Beschreibung des beabsichtigten Vorhabens insbesondere die Aufgaben der Konsortialführung, die Verpflichtung der Gesellschaft zur Information über die vergangenen drei Geschäftsjahre, die Vereinbarung der Due-Diligence-Prüfung, die Vertraulichkeitsklausel sowie die Verpflichtung zur Erstellung der erforderlichen Dokumentation durch die Konsortialführung. Die Mandatsvereinbarung enthält aber weder eine Verpflichtung der Gesellschaft zur tatsächlichen Durchführung der Emission noch eine Verpflichtung der Emissionsbank zur späteren Übernahme der Aktien. Der wesentliche Unterschied zwischen Absichtserklärung und Mandatsbrief liegt in den weitreichenderen Rechtswirkungen, die ein Mandatsbrief auszulösen vermag.
31 *Schanz*, § 9 V 3.
32 Unter einer Due-Diligence-Prüfung versteht man die sorgfältige Analyse einer Gesellschaft im Rahmen des beabsichtigten Börsengangs. Ausführlich *Schanz*, § 8.
33 *Schanz*, § 9 VI 2.
34 Zum Bookbuilding-Verfahren *Hein*, WM 1996, 1.
35 Am Anfang steht die Pre-Marketing-Phase, bei der die wesentlichen Merkmale des Unternehmens sowie seiner Unternehmensstrategie im Wege der Equitystory potentiellen Kapitalanlegern vorgestellt und ein analytisch ermittelter, indikativer Preis bekannt gegeben wird. Ziel ist, das Interesse der Anleger zu wecken und ihre Preisvorstellungen zu eruieren. Auf der Grundlage dieser Erkenntnisse sowie der Unternehmensbewertung durch die Konsortialbanken und der Wirtschaftsprüfer wird die Zeichnungsspanne festgelegt. In der anschließenden Marketingphase wird das Unternehmen im Rahmen sog. Roadshows in verschiedenen internationalen Finanzzentren und zusätzlich in Einzelgesprächen (one to one meetings) großen institutionellen Anlegern vorgestellt. Mit der Marketingphase überschneidet sich meistens die Bookbuildingphase, innerhalb der sich Anleger ihre Zeichnungswünsche durch den Leadmanager in einem elektronischen Zeichnungsbuch erfassen lassen. Am Schluss des Verfahrens erfolgt alsdann die Zuteilung der Aktien nach regionalen und qualitativen Kriterien.

Aufgrund des in Deutschland regelmäßig angewendeten Bookbuilding-Verfahrens verlangen die Emissionsbanken in der Regel drei Comfort Letters. Der erste Comfort Letter wird bei der Veröffentlichung des vorläufigen Verkaufsprospekts[36] zu Beginn des Bookbuilding-Verfahrens gefordert, da in der Veröffentlichung ein „öffentliches Angebot" der Aktien im Sinne von § 1 VerkProspG liegt[37]. Hierdurch wird eine Verantwortlichkeit der Emissionsbanken für den vorläufigen Verkaufsprospekt nach §§ 13 Abs. 1 VerkProspG, 44, 45 BörsG begründet[38]. Nach Abschluss des Bookbuilding-Verfahr-ens[39] wird zunächst der Emissionspreis der Aktien ermittelt. Dieser wird in den vorläufigen Verkaufsprospekt eingetragen, was diesen zu einem endgültigen Börsenzulassungsprospekt macht. Am darauffolgenden Werktag wird der Antrag auf Zulassung der Wertpapiere bei der zuständigen Zulassungsstelle gestellt und zugleich veröffentlicht (siehe §§ 48, 49 BörsZulVO). Die erste Notierung der Aktien erfolgt frühestens am dritten Werktag nach Veröffentlichung des Zulassungsantrags (§ 50 BörsZulVO). Am Tag der ersten Börsennotierung muss zugleich der Börsenzulassungsprospekt veröffentlicht sein (§ 30 Abs. 3-5 BörsG). Die Emissionsbanken verlangen sodann einen zweiten Comfort Letter, bezogen auf den Tag der Veröffentlichung des Börsenzulassungsprospekts, da dieser Prospekt ebenfalls ihre Börsenprospekthaftung auslösen kann[40]. Ein bis zwei Werktage nach der ersten Notierung der Aktien wird die Transaktion abgewickelt (closing). Die Emissionsbanken verlangen mithin einen dritten Comfort Letter, den Bring Down Comfort Letter, bezogen auf den Tag des closing. Dieser Bring Down Comfort Letter stellt eine weitere Sicherheit für die Richtigkeit des Börsenzulassungsprospekts dar. Spätestens am Tag des closing endet das im Übernahmevertrag ausbedungene Recht, vom Übernahmevertrag zurückzutreten und auf diese Weise einer möglichen Börsenprospekthaftung vorzubeugen.

---

36   Der Ausdruck wird geprägt durch das Fehlen des endgültigen Verkaufspreises, der erst noch im Wege des Bookbuildings gefunden werden muss.

37   Vgl. *Hein*, WM 1996, 1, 3.

38   Ziel des 1. Comfort Letter ist daher die Ermöglichung des Entlastungsbeweises für die verkaufsprospektrechtliche Prospekthaftung (§§ 13 Abs. 1 VerkProspG, 45 Abs. 1 BörsG).

39   Die Dauer des Bookbuilding-Verfahrens ist abhängig von der Größe der Emission. Bei kleineren Emissionen kann das Verfahren 3 bis 4 Werktage dauern, bei großen Emissionen kann es 2 bis 3 Wochen in Anspruch nehmen.

40   OLG Frankfurt am Main (1.2.1994) WM 1994, 291, 295; *Groß*, §§ 45, 46 Rn. 27.

III. Rechtspflicht zur Einholung eines Comfort Letter?

Eine Rechtspflicht zur Erteilung eines Comfort Letter könnte sich aus dem Gesetz oder den Zulassungsbedingungen der jeweiligen Börsenträgerin ergeben. Die an eine Börsenzulassung und Börseneinführung von Aktien gestellten Anforderungen bestimmen sich nach den rechtlichen Voraussetzungen des angestrebten Marktsegments und ergeben sich aus den Vorschriften des Börsengesetzes in Verbindung mit der Börsenzulassungsverordnung und der Börsenordnung der Wertpapierbörse bzw. den Zulassungsbedingungen des privatrechtlich organisierten Marktsegments. In Deutschland existieren acht Börsenplätze[41] mit zwei unterschiedlichen Strukturen von Börsenmärkten, nämlich einem öffentlich-rechtlich organisierten Markt und daneben den privatrechtlich organisierten Marktsegmenten[42]. Am wichtigsten Börsenplatz Deutschlands, Frankfurt am Main, sind amtlicher und geregelter Markt öffentlich-rechtlich und der Freiverkehr, der hier allerdings nicht näher behandelt werden soll[43], privatrechtlich organisiert. Eine Durchsicht der Zulassungsbedingungen des amtlichen bzw. geregelten Marktes für den General und Prime Standard[44] der Frankfurter Wertpapierbörse ergibt, dass die Emissionsbanken nicht gehalten sind, auf der Erstellung eines Comfort Letter zu bestehen. Auch die Going-Public-Grundsätze der Deutschen Börse[45] haben die Rechtslage in Deutschland nicht verändert[46]. Zuletzt ist aufgrund der sogenannten Prospektrichtlinie des Europäischen Parlaments vom Deutschen Bundestag das sogenannte Prospektricht-

---

41 Siehe Fn. 26, S. 34.
42 *Arlinghaus/Balz*, S. 35. Durch Inkrafttreten des 4. Finanzmarktförderungsgesetzes (BGBl. I 2002, 2010) am 1.7.2002 hat sich die dualistische Aufteilung der Börsenlandschaft nicht geändert, siehe *Schlitt*, AG 2003, 57; *Weber*, NJW 2003, 18, 20.
43 *Schlitt*, AG 2003, 57, 63. Die neu entstandenen Marktsegmente „Prime Standard" und „General Standard" sind keine neuen Handelsmärkte, vielmehr sind es Teilbereiche der bereits bestehenden öffentlich-rechtlich organisierten Märkte mit erweiterten Publizitätsanforderungen.
44 Übersicht über die Zulassungsbedingungen bei *Schlitt*, AG 2003, 57, 60 ff.
45 In der endgültigen Fassung vom 15.7.2002; veröffentlicht in NZG 2002, 767; dazu *Schlitt/Smith/ Werlen*, AG 2002, 478; *Meyer*, WM 2002, 1864, *Baums*, ZGR 167, 139, 163.
46 Siehe *Schlitt/Werlen*, FAZ, Nr. 106, 8.5.2002, S. 29. Die Grundsätze haben keine Gesetzesqualität. Sie enthalten detaillierte Vorgaben für die formelle Gestaltung des Prospekts, hinsichtlich Schriftgröße, Bebilderung, klarer und allgemeinverständlicher Sprache, Gliederung des Prospekts und Bereitstellung des Prospekts auf der Internetseite der Emittentin für einen Zeitraum von drei Jahren. In materieller Hinsicht werden Vorgaben in Bezug auf die Darstellung von Risikofaktoren und zukunftsgerichteten Aussagen im Emissionsprospekt gegeben. Weiterhin sollen Geschäfts- und Rechtsbeziehungen der Emittentin mit nahestehenden Personen und Angaben über die leitenden Geschäftsorgane der Emittentin offengelegt werden. Für die Emittentin ist eine Stillhaltefrist (quiet period) für außerhalb des Prospekts gemachte Angaben vorgeschrieben, dasselbe gilt für Unternehmensstudien der Konsortialbanken (black out period). Für den Berufsstand der Wirtschaftsprüfer enthalten die Grundsätze für Pro-Forma-Angaben entscheidende Ausführungen. Die in einem Prospekt verwendeten Pro-Forma-Angaben müssen u.a. einer prüferischen Durchsicht nach anerkannten Prüfungsmaßstäben unterzogen werden, und der Wirtschaftsprüfer muss hierüber eine Bescheinigung erteilen, die zugleich in dem Prospekt wiederzugeben ist (Ziff. 4.4.4 Going-Public-Grundsätze der Deutschen Börse, Stand 15.7.2002).

linie-Umsetzungsgesetz (Wertpapierprospektgesetz) beschlossen worden, was zu umfassenden Änderungen im Emissionsrecht geführt hat[47]. Allerdings ist auch nach dem Prospektrichtlinie-Umsetzungsgesetz die Aufnahme eines Comfort Letter in den Börsenzulassungsprospekt nicht gesetzlich vorgeschrieben. Damit kann festgehalten werden, dass es in Deutschland keine gesetzliche Pflicht zur Erstellung eines Comfort Letter gibt.

B. *Interessenlage der Parteien*

Ungeachtet einer fehlenden rechtlichen Verpflichtung der Emittentin zur Einholung eines Comfort Letter kann jedoch die Interessensituation der Beteiligten, wie bereits vorstehend ausgeführt[48], die Ausstellung eines bzw. mehrerer Comfort Letter erfordern. Ausgangspunkt der Untersuchung ist der Übernahmevertrag zwischen Emittentin und Emissionsbank. Der Übernahmevertrag (bzw. der letter of intent/letter of engagement) wird bereits geschlossen, bevor der Aussteller mit der Erteilung eines Comfort Letter beauftragt wird. Zugleich ist in der Praxis zu beobachten, dass der Übernahmevertrag den Inhalt des Prüfungsauftrags der Emittentin an den Aussteller erheblich beeinflusst. Auf der Grundlage des Übernahmevertrags wird deshalb beleuchtet, von welchen Interessenlagen das Handeln der vier maßgeblich Beteiligten einer Aktienemission[49] beherrscht wird.

I. *Der Übernahmevertrag*

In dem Übernahmevertrag[50] verpflichtet sich die Emittentin gegenüber der Emissionsbank, auf ihre Kosten in der Regel ihren gesetzlichen Abschlussprüfer nach Maßgabe des Übernahmevertrags mit der Erstellung eines Comfort Letter zu beauftragen. Zugleich werden im Übernahmevertrag der Umfang der Untersuchungshandlungen des Ausstellers, die er für die Folgeperiode nach dem letzten geprüften Jahresabschluss vornehmen soll, sowie Inhalt und Form des Comfort Letter festgelegt. In aller Regel wird ein „Wunsch-Comfort-Letter" auch Bestandteil des Übernahmevertrags, wobei der

---

47 Gesetz zur Umsetzung der Richtlinie 2003/71/EG des Europäischen Parlaments und des Rates vom 4. November 2003 betreffend den Prospekt, der beim öffentlichen Angebot von Wertpapieren oder bei der Zulassung zum Handel zu veröffentlichen ist, und zur Änderung der Richtlinie 2001/34/EG (Prospektrichtlinie-Umsetzungsgesetz), BT-Drs. 15/4999; Wertpapierprospektgesetz (WpPG), BGBl. I 2005, 1699.

48 Siehe oben S. 36.

49 Dies sind Emittentin, Emissionskonsortium, Wirtschaftsprüfer als Aussteller des Comfort Letter und Anleger. Die Einschränkung auf diese vier Akteure der Aktienemission resultiert aus der Themenstellung dieser Arbeit. Siehe oben Fn. 16, S. 33.

50 Eine ausführliche Darstellung zum Übernahmevertrag findet sich bei *Schanz*, § 9 VI; *Fredebeil*, S. 158 ff.

Comfort Letter dem neuen IDW Prüfungsstandard PS 910 entsprechen soll. Obwohl eine Standardisierung für Comfort Letter nunmehr erfolgt ist[51], bleibt abzuwarten, ob die Emissionsbanken versuchen werden, darüber hinausgehende Vereinbarungen für eine Finanzmarkttransaktion durchzusetzen. Hier ist die Entwicklung gegenwärtig im Fluss[52]. Der Comfort Letter wird nach der Feststellung des Ergebnisses der vereinbarten Prüfungshandlungen vom Aussteller an den (prüfungs-)vertraglich vorgesehenen Empfänger adressiert. Nach dem IDW Prüfungsstandard PS 910 erfolgt ein Versand an die konsortialführende Emissionsbank und die Emittentin[53].

II. Interessenlage der Emissionsbanken

Die Emissionsbank trägt bei einer Aktienemission die volle Verantwortung in haftungs-rechtlicher, bankaufsichtsrechtlicher und bankwirtschaftlicher Hinsicht[54]. Die haftungs-rechtlichen Interessen der Emissionsbank werden in erster Linie durch die gesetzliche Prospekthaftungspflicht nach dem Börsengesetz bzw. Verkaufsprospektgesetz geprägt. Ein Anspruch der Anleger kann hiernach infolge der Veröffentlichung des Emissions-prospekts entstehen, wenn sich Prospektangaben als unrichtig oder unvollständig he-rausstellen[55]. Im Zusammenhang mit der Prospekthaftung ist zu beachten, dass den beteiligten Emissionsbanken nach ständiger Rechtsprechung (eingeschränkte) eigene Untersuchungspflichten obliegen können. Allerdings haben die Emissionsbanken die Möglichkeit, die Prospekthaftung nach Maßgabe des § 45 Abs. 1 BörsG abzuwenden (Due-Diligence-Einwendung).

1. §§ 44, 45 Börsengesetz: Haftung für unrichtige und unvollständige Angaben im Börsenzulassungsprospekt[56]

Eine Prospekthaftungspflicht besteht nach dem Börsengesetz, wenn Aktien aufgrund eines Börsenzulassungsprospekts zum Amtlichen Markt zugelassen werden[57]. Es haften diejenigen, die für einen Börsenzulassungsprospekt die Verantwortung übernommen

---

51 IDW PS 910, WPg 2004, 342.
52 Vgl. *Krämer*, in: Marsch-Barner/Schäfer, § 9 III Rn. 273.
53 IDW PS 910, WPg 2004, 342, 344 (Tz. 12).
54 *Hopt*, Verantwortlichkeit, S. 1.
55 *Kümpel*, Rn. 9.266.
56 Zur geschichtlichen Entwicklung der Börsenprospekthaftung vgl. *Schwark*, FS Raisch, S. 269, 270 ff.; *Ellenberger*, FS Schimansky, S. 591, 592.
57 Nach § 30 Abs. 1 BörsG sind alle Aktienemissionen prospektpflichtig, sofern die emittierten Papiere mit amtlicher Notierung an der Börse gehandelt werden sollen. Die Prospekthaftungs-pflicht folgt dann aus §§ 44, 45 BörsG. Für die Zulassung von Aktien zum Geregelten Markt be-steht eine entsprechende gesetzliche Haftung für den Unternehmensbericht. § 55 BörsG verweist nämlich auf eine entsprechende Anwendung der §§ 44 bis 48 BörsG. Die Pflicht zur Veröffentli-chung des Unternehmensbericht ergibt sich im Übrigen aus § 51 Abs. 1 Nr. 2 BörsG.

haben oder von denen der Erlass des Prospekts ausgeht. Der Erwerber eines aufgrund des Prospekts zugelassenen Wertpapiers kann hiernach Schadensersatz wegen unrichtiger oder unvollständiger, für die Beurteilung der Wertpapiere wesentlicher Angaben im Börsenzulassungsprospekt fordern, sofern die Verantwortlichen die Unrichtigkeit kannten oder ohne grobes Verschulden hätten kennen müssen. Voraussetzung ist des weiteren, dass der Erwerb gegen ein Entgelt sowie nach der Veröffentlichung des Prospekts und innerhalb von sechs Monaten nach der erstmaligen Einführung der Wertpapiere erfolgte[58].

Die Verantwortlichkeit der Emissionsbanken ist an den Börsenzulassungsprospekt geknüpft[59]. Aufgrund ihrer Prospektverantwortlichkeit haben die Emissionsbanken ein ganz erhebliches Interesse daran, dass die Richtigkeit und Vollständigkeit des Emissionsprospekts sichergestellt ist, zumal der Prospekt von ihnen auch unterzeichnet wird[60]. Unerheblich für die Prospektverantwortlichkeit des einzelnen Konsortialmitglieds ist, ob es tatsächlich an der Erstellung des Prospekts mitgewirkt hat, da die Unterschrift unter dem Prospekt entscheidend ist[61].

Eine Haftung der Emissionsbank kommt dann in Betracht, wenn die im Prospekt enthaltenen und für die Beurteilung der Wertpapiere wesentlichen Angaben im Zeitpunkt der Prospektveröffentlichung unrichtig oder unvollständig sind[62]. Die Unrichtigkeit des Prospekts kann sich aus fehlerhaften Angaben über tatsächliche Umstände ergeben. Neben allen Pflichtangaben (siehe §§ 13 - 32 BörsZulVO) muss der Prospekt ein zutreffendes „Gesamtbild" über die wirtschaftliche Lage der Emittentin enthalten[63]. Die Beurteilung eines Prospekts hängt allerdings wesentlich davon ab, welche Anforderungen an die Kenntnisse und das Verständnis des Adressaten gestellt werden dürfen[64]. Da sich der Prospekt an die Öffentlichkeit wendet, ist jedenfalls auf den „durchschnittlichen Anleger" abzustellen, der zwar nicht unbedingt mit der in eingeweihten Kreisen gebräuchlichen Schlüsselsprache vertraut zu sein braucht, der aber in der Lage ist, Bilanzen zu lesen[65]. Eine Prospekthaftung kann im Übrigen auch bei unrichtigen zukunftsbezogenen Prognosen und Werturteilen in Betracht kommen, wobei es auf eine zum Zeitpunkt der Prospektveröffentlichung vorhandene hinreichende Tatsachenbasis und die kaufmännische Vertretbarkeit solcher Angaben ankommt[66]. Nach den von der Deutschen Börse vorgelegten Going-Public-Grundsätzen müssen zukunftsgerichtete

---

58   § 44 Abs. 1 Satz 1 BörsG. Siehe auch *Kümpel*, Rn. 9.293; *Kort*, AG 1999, 9 f.; *Ellenberger*, FS Schimansky, S. 591 f.
59   Vgl. *Groß*, §§ 45, 46 Rn. 10; *Schimansky/Bunte/Lowowski/Siol*, § 112 Rn. 50.
60   *Kümpel*, Rn. 9.282.
61   *Groß*, §§ 45, 46 Rn. 19.
62   OLG Frankfurt am Main (1.2.1994) WM 1994, 291, 295; *Groß*, §§ 45, 46 Rn. 27.
63   BGH WM 1982, 862, 865 = NJW 1982, 2823 = ZIP 1982, 923; *Ellenberger*, FS Schimansky, S. 591, 599; *Sittmann*, NZG 1998, 490, 491.
64   *Schwark*, §§ 45, 46 Rn. 12.
65   So auch BGH WM 1982, 862, 865 = NJW 1982, 2823 = ZIP 1982, 923.
66   BGH WM 1982, 862, 865 = NJW 1982, 2823 = ZIP 1982, 923; *Assmann/Schütze*, § 7 Rn. 67 ff.; *Groß*, AG 1999, 199, 202; *Sittmann*, NZG 1998, 490, 491.

Aussagen zudem sprachlich eindeutig als solche erkennbar sein und darüber hinaus ergeben, auf welche konkreten Fakten sie gestützt sind[67].

Die haftungsbegründende Kausalität erfordert, dass die Wertpapiere „aufgrund eines Prospekts", d.h. nach seiner Veröffentlichung, gekauft worden sind[68]. Nach § 45 Abs. 2 Nr. 1 BörsG wird zu Gunsten des anspruchstellenden Anlegers vermutet, dass die Emissionsbank die Fehler und unvollständigen Angaben des Emissionsprospekts zu vertreten hat.

2. Untersuchungspflichten der Emissionsbanken

Auf der subjektiven Tatbestandsseite ist festzustellen, in welchem Umfang den Emissionsbanken eigene Untersuchungspflichten hinsichtlich der in dem Börsenzulassungsprospekt dargestellten Angaben obliegen. Das Verschulden des Prospektverantwortlichen ist als Haftungsausschlussgrund ausgestaltet[69]. Die Emissionsbank kann sich mithin exkulpieren, wenn sie nachweist, jedenfalls nicht grob fahrlässig unrichtige oder unvollständige Prospektangaben aufgenommen oder übersehen zu haben. Dies kann durch die Vorlage von Dokumenten geschehen, die belegen, dass sie die im Verkehr erforderliche Sorgfalt nicht in besonders schwerem Maße verletzt und nicht schon einfachste, ganz naheliegende Überlegungen hintangestellt und das beachtet hat, was im gegebenen Fall jedem durchschnittlichen Emissionsinstitut hätte einleuchten müssen[70]. Bei dieser Bewertung sind auch subjektive, in der Individualität der Emissionsbank begründete Umstände zu berücksichtigen[71]. Das Verhalten der unterschiedlichen Prospektverantwortlichen[72] ist jeweils gesondert zu beurteilen. Während der Emittentin die Daten des Rechnungswesens und der Unternehmenslage bekannt sind, gestaltet sich ein Einblick der Emissionsbank in die maßgeblichen Daten der Emittentin schwieriger[73]. Innerhalb eines Emissionskonsortiums kann der Sorgfaltsmaßstab nur einheitlich und nicht individuell für das einzelne Konsortialmitglied bestimmt werden[74].

Bereits das Reichsgericht hat entschieden, dass die Emissionsbank regelmäßig nicht verpflichtet sei, die Buchführung der Emittentin auf ihre Richtigkeit hin zu über-

---

67   *Baums*, ZHR 2003, 139, 163. Siehe zu den Going-Public-Grundsätzen bereits oben Fn. 46, S. 37.
68   *Kort*, AG 1999, 9, 11.
69   Nach § 45 Abs. 1 BörsG scheidet ein Anspruch aus, wenn die Emissionsbank nachweisen kann, dass sie die Unrichtigkeit oder Unvollständigkeit der Prospektangaben nicht gekannt hat und die Unkenntnis nicht auf grober Fahrlässigkeit beruht.
70   Statt aller Palandt/*Heinrichs*, § 277 Rn. 5.
71   Palandt/*Heinrichs*, § 277 Rn. 5.
72   Emissionsbanken und Emittentin, sowie weitere Prospektverantwortliche im Sinne von § 44 Abs. 1 Satz Nr. 1 oder Nr. 2.
73   *Groß*, §§ 45, 46 Rn. 44; *Schwark*, §§ 45, 46 Rn. 21.
74   Einerseits *Groß*, §§ 45, 46 Rn. 51: analoge Anwendung von § 831 BGB; kritisch *Hopt*, Verantwortlichkeit, S. 56 f.; entgegengesetzt *Schwark*, §§ 45, 46 Rn. 24; *Köndgen*, AG 1983, 120, 127: einheitlicher Sorgfaltsmaßstab innerhalb des Konsortiums; differenzierend *Assmann/Schütze*, § 7 Rn. 223.

prüfen. Etwas anderes gelte nur dann, wenn konkrete Anhaltspunkte für die Unrichtigkeit der Angaben bestünden, da in einer solchen Situation unterlassene Nachprüfungen eine grobe Fahrlässigkeit darstellen würden[75]. Ausgehend von dieser Rechtsprechung und der Tatsache, dass jedes Unternehmen ab einer bestimmten Größenordnung eine Pflichtprüfung durchzuführen hat[76], kann sich das Emissionshaus angesichts der besonderen Sachkunde und der Erfahrung des Jahresabschlussprüfers zunächst auf das Prüfungsergebnis der gesetzlichen Pflichtprüfung verlassen. Die Emissionsbank ist grundsätzlich nicht verpflichtet, die vom Jahresabschlussprüfer für zulässig erachteten Bilanzergebnisse in Zweifel zu ziehen[77]. Allerdings darf die Emissionsbank kein veraltetes Zahlenwerk aus den Prüfungsberichten des Jahresabschlussprüfers übernehmen[78]. Desweiteren muss stets eine Plausibilitätskontrolle des gesamten vorgelegten Prospekts stattfinden (Gesamtbild-Formel des Bundesgerichtshofs)[79]. Hiernach sind die aus den Zahlenwerken gezogenen Schlussfolgerungen und Prognosen eines verständigen Durchschnittsanlegers mit der Darstellung des Unternehmens in dem Prospekt zu vergleichen, wobei es entscheidend um die Frage geht, ob das Gesamtbild des Unternehmens in dem Prospekt zutreffend dargestellt ist[80].

Hat die Emissionsbank konkrete Anhaltspunkte für die Unrichtigkeit oder Unvollständigkeit von Prospektangaben oder verfügt sie anderweitig über Informationen, die Zweifel an der Richtigkeit des Prospekts wecken müssen, besteht eine Nachprüfungspflicht der Emissionsbank. Allerdings ist fraglich, aus welchen Quellen sich solche dem Prospekt widersprechende Informationen für die Emissionsbank ergeben können[81].

Zusammenfassend ist festzustellen, dass sich die Emissionsbank im Hinblick auf die im Prospekt gemachten Angaben jedenfalls nicht auf eine bloße „Beglaubigungsfunktion" zurückziehen kann mit dem Hinweis, die Angaben des Prospekts stammten von der Emittentin[82]. Ihr obliegt vielmehr eine eigene Pflicht zur Plausibilitätskontrolle

---

75 RGZ 80, 196, 198 f.
76 Vgl. §§ 316, 267 Abs. 2 und 3 HGB; ausführlich MünchKomm HGB/*Ebke*, § 316 Rn. 2-8.
77 *Schwark*, ZGR 1983, 162, 173.
78 BGH WM 1982, 862, 864 = NJW 1982, 2823 = ZIP 1982, 923.
79 BGH WM 1982, 862, 864 = NJW 1982, 2823 = ZIP 1982, 923.
80 *Schwark*, §§ 45, 46, Rn. 21.
81 *Schwark*, ZGR 1983, 162, 173, S. 176 f.; *Groß*, AG 1999, 199, 206. Umstritten sind Erkenntnisse aus Aufsichtsratsbeteiligungen, die „Hausbankfunktion" der Emissionsbank, die ungeprüfte Übernahme von Angaben technischer und naturwissenschaftlicher Sachverständiger, Informationen weiterer Personengruppen wie Rechts- und Patentanwälte, Notare und Steuerfachleute sowie die negativen Werturteile dritter Personen, etwa Ratingagenturen oder Presseberichte, die Zweifel an dem Rechnungswerk der Emittentin wecken. Neuerdings eine generelle Nachprüfungspflicht der Emissionsbanken bejahend *Köndgen*, AG 1983, 120, 127; *Hopt*, Verantwortlichkeit, S. 99 ff.; einschränkend auf die Übernahme von Informationen Dritter *Assmann/Schütze*, § 7 Rn. 218 ff., die sich für eine Pflicht der Emissionshäuser zur Überprüfung der Bilanz auf die Wahrnehmung bestehender Bilanzspielräume und die Wertansätze in Bezug auf besonders bilanzwirksame Aktiv- und Passivposten aussprechen. Kritisch dazu *Schwark*, §§ 45, 46 Rn. 24; *Groß*, §§ 45, 46 Rn. 49. Die Frage ist vom BGH bisher noch nicht entschieden worden.
82 *Schwark*, §§ 45, 46, Rn. 21.

der von der Emittentin gelieferten Daten und Informationen und darüber hinaus unter bestimmten Voraussetzungen auch eine entsprechende Prüfungspflicht.

3. Ziel der Comfort Letter-Erstellung

Wie bereits erwähnt, ist die Emissionsbank verpflichtet, für die Prospekterstellung aktuelles Zahlenmaterial zu verwenden. Diese Verpflichtung ist deshalb besonders problematisch, weil der Jahresabschlussprüfer seinerseits bei der vorausgehenden Abschlussprüfung bereits eine ex-post-Betrachtung bezogen auf den Stichtag der Abschlussprüfung vornimmt[83]. Verstreicht bis zur Veröffentlichung des Prospekts ein größerer Zeitraum, so ist die Emissionsbank gehalten, die dem Abschlussprüfertestat zugrundeliegenden Bewertungen darauf zu überprüfen, ob diese angesichts der nachträglichen Entwicklung aufrechterhalten werden können[84]. Der Prospekt muss außerdem nach seinem Gesamtbild das emittierende Unternehmen zutreffend darstellen. Maßgeblicher Zeitpunkt ist dabei der Tag der Prospektveröffentlichung[85]. Dieser Pflichtenkatalog zwingt die Emissionsbank, ihr eigenes Prospekthaftungsrisiko beherrschbar zu gestalten. Hieraus folgt für diese die Notwendigkeit, die Daten in den Rechnungswerken sowie in dem Emissionsprospekt des emittierenden Unternehmens auf den Zeitpunkt der Prospektveröffentlichung durch einen unabhängigen Sachverständigen untersuchen zu lassen. Weiterhin muss der Prospekt nochmals auf den Zeitpunkt der Prospektveröffentlichung nach seinem „Gesamtbild" auf die Plausibilität der gemachten Angaben hin beleuchtet werden. Abgekürzt kann damit von einer Pflicht der Emissionsbank zur „Vollständigkeits- und Plausibilitätskontrolle der Prospektangaben im Lichte der jüngsten Unternehmensentwicklung" gesprochen werden[86].

Die Forderung eines Comfort Letter soll dabei als ergänzende Maßnahme zur Due-Diligence-Prüfung die Sorgfaltsanforderungen erfüllen, die an die Emissionsbank gestellt werden[87]. Der Emissionsbank könnte bei einer Inanspruchnahme aus der börsengesetzlichen Prospekthaftung der Entlastungsbeweis nach § 45 Abs. 1 BörsG gelingen, wenn sie nachweist, dass sie die Unrichtigkeit des Prospekts nicht gekannt hat und ihre Unkenntnis zudem nicht auf grober Fahrlässigkeit beruhte (Due-Diligence-Einwendung).

Neben dem rechtlichen Risiko einer Aktienemission darf nicht übersehen werden, dass den Emissionsbanken auch ein Imageschaden entstehen kann, wenn sich später herausstellt, dass der Emissionsprospekt fehlerhaft war. Deswegen wird der Comfort

83   BGH WM 1982, 862, 864 = NJW 1982, 2823 = ZIP 1982, 923.
84   BGH WM 1982, 862, 865 = NJW 1982, 2823 = ZIP 1982, 923.
85   OLG Frankfurt am Main (1.2.1994) WM 1994, 291, 295; *Groß*, §§ 45, 46 Rn. 27.
86   *Ebke/Siegel*, Sonderbeilage Nr. 2, WM 2001, S. 5.
87   Vgl. für den U.S.-amerikanischen Rechtsraum *Resnik*, 34 Bus.Law. 1725, 1728 (1979); für Deutschland, siehe *Kunold*, in: Habersack/Mülbert/Schlitt, § 21 (S. 613); *Krämer*, in: Marsch-Barner/Schäfer, § 9 III Rn. 212.

Letter nicht nur aus rechtlichen Erwägungen, sondern auch aus wirtschaftlichen Überlegungen verlangt.

4. Inhaltliche Anforderungen an den Comfort Letter

Im Interesse einer größtmöglichen Rechtssicherheit stellt die Emissionsbank an den Inhalt des Comfort Letter hohe Erwartungen und Anforderungen. Zum einen setzt die Emissionsbank voraus, dass dem Comfort Letter keine Allgemeinen Auftragsbedingungen für Wirtschaftsprüfer und Wirtschaftsprüfungsgesellschaften (Stand: 1.1.2002) (AAB) nebst darin enthaltener Haftungsbeschränkungen in Ziffer 9 beigefügt werden[88]. Hierdurch soll ein unbegrenzter Rückgriff auf den Aussteller gesichert werden. Außerdem möchte die Emissionsbank argumentieren, sie habe gerade wegen der unbegrenzten Haftung des Ausstellers davon ausgehen können, dass die geprüften Tatsachen objektiv richtig gewesen seien[89].

Die Emissionsbank möchte auch eine Wiederholung der Jahresabschlusstestate in Verbindung mit einer Bestätigung der „Richtigkeit" dieser Testate in dem Comfort Letter zum Zeitpunkt seiner Ausstellung erhalten. Der Aussteller soll nach Möglichkeit bestätigen, dass ihm „nichts zur Kenntnis gelangt ist, was ihn veranlasst anzunehmen, dass die geprüften Abschlüsse nichtig sind oder der Bestätigungsvermerk widerrufen werden müsste" (negative assurance)[90]. Dies dient ebenfalls dem Ziel, die Anforderungen sorgfaltgerechten Verhaltens umfassend zu erfüllen[91], indem nochmals kompetente Auskunft darüber erteilt wird, dass die in den testierten Abschlüssen genannten Zahlen richtig waren[92]. Aus der Sicht der Abschlussprüfer handelt es sich um eine Bestätigung der auf die Vergangenheit bezogenen testierten Abschlüsse, die für sie mit großen Risiken verbunden ist. Aus einer Wiederholung der Testate können sich Rückgriffsrechte gegen den Abschlussprüfer ergeben, die weder durch die gesetzliche Haftungsbeschränkung (§ 323 Abs. 2 Satz 1 und 2 HGB) noch durch die Verjährungsregelung (§ 323 Abs. 5 HGB) eingeschränkt wären. Beide Vorschriften wären mithin zu Gunsten der Emissionsbank ausgeschaltet.

---

88 Der IDW Prüfungsstandard PS 910 enthält freilich den ausdrücklichen Hinweis, dass die AAB verwendet werden sollen. Siehe dazu unten S. 93.
89 Dieser Ansicht ist entgegenzutreten. Ausführlich unten im rechtsvergleichenden Teil S. 300.
90 Zum Widerruf des Bestätigungsvermerks zuletzt MünchKomm HGB/*Ebke*, § 322 Rn. 34 f.
91 Vgl. BGH WM 1982, 862, 864 = NJW 1982, 2823 = ZIP 1982, 923.
92 Nach IDW Prüfungsstandard PS 910 kommt eine Wiederholung der Bestätigungsvermerke in dem Comfort Letter nicht in Betracht. Der Aussteller kann allenfalls Untersuchungshandlungen zur Aufdeckung „bestätigungsvermerksrelevanter Ereignisse" durchführen und hierüber in dem Comfort Letter berichten. Siehe dazu unten S. 85.

III. Interessenlage der Emittentin

Das emittierende Unternehmen muss ebenfalls bei der Antragstellung zur Börsenzulassung den Prospekt unterzeichnen[93] und ist damit gleichermaßen prospektverantwortlich[94]. Das vermutete Verschulden wird bei einer Unrichtigkeit oder Unvollständigkeit der Prospektangaben nur schwer zu widerlegen sein, da die Emittentin unmittelbar über die Prospektangaben verfügt[95]. Im Falle eines Schadenseintritts ist es allerdings eine andere Frage, ob und inwieweit Ansprüche überhaupt erfüllt werden. Es muss vielmehr befürchtet werden, dass in einem derartigen Fall die Zahlungsfähigkeit der Emittentin nicht mehr gegeben ist[96].

Für das emittierende Unternehmen besteht mithin oberste Priorität, einen objektiv zutreffenden und vollständigen Emissionsprospekt zu veröffentlichen. Dabei wird es in manchen Fällen geneigt sein, in dem Emissionsprospekt möglichst nur solche Rechnungslegungsdaten, Prognosen und sonstige Angaben zu veröffentlichen, die nach den Regeln des avisierten Börsensegments notwendigerweise zu veröffentlichen sind[97]. Mit einer solchen Beschränkung auf die gesetzlichen Angaben kann das Prospekthaftungsrisiko zwar beherrschbar gehalten werden; es entsteht aber die Gefahr, dass der Prospekt unvollständig ist, da die gesetzlich geforderten Angaben (§§ 13-32 BörsZulVO) Minimalanforderungen sind[98]. Auch die Anleger werden sich oft nicht mit den gesetzlichen Mindestangaben zufrieden geben und weitere Daten und Informationen in dem Prospekt voraussetzen. Die Emittentin muss daher auf freiwilliger Basis über die gesetzlichen Mindestanforderungen hinaus weitere Angaben in den Prospekt aufnehmen[99].

Von Bedeutung kann auch die Übernahme der Kosten der Ausstellung des Comfort Letter durch die Emittentin im Übernahmevertrag sein[100], die sich einschließlich der Prüfung von Tochtergesellschaften der Emittentin auf einen hohen sechsstelligen Betrag belaufen können bzw. bei großen Transaktionen sogar die Millionengrenze überschreiten[101]. Die Emittentin wird möglichst nur eingeschränkte, kostengünstige Prüfungshandlungen im Vorfeld der Ausstellung eines Comfort Letter anstreben und

---

93 Dies ergibt sich beim Zulassungsantrag zum Amtlichen Markt aus § 30 Abs. 2 BörsG und § 13 Abs. 1 Satz 5 BörsZulV. Der Unternehmensbericht ist bei Zulassungsanträgen zum Geregelten Markt nach § 51 Abs. 1 Nr. 2 BörsG ebenfalls von der Emittentin zu unterschreiben.
94 Siehe § 44 Abs. 1 Satz 1 Nr. 1 BörsG; *Groß*, §§ 45, 46 Rn. 17.
95 *Krämer*, in: Marsch-Barner/Schäfer, § 9 III Rn. 217 [Fn. 5], geht in diesen Fällen von einem bedingten Vorsatz der Emittentin aus.
96 Siehe zuletzt nur die Mitteilungen in den Urteilen LG Kassel (14.8.2002) DB 2002, 2151; LG Augsburg (9.1.2002) NZG 2002, 429; *Krämer*, in: Marsch-Barner/Schäfer, § 9 III Rn. 217.
97 *Ebke/Siegel*, Sonderbeilage Nr. 2, WM 2001, S. 6.
98 Vgl. *Gross*, §§ 13-32 BörsZulVO Rn. 1.
99 Ausführlich *Krämer*, in: Marsch-Barner/Schäfer, § 9 III Rn. 220 f..
100 Zur Kostenpflichtigkeit der Emittentin bereits *Ebke/Siegel*, Sonderbeilage Nr. 2, WM 2001, S. 5.
101 Siehe *Krämer*, in: Marsch-Barner/Schäfer, § 9 III Rn. 220 [Fn. 1].

einen beschränkten Prüfungsumfang (review bzw. critical review) anstelle einer vollständigen Prüfung (full audit) bevorzugen. Ihr ist mithin an einer eingeschränkten Prüfungstiefe gelegen. Fraglich ist dabei, ob die Emittentin ihre Interessen gegenüber der Emissionsbank durchsetzen kann, da eine eingeschränkte Prüfungstiefe zu Lasten der vorbeugenden Sicherheit der Emissionsbank geht, vor Prospekthaftungsansprüchen geschützt zu sein.

IV. Interessenlage des Wirtschaftsprüfers/Ausstellers eines Comfort Letter

Mit der wachsenden Bedeutung der Kapitalmärkte zur Finanzierung junger Unternehmen hat sich der Berufsstand der Wirtschaftsprüfer die Beratung von Unternehmen im Rahmen von Börseneinführungen als Geschäftsfeld erschließen können[102]. Bei einem Initial Public Offering (IPO) sind regelmäßig eine Reihe komplexer rechtlicher und wirtschaftlicher Fragen zu beantworten. Dies eröffnet dem Wirtschaftsprüfer ein breites Betätigungsfeld an Prüfungs- und Beratungsdienstleistungen[103]. Zu den neuen Tätigkeitsbereichen zählt unter anderem die Ausstellung des Comfort Letter. Es wurde bereits darauf hingewiesen, wie häufig die Emittentin den Comfort Letter durch ihren gesetzlichen Abschlussprüfer ausstellen ließ[104]. Hiernach war bei 26 von 29 Aktienemissionen der Aussteller des Comfort Letter der Abschlussprüfer der Emittentin[105]. Es kann gleichzeitig davon ausgegangen werden, dass praktisch bei jeder Aktienemission von der Emissionsbank ein Comfort Letter verlangt wird. Das Erschließen neuer Tätigkeitsbereiche und Einnahmequellen ist nur eine Seite der Medaille. Andererseits ergeben sich für den Wirtschaftsprüfer und Aussteller eines Comfort Letter naturgemäß auch neue Haftungsrisiken.

Dabei steht das Risiko der börsengesetzlichen Prospekthaftung gegenüber den Anlegern im Vordergrund. Als Anknüpfungspunkt einer Haftung des Ausstellers könnten zum einen die in dem Emissionsprospekt genannten, von ihm testierten Jahresabschlüsse und die zugehörigen Bestätigungsvermerke (§§ 13 Abs. 2 Nr. 4 i.V.m. 30 Abs. 1 Sätze 1 und 2 BörsZulVO), zum anderen die von ihm erteilten Comfort Letters in Betracht kommen. Nach dem Willen des Gesetzgebers sowie der herrschender Literaturmeinung ist der Wirtschaftsprüfer in seiner Funktion als gesetzlicher Abschlussprüfer der emittierenden Gesellschaft grundsätzlich nicht zum Personenkreis der Prospektver-

102 *Ostrowski/Sommerhäuser*, WPg 2000, 961.
103 *Ostrowski/Sommerhäuser*, WPg 2000, 961. Es sind Dienstleistungen in folgenden Stadien zu nennen: Prüfung der Börsenreife eines (jungen) Unternehmens, Due-Diligence-Prüfung, Unternehmensbewertung und Feststellung des Emissionspreises, Mitwirkung bei der Erstellung des Emissionsprospekts, Prospektprüfung, Erteilung des Comfort Letter und Betreuung nach dem erfolgten Börsengang.
104 *Ostrowski/Sommerhäuser*, WPg 2000, 961, 968. Die Daten wurden von November 1998 bis Juli 1999 erhoben.
105 *Ostrowski/Sommerhäuser*, WPg 2000, 961.

antwortlichen im Sinne von § 44 Abs. 1 Satz 1 Nr. 1 und Nr. 2 BörsG zu rechnen[106]. Dementsprechend ist seine Interessenlage auf die Erhaltung dieses Status gerichtet, da er möglichst jegliche weitergehenden Haftungsrisiken vermeiden möchte. Mit der Ausstellung des Comfort Letter soll jedenfalls keine Verschiebung der Rechtslage zu seinen Ungunsten verbunden sein. Andererseits liegt es nahe, dass die Emissionsbank im Falle einer Inanspruchnahme durch Dritte den Aussteller des Comfort Letter, auf dessen Prüfungsergebnisse sie vertraut hat, in Regress nehmen möchte.

In diesem Zusammenhang ist darauf hinzuweisen, dass der Aussteller geschäftspolitischen Situationen ausgesetzt ist, in denen die emittierende Gesellschaft etwaige Konflikte zwischen ihrem gesetzlichen Abschlussprüfer und den Emissionsbanken über gewünschte inhaltliche Aussagen des Comfort Letter als eine Gefährdung des geplanten Börsengangs identifiziert. Dem kann der Wirtschaftsprüfer nur dadurch angemessen begegnen, dass er seine Auffassung über auftretende problematische Aussagen im avisierten Comfort Letter so früh wie möglich der Emittentin bekannt gibt und deutlich macht, dass der Übernahmevertrag zwischen Emissionsbank und Emittentin das o.g. Haftungsrisiko keinesfalls zu seinen Lasten verschieben darf[107]. Im Falle eines „geschäftspolitisch motivierten" Nachgebens des Ausstellers kann neben dem Haftungsrisiko auch dessen Eigenverantwortlichkeit, Gewissenhaftigkeit und Unabhängigkeit tangiert werden.

Schließlich muss beachtet werden, dass die Prüfungstätigkeit vor Erteilung des Comfort Letter keine Prospektbegutachtung im Sinne des IDW Prüfungsstandards S 4 zur Begutachtung von Prospekten über öffentlich angebotene Kapitalanlagen[108] darstellt[109]. Dem Aussteller steht in der Praxis ohnehin nur eine kurze Zeitspanne zur Verfügung. Umfangreiche und in die Tiefe gehende Prüfungshandlungen können daher von ihm gar nicht durchgeführt werden. Ein dahin gehender Vorbehalt muss jedoch unbedingt in dem Comfort Letter enthalten sein. Unterbleibt ein solcher Hinweis oder wird die Ausgangslage nicht deutlich zum Ausdruck gebracht, geht der Aussteller das Risiko ein, mit seinen Aussagen zur wirtschaftlichen Lage der Emittentin mehr zuzusichern als er nach Lage der Dinge zu beurteilen vermag.

---

106 Regierungsbegründung zum Dritten Finanzmarktförderungsgesetz, BT-Drs. 13/8933, S. 78 (l. Sp.); *Schwark*, §§ 45, 46 Rn. 7, *Groß*, §§ 45, 46 Rn. 20; *Assmann/Schütze*, § 7 Rn. 205; *Sittmann*, NZG 1998, 490, 493; *Lehmann*, WM 1985, 181, 183; a.A. *Groß*, §§ 45, 46 Rn. 21; *ders.*, AG 1999, 199, 201; *Bosch*, ZHR 163 (1999), 274, 279 ff.; *Schimansky/Bunte/Lowowski/Grundmann*, § 112 Rn. 58. Die Formulierung des Gesetzgebers geht auf einen Vorschlag *Schwarks* zurück, siehe *Schwark*, 1. Aufl., §§ 45, 46 Rn. 3.
107 Siehe für den U.S.-amerikanischen Raum *Levenson/Cord*, S. 160.
108 IDW S 4, WPg 2000, 922.
109 IDW PS 910, WPg 2004, 342, 343 (Tz. 4).

V. Einschaltung eines Transaktionsanwalts durch die Emittentin

Dem Anwalt der Emittentin kommt bei den Mandatierungsgesprächen zwischen Aussteller, Emittentin und konsortialführender Emissionsbank eine wichtige Rolle zu. Er ist dafür verantwortlich, dass das Spannungsverhältnis zwischen den drei genannten Transaktionsbeteiligten hinsichtlich der Prüfungstiefe der Untersuchungshandlungen vor der Erteilung des Comfort Letter und des Haftungsumfangs des Ausstellers interessengerecht im Sinne eines Zustandekommens der Transaktion zu akzeptablen Bedingungen gelöst werden kann[110]. Für die Emittentin ist es wichtig, dass der Aussteller möglichst kurzfristig einen ersten Entwurf des Comfort Letter an die konsortialführende Emissionsbank übersendet[111]. Vor Übersendung des ersten Comfort Letter überprüft der Anwalt der Emittentin den Entwurf auf etwaige für die Emissionsbank inakzeptable Formulierungen und bespricht den Entwurf intern mit dem Aussteller[112]. Der Anwalt der Emittentin muss dabei sowohl einer übertriebenen Haftungsvermeidungsstrategie des Ausstellers als auch Versuchen einer marktunüblichen Ausweitung der Haftung des Ausstellers/Wirtschaftsprüfers durch zu weitgehende Formulierungen bzw. inadäquate Prüfungsanforderungen seitens der Emissionsbank entgegentreten[113]. Er muss außerdem darauf hinwirken, dass Aussteller und Emittentin möglichst frühzeitig einen Versicherungsschutz für die geplante Transaktion besorgen[114]. Als geeigneter Versicherer einer Kapitalmarkttransaktion hat sich in der Praxis die Versicherungsstelle Wiesbaden für das wirtschaftliche Prüfungs- und Treuhandwesen erwiesen[115].

VI. Interessenlage der Anleger

Der Kreis der Kapitalanleger („Anleger") umfasst eine sehr große und in der Regel unüberschaubare Personengruppe, die aus institutionellen Investoren[116] und Privatanlegern[117] besteht. Erleiden die Anleger nach dem Erwerb der Aktien durch einen Kursrückgang einen Vermögensschaden, wird nach Anspruchsgegnern gesucht, die für diesen Schaden einzustehen haben. In Frage kommt das emittierende Unternehmen,

---

110 *Krämer*, in: Marsch-Barner/Schäfer, § 9 III Rn. 220 u. 223.
111 *Krämer*, in: Marsch-Barner/Schäfer, § 9 III Rn. 223.
112 *Krämer*, in: Marsch-Barner/Schäfer, § 9 III Rn. 223.
113 *Krämer*, in: Marsch-Barner/Schäfer, § 9 III Rn. 223.
114 *Krämer*, in: Marsch-Barner/Schäfer, § 9 III Rn. 224 f.
115 *Krämer*, in: Marsch-Barner/Schäfer, § 9 III Rn. 224.
116 Hierunter versteht man Kapitalsammelstellen wie Versicherungsgesellschaften, Pensionsfonds, Kapitalanlagegesellschaften und Banken, die bei manchen Emissionen einen hohen Prozentsatz der neuen Wertpapiere dauerhaft übernehmen, *Büschgen*, S. 779.
117 Hierunter versteht man solche Aktionäre, die einen relativ geringen Aktienbesitz ohne Einflussmöglichkeiten auf die Gesellschaft halten, *Büschgen*, S. 874.

wobei sich allerdings die Frage nach deren Solvenz stellen wird. Die Emittentin wird kaum mehr in der Lage sein, die Ansprüche zu befriedigen. Der Anleger kann zudem die Geltendmachung von Ansprüchen gegen die Emissionsbank in Betracht ziehen, die regelmäßig prospektverantwortlich ist[118], sich allerdings unter Umständen zu exkulpieren vermag[119].

Der Anleger kann darüber hinaus auch Ansprüche gegen den Wirtschaftsprüfer der Emittentin in Betracht ziehen. Dieser nimmt häufig eine „Mehrfachfunktion" für das Unternehmen wahr und ist als gesetzlicher Abschlussprüfer sowie als Aussteller des Comfort Letter tätig. Bei dieser Sachlage ist genau zu differenzieren, für welche Tätigkeit sich der Wirtschaftsprüfer verantworten soll. In diesen Fällen steht einerseits die Haftung des Abschlussprüfers gegenüber „vertragsfremden Dritten" in der Diskussion[120], die allerdings nicht Gegenstand dieser Arbeit ist[121]. Aus der Sicht geschädigter Anleger kann aber auch eine Verantwortlichkeit des Ausstellers des Comfort Letter in Frage kommen. Allerdings wird der Comfort Letter nur für interne Zwecke der Emissionsbank erstellt und darf nach einer ausdrücklichen Verwendungsklausel nicht an die Anleger weitergegeben werden. Dennoch erscheint der Wirtschaftsprüfer für die Anleger als ein attraktiver Anspruchsgegner, zumal er gesetzlich zum Abschluss einer angemessenen Berufshaftpflichtversicherung verpflichtet ist[122] und daher ein „deep pocket" darstellt. Zudem wurde die „Berufshaftung" der „berufsmäßigen Sachkenner"[123] zuletzt in Deutschland erheblich ausgeweitet[124].

C. Problemstellung

Die Beteiligten einer Aktienemission verfolgen mithin, wie vorstehend ausgeführt, unterschiedliche Interessen. Vor dem Hintergrund eines unzureichend ausgereiften Verfahrens bei der Ausstellung eines Comfort Letter, der Unerfahrenheit im Umgang mit dem Comfort Letter und einer fehlenden Kodifizierung in Deutschland hatten die

---

118 Siehe § 44 Abs. 1 Satz 1 Nr. 1 BörsG.
119 Siehe § 45 Abs. 1 BörsG.
120 Nach § 30 Absatz 1 Satz 2 BörsZulVO sind die Bestätigungsvermerke der Abschlussprüfer wörtlich in dem Prospekt wiederzugeben, und nach § 21 BörsZulVO ist der geprüfte Jahresabschluss in den Prospekt aufzunehmen.
121 Zur „Dritthaftung" des Abschlussprüfers zuletzt MünchKomm HGB/*Ebke*, § 323 Rn. 70-144. Eine Haftung besteht in Deutschland derzeit nicht.
122 Siehe §§ 54 Abs. 1 Satz 1, 139a WPO. Vgl. zum Ganzen MünchKomm HGB/*Ebke*, § 323 Rn. 9; *Maxl/Struckmeier*, WPK-Mitt. 1999, 78; kritisch *Ebke*, Sonderheft WPK-Mitt. 04/1996, S. 17, 25: „Sozialisierung individueller Risiken".
123 Darunter sind Rechtsanwalt, Steuerberater, öffentlich bestellte und vereidigte Gutachter und Sachverständige sowie Wirtschaftsprüfer zu verstehen.
124 Eine Erweiterung ist seit den Urteilen „Dänischer Konsulfall" zu beobachten, siehe BGH NJW 1982, 2431 = WM 1982, 762 = LM § 328 Nr. 71 (Dänischer Konsul I); BGH WM 1985, 450 = NJW-RR 1986, 484 = JZ 1985, 951= LM BGB § 328 Nr. 78 (Dänischer Konsul II); dazu unten S. 236 [Fn. 1227].

Wirtschaftsprüfer und Aussteller aufgrund der unklaren Rechtslage bis zum Inkrafttreten des IDW Prüfungsstandards PS 910 Probleme, die rechtlichen Konsequenzen ihres Handelns zu erfassen. Diese unklare rechtliche Situation konnte jedoch für den Aussteller zu weitreichenden Konsequenzen führen, da sich der Comfort Letter vor allem auf die Vermögens-, Finanz- und Ertragslage des emittierenden Unternehmens bezieht und daher von der Emissionsbank sowie der Emittentin zu wichtigen Vermögensdispositionen verwendet wird. Abhilfe kann der IDW Prüfungsstandard PS 910 „Grundsätze für die Erteilung eines Comfort Letter" leisten, der Anfang März 2004 verabschiedet wurde[125]. Vertreter des IDW und des Deutschen Aktieninstituts (DAI) hatten im Jahre 2000 unter anwaltlicher Beteiligung in einem Arbeitskreis mit der Ausarbeitung eines IDW Prüfungsstandards[126] für Comfort Letter begonnen. Die Facharbeit in diesem Arbeitskreis orientierte sich an dem U.S.-amerikanischen Vorbild des Statement on Auditing Standards No. 72 des American Institute of Certified Accountants (AICPA)[127].

---

125 IDW PS 910, WPg 2004, 342; siehe zur Entstehung des IDW Prüfungsstandards *Meyer*, WM 2003, 1745, 1749.
126 Ausführlich zur Entwicklung und Durchsetzung der IDW Prüfungsstandards *Gehringer*, S. 98-113.
127 Vgl. IDW PS 910, WPg 2004, 342, 343 (Tz. 3).

§ 2:   Haftungsrechtliche Funktion des Comfort Letter in den USA

A.   Übersicht

Aktien (shares) werden in den USA in einem vergleichbaren Verfahren wie in Deutschland platziert: Die an der Aufnahme von Eigenkapital über die Emission von Aktien interessierte Emittentin (issuer[128]) schließt mit einer oder mehreren Emissionsbank(en) (underwriter*[129]*) einen Vertrag, nach dem die Emissionsbank den Vertrieb der Aktien übernimmt (underwriting agreement/Übernahmevertrag)[130]. Die Emissionsbank kann sich, wie in Deutschland, entweder zum Erwerb der Aktien (firm commitment underwriting) oder zum Absatz der Papiere auf andere Weise (z.B. best effort underwriting[131]) verpflichten[132]. Üblich ist in den USA das firm commitment underwriting, bei dem der Emittentin eine genau bestimmte Geldmenge zu einem festgelegten Zeitpunkt zugesichert wird[133]. Dem underwriting agreement wird, wie in Deutschland, ein letter of intent vorgeschaltet, da das underwriting agreement erst kurz vor der öffentlichen Zeichnung der Wertpapiere unterschrieben wird[134]. Nach der Verabschiedung des letter of intent stellt der underwriter das Emissionskonsortium zusammen[135]. In dem underwriting agreement ist typischerweise die Verpflichtung der Emittentin enthalten, zwei Comfort Letters von ihrem accountant ausstellen zu lassen.

I.   Registrierung der Aktien nach Section 5 Securities Act

Im amerikanischen Kapitalmarktrecht (securities regulation) wird zwischen dem Primär- und dem Sekundärmarkt differenziert. Während die Securities Act von 1933 im Wesentlichen die Neuemission von securities und den Verkauf bisher nicht öffentlich angebotener securities betrifft, deckt der Securities Exchange Act von 1934 alle Bereiche des Handels mit securities in den entsprechenden Sekundärmarktbereichen ab[136].

---

128   Vgl. Definition in Section 2 (4) SA.
129   Vgl. Definition in Section 2 (11) SA, nach der ein underwriting agreement für die Begründung der underwriter-Funktion nicht erforderlich ist.
130   *Assmann*, S. 105.
131   *Steinberg*, § 4.04 (S. 106).
132   *Cox/Hillmann/Langevoort*, § 4 A 4 (S. 219).
133   *Dooley*, 58 Va.L.Rev. 776, 788 (1972); *Steinberg*, § 4.04 (S. 106); *Fredebeil*, S. 47.
134   *Cox/Hillmann/Langevoort*, § 4 A 1 (S. 219); *Folk*, 55 Va.L.Rev. 1, 50 (1969) [Fn. 241]; *Fredebeil*, S. 50.
135   *Cox/Hillmann/Langevoort*, § 4 A 1 (S. 220); *Fredebeil*, S. 52.
136   *Assmann*, S. 103. Beide Kapitalmarktgesetze stammen aus der New-Deal-Gesetzgebung. Ausführlich zum historischen Hintergrund *Ebke*, Dritthaftung, S. 102 ff.

51

Das Platzierungsverfahren der Aktien ist in den USA maßgeblich durch die rechtlichen Rahmenbedingungen des Securities Act von 1933 geprägt.

Um dem Anleger eine umfassende Information über die öffentlich angebotenen Aktien[137] zu ermöglichen, müssen die neu emittierten Aktien eine Vielzahl von Registrierungs- und Vertriebsvoraussetzungen nach Section 5 Securities Act erfüllen[138]. Diese Pflicht besteht bei jeder Neuemission von securities, und zwar unabhängig von einer beabsichtigten Zulassung der Aktien an einer Börse[139]. Der Ablauf des Registrierungsverfahrens untergliedert sich in drei Teile[140].

In der ersten Phase (pre filing period), vor der Einreichung eines Zulassungsantrages (registration statement) bei der Securities Exchange Commission (SEC), sind nur Vereinbarungen zwischen Emittentin und Emissionsbank gestattet[141]. Schriftliche und mündliche Kauf- und Verkaufsangebote, verkaufsfördernde Maßnahmen sowie Verkäufe für die Emittentin, das Emissionshaus und den Wertpapierhändler sind dagegen untersagt (Verbot der Marktkonditionierung)[142]. Sämtliche Tatbestandsmerkmale des Securities Act werden dabei sehr extensiv ausgelegt[143]. In dieser Phase dürfen somit, anders als in Deutschland, keine Angebote der Effekten durch Pressemitteilungen, Informationsmaterial oder durch mündliche Ankündigungen durchgeführt werden[144].

Das eigentliche Registrierungsverfahren der Aktien beginnt in der zweiten Phase (waiting period) zunächst mit der Einreichung (filing) des registration statement bei der SEC[145]. Das registration statement umfasst zwei Teile: den Prospekt, der nach der Genehmigung des Antrags als Verkaufs- bzw. Angebotsprospekt genutzt wird und die Informationen in den jeweils einschlägigen SEC-Formblättern[146], die ausschließlich für die SEC und nicht für die Öffentlichkeit bestimmt sind[147]. In den Zulassungsdokumenten sind auch die Abschlüsse der beiden letzten Geschäftsjahre und die Testate der Wirtschaftsprüfer enthalten[148]. Nach der Einreichung des Antrags muss die Emittentin

---

137 Die gesetzlichen Pflichten des Securities Act von 1933 knüpfen an das Vorhandensein von securities an. Was hierunter zu verstehen ist hat der Gesetzgeber in Section 2 (1) SA definiert.

138 *Assmann*, S. 104.

139 Die Registrierungspflicht für die Zulassung der Aktien zum Handel an einer Börse folgt aus Section 12 (a) SEA.

140 *Hazen*, § 2.2 (S. 82 f., 84); *Steinberg*, § 4.02 (S. 92).

141 Section 2 (3) SA.

142 Section 5 (c) SA; *Hazen*, § 2.3 (S. 92 f.).

143 *Hazen*, § 2.3 (S. 95); *Steinberg*, § 4.02 (S. 94); *in re Matter of Carl M. Loeb, Rhoades & Co.*, 38 S.E.C. 843, Sec. Exch. Act Rel. No. 34-5870 (1959); 1959 WL 2709.

144 *Hutter/Leppert*, NJW 2002, 2208, 2209.

145 Ausführlich zum Inhalt des registration statement *Loss/Seligman*, § 2 D (S. 149-208) für die nationale Emission sowie *dies.*, § 2 E (S. 208-229) für die internationale Emission; *Merkt*, Rn. 427.

146 Die SEC ist ermächtigt, entsprechende Formblätter herauszugeben und dadurch den Inhalt zu bestimmen (Sections 7, 19 (a) SA). Das Standardformblatt „S-K" ist abgedruckt bei *Coffee/Seligman*, S. 263-337.

147 *Küting/Hayn*, WPg 1993, 401, 406.

148 *Semler/Volhard/Junius*, § 36 Rn. 56; *Cox/Hillmann/Langevoort*, § 4 C (S. 238).

wenigstens 20 Tage warten, bis das registration statement wirksam (effective) wird[149]. Innerhalb dieser Wartefrist, die in der Praxis vielfach überschritten wird, unterzieht die SEC den Zulassungsantrag einer formellen Vollständigkeitsprüfung[150]. Während der waiting period ist ein Aktienverkauf verboten[151]. Nur ausnahmsweise können nach Section 5 (b) Securities Act in Verbindung mit Section 2 (a) (10) Securities Act bestimmte Angebotsformen zulässig sein. So sind mündliche Angebote außerhalb der Telekommunikation erlaubt[152]. Jedes schriftliche Angebot stellt im Übrigen einen Verkaufsprospekt nach Section 2 (a) (10) Securities Act dar und muss somit die in Section 10 Securities Act geforderten Informationen enthalten. Um auch in der waiting period schriftliche Angebote abgeben zu können, werden bestimmte Ausnahmen zugelassen[153].

In der dritten Phase (post-effective period), d.h. der Zeit nach dem Wirksamwerden der Zulassungsdokumente, ist der eigentliche Verkauf und die Lieferung der Wertpapiere zugelassen[154]. Jedes Verkaufsangebot wird als gesetzlicher Prospekt (statutory prospectus) angesehen und muss die gesetzlichen Anforderungen erfüllen[155]. Durch Section 5 (b) Securities Act wird sichergestellt, dass der Käufer vor oder spätestens mit dem Erwerb der securities einen Prospekt erhält.

II. Comfort Letter als notwendiges Instrument des Emissionsvorgangs

Die Emissionsbank lässt sich bei einer Emission von Aktien in der Regel zwei Comfort Letters ausstellen[156]. Der erste wird auf den effective date des registration statement bezogen[157]. Dieser Tag ist nach Section 11 (a) Securities Act der maßgebliche Stichtag, an dem die in dem Zulassungsantrag und dem Prospekt enthaltenen Angaben richtig und vollständig sein müssen[158]. Der zweite Comfort Letter wird auf den Tag des closing der Transaktion bezogen[159], da dieser Tag der letztmögliche Termin ist, um die Transaktion abzubrechen und rückabzuwickeln. Der Tag des closing ist der dritte Handelstag

---

149 Section 8 (a) SA.
150 *Küting/Hayn*, WPg 1993, 401, 406.
151 Section 5 (a) SA.
152 *Hazen*, § 2.4 (S. 103).
153 Die anzeigenartig gestaltete Emissionsankündigung in der Presse (tombstone advertisement) ist nach SEC Rule 134 ebenso erlaubt wie der vorläufige Prospekt (preliminary prospectus oder red herring) nach SEC Rules 430 und 431, der die wichtigsten Angaben des registration statement veröffentlichen darf, siehe *Hazen*, § 2.4 (S. 102 f.).
154 *Steinberg*, § 4.02 (S. 100).
155 Beispielsweise schriftliche Verkaufsangebote, durch Radio oder Fernsehen übertragene Verkaufsangebote, *Hazen*, § 2.4 (S. 108).
156 *Bloomenthal/Wolff*, § 12.44 (S. 12-98); *Haft, R. J./Haft A. F.*, § 2.1; *Resnik*, 34 Bus.Law. 1725, 1745 (1979).
157 *Bloomenthal/Wolff*, § 12.44 (S. 12-98).
158 Section 11 (a) SA; *Hartford Fire Insurance Co. v. Federated Department Stores, Inc.*, 723 F.Supp. 976 (S.D.N.Y. 1989); *Mayer v.Oil Field Sys. Corp.*, 803 F.2d 749, 755 (2nd Cir. 1986); *Hazen*, § 7.3 (S. 356).
159 *Bloomenthal/Wolff*, § 12.44 (S. 12-98).

nach der ersten öffentlichen Notierung der Aktien[160]. Ist bis zum Tag des closing eine wesentliche Veränderung in den Vermögensverhältnissen der Emittentin eingetreten, so kann die Emissionsbank von dem underwriting agreement zurücktreten (market out clause)[161].

Beide Comfort Letter sind gleichzeitig wesentlicher Bestandteil der due diligence defense der Emissionsbank und sollen vor einer Inanspruchnahme durch Anleger nach Section 11 (a) Securities Act schützen[162]. Mit dieser unabhängigen Untersuchung durch den Aussteller muss der Nachweis geführt werden können, dass die vom Gesetz und den Gerichten geforderten Untersuchungspflichten beachtet worden sind[163]. Der Comfort Letter wird nicht in die SEC-Zulassungsunterlagen (registration statement) aufgenommen und darf unberechtigten Dritten nicht zugänglich gemacht werden[164].

B. Interessenlage der Beteiligten

I. Interessenlage der Emissionsbanken

Ebenso wie in Deutschland besteht auch in den USA im Rahmen einer Aktienneuemission keine gesetzliche Verpflichtung zur Einholung eines Comfort Letter. Eine dahingehende gesetzliche Rechtspflicht ist weder den bundesstaatlichen Securities Laws noch den Rules der SEC zu entnehmen[165]. Ungeachtet dessen besteht auch in den USA ein erhebliches Interesse der konsortialführenden Emissionsbanken an der Vorlage eines oder mehrerer Comfort Letters im Rahmen eines kapitalmarktrechtlichen Registrierungsverfahrens. Konkret wird von den konsortialführenden Emissionsbanken jeweils die Ausstellung von zwei Comfort Letters durch den accountant der Emittentin vorausgesetzt.

Die Emissionsbank kann dem Anleger im Rahmen einer Aktienneuemission für fehlerhafte Prospektangaben schadensersatzpflichtig werden. Für die Frage ihrer Emissionsprospekthaftung sind zunächst die bundesstaatlichen Kapitalmarktgesetze in Betracht zu ziehen. So enthält der Securities Act im Wesentlichen vier Haftungstatbestände, von denen in erster Linie eine Haftung der Emissionsbank nach Section 11 (a)

---

160   Rule 15c 6-1 (a) zu Section 15 (c) SEA, abgedruckt bei *Loss/Seligman*, S. 1111.
161   Zum Ganzen *Cox/Hillmann/Langevoort*, Sec. 4 A (S. 222); *Dooley*, 58 Va.L.Rev. 776, 789 (1972) [Fn. 68] m.w.N.
162   *Resnik*, 34 Bus.Law. 1725 (1979).
163   Vgl. *Dooley*, 58 Va.L.Rev. 776, 786 (1972).
164   Siehe dazu die Tabelle in Regulation S-K, Item 601, wo der Comfort Letter nicht aufgeführt ist, abgedruckt bei *Coffee/Seligman*, S. 352; siehe auch AU § 634.61; dazu oben Fn. 233, S. 63.
165   *Bloomenthal/Wolff*, § 12.44 (S. 12-98).

Securities Act von Bedeutung ist[166]. Als weitere Anspruchsnorm kommt Rule 10b-5 zu Section 10 (b) Securities Exchange Act, die erst durch die U.S.-amerikanischen Gerichte im Wege der Rechtsfortbildung als Anspruchsgrundlage ausgestaltet wurde, in Betracht, bevor auf die in den Einzelstaaten geltenden Kapitalmarktgesetze (blue sky laws) kurz eingegangen werden soll.

1. Haftung für falsche und unvollständige Angaben im Registration Statement sowie im Verkaufsprospekt nach Section 11 (a) Securities Act[167]

Die Emissionsbank haftet für unrichtige oder unvollständige Angaben im registration statement und Verkaufsprospekt (statutory prospectus), wenn im Zeitpunkt des Wirksamwerdens des registration statement wesentliche Tatsachen (material facts) unrichtig oder unvollständig sind. Da der Zulassungsantrag auch den vorläufigen Prospekt enthält, genügt eine unrichtige oder unvollständige Angabe im Prospekt, um die Haftung nach Section 11 (a) Securities Act auszulösen[168]. Unerheblich ist dagegen, ob der Käufer tatsächlich im Vertrauen auf die Richtigkeit des Zulassungsantrages gekauft hat[169].

---

166 Die weiteren Haftungsnormen sind: Section 12 (a) (1) SA statuiert eine Haftung von Personen, die securities unter Verstoß gegen Section 5 anbieten oder verkaufen. Section 12 (a) (2) SA normiert einen allgemeinen zivilrechtlichen Prospekthaftungstatbestand, der sich gegen falsche oder unvollständige Informationen richtet und sich nicht auf die Angaben im registration statement beschränkt. Section 17 (a) SA enthält eine noch allgemeinere, generalklauselartige Haftungsregelung für betrügerisches Verhalten, die dem Anleger allerdings keine Klagemöglichkeit einräumt, sondern der SEC als Rechtsgrundlage für ihre Ermittlungstätigkeiten dient.

167 Section 11 (a) SA lautet: In case any part of the registration statement, when such part became effective, contained an untrue statement of a material fact or omitted to state a material fact required to be stated therein or necessary to make the statements therein not misleading, any person acquiring such security (unless it is proved that at the time of such acquisition he knew of such untruth or omission) may, either at law or in equity, in any court of competent jurisdiction, sue – (1) every person who signed the registration statement; (2) every person who was a director of (or person performing similar functions) or partner in, the issuer at the time of the filing of the part of the registration statement with respect to which his liability is asserted; (3) every person who, with his consent, is named in the registration statement as being or about to become a director, person performing similar functions, or partner; (4) every accountant, engineer, or appraiser, or any person whose profession gives authority to a statement made by him, who has with his consent been named as having prepared or certified any part of the registration statement, or as having prepared or certified any report or valuation which is used in connection with the registration statement, with respect to the statement in such registration statement, report, or valuation, which purports to have been prepared or certified by him; (5) every underwriter with respect to such security.

168 *Steinberg*, § 6.02 (S. 146).

169 *Hazen*, § 7.3 (S. 351); *Schwartz v. Celestial Seasonings, Inc.*, 185 F.R.D. 313 (D.Colo. 1999); *Schwartz v. Celestial Seasonings, Inc.*, 904 F.Supp. 1191 (D.Colo. 1995), *rev'd on other grounds*, 124 F.3d 1246 (10th Cir. 1997); *Assmann*, S. 151.

55

a) Persönlicher Anwendungsbereich

Nach Section 11 (a) (1) Securities Act sind diejenigen für die Registrierung der Aktien verantwortlich, die das registration statement unterzeichnet haben. Section 6 Securities Act bestimmt, wer das registration statement unterschreiben muss: issuer, issuer's principal executive, financial and accounting officers und die Mehrheit des board of directors. Außerdem haften die Emissionsbanken (neben weiteren ausdrücklich genannten Personen) als underwriter einer Aktienemission für die Angaben in dem registration statement, das auch den Prospekt enthält[170]. Die für den Prospekt Verantwortlichen haften gesamtschuldnerisch gegenüber den Anspruchstellern mit der Möglichkeit eines internen Schadensausgleichs (joint and several liability)[171].

b) Sachlicher Anwendungsbereich

Section 11 (a) Securities Act ist auf solche Aktienemissionen beschränkt, für die nach Section 5 Securities Act eine Registrierungspflicht[172] der securities[173] besteht[174]. Section 5 Securities Act findet bei der Neuemission von Aktien Anwendung.

c) Anspruchsberechtigung

Der Anleger muss bei einer auf Section 11 (a) Securities Act gestützten Klage geltend machen, dass die gekauften securities aus einer bestimmten Emission stammen, für die ein fehlerhaftes registration statement verwendet wurde (tracing requirement)[175]. Dies können neben den Ersterwerbern der Aktien[176] auch die Zweiterwerber vorbringen,

---

170 Section 11 (a) (5) SA, siehe oben Fn. 167, S. 55; eine gesetzliche Definition des underwriter enthält Section 2 (11) SA.
171 Section 11 (f) (1) SA.
172 Gesetzliche Ausnahmen bestehen für bestimmte securities (vgl. Section 3 SA) oder securities transactions (vgl. Section 4 SA).
173 Der U.S.-amerikanische Begriff der security reicht erheblich weiter als der deutsche Begriff des Wertpapiers. Unter security werden nicht nur Aktien verstanden, sondern auch Anteile an einer Personengesellschaft, Fremdfinanzierungsinstrumente wie Bonds, gewisse Optionsverträge und andere investment contracts.
174 Registrierungspflichtig ist dabei das Wertpapier und nicht die Emittentin, obgleich die Emittentin in der Praxis auch als registered company bezeichnet wird, vgl. *Eisolt*, AG 1993, 209, 210.
175 *In re American Bank Note Holographic Securities Litigation*, 93 F.Supp.2d 424 (S.D.N.Y. 2000); *Ultrafem, Inc. Securities Litigation*, 91 F.Supp.2d 678 (S.D.N.Y. 2000); *Neuberger v. Shapiro*, 1998 WL 408877; Fed.Sec.L.Rep. (CCH) ¶ 90,261 (E.D.Pa. 1998).
176 *Hazen*, § 7.3 (S. 352); *Steinberg*, § 6.02 (S. 147); *Assmann*, S. 149.

letztere aber nur, solange das Papier innerhalb einer bestimmten Zeitspanne nach der Emission erworben worden ist[177].

d) Unrichtigkeit (Misstatement) oder Unvollständigkeit (Omission) wesentlicher Tatsachen (Material Facts)

Die Emissionsbank ist nach Section 11 (a) Securities Act für die im registration statement bzw. Verkaufsprospekt enthaltenen unrichtigen oder unvollständigen Angaben nur insoweit verantwortlich, als diese wesentliche Tatsachen (material facts) betreffen. Nach Ansicht des U.S.-Supreme Court ist eine Tatsache wesentlich (material), wenn eine erhebliche Wahrscheinlichkeit besteht, dass ein vernünftiger Anleger die betreffende Tatsache als bedeutend für seine Anlageentscheidung angesehen hätte[178]. Es kommt darauf an, ob eine erhebliche Wahrscheinlichkeit dafür besteht, dass die fehlerhaften Angaben für die Überlegungen des Anlegers dahingehend von Bedeutung waren, dass sie die Gesamtheit aller dem Anleger zur Verfügung stehenden Informationen (total mix of information) wesentlich verändert hätte[179]. Tatsachenangaben sind unrichtig, wenn sie nicht mit der wahren Sachlage übereinstimmen[180]. Eine Unvollständigkeit des registration statement besteht, wenn es eine wesentliche Pflichtangabe nicht enthält[181] oder wenn zwar keine Pflichtangabe fehlt, aber durch eine Auslassung ein unzutreffender Gesamteindruck hervorgerufen wird[182]. Im Übrigen werden auch Meinungsäußerungen sowie Prognosen (forward looking statements) in den Tatsachenbegriff einbe-

---

177 *Joseph v. Wiles*, 223 F.3d 1155 (10th Cir. 2000); *Hertzberg v. Dignity Partners, Inc.*, 191 F.3d 1076 (9th Cir. 1999); *in re Twinlab Corp. Securities Litigation*, 103 F.Supp.2d 193 (E.D.N.Y. 2000); *Milman v. Box Hill Systems Corp.* 192 F.R.D. 105 (S.D.N.Y. 2000); *Danis v. USN Communications, Inc.*, 73 F.Supp.2d 923 (N.D.Ill 1999). Dies ist aber seit dem Urteil des U.S.-Supreme Court in *Gustafson v. Alloyd* Co., Inc. 513 U.S. 561, 578 (1995) umstritten, das Urteil erging allerdings zu Section 12 (a) (2) SA. Deshalb hat das Bundesberufungsgericht für den 10. Bezirk in *Joseph v. Wiles*, 223 F.3d 1155 (10th Cir. 2000) die Argumentation nicht auf Section 11 (a) SA übertragen; vgl. zum Ganzen *Hazen*, § 7.3 (S. 352).

178 *Basic Inc. v. Levinson*, 485 U.S. 224, 231 (1988); *TSC Industries, Inc. v. Northway, Inc.*, 426 U.S. 438, 449 (1976).

179 *Basic Inc. v. Levinson*, 485 U.S. 224, 231-32 (1988); *TSC Industries, Inc. v. Northway, Inc.*, 426 U.S. 438, 449 (1976). Die Rechtsprechung wendet diese Grundsätze auch auf die Prospekthaftungsnormen an *Lucia v. Prospect St. High Income Portfolio*, 36 F.3d 170, 175 (1st Cir. 1994); *Wieglos v. Commonwealth Edison Co.*, 892 F.2d 509, 517 (7th Cir. 1989); *Isquith v. Midle S. Utils., Inc.* 847 F.2d 186, 208 (5th Cir. 1988); *Kronfeld v. Trans World Airlines, Inc.*, 832 F.2d 726, 731 (2nd Cir. 1987).

180 *Akerman v. Oryx Communications, Inc.*, 810 F.2d 336, 340 (2nd Cir. 1987) zu falschen Umsatzangaben im registration statement.

181 *Harvey M. Jasper Retirement Trust v. Ivax Corp.*, 920 F.Supp. 1260, 1265 (S.D.Fla. 1995).

182 *Kaplan v. Rose*, 49 F.3d 1363, 1374 (9th Cir. 1994); *Lucia v. Prospect St. High Income Portfolio*, 36 F.3d 170, 176 (1st Cir. 1994); *Straus v. Holiday Inns, Inc.*, 460 F.Supp. 729, 732 (S.D.N.Y. 1978).

zogen[183], wobei allerdings ein differenzierter Maßstab bei der Frage der Wesentlichkeit angelegt wird[184]. Maßgeblicher Zeitpunkt für die Beurteilung der Richtigkeit und Vollständigkeit ist allein der Zeitpunkt des Wirksamwerdens des registration statement[185].

e)   Ursächlichkeit des Verkaufsprospekts für die Anlageentscheidung (Reliance)

Grundsätzlich kommt es nicht darauf an, ob der Käufer auch tatsächlich im Vertrauen auf die Richtigkeit des Verkaufsprospekts Aktien erworben hat[186]. Er muss nicht einmal den Prospekt tatsächlich gelesen haben[187]. Hat der Käufer die Aktien allerdings erst nach Ablauf von zwölf Monaten seit dem Wirksamwerden des registration statement gekauft und die Emittentin für diesen Zeitraum eine Gewinn- und Verlustrechnung (earnings statement) veröffentlicht, so muss der Käufer beweisen, dass er beim Erwerb auf die Richtigkeit und Vollständigkeit der Prospektangaben vertraut hat[188]. Eine tatsächliche Kenntnisnahme von dem Prospektinhalt muss er aber wiederum nicht nachweisen. Es reicht aus, wenn er mittelbar durch die Angaben zum Anlageentschluss veranlasst worden ist[189].

f)   Schaden (Damage) und Verjährung (Statute of Limitations)

In einem Schadensersatzprozess gegen die Emissionsbank muss der Anleger nicht beweisen, dass der ihm entstandene Schaden auf die geltend gemachte Unrichtigkeit

---

183   *Virginia Bankshares v. Sandberg*, 501 U.S. 1083, 1088 (1991); *Marx v. Computer Sciences Corp.*, 507 F.2d 485, 489 (9th Cir. 1974); *Phillips v. Kidder, Peabody & Co.*, 782 F.Supp. 854, 865-66 (S.D.N.Y. 1991); *Abrahams v. Oppenheimer Gov't Sec.*, Inc.; 589 F.Supp., 4, 9 (N.D.Ill. 1983).

184   Zu Prognosen (bespeaks caution doctrine) siehe *in re Worlds of Wonder Securities Litigation*, 35 F.3d 1407, 1416 (9th Cir. 1994); *in re Donald J. Trump Casino Securities Litigation*, 7 F.3d 357, 371 (3rd Cir. 1993), *cert. denied*, 114 S.Ct. 1219 (1994); der Kongress kodifizierte durch den Private Securities Litigation Reform Act von 1995 die richterlich anerkannten Haftungsprivilegien für Prognosen. Section 27 (A) SA enthält nunmehr drei safe harbor rules for forward looking statements. Zu Meinungsäußerungen siehe *Gollomp v. MNC Fin., Inc.*, F.Supp. 228, 233 (D.Md. 1991); *Franklin Sav. Bank v. Levy*, 551 F.2d 521, 526-27 (2nd Cir. 1977); *Mac Clain v. Bules*, 275 F.2d 431, 434-35 (8th Cir. 1960).

185   Section 11 (a) SA; *Hartford Fire Insurance Co. v. Federated Department Stores, Inc.*, 723 F.Supp. 976 (S.D.N.Y. 1989); *Mayer v. Oil Field Sys. Corp.*, 803 F.2d 749, 755 (2nd Cir. 1986); *Hazen*, § 7.3 (S. 356).

186   *Hazen*, § 7.3 (S. 351); *Schwartz v. Celestial Seasonings, Inc.*, 185 F.R.D. 313 (D.Colo. 1999); *Schwartz v. Celestial Seasonings, Inc.*, 904 F.Supp. 1191 (D.Colo. 1995), *rev'd on other grounds*, 124 F.3d 1246 (10th Cir. 1997); *Assmann*, S. 151.

187   *Hazen*, § 7.3 (S. 351).

188   Section 11 (a) (2) SA; *Hazen*, § 7.3 (S. 351).

189   *Shores v. Sklar*, 647 F.2d 462, 470 (5th Cir.1981), *cert. denied*, 459 U.S. 1102 (1983); *Rudnick v. Franchard Corporation*, 237 F.Supp. 871, 873 (S.D.N.Y. 1965).

oder Unvollständigkeit des Prospekts zurückgeht[190]. Die Höhe des Schadens ergibt sich aus der Differenz zwischen dem Preis, den der Kläger bezahlt hat und dem tatsächlichen Wert der Aktien im Zeitpunkt der Klageerhebung[191] oder zu dem sie bereits vor der Klageerhebung[192] oder nach der Klageerhebung[193] weiterverkauft wurden[194].

Prospekthaftungsansprüche nach Section 11 (a) Securities Act sind innerhalb von einem Jahr geltend zu machen, nachdem der Anleger Kenntnis von den unrichtigen oder unvollständigen Angaben erlangt hat oder bei Anwendung der erforderlichen Sorgfalt hätte erlangen können[195]. Unabhängig davon sind Ansprüche aber nach Ablauf von 3 Jahren, nachdem die securities zum ersten Mal bona fide der Öffentlichkeit zum Kauf angeboten wurden, ausgeschlossen[196].

g) Verteidigungsmöglichkeiten (Defenses)

Die Emissionsbank kann gegenüber einer auf Section 11 (a) Securities Act gestützten Inanspruchnahme wegen eines fehlerhaften registration statement einwenden, das bei ihrer Tätigkeit erforderliche Maß an Sorgfalt (due diligence) angewendet zu haben[197]. Dabei muss sie allerdings beweisen, dass sie nach angemessenen, zumutbaren und vernünftigen Untersuchungen (reasonable investigation) annehmen durfte und wirklich geglaubt hat, dass das registration statement zum Zeitpunkt des Wirksamwerdens keine unwahren Angaben enthielt und dass auch keine wesentlichen Angaben fehlten, die anzugeben gewesen wären, um eine Täuschung oder Irreführung der Anleger zu verhindern. Die Emissionsbank kann sich auch mit dem Hinweis verteidigen, dass die fehlerhafte Angabe in dem registration statement trotz angemessener Untersuchungen für sie nicht erkennbar gewesen sei[198].

---

190 *In re Worlds of Wonder Securities Litigation*, 35 F.3d 1407, 1422 (9th Cir. 1994); *Lincoln Adair v. Kaye Kotts., Inc.*, Fed.Sec.L.Rep. (CCH) ¶ 90,122 at ¶ 90,692 (S.D.N.Y. 1998); *Lyne v. Arthur Anderson & Co.*, 772 F.Supp. 1064, 1067 (N.D.Ill. 1991).

191 Section 11 (e) (1) SA, allerdings wird der Kaufpreis durch den Ausgabepreis begrenzt.

192 Section 11 (e) (2) SA. Dies ist maximal die Differenz zwischen Emissionspreis und Veräußerungserlös.

193 Section 11 (e) (3) SA.

194 *Hazen*, § 7.3 (S. 352).

195 Section 13 (1) SA; *Hazen*, § 7.3 (S. 353).

196 Section 13 (2) SA; *Hazen*, § 7.3 (S. 353); zum Fristbeginn *Morse v. Peat Marwick, Mitchell & Co.*, 445 F.Supp. 619, 622 (S.D.N.Y. 1977) ("effective date of registration statement").

197 Section 11 (b)(3) SA.

198 *In re Software Toolworks, Inc. Securities Litigation*, 789 F.Supp. 1489 (N.D. Cal. 1992) ("diligence conducted must be reasonable, not perfect"); *Ebke/Siegel*, Sonderbeilage Nr. 2, WM 2001, S. 11.

h) Sorgfaltspflichten der Emissionsbank

Das Maß der notwendigen Sorgfalt einer reasonable investigation wird durch den Securities Act präzisiert[199]. Die Emissionsbank hat hiernach die Sorgfalt anzuwenden, die von einem umsichtigen Menschen im Umgang mit seinem eigenem Vermögen erwartet werden kann (standard of reasonableness (...) required of a prudent man in the management of his own property)[200]. Allerdings wird dieser Sorgfaltsmaßstab für die an einer Aktienemission Beteiligten[201] unterschiedlich bestimmt. Die zwei Leitentscheidungen der erstinstanzlichen Bundesgerichte zur Due-Diligence-Einwendung sind *Escott v. BarChris Construction Corp.*[202] und *Feit v. Leasco Data Processing Equipment Corp.*[203] Beide Entscheidungen stellen heute noch geltendes Recht in den USA dar (authority)[204]. Die SEC hat nach der *BarChris*-Entscheidung Rule 176[205] erlassen, um den Sorgfaltsmaßstab und vor allem die erforderlichen Aufklärungshandlungen zu bestimmen[206].

Nach der *BarChris*-Entscheidung hängt der für die Emissionsbank verbindliche Sorgfaltsmaßstab von der Stellung innerhalb der Gesellschaft, ihrer Sachkunde, der Verbindung zur Emittentin, dem Umfang der Mitwirkung an der Erstellung des registration statement und ihrer Beteiligung an dem Registrierungsverfahren ab (sliding scale of liability)[207]. Gegenüber der Emissionsbank werden hiernach hohe Anforderungen an den Sorgfaltsmaßstab gestellt, da sie in den Augen der Anleger in dem Emissionsverfahren eine herausragende Stellung einnimmt[208]. Aufgrund ihrer Stellung zur Emittentin verfügt sie über den notwendigen Zugang zu den erforderlichen Daten und Informationen und kann außerdem die Emittentin zur Einhaltung ihrer Prospektpflichten veranlassen[209]. Außerdem sehen Anleger in dem guten Ruf der mitwirkenden Emissionsbanken am Kapitalmarkt und in ihrer Beteiligung an dem Emissionsvorgang eine Gewähr für

---

199 Section 11 (c) SA.
200 Näher zum anzuwendenden Sorgfaltsmaßstab *Hazen*, § 7.4 (S. 358); *Assmann*, S. 152 (Fn. 45).
201 Dies sind issuer, underwriter, accountant, inside und outside directors, attorneys, other experts.
202 *Escott v. BarChris Construction Corp.*, 283 F. Supp. 643 (S.D.N.Y. 1968).
203 *Feit v. Leasco Data Processing Equipment Corp.*, 332 F. Supp. 544 (E.D.N.Y. 1971).
204 *Everst Sec. v. S.E.C.*, 116 F.3d 1235, 1239 (8th Cir. 1997); *Glassman v. Computervision Corp.*, 90 F.3d 617, 628 (1st Cir. 1996); *in re Software Toolworks Inc. Securities Litigation*, 789 F.Supp. 1489, 1496 (N.D.Cal. 1992); *Hazen*, § 7.4 (S. 361).
205 17 C.F.R. § 230.176, abgedruckt bei *Loss/Seligman*, S. 94.
206 *Steinberg*, § 6.02 (S. 150); *Hazen*, § 7.4 (S. 358 f., 366). Allerdings ist Rule 176 kein safe harbour für die Beteiligten einer Aktienemission.
207 *Hazen*, § 7.3 (S. 366); *Ebke/Siegel*, Sonderbeilage Nr. 2, WM 2001, S. 11.
208 *Dooley*, 58 Va.L.Rev. 776, 786 (1972).
209 *Escott v. BarChris Construction Corp.*, 283 F.Supp. 643, 697-98 (S.D.N.Y. 1968); *Folk*, 55 Va.L.Rev. 1, 54 (1969); *Steinberg*, § 6.04 (S. 156). Weniger streng *Feit v. Leasco Data Processing Equipment Corp.*, 332 F. Supp. 544, 582 (E.D.N.Y. 1971) ("dealer-managers cannot, of course, be expected to possess the intimate knowledge of corporate affairs of inside directors, and their duty to investigate should be considered in light of their more limited access").

die Vollständigkeit und Richtigkeit des registration statement[210]. Zuweilen wird die Emissionsbank auch als "devil's advocat" bezeichnet[211], da sie sogar gegen den Willen der Emittentin dafür sorgen muss, dass selbst ungünstige Informationen in das registration statement eingestellt werden und damit dem Anleger zugänglich sind[212]. Um ihren Pflichten nachzukommen, muss die Emissionsbank eine unabhängige Prüfung durchführen und darf sich dabei grundsätzlich nicht auf die Informationen der Emittentin stützen[213]. Maßgeblicher Zeitpunkt für die Beurteilung der Richtigkeit ist der Tag des Wirksamwerdens des registration statement, d.h. die Überprüfungspflichten der Emissionsbank dauern bis zu diesem Zeitpunkt fort[214].

Der Securities Act differenziert weiterhin danach, ob die fraglichen Angaben in dem registration statement von einem Sachverständigen (expert) stammen oder nicht[215]. Die Überprüfungspflicht der Emissionsbank bezieht sich nicht auf solche Teile des registration statement, die von experts erstellt worden sind[216]. Der accountant wird als expert anerkannt[217], so dass die Emissionsbank die von diesem erstellten Jahresabschlüsse nicht mehr auf ihre Richtigkeit und Vollständigkeit überprüfen muss. Eine Wiederholung der Jahresabschlussprüfung wird also nicht verlangt[218].

i)   Integration des Comfort Letter in die Due-Diligence-Prüfung

Die underwriters haben ihre Lektion aus *BarChris* und *Leasco* gelernt und die Due-Diligence-Prüfung insgesamt erheblich verbessert. Dies zeigt sich anhand der zuletzt

---

210   *Escott v. BarChris Construction Corp.*, 283 F.Supp. 643, 697 (S.D.N.Y. 1968).

211   *In re Software Toolworks Inc. Securities Litigation*, 38 F.3d, 1078, 1088 (9th Cir. 1994); *Feit v. Leasco Data Processing Equipment Corp.*, 332 F. Supp. 544, 582 (E.D.N.Y. 1971); *Escott v. BarChris Construction Corp.*, 283 F.Supp. 643, 696 (S.D.N.Y. 1968).

212   *Feit v. Leasco Data Processing Equipment Corp.*, 332 F. Supp. 544, 582 (E.D.N.Y. 1971); *Escott v. BarChris Construction Corp.*, 283 F.Supp. 643, 696 (S.D.N.Y. 1968).

213   *Everst Securities v. SEC*, 116 F.3d 1235, 1239 (8th Cir. 1997); *Glassman v. Computervision Corp.*, 90 F.3d 617, 628 (1st Cir. 1996); *Escott v. BarChris Construction Corp.*, 283 F.Supp. 643, 696-97 (S.D.N.Y. 1968); *Hazen*, § 7.4 (S. 359); *Steinberg*, § 6.04 (S. 157); *Spanner*, 20 Sec. & Comm.Reg. 59 (1987); *Editorial*, 82 Harv.L.Rev. 908, 910 (1969).

214   *Glassman v. Computervision Corp.*, 90 F.3d 617, 627-28 (1st Cir. 1996).

215   *Weiss/Israels/Schwartz*, 57 Geo.L.J. 221, 228 (1968); Section 11 (b)(3)(A) und (C) SA unterscheidet zwischen den expertised portions und den unexpertised portions des registration statement. Es ist also immer zu fragen, in welchem Teil eine fehlerhafte oder unvollständige Angabe der Emissionsbank vorliegt. Hinsichtlich der expertised portions ist der Sorgfaltsmaßstab weniger streng. Die Emissionsbank muss insoweit lediglich nachweisen, dass sie für diesen Teil des (expertised) registration statement keinen vernünftigen Grund zur Annahme einer Fehlerhaftigkeit hatte ("no reasonable ground to believe and did not believe (...) that the statements therein were untrue").

216   *Steinberg*, § 6.02 (S. 149); *Assmann*, S. 152.

217   *Escott v. BarChris Construction Corp.*, 283 F.Supp. 643, 683 (S.D.N.Y. 1968).

218   *Phillips v. Kidder, Peabody & Co.*, 933 F.Supp. 303, 319, 323 (S.D.N.Y. 1996); *in re Worlds of Wonder Securities Litigation*, 814 F.Supp. 850, 867-68 (N.D.Cal. 1993); *in re Software Toolworks Inc. Securities Litigation*, 38 F.3d 1078, 1085 (9th Cir. 1994), *cert. denied*, 116 S.Ct. 274 (1995); *Weinberger v. Jackson*, Fed.Sec.L.Rep. (CCH) ¶ 95,693 at ¶ 98,255 (N.D. Cal. 1990).

auf der Ebene des summary judgment[219] abgewiesenen Prospekthaftungsklagen[220]. In der Praxis hat sich ein Verfahren eingespielt, bei dem die underwriters mit den accountants die Ergebnisse der Jahresabschlussprüfung sowie einzelne Positionen der Bilanzen und der Gewinn- und Verlust-Rechnung durchgehen[221]. Dabei haben die underwriters auch die Finanzinformationen der emittierenden Gesellschaft für die Folgeperiode nach dem letzten geprüften Abschluss einer eingeschränkten Untersuchung zu unterziehen[222]. Der Comfort Letter soll insoweit als eine ergänzende Untersuchungsmaßnahme zur Due-Diligence-Prüfung den Sorgfaltsanforderungen entsprechen, die an die underwriters gestellt werden[223]. Der konsortialführenden Emissionsbank werden inzwischen – teilweise unter ganz massivem Zeitdruck[224] – bei jeder Aktienemission zwei Comfort Letters erteilt[225]. Hierin wird ein Indiz gesehen, dass die erforderliche Sorgfalt bei der Prüfung der Angaben in dem registration statement eingehalten wurde[226].

Inwieweit sich die Emissionsbank ohne weitere Nachforschungen auf die ungeprüften Angaben des Comfort Letter verlassen darf, ist bisher von den U.S.-amerikanischen Gerichten nicht geklärt worden. Möglich erscheint, dass sich die underwriters ohne weiteres auf den Comfort Letter verlassen können, da dieser von dem accountant in seiner Eigenschaft als expert verantwortet wird[227]. Denkbar wäre allerdings auch, dass die underwriters in vollem Umfang für die accountants verantwortlich

---

219 Siehe zum summary judgment unten Fn. 523, S. 108.

220 *In re International Rectitities Securitities Litigation*, Fed.Sec.L.Rep. (CCH) ¶ 99,469 at ¶ 97,135 (C.D. Cal. 1997); *Phillips v. Kidder, Peabody & Co.*, 933 F.Supp. 303 (S.D.N.Y. 1996); *in re Worlds of Wonder Securities Litigation*, 814 F.Supp. 850 (N.D.Cal. 1993), *aff'd in part, rev'd in part*, 35 F.3d 1407 (9th Cir. 1994), *cert. denied*, 116 S.Ct. 185 (1995); *in re Software Toolworks Inc. Securities Litigation*, 789 F.Supp. 1489 (N.D. Cal. 1992), *aff'd in part, rev'd in part*, 38 F.3d 1078 (9th Cir. 1994), *cert. denied*, 116 S.Ct. 274 (1995).

221 *In re Gap Stores Securities Litigation*, 78 F.R.D. 283, 299 (N.D.Cal. 1973); *Spanner*, 20 Sec. & Comm.Reg. 59, 63 (1987).

222 Zu weiteren notwendigen Untersuchungshandlungen der Emissionsbank, siehe *Weinberger v. Jackson*, Fed.Sec.L.Rep. (CCH) ¶ 95,693 at ¶ 98,255 (N.D. Cal. 1990); *in re Software Toolworks Inc. Securities Litigation*, 38 F.3d 1078, 1086 (9th Cir. 1994); *Competitive Associates, Inc. v. International Health Services, Inc.*, Fed.Sec.L.Rep. (CCH) ¶ 94,966 (S.D.N.Y. 1975).

223 Vgl. *Resnik*, 34 Bus.Law. 1725, 1728 (1979).

224 Ein Beispiel, unter welchem extremen zeitlichen Druck die Beteiligten vor dem closing einer Transaktion stehen und welche Fehler bei der Erteilung eines Comfort Letter von den Beteiligten gemacht werden können, zeigt die Sachverhaltsdarstellung in *SEC v. National Student Marketing Corp.*, 457 F.Supp. 682, 691 (D.D.C. 1978). Hierbei ging es zwar nicht um die Erteilung eines Comfort Letter anlässlich einer Aktienemission, sondern um einen merger zweier Unternehmen, bei dem die Zustimmung der Aktionäre notwendig war. Die SEC wurde tätig und leitete ein Ermittlungsverfahren gegen die National Student Marketing Corporation, die directors beider Unternehmen und die beteiligten Rechtsanwälte ein. Der beachtliche Fall diente übrigens *Arthur Solmssen* als Stoffvorlage seiner Novelle „The Comfort Letter". Eine Besprechung ist bei *Painter*, 69 Fordh.L.Rev. 1111 (2000) abgedruckt.

225 *Bloomenthal/Wolff*, § 12.44 (S. 12-98); *Haft, R. J./Haft A. F.*, § 2.1.

226 *In re Software Toolworks Inc. Securities Litigation*, 38 F.3d 1078, 1086 (9th Cir. 1994), *cert. denied*, 116 S.Ct. 274 (1995); *in re Worlds of Wonder Securities Litigation*, 814 F.Supp. 850, 868 (N.D.Cal. 1993), *aff'd in part, rev'd in part*, 35 F.3d 1407 (9th Cir. 1994), *cert. denied*, 116 S.Ct. 185 (1995).

227 *Bloomenthal/Wolff*, § 12.44 (S. 12-99).

sind, wie sie es z.B. auch für ihren eigenen Rechtsberater (counsel) sind[228]. Der letztgenannten Ansicht ist der Vorzug zu geben. Das erstinstanzliche Bundesgericht für den Südlichen Bezirk von New York hat in der *BarChris*-Entscheidung m.E. zutreffend festgestellt, dass die ungeprüften Daten aus der stub period[229] nicht mehr als expertized information gelten[230]. Folglich erscheint es konsequent, gleiches für die Angaben und Feststellungen eines Comfort Letter anzunehmen, die sich ebenfalls größtenteils auf ungeprüftes Zahlenmaterial beziehen. Könnten die underwriters dagegen einwenden, dass das gesamte registration statement von experts durchleuchtet worden sei, würde der Sorgfaltsmaßstab erheblich zu ihren Gunsten reduziert[231]. Weiterhin darf nicht übersehen werden, dass der Aussteller des Comfort Letter nach dem Securities Act seine schriftliche Einwilligung zur Verwendung des Comfort Letter in dem registration statement erteilen müsste[232]. Diese Zustimmung wird in der Regel nicht erteilt, da der Comfort Letter nach SAS No. 72 gerade nicht in dem registration statement verwendet werden soll[233].

Unstreitig ist aber, dass die Angaben des Comfort Letter, jedenfalls soweit sie sich auf den Zwischenzeitraum seit dem letzten geprüften Jahresabschluss beziehen, ungeprüft sind[234]. Die Erteilung eines Comfort Letter macht daher die ungeprüften Zwischenabschlüsse und andere ungeprüfte Finanzdaten aus der stub period nicht zu expertized portions des registration statement im Sinne der Haftung nach Section 11 (a) Securities Act[235].

---

228 *Bloomenthal/Wolff*, § 12.44 (S. 12-99).
229 *Resnik*, 34 Bus.Law. 1725, 1730 (1979) ("The stub period is the period subsequent to the date of the audited financial statements for which full financial statements are available, usually in quarterly increments, and its comparative counterpart from the prior year").
230 *Escott v. BarChris Construction Corp.*, 283 F.Supp. 643, 683 (S.D.N.Y. 1968).
231 *Loss/Seligman*, § 11 (S. 1232); siehe auch *Spanner*, 20 Sec. & Comm.Reg. 59 ("delegation not permitted").
232 Section 11 (a) (5) SA ("every accountant (...) named with his or her consent").
233 AU § 634.61 ("This letter is solely for the information of the addressees and to assist the underwriters in conducting and documenting their investigation of the affairs of the company in connection with the offering of the securities covered by the registration statement, and it is not to be used circulated quoted, or otherwise referred to within or without the underwriting group for any other purpose, including, but not limited to, the registration, purchase, or sale of securities, nor is it to be filed with or referred to in whole or in part in the registration statement or any other document, except that reference may be made to it in the underwriting agreement or in any list of closing documents pertaining to the offering of the securities covered by the registration statement").
234 *Bloomenthal/Wolff*, § 12.44 (S. 12-99).
235 *Escott v. BarChris Construction Corp.*, 283 F.Supp. 643, 683. (S.D.N.Y. 1968); *Haft, R. J./Haft A. F.*, § 7.4.

2. *Haftung für unwahre und unvollständige Angaben im Zusammenhang mit einem öffentlichen Angebot von Securities nach Section 10 (b) Securities Exchange Act i.V.m. Rule 10b-5[236]*

Der U.S.-Supreme Court hat in der Entscheidung Herman & MacLean v. Huddleston klargestellt, dass Prospekthaftungsansprüche nach Section 10 (b) Securities Exchange Act in Verbindung mit Rule 10b-5 ungeachtet der Ansprüche aus Section 11 (a) Securities Act zur Anwendung kommen können[237]. Section 10 (b) Securities Exchange Act untersagt im Zusammenhang mit dem Kauf oder Verkauf von securities die Verwendung manipulativer oder täuschender Mittel, die gegen die von der SEC erlassenen Rules und Regulations verstoßen. Die SEC hat im Jahre 1942 von der in Section 10 (b) enthaltenen Verordnungsermächtigung Gebrauch gemacht und Rule 10b-5 erlassen, allerdings ohne zunächst eine Anspruchsnorm für geschädigte Anleger schaffen zu wollen. Die U.S.-amerikanischen Gerichte haben sodann in der Vorschrift eine Anspruchsgrundlage gesehen, um den Anlegern einen Schadensersatz zuzusprechen[238]. Der U.S.-Supreme Court hat diese Judikatur bestätigt[239]. In der U.S.-amerikanischen Terminologie handelt es sich daher um eine implied remedy – eine im Wege richterlicher Rechtsfortbildung zur Anspruchsnorm ausgelegten Rechtsvorschrift.

Der Anwendungsbereich von Rule 10b-5 erfasst im Wesentlichen drei Fallgruppen: Insidergeschäfte[240], betrügerisches Verhalten im Zusammenhang mit face to face transactions, bei denen sich Täuschender und Getäuschter unmittelbar gegenüberstehen[241] und schließlich unwahre oder unvollständige Angaben im Zusammenhang mit

---

236 Rule 10b-5 zu Section 10 (b) Securities Exchange Act lautet: It shall be unlawful for any person, directly or indirectly, by the use of any means or instrumentality of interstate commerce, or of the mails, or of any facility of any national securities exchange,
(1) to employ any device, scheme, or artifice to defraud,
(2) to make any untrue statement of material fact or to omit to state a material fact necessary in order to make the statements made, in the light of the circumstances under which they were made, not misleading, or
(3) to engage in any act, or course of business which operates or would operate as a fraud or deceit, upon any person,
in connection with the purchase or sale of any security.
237 *Herman & MacLean v. Huddleston*, 459 U.S. 375, 383-87 (1983), *on remand*, 705 F.2d 775 (5th Cir. 1983); *Randall v. Loftsgaarden*, 478 U.S. 647, 661-62 (1986).
238 Grundlegend *Kardon v. National Gypsum Co.*, 69 F.Supp. 512, 514-16 (E.D. Pa. 1946); siehe auch *H.L. Green Co. v. Childree*, 185 F.Supp. 95 (S.D.N.Y. 1960); *Ellis v. Carter*, 291 F.2d 270 (9th Cir. 1961); *Stewart v. Bennett*, 359 F.Supp. 878 (D.Mass. 1973).
239 *Superintendent of Insurance of New York v. Bankers Life & Casualty Co.*, 404 U.S. 6, 13 (1971), *on remand*, 401 F.Supp 640 (S.D.N.Y. 1975).
240 Grundlegend *Chiarella v. United States*, 445 U.S. 222 (1980); *Dirks v. SEC*, 463 U.S. 646 (1983); *United States v. O'Hagan*, 117 S.Ct. 2199 (1997); *Wang/Steinberg*, § 5 (S. 279 ff.).
241 *Mihara v. Dean Witter & Co.*, 619 F.2d 814 (9th Cir. 1980); *Hanly v. SEC*, 415 F.2d 589 (2nd Cir. 1969).

einem öffentlichen Angebot von securities[242]. Für die Prospektverantwortlichkeit der Emissionsbank ist allein die letztgenannte Fallgruppe von Bedeutung. Die U.S.-amerikanischen Gerichte gehen im Einzelnen von folgenden Anspruchsvoraussetzungen aus: (1) a misstatement or omission of a material fact; (2) indicating an intent to deceive or defraud (scienter or a mental state embracing intent to deceive, manipulate, or defraud); (3) in connection with the purchase or sale of a security; (4) through the use of interstate commerce or a national securities exchange; (5) upon which the plaintiff detrimentally relied[243]. Dies bedeutet, dass der Käufer von Aktien die Emissionsbank in Anspruch nehmen kann, wenn diese im Zusammenhang mit einem Kauf oder Verkauf von Wertpapieren schuldhaft wesentliche Angaben unrichtig dargestellt oder nicht mitgeteilt hat, auf die der Käufer bei seiner Anlageentscheidung vertraut und infolgedessen Wertpapiere im innerstaatlichen Handel zwischen den einzelnen Bundesstaaten oder über eine nationale Wertpapierbörse erworben hat, wodurch ihm ein Schaden entstanden ist.

a)   Misstatement or Omission of a Material Fact

Ein Anspruch aus Rule 10b-5 setzt, wie bei Section 11 (a) Securities Act, eine unrichtige oder unvollständige Darstellung wesentlicher Tatsachen (material fact) in dem registration statement oder Prospekt voraus[244]. Insoweit kann auf die bei Section 11 (a) Securities Act dargestellten Voraussetzungen verwiesen werden[245].

b)   Indicating an Intent to Deceive or Defraud

Rule 10b-5 nennt zwar verschiedene unzulässige Verhaltensweisen, normiert aber keinen Verschuldensmaßstab für das Verhalten der Emissionsbank[246]. Ein Anspruch gegen die Emissionsbank setzt jedenfalls ein schuldhaftes Verhalten bei der Registrierung der Aktien voraus. Seit der berühmten Ernst & Ernst v. Hochfelder-Entscheidung des U.S.-Supreme Court erfüllt die Verschuldensform scienter, also direkter Vorsatz, den

242   *Hazen*, § 12.3 (S. 573).
243   *Bentley v. Legent Corp.*, 849 F.Supp. 429, 431 (E.D.Va. 1994); *Myers v. Finkle*, 950 F.2d 165, 167 (4th Cir. 1991); *Brushi v. Brown*, 876 F.2d 1526, 1528 (11th Cir. 1989); *Luce v. Edelstein*, 802 F.2d 49, 55 (2nd Cir. 1986).
244   *Pavlidis v. New England Patriots Football Club*, 675 F.Supp. 688, 694 (D.Mass. 1986); *Rubenstein v. IU International Corporation*, 506 F.Supp. 311, 314 (E.D.Pa. 1980); *Kohn v. American Metal Climax, Inc.*, 458 F.2d 255 (3rd Cir. 1972), *cert. denied*, 409 U.S. 874 (1972).
245   Siehe oben S. 57.
246   *Hazen*, § 12.8 (S. 590).

Tatbestand[247]. Ein Verhalten wird als scienter bewertet, wenn die Emissionsbank mit dem Willen handelt, einen anderen täuschen, manipulieren oder betrügen zu wollen[248]. Ein fahrlässiges Handeln reicht mithin nicht aus[249]. Dagegen hat der U.S.-Supreme Court ausdrücklich offengelassen, ob auch recklessness, also ein leichtfertiges Verhalten[250], tatbestandsmäßig ist[251]. Nach Ansicht fast sämtlicher Bundesberufungsgerichte (mit Ausnahme des Bundesberufungsgerichts für den Vierten Bezirk) begründet jedoch auch ein leichtfertiges Verhalten (recklessness) der Emissionsbank eine Haftung nach Rule 10b-5[252]. Hierdurch werden auch solche Sachverhalte erfasst, bei denen die Emissionsbank nicht an die Richtigkeit der Angaben geglaubt oder sich über deren Wahrheitsgehalt keine Gedanken gemacht hat[253].

c) *In Connection with the Purchase or Sale of a Security*

Dem Tatbestandsmerkmal "in connection with the purchase or sale of a security" wird entnommen, dass nur der tatsächliche Erwerber der securities anspruchsberechtigt sein soll[254]. Potentielle Erwerber, die sich aufgrund der Darstellungen entschlossen haben, die securities nicht zu erwerben, werden nicht durch Rule 10b-5 geschützt[255]. Im Übrigen genügt es, wenn die Emissionsbank im Zusammenhang (in connection) mit dem

---

247 *Ernst & Ernst v. Hochfelder*, 425 U.S. 185, 214 (1976); ebenso *Aaron v. SEC*, 446 U.S. 680, 695 (1980). Die *Ernst & Ernst*-Entscheidung ist ausführlich bei *Ebke*, Dritthaftung, S. 201-204 besprochen.
248 *Ernst & Ernst v. Hochfelder*, 425 U.S. 185, 193 (1976) ("In this opinion the term 'scienter' refers to a mental state embracing intent to deceive, manipulate, or defraud").
249 *Ernst & Ernst v. Hochfelder*, 425 U.S. 185, 193 (1976).
250 Nach *Romain/Bader/Byrd*, S. 666 ist recklessness mit Leichtfertigkeit, bewusster oder grober Fahrlässigkeit zu übersetzen.
251 *Ernst & Ernst v. Hochfelder*, 425 U.S. 185, 193 (1976).
252 *In re Silicon Graphics, Inc. Securities Litigation*, 183 F.3d 970, 988 (9th Cir. 1999); *in re Advanta Corp. Securities Litigation*, 180 F.3d 525, 539 (3rd Cir. 1999); *SEC v. U.S. Environmental, Inc.*, 155 F.3d 107 (2nd Cir. 1998); *Alpern v. UtiliCorp United, Inc.*, 84 F.3d 1525 (8th Cir. 1996); *Searls v. Glasser*, 64 F.3d 1061, 1066 (7th Cir. 1995); *Backman v. Polaroid Corp.*, 893 F.2d 1405, 1425 (1st Cir. 1990); *Currie v. Camyn Resources Corp.*, 835 F.2d 780, 786 (11th Cir. 1988); *Barker v. Henderson, Franklin Starnes & Holt*, 797 F.2d 490, 495 (7th Cir. 1986); *Davis v. Avco Financial Services, Inc.*, 739 F.2d 1057, 1063 (6th Cir. 1984); *Zobrist v. Coal-X, Inc.*, 708 F.2d 1511, 1516 (10th Cir. 1983); *Dirks v. SEC*, 681 F.2d 824, 844 (D.C. Cir. 1982); *Broad v. Rockwell Int'l Corp.*, 642 F.2d 929, 961 (5th Cir. 1981); sowie die ausführliche Darstellung bei *Causey*, § 11 (S. 310).
253 *Sanders v. John Nuveen & Co.*, 554 F.2d 790, 793 (7th Cir. 1977), *cert. denied*, 439 U.S. 1039 (1978) ("conduct which is highly unreasonable and which represents an extreme departure from the standards of ordinary care (...) to the extent that the danger was either known to the defendant or so obvious that the defendant must have been aware of it").
254 *Blue Chips Stamps v. Manor Drug Stores*, 421 U.S. 723 (1975), *reh'g denied*, 423 U.S. 884 (1975).
255 *Blue Chips Stamps v. Manor Drug Stores*, 421 U.S. 723 (1975), *reh'g denied*, 423 U.S. 884 (1975).

Verkauf der securities tätig ist; eine direkte Beteiligung an der Transaktion ist nicht erforderlich[256].

d) Through the Use of Interstate Commerce or a National Securities Exchange

Rule 10b-5 erfasst grundsätzlich jeden Kauf oder Verkauf von securities[257], solange die Transaktion unter Einschaltung der Post oder anderer Mittel des zwischenstaatlichen Handels bzw. der nationalen Börsen abgewickelt wird[258]. Der Verkauf junger Aktien im Rahmen einer Neuemission durch die underwriter unter Einschaltung eines nationalen Börsenmarkts kann grundsätzlich Anknüpfungsmoment einer Haftung sein.

e) Upon which the Plaintiff Detrimentally Relied (Reliance)

Der Anleger muss bei seiner Anlageentscheidung auf die Richtigkeit und Vollständigkeit der Darstellung vertraut haben (reliance)[259]. Die vom Anleger nachzuweisende reliance bedeutet gegenüber der Regelung in Section 11 (a) eine denkbar ungünstige Anspruchsvoraussetzung. Allerdings bestehen zwei Beweiserleichterungen: Macht der Anleger eine unterlassene Offenlegung wesentlicher Tatsachen (omission to disclose) geltend, stellt bereits der Nachweis, dass es sich hierbei um eine wesentliche Tatsache handelt, eine Kausalitätsvermutung zugunsten des Anlegers dar[260], die die Emissionsbank ihrerseits zu entkräften hat[261]. Bei einer aktiven Täuschungshandlung (affirmative misrepresentation) greift die Kausalitätsvermutung dagegen nicht[262]. Hier muss der Anleger die reliance nachweisen[263].

---

256 Mc Gann v. Ernst Young, 95 F. 3d 821, 825 (9th Cir. 1996), cert. denied, 117 S.Ct. 1460 (1997); Zoelsch v. Arthur Andersen & Co., 824 F.2d 27, 35 (D.C. Cir. 1987).

257 Siehe zur Frage, was unter securities zu verstehen ist Hazen, § 12.5 (S. 580) m.w.N.

258 Assmann, S. 167; siehe zu einer extensiven Auslegung des Merkmals in einem corporate crime-Fall Carpenter v. United States, 484 U.S. 19, 108 (1987).

259 Samuel M. Feinberg Testamentary Trustee v. Carter, 652 F.Supp. 1066, 1079 (S.D.N.Y. 1987); Kramas v. Security Gas & Oil, Inc., 672 F.2d 766, 768 (9th Cir. 1982), cert. denied, 459 U.S. 1035 (1982); Wilson v. Comtech Telecommunications Corp., 648 F.2d 88, 92 (2nd Cir. 1981).

260 Affiliated Ute Citizens of Utah v. United States, 406 U.S. 128, 153 (1972), reh'g denied, 407 U.S. 916 (1972); Feinmann v. Dean Witter Reynolds, Inc., 84 F.3d 539 (2nd Cir. 1996); Grupp v. FDIC, 868 F.2d 1151, 1163 (10th Cir. 1989); Abell v. Potamac Ins. Co., 858 F.2d 1104, 1119 (5th Cir. 1988); Lipton v. Documentation, Inc., 734 F.2d 740, 742 (11th Cir. 1984), cert. denied, 469 U.S. 1132 (1985); Biechele v. Cedar Point, Inc., 747 F.2d 209, 214 (6th Cir. 1984); Cavalier Carpets, Inc. v. Caylor, 746 F.2d 749 (11th Cir. 1984).

261 Basic Inc. v. Levinson, 485 U.S. 224 (1988); Michaels v. Michaels, 767 F.2d 1185, 1205-06 (7th Cir. 1985), cert. denied, 474 U.S. 1057 (1986).

262 Joseph v. Wiles, 223 F.3d 1155 (10th Cir. 2000); Binder v. Gillespie, 184 F.3d 1059, 1063 (9th Cir. 1999).

263 Dazu Hazen, § 12.11 (S. 619 ff.).

Sodann besteht eine Beweiserleichterung nach der fraud on the market theory, wenn Anleger Aktien auf einem effizienten Markt (efficient market) erworben haben. Nach der von der Rechtsprechung entwickelten fraud on the market theory dürfen Anleger darauf vertrauen, dass der Börsenpreis alle über die Emittentin veröffentlichten Informationen widerspiegelt und dabei nicht durch fehlerhafte Informationen (misstatement or omission) beeinflusst ist[264]. Das Vertrauen in die Lauterkeit des Preisbildungsprozesses rechtfertigt es, die Kausalität in diesen Fällen zu vermuten[265]. Allerdings wird die fraud on the market doctrin bei Neuemissionen von Aktien nicht ohne weiteres in allen Bundesgerichtsbezirken der USA angewendet[266]. Einige Entscheidungen haben die fraud on the market doctrin dennoch berücksichtigt, indem sie annahmen, dass der Anleger nicht nur der Integrität des Preisbildungsprozesses, sondern auch allgemein der Integrität des Marktes vertrauten (fraud created the market theory)[267]. Zwei U.S.-amerikanische Entscheidungen sind dieser Argumentation allerdings nicht gefolgt und haben eine Kausalitätsvermutung bei Neuemissionen nach der fraud created the market theory abgelehnt[268]. In der Praxis dürfte sich der Anwendungsbereich der fraud created the market theory auf Fälle beschränken, in denen der zugrundeliegende Geschäftsbetrieb allein auf betrügerischem Verhalten des Managements beruht[269] oder im Zusammenhang mit einem Fehlverhalten steht, das die Wertpapiere unwürdig zum Handel auf einem bestehenden Markt macht[270].

f) Rechtsprechung zu Comfort Letters

Eine Entscheidung des erstinstanzlichen Bundesgerichts für den Östlichen Bezirk von New York zeigt, wie wichtig eine Due-Diligence-Prüfung für die Emissionsbank sein kann. In dem der Entscheidung Crazy Eddie Securities Litigation zugrunde liegenden Sachverhalt forderten die underwriters am Vorabend einer Aktienemission einen Comfort Letter von der Wirtschaftsprüfungsgesellschaft für die emittierende Gesellschaft Crazy Eddie an[271]. Bei der Erteilung des Comfort Letter ging es um eine Tabelle, die den Verkauf der Produkte von Crazy Eddie für die Zukunft prognostizierte. Wie sich im

---

264 *Basic Inc. v. Levinson*, 485 U.S. 224, 247 (1988); *Finkel v. Docutel/Olivetti Corp.*, 817 F.2d 356 (5th Cir.1987), *cert. denied*, 485 U.S. 959 (1987).
265 *Basic Inc. v. Levinson*, 485 U.S. 224, 247-48 (1988).
266 *Freeman v. Laventhol & Horwath*, 915 F.2d 193 (6th Cir. 1990) ("primary market for newly issued municipal bonds was not efficient").
267 *Ross v. Bank South, N.A.*, 885 F.2d 723, 729 (11th Cir. 1989); *Kirkpatrick v. J.C. Bradford & Co.*, 827 F.2d 718, 722 (11th Cir. 1987); *T.C. Raney & Sons, Inc. v. Fort Cobb Oklahoma Irrigation Fuel Authority*, 717 F.2d 1330, 1332 (10th Cir. 1983), *cert. denied*, 465 U.S. 1026 (1984); *Shores v. Sklar*, 647 F.2d 462, 469 (5th Cir. 1981), *cert. denied*, 459 U.S. 1102 (1983).
268 *Ockerman v. May Zima & Co.*, 27 F.3d 1151, 1160 (6th Cir. 1994); *Eckstein v. Balcor Film Investors*, 8 F.3d 1121, 1130 (7th Cir. 1993), *cert. denied*, 510 U.S. 1073 (1994).
269 *Gruber v. Price Waterhouse*, 776 F.Supp. 1044, 1052-53 (E.D.Pa. 1991).
270 *Wiley v. Hughes Capital Corporation*, 746 F.Supp. 1264, 1293 (D.N.J. 1990).
271 *In re Crazy Eddie Securities Litigation*, 817 F.Supp. 306, 312 (E.D.N.Y. 1993).

Zuge der Sachverhaltsaufklärung alsdann herausstellte, beruhte die Tabelle nicht auf Daten aus dem Hauptbuch von Crazy Eddie, sondern stellte lediglich eine Schätzung des Hauptcontrollers der Gesellschaft dar, der hierüber die underwriters getäuscht hatte. Die accountants weigerten sich zunächst, einen Comfort Letter auszustellen oder auch nur eine Erklärung darüber abzugeben, weshalb sie diesen nicht auszustellen gedachten. Nach intensiven Rücksprachen zwischen Crazy Eddie, den underwriters und accountants wurde schließlich doch noch ein modifizierter Comfort Letter erteilt, nachdem entsprechende Anpassungen in dem Verkaufsprospekt vorgenommen worden waren[272]. Die accountants wurden in diesem Fall im Übrigen nicht zivilrechtlich in Anspruch genommen. Die underwriters hatten mit ihrer due diligence defense gegen einen auf Rule 10b-5 gestützten Schadensersatzanspruch Erfolg. Das Gericht vertrat die Auffassung, dass die ursprüngliche Weigerung der accountants, den Comfort Letter auszustellen, nur von geringer Bedeutung gewesen sei und allenfalls auf Fahrlässigkeit (negligence) schließen lasse[273]. Den underwriters könne damit aber noch nicht der Verschuldensgrad scienter nachgewiesen werden.

Für die Emissionsbanken ist eine Due-Diligence-Prüfung auch deshalb wichtig, weil ein Gericht, nachdem es einen Anspruch aus Section 11 (a) Securities Act abgelehnt hat, erwägen wird, einen Anspruch aufgrund von Rule 10b-5 auszuschließen. Nimmt die Emissionsbank die erforderlichen Due-Diligence-Nachforschungen vor und wird dies vom Gericht als eine reasonable investigation anerkannt, so kann auf der Verschuldensseite der Vorwurf entfallen, leichtfertig (recklessly) gehandelt zu haben[274].

3. Haftung nach den Blue Sky Laws

Die einzelnen Bundesstaaten der Vereinigten Staaten haben bereits mehr als 20 Jahre vor Inkrafttreten des Securities Act im Jahre 1933 eigene Wertpapiergesetze (blue sky laws) erlassen, die bis heute in Kraft sind und dem Kläger je nach Bundesstaat eine Schadensersatznorm für fehlerhafte Prospektangaben zur Verfügung stellen. Als Recht der einzelnen Bundesstaaten werden die blue sky laws vom Securities Act und Securities Exchange Act nicht verdrängt, sondern lediglich ergänzt[275]. In über vierzig Bundesstaaten folgen die blue sky laws der Regelungsmethode einer securities registration, die mit einer Registrierung der Wertpapiere nach Section 5 Securities Act vergleichbar ist[276]. Nach einem derartigen Gesetz muss jedes Wertpapier vor einem öffentlichen

---

272 *In re Crazy Eddie Securities Litigation*, 817 F.Supp. 306, 313 (E.D.N.Y. 1993).
273 *In re Crazy Eddie Securities Litigation*, 817 F.Supp. 306, 316 (E.D.N.Y. 1993).
274 *In re Software Toolworks Inc. Securities Litigation*, 38 F.3d 1078, 1088 (9th Cir. 1994), *cert. denied*, 116 S.Ct. 274 (1995); *Jackvony v. RIHT Financial Corp.*, 873 F.2d 411, 416.17 (1st Cir. 1989); *in re International Rectifier Securities Litigation*, Fed.Sec.L.Rep. (CCH) ¶ 99,469 at ¶ 97,135 (C.D.Ca. 1997).
275 *Hazen*, § 8.1 (S. 406); *Haller*, S. 21.
276 *Merkt*, Rn. 451.

Angebot entweder zugelassen werden oder es muss eine Befreiungsvorschrift einschlägig sein[277]. Seit einer vom Kongress im Jahr 1996 verabschiedeten Änderung des Securities Act kann nach den blue sky laws aber ohnehin nur noch eine vereinfachte Registrierung (registration by notification oder coordination[278]) vorgesehen sein, wenn ein Handel der securities an der New York Stock Exchange (NYSE) oder im NASDAQ erfolgt oder wenn eine Registrierung nach Section 5 Securities Act notwendig ist[279]. In diesen Fällen werden Schadensersatzansprüche für falsche oder irreführende Prospektangaben nach den blue sky laws ohnehin nur noch in wenigen Staaten über die Regelungen des Securities Act und Securities Exchange Act hinausgehen.

4. Ziel der Comfort Letter-Erstellung

Zusammenfassend kann festgehalten werden, dass die underwriters im U.S.-amerikanischen Recht umfangreiche Nachforschungspflichten treffen, die weit über die entsprechenden Pflichten der Emissionsbanken in Deutschland hinausgehen. Um eine mögliche Emissionsprospekthaftung abzuwenden und das in sie gesetzteVertrauen der Kapitalanleger zu bewahren, besteht ein erhebliches Interesse der underwriters an der Einhaltung der größtmöglichen Sorgfalt bei der Erstellung des registration statement und des Verkaufsprospekts[280]. Der Comfort Letter stellt dabei eine ergänzende Nachforschungshandlung zur Due-Diligence-Prüfung dar[281], aufgrund derer Schadensersatzansprüche gemäß Section 11 (a) Securities Act und Rule 10b-5 in Verbindung mit Section 10 (b) Securities Exchange Act nach Möglichkeit ausgeschlossen werden sollen.

II. Interessenlage der Emittentin

Die Emittentin haftet für die im registration statement dargestellten Angaben nach Section 11 (a) Securities Act uneingeschränkt, d.h. ohne Rücksicht auf ein Verschulden (strict liability). Einwendungen gegen Ansprüche geschädigter Anleger stehen ihr grundsätzlich nicht zu[282]. Sie muss daher in rechtlicher Hinsicht in den Zulassungsun-

---

277 *Steinberg*, § 4.08 (S. 117). Eine Darstellung der einzelnen einzelstaatlichen Wertpapiergesetze ist hier nicht möglich.

278 Vgl. § 302 Uniform Securities Act (registration by notification), § 306 Uniform Securities Act (registration by coordination).

279 Section 18 (b) SA; *Hazen*, § 8.1 (S. 406 f.).

280 Siehe *Dooley*, 58 Vir.L.Rev. 776, 786 (1972).

281 Vgl. *Resnik*, 34 Bus.Law. 1725, 1728 (1979).

282 Section 11 (b) SA lautet: Notwithstanding the provisions of subsection (a) of this section no person, other than the issuer, shall be liable (...); siehe *Hazen*, § 7.4 (S. 357). Einzige Ausnahme ist die Einwendung der Emittentin, der Käufer der Wertpapiere habe bei Akquisition der Aktien

terlagen der SEC vollständige und wahre Angaben machen, da sie andernfalls dem Anleger zum Schadensersatz verpflichtet ist. Um den verlangten Pflichten bei der Erstellung des registration statement und des Prospekts Folge zu leisten, führt die Emittentin ebenfalls eine Due-Diligence-Prüfung durch[283]. Bei einer Aktienemission ist neben den rechtlichen Gesichtspunkten aber auch das öffentliche Meinungsbild über die Emittentin von erheblicher Bedeutung. Die Emittentin ist daher auch aus tatsächlichen Gründen gehalten, wahre und vollständige Angaben zu machen. Die kapitalmarktrechtliche Prospekthaftungsnorm ist in den USA für die Emittentin wegen fehlendener Exkulpationsmöglichkeit und erweiterter Nachforschungspflichten strenger als in Deutschland.

III. Interessenlage des Ausstellers

Der Aussteller des Comfort Letter in den USA wird wie in Deutschland regelmäßig der Jahresabschlussprüfer (auditor/accountant) der Emittentin sein. Anders als in Deutschland haften accountants in den USA gegenüber den Anlegern nach der kapitalmarktrechtlichen Prospekthaftung aber für fehlerhafte und irreführende Angaben in dem registration statement[284]. Das hat seinen Grund darin, dass der accountant im Securities Act explizit als verantwortliche Person aufgeführt ist und die von ihm geprüften und testierten Jahresabschlüsse mit seiner Zustimmung im registration statement enthalten sind[285]. Macht ein Anleger einen entsprechenden Anspruch gerichtlich geltend, kann der accountant die Due-Diligence-Einwendung gegen den Anspruch erheben, um eine Verurteilung abzuwenden[286]. Nach der *BarChris*-Entscheidung sind die accountants hinsichtlich der von ihnen geprüften Teile des registration statement (insbesondere hinsichtlich der Jahresabschlüsse) als experts anzusehen, so dass für diese Teile zumindest die beruflichen Standards beachtet werden müssen[287]. Die Sorgfaltsanforderungen an die accountants werden mithin durch die Generally Accepted Accounting Principles (US GAAP) sowie die Generally Accepted Auditing Standards (US GAAS) präzisiert[288]. Außerdem müssen accountants in den USA darauf achten, dass die von ihnen

---

Kenntnis der Unrichtigkeit/Unvollständigkeit gehabt, *Mayer v. Oil Field Sys. Corp.*, 749, 755 (2d Cir. 1986); *Loss/Seligman*, § 11 (S. 1230).

283 Siehe dazu *Spanner*, 20 Sec. & Comm.Reg. 59, 61 ff (1987), der u.a. vorschlägt, einen due diligence officer für das Emissionsvorhaben abzustellen.

284 Section 11 (a) (4) SA.

285 *Loss/Seligman*, § 11 (S. 1229).

286 Es ist Section 11 (b) (3) (B) SA als Sorgfaltsanforderung der accountants zu prüfen.

287 *Escott v. BarChris Construction Corp.*, 283 F.Supp. 643, 703 (S.D.N.Y. 1968).

288 Vgl. *SEC v. Arthur Young & Co.*, 590 F.2d 785, 788-89 (9th Cir. 1979); *Rebenstock v. Deloite & Touche*, 907 F.Supp. 1059, 1068-69 (E.D.Michi. 1995); *in re Software Toolworks, Inc. Securities Litigation*, 789 F.Supp. 1489, 1494 (N.D. Cal. 1992), *aff'd in part, rev'd in part, in re Software Toolworks Inc. Securities Litigation*, 38 F.3d 1078, 1088 (9th Cir. 1994), *cert. denied*, 116 S.Ct. 274 (1995).

geprüften und testierten Jahresabschlüsse, die mit ihrer Zustimmung im registration statement enthalten sind, bezogen auf das effective date des registration statement richtig und vollständig sind[289]. Sie dürfen sich dabei aber nicht auf die Angaben der Emittentin stützen, sondern müssen eine eigene Due-Diligence-Prüfung durchführen[290] (subsequent events review genannt[291]).

Die Stellung des U.S.-amerikanischen accountant im Rahmen eines kapitalmarktrechtlichen Registrierungsverfahrens nach den Vorschriften des Securities Act und den hierzu von der SEC erlassenen Rules und Regulations unterscheidet sich damit hinsichtlich seiner zivilrechtlichen Verantwortlichkeit grundlegend von der Stellung des an einem Emissionsvorhaben beteiligten Wirtschaftsprüfers in Deutschland, wo eine Prospekthaftung in der Regel nicht begründet wird, jedenfalls nicht, wenn der Wirtschaftsprüfer lediglich unrichtiges Zahlenmaterial für den Emissionsprospekt liefert[292]. Wirtschaftsprüfer in Deutschland verfolgen bei der Ausstellung des Comfort Letter insoweit andere Interessen als ihre Kollegen in den USA, zumal sie ihre „günstigere Rechtsposition" nicht aufgeben möchten. Die accountants in den USA wollen aber ebenfalls ein Haftungsrisiko vermeiden. Sie führen daher die Untersuchungshandlungen im Zusammenhang mit der Comfort Letter-Ausstellung mit größter Sorgfalt durch und achten strikt darauf, dass die Vorgaben des U.S.-amerikanischen Standards SAS No. 72 eingehalten werden. Ein anschauliches Beispiel, mit welcher Genauigkeit die accountants hierbei vorgehen müssen, ist in der Entscheidung *In re Crazy Eddie Securities Litigation* geschildert, die bereits an anderer Stelle dargestellt worden ist[293].

IV. Interessenlage des Anlegers

Wenn in den USA neu emittierte Aktien einen erheblichen Kursverlust erleiden, führt dies in der Regel dazu, dass die Käufer bzw. ihre Rechtsvertreter sogleich das registration statement und den Verkaufsprospekt unter das juristische Mikroskop legen und die Angaben im Lichte der nach der Emission bekannt gewordenen Informationen prüfen. Die Interessenlage der Anleger in den USA ist hiernach mit derjenigen in Deutschland weitgehend identisch. Vor allem private Verbraucher sind der Auffassung, dass sie einen entstandenen Vermögensverlust keinesfalls als persönliches Schicksal hinnehmen müssen[294]. Aus diesem Grunde verwundert es auch kaum, dass im Falle gerichtlicher Auseinandersetzungen in der Regel sämtliche Beteiligte des Emissionsvorgangs in Anspruch genommen werden: issuer, accountant, underwriter und directors. Zudem ist

---

289 *Causey*, § 11 (S. 301); *Steinberg*, § 6.04 (S. 158 f.).
290 *Ernst & Ernst v. Hochfelder*, 425 U.S. 185, 208 (1976); vgl. *Causey/Causey*, 12 Miss.Coll.L.Rev. 7, 16 (1991).
291 *Causey*, § 11 (S. 302); *Resnik*, 34 Bus.Law. 1725, 1729 (1979).
292 Siehe zum Entwurf des Kapitalmarktinformationshaftungsgesetzes unten S. 333.
293 Siehe oben S. 68.
294 Vgl. *Sonnemann/Havermann*, S. 123, 135.

das materielle Recht der Emissionsprospekthaftung in den USA ausgesprochen anleger-freundlich, so dass der Prozessanreiz für die Anleger groß ist.

C. Entwicklung der berufsrechtlichen Standards

Der Securities Act, der die Nachfrage nach Comfort Letters durch underwriter auslöste, wurde bereits 1933 vom Kongress verabschiedet. In den USA gab es in den folgenden 32 Jahren dennoch keine berufsrechtlichen Bestimmungen zur Erteilung von Comfort Letters. Diese unterschieden sich daher in ihrer Form und in ihren materiellen Aussagen naturgemäß erheblich voneinander[295]. Erst in den sechziger Jahren begannen die accountants einen einheitlichen Standard Letter zu entwickeln. Das American Institute of Certified Public Accountants (AICPA) stellte im November 1965 den ersten Standard für Comfort Letter vor (Statement on Auditing Procedure No. 35). Einen weiteren Entwicklungsschritt brachte dann die *BarChris*-Entscheidung des erstinstanzlichen Bundesgerichts für den Südlichen Bezirk von New York[296], in deren Folge die underwriters erhöhte Anforderungen an die inhaltlichen Aussagen des Comfort Letter zu stellen begannen[297]. Das AICPA präsentierte daraufhin im Jahr 1971 einen neuen, verbesserten Standard für Comfort Letter (Statement on Auditing Procedure No. 48)[298]. Diesem folgte im Jahre 1984 das Statement on Auditing Standards No. 49 des AICPA[299]. Maßgeblicher Standard des AICPA ist gegenwärtig das am 30.6.1993 in Kraft getretene Statement on Auditing Standards No. 72 (SAS No. 72)[300].

---

295 *Resnik*, 34 Bus.Law. 1725, 1733 (1979).
296 *Escott v. BarChris Construction Corp.*, 283 F.Supp. 643 (S.D.N.Y. 1968).
297 Siehe *Weiss/Israels/Schwartz*, 57 Geo.L.J. 221, 228 (1968) ("The point to remember is that a cold comfort letter provides just that – cold comfort. Therefore do not rely on the accountants to discover problems of a material nature, even though they relate to the financial operations of the company").
298 *Resnik*, 34 Bus.Law. 1725, 1734 (1979).
299 *Augenbraun*, Bus. Law Today, Jul./Aug. 1993, 31.
300 Siehe zum Inkrafttreten des SAS No. 72 und den gegenüber SAS No. 49 vorgenommenen Veränderungen *Augenbraun*, Bus. Law Today, Jul./Aug. 1993, 31.

§ 3:   Inhalt und Form der Comfort Letters

Bei der Erteilung eines Comfort Letter in den USA hat der Aussteller die inhaltlichen und formalen Vorgaben des Statement on Auditing Standards No. 72 „Letters for underwriters and Certain Other Requesting Parties" (SAS No. 72) zu beachten[301]. Der U.S.-amerikanische Standard wurde durch das Auditing Standards Board des American Institute of Certified Public Accountants (AICPA) verabschiedet und trat am 30.6.1993 in Kraft[302]. SAS No. 72 wird ergänzt durch SAS No. 76 „Amendments to Statement on Auditing Standards No. 72"[303] und SAS No. 86 „Amendments to Statement on Auditing Standards No. 72"[304].

In Deutschland gab es dagegen bis März 2004 keinen Prüfungsstandard mit inhaltlichen und formalen Vorgaben für die ordnungsgemäße Erstellung eines Comfort Letter. Bei der Abfassung eines Comfort Letter orientierte man sich vielmehr an den Vorgaben des U.S.-amerikanischen Standards SAS No. 72. Hierbei waren sich die Beteiligten zum Teil nicht darüber im Klaren, dass sich der U.S.-amerikanische Standard zu einer interessengerechten Risikoverteilung kaum eignete. Die vielgestaltige, uneinheitliche Ausstellungspraxis in Deutschland bis März 2004 wird in dieser Arbeit allerdings nicht mehr berücksichtigt. Vielmehr wird allein der am 4.3.2004 in Kraft getretene IDW Prüfungsstandard PS 910 für die Erteilung eines Comfort Letter herangezogen. Nachfolgend sollen die materiellen und formalen Kriterien des Comfort Letter nach den Vorgaben des neuen IDW Prüfungsstandards PS 910 dargestellt werden[305].

A.   Comfort Letter in den USA

Die Regelungen des U.S.-amerikanischen Standards SAS No. 72 sollen das Haftungsrisiko des ausstellenden Wirtschaftsprüfers („Aussteller") beherrschbar gestalten[306]. Dieses Ziel kann nur erreicht werden, wenn bei allen Beteiligten Klarheit über die beschränkten inhaltlichen Aussagen des Comfort Letter sowie über den Umfang der Prüfungsarbeiten vor der Erteilung des Comfort Letter besteht[307]. Die Verantwortlichkeit für eine erfolgreiche Durchführung der Due-Diligence-Prüfung liegt in den USA grundsätzlich allein bei der Emissionsbank. Diese kann daher nur die Fragen beantworten, ob die von ihr vertraglich angeforderten Untersuchungshandlungen des ungeprüften

---

301   AICPA Professional Standards, S. 1121-1145, AU Section 634.
302   AU § 634.63.
303   In Kraft seit dem 30.06.1995.
304   In Kraft seit dem 30.06.1998.
305   IDW PS 910, WPg 2004, 342, in Kraft seit dem 4.3.2004.
306   So bereits *Ebke/Siegel*, Sonderbeilage Nr. 2, WM 2001, S. 9.
307   AU § 634.12.

Zahlenmaterials zu dem vorgesehenen Verwendungszweck ausreichend sind und ob sie eine „angemessene Prüfung" (reasonable investigation) im Sinne von Section 11 (b) Securities Act darstellen[308]. Gleichzeitig ist das in den SEC-Zulassungsunterlagen enthaltene Zahlenmaterial der Emittentin aus der Zwischenperiode seit dem Stichtag des letzten geprüften und testierten Jahresabschlusses aber nicht mehr nach den U.S.-amerikanischen Generally Accepted Auditing Standards (US GAAS) geprüft worden (unexpertized financial data). Dementsprechend kann der Aussteller keine Aussage darüber machen, ob und inwieweit das Zahlenmaterial mit den US GAAS überein-stimmt[309]. Dies ist wiederum vor allem für die Emissionsbank problematisch, weil bisher noch nicht geklärt ist, welche Anforderungen an eine „angemessene Prüfung" des ungeprüften Zahlenmaterials der Emittentin zu stellen sind[310]. Der U.S.-amerikanische Standard SAS No. 72 berücksichtigt diese Problematik und gibt dem Aussteller Verhal-tensregeln an die Hand. Dieser soll sich nicht dazu äußern, welche Untersuchungshand-lungen er für „erforderlich" (im Sinne von Section 11 (b) Securities Act) hält[311]. Bei Aussagen zu ungeprüftem Zahlenmaterial in dem Comfort Letter darf nur eine negativ formulierte Aussage (negative assurance) gegeben werden[312]. Der Kreis der Empfänger eines Comfort Letter (addressee) sollte im Übrigen möglichst klein gehalten werden, indem keine weiteren Schreiben, außer den im U.S.-amerikanischen Standard SAS No. 72 genannten, an die Emittentin und die Emissionsbanken gerichtet werden[313].

I.   Form des Comfort Letter

Formelle Fragen im Zusammenhang mit der Erteilung des Comfort Letter betreffen in erster Linie die Datierung und die Adressierung. Die Datierung des Comfort Letter erfolgt in den USA üblicherweise auf den effective date, also den Tag, an dem der SEC-Zulassungsantrag wirksam wird und die Zulassung der Wertpapiere durch die SEC stattfindet oder auf ein Datum, das einige Tage vor dem effective date liegt[314]. Daneben gilt es, den cutoff date zu beachten, d.h. den Stichtag, auf den sich bestimmte, vor der Erteilung des Comfort Letter durchgeführte Prüfungshandlungen beziehen. Der cutoff date liegt in der Regel einige Tage vor dem effective date. Der Aussteller weist darauf hin, dass sich seine Prüfungshandlungen nur auf den Zeitraum bis zum cutoff date beziehen, jedoch nicht den Zeitraum zwischen cutoff date und dem effective date

---

308   Siehe zu den Verteidigungsmöglichkeiten der Emissionsbank nach Section 11 (b) SA oben S. 59.
309   AU § 634.12.
310   AU § 634.12.
311   AU §§ 634.16; 634.35 (Tz. b).
312   AU § 634.12.
313   AU § 634.25.
314   AU § 634.23; nur in Einzelfällen ist der Comfort Letter auf den filing date, d.h. auf den Tag, an dem der Zulassungsantrag für die Aktien bei der SEC gestellt worden ist, bezogen worden.

berücksichtigen[315]. Auf Verlangen der konsortialführenden Emissionsbank wird oft ein zweiter Comfort Letter (bring down letter), bezogen auf das closing date der Transaktion oder einen Stichtag wenige Tage vor dem closing date ausgestellt[316]. Der closing date ist der Tag, an dem die Emissionsbanken die Aktien von der Emittentin gegen Zahlung des Kaufpreises übernehmen. Im U.S.-amerikanischen Standard SAS No. 72 wird jedoch darauf hingewiesen, dass der bring down letter genau angeben muss, auf welche (neu durchgeführten) Untersuchungshandlungen sich die im bring down letter getroffenen Aussagen stützen[317].

Der Comfort Letter darf nur an die Emissionsbanken (underwriter) und die Emittentin (client) ausgestellt werden[318]. Er sollte an die Bevollmächtigten der Emittentin adressiert werden, mit denen der Aussteller zuvor den Prüfungsvertrag abgeschlossen und mit denen er den Prüfungsumfang und die Angemessenheit der Untersuchungshandlungen vor der Erteilung des Comfort Letter festgelegt hat[319].

II. Inhalt des Comfort Letter

1. Einleitender Abschnitt

Der Comfort Letter soll nach den Vorgaben des U.S.-amerikanischen Standards SAS No. 72 einen Einleitungsabschnitt (introductory paragraph) mit folgenden Angaben enthalten[320]: Zunächst weist der Aussteller darauf hin, dass er der unabhängige Jahresabschlussprüfer der Emittentin (independent auditor) im Sinne der Bestimmungen des Securities Act und den zum Securities Act erlassenen Rules und Regulations ist[321]. Alsdann erfolgt ein Hinweis, welche Jahresabschlüsse (audited financial statements) und Kapitalflussrechnungen (financial statements schedules) der Emittentin vom Aussteller geprüft wurden[322]. Hieran schließt sich die Feststellung an, dass der Wirtschaftsprüfer die Abschlüsse nach den Generally Accepted Auditing Standards (US GAAS) geprüft hat und dass sie in allen wesentlichen Aspekten den Anforderungen des Securities Act und den dazu von der SEC erlassenen Rules und Regulations entsprechen[323]. Von einer Wiederholung der Bestätigungsvermerke (auditor's report) in dem Comfort Letter oder von einer negativ formulierten Bestätigung (negative assurance) zu den

---

315   AU § 634.23.
316   AU § 634.24.
317   AU § 634.24.
318   AU § 634.25; vgl. hierzu auch *Augenbraun*, Bus. Law Today, Jul./Aug. 1993, 31.
319   AU § 634.24.
320   AU §§ 634.26 – 634.30.
321   AU § 634.31.
322   AU § 634.26.
323   AU § 634.64, Appendix, Example A.

Aussagen der Bestätigungsvermerke wird ausdrücklich abgeraten[324]. Dies gilt auch in dem Fall, dass die in einem SEC-Zulassungsantrag enthaltenen Jahresabschlüsse und Kapitalflussrechnungen der Emittentin von einem anderen Wirtschaftsprüfer geprüft wurden und der Aussteller in Bezug auf die Jahresabschlüsse und Kapitalflussrechnungen eine negativ formulierte Erklärung abgeben soll[325].

Nach U.S.-amerikanischem Standard SAS No. 72 kann der Aussteller, wenn er zuvor bestimmte Berichte (reports) für die Emittentin angefertigt hat, entsprechende Angaben in dem Einleitungsteil des Comfort Letter machen. Diese Berichte des Wirtschaftsprüfers können zu zusammengefassten Jahresabschlüssen, die aus geprüften Abschlüssen abgeleitet wurden[326], zu ausgewählten Finanzinformationen[327], Zwischenabschlüssen[328], Pro-Forma-Abschlüssen[329] sowie zu Vorhersagen der weiteren finanziellen Entwicklungen der Gesellschaft[330] erfolgt sein[331]. Es wird dem Wirtschaftsprüfer außerdem gestattet, Abschriften dieser Berichte dem Comfort Letter beizufügen. Allerdings sollen Aussagen aus diesen Berichten nicht in dem Comfort Letter wiederholt werden, da hierdurch der Eindruck entstehen könnte, dass der Aussteller die Richtigkeit und Vollständigkeit der Berichte nochmals auf den Zeitpunkt der Erteilung des Comfort Letter bestätigen wolle[332]. Der Aussteller beschreibt im Übrigen ausführlich, welche Untersuchungshandlungen (agreed upon procedures) von ihm vor der Erteilung des Comfort Letter durchgeführt worden sind, damit eindeutig erkennbar ist, aufgrund welcher Tatsachenbasis er die Angaben in dem Comfort Letter macht und damit der underwriter entscheiden kann, ob diese Untersuchungshandlungen für seine Zwecke ausreichend sind[333].

2. *Übereinstimmung mit den SEC-Zulassungsbestimmungen*

Der Aussteller kann nach dem U.S.-amerikanischen Standard SAS No. 72 eine positiv formulierte Bestätigung (positive assurance) für formelle Übereinstimmungen geben, wenn die im SEC-Zulassungsantrag enthaltenen Abschlüsse und Kapitalflussrechnungen, die von ihm geprüft wurden, den gesetzlichen Bestimmungen, namentlich dem Securities Act und den von der SEC erlassenen Rules und Regulations, in formeller Hinsicht entsprechen (compliance as to form with SEC requirements)*[334]*. Sind die im

---

324 AU §§ 634.28, 634.29.
325 AU § 634.28.
326 Condensed financial information that are derived from audited financial statements.
327 Selected financial data.
328 Interim financial data.
329 Pro forma financial information.
330 Financial forecasts.
331 AU § 634.29.
332 AU § 634.29.
333 AU §§ 634.16, 634.35.
334 AU § 634.34.

SEC-Zulassungsantrag enthaltenen Abschlüsse oder Kapitalflussrechnungen ungeprüft, soll lediglich eine negativ formulierte Bestätigung hinsichtlich einer formellen Übereinstimmung mit den genannten gesetzlichen Bestimmungen erteilt werden[335].

3. Aussagen im Comfort Letter zu ungeprüften Finanzdaten[336]

Ein Schwerpunkt des U.S.-amerikanischen Standards SAS No. 72 liegt auf den Comfort Letter-Vorgaben, die sich auf ungeprüfte Finanzkennzahlen des emittierenden Unternehmens und dabei vor allem auf ungeprüfte Daten seit dem Stichtag des letzten geprüften Abschlusses beziehen. Solche Daten können in ungeprüften Zwischenabschlüssen[337], ungeprüften Zwischenberichten[338], capsule financial information[339], Pro-Forma-Finanzdaten[340], finanziellen Vorhersagen[341], Angaben zur Entwicklung des Stammkapitals oder der langfristigen Verbindlichkeiten seit dem letzten geprüften Jahresabschluss[342] sowie Übersichten und weiteren Statistiken[343] enthalten sein[344]. Der Aussteller soll in dem Comfort Letter grundsätzlich nicht über ungeprüfte Daten und Zahlen aus dem internen Kontrollsystem des emittierenden Unternehmens berichten[345]. Ausnahmsweise sind jedoch Aussagen möglich, wenn der Aussteller detaillierte Kenntnisse über die Vorschriften und Methoden des internen Kontrollsystems der Emittentin und deren Auswirkung auf die Jahresabschlüsse und Zwischenberichte besitzt[346]. Aber selbst in diesem Falle soll der Aussteller allenfalls eine negativ formulierte Aussage machen[347]. Sprachliche Formulierungen, denen keine präzise Genauigkeit zukommt[348] oder die den Eindruck erwecken könnten, der Comfort Letter enthalte einen Bericht über die Durchführung einer Prüfung im Einklang mit US GAAS, sollen auf jeden Fall

---

335 AU § 634.34.
336 AU § 634.35-53.
337 Unaudited interim financial statement.
338 Unaudited condensed interim financial information.
339 Hierbei handelt es sich um einen Fachbegriff für ungeprüfte vorläufige Finanzdaten, die zusammenfassend für bestimmte Berichtszeiträume nach dem Stichtag des letzten geprüften Jahresabschlusses solche Angaben mit dem Vorjahreszeitraum vergleichen. Sie werden häufig in tabellarischer Form dargestellt.
340 Pro forma financial information.
341 Financial forecasts.
342 Subsequent changes.
343 Tables and statistics.
344 AU § 634.35.
345 AU § 634.36.
346 AU § 634.36.
347 AU §§ 634.12; 634.64, Appendix, Example A.
348 Vgl. AU § 634.35 (Tz. c): zu vermeiden sind folgende Ausdrucksweisen: general review, limited review, reconcile, check, test.

unterbleiben[349]. Damit soll Fehlvorstellungen und falschen Erwartungen (expectation gap) der underwriter oder der Emittentin vorgebeugt werden[350]. Die an die jeweiligen Aussagen gestellten Anforderungen und Beschränkungen richten sich nach der Eigenschaft der jeweiligen Finanzinformation (ungeprüfte Zwischenabschlussdaten, Pro-Forma-Abschlussdaten etc.) und werden in dem U.S.-amerikanischen Standard SAS No. 72 umfassend erläutert[351].

4. *Untersuchungshandlungen für die Folgeperiode (Subsequent Changes)*

Der Aussteller wird in der Regel beauftragt, Aussagen über den Zeitraum zwischen dem Stichtag des letzten geprüften Jahresabschlusses und dem cutoff date im Comfort Letter zu machen. Ausführungen in dem Comfort Letter über Veränderungen der Finanzkennzahlen des emittierenden Unternehmens seit dem Stichtag des letzten geprüften Jahresabschlusses (subsequent changes) betreffen typischerweise Feststellungen zu Veränderungen des Stammkapitals, zu Veränderungen der langfristigen Verbindlichkeiten oder anderer Positionen der Unternehmensbilanz[352]. Die Festlegungen des Werterhellungszeitraums seit dem Stichtag des letzten geprüften Jahresabschluss (change period) ergeben sich aus dem Aktienübernahmevertrag[353]. Für diesen Werterhellungszeitraum kann der Aussteller seine Aussagen allein auf Untersuchungshandlungen stützen, die er im Vorfeld der Comfort Letter-Erteilung durchgeführt hat. Hierzu gehören die Durchsicht der Sitzungsprotokolle des board of directors und des meeting of stockholders sowie Nachforschungen bei leitenden Mitarbeitern, die über das Buchführungs- und Rechnungswesen des emittierenden Unternehmens informiert sind[354]. Die Antworten der leitenden Mitarbeiter auf die Fragen des Ausstellers sollen schriftlich festgehalten werden[355]. Demzufolge sind die Prüfungshandlungen für die change period begrenzt, was der Aussteller in dem Comfort Letter klarstellen wird[356].

---

349 Vgl. AU §§ 634.60, 634.64, Appendix, Example A, No. 4 (a.E.) ("The foregoing procedures do not constitute an audit conducted in accordance with generally accepted auditing standards. Also, they would not necessarily reveal matters of significance with respect to the comments in the following paragraph. Accordingly, we make no representations regarding the sufficiency of the foregoing procedures").
350 *Ebke/Siegel*, Sonderbeilage Nr. 2, WM 2001, S. 10.
351 AU §§ 634. 37-60.
352 AU §§ 634.45, 634.50.
353 Vgl. AU § 634.51.
354 AU § 634.45.
355 AU § 634.45 [Fn. 29].
356 AU §§ 634.45, 634.64, Appendix, Example A, No. 5b, 6.

5. Negative Assurance und 135-Tage-Regelung

Wenn die Emissionsbank zu bestimmten Veränderungen der Finanzkennzahlen des emittierenden Unternehmens seit dem letzten geprüften Jahresabschluss eine negativ formulierte Bestätigung erhalten möchte, stellt der U.S.-amerikanische Standard SAS No. 72 spezifische Anforderungen an die Erteilung dieser Bestätigung[357]. Zu beachten ist dabei die sogenannte „135-Tage-Regelung". Diese besagt, dass mit dem Ablauf von 135 oder mehr Tagen seit dem Stichtag des letzten vom Aussteller geprüften Jahresabschlusses eine negativ formulierte Bestätigung bestimmter Finanzkennzahlen nicht mehr möglich ist[358]. Stattdessen kann er lediglich über die von ihm vorgenommenen Prüfungshandlungen und seine dabei gefundenen Ergebnisse berichten (factual findings)[359]. Für den Fall, dass der Aussteller bei den Untersuchungshandlungen auf Veränderungen der Finanzkennzahlen stößt, soll er hierüber nur insoweit berichten, als diese Veränderungen nicht bereits von der Emittentin in den SEC-Zulassungsantrag aufgenommen wurden[360].

6. Abschließende Bemerkungen

Zur Vermeidung von Missverständnissen wird im Comfort Letter darauf hingewiesen, dass sein Inhalt lediglich zur Information der Empfänger und zu keiner sonstigen Verwendung bestimmt ist (disclaimer/Verwendungsklausel). Der disclaimer lautet: "This letter is solely for the information of the addressees and to assist the underwriters in conducting and documenting their investigation of the affairs of the company in connection with the offering of the securities covered by the registration statement, and it is not to be used circulated quoted, or otherwise referred to within or without the underwriting group for any other purpose, including, but not limited to, the registration, purchase, or sale of securities, nor is it to be filed with or referred to in whole or in part in the registration statement or any other document, except that reference may be made to it in the underwriting agreement or in any list of closing documents pertaining to the offering of the securities covered by the registration statement"[361]. Der Grund dieses Hinweises ist die Vermeidung von Mißverständnissen über den Zweck und den Inhalt Comfort Letters, worauf im Einzelnen ausführlich einzugehen sein wird[362].

---

357 AU §§ 634.46, 634.64, Example A, No. 5b and 6.
358 AU §§ 634.47.
359 AU §§ 634.47, 634.64, Appendix, Example O.
360 AU § 634.49 ("except for changes, increases, or decreases that the registration statement discloses").
361 AU § 634.61; vgl. oben Fn. 233, S. 63.
362 AU § 634.61; vgl. oben Fn. 233, S. 63.

B. Comfort Letter in Deutschland

Die Anforderungen an den Inhalt eines Comfort Letter in Deutschland sind von den jeweiligen Umständen und Anforderungen des Einzelfalls, insbesondere von den Vorstellungen der Emissionsbank abhängig[363]. Nach dem nunmehr geltenden IDW Prüfungsstandard PS 910 kann den Beteiligten einer Aktienneuemission ein Comfort Letter in folgender inhaltlicher und formaler Ausgestaltung erteilt werden.

I. Form des Comfort Letter

1. Format

Der Comfort Letter ist, wie in den USA, in der Form eines Geschäftsbriefs verfasst. Im Betreff wird in der Regel auf ein bestimmtes Emissionsprojekt[364] und die Platzierung im Inland bzw. eine internationale Platzierung nebst der Stückzahl der Aktien hingewiesen. Die Unterschrift unter dem Comfort Letter erfolgt durch den Aussteller, der üblicherweise Wirtschaftsprüfer ist[365]. Bei einem englischsprachigen Comfort Letter, der sich auf deutschsprachige Abschlüsse bezieht, sollen die Bezeichnungen der jeweiligen Abschlussposten als Klammerzusatz in den Text eingefügt und zum Zwecke der Klarstellung im Text durchgängig wiederholt werden (z.B. „stated capital [Grundkapital]")[366].

2. Adressat

Der Aussteller des Comfort Letter stellt mit der Adressierung unmissverständlich klar, an welches Unternehmen sich die Ausführungen des Comfort Letter richten[367]. Der IDW Prüfungsstandard PS 910 sieht vor, dass der Comfort Letter nach der Feststellung

---

363 Siehe oben S. 38.

364 IDW PS 910, WPg 2004, 342, 345 (Tz. 25).

365 Im Regelfall ist dies der gesetzliche Abschlussprüfer der Emittentin, wie die für die Zeit von November 1998 bis Juli 1999 durchgeführte Studie von *Ostrowski/Sommerhäuser*, WPg 2000, 961, 968 zeigt. Hiernach war bei 26 von 29 Aktienneuemissionen der Aussteller des Comfort Letter gleichzeitig auch der gesetzliche Abschlussprüfer der Emittentin. Offensichtlich kommt es den Emissionsbanken darauf an, dass der Abschlussprüfer und nicht ein externer Drittprüfer mit der Ausstellung des Comfort Letter beauftragt wird. Dies ist sicherlich bereits deshalb sinnvoll, weil sich ein externer Prüfer in einem ohnehin eng bemessenen Zeitraum zuerst mit dem Unternehmen vertraut machen müsste.

366 IDW PS, WPg 2004, 342, 351 (Tz. 77).

367 Die Emissionsbanken in Deutschland vermeiden eine direkte vertragliche Verbindung mit dem Aussteller, um auf jeden Fall zu verhindern, dass dieser, nicht zuletzt in einem Rechtsstreit, als ihr Erfüllungsgehilfe (§ 278 BGB) angesehen wird.

des Ergebnisses der vertraglich vereinbarten Prüfungshandlungen vom Aussteller an die vertraglich vorgesehenen Empfänger erteilt wird[368]. Nach dem IDW Prüfungsstandard PS 910 sind dies sowohl die Emissionsbanken als auch die Emittentin. Im Übrigen ist die konsortialführende Emissionsbank Empfangsvertreterin des Emissionskonsortiums, so dass insoweit auch nur ein Exemplar des Comfort Letter versandt wird[369].

3. Datierung

Eine erhebliche Bedeutung kommt der Datierung des Comfort Letter zu. Dieser soll nach dem IDW-Prüfungsstandard PS 910 auf den Tag der Erteilung datiert werden[370]. Ein bis drei Arbeitstage vor dem Erteilungsdatum liegt der cutoff date[371]. Hierunter ist der Zeitpunkt zu verstehen, bis zu dem sich die vom Aussteller durchgeführten Nachforschungshandlungen erstrecken. Damit umfasst der Werterhellungszeitraum (change period) die Nachforschungshandlungen aus dem Zeitraum zwischen dem cutoff date und dem Stichtag des letzten geprüften oder einer prüferischen Durchsicht unterzogenen Abschlusses[372]. Bei einer Platzierung der Aktien im Wege des Bookbuilding-Verfahrens verlangt die Emissionsbank in der Regel bis zu drei Comfort Letters, bezogen auf die unterschiedlichen cutoff dates[373]. Jeder einzelne dieser Comfort Letters ist nach den gleichen standardisierten Regeln des IDW Prüfungsstandards PS 910 zu erteilen, da es sich formal jeweils um einen neuen Comfort Letter handelt[374].

II. Inhalt des Comfort Letter

1. Einleitender Abschnitt

In dem einleitenden Abschnitt werden die in den vorläufigen Verkaufsprospekt bzw. Börsenzulassungsprospekt („Prospekt") aufgenommenen und von dem Wirtschaftsprüfer/Aussteller[375] bestätigten Abschlüsse sowie Stichtage der Prüfungen genannt, auf die im Rahmen des Comfort Letter Bezug genommen wird[376]. Bei den geprüften

---

368 IDW PS 910, WPg 2004, 342, 344 f. (Tz. 12 und 22).
369 Dies ist Folge der im Konsortialvertrag begebenen Vollmacht an die Konsortialführung.
370 IDW PS 910, WPg 2004, 342, 345 (Tz. 23).
371 IDW PS 910, WPg 2004, 342, 345 (Tz. 24), 355 (Tz. 108-110).
372 IDW PS 910, WPg 2004, 342, 351 (Tz. 72).
373 Siehe dazu bereits oben S. 36.
374 IDW PS, WPg 2004, 342, 356 (Tz. 134).
375 Es wird in dieser Arbeit angenommen, dass Aussteller der bestellte Abschlussprüfer der Gesellschaft und kein externer Prüfer ist.
376 IDW PS, WPg 2004, 342, 345 (Tz. 26 f.).

Abschlüssen kann es sich sowohl um Einzelabschlüsse[377] als auch um Konzernabschlüsse[378] handeln. Alsdann werden die Rechnungslegungsvorschriften (HGB, US GAAP oder IAS) angegeben, nach denen die genannten Abschlüsse aufgestellt wurden und zugleich die zugrundeliegenden Prüfungsvorschriften (deutsche Prüfungsgrundsätze, US GAAS oder ISA) bezeichnet. Der einleitende Abschnitt enthält lediglich in der historischen Darstellung Angaben zu den erteilten Bestätigungsvermerken, wobei es sich um uneingeschränkte oder eingeschränkte Bestätigungsvermerke handeln kann. Es werden in dem Comfort Letter keine weiteren als die in dem jeweiligen Prospekt erwähnten Abschlüsse angegeben[379]. Materielle Aussagen zu den Jahresabschlüssen finden sich im einleitenden Abschnitt nicht[380]. Besonderheiten ergeben sich, wenn mehrere Abschlussprüfer die Jahresabschlüsse geprüft haben oder wenn es sich um einen Konzernsachverhalt handelt[381]. Es entspricht in Deutschland wie in den USA gängiger Praxis, dass der Aussteller seine Unabhängigkeit bestätigt. Nach dem IDW Prüfungsstandard PS 910 ist der neutrale Begriff des „Wirtschaftsprüfers" und nicht der des „Abschlussprüfers" zu verwenden[382].

2. Verweis auf erfolgte Prüfungen

Der Aussteller weist darauf hin, zu welchem Zeitpunkt er jeweils zuvor Bestätigungsvermerke und Bescheinigungen für die in dem einleitenden Abschnitt aufgelisteten Abschlüsse erteilt hat[383]. Keinesfalls wiederholt er mittelbar oder unmittelbar ganz oder teilweise die Bestätigungsvermerke in ihrem Wortlaut[384]. Im Übrigen macht er explizit deutlich, dass er keine aktuelleren Abschlüsse der Emittentin für ein Geschäftsjahr geprüft hat und die Prüfung für das letzte Geschäftsjahr ausschließlich darauf gerichtet war, Bestätigungsvermerke für die Jahres- oder Konzernabschlüsse des betreffenden

---

377 Gegenstand der Prüfung der Rechnungslegung einer Kapitalgesellschaft ist der Jahresabschluss, bestehend aus Bilanz, Gewinn- und Verlustrechnung und Anhang (§§ 242 Abs.3, 264 Abs.1 Satz 1 HGB) sowie der Lagebericht (§ 316 Abs.1 Satz 1 HGB). Nach § 317 Abs.1 Satz 1 HGB ist die Buchführung in die Prüfung des Jahresabschlusses mit einzubeziehen.

378 Die Konzernabschlüsse bestehen aus der Konzernbilanz, der Konzern-Gewinn- und Verlustrechnung und dem Konzernanhang (§ 297 Abs.1 Satz 1 HGB) sowie dem Konzernlagebericht nach § 315 HGB.

379 IDW PS 910, WPg 2004, 342, 345 (Tz. 26).

380 IDW PS 910, WPg 2004, 342, 345 (Tz. 26).

381 IDW PS 910, WPg 2004, 342, 345 f. (Tz. 116-132).

382 IDW PS 910, WPg 2004, 342, 345 (Tz. 28 f.).

383 IDW PS 910, WPg 2004, 342, 345 (Tz. 30).

384 IDW PS 910, WPg 2004, 342, 346 f. (Tz. 31, 32 und 38). Andernfalls könnte in der Wiederholung eine Neuerteilung des Bestätigungsvermerks gesehen werden mit der Folge, dass hierin eine Verlängerung des Werterhellungszeitraums der Abschlussprüfung gesehen werden könnte. Nach der Erteilung des Bestätigungsvermerks ist der Abschlussprüfer jedoch grundsätzlich nicht verpflichtet, zu den geprüften Jahresabschlüssen und Lageberichten weitere Nachforschungen anzustellen. Die Feststellung von Ereignissen, die nach Erteilung des Bestätigungsvermerks bis zu einem maßgeblichen Stichtag bekannt geworden sind, ist damit nicht mehr Teil der Abschlussprüfung.

Geschäftsjahres, nicht aber für Abschlüsse der Zwischen- oder Folgeperiode zu erteilen[385]. Dies kann insbesondere dann bedeutsam werden, wenn der Prospekt aktuelle Zahlen aus Monats- oder Quartalsabschlüssen enthält. Ein derartiger Hinweis sollte zur Klarstellung auch dann in den Comfort Letter aufgenommen werden, wenn beispielsweise Quartalsabschlüsse oder Monatsberichte einer prüferischen Durchsicht unterzogen worden sind[386].

3. Kritisches Prüfen der Anhänge von Jahres-/Konzernabschlüssen

Aufgabe des Ausstellers kann es sein, kritisch zu lesen, ob die Anhänge der im Prospekt veröffentlichten Jahres-/Konzernabschlüsse der Emittentin Anhaltspunkte zu Fehlerkorrekturen in laufender Rechnung aufweisen[387]. Im Übrigen sind neben dem kritischen Lesen keine weiteren Untersuchungshandlungen mehr erforderlich[388]. Werden in den Anhängen zu den Jahres-/Konzernabschlüssen Hinweise auf Fehleränderungen gefunden, sind sie wörtlich in dem Comfort Letter wiederzugeben[389].

4. Untersuchungshandlungen nach der Erteilung des Bestätigungsvermerks

Der Aussteller macht in dem Comfort Letter grundsätzlich keine Angaben zum Bestätigungsvermerk, die über die bloße Tatsache der Erteilung hinausgehen, da er hierzu nach dem der Abschlussprüfung zugrundeliegenden Vertrag nicht verpflichtet ist. Abweichend davon kann sich der Aussteller in dem Prüfungsvertrag zur Erteilung des Comfort Letter jedoch auch verpflichten, Untersuchungshandlungen in dem Zeitraum nach der Erteilung des letzten Bestätigungsvermerks vorzunehmen und hierauf gerichtete Erklärungen abzugeben[390], die je nach Vertrag in Form einer negativ formulierten Aussage (negative assurance) oder einer bloßen Berichterstattung über die durchgeführten Untersuchungshandlungen ohne negativ formulierte Aussage (factual findings) darzustellen sind[391]. Werden vom Aussteller im Hinblick auf die Bestätigungsvermerke Untersuchungshandlungen in dem Zeitraum zwischen Erteilung des letzten Bestätigungsvermerks und dem cutoff date verlangt, so wird dieser zunächst in dem Comfort Letter das Zeitfenster („Untersuchungszeitraum") definieren. Es handelt sich in der Regel um den

---

385 IDW PS 910, WPg 2004, 342, 346 (Tz. 33).
386 IDW PS 910, WPg 2004, 342, 346 (Tz. 33).
387 IDW PS 910, WPg 2004, 342, 346 (Tz. 34); zu den Voraussetzungen und Verfahrensweisen einer Änderung in laufender Rechnung vgl. IDW RS HFA 6, WPg 2001, 1084.
388 IDW PS 910, WPg 2004, 342, 346 (Tz. 34).
389 IDW PS 910, WPg 2004, 342, 346 (Tz. 35).
390 IDW PS 910, WPg 2004, 342, 346 (Tz. 37).
391 IDW PS 910, WPg 2004, 342, 347 (Tz. 38).

Zeitraum zwischen dem letzten Bestätigungsvermerk und dem cutoff date[392]. Als Untersuchungsziel gilt es festzustellen, ob der Emittentin in dem Untersuchungszeitraum Ereignisse bekannt geworden sind, aus denen sich ergibt, dass der für den letzten Abschluss erteilte Bestätigungsvermerk nicht in dieser Form oder mit diesem Inhalt hätte erteilt werden dürfen, wären dem Abschlussprüfer diese Ereignisse bereits zum Zeitpunkt der Erteilung des Bestätigungsvermerks bekannt gewesen („bestätigungsvermerksrelevante Ereignisse")[393].

Zur Feststellung, ob ein Ereignis bestätigungsrelevant ist, enthält der IDW Püfungsstandard PS 910 detaillierte Vorgaben. So müssen solche Ereignisse insbesondere nach dem Zeitpunkt der Erteilung des Bestätigungsvermerks liegen und dem Aussteller erst nach diesem Zeitpunkt bekannt geworden sein[394]. Untersuchungshandlungen zur Feststellung bestätigungsvermerksrelevanter Ereignisse stellen nach Art, Umfang und Zweck keine Abschlussprüfung entsprechend der maßgeblichen Prüfungsgrundsätze dar. Sie beziehen sich nur auf den jeweiligen Abschluss und umfassen auch keine Aussagen zum Lagebericht, da sich dieser in seinem Prognoseteil im Laufe der Zeit regelmäßig verändert und diese Änderungen im Rahmen der vorzunehmenden Untersuchungshandlungen nicht beurteilt werden können[395]. Der Prüfungsumfang der Tätigkeiten im Rahmen der Comfort Letter-Erteilung ist somit enger gefasst als derjenige der Untersuchungshandlungen im Sinne des IDW Prüfungsstandards PS 203[396]. Zur Feststellung bestätigungsvermerksrelevanter Ereignisse sind die Unternehmensleitung und andere Auskunftspersonen zu Ereignissen nach der Erteilung des Bestätigungsvermerks zu befragen sowie weitere im IDW Prüfungsstandard PS 910 dargelegte Untersuchungshandlungen vorzunehmen[397]. Die hierdurch gewonnenen Erkenntnisse hat der Aussteller zur Feststellung bestätigungsvermerksrelevanter Ereignisse mit den Kenntnissen der Abschlussprüfung zu vergleichen[398]. Zum Abschluss der Untersuchungshandlungen holt der Aussteller von der Unternehmensleitung eine Vollständigkeitserklärung über die mitgeteilten bestätigungsvermerksrelevanten Ereignisse und die zusätzlich zu ihrer Dokumentation vorgelegten Unterlagen ein[399].

Der Aussteller kann das Ergebnis der Untersuchungshandlungen in einer negativ formulierten Aussage (negative assurance) zusammenfassen[400] oder, wenn dies nicht

---

392   IDW PS 910, WPg 2004, 342, 347 (Tz. 40).
393   IDW PS 910, WPg 2004, 342, 347 (Tz. 40).
394   Vgl. IDW PS 910, WPg 2004, 342, 347 (Tz. 41-43). Siehe zur Unterscheidung zwischen werterhellenden und wertbegründenden Tatsachen IDW PS 203, WPg 2001, 891, 892 (Tz. 8).
395   IDW PS 910, WPg 2004, 342, 347 (Tz. 44).
396   IDW PS 910, WPg 2004, 342, 347 (Tz. 44).
397   IDW PS 910, WPg 2004, 342, 347 f. (Tz. 45 f.).
398   IDW PS 910, WPg 2004, 342, 348 (Tz. 47).
399   IDW PS 910, WPg 2004, 342, 348 (Tz. 49 f.). Für den Konzernabschluss hat der Aussteller zu beachten, dass die Emittentin entsprechende Untersuchungshandlungen auch von den Abschlussprüfern der Tochterunternehmen einfordert.
400   IDW PS 910, WPg 2004, 342, 348 (Tz. 51-54): „(...) ist uns nichts zur Kenntnis gelangt, das uns veranlasst anzunehmen (...)". Der Aussteller soll nach IDW PS 910, WPg 2004, 342, 348 (Tz. 52) umfangreiche Einschränkungen dieser negativ formulierten Aussagen vornehmen.

vereinbart worden ist, einen Bericht über die durchgeführten Untersuchungshandlungen und die gefundenen Ergebnisse erstellen[401]. In diesem Zusammenhang weist der Aussteller nochmals darauf hin, dass die Untersuchungshandlungen auch in ihrer Gesamtheit weder eine Abschlussprüfung gemäß den deutschen Prüfungsgrundsätzen noch eine prüferische Durchsicht nach dem IDW Prüfungsstandard PS 900[402] darstellen. Hierdurch wird klargestellt, dass der Aussteller mit dem Ergebnis dieser Untersuchungshandlungen weder einen Bestätigungsvermerk noch eine Bescheinigung erteilt. Ebenso kann in seinen Aussagen keine Wiederholung der Bestätigungsvermerke gesehen werden. Folglich macht der Aussteller auch keine Aussagen darüber, ob die von ihm durchgeführten Untersuchungshandlungen für die Zwecke der Emittentin und Emissionsbanken ausreichend sind[403].

5. *Untersuchungshandlungen für die Folgeperiode*

Der Aussteller wird zudem auch beauftragt, Aussagen über den Zeitraum zwischen dem Stichtag des letzten geprüften Jahresabschlusses und dem cutoff date ("Folgeperiode") im Comfort Letter zu treffen, die sich auf ein einzelnes Unternehmen oder auch auf einen Konzern beziehen können[404]. Die Untersuchungshandlungen für die Folgeperiode werden maßgeblich von den Umständen des Einzelfalls, insbesondere von der Leistungsfähigkeit des Rechnungswesens der Emittentin, bestimmt[405], und zwar wie folgt:

a) *Kritisches Prüfen der Sitzungsprotokolle*

Der Aussteller wird regelmäßig beauftragt, die Sitzungsprotokolle der Gesellschaftsorgane der Emittentin, die in der Folgeperiode stattgefunden haben, kritisch zu lesen[406]. Haben die Gesellschaftsorgane Ausschüsse eingerichtet, kann er überdies beauftragt werden, die Protokolle der Sitzungen dieser Ausschüsse kritisch zu lesen[407]. Die durchgeführten Handlungen werden im Comfort Letter entsprechend dargestellt. Sollen neben den Protokollen der Gesellschaftsorgane der Emittentin auch die entsprechenden Protokolle der (wesentlichen) Tochterunternehmen kritisch gelesen werden, ist der Comfort Letter entsprechend zu ergänzen[408]. Neben dem kritischen Lesen von Sitzungsprotokol-

401 IDW PS 910, WPg 2004, 342, 348 f. (Tz. 55): „Wir berichten über das Ergebnis der vorgenannten Untersuchungshandlungen wie folgt (...)".
402 IDW PS 900, WPg 2001, 1078.
403 IDW PS 910, WPg 2004, 342, 347 (Tz. 52), 348 (Tz. 55).
404 IDW PS 910, WPg 2004, 342, 349 (Tz. 56).
405 IDW PS 910, WPg 2004, 342, 349 (Tz. 57).
406 IDW PS 910, WPg 2004, 342, 349 (Tz. 62).
407 IDW PS 910, WPg 2004, 342, 349 (Tz. 62).
408 IDW PS 910, WPg 2004, 342, 349 (Tz. 63).

len der Gesellschaftsorgane der Emittentin kommen weitere, in dem IDW Prüfungsstandard PS 910 näher bezeichnete Untersuchungshandlungen für die Folgeperiode in Betracht[409]. Der Aussteller wird über die Untersuchungsergebnisse in Form einer negativen Aussage oder einer bloßen Mitteilung der Feststellungen (factual findings) berichten[410]. Allerdings wird in beiden Fällen vorausgesetzt, dass der Wirtschaftsprüfer über Kenntnisse des rechnungslegungsbezogenen internen Kontrollsystems der Emittentin verfügt und dessen Angemessenheit und Wirksamkeit beurteilen kann[411].

b) *Prüferische Durchsicht der Zwischenabschlüsse*

Hat die Emittentin innerhalb der Folgeperiode Zwischenabschlüsse aufgestellt, sollen diese regelmäßig einer prüferischen Durchsicht gemäß IDW Prüfungsstandard PS 900[412] unterzogen werden. Welche Zwischenabschlüsse von einer prüferischen Durchsicht betroffen sind, hängt von dem Prüfungsvertrag ab. Die Untersuchungshandlungen einer prüferischen Durchsicht beschränken sich auf eine kritische Würdigung des Zwischenabschlusses auf der Grundlage einer Plausibilitätsbeurteilung[413]. Die prüferische Durchsicht ist so zu planen und durchzuführen, dass der Aussteller nach kritischer Würdigung mit einer gewissen Sicherheit ausschließen kann, dass der Zwischenabschluss in wesentlichen Belangen nicht in Übereinstimmung mit den angewandten Rechnungslegungsgrundsätzen aufgestellt worden ist[414]. Die als Ergebnis der prüferischen Durchsicht negativ formulierte Aussage ist in den Comfort Letter aufzunehmen[415].

---

409 IDW PS 910, WPg 2004, 342, 349 (Tz. 58): prüferische Durchsicht der (Zwischen-)Abschlüsse nach den entsprechenden Prüfungsstandards (IDW PS 900, ISA 910 oder SAS 100), kritisches Lesen der Monatsberichte für die Zeiträume nach dem letzten geprüften oder einer prüferischen Durchsicht unterzogenen (Zwischen-)Abschlusses, Befragung der für das Rechnungswesen der Emittentin verantwortlichen Personen zu den Monatsberichten und zu bestimmten anderen Abschlussposten.

410 IDW PS 910, WPg 2004, 342, 349 (Tz. 60).

411 Vgl. IDW PS 260, WPg 2001, 821. Wurde der letzte Jahres-Konzernabschluss von einem anderen Wirtschaftsprüfer geprüft, hat sich der den Comfort Letter erteilende Wirtschaftsprüfer die erforderlichen Kenntnisse über das rechnungslegungsbezogene interne Kontrollsystem zu verschaffen, IDW PS 910, WPg 2004, 342, 349 (Tz. 61).

412 IDW PS 900, WPg 2001, 1078, oder einem gleichwertigen internationalen Standard (ISA 910, SAS 100). Die inhaltlichen Anforderungen an den Zwischenabschluss ergeben sich aus dem zu Grunde liegenden Rechnungslegungsstandard, etwa bzgl. Bestandteilen, Vergleichsangaben, Ansatz- und Bewertungsvorschriften, IDW PS 910, WPg 2004, 342, 350 (Tz. 65).

413 IDW PS 910, WPg 2004, 342, 350 (Tz. 66).

414 IDW PS 910, WPg 2004, 342, 350 (Tz. 66).

415 IDW PS 910, WPg 2004, 342, 350 (Tz. 67). Es erfolgt in dem Comfort Letter nochmals der Hinweis, dass die prüferische Durchsicht des Zwischenabschlusses und das kritische Lesen der Sitzungsprotokolle der Gesellschaftsorgane, auch in ihrer Gesamtheit, keine Abschlussprüfung gemäß den deutschen Prüfungsgrundsätzen darstellen und nicht notwendigerweise zur Aufdeckung wesentlicher Abweichungen von den zugrunde liegenden Rechnungslegungsvorschriften führen. Weitere Einzelheiten zu Zwischenberichten in dem Comfort Letter, IDW PS 910, WPg 2004, 342, 350 (Tz. 68-71).

c)   *135-Tage-Regel*

Der Aussteller soll eine negativ formulierte Aussage (negative assurance) zu Veränderungen in den Abschlussposten während des Werterhellungszeitraums (change period) nur dann machen, wenn er sich in Bezug auf die betreffenden Abschlussposten eine gewisse Sicherheit im Sinne des IDW Prüfungsstandards PS 900 (Grundsätze für die prüferische Durchsicht von Abschlüssen) zu verschaffen vermag[416]. Ebenso wie nach dem U.S.-amerikanischen Standard SAS No. 72[417], soll der Aussteller in Deutschland nach IDW Prüfungsstandard PS 910 keine negativ formulierte Aussage mehr erteilen, die auf eine change period von mehr als 134 Tagen bezogen ist[418]. Dies geschieht vor dem Hintergrund, dass aufgrund der eingeschränkten Untersuchungshandlungen zu Veränderungen von Abschlussposten während der change period eine „gewisse Sicherheit" im Sinne von IDW Prüfunsgsstandard PS 900 nach dem Ablauf von 134 Tagen nicht mehr gewährleistet werden kann[419]. Dem Aussteller verbleibt dann die Möglichkeit, nach den Grundsätzen eines factual findings über den Sachverhalt zu berichten[420].

d)   *Kritische Kenntnisnahme der Monatsberichterstattung*

Verfügt die Emittentin über eine (hinreichende) Monatsberichterstattung[421], ist diese vom Aussteller kritisch zu lesen. Die Vertreter der Emittentin sind zu befragen, ob bei der Erstellung dieser Monatsberichte im Wesentlichen die gleichen Bilanzierungs- und Bewertungsgrundsätze angewandt wurden wie bei der Aufstellung der letzten Abschlüsse[422]. Im Comfort Letter wird über Veränderungen von im Einzelnen zu bestimmenden Abschlussposten berichtet, die sich aus den Monatsberichten im Vergleich zu den Angaben des letzten geprüften bzw. einer prüferischen Durchsicht unterzogenen Abschlusses bzw. im Vergleich zum entsprechenden Vorjahreszeitraum ergeben[423].

e)   *Befragung des Managements zu bestimmten Abschlussposten*

Für den Zeitraum zwischen dem letzten Monatsbericht (oder dem letzten geprüften oder einer prüferischen Durchsicht unterzogenen Abschluss) und dem cutoff date kann der

---

416   IDW PS 910, WPg 2004, 342, 351 (Tz. 73).
417   AU § 634.47.
418   IDW PS 910, WPg 2004, 342, 351 (Tz. 73 f.): die Bestimmung des Zeitraums erfolgt nach kaufmännischer Berechnungsweise; kritisch zur 135-Tage-Regel *Meyer*, WM 2003, 1745, 1753.
419   IDW PS 910, WPg 2004, 342, 351 (Tz. 73).
420   IDW PS 910, WPg 2004, 342, 351 (Tz. 74).
421   Zumindest bestehend aus verkürzter Bilanz und verkürzter Gewinn- und Verlustrechnung.
422   IDW PS 910, WPg 2004, 342, 351 (Tz. 75).
423   IDW PS 910, WPg 2004, 342, 351 (Tz. 76).

Aussteller neben dem kritischen Lesen der Sitzungsprotokolle eine Befragung der für das Rechnungswesen der Emittentin verantwortlichen Personen zu Veränderungen von im jeweiligen Einzelfall zu bestimmenden Abschlussposten vereinbarungsgemäß durchführen. Gegenstand der Befragung sind nur solche Abschlussposten, die sich zum cutoff date aus dem Rechnungswesen der Emittentin ableiten lassen[424]. Der Aussteller wird über die Befragungen in dem Comfort Letter berichten[425], wobei keine unklaren Begriffe verwendet werden sollen[426].

6. Pro-Forma-Angaben

Darüber hinaus kann der Aussteller beauftragt werden, Untersuchungshandlungen zu Pro-Forma-Angaben[427] durchzuführen[428]. Nach IDW Prüfungsstandard PS 910 sollen die Pro-Forma-Angaben der Emittentin kritisch durchgelesen, die für die Erstellung der Pro-Forma-Angaben zuständigen Unternehmensverantwortlichen über die den Pro-Forma-Anpassungen zugrundeliegenden Annahmen befragt und die Pro-Forma-Angaben hinsichtlich ihrer rechnerisch richtigen Ableitung aus den historischen Abschlüssen überprüft werden[429]. Auch wenn über das Ergebnis der prüferischen Durchsicht keine Bescheinigung erteilt wird, kann der Aussteller in angemessener Weise und mit der notwendigen Vorsicht in dem Comfort Letter über die Untersuchungshandlungen berichten[430]. Er wird in dieser Berichterstattung darauf hinweisen, dass Pro-Forma-Angaben lediglich eine hypothetische Situation beschreiben, jedoch nicht in allen Einzelheiten die Darstellung vermitteln, die sich ergeben hätte, wenn die zu berücksichtigenden Ereignisse tatsächlich zu dem genannten Zeitpunkt stattgefunden hätten. In den Pro-Forma-Erläuterungen wird darauf hingewiesen, dass die Pro-Forma-Angaben nur in Verbindung mit den jeweiligen Abschlüssen zu lesen sind. Außerdem stellen die genannten Tätigkeiten keine Abschlussprüfung gemäß den deutschen Prüfungsgrundsätzen dar und führen nicht notwendigerweise zur Aufdeckung wesentlicher Aspekte im Zusammenhang mit den enthaltenen Aussagen. Folglich macht der Aussteller keine

---

424   IDW PS 910, WPg 2004, 342, 352 (Tz. 80-82): die Befragung kann auf folgende Veränderungen bezogen sein: Veränderungen des gezeichneten Kapitals, Zunahme von Verbindlichkeiten mit einer Laufzeit von mehr als einem Jahr, Verringerung des Eigenkapitals, Verringerung der Umsatzerlöse, Verringerung des Periodenergebnisses.
425   IDW PS 910, WPg 2004, 342, 352 (Tz. 83). Dabei sind Besonderheiten zu beachten, im Einzelnen IDW PS 910, WPg 2004, 342, 352 (Tz. 83-87).
426   IDW PS 910, WPg 2004, 342, 352 (Tz. 85-86): z.B. „negative oder nachteilige Entwicklung" (adverse changes), „Veränderungen in der Finanzlage", „Veränderungen in den wirtschaftlichen Verhältnissen der Emittentin", „wesentliche Veränderung".
427   Siehe auch *D'Arcy/Leuz*, DB 2000, 385; *Schindler/Böttcher/Roß*, WPg 2001, 22; *dies.*, WPg 2001, 477.
428   Siehe zur Erstellung von Pro-Forma-Angaben IDW RH HFA 1.004, WPg 2002, 980.
429   IDW PS 910, WPg 2004, 342, 352 f. (Tz. 91); siehe auch IDW PH 9.900.1, WPg 2002, 1337.
430   Ausführlich IDW PS 910, WPg 2004, 342, 353 (Tz. 92).

Aussagen darüber, ob die von ihm durchgeführten Tätigkeiten für die Zwecke der Emittentin und Emissionsbank ausreichend sind[431].

7. Kapitalflussrechnung

Ist die Kapitalflussrechnung Bestandteil der geprüften Rechnungslegung, sei es durch (freiwillige) Angabe im Anhang oder im Lagebericht[432], so erfolgt keine gesonderte Untersuchung für die Zwecke der Erteilung des Comfort Letter. Eine auf die Kapitalflussrechnung gerichtete gesonderte Aussage wird im Comfort Letter nicht getroffen[433]. Erstellt das Unternehmen nachträglich eine Kapitalflussrechnung für einen bereits testierten Abschluss, so kann der Aussteller beauftragt werden, die Ableitung der Kapitalflussrechnung aus dem bereits geprüften Abschluss und ihre Übereinstimmung mit dem anzuwendenden Standard[434] zu überprüfen[435]. Diese Untersuchungshandlungen stellen aber weder eine erneute Prüfung noch eine prüferische Durchsicht des Abschlusses dar, aus dem die Kapitalflussrechnung abgeleitet wird[436]. Nur wenn der Aussteller zu dem Ergebnis kommt, dass die Kapitalflussrechnung zutreffend aus dem Abschluss abgeleitet und in Übereinstimmung mit dem maßgeblichen Standard erstellt wurde, wird er in dem Comfort Letter eine in IDW PS 910 empfohlene Formulierung wählen und bestätigen, dass „die Kapitalflussrechnungen der Emittentin für die Geschäftsjahre entsprechend dem DRS 2 Standard aus den zugrunde liegenden Abschlüssen abgeleitet wurden, und dass die Kapitalflussrechnungen im Einklang mit dem vorgenannten Standard stehen."[437]

8. Durchsicht der Prospektangaben und formeller Zahlenabgleich

Der Aussteller wird regelmäßig beauftragt, in dem Comfort Letter zu bestätigen, dass die im jeweiligen Einzelfall zu bestimmenden, im Prospekt enthaltenen Zahlen mit denjenigen in den zugrunde liegenden Abschlüssen oder mit anderen Unterlagen

---

431 IDW PS 910, WPg 2004, 342, 353 (Tz. 92).
432 IDW PS 910, WPg 2004, 342, 353 (Tz. 93). Bei Abschlüssen, die nach deutschen Rechnungslegungsvorschriften erstellt werden, ist die Kapitalflussrechnung kein Pflichtbestandteil des Jahresabschlusses. Allein für sog. kapitalmarktorientierte Unternehmen ist der Konzernabschluss zwingend um eine Kapitalflussrechnung zu erweitern (siehe § 297 Abs. 1 Satz 2 HGB). Dagegen enthalten Abschlüsse, welche in Übereinstimmung mit US GAAP oder IAS bzw. IFRS auf konsolidierter Basis erstellt werden, eine Kapitalflussrechnung.
433 IDW PS 910, WPg 2004, 342, 353 (Tz. 94).
434 Z.B. Deutscher Rechnungslegungsstandard Nr. 2 „Kapitalflussrechung", DRS 2.
435 IDW PS 910, WPg 2004, 342, 353 (Tz. 95).
436 IDW PS 910, WPg 2004, 3542, 353 (Tz. 96).
437 IDW PS 910, WPg 2004, 342, 353 (Tz. 97).

übereinstimmen[438]. Hierbei handelt es sich um einen formellen Zahlenabgleich, bei dem keine inhaltliche Untersuchung der zugrunde liegenden Informationsquellen vorgenommen wird[439]. Es können nur solche Beträge in dem Prospekt auf eine zutreffende Übertragung überprüft werden, die aus der vom internen Kontrollsystem erfassten Finanzbuchhaltung der Emittentin stammen[440]. Der IDW Prüfungsstandard PS 910 enthält spezifische Vorgaben, wie die Abstimmungshandlungen im Einzelnen auszugestalten, kenntlich zu machen und zu formulieren sind[441]. Im Anhang fügt der Aussteller die ihm überlassenen Prospekte an den Comfort Letter an, damit der formelle Zahlenabgleich für die Empfänger nachvollzogen werden kann[442].

9. *Schlussabschnitt (Disclaimer Paragraph), Verwendungsklausel*

Der Comfort Letter enthält im Schlussabschnitt einen eindeutigen Hinweis darauf, dass weder die einzelnen im Comfort Letter genannten Tätigkeiten noch die Summe dieser Handlungen die Anforderungen an eine Abschlussprüfung gemäß den Grundsätzen ordnungsmäßiger Abschlussprüfungen erfüllen und mit dem Comfort Letter kein Prüfungsurteil über die Finanzangaben, auf die sich der Comfort Letter bezieht, erteilt wird[443]. Der Aussteller nimmt in den Comfort Letter eine Verwendungsklausel auf, die eine Weitergabebeschränkung für diesen enthält. Im Hinblick auf den Verwendungszweck macht der Aussteller deutlich, dass der Comfort Letter ausschließlich der Information der Adressaten (Emittentin, Emissionsbank) und deren Unterstützung bei der Durchführung und Dokumentation ihrer eigenen Untersuchungen im Zusammenhang mit der Zulassung der jeweiligen Wertpapiere dient[444]. Gleichzeitig knüpft sich an die Verwendungsklausel die Verpflichtung der Adressaten, den Comfort Letter vertraulich zu behandeln[445]. Außer für die im Comfort Letter genannten Zwecke darf er weder weitergegeben noch ganz oder teilweise Dritten gegenüber offen gelegt werden. Eine Bezugnahme auf den Comfort Letter ist – mit Ausnahme der Dokumentation in den

---

438   IDW PS 910, WPg 2004, 342, 353 (Tz. 98).
439   IDW PS 910, WPg 2004, 342, 353 (Tz. 98).
440   IDW PS 910, WPg 2004, 342, 353 f. (Tz. 99-101): z.B. Daten aus Jahres-, Konzern- und Zwischenabschlüssen sowie Pro-Forma-Angaben der Emittentin und andere Finanzdaten aus der Finanzbuchhaltung der Emittentin. Folgende Daten werden i.d.R. jedoch nicht vom internen Kontrollsystem des Unternehmens erfasst und sind folglich vom Aussteller nicht auf eine zutreffende Übertragung hin überprüfbar: Daten aus Unterlagen der Emittentin, die keine rechnungslegungsbezogenen Informationen betreffen (z.B. Quadratmeter Verkaufsfläche, Zahl der Filialen etc.), Daten aus abgeschlossenen Verträgen der Emittentin oder ihrer Tochterunternehmen. Ein Abgleich mit Daten aus den Prüfungsberichten oder Arbeitspapieren des Wirtschaftsprüfers kommt nicht in Betracht, da es sich hierbei nicht um Unterlagen der Emittentin handelt.
441   Vgl. IDW PS 910, WPg 2004, 342, 354 (Tz. 102 f.).
442   Anders *Ebke/Siegel*, Sonderbeilage Nr. 2, WM 2001, S. 8: „Vermeidung von Mißverständnissen".
443   IDW PS 910, WPg 2004, 342, 354 (Tz. 105).
444   IDW PS 910, WPg 2004, 342, 354 (Tz. 106).
445   IDW PS 910, WPg 2004, 342, 354 f. (Tz. 107).

Transaktionsunterlagen der Adressaten – unzulässig und insbesondere im Prospekt ausgeschlossen[446]. Abschließend wird nochmals der Werterhellungszeitraum, auf den sich die durchgeführten Untersuchungshandlungen beziehen, dargestellt[447]. Dabei weist der Aussteller zusätzlich darauf hin, dass der Comfort Letter der berufsständischen Verlautbarung des IDW Prüfungsstandards PS 910 entspricht[448]. Dem Aussteller wird empfohlen, deutsches Recht und die ausschließliche Zuständigkeit deutscher Gerichte zu vereinbaren[449].

10. *Vereinbarung der Allgemeinen Auftragsbedingungen für Wirtschaftsprüfer und Wirtschaftsprüfungsgesellschaften*

Über die Frage der Vereinbarung berufsüblicher Allgemeinen Auftragsbedingungen für Wirtschaftsprüfer und Wirtschaftsprüfungsgesellschaften (AAB) zwischen den beteiligten Parteien einer Aktienemission herrschte in dem Arbeitskreis des IDW und DAI in der Vergangenheit Dissens[450]. Dabei ging es um die Frage einer formularmäßigen Begrenzung der Haftungssumme auf einen Höchstbetrag im Falle fahrlässiger Schadensverursachung durch den Aussteller. Der IDW Prüfungsstandard PS 910 legt dem Aussteller nahe, die AAB in den Prüfungsvertrag mit der Emittentin einzubeziehen[451].

11. *Vollständigkeitserklärung zum Comfort Letter*

Der Aussteller hat Nachweise darüber zu verlangen, dass der Vorstand der emittierenden Gesellschaft seine Verantwortung für die wahrheitsgetreue und vollständige Vorlage der im Comfort Letter angesprochenen Unterlagen und der erteilten Informationen anerkennt. Wie auch anlässlich von Jahresabschlussprüfungen soll dies durch eine berufsübliche schriftliche Vollständigkeitserklärung des Vorstands bzw. der Geschäftsführung gegenüber dem Aussteller erfolgen[452]. Bei Erteilung eines Bring Down Comfort Letter soll eine aktualisierte Vollständigkeitserklärung eingeholt werden, die inhaltlich mit den in der aktualisierten Fassung des Comfort Letter genannten Aussagen korrespondiert[453].

---

446 IDW PS 910, WPg 2004, 342, 355 (Tz. 107).
447 IDW PS 910, WPg 2004, 342, 355 (Tz. 110).
448 IDW PS 910, WPg 2004, 342, 355 (Tz. 111).
449 IDW PS 910, WPg 2004, 342, 355 (Tz. 112 f.).
450 Siehe zur gegenteiligen Interessenlage der Emissionsbank oben S. 44.
451 IDW PS 910, WPg 2004, 342, 344 (Tz. 11).
452 IDW PS 910, WPg 2004, 342, 357 (Tz. 136); IDW PS 303 (WPg 2002, 680) ist hierzu entsprechend heranzuziehen.
453 IDW PS 910, WPg 2004, 342, 357 (Tz. 138 und 134).

12. Bring Down Comfort Letter

Innerhalb einer Transaktion von Aktien kann der Aussteller beauftragt werden, unter Bezugnahme auf denselben Prospekt, einen weiteren, aktualisierten Comfort Letter zu erteilen (Bring Down Comfort Letter), der auf den Tag des closing, ein bis zwei Handelstage nach dem Tag der ersten Notierung der platzierten Aktien bezogen ist. Dabei erstrecken sich die Untersuchungshandlungen auf einen verlängerten Werterhellungszeitraum (change period) unter Bestimmung eines neuen cutoff date[454]. Die Grundsätze, die bei der Erteilung eines Comfort Letter Anwendung finden, gelten auch für den Bring Down Comfort Letter, da es sich inhaltlich um eine neue Erteilung eines Comfort Letter handelt. Dies gilt insbesondere für die Beachtung der „135 Tage-Regel" sowie die Einholung einer neuen Vollständigkeitserklärung der Mitglieder des Vorstandes der Emittentin[455].

---

454 IDW PS 910, WPg 2004, 342, 357 (Tz. 133).
455 IDW PS 910, WPg 2004, 342, 357 (Tz. 134 f.): abweichend von den vorgenannten Grundsätzen kann über die Ergebnisse der Untersuchungshandlungen auch durch Bezugnahme auf den vorausgegangenen Comfort Letter in verkürzter Form berichtet werden.

Zweiter Teil: Die Haftung für die Ausstellung von Comfort Letters nach U.S.-amerikanischem Recht

Im zweiten Teil dieser Arbeit soll nunmehr die Frage der zivilrechtlichen Verantwortlichkeit des Ausstellers gegenüber der Emittentin, den Anlegern und den beteiligten Emissionsbanken in den USA untersucht werden.

§ 4: Die Haftung des Ausstellers eines Comfort Letter gegenüber der Emittentin

Der Aussteller eines Comfort Letter haftet im U.S.-amerikanischen Recht seinem Auftraggeber gegenüber nach vertraglichen Grundsätzen (law of contracts). Ansprüche können aber auch auf die Deliktsrechtsbehelfe der Fahrlässigkeitshaftung (negligence, negligent misrepresentation) sowie der arglistigen Täuschung (fraud) gestützt werden. Darüber hinaus kann eine Verantwortlichkeit des Ausstellers aufgrund der Verletzung seiner Treupflicht (breach of fiduciary duty) oder aufgrund der richterrechtlich entwickelten Haftung nach Section 10 (b) Securities Exchange Act in Verbindung mit Rule 10b-5 in Betracht kommen. Eine spezialgesetzliche Haftung wie die gemäß § 323 Abs. 1 HGB kennt das U.S.-amerikanische Recht dagegen nicht, obwohl nach den bundesgesetzlichen Vorschriften des Securities Exchange Act ebenfalls eine Prüfungspflicht für Jahresabschlüsse vorgesehen ist, wenn das Unternehmen an einer Börse notiert ist[456].

A. Vertragliche Ansprüche nach dem Law of Contracts

In den USA gibt es kein einheitliches, in allen U.S.-Bundesstaaten geltendes Zivilrecht[457]. Das Vertragsrecht unterliegt vielmehr der Regelung der einzelnen Bundesstaaten[458]. Die einzelstaatlichen Gerichte haben die Kompetenz, das common law grundsätzlich in eigener Unabhängigkeit anzuwenden, auszulegen und weiterzu-

---

456 Nach Section 12 (g) SEA kommt es auf bestimmte Merkmale der Größenordnung der notierten Gesellschaft an. Der Bundesgesetzgeber hat in Section 28 (a) SEA klargestellt, dass eine Anspruchsnormkonkurrenz zu anderen Rechtsbehelfen des common law und des equity der einzelnen Bundesstaaten bestehen kann. Außerdem kann sich eine Haftung des Pflichtprüfers aus Section 18 SEA, Section 10 (b) SEA i.V.m. Rule 10b-5 und Section 11 (a) SA ergeben.
457 *Ebke*, Dritthaftung, S. 142.
458 *Hay*, Rn. 341; *Goldwasser/Arnold*, § 3.1.

entwickeln, wobei sie meistens unter Beteiligung einer jury tätig werden[459]. Ein Schadensersatzanspruch der Emittentin gegen den Aussteller wegen Verletzung vertraglicher Pflichten (breach of contract) setzt voraus, dass (1) ein rechtsverbindlicher Prüfungsvertrag zwischen den Parteien vorliegt, (2) der Inhalt des Prüfungsvertrags konkretisiert und abschließend bestimmmt ist, (3) der Aussteller seinen Vertragspflichten ganz oder teilweise nicht nachgekommen ist (breach) und (4) der Emittentin hierdurch ein Schaden (damage) entstanden ist, der in einem zurechenbaren Zusammenhang zur Vertragsverletzung steht[460].

I.   Pflichten des Ausstellers gemäß Prüfungsvertrag

Der Prüfungsvertrag über die Erteilung des Comfort Letter (engagement letter) kommt, ebenso wie in Deutschland, zwischen dem Aussteller und der Emittentin zustande[461]. Der Aussteller verpflichtet sich, in der Regel in schriftlicher Form, den bereits zwischen Emittentin und underwriter im underwriting agreement als Bedingung für die Emission vorausgesetzten Comfort Letter auszustellen. Die Pflichten des Ausstellers werden in der Mehrzahl der Bundesstaaten durch den Inhalt des Prüfungsvertrags konkretisiert und abschließend bestimmt[462].

II.   Verletzung prüfungsvertraglicher Pflichten

Eine Verletzung prüfungsvertraglicher Pflichten (breach) ist gegeben, wenn der Aussteller seinen Pflichten aus dem Prüfungsvertrag nicht nachkommt, eine bestimmte abgrenzbare Handlung (specific service) nicht erbringt oder verspätet leistet[463]. Zusätzlich kann der Prüfungsvertrag in einigen Bundesstaaten auch dann verletzt sein, wenn der Aussteller die professional standards nicht eingehalten hat[464]. In diesen Bundesstaaten kann auch auf die Generally Accepted Auditing Standards (US GAAS) zurückgegriffen werden, um die Pflichten des Wirtschaftsprüfers ergänzend zu bestimmen. Demzufolge kann in diesen Bundesstaaten auch der U.S.-amerikanische Standard für Comfort

---

459   Die U.S.-Bundesgerichte können ihrerseits das common law anwenden, wenn ein Fall der diversity of citizenship vorliegt oder die Grundsätze der supplemental jurisdiction Anwendung finden, vgl. *Hay*, Rn. 111 ff.; *Goldwasser/Arnold*, § 3.1.
460   *Goldwasser/Arnold*, § 3.2; *Causey*, § 6 (S. 157).
461   Siehe zur U.S.-amerikanischen Vertragsrechtslehre *Goldwasser/Arnold*, § 3.2.1; *Hay*, Rn. 282 ff.
462   Siehe zum Wirtschaftsprüferhaftungsrecht in den USA *Brueck v. Krings*, 638 P.2d 904, 907 (Kan. 1982); *Billings Clinic v. Peat Marwick Main & Co.*, 797 P.2d 899, 908-09 (Mont. 1990).
463   *Goldwasser/Arnold*, § 3.2.2.
464   *In re The Hawaii Corporation*, 567 F.Supp. 609, 630 (D. Haw. 1983) ("The requirement that an accountant or auditor exercise that degree of skill and competence reasonably expected of persons in those professions is implied in a contract for professional services"). In einigen Staaten wird für eine Rüge der professional standards verlangt, dass der Kläger ein Sachverständigengutachten vorlegt, siehe *Hilton v. Callaghan*, 453 S.E.2d 509, 510 (Ga.App. 1995).

Letters (SAS No. 72) zur Festlegung der Vertragspflichten ergänzend herangezogen werden. In diesen Bundesstaaten werden aber die Grenzen zwischen der verschuldens- unabhängigen Vertragshaftung wegen breach of contract und der verschuldensabhängigen deliktsrechtlichen Fahrlässigkeitshaftung verwischt, denn die Gerichte verlangen insoweit im Rahmen der Vertragshaftung zusätzlich auch einen gegen den Aussteller gerichteten Schuldvorwurf[465].

Die Emittentin wird dem Aussteller in der Regel eine Vertragsverletzung bei der Erteilung des Comfort Letter vorwerfen. Dies entspricht einer „Schlechtleistung" im Sinne des deutschen Leistungsstörungsrechts. Eine Vertragsverletzung bei der Durchführung der Prüfungshandlungen und der Erstellung des Comfort Letter begründet allerdings nur in einigen Bundesstaaten einen breach-of-contract-Anspruch[466]. Die Pflichten des Wirtschaftsprüfers sind dagegen in anderen Bundesstaaten konkret definiert und auf die ausdrücklich im Prüfungsvertrag genannten Pflichten beschränkt. Diese Einschränkung innerhalb der U.S-amerikanischen Jurisdiktionen beruht darauf, dass die Emittentin einen vertraglichen Anspruch grundsätzlich leichter durchzusetzen vermag als einen deliktsrechtlichen Anspruch, da sie hierbei nicht den Nachweis eines „berechtigten Vertrauens" (reliance) in die Angaben des Ausstellers zu erbringen hat[467]. Auch kann der Aussteller gegenüber einem vertraglichen Anspruch nicht den Einwand eines Mitverschuldens erheben[468]. Zudem sind die für den vertraglichen Anspruch geltenden Verjährungsfristen in einigen Bundesstaaten für die Emittentin wesentlich günstiger[469].

In vielen Bundesstaaten wird deshalb in den Fällen einer Vertragsverletzung bei Durchführung der Prüfungshandlungen („Schlechtleistung") eine deliktsrechtliche Haftung gemäß dem law of torts angenommen, da es sich der Natur der Sache nach um malpractice-Ansprüche handelt, die über das Deliktsrecht gelöst werden[470]. Die Emittentin kann in diesen Staaten vertragliche Ansprüche erst dann geltend machen, wenn

---

465 Siehe *in re The Hawaii Corp.*, 567 F.Supp 609, 630 (D.Haw. 1983).
466 Einen vertraglichen Anspruch bejahen *in re American Reserve Corp.*, 70 B.R. 729, 736 (N.D. Ill. 1987): Recht des Bundesstaates Texas anwendend; *in re The Hawaii Corp.*, 567 F.Supp 609, 630 (D.Haw. 1983): Recht des Bundesstaates Hawaii anwendend; *Boone v. C. Arthur Weaver Co.*, 365 S.E.2d 764, 766 (Va. 1988): Recht des Bundesstaates Virginia anwendend.
467 Siehe *Ackerman III v. Price Waterhouse*, 683 N.Y.S.2d 179 (App. Div. 1998); *Hendricks v. Thornton*, 973 S.W.2d 348, 360 (Tex. App. 1998); *Applied Coatings, Inc. v. Pugh & Company, P.C.*, 1997 WL 189349 (Tenn. App. 1997); *Causey*, § 6 (S. 156).
468 Siehe *Deloitte Haskins & Sells v. Green*, 403 S.E.2d 818 (Ga. App. 1991); *Billings Clinic v. Peat Marwick Main & Co.*, 797 P.2d 899 (Mont. 1990).
469 Vgl. *Causey*, § 6 (S. 155).
470 *F.D.I.C. v. Ernst & Young*, 967 F.2d 166, 172 (5th Cir. 1992), *reh'g denied*, 976 F.2d 731 (1992); *University National Bank v. Ernst & Whinney* 773 S.W.2d 707, 710 (Tex.App. 1988); *Clark v. Milam*, 847 F.Supp. 409, 420-21 (S.D.W.Va. 1994), *aff'd*, 139 F.3d 888 (4th Cir. 1998); *Arkanase v. Fatio*, 828 F.Supp. 465, 469 (S.D.Tex. 1993); *Robertson v. White*, 633 F.Supp. 954, 972-74 (W.D.Ark. 1986); *Baehr v. Touche Ross & Co.*, 62 B.R. 793, 797 (E.D.Pa. 1986); *Thomas v. Cleary*, 768 P.2d 1090, 1092 (Alaska 1989); *Sato v. van Denburgh*, 599 P.2d 181, 183 (Ariz. 1979); *Brueck v. Krings*, 638 P.2d 904, 907 (Kan. 1982); *Philpott v. Ernst & Whinney*, 1992 WL 357250 (Ohio App. 1992).

ausdrückliche Vereinbarungen des engagement letters verletzt worden sind. Die Verletzung der professional standards und damit letztlich auch des U.S.-amerikanischen Standards für Comfort Letter SAS No. 72 reicht für eine vertragliche Haftung in den meisten Bundesstaaten nicht aus.

III. Schaden (Damage)

Die Emittentin, die des Weiteren einen Schaden darzulegen und zu beweisen hat, kann verlangen, so gestellt zu werden, wie sie ohne den breach of contract stehen würde[471]. Im konkreten Fall wird die Emittentin solche Vermögensschäden vom Aussteller ersetzt verlangen, die ihr infolge eines fehlerhaften Comfort Letter entstanden sind. Das könnten vor allem Schadensersatzansprüche wegen einer möglichen Inanspruchnahme durch die Emissionsbank oder die Anleger sein, für die die Emittentin sich nun beim Aussteller schadlos halten möchte. Der ersatzfähige Schaden besteht entweder in dem Betrag, der notwendig ist, um die Tätigkeit des Wirtschaftsprüfers ordnungsgemäß zu beenden oder die vorhandenen Fehler zu beheben[472]. Andererseits kann die Emittentin auch den Schaden geltend machen, der ihr infolge der fehlerhaften Tätigkeit des Ausstellers entstanden ist[473]. Dabei kann sie sowohl die tatsächlichen Schäden (general damages) als auch die Folgeschäden (consequential damages) geltend machen, letztere allerdings nur, wenn diese Schäden beim Abschluss des Vertrags vorhersehbar waren[474]. Die Emittentin muss sich für eine der genannten Schadensberechnungsmethoden entscheiden[475]. Ein Strafschadensersatz (punitive damages) kommt im Rahmen der vertraglichen Haftung nicht in Betracht[476]. Damit könnte die Emittentin Vermögensschäden, die als tatsächliche Schäden bzw. als vorhersehbare Folgeschäden nach den vertraglichen Grundsätzen grundsätzlich ersatzfähig sind, vom Aussteller erstattet verlangen.

IV. Zurechnungszusammenhang (Causal Relationship)

Eine haftungsausfüllende Kausalität, in der U.S.-amerikanischen Terminologie reliance genannt, ist keine Voraussetzung eines vertraglichen Anspruchs wegen breach of contract[477]. Allerdings muss ein Zurechnungszusammenhang zwischen dem Schaden

---

471 *Causey*, § 6 (S. 159).
472 § 348 (2) (b) Restatement Second of Contracts.
473 § 347 Restatement Second of Contracts.
474 § 351 (1) Restatement Second of Contracts.
475 Goldwasser/Arnold, § 3.2.4.
476 § 355 Restatement Second of Contracts; *Causey*, § 6 (S. 162); *Goldwasser/Arnold*, § 3.2.4.
477 *Ackerman III v. Price Waterhouse*, 683 N.Y.S.2d 179 (App. Div. 1998); *Hendricks v. Thornton*, 973 S.W.2d 348, 360 (Tex. App. 1998); *Applied Coatings, Inc. v. Pugh & Company, P.C.*, 1997 WL 189349 (Tenn. App. 1997); *Causey*, § 6 (S. 156).

der Klägerin und der Pflichtverletzung der Emittentin bestehen (proximate causation oder causal relationship)[478]. Eine Haftung des Ausstellers könnte daher aus dem Gedanken eines „rechtmäßigen Alternativverhaltens" im Sinne des deutschen Rechts entfallen, wenn die Aktienemission auch im Falle eines pflichtgemäß ausgestellten Comfort Letters stattgefunden hätte[479], z.B. weil die Emittentin oder die Emissionsbank die Emission um jeden Preis durchführen wollte.

V. Fazit

Es ist festzustellen, dass die Möglichkeit der Emittentin, einen vertraglichen Schadensersatzanspruch gegen den Aussteller durchzusetzen, erheblich eingeschränkt ist. In den meisten Bundesstaaten ist ein vertraglicher Anspruch von vornherein ausgeschlossen, wenn zwar ein Fall der Pflichtverletzung bei der Erfüllung des Vertrags („Schlechtleistung") vorliegt, dabei jedoch keine ausdrücklich vereinbarten vertraglichen Pflichten verletzt worden sind.

B. Deliktsrechtliche Ansprüche (Law of Torts)

I. Haftung für Fahrlässigkeit

Nach der in den USA einhelligen Rechtsprechung können der vom Aussteller geschädigten Emittentin auch deliktsrechtliche Ansprüche gegen diesen zustehen[480]. Je nach Anspruchsgrundlage – Haftung aus Vertrag oder deliktsrechtliche Haftung – stehen dem Aussteller unterschiedliche Einredemöglichkeiten (defenses) zu, und es kommen unterschiedliche Verjährungsvorschriften (statute of limitations) zur Anwendung. Zur Begründung einer deliktsrechtlichen Haftung des Ausstellers kann die Emittentin z.B. geltend machen, dass dieser in den Comfort Letter fahrlässig falsche Angaben aufgenommen oder die Ergebnisse der vereinbarten Prüfungshandlungen (agreed upon procedures) fahrlässig nicht mitgeteilt hat.

---

478   *Causey*, § 6 (S. 159); *Goldwasser/Arnold*, § 3.2.3.
479   So lagen etwa die Tatsachen im Sachverhalt *in re The Hawaii Corporation*, 567 F.Supp. 609, 630 (D. Haw. 1983). Nach den Feststellungen des Gerichts hätte die Klägerin die Umstrukturierung des Unternehmens in jedem Fall durchgeführt, unabhängig von den Feststellungen des Comfort Letter. Ausführlich zum Sachverhalt unten S. 107.
480   *Dodd*, 80 Geo.L.J. 909, 911 (1992) m.w.N. [Fn. 8].

1. Anspruchsvoraussetzungen

Nach U.S.-amerikanischen Recht stehen der Emittentin als Anspruchsgrundlagen für einen gegen den Aussteller gerichteten Schadensersatzanspruch die negligent misrepresentation und die negligence zur Verfügung:

a)   Negligent Misrepresentation

Ein Anspruch gegen den Aussteller aufgrund einer negligent misrepresentation kann in Frage kommen, wenn (1) wesentliche Angaben, die der Aussteller in Ausübung seiner beruflichen Pflichten oder seines Berufes in dem Comfort Letter aufgenommen hat, fehlerhaft oder irreführend sind (material false or misleading representation), (2) der Aussteller bei der fehlerhaften oder irreführenden Darstellung fahrlässig gehandelt hat[481], (3) bei der Emittentin ein „berechtigtes Vertrauen" (justifiable reliance) in die Richtigkeit des Comfort Letter bestanden hat und (4) der Emittentin hierdurch ein Vermögensschaden (pecuniary damage) erwachsen ist[482].

i)   Pflichtenprogramm und Sorgfaltspflichtverletzung

Aufgrund seiner beruflichen Stellung verpflichtet sich der Aussteller zur Ausübung und Anwendung der Sorgfalt und Sachkunde, die in seinem Berufsstand üblich ist und die von einem Vertreter seines Berufsstandes bei der Erstellung eines Comfort Letter erwartet werden kann[483]. Bei der Frage der Fahrlässigkeit des Ausstellers könnten die im U.S.-amerikanischen Standard für Comfort Letters SAS No. 72 festgehaltenen Grundsätze des AICPA als Sorgfaltsmaßstab heranzuziehen sein. Überwiegend wird vertreten, dass der Aussteller dann seine Pflichten sorgfältig und gewissenhaft erfüllt, wenn seine Tätigkeit in Einklang mit den Generally Accepted Auditing Standards (US GAAS) und Generally Accepted Auditing Principles (US GAAP) steht[484]. Ein Verschulden entfällt mithin, sofern der U.S.-amerikanische Standard SAS No. 72 eingehalten wurde, da die Statements on Auditing Standards Bestandteil der Generally Accepted Auditing Standards sind[485]. Zum Teil wird von den Gerichten allerdings auch die Auffassung vertreten, dass sich die Verschuldensfrage nicht ausschließlich nach den Generally Accepted

---

481   *Shroyer*, S. 48 f.
482   *Ebke*, Dritthaftung, S. 148.
483   Vgl. *Stern*, S. 44; *Dodd*, 80 Geo.L.J. 909, 913 (1992).
484   Vgl. *Greenstein, Logan & Co. v. Burgess Marketing, Inc.*, 744 S.W.2d 170, 185 (Tex. App. 1987); *First National Bank v. Crawford*, 386 S.E.2d 310, 313 (W.Va. 1989).
485   *Shroyer*, S. 19.

Auditing Standards beurteilt. Sie sehen in der Einhaltung der Generally Accepted Auditing Standards allenfalls einen „starken Beweis" (strong evidence) für die Beachtung der berufsüblichen Sorgfalt[486].

ii) *Berechtigtes Vertrauen (Justifiable Reliance)*

Für einen deliktsrechtlichen Anspruch ist des weiteren erforderlich, dass die Geschädigte ein „berechtigtes Vertrauen" (justifiable reliance) in die Darstellungen des Ausstellers darzulegen vermag. Das berechtigte Vertrauen ist dann gegeben, wenn die Geschädigte tatsächliche Kenntnis (actual reliance) von den – falschen oder irreführenden – Angaben in dem Comfort Letter hatte. Andererseits hat die Emittentin regelmäßig über die Vorgänge in ihrem eigenen Unternehmen Kenntnis und muss sich das Wissen ihrer Repräsentanten nach den Grundsätzen der Stellvertretung (respondeat superior doctrine) zurechnen lassen. Das erstinstanzliche Bundesgericht für den Bezirk von Hawaii hat für den Fall eines an den Verwaltungsrat (board of directors) des Unternehmens adressierten Comfort Letters angenommen, dass das board of directors nicht mehr auf die Darstellungen des Comfort Letter vertrauen kann, wenn entsprechende eigene Kenntnisse vorhanden sind[487]. Einem Schadensersatzanspruch der Emittentin können zudem auch die im Comfort Letter enthaltenen Warnhinweise und Vorbehalte des Ausstellers entgegenstehen. Nach Ansicht des erstinstanzlichen Bundesgerichts für den Südlichen Distrikt von New York kann bei umfassenden Warnhinweisen und eingeschränkten Aussagen des Ausstellers zu den Finanzdaten der Emittentin keine justifiable reliance begründet werden[488]. Die Entscheidung ist zwar zur Haftung nach Section 10 (b) Securities Exchange Act in Verbindung mit Rule 10b-5 ergangen. Der Grundsatz der reliance gilt jedoch gleichermaßen auch für den negligent-misrepresentation-Anspruch[489].

iii) *Vermögensschaden (Pecuniary Damage)*

Als ersatzfähiger Vermögensschaden der Emittentin kommen alle Schadenspositionen in Frage, die ihr infolge eines fehlerhaften Comfort Letter entstanden sind. Das könnten vor allem Schadensersatzansprüche wegen einer möglichen Inanspruchnahme durch die

---

486   *Maduff Mortgage Corp. v. Deloitte Haskins & Sells*, 779 P.2d 1083, 1086 (Or. 1989); *Bily v. Arthur Young & Co.*, 271 Cal.Rptr. 470, 474 (Cal. App. 1990), *review granted*, 798 P.2d 1214; *Bily v. Arthur Young & Co.*, 11 Cal.Rptr.2d 51 (1992); dazu *Ebke*, Sonderheft WPK-Mitt. 04/1996, S. 17, 26 f., *ders.*, FS Trinkner, S. 493, 509-511; *Ebke/Struckmeier*, S. 20-22.

487   *In re The Hawaii Corporation*, 567 F.Supp. 609, 627 (D. Haw. 1983); siehe ausführlich zum Sachverhalt unten S. 107.

488   *CL Alexanders Laing & Cruickshank v. Goldfeld*, 739 F.Supp. 158, 162 (S.D.N.Y. 1990); ausführlich zum Sachverhalt unten S. 148.

489   Vgl. *Goldwasser/Arnold*, § 5.2.5.

Emissionsbank oder die Anleger sein, für die die Emittentin sich nun beim Aussteller schadlos halten möchte.

b) Malpractice-Haftung für Negligence

Bei einem malpractice-Anspruch muss die Geschädigte darlegen, dass ihr (1) der Aussteller aufgrund des client relationships bestimmte Pflichten geschuldet hat (duty owed to the plaintiff), die dieser (2) mit seiner schädigenden Handlung verletzt hat (breach of duty). Mit der Übernahme des Auftrags zur Erstellung eines Comfort Letter verpflichtet sich der Aussteller zur Beachtung größter berufsbezogener Sorgfalt und Sachkunde[490]. Der malpractice-Anspruch umfasst mithin den Vorwurf, der Aussteller habe sich nicht in Einklang mit den professional standards of care verhalten. Für die Bewertung sorgfaltsgerechten Verhaltens gelten wiederum die vom AICPA im U.S.-amerikanischen Standard SAS No. 72 festgehaltenen Grundsätze über die Erteilung von Comfort Letters. Der Geschädigten muss sodann (3) aufgrund des pflichtwidrigen Verhaltens des Ausstellers ein Vermögensschaden entstanden sein, wobei (4) erforderlich ist, dass das pflichtwidrige Verhalten des Ausstellers die unmittelbare Ursache (proximate cause) des entstandenen Schadens darstellt[491]. Die Unmittelbarkeit der Schadensverursachung (proximate causation) wird in der Praxis allerdings nicht so eng ausgelegt wie das „berechtigte Vertrauen" (justifiable reliance) bei der negligent misrepresentation. So ist eine tatsächliche Kenntnisnahme der dargestellten Tatsachen nicht erforderlich[492]. Der Comfort Letter müsste nicht einmal die einzige Ursache für den eingetretenen Schaden sein. Es reicht vielmehr aus, wenn der Comfort Letter einen wesentlichen Beitrag (substantial factor) zum Schadenseintritt geleistet hat[493]. In der Praxis wirkt sich diese Einschränkung auf den Anspruch der Geschädigten kaum aus, da eine tatsächliche Kenntnisnahme des Comfort Letter vorausgesetzt werden kann. Andererseits muss den Warnhinweisen und Vorbehalten des Comfort Letter Rechnung getragen werden, wie dies durch das erstinstanzliche Bundesgericht für den Südlichen Distrikt von New York erfolgt ist. So kann nach Ansicht des Gerichts aufgrund umfassender Warnhinweise und eingeschränkter Aussagen des Ausstellers zu den Finanzdaten der Emittentin ein „berechtigtes Vertrauen" (justifiable reliance) in die Angaben des Comfort Letter nicht

---

490 Vgl. *Stern*, S. 44; *Dodd*, 80 Geo.L.J. 909, 913 (1992).

491 Siehe zu den Elementen eines professional malpractice claims *Thomas v. Cleary*, 768 P.2d 1090 (Alaska 1989); *Anderson/Steele*, 47 SMU L.Rev. 235, 253 (1994); *Causey*, § 6 (S. 168); *Goldwasser/Arnold*, § 4.1.2; *Dodd*, 80 Geo.L.J. 909, 912 (1992); *Stern*, S. 44.

492 *Arthur Andersen LLP v. Superior Court*, 79 Cal.Rptr. 879 (Cal. App. 1998); *Sorenson v. Fio Rito*, 413 N.E.2d 47 (Ill. App. 1980).

493 *Curiale v. Peat Marwick, Mitchell & Co.*, 630 N.Y.S.2d 996 (N.Y. App. 1995); *Robert Wooler Co. v. Fidelity Bank*, 479 A.2d 1027 (Pa. 1984); *Lincoln Grain, Inc. Coopers & Lybrand*, 345 N.W.2d 300 (Neb. 1984).

begründet werden[494]. Zudem müssen auch eigene Kenntnisse der Repräsentanten der Emittentin dieser zugerechnet werden (respondeat superior doctrine)[495].

c)   Einredemöglichkeiten

Gegenüber dem negligent-misrepresentation-Anspruch wie auch gegenüber dem malpractice-Anspruch kann der Aussteller den Einwand eines Mitverschuldens bei der Entstehung des Schadens sowie bei der schuldhaft unterlassenen Abwehr eines weiteren Schadens erheben. Während nach der älteren, inzwischen überholten Doktrin der contributory negligence die Haftung des Ausstellers bei einem Mitverschulden der Emittentin ausgeschlossen war[496], bleibt der Anspruch nach der Doktrin der comparative negligence, wie in Deutschland, jedenfalls anteilig erhalten[497]. In vielen Staaten wird die 50%-Rule angewendet, nach der ein Anspruch der Emittentin dann ausgeschlossen ist, sobald ihr eigenes Mitverschulden über 50 % liegt[498]. Im Bereich der Wirtschaftsprüferhaftung ist diese anspruchskürzende Einrede allerdings aus public-policy-Gesichtspunkten nicht generell zulässig[499]. Im Übrigen kann der Aussteller einem vertraglichen oder deliktsrechtlichen Anspruch der Emittentin auch entgegenhalten, dass das Management der Emittentin, um dem Unternehmen finanzielle Vorteile zu verschaffen, unrechtmäßig bzw. betrügerisch gehandelt habe (imputation defense)[500]. Diese Doktrin beruht auf dem Gedanken, dass Handlungen der Angestellten der Emittentin zugerechnet werden müssen (respondeat superior) und insoweit mithin keine justifiable reliance entstehen kann. Die imputation defense lässt sich auf die aus dem equity-Recht stammende Einrede der unclean hands stützen[501]. Die Einrede hat jedoch nur einen engen Anwendungsbereich und ist auf die wenigen Fälle begrenzt, in denen die Manager das Unternehmen in „ein betrügerisches Werkzeug gegen Außenstehende

---

494   *CL Alexanders Laing & Cruickshank v. Goldfeld*, 739 F.Supp. 158, 162 (S.D.N.Y. 1990); ausführlich zum Sachverhalt unten S. 148.

495   Siehe *in re The Hawaii Corporation*, 567 F.Supp. 609, 627 (D. Haw. 1983); ausführlich zum Sachverhalt unten S. 107.

496   Heute folgen noch 4 Staaten diesem Grundsatz: Alabama, Maryland, North Carolina und Virginia.

497   *Causey*, § 9 (S. 254).

498   Übersicht bei *Causey*, § 9 (S. 255).

499   Ausführlich *Dodd*, 80 Geo.L.J. 909, 924-937 (1992) m.w.N. [Fn. 97/98]; *Craig v. Anyon*, 208 N.Y.S. 259 (App. Div. 1925), *aff'd*, 152 N.E. 431 (N.Y. 1926): den Einwand zulassend; *National Surety Corp. v. Lybrand*, 9 N.Y.S. 2d 554 (App. Div. 1939): den Einwand ablehnend.

500   Grundlegend *Cenco, Inc. v. Seidman & Seidman*, 686 F.2d 449 (7th Cir. 1982), *cert. denied*, 459 U.S. 880 (1982); *Holland v. Arthur Andersen & Co.*, 469 N.E.2d 419 (Ill. App. 1984); *Greenstein, Logan & Co. v. Burgess Marketing Inc.*, 744 S.W.2d 170 (Tex. 1987); *First National Bank of Sullivan v. Brumleve and Dabbs*, 539 N.E.2d 877 (Ill. App. 1989).

501   *Causey*, § 9 (S. 258).

verwandelt haben"[502]. Die Verjährung bestimmt sich nach dem Recht des jeweiligen Bundesstaates, in dem der Anspruch erhoben wird[503].

2. Fazit

Es kann festgestellt werden, dass Ansprüchen aus negligence und negligent misrepresentation hohe Hürden entgegenstehen. Das Unternehmen der Emittentin ist Gegenstand des Comfort Letter. Daher müssen der Emittentin eigene Kenntnisse zugerechnet werden (respondeat superior doctrine). Zudem kann aufgrund der im Comfort Letter enthaltenen Warnhinweise und eingeschränkten Aussagen des Ausstellers ein „berechtigtes Vertrauen" (justifiable reliance) der Emittentin nur in engen Grenzen anerkannt werden[504]. Der Aussteller kann bei entsprechender Sachlage die Einreden wegen Mitverschuldens sowie betrügerischen Verhaltens der Emittentin erheben.

II. Haftung für arglistige Täuschung (Fraudulent Misrepresentation)

1. Anspruchsvoraussetzungen

Den Aussteller kann eine Schadensersatzhaftung wegen arglistiger Täuschung (fraudulent misrepresentation) treffen, wenn er (1) wissentlich (scienter) unzutreffende falsche Angaben in Bezug auf eine wesentliche Tatsache in den Comfort Letter aufgenommen hat (material false representation), (2) in der Absicht, einen anderen zu täuschen, wobei (3) die Emittentin den Angaben des Ausstellers vertraut hat (justifiable reliance) und ihr (4) hierdurch ein ersatzfähiger Schaden entstanden ist[505]. Der Comfort Letter muss falsche Angaben enthalten oder notwendige Angaben nicht enthalten, so dass eine wesentliche Tatsache falsch dargestellt ist[506]. Eine Unterlassung ist erheblich, wenn eine Pflicht zur Darstellung bestimmter Fakten bestand, u.a. aufgrund des Prüfungsvertrags[507]. Im common law wird nur die Darstellung falscher oder irreführender

---

502   Cenco, Inc. v. Seidman & Seidman, 686 F.2d 449, 454 (7th Cir. 1982), cert. denied, 459 U.S. 880 (1982).
503   Causey, § 9 (S. 261), mit Übersicht auf S. 268-275.
504   Siehe CL Alexanders Laing & Cruickshank v. Goldfeld, 739 F.Supp. 158, 162 (S.D.N.Y. 1990); in re The Hawaii Corporation, 567 F.Supp. 609, 627 (D. Haw. 1983).
505   Causey, § 8 (S. 229 f., 231); ders., 57 Miss.L.J. 379, 394 (1987); Herzfeld v. Laventhol, Krekstein, Horwath & Horwath, 378 F.Supp. 112 (S.D.N.Y. 1974); Berkowitz v. Baron, 428 F.2d 27 (2nd Cir. 1976); in re ZZZZ Best Securities Litigation, Fed.Sec.L.Rep. (CCH) ¶ 94,485 at ¶ 93,099 (C.D. Cal. 1989); Restatements Second of Torts, §§ 525, 526.
506   Vgl. Goldwasser/Arnold, § 5.2.2.
507   Vgl. Goldwasser/Arnold, § 5.2.2.

Tatsachen (representation of fact) als tatbestandsmäßig angesehen[508]. Sofern der Aussteller Prognosen in dem Comfort Letter darstellt, gibt er hierdurch gleichzeitig zu erkennen, dass ihm entsprechende gegenwärtige Tatsachen vorliegen, die eine entsprechende Prognose rechtfertigen.

Der Aussteller muss ferner in der Absicht gehandelt haben, die auf die falschen Angaben des Comfort Letter vertrauende Emittentin zu einer Vermögensdisposition zu veranlassen (intent to induce action)[509]. Seit der *Ultramares*-Entscheidung des Berufungsgerichts im Staat New York kann eine Haftung des Wirtschaftprüfers bereits bei leichtfertigem Handeln in Betracht kommen[510]. In einer weiteren Entscheidung hat dasselbe Gericht für die Haftung des beklagten Wirtschaftsprüfers grob fahrlässiges Verhalten (reckless and grossly negligent conduct) ausreichen lassen[511]. Es könnte hiernach bereits ausreichen, wenn der Aussteller Fakten in den Comfort Letter aufnimmt, ohne sich ernsthaft Gedanken über deren Wahrheitsgehalt zu machen, ferner wenn er naheliegende Schlüsse nicht erkennt, die sich ihm aufdrängen mussten (disregard of the obvious) oder wenn er es leichtfertig unterlässt, Nachforschungen anzustellen (reckless failure to investigate)[512]. Die Ausdehnung des subjektiven Tatbestands ist im deutschen Recht vergleichbar mit der entsprechenden ausdehnenden Anwendung des § 826 BGB (Vorsätzliche sittenwidrige Schädigung)[513]. Aufgrund der umfangreichen Warnhinweise und Vorbehalte in einem Comfort Letter wird dem Aussteller allerdings eine Täuschungsabsicht nur schwer nachzuweisen sein und in der Praxis nur selten vorkommen.

Eine Haftung wegen fraudulent misrepresentation setzt weiterhin voraus, dass die Emittentin im berechtigten Vertrauen (justifiable reliance) auf die Angaben des Ausstellers eine Vermögensverfügung vornimmt und dadurch einen Vermögensschaden (pecuniary damage) erleidet. Hierbei ist entscheidend, ob die Emittentin aufgrund der Warnhinweise des Comfort Letter und insbesondere nach ihrem eigenen Kenntnisstand über die wirtschaftlichen Vorgänge in ihrem Unternehmen überhaupt „berechtigterweise" auf die Angaben des Ausstellers „vertrauen" kann[514]. Die bisher in den USA entschiedenen, ähnlich gelagerten Fälle, in denen professionelle Finanzinvestoren jeweils einen genauen Einblick in das Unternehmen der fraglichen Transaktion hatten, zeigen, dass die Gerichte eine justifiable reliance der Emittentin in die falschen Angaben des Comfort

---

508 Vgl. *Causey*, § 8 (S. 230).
509 Vgl. *Shroyer*, S. 47.
510 *Causey*, 57 Miss.L.J. 379, 383 (1987); *Ebke*, Dritthaftung, S. 160.
511 *State Street Trust Co. v. Ernst*, 15 N.E.2d 416, 419 (N.Y. 1938).
512 Vgl. *Whitlock v. Duke University*, 829 F.2d 1340, 1342 (4th Cir. 1987): Recht des Bundesstaates North Carolina anwendend; *Schwartz v. Electronic Data Systems, Inc.*, 913 F.2d 279, 285 (6th Cir. 1990): Recht des Bundesstaates Michigan anwendend; *Bulgo v. Munoz*, 853 F.2d 710, 719 (9th Cir. 1988): Recht des Bundesstaates Hawaii anwendend; *Rainbow Travel Service, Inc. v. Hilton Hotels Corp.*, 896 F.2d 1233, 1240 (10th Cir. 1990): Recht des Bundesstaates Oklahoma anwendend; *Goldwasser/Arnold*, §§ 5.1.1, 5.2.4.
513 *Ebke*, Dritthaftung, S. 162.
514 Siehe *CL Alexanders Laing & Cruickshank v. Goldfeld*, 739 F.Supp. 158, 162 (S.D.N.Y. 1990).

Letter wohl weitgehend verneinen würden[515]. Das Bundesberufungsgericht für den Fünften Bezirk hat die Behauptung eines institutionellen Anlegers, er habe den Angaben der beklagten Wirtschaftsprüfungsgesellschaft vertraut, obwohl er nach den Feststellungen des Gerichts umfassende eigene Kenntnisse besaß, als „schlichtweg unglaubwürdig" (simply incredible) bezeichnet und die Klage abgewiesen[516].

Zudem sind in den USA die Anforderungen an die schlüssige Darstellung eines zum Schadensersatz berechtigenden Sachverhalts in letzter Zeit deutlich verschärft worden. Während einige einzelstaatliche Gerichte, wie z.B. in Ohio, eine substantiierte Behauptung eines betrügerischen Verhaltens (fraud stated with particularity standard) für ausreichend hielten, reicht dies nach dem Private Securities Litigation Reform Act von 1995 für die auf das Bundesrecht gestützten Klagen nicht mehr aus[517]. Hiernach muss der Kläger jede einzelne wesentliche falsche Angabe oder relevante Unterlassung in seiner Klageschrift ausdrücklich rügen und die Unrichtigkeit eingehend begründen[518]. An die Glaubhaftmachung eines zum Schadensersatz berechtigenden Sachverhalts werden unterschiedliche Anforderungen gestellt. In einigen Staaten ist das wesentliche Ergebnis der Beweisaufnahme (preponderance of the evidence standard) maßgebend[519]. Andere Staaten verlangen dagegen, dass das betrügerische Verhalten des Anspruchsgegners mit klaren, widerspruchslosen und zwingenden Beweisen (clear and convincing evidence) belegt wird[520].

2. Fazit

Eine Haftung wegen arglistiger Täuschung (fraudulent misrepresentation) dürfte bei den hier interessierenden Fälle nur von geringer praktischer Bedeutung sein. Dass ein Aussteller seine Berufspflichten leichtfertig ausübt, wird höchst selten sein, zumal der accountant auf die Einhaltung der hohen Berufsstandards achtet. Eine Täuschungsabsicht des Ausstellers ist angesichts der hohen Beweisanforderungen nur schwer nachzuweisen. Im Übrigen hätte die Emittentin große Schwierigkeiten, ihr „berechtigtes Vertrauen" in die Angaben des Ausstellers zu belegen. Das Haftungsrisiko des Ausstellers dürfte mithin insoweit gering sein.

---

515 Siehe *Rotterdam Ventures, Inc. v. Ernst & Young LLP*, 300 A.D.2d 963, 966 (N.Y.App. 2002); *Scottish Heritable Trust v. Peat Marwick Main & Co.*, 81 F.3d 606, 615 (5th Cir. 1996), *cert. denied*, 117 S.Ct. 182 (1996); *in re The Hawaii Corporation*, 567 F.Supp. 609, 627 (D. Haw. 1983).

516 *Scottish Heritable Trust v. Peat Marwick Main & Co.*, 81 F.3d 606, 615 (5th Cir. 1996), *cert. denied*, 117 S.Ct. 182 (1996).

517 *Causey*, § 8 (S. 235), unter Hinweis auf *Haddon View Investment Co. v. Coopers & Lybrand*, 70 Ohio St. 2d 154, 436 N.E.2d 212 (Ohio 1982). Siehe zum PSLRA *Goldwasser/Arnold*, § 5.1.2; *Ebke*, FS Sandrock, S. 243, 259.

518 *Causey*, § 8 (S. 235).

519 *Blaeser Dev. Corp. v. First Federal Savings and Loan Association*, 375 So.2d 1118 (Fla. Ct. App. 1979).

520 *Mix v. Neff*, 99 A.D.2d 180, 473 N.Y.2d 31, 33-34 (1984).

Im Jahre 1983 hatte sich das erstinstanzliche Bundesgericht für den District von Hawaii mit der Frage der Haftung einer Wirtschaftsprüfungsgesellschaft gegenüber ihrem Vertragspartner für die Ausstellung eines Comfort Letter zu befassen. Hierbei ging es zwar nicht um die Erteilung eines Comfort Letter im Zusammenhang mit der Registrierung von Aktien nach dem Securities Act, wohl aber um die Erteilung eines Comfort Letter anlässlich der Verschmelzung von zwei Unternehmen durch einen merger deal. Die beklagte Wirtschaftsprüfungsgesellschaft Peat, Marwick, Mitchell & Co. (PMM) wurde anlässlich der beabsichtigten Verschmelzung der beiden Unternehmen tätig. Ihre Mandantin „The Hawaii Corporation" (THC) war im Bau-, Reinigungs- und Finanzdienstleistungsgewerbe tätig. Die übernehmende Gesellschaft „American Pacific Group" (APG) gehörte dem Versicherungsgewerbe an. Die APG, die zugleich als Holdinggesellschaft für die THC fungierte, hatte bereits im August 1970 54 Prozent der ausgegebenen Aktien der THC erworben. Dennoch arbeiteten beide Unternehmen, wenn auch seit April 1969 unter demselben Generaldirektor, völlig unabhängig voneinander mit jeweils eigenem Personalstab und anlässlich der Übernahmeverhandlungen mit jeweils eigenem professionellen Beraterteam. Ziel der Neustrukturierung sollte die vollständige Übernahme (consolidation) der THC durch die APG sein, wobei die THC mittels eines Aktientauschs die Anteile der APG übernehmen und die APG danach als Gesellschaft erlöschen sollte. Anlässlich der geplanten Transaktion wurde die beklagte PMM mit verschiedenen beratenden Dienstleistungen für die THC und die APG tätig[521]. Unter anderem erteilte sie der THC einen Comfort Letter, der auf den Stichtag (closing) des merger deals am 3. März 1972 bezogen war. In diesem Comfort Letter war die PMM zu der Einschätzung gelangt, dass „auf der Grundlage beschränkter Untersuchungen nichts zu Ihrer Kenntnis gelangt" sei, „was sie veranlasste anzunehmen, dass es zu wesentlichen Veränderungen im konsolidierten Abschluss oder bei der Ertragslage der APG und ihrer Tochterunternehmen gekommen" sei[522].

Nachdem die THC in Zahlungsschwierigkeiten geraten war und Insolvenz (bankruptcy) angemeldet hatte, verklagte der inzwischen eingesetzte Treuhänder (trustee) die PMM wegen – angeblich – falscher Angaben im Comfort Letter und anderen von PMM erstellten Abschlüssen und Darstellungen auf Zahlung von ca. 22 Millionen Dollar, wobei hier nur auf die Verantwortlichkeit für den Comfort Letter aufgrund von Federal and State Securities Law sowie negligence, fraud und breach of contract eingegangen werden soll. Die Vorwürfe des klagenden Treuhänders gingen dahin, dass

---

521   Im Einzelnen fertigte die beklagte PMM einen Bericht zu der Frage an, ob der Unternehmenszusammenschluss mit der pooling of interest- oder purchase-Methode abgewickelt werden sollte. Sie stellte außerdem Pro-Forma-Abschlüsse über konsolidierte Finanzdaten auf und war an der Erstellung des notwendigen proxy statements beteiligt.

522   Der vollständige Wortlaut des Comfort Letter ist wiedergegeben bei *in re The Hawaii Corporation*, 567 F.Supp. 609, 622 [Fn. 6] (D. Haw. 1983).

diese den Comfort Letter trotz einer wesentlichen Veränderung der Finanzdaten und der Ertragslage in dem relevanten Werterhellungszeitraum (change period) vom 30. Juni 1971 bis 29. Februar 1972 ausgestellt hatte. Die Klage wurde von dem erstinstanzlichen Gericht durch summary judgment[523] abgewiesen.

1. Ansprüche aufgrund Federal and State Securities Laws

Das Gericht lehnte Ansprüche aus Rule 10b-5 bereits mangels einer Klagebefugnis (standing) des Klägers ab[524]; ebenfalls verneinte es Ansprüche aufgrund des Hawaiianischen Anlegerschutzrechts (§ 485-25 Hawaii Uniform Securities Act) wegen fehlender Klagebefugnis.

2. Fahrlässigkeitshaftung (Negligence)

Die Fahrlässigkeitshaftung des Ausstellers war nach Ansicht des Gerichts nach Section 552(1) Restatement Second of Torts zu beurteilen[525]. Das Gericht legte zunächst das Pflichtenprogramm (duties) für accountants fest. Diese haben bei der Ausübung ihrer Tätigkeiten die Sorgfalt, Kenntnis und Sachkunde (care, skill and competence) anzuwenden, die von Angehörigen des Berufsstandes gefordert werden[526]. Ein accountant übernimmt jedoch keine Garantie für den Eintritt bestimmter Ereignisse. Seine Pflichten bestehen allein darin, mit Ehrlichkeit und in Einklang mit Treu und Glauben in

---

523 Ein summary judgment ist ein Urteil, das auf Antrag ohne Beteiligung einer jury ergeht. Hierfür ist von Rechts wegen erforderlich, dass zwischen den Parteien keine Tatsachen mehr streitig sind oder die Annahme der von der Partei vorgetragenen Tatsachen in Anbetracht der angebotenen Beweise so unwahrscheinlich ist, dass auch eine jury bei angemessener Beweiswürdigung nicht zugunsten dieser Partei entscheiden könnte. Siehe *Hay*, Rn. 194.

524 Ansprüche aufgrund Rule 10b-5 lehnte das Gericht ab, da es sich bei der zugrundeliegenden Transaktion um keinen Kauf von securities, sondern um einen kompletten Unternehmenskauf handelte. Dem Kläger fehlte daher die für Rule 10b-5 erforderliche Klagebefugnis (standing), siehe *in re The Hawaii Corporation*, 567 F.Supp. 609, 614-16 (D. Haw. 1983), mit Hinweis auf *United Housing Foundation Inc. v. Foreman*, 421 U.S. 837; *SEC v. Howey Co.*, 328 U.S. 193, 201. Aus den gleichen Gründen lehnte das Gericht einen Anspruch gemäß Section 485-25 Hawaii Uniform Securities Act ab.

525 *In re The Hawaii Corporation*, 567 F.Supp. 609, 617-18 (D. Haw. 1983), unter Hinweis auf *Chun v. Park*, 51 Haw. 462, 467-68, 462 P.2d 905, 907-08 (Haw. 1969). § 552 (1) Restatement Second of Torts lautet: Wer im Rahmen seines Geschäfts, Berufs oder seiner Beschäftigung oder im Rahmen einer Transaktion, an der er ein finanzielles Interesse hat, anderen gegenüber für deren Transaktion falsche Angaben macht, haftet für Vermögensschäden, die diese Personen im berechtigten Vertrauen auf die Angaben erleiden, sofern er ein vernünftiges Maß an Sorgfalt oder Sachkunde bei der Beschaffung oder Verbreitung der Information vermissen lässt. (Übersetzung von *Ebke*, FS Trinkner, S. 493, 503 [Fn. 61]); englischer Originaltext bei *Causey*, § 8 (S. 220); *Goldwasser/Arnold*, § 4.2.1.

526 *In re The Hawaii Corporation*, 567 F.Supp. 609, 617 (D. Haw. 1983), unter Hinweis auf *Franklin Supply Co. v. Tolman*, 454 F.2d 1059, 1065 (9th Cir. 1972).

angemessener Weise seine beruflichen Pflichten auszuüben[527]. Dabei verhält sich ein accountant in der Regel pflichtgemäß, wenn er seine Tätigkeiten an den beruflichen Standards der Generally Accepted Accounting Principles (US GAAP) und Generally Accepted Auditing Standards (US GAAS) ausrichtet[528]. Allerdings kann ein in Einklang mit US GAAP und US GAAS stehendes Verhalten den accountant nicht schützen, wenn er sich bewusst dafür entscheidet, wesentliche Tatsachen in den Abschlüssen (financial statements) nicht anzugeben[529].

Hinsichtlich einer Pflichtverletzung bei der Ausstellung des Comfort Letter durch die PMM prüfte das zuständige erstinstanzliche Bundesgericht den genauen Wortlaut des Comfort Letter[530]. In diesem war exakt beschrieben, welche Prüfungstätigkeiten durchgeführt worden waren und welche Feststellungen hieraus gezogen werden konnten. Desweiteren war zu klären, ob es entgegen der Darstellungen der PMM innerhalb der relevanten change period zu einer wesentlichen Vermögensveränderung bei der APG gekommen war, die von den accountants in fahrlässiger Weise nicht erkannt wurde[531]. Die gerichtlichen Feststellungen hatten sich dabei auf den Stichtag des Comfort Letter zu beziehen, da dieser Tag den relevanten Beurteilungshorizont des Ausstellers bestimmte. Das Pflichtenprogramm des Ausstellers war dem Wortlaut des Comfort Letter zu entnehmen, der die Reichweite der übernommenen Pflichten festlegte: „The comfort letter is the limit of defendant's commitment"[532]. Hiernach beschränkten sich die Pflichten der beklagten PMM auf folgende Darstellung im Comfort Letter: „nothing has come to their attention which in their opinion caused them to believe there had been a material adverse change based on a limited review (as distinguished from an examination made in accordance with generally accepted auditing standards) of the latest available interim financial statements of APG and its subsidiaries, inquiries of officers of APG responsible for financial and accounting matters or other specified procedures"[533].

In ihrem Comfort Letter hatte die PMM sehr vorsichtige und zurückhaltende Formulierungen gewählt. Die Prüfungshandlungen für die Zwischenperiode (comfort/change period) waren auf die Durchsicht von Zwischenabschlüssen für unterschiedliche Zeiträume beschränkt. Die Zwischenabschlüsse waren von den beiden Gesellschaften selbst erstellt worden (company-prepared interim statements) und ungeprüft. Es gab weder für den Beginn noch für den Endtermin der Zwischenperiode für die APG

---

527 *In re The Hawaii Corporation*, 567 F.Supp. 609, 617 (D. Haw. 1983), unter Hinweis auf *SEC v. Arthur Young & Co.*, 590 F.2d 785, 788 (9th Cir. 1979).

528 *In re The Hawaii Corporation*, 567 F.Supp. 609, 617 (D. Haw. 1983), unter Hinweis auf *Rhode Island Hospital Trust National Bank v. Swartz, Bresenoff, Yavner & Jacobs*, 455 F.2d 847 (4th Cir. 1972); *SEC v. Arthur Young & Co.*, 590 F.2d 785, 788-89 (9th Cir. 1979).

529 *In re The Hawaii Corporation*, 567 F.Supp. 609, 617 (D. Haw. 1983), unter Hinweis auf *SEC v. Arthur Young & Co.*, 590 F.2d 785, 789 (9th Cir. 1979); *U.S. v. Simon*, 425 F.2d 796 (2nd Cir. 1970), *cert. denied*, 397 U.S. 1006 (1970).

530 *In re The Hawaii Corporation*, 567 F.Supp. 609, 622 [Fn. 6] (D. Haw. 1983).

531 *In re The Hawaii Corporation*, 567 F.Supp. 609, 623-24 (D. Haw. 1983).

532 *In re The Hawaii Corporation*, 567 F.Supp. 609, 624 (D. Haw. 1983).

533 *In re The Hawaii Corporation*, 567 F.Supp. 609, 624 (D. Haw. 1983).

und deren Tochterunternehmen einen geprüften Abschluss. Zudem existierte für die gesamte Zwischenperiode für die APG und die THC kein einziger konsolidierter Zwischenabschluss, obwohl die Gewinne der APG stark von den Einkünften der THC abhängig waren. Hieraus ergab sich für die beklagte PMM ein eingeschränktes Pflichtenprogramm hinsichtlich ihrer Aussagen. Wie sie in ihrem Comfort Letter klargestellt hatte, konnte sie keine Gewähr dafür übernehmen, dass ihre Untersuchungen auch tatsächlich wesentliche Veränderungen in den dargestellten Finanzangaben offenbarten. Da der Comfort Letter an den Verwaltungsrat von THC (board of directors) adressiert worden war, der über die Umstände der Transaktion und die Geschäfte der fusionierenden Unternehmen im Einzelnen informiert war, konnte der Verwaltungsrat auch nicht mehr den Aussagen des Comfort Letter vertrauen[534]. Demzufolge kam das Gericht zu dem Ergebnis, dass die Nachforschungen von PMM bis zum Zeitpunkt der Erteilung des Comfort Letter und die Darstellungen in dem Comfort Letter in Einklang mit den (prüfungs)vertraglichen Verpflichtungen und den professionellen Berufspflichten standen[535]. Ein fahrlässiges Verhalten der PMM bei Erteilung des Comfort Letter schied daher ebenfalls aus.

3. *Haftung für arglistige Täuschung (Fraudulent Misrepresentation) und Verletzung vertraglicher Pflichten (Breach of Contract)*

Eine Verantwortlichkeit der PMM aufgrund einer arglistigen Täuschung (fraud) kam aus den gleichen Gründen nicht in Betracht, wobei bereits eine hinreichend dargelegte falsche Darstellung (material misrepresentation) durch die PMM in dem Comfort Letter nicht gegeben war[536]. Schließlich verneinte das Gericht auch vertragliche Schadensersatzansprüche aufgrund pflichtwidrig durchgeführter Prüfungshandlungen (breach of contract), da keine vertraglichen Pflichten verletzt worden waren[537].

C. *Haftung nach Bundesrecht: Section 10 (b) Securities Exchange Act 1934 in Verbindung mit Rule 10b-5*

Die Emittentin kann Ansprüche gegen den Aussteller auf die kapitalmarktrechtliche Haftungsnorm Section 10 (b) Securities Exchange Act in Verbindung mit Rule 10b-5 stützen[538]. Der Comfort Letter kann „unrichtige oder unvollständige Darstellungen" (misstatement or omission of a material fact) „wesentlicher Tatsachen" (material fact)

---

534 *In re The Hawaii Corporation*, 567 F.Supp. 609, 627 (D. Haw. 1983).
535 *In re The Hawaii Corporation*, 567 F.Supp. 609, 627 (D. Haw. 1983).
536 *In re The Hawaii Corporation*, 567 F.Supp. 609, 630 (D. Haw. 1983).
537 *In re The Hawaii Corporation*, 567 F.Supp. 609, 630 (D. Haw. 1983).
538 Die einzelnen Anspruchsvoraussetzungen sind oben S. 64 und unten S. 139 dargestellt.

enthalten, die der Aussteller der Emittentin zur Verwendung im Zusammenhang mit der beabsichtigten Aktientransaktion (in connection with the sale of securities) erteilt[539]. Die zum Schaden der Emittentin führende Transaktion muss mit Mitteln des zwischenstaatlichen Handels bzw. der Börsen abgewickelt worden sein (through the use of interstate commerce). Ein Anspruch gegen den Aussteller setzt jedoch ein schuldhaftes Handeln bei der Erteilung des Comfort Letter voraus (intent to deceive or defraud). Hierfür wird von den Gerichten ein direkter Vorsatz verlangt. Der U.S.-Supreme Court hat ausdrücklich offengelassen, ob einem direkten Vorsatz auch recklessness[540], also leichtfertiges Verhalten, als Verschuldensform gleichgestellt ist[541]. Nach Ansicht praktisch sämtlicher Bundesberufungsgerichte in den USA (mit Ausnahme des Vierten Bezirks) ist ein leichtfertiges Verhalten des Ausstellers für eine Verantwortlichkeit nach Rule 10b-5 bereits ausreichend[542]. Jedoch kann in den Fällen eines (leicht-)fahrlässigen Fehlverhaltens (negligence) bei der Ausstellung des Comfort Letter eine Haftung nach Rule 10b-5 nicht begründet sein. Im Normalfall wird der Aussteller die hohen Berufsstandards der accountants bei der Erteilung eines Comfort Letter, festgehalten im U.S.-amerikanischen Standard SAS No. 72, einhalten. Nach Ansicht vieler Gerichte ist, soweit die Generally Accepted Auditing Standards (US GAAS) beachtet sind, der Verschuldensvorwurf bei Rule 10b-5 ausgeschlossen[543]. Dementsprechend entfällt auch der Verschuldensvorwurf bei Einhaltung des U.S.-amerikanischen Standards für Comfort Letter SAS No. 72, da die Statements on Auditing Standards Bestandteil der Generally Accepted Auditing Standards sind[544].

---

539 *CL Alexanders Laing & Cruickshank v. Goldfeld*, 739 F.Supp. 158 (S.D.N.Y. 1990); siehe ausführlich zum Sachverhalt unten S. 148.

540 Nach *Romain/Bader/Byrd*, S. 666, ist recklessness mit Leichfertigkeit, bewusster oder grober Fahrlässigkeit zu übersetzen.

541 *Ernst & Ernst v. Hochfelder*, 425 U.S. 185, 193 (1976).

542 *In re Silicon Graphics, Inc. Securities Litigation*, 183 F.3d 970, 988 (9th Cir. 1999); *in re Advanta Corp. Securities Litigation*, 180 F.3d 525, 539 (3rd Cir. 1999); *SEC v. U.S. Environmental, Inc.*, 155 F.3d 107 (2nd Cir. 1998); *Alpern v. UtiliCorp United, Inc.*, 84 F.3d 1525 (8th Cir. 1996); *Searls v. Glasser*, 64 F.3d 1061, 1066 (7th Cir. 1995); *Backman v. Polaroid Corp.*, 893 F.2d 1405, 1425 (1st Cir. 1990); *Currie v. Camyn Resources Corp.*, 835 F.2d 780, 786 (11th Cir. 1988); *Barker v. Henderson, Franklin Starnes & Holt*, 797 F.2d 490, 495 (7th Cir. 1986); *Davis v. Avco Financial Services, Inc.*, 739 F.2d 1057, 1063 (6th Cir. 1984); *Zobrist v. Coal-X, Inc.*, 708 F.2d 1511, 1516 (10th Cir. 1983); *Dirks v. SEC*, 681 F.2d 824, 844 (D.C. Cir. 1982); *Broad v. Rockwell Int'l Corp.*, 642 F.2d 929, 961 (5th Cir. 1981); sowie die ausführliche Darstellung bei *Causey*, § 11 (S. 310).

543 *SEC v. Price Waterhouse*, 797 F.Supp. 1217 (S.D.N.Y. 1992) ("failure to follow accounting practices was not itself sufficient to establish scienter"); *SEC v. Arthur Young & Co.*, 590 F.2d 785 (9th Cir. 1979); zum Problem auch *Resnik*, 34 Bus.Law. 1725, 1745 (1979); *Causey/Causey*, 12 Miss.Coll.L.Rev. 7, 21(1991); *Rhode Island Hospital Trust National Bank v. Swartz, Bresenhoff, Yavner & Jacobs*, 455 F.2d 847 (4th Cir. 1972) ("While [AICPA] standards may not always be the maximum test of liability, certainly they should be deemed the minimum standard by which liability should be determined."); *Escott v. BarChris Construction Corp.*, 283 F.Supp. 643, 703 (S.D.N.Y. 1968) ("Accountants should not be held to a standard higher than that recognized in their profession").

544 Vgl. *Shroyer*, S. 19.

Die Emittentin müsste zudem auch auf die Richtigkeit und Vollständigkeit des Comfort Letter vertraut haben (reliance). In einer Entscheidung des erstinstanzlichen Bundesgerichts für den Südlichen Bezirk von New York wurde die Klage eines Investors durch summary judgment[545] zu Gunsten der beklagten Wirtschaftsprüfungsgesellschaft mit der Begründung abgewiesen[546], dass für eine Haftung nach Rule 10b-5 das erforderliche Vertrauen (reliance) des Investors im konkreten Fall nur in engen Grenzen entstehen konnte, da der Aussteller dem Comfort Letter explizit einen disclaimer beigefügt hatte und der Investor zudem in Bezug auf die Transaktion ein hohes Maß an eigener Sachkunde hatte[547]. Legt man diesen Maßstab zur Beurteilung der reliance an, so führt dies dazu, dass die Emittentin den Angaben des Comfort Letter nur sehr eingeschränkt vertrauen kann, wenn der Aussteller einen disclaimer (Verwendungsklausel) im Comfort Letter verwendet und die Emittentin darüber hinaus über die wirtschaftlichen Verhältnisse ihres eigenen Unternehmen eingehend informiert ist. So hat das Berufungsgericht im Staat New York in einem vergleichbaren Fall, der allerdings den negligence-Anspruch betraf, die reliance der Anspruchsstellerin verneint[548]. Die reliance ist mithin eine nur schwer nachzuweisende Anspruchsvoraussetzung.

D. Breach of Fiduciary Duty

I. Anspruchsvoraussetzungen

Die Anspruchsgrundlage der breach of fiduciary duty hat ihren Ursprung im law of equity. Die Emittentin müsste darlegen, dass (1) zwischen ihr und dem Aussteller ein besonderes Treueverhältnis (fiduciary relationship) besteht, (2) der Aussteller eine hieraus erwachsene Pflicht verletzt hat (breach) und (3) ihr hierdurch ein Schaden entstanden ist (causation and damages)[549]. Der grundlegende Unterschied zwischen einem auf dem Deliktsrecht (law of torts) beruhenden Anspruch und einem solchen, der auf der Verletzung einer fiduciary duty gestützt ist, liegt darin, dass das Deliktsrecht die Verletzung von Sorgfaltspflichten sanktioniert, während die breach of fiduciary duty

---

545 Siehe zum summary judgment oben Fn. 523, S. 108.

546 *CL Alexanders Laing & Cruickshank v. Goldfeld*, 739 F.Supp. 158, 162 (S.D.N.Y. 1990); ausführlich zum Sachverhalt unten auf S. 148.

547 *CL Alexanders Laing & Cruickshank v. Goldfeld*, 739 F.Supp. 158, 162 (S.D.N.Y. 1990), mit Hinweis auf *Friedman v. Arizona World Nurseries Ltd. Partnership*, 730 F.Supp. 521, 541 (S.D.N.Y. 1990); ausführlich zum Sachverhalt unten auf S. 148.

548 *Rotterdam Ventures, Inc. v. Ernst & Young LLP*, 300 A.D.2d 963, 966 (N.Y.App. 2002); ausführlich zum Sachverhalt unten S. 128.

549 *Causey*, § 6 (S. 162); *Goldwasser/Arnold*, § 7.2; siehe zum Schadensbegriff *Goldwasser/Arnold*, § 7.2.3.

dem Anspruchssteller einen Schadensersatzanspruch für die Verletzung allgemeiner Verhaltenspflichten zubilligt[550].

1. Treueverhältnis (Fiduciary Relationship)

Ob der Emittentin ein Anspruch wegen der Verletzung von Treuepflichten zusteht, hängt von der Ausgestaltung der zwischen ihr und dem Aussteller bestehenden Rechtsbeziehungen im konkreten Einzelfall ab, die in aller Regel durch die Bestimmungen des Prüfungsvertrags definiert werden[551]. Der Aussteller muss der Emittentin neben der Erfüllung seiner vertraglichen Pflichten sowie der Einhaltung der erforderlichen Sorgfalt bei der Ausstellung des Comfort Letter auch die Pflicht schulden, den Vertrag mit uneingeschränkter Redlichkeit, Gutgläubigkeit und Ehrlichkeit zu erfüllen[552]. Das U.S.-amerikanische Recht kennt bestimmte Rechtsbeziehungen, die es als besondere Vertrauensverhältnisse einstuft: das Rechtsanwalts-Mandantenverhältnis (attorney-client-relationship) und das Innenverhältnis der Mitglieder einer Personen(handels)gesellschaft (partnership)[553]. Fraglich ist demgegenüber, ob auch die Rechtsbeziehungen zwischen der Emittentin und dem Aussteller als ein solches besonderes Treueverhältnis zu bewerten sind. So ist zum Beispiel immer wieder betont worden, dass der Jahresabschlussprüfer in der Regel in keinem besonderen Vertrauensverhältnis zu seinem Auftraggeber steht[554]. Dieser Auffassung liegt der Gedanke zugrunde, dass der Jahresabschlussprüfer nicht nur zum Vorteil des geprüften Unternehmens tätig wird, sondern auch im Interesse der Anleger, denen ein ordnungsgemäßer Abschluss abzuliefern ist. Im Vordergrund dieser Betrachtung steht hierbei die Wahrung der Unabhängigkeit des Jahresabschlussprüfers, die der Annahme eines besonderen Vertrauensverhältnisses zu seinem Auftraggeber entgegensteht. Kann der Auftraggeber demgegenüber geltend machen, dass er aufgrund einer Finanz- oder Investmentberatung im berechtigten Vertrauen auf die Angaben des Wirtschaftsprüfers gehandelt hat oder seine Vermögensverwaltung ganz oder teilweise an einen Wirtschaftsprüfer abgegeben hat, kann davon ausgegangen werden, dass ein besonderes Vertrauensverhältnis in dem genannten Sinne begründet worden ist[555]. Demgemäß wurde dem Auftraggeber bisher ein Schaden über den breach-of-fiduciary-duty-Schadensersatzanspruch in den Fällen zuerkannt, in denen der Wirtschaftsprüfer unerlaubt vertrauliche Informationen seines Mandanten offengelegt hatte, sich mittels vertraulicher Informationen auf Kosten des Mandanten bereichert hatte oder unter Verletzung berufsständischer Normen für beide Parteien einer Transak-

---

550 Vgl. *Anderson/Steele*, 47 SMU L.Rev. 235, 249 (1994).

551 Vgl. *Anderson/Steele*, 47 SMU L.Rev. 235, 245 (1994).

552 *Anderson/Steele*, 47 SMU L.Rev. 235, 245 (1994) ("most scrupulous honor, good faith and fidelity to his client's interest").

553 *Causey*, § 6 (S. 162).

554 *In re Cendant Corporation Securities Litigation*, 139 F.Supp. 2d 585, 608 (D.N.J. 2001) m.w.N.

555 Siehe die Darstellung bei *Goldwasser/Arnold*, § 7.2.1.

tion tätig geworden war[556]. Anhand der vorstehend genannten bisher entschiedenen Fälle wird deutlich, dass der Aussteller, der bei der Erteilung des Comfort Letter auf die Einhaltung der berufsständischen Vorschriften des U.S.-amerikanischen Standards SAS No. 72 streng achten wird, keine Verletzungshandlung im Sinne des breach-of-fiduciary-duty-Anspruchs verwirklicht.

2. Rechtsprechung zu Comfort Letters

Eine gerichtliche Entscheidung, in der die Emittentin erfolgreich das Bestehen eines besonderen Treuverhältnisses gegen einen Aussteller begründen konnte, ist nicht bekannt. Das erstinstanzliche Bundesgericht für den Südlichen Bezirk von New York hatte zwar in einem Fall, in dem der Aussteller einen mit erheblichen Fehlern behafteten Comfort Letter erstellt hatte, zur Haftung für eine Unterlassungshandlung nach Rule 10b-5 gegenüber dem unmittelbaren Vertragspartner zunächst darauf hingewiesen: "Ernst & Young's undertaking to furnish a comfort letter to plaintiffs created a fiduciary relationship"[557]. Doch distanzierte sich das Gericht später wieder ausdrücklich von seinen Worten: "The order I make is to declare the paragraph in which the sentence in question appears withdrawn by the Court. I do not decide whether or not an accountant's relationship with its client or third parties can ever be characterized as fiduciary. I do not even decide whether or not Ernst & Young's relationship with the plaintiffs at bar should be so characterized"[558]. Aus dem Urteil können daher keine Schlussfolgerungen über das Vorliegen einer fiduciary relationship zwischen Emittentin und Aussteller gezogen werden. In *Silverman v. Ernst & Young* konnte das erstinstanzliche Bundesgericht für den Bezirk von New Jersey einen breach-of-fiduciary-duty-Anspruch von vornherein schon deshalb verneinen, weil die Kläger es unterlassen hatten, den Anspruch auf die fehlerhafte Ausstellung der beiden Comfort Letters zu stützen[559].

II. Fazit

Nach den bisher in den USA ergangenen Entscheidungen muss davon ausgegangen werden, dass die Rechtsbeziehungen zwischen dem Aussteller und der Emittentin grundsätzlich nicht als fiduciary relationship zu bewerten sind. Geht man davon aus, dass der Aussteller bei der Erteilung des Comfort Letter die berufsständischen

---

556   Siehe die Darstellung der hierzu bereits entschiedenen Fälle bei *Causey*, § 6 (S. 164).
557   *Cortec Industries, Inc. v. Sum Holding L.P.*, 839 F.Supp. 1021, 1025 (S.D.N.Y. 1993). Eine fiduciary duty hätte im konkreten Fall für die Beklagte eine Rechtspflicht zum Handeln begründet.
558   *Cortec Industries, Inc. v. Sum Holding L.P.*, 1994 U.S. Dist. LEXIS 18640 (S.D.N.Y. 1994).
559   *Silverman v. Ernst & Young, LLP*, 1999 U.S. Dist. LEXIS 17703 (D.N.J. 1999).

Vorschriften des U.S.-amerikanischen Standards SAS No. 72 beachtet, wird ein Schadensersatzanspruch aufgrund einer breach of fiduciary duty ausscheiden, da es insoweit grundsätzlich bereits an einer für den Anspruch erforderlichen Verletzungshandlung fehlt.

E. Zwischenergebnis

1. Der Emittentin steht gegenüber dem Aussteller ein breach-of-contract-Schadensersatzanspruch nur in eingeschränktem Umfang zur Verfügung. In den meisten Bundesstaaten ist ein solcher Anspruch ausgeschlossen, wenn eine Pflichtverletzung bei der Erfüllung des Vertrags („Schlechtleistung") geltend gemacht wird. Dem Kläger könnten jedoch stattdessen deliktsrechtliche Ansprüche gemäß dem law of torts zustehen, da es sich der Natur der Sache nach um malpractice-Ansprüche handelt. In den meisten Bundesstaaten wird die Emittentin hiernach einen vertraglichen Anspruch gegen den Aussteller wegen einer Pflichtverletzung bei der Erfüllung des Vertrags nicht geltend machen können. Sie kann sich in diesen Staaten lediglich dann auf vertragliche Ansprüche stützen, wenn ausdrückliche Vereinbarungen des engagement letters verletzt worden sind.

2. Ein Anspruch der Emittentin gegen den Aussteller aus negligence oder negligent misrepresentation ist ebenfalls kaum durchsetzbar. Angesichts der im Comfort Letter enthaltenen Warnhinweise und eingeschränkten Aussagen des Ausstellers kann ein „berechtigtes Vertrauen" (justifiable reliance) der Emittentin nur in engen Grenzen entstehen[560]. Zudem muss sich die Emittentin die Kenntnisse, die in ihrem Unternehmen vorhanden sind, zurechnen lassen (respondeat superior doctrine). Der Aussteller könnte gegebenenfalls die Einreden wegen Mitverschuldens sowie betrügerischen Verhaltens der Emittentin erheben.

3. Ein Anspruch gemäß der fraudulent misrepresentation kommt ebenfalls kaum in Betracht. Er scheitert in der Regel daran, dass dem Aussteller keine leichtfertige Ausübung seiner Berufspflichten angelastet werden kann und erst recht keine Täuschungsabsicht. Zudem stößt die Emittentin auf große Schwierigkeiten, ein „berechtigtes Vertrauen" (justifiable reliance) in die Angaben des Ausstellers darzulegen. Das Haftungsrisiko ist mithin für den Aussteller gering.

4. Die Emittentin wird darüber hinaus auch bei Ansprüchen, die auf den Vorwurf der Verletzung von Rule 10b-5 gerichtet sind, nur in ganz besonders gelagerten Fällen das erforderliche Verschulden des Ausstellers sowie ihr „berechtigtes Vertrauen" (reliance) in die Angaben des Comfort Letter nachweisen können. Auch insoweit ist daher in der Regel kein Anspruch gegeben.

---

560 Siehe *CL Alexanders Laing & Cruickshank v. Goldfeld*, 739 F.Supp. 158, 162 (S.D.N.Y. 1990); *in re The Hawaii Corporation*, 567 F.Supp. 609, 627 (D. Haw. 1983).

5. Soweit sich der Aussteller auf die berufsständischen Vorschriften des U.S.-amerikanischen Standards SAS No. 72 stützt, ist auch ein Anspruch aufgrund einer breach of fiduciary duty unbegründet.

§ 5: Die Haftung des Ausstellers eines Comfort Letter gegenüber Anlegern

Ansprüche der Anleger gegen den Aussteller können an dessen der Erteilung des Comfort Letter vorausgehenden Prüfungstätigkeiten sowie an die Erteilung des Dokuments „Comfort Letter" anknüpfen. Nach dem U.S.-amerikanischen Haftungsrecht kann der Anleger Ansprüche gegen den Aussteller vor allem auf das bundesstaatliche Kapital- und Anlegerschutzrecht (securities regulation) sowie auf das Gesetz gegen das organisierte Verbrechen (Racketeer Influenced and Corrupt Organizations Act) stützen. Als weitere Anspruchsgrundlagen kommen das Vertragsrecht sowie die deliktsrechtlichen Tatbestände in Frage.

A. Vertragliche Ansprüche (Law of Contracts)

Der Aussteller des Comfort Letter wird in den USA wie in Deutschland aufgrund eines Auftrags der emittierenden Gesellschaft tätig. Der Anleger ist in den schuldrechtlichen Prüfungsvertrag nicht einbezogen; er ist ein vertragsfremder Dritter, auf den sich das Pflichtenprogramm des Prüfungsvertrags grundsätzlich nicht erstreckt. Ausnahmsweise kann ein Anspruch aus dem Prüfungsvertrag in Frage kommen, wenn es sich um einen Vertrag zu Gunsten Dritter (third party beneficiary contract) handelt. Ob und wann ein solcher vorliegt, richtet sich in den USA nach dem Recht der einzelnen Bundesstaaten[561]. Dies hat faktisch zu einer Rechtszersplitterung geführt, die große Schwierigkeiten bei der Ermittlung der allgemeinen Rechtssituation aufwirft. Die Rechtsprechung lehnt sich daher häufig an § 302 Restatement Second of Contracts an[562], der bei einem third party beneficiary contract zwischen einem intended beneficiary und einem incidental beneficiary differenziert: "unless otherwise agreed between the promisor and promisee, a beneficiary of a promise is an intended beneficiary if recognition of a right to performance in the beneficiary is appropriate to effectuate the intentions of the parties and either (a) the performance of the promise will satisfy an obligation of the promisee to pay money to the beneficiary; or (b) the circumstances indicate that the promisee intends to give the beneficiary the benefit of the promised performance. An incidental beneficiary is a beneficiary who is not an intended beneficiary"[563].

---

561 Vgl. *Hay*, Rn. 282.
562 *Causey*, § 6 (S. 175) m.w.N. Die Restatements of the Law werden vom American Law Institute (A.L.I.) herausgegeben und enthalten eine systematische Bearbeitung des jeweiligen Fallrechts in den USA. Allerdings sind sie für die Gerichte nicht bindend und enthalten lediglich einen Überblick über die Rechtslage, ausführlich zum A.L.I. *Ebke*, FS Großfeld, S. 189, 203 ff.; *ders.*, Dritthaftung, S. 169 [Fn. 153].
563 § 302 Restatement Second of Contracts.

Ein Schadensersatzanspruch des Anlegers aufgrund einer Pflichtverletzung des Ausstellers (breach of contract) kann nur in Betracht kommen, wenn zu dessen Gunsten ein eigenes Forderungsrecht auf die Leistung begründet wird, er somit Begünstigter (intended beneficiary) des Leistungsversprechens des Versprechenden (promisor) gegenüber dem Versprechensempfänger (promisee) ist[564]. § 302 Restatement Second of Contracts lautet insoweit: "if recognition of a right to performance in the beneficiary is appropriate to effectuate the intentions of the parties"[565]. Allerdings reicht nach der Rechtsprechung in den USA das bloße Bewusstsein des Versprechenden, ein Dritter könnte aus seiner vertraglichen Leistung einen Vorteil ziehen, nicht aus, um einen third party beneficiary contract zu begründen[566]. Im Übrigen neigen viele Gerichte zu der Annahme, dass der Vertrag ohne Drittwirkung begründet wird, es sei denn, die vertragliche Regelung lässt die eindeutige Annahme zu, dass das Leistungsversprechen zu Gunsten eines Dritten gegeben worden ist[567]. Das Vertragsverhältnis zwischen der Emittentin und dem Aussteller ist in der Regel dahin zu verstehen, dass dem Anleger nach dem Willen der Vertragsparteien kein eigenes Forderungsrecht zustehen soll. Tatsächlich wird der Comfort Letter nach dem U.S.-amerikanischen Standard SAS No. 72 auch nicht in das registration statement eingestellt[568], so dass der Anleger keine Kenntnis von seinem Inhalt nehmen kann. Der Anleger erlangt nach Maßgabe des von den U.S.-amerikanischen Gerichten häufig zugrunde gelegten § 302 Restatement Second of Contracts kein eigenes Forderungsrecht auf die Leistung aus dem Prüfungsvertrag und mithin auch keinen eigenen Schadensersatzanspruch im Falle der Vertragsverletzung.

B. Deliktsrecht (Law of Torts)

Eine Haftung des Ausstellers könnte jedoch nach den deliktsrechtlichen Haftungstatbeständen der einzelnen Bundesstaaten begründet sein. Als Anspruchsgrundlagen kommen fahrlässige Falschangaben (negligent misrepresentation) sowie arglistiges Fehlver-

---

564 Siehe *Pell v. Weinstein*, 759 F.Supp. 1107, 1119 (M.D.Pa. 1991) für das Verhältnis zwischen auditor und stockholders.

565 § 302 (1) Restatement Second of Contracts.

566 *Forcier v. Cardello*, 173 B.R. 973, 986 (D.R.I. 1994) ("a promisor's mere awareness that someone else other than the promisee may derive a benefit from the promisor's performance under the contract is insufficient to cloak that third party with the mantle of intended beneficiary"); *Numerica Savings Bank, F.S.B. v. Mountain Lodge Inn, Corp.*, 596 A.2d 131, 135-36 (1991); *Noller v. GMC Truck & Coach Division*, 772 P.2d 271 (Kan. 1989).

567 *Forcier v. Cardello*, 173 B.R. 973, 985 (D.R.I. 1994) ("unless the parties to a contract explicitly state otherwise, or absent circumstances which clearly indicate that performance under the contract is for the benefit of a third party, the law presumes that parties enter into the contract for their own benefit"); *United States v. United States Auto. Association*, 968 F.2d 1000, 1001-02 (10th Cir. 1993); *Blu-J, Inc. v. Kemper C.P.A. Group*, 916 F.2d 637, 640 (11th Cir. 1990); *F.W. Hempel & Co. v. Metal World, Inc.*, 721 F.2d 610, 614 (7th Cir. 1983).

568 AU § 634.61; vgl. oben Fn. 233, S. 63.

halten (fraudulent misrepresentation) in Frage. Zunächst ist festzustellen, dass die deliktsrechtlichen Ansprüche, die auf das common law gestützt werden, durch die bundesstaatlichen kapitalmarktrechtlichen Haftungstatbestände gemäß Section 11 (a) Securities Act und gemäß Section 10 (b) Securities Exchange Act in Verbindung mit Rule 10b-5 nicht berührt werden, sondern im Einzelfall nebeneinander bestehen können[569]. Dies ist insbesondere vor dem Hintergrund von erheblicher Bedeutung, dass allein die deliktsrechtlichen Haftungstatbestände der einzelnen Bundesstaaten – im Gegensatz zu den bundesstaatlichen kapitalmarktrechtlichen Haftungsansprüchen – neben dem Ersatz des konkreten Schadens unter bestimmten Voraussetzungen auch einen Strafschadensersatz (punitive damages) vorsehen.

I. Entwicklung der Dritthaftung im U.S.-amerikanischen Deliktsrecht

Von einer Dritthaftung wird in der Regel immer dann gesprochen, wenn zwischen dem Anspruchsteller und dem Anspruchsgegner keine vertraglichen Beziehungen bestehen. Das common law stand, historisch betrachtet, dem Ersatz fahrlässig verursachter Vermögensschäden ablehnend gegenüber, sofern zwischen dem Anspruchsteller und dem Anspruchsgegner keine vertragliche Verbindung (privity of contract) bestand[570]. Allein bei einem vorsätzlichen Handeln, nicht jedoch bei Fahrlässigkeit, wurde eine Dritthaftung, d.h. eine Haftung des vorsätzlich Handelnden gegenüber dem außerhalb vertraglicher Beziehungen stehenden Dritten anerkannt. So wurde im Jahre 1889 in England vom höchsten Gericht des Landes (House of Lords) in der Entscheidung *Derry v. Peek* eine Haftung für fahrlässige Falschangaben in einem Prospekt gegenüber Dritten als unbegründet erachtet[571]. In dem konkreten Fall fehlte es an dem Nachweis eines vorsätzlichen arglistigen Verhaltens, der notwendig war, um den Schaden mit Hilfe der action of deceit einklagen zu können. Die Entscheidung des House of Lords fand durch den berühmten Richter am Berufungsgericht im Staat New York, Benjamin Cardozo, teilweise Eingang in die amerikanische Rechtsprechung[572]. In *Glanzer v. Shepard* sprach Judge Cardozo dem Kläger zwar einen Schadensersatz zu, obwohl dieser in keinen vertraglichen Beziehungen zum Beklagten gestanden hatte[573]. Dabei sah es Judge Cardozo jedoch im Gegensatz zu der Entscheidung des House of Lords als unerheblich an, dass dem Beklagten lediglich Fahrlässigkeit zur Last gelegt werden konnte. In dem zu entscheidenden Fall hatte der Beklagte, ein öffentlich bestellter Waagemeister, einem ihm bekannten Dritten mit Hilfe einer Zertifikatskopie in fahrlässiger Weise

569 Section 16 (a) SA; Section 28 (a) SEA.
570 *Ebke*, FS Trinkner, S. 493, 501.
571 *Derry v. Peek*, 14 App.Cas. 337, 58 L.J.Ch. 864 (House of Lords 1889); ausführlich *Ebke*, Dritthaftung, S. 149 f.
572 *Stern*, S. 76; *Henderson/Pearson*, S. 942.
573 *Glanzer v. Shepard*, 135 N.E. 275-76 (1922); ausführlich *Ebke*, Dritthaftung, S. 154 f.

ein zu hohes Gewicht der gewogenen Bohnen schriftlich bestätigt. Der vertragsfremde Dritte zahlte daraufhin im Vertrauen auf die Angaben des Waagemeisters einen zu hohen Kaufpreis für die Bohnen. Nachdem er den Irrtum bemerkt hatte, verlangte er vom Waagemeister Ersatz des entstandenen Schadens. Judge Cardozo kam in dem Rechtsstreit zu dem Schluss, dass eine vertragsunabhängige Pflicht des Waagemeisters auch gegenüber dem Käufer bestand, die er aus dessen besonderer, in der Öffentlichkeit beanspruchter Sachkunde ableitete.

Nur wenige Jahre später war es wiederum Judge Cardozo, der in der richtungweisenden Entscheidung *Ultramares Corp. v. Touche* einer weiteren Aufweichung der "citadel of privity" entgegentrat und gegenüber *Glanzer v. Shepard* eine Differenzierung vornahm. In dem Verfahren ging es um die Haftung eines accountant gegenüber einer Nichtvertragspartei unter dem Gesichtspunkt einer Haftung für negligent misrepresentation und fraudulent misrepresentation[574]. Die beklagte Wirtschaftsprüfungsgesellschaft Touche, Niven & Co. („Touche") war im Januar 1924 von der Fred Stern Company & Co., Inc. („Stern") mit der Aufstellung und Bestätigung einer Bilanz für das am 31.12.1923 endende Geschäftsjahr beauftragt worden. Im Dezember 1924 trat Stern an die Klägerin Ultramares, ein Unternehmen, das an seine Kunden Kapital als kurzfristige Darlehen auslieh, heran und bat um eine Finanzierung für sein Unternehmen. Dazu legte er, was der beklagten Wirtschaftsprüfungsgesellschaft nicht bekannt war, die Kopie der Bilanz vom 31.12.1923 vor. Diese enthielt infolge grober Fahrlässigkeit der Beklagten falsche Angaben, da Stern tatsächlich bereits am Bilanzstichtag zahlungsunfähig war. Als Stern etwa einen Monat später insolvent wurde und Ultramares mit seiner Forderung in Höhe des Kredits ausfiel, verklagte er Touche auf Ersatz des im Vertrauen auf die Richtigkeit der Bilanz vom 31.12.1923 entstandenen Schadens. Nach den Tatsachenfeststellungen stand fest, dass die Wirtschaftsprüfer bei der Erstellung des Jahresabschlusses nicht die erforderliche Sorgfalt beachtet hatten. Dennoch lehnte das Gericht aber eine außervertragliche Fahrlässigkeitshaftung für negligent misrepresentation mit der Begründung ab: "If liability for negligence exists, a thoughtless slip of blunder, the failure to detect a theft or forgery beneath the cover of deceptive entries, may expose accountants to a liability in an indeterminate amount for an indeterminate time to an indeterminate class"[575]. Judge Cardozo sah mithin die Gefahr, dass es zu einer „uferlosen Haftung des Wirtschaftsprüfers in unbegrenzter Höhe, in unbegrenzter Zeit und gegenüber einer unbegrenzten Anzahl von Personen" kommen könnte.

Andererseits senkte er jedoch im Rahmen des Anspruchs der fraudulent misrepresentation die subjektiven Anforderungen und bejahte einen Schadensersatzanspruch des Klägers: "In this connection we are to bear in mind (…) that negligence or blindness, even when not equivalent to fraud, is none the less evidence to sustain an inference of

---

574 *Ultramares Corp. v. Touche*, 255 N.Y. 170, 174 N.E. 441, 74 A.L.R. 1139 (1931); ausführlich *Ebke*, Dritthaftung, S. 156 f.

575 *Ultramares Corp. v. Touche*, 255 N.Y. 170, 174 N.E. 441, 444, 74 A.L.R. 1139 (1931).

fraud. At least this is so if the negligence is gross (…)"[576]. Während *Derry v. Peek* in England im Rahmen der action of deceit noch von dem strikten Begriff des Vorsatzes im Sinne eines bewussten willentlichen Handelns ausging, schloss der Vorsatzbegriff nach der *Ultramares*-Entscheidung nunmehr eine Haftung des Wirtschaftsprüfers gegenüber Dritten aufgrund leichtfertigen Handelns ein[577]. Demgegenüber wurde die Haftung des Wirtschaftsprüfers gegenüber Dritten für fahrlässiges Handeln in *Ultramares* aber deutlich eingeschränkt, was die Dritthaftung der Wirtschaftsprüfer in der Folgezeit bis zum Ende der 1960er Jahre prägen sollte.

II. Fahrlässigkeitshaftung (Negligent Misrepresentation)

Die Haftung des Wirtschaftsprüfers gegenüber Dritten, insbesondere gegenüber dem Anleger, für fahrlässig gemachte unrichtige Angaben im Comfort Letter gemäß der Anspruchsgrundlage der negligent misrepresentation ist heute im U.S.-amerikanischen Recht der Wirtschaftsprüferhaftung nach wie vor heftig umstritten[578]. In den einzelnen Bundesstaaten gibt es drei unterschiedliche Haftungsansätze[579]:

1. Privity Rule

Die restriktivste Ansicht wird heute noch in New York und sieben anderen U.S.-Bundesstaaten[580] vertreten, die der privity rule und der near privity rule folgen. Die *Ultramares*-Entscheidung ist in diesen Staaten weiterhin geltendes Recht (authority). Es kommt hiernach auf den Kontakt zwischen dem Aussteller und dem Anleger an. Nur wenn zwischen beiden eine Verbindung in Form einer unmittelbaren Kontaktaufnahme stattgefunden hat und dem Aussteller bekannt ist, dass der Anleger den Comfort Letter als Entscheidungsgrundlage bei dem beabsichtigten Aktienkauf zugrunde legen will,

---

576   *Ultramares Corp. v. Touche*, 255 N.Y. 170, 174 N.E. 441, 449, 74 A.L.R. 1139 (1931).

577   *Causey*, 57 Miss.L.J., 379, 383 (1987).

578   Die Abhandlungen in juristischen Fachzeitschriften sind entsprechend umfangreich: *Fink*, 1992 Mich.B.J. 1286; *Lawson/Mattison*, 52 Ohio State L.J. 1309 (1991); *Marinelli*, 16 Ohio N.Univ.L.Rev. 1 (1989); *Zisa*, 11 Campbell L.Rev. 123 (1989); *Siliciano*, 86 Mich.L.Rev. 1929 (1988); *Gossman*, 1988 Colum.Bus.L.Rev. 213; *Hagen*, 1988 Colum.Bus.L.Rev. 18; *Chaffee*, 1988 J.Corp.L. 863; *Bilek*, 39 Sw.L.J. 689 (1985); *Minow*, J.o.A., Sep. 1984, 70; *Lazare*, 48 Alb.L.Rev. 876 (1984); *Gormley*, 14 Seton Hall L.Rev. 528 (1984).

579   Vgl. *Ebke*, FS Sandrock, S. 243, 264; *Ebke/Struckmeier*, S. 11-24; *Quick/Baker*, RIW 1995, 474.

580   Connecticut (*Twin Manufacturing Co. v. Blum, Shapiro and Co.*, 1992 Conn.Super. LEXIS 409 (Conn. 1992)); Idaho (*Idaho Bank & Trust Co. v. First Bancorp of Idaho*, 772 P.2d 720 (Idaho 1989)); Indiana (*Ackerman v. Schwartz*, 947 F.2d 841 (7th Cir. 1991)); Maryland (*Walpert, Smullian & Blumenthal, P.A. v. Katz*, 762 A.2d 582 (Md. 2000)); Montana (*Thayer v. Hicks*, 793 P.2d 784 (Mont. 1990)); Nebraska (*Citizens National Bank of Wisner v. Kennedy and Coe*, 441 N.W.2d 180 (Neb. 1989)); New York (*Credit Alliance v. Arthur Anderson & Co.*, 483 N.E.2d 110 (N.Y.App. 1985); *Security Pacific Business Credit, Inc. v. Peat Marwick Main & Co.*, 597 N.E.2d 1080 (N.Y.App. 1992)); Virginia (*Ward v. Ernst & Young*, 435 S.E.2d 628 (Va. 1993)).

besteht eine Pflicht zur sorgfältigen Erstellung des Comfort Letter gegenüber dem Anleger als vertragsfremdem Dritten[581]. Das Berufungsgericht im U.S.-Bundesstaat New York hat bereits mehrmals einschränkend festgestellt, dass eine „Kontaktaufnahme bei Gelegenheit" (casual communications) nicht ausreicht, um das Erfordernis einer unmittelbaren Kontaktaufnahme zu erfüllen. In diesen Entscheidungen ging es um Telefongespräche zwischen Wirtschaftsprüfer und Kläger, in denen der Kläger angekündigt hatte, dass er sich bei seiner Vermögensdisposition auf die Finanzberichte des Wirtschaftsprüfers verlassen werde[582]. Das Gericht hat zudem klargestellt, dass an die Voraussetzungen der unmittelbaren Kontaktaufnahme hohe Anforderungen zu stellen sind[583]. Der Anleger kann einen Anspruch bei fahrlässiger unrichtiger Erteilung eines Comfort Letter aufgrund negligent misrepresentation nur geltend machen, wenn die privity rule oder die near privity rule erfüllt ist, da der Aussteller dem Anleger nur in diesem Fall zu einer gewissenhaften Erstellung des Comfort Letter verpflichtet ist (duty). In insgesamt acht weiteren Bundesstaaten, in denen die Rechtsprechung zunächst von der *Ultramares*-Doktrin abgewichen war, hat der Gesetzgeber regulierend eingegriffen und eine der privity rule entsprechende Rechtsnorm erlassen[584]. Dabei ist beispielhaft der Bundesstaat New Jersey zu nennen, in dem neuerdings wieder ein direkter Kontakt zwischen Anleger und Wirtschaftsprüfer erforderlich ist, um einen auf negligent misrepresentation gestützten Schadensersatzanspruch geltend zu machen[585]. Zuvor war der Oberste Gerichtshof des Bundesstaates New Jersey von der *Ultramares*-Doktrin abgewichen[586].

Eine Haftung des Ausstellers könnte nach der privity rule und der near privity rule nur dann in Frage kommen, wenn die berufsständischen Vorschriften des U.S.-amerikanischen Standards SAS No. 72 nicht eingehalten werden und eine direkte Kontaktaufnahme mit dem Anleger erfolgt. Von einer direkten Kontaktaufnahme wird in SAS No. 72 jedoch ausdrücklich abgeraten, da dem Aussteller allein der Kontakt mit den underwriters und seinem Auftraggeber (client) gestattet ist[587]. Darüber hinaus soll der Comfort Letter nicht in das registration statement der Aktien eingestellt werden[588]. Die Hinweise in SAS No. 72 enthalten implizit das Verbot, direkt mit dem Anleger zu

---

581 Siehe die Erweiterung des Merkmals durch das Berufungsgericht im Staat New York in *Credit Alliance Corp. v. Arthur Andersen & Co.*, 483 N.E.2d 110, 112 (N.Y.App. 1983) ("a relationship sufficiently intimate to be equated with privity").

582 *William Iselin & Co. v. Mann Judd Landau*, 522 N.E.2d 21 (N.Y. App. 1988); *Security Pacific Business Credit, Inc. v. Peat Marwick Main & Co.*, 597 N.E.2d 1080, 1084-86 (N.Y.App. 1992).

583 *Security Pacific Business Credit, Inc. v. Peat Marwick Main & Co.*, 597 N.E.2d 1080, 1085-86 (N.Y.App. 1992).

584 Vgl. *Causey*, § 8 (S. 227 f.), mit Abdruck der entsprechenden Gesetzesnormen der Staaten New Jersey, Louisiana, Kansas, Arkansas, Illinois und Utah (S. 236 f.). Wyoming und Michigan haben ihre Gesetze dagegen an das Restatement Second of Torts angelehnt.

585 N.J.S.A. 2.A:53A-25, erlassen im Jahre 1995; siehe die Norm anwendend *E. Dickerson & Son v. Ernst & Young, L.L.P.*, 179 N.J. 500 (N.J. 2004).

586 *H. Rosenblum, Inc. v. Adler*, 93 N.J. 324, 461 A.2d 138 (N.J. 1983).

587 AU § 634.25; vgl. hierzu auch *Augenbraun*, Bus. Law Today, Jul./Aug. 1993, 31.

588 AU § 634.61; vgl. oben Fn. 233, S. 63.

kommunizieren oder auf andere Weise diesem gegenüber in Erscheinung zu treten, da sich hieraus ohne weiteres eine Haftung ableiten lassen könnte[589]. Außerdem ist nach common law das „berechtigte Vertrauen" (justifiable reliance) des Anlegers Anspruchsvoraussetzung für einen Schadensersatzanspruch wegen negligent misrepresentation[590]. Ein Berufungsgericht des Staats New York hat dazu entschieden, dass auf Seiten der Anleger kein „berechtigtes Vertrauen" in die Angaben des Comfort Letter entstehen kann, wenn der Anleger nach der Verwendungsklausel des Comfort Letter nicht befugt ist, von dem Comfort Letter Kenntnis zu nehmen und sich bei seiner Anlageentscheidung hierauf zu verlassen[591]. Der Aussteller ist daher in jedem Falle rechtlich geschützt, wenn er die Vorgaben des SAS No. 72 einhält[592].

2. Restatement of Torts

Während U.S.-amerikanische Gerichte im Anschluss an die *Ultramares*-Entscheidung bei einfacher Fahrlässigkeit generell eine außervertragliche Haftung des Wirtschaftsprüfers Dritten gegenüber ablehnten[593], wurde die *Ultramares*-Doktrin seit dem Ende der 1960er Jahre in einigen Bundesstaaten immer mehr aufgeweicht. So sprach das erstinstanzliche Bundesgericht von Rhode Island im Jahre 1968 in *Rush Factors Inc. v. Levin* unter Bezugnahme auf die in § 552 Restatement Second of Torts enthaltene Dritthaftungsregel erstmals einem vertragsfremden Dritten einen Schadensersatzanspruch für einen vom Wirtschaftsprüfer leicht fahrlässig verursachten Vermögensschaden zu[594]. Nach dieser Entscheidung ist der Wirtschaftsprüfer gegenüber solchen Personen verantwortlich, die zu dem Kreis der "actually foreseen and limited class of persons" gehören[595].

In sechsundzwanzig Bundesstaaten nehmen die Gerichte heute eine vermittelnde Position ein, die zwischen der strengen privity rule und der sehr weiten Fahrlässigkeits-

---

589 Vgl. die Entscheidungen der erstinstanzlichen Bundesgerichte in New York *Fed. Sav. & Loan v. Oppenheim, Appel, Dixon & Co.*, 629 F.Supp. 427, 433-35 (S.D.N.Y. 1986); *Banco Totta & Acores v. Stockton Bates & Co.*, No. 84 Civ. 7041 (S.D.N.Y. 1986): eine Haftung für ein an die Kläger gerichtetes Bestätigungsschreiben über den Jahresabschluss (audit confirmation letter) bejahend.

590 *Ebke/Siegel*, Sonderbeilage Nr. 2, WM 2001, S. 13; *Causey*, 57 Miss.L.J. 379, 413 (1987); *Goldwasser/Arnold*, § 4.2.2; *Shroyer*, S. 70.

591 *Rotterdam Ventures, Inc. v. Ernst & Young LLP*, 300 A.D.2d 963, 965-66 (N.Y.App. 2002); ausführliche Besprechung unten S. 128.

592 So bereits *Ebke/Siegel*, Sonderbeilage Nr. 2, WM 2001, S. 13.

593 *Ebke*, Dritthaftung, S. 162-168; *ders.*, FS Trinkner, S. 493, 502; *Ebke/Struckmeier*, S. 12; *Stern*, S. 78.

594 *Rush Factors Inc. v. Levin*, 284 F.Supp. 85 (D.R.I. 1968). Begünstigt wurde die neuere Entwicklung der negligence-Haftung gegenüber Dritten in den USA durch eine englische Entscheidung des House of Lords in *Hedley Byrne & Co. v. Heller & Partners*, [1964] A.C. 465 (H.L.); ausführlich *Ebke*, Dritthaftung, S. 168-170.

595 *Rush Factors Inc. v. Levin*, 284 F.Supp. 85, 92-93 (D.R.I. 1968); *Ebke*, Dritthaftung, S. 172; *ders.*, FS Trinkner, S. 493, 505.

haftung nach der foreseeability rule liegt[596]. Dabei beziehen sie sich auf § 552 Restatement Second of Torts[597], der von den Verfassern – dem einflussreichen American Law Institute[598] – zur Frage der Haftung bei der Erteilung von Rat und Empfehlungen im Jahre 1977 entworfen worden ist. Hiernach kann der Aussteller eines Comfort Letter gegenüber einer einzelnen Person oder einer begrenzten Personengruppe verantwortlich sein, deren „berechtigtes Vertrauen" vorhersehbar ist, auch wenn dem Aussteller ihre Identität vorher nicht bekannt war[599]. Die Haftung des Ausstellers nach dem Restatement Second of Torts ist andererseits auf die Schäden begrenzt, „die eine Person oder begrenzte Personengruppe erleidet, zu deren Gunsten und Verwendung er die Informationen beabsichtigt hat"[600]. Ein Schadensersatz kommt wiederum nur dann in Betracht, wenn der Schaden im Zusammenhang mit einer Transaktion entstanden ist, zu der der Aussteller den Rat oder die Empfehlung erteilt hatte[601]. Freilich wird § 552 Restatement Second of Torts in den einzelnen U.S.-Bundesstaaten nicht einheitlich ausgelegt[602]. Die Gerichte haben ein „berechtigtes Vertrauen" der Geschädigten bereits bejaht, wenn der Beklagte Informationen direkt an diese verbreitet hat oder wenn er zumindest wusste, dass der Empfänger eine Weitergabe der Informationen an die Geschädigten vorgesehen hatte[603]. Die Haftung nach dem Restatement of Torts-Standard reicht damit weiter als nach der privity rule*[604]*, bleibt aber gleichzeitig hinter dem foreseeability-Standard

---

596 Alaska (*Selden v. Burnett*, 754 P.2d 256 (Alaska 1988)); Arizona (*Standard Chartered PLC v. Price Waterhouse*, 945 P.2d 317 (Ariz.App. 1996)); California (*Bily v. Arthur Young & Company*, 834 P.2d 745 (Cal. 1992)); Colorado (*Mehaffy, Rider, Windholz & Wilson v. Central Bank Denver, N.A.*, 892 P.2d 230 (Colo. 1995)); Florida (*First National Bank N.A. v. Max Mitchell & Co., P.A.*, 558 So.2d 9 (Fla. 1990)); Georgia (*Badische Corporation v. Caylor*, 356 S.E.2d 198 (Ga. 1987); *Travelers Indemnity Co. v. Pullen & Co.*, 289 S.E.2d 792 (Ga.App. 1982)); Hawaii (*Kohala Agr. V. Deloitte & Touche*, 949 P.2d 141 (Haw. App. 1997)); Iowa (*Ryan v. Kanne*, 170 N.W.2d 395 (Iowa 1969); *Pahre v. Auditor of State of Iowa*, 422 N.W.2d 178 (Iowa 1988); *Eldred v. McGladrey, Hendrickson & Pullen*, 468 N.W.2d 218 (Iowa 1991)); Kentucky (*Ingram Industries, Inc. v. Nowicki*, 527 F.Supp. (E.D.KY 1981)); Louisiana (*First National Bank of Commerce v. Monco Agency, Inc.*, 911 F.2d 1053, 1059 (5th Cir. 1990)); Maine (*Bowers v. Allied Investment Corp.*, 822 F.Supp. 835, 839 (D.Me. 1993)); Massachusetts (*NYCAL Corp. v. KPMG Peat Marwick LLP*, 688 N.E.2d 1368 (Mass. 1998)); Rhode Island (*Rush Factors Inc. v. Levin*, 284 F.Supp. 85 (D.R.I. 1968); *Forcier v. Cardello*, 173 B.R. 973 (D.R.I. 1994)); *Causey*, § 8 (S. 219), mit Übersicht der Rechtsprechung der dem Restatement Second of Torts folgenden 26 Staaten (S. 221).

597 Eine Übersetzung des § 552 (1) Restatement Second of Torts ist oben in Fn. 525, S. 108 abgedruckt; englischer Originaltext bei *Causey*, § 8 (S. 220); siehe auch *Goldwasser/Arnold*, § 4.2.1.

598 Siehe zum American Law Institute *Ebke*, FS Großfeld, S. 189, 203 ff.; *ders.*, Dritthaftung, S. 169 [Fn. 153].

599 Siehe *Goldwasser/Arnold*, § 4.2.1.

600 § 552 (2) (a) Restatement Second of Torts; englischer Originaltext bei *Causey*, § 8 (S. 220); *Goldwasser/Arnold*, § 4.2.1.

601 § 552 (2) (a) Restatement Second of Torts; englischer Originaltext bei *Causey*, § 8 (S. 220); *Goldwasser/Arnold*, § 4.2.1.

602 *Ebke*, FS Trinkner, S. 493, 505.

603 *First Florida Bank, N.A. v. Max Mitchell & Co.*, 558 So.2d 9, 16 (Fla. 1990); *Amwest Surety Ins. Co. v. Ernst & Young*, 677 So.2d 409 (Fla. App. 1996); *Ryan v. Kanne*, 170 N.W.2d 395, 398-99 (Iowa 1969).

604 *Ebke/Struckmeier*, S. 15.

zurück, da immer nur eine Haftung gegenüber einem bestimmten Personenkreis in Frage kommen kann und nicht generell gegenüber allen vorhersehbaren Anlegern.

In den Bundesstaaten, die dem Restatement of Torts-Standard folgen, wird der Aussteller des Comfort Letter den Anlegern in der Regel nicht verantwortlich sein[605], da er zum einen den vorgesehenen Adressaten des Comfort Letter nach der in dem Comfort Letter enthaltenen Verwendungsklausel die Weitergabe desselben an Dritte untersagt[606] und da der Comfort Letter zum anderen bei Beachtung der Vorgaben des U.S.-amerikanischen Standards SAS No. 72 nicht an den Anleger adressiert werden soll. So kann sich der Anleger, wie ein Berufungsgericht im Staat New York entschieden hat, nicht auf ein „berechtigtes Vertrauen" (justifiable reliance) in die Angaben des Comfort Letter berufen, da er gemäß der Verwendungsklausel des Comfort Letter nicht befugt ist, vom Inhalt des Comfort Letter Kenntnis zu nehmen und sich bei seiner Anlageentscheidung hierauf zu verlassen[607]. Zudem würde einer Haftung des Ausstellers entgegenstehen, dass diesem jegliche Absicht fehlt, den Comfort Letter zum Zwecke der Information der Anleger zu erstellen. Folglich würde es, selbst wenn ein Comfort Letter an einen Anleger weitergegeben wird, jedenfalls an zwei Tatbestandsmerkmalen des § 552 Restatement Second of Torts fehlen.

3. Foreseeability-Doktrin

Den weitesten Anwendungsbereich für eine Haftung des Ausstellers eröffnet die „Vorhersehbarkeitshaftung", die eine Verantwortung gegenüber allen „vorhersehbaren Drittparteien" (foreseeable third parties) begründet[608]. Allerdings sind dieser Doktrin, die eine Verantwortlichkeit auf einen praktisch unbegrenzten Personenkreis ausdehnen möchte, zunächst lediglich der Oberste Gerichtshof des Bundesstaates New Jersey[609] sowie der Oberste Gerichtshof des Bundesstaates Wisconsin[610] gefolgt. Andererseits hat sich zuletzt der Oberste Gerichtshof des Bundesstaates Kalifornien in der *Bily*-Entscheidung ausdrücklich von dieser Doktrin abgewandt[611]. Heute folgen damit nur

605 So bereits *Ebke/Siegel*, Sonderbeilage Nr. 2, WM 2001, S. 13.
606 AU § 634.61 (dazu oben Fn. 233, S. 63) und AU § 634.25.
607 *Rotterdam Ventures, Inc. v. Ernst & Young LLP*, 300 A.D.2d 963, 965-66 (N.Y.App. 2002); ausführliche Darstellung des Falls unten S. 128.
608 Zur Entstehung der foreseeability-Doktrin *Ebke*, FS Trinkner, S. 493, 506 f.; *Gormley*, 14 Seton Hall L.Rev. 528, 548-558 (1984); *Goldwasser/Arnold*, § 4.2.1.
609 *H. Rosenblum, Inc. v. Adler*, 93 N.J. 324, 461 A.2d 138 (N.J. 1983); kritisch *Lazare*, 48 Alb.L.R. 876, 901 (1984). Inzwischen hat der Gesetzgeber in New Jersey regulierend eingegriffen und im Jahr 1995 eine der privity rule entsprechende Rechtsnorm erlassen, siehe N.J.S.A. 2.A:53A-25; der New Jersey Supreme Court hat die Norm bereits angewendet in *E. Dickerson & Son v. Ernst & Young, L.L.P.*, 179 N.J. 500 (N.J. 2004).
610 *Citizens State Bank v. Timm, Schmidt & Co.*, 113 Wis.2d 376, 335 N.W.2d 361, 365 (Wis. 1983).
611 *Bily v. Arthur Young & Co.*, 11 Cal.Rptr.2d 51 (1992); dazu *Ebke*, Sonderheft WPK-Mitt. 04/1996, S. 17, 26 f., *ders.*, FS Trinkner, S. 493, 509-511; *Ebke/Struckmeier*, S. 20-22.

noch zwei Bundesstaaten dieser Ansicht[612] und repräsentieren damit eine Mindermeinung[613].

Ein Aussteller kann nach der foreseeability-Doktrin für fahrlässige Falschangaben in dem Comfort Letter von enttäuschten Anlegern bereits dann in Anspruch genommen werden, wenn deren potenzielles Vertrauen in die Richtigkeit des Comfort Letter für den Aussteller allgemein vorhersehbar war[614]. Gegenüber dem Restatement of Torts-Standard kann eine Haftung damit auch in Frage kommen, wenn ein „berechtigtes Vertrauen" des Anlegers für den Aussteller lediglich vorhersehbar war[615].

Es ist mithin festzustellen, dass eine Haftung des Ausstellers gegenüber den Anlegern zwar nicht grundsätzlich ausgeschlossen ist. Der Aussteller wird jedoch dadurch geschützt, dass dem Adressaten nach der ausdrücklich im U.S.-amerikanischen Standard SAS No. 72 empfohlenen und im Comfort Letter abgedruckten Verwendungsklausel eine Weitergabe des Comfort Letter an Dritte oder ein Abdruck im registration statement nicht gestattet ist[616]. Darüber hinaus darf der Aussteller keinen Kontakt mit den Anlegern zulassen, sondern, wie nach SAS No. 72 gefordert, allein mit den underwriters und seinem Auftraggeber (client) kommunizieren[617]. Werden diese Vorgaben beachtet, so wird eine Haftung auch nach der foreseeability-Doktrin grundsätzlich ausgeschlossen sein. Für dieses Ergebnis spricht zum einen, dass auf Seiten des Anlegers unter den oben genannten Voraussetzungen kein „berechtigtes Vertrauen" (justifiable reliance) entstehen kann[618]. Nach common law stellt das „berechtigte Vertrauen" des Anlegers aber eine wesentliche Voraussetzung für einen Schadensersatzanspruch aufgrund einer negligent misrepresentation dar[619]. Hierzu hat ein Berufungsgericht im Staat New York zuletzt entschieden, dass ein „berechtigtes Vertrauen" (justifiable reliance) des Anlegers in die Angaben des Comfort Letter nicht entstehen kann, wenn der Anleger nach der engen Verwendungsklausel des Comfort Letter in keiner Weise befugt ist, von dem Comfort Letter Kenntnis zu nehmen[620]. Darüber hinaus kann die

---

612 Mississippi (*Touche Ross & Co. v. Commercial Union Ins. Co.*, 514 So.2d 315 (Miss. 1987)); Wisconsin (*Citizens State Bank v. Timm, Schmidt & Co.*, 113 Wis.2d 376, 335 N.W.2d 361 (Wis. 1983); *Grove Holding Corp. v. First Wisconsin Bank of Sheboygan*, 803 F.Supp. 1486 (E.D.Wis. 1992)).

613 Die Rechtslage in zwei weiteren Staaten ist unklar. Alabama neigt dem Restatement Second of Torts zu, hat es aber bisher nicht angenommen, siehe *Boykin v. Arthur Andersen & Co.*, 639 So.2d 504 (Ala. 1994); Oklahoma hat in einer nicht die Haftung des Wirtschaftsprüfers betreffenden Entscheidung die privity rule abgelehnt, siehe *Bradford Securities Processing Services, Inc. v. Plaza Bank & Trust*, 653 P.2d 188 (Okl. 1982).

614 Vgl. *Ebke*, FS Trinkner, S. 493, 507 m.w.N.; *Causey*, § 8 (S. 226).

615 Vgl. *Goldwasser/Arnold*, § 4.2.1.

616 AU § 634.61; vgl. oben Fn. 233, S. 63.

617 AU § 634.25.

618 *Rotterdam Ventures, Inc. v. Ernst & Young LLP*, 300 A.D.2d 963, 965-66 (N.Y.App. 2002); ausführliche Besprechung unten S. 128.

619 *Ebke/Siegel*, Sonderbeilage Nr. 2 WM 2001, S. 13; *Causey*, 57 Miss.L.J. 379, 413 (1987); *Goldwasser/Arnold*, § 4.2.2; *Shroyer*, S. 70.

620 *Rotterdam Ventures, Inc. v. Ernst & Young LLP*, 300 A.D.2d 963, 965-66 (N.Y.App. 2002); ausführliche Besprechung unten S. 128.

foreseeability-Haftung auch durch eine entsprechende Haftungsvereinbarung beschränkt werden. So hat der Oberste Gerichtshof des Bundesstaates Mississippi bestätigt, dass „der Wirtschaftsprüfer selbstverständlich die Weitergabe seines Jahresabschlusses durch eine Vereinbarung mit der geprüften Gesellschaft beschränken kann"[621]. Angesichts einer dahingehenden Verwendungsabrede, die eine Weitergabe an unberechtigte Dritte untersagt, haftet der Wirtschaftsprüfer nicht für Schäden Dritter, die allein aufgrund der Weitergabe des Jahresabschlusses an diese entstanden sind[622]. Derartige Vermögensschäden sind für ihn nicht mehr „vorhersehbar" und von ihm daher auch nicht zu ersetzen[623]. Gleiches muss für den Aussteller des Comfort Letter gelten, der ebenfalls für die Schäden nicht verantwortlich ist, die allein aus der abredewidrigen Verwendung des Comfort Letter entstanden sind. Bei Beachtung der im U.S.-amerikanischen Standard SAS No. 72 enthaltenen Sicherungsvorkehrungen dürfte mithin auch eine Haftung des Ausstellers nach der foreseeability-Doktrin grundsätzlich nicht in Betracht kommen[624].

III. Arglistige Täuschung (Fraudulent Misrepresentation)

Der Aussteller kann gemäß der auf dem common law beruhenden fraudulent misrepresentation nach dem Recht der einzelnen Bundesstaaten verantwortlich sein. Für den Anleger ist der auf dem common law fraud gestützte Schadensersatzanspruch besonders attraktiv, besteht doch insoweit zusätzlich die Möglichkeit, unter bestimmten Voraussetzungen Strafschadensersatz (punitive damages) zu verlangen, was demgegenüber nach den Federal Securities Laws (etwa Section 10 (b) Securities Exchange Act in Verbindung mit Rule 10b-5[625]) nicht möglich ist[626]. Zudem können die Verjährungsvorschriften für den Anleger günstiger sein, denn in zahlreichen Bundesstaaten beginnt die Verjährung erst mit der Entdeckung der anspruchsberechtigenden Tatsachen zu laufen (discovery rule)[627], was gegenüber dem Rule 10b-5-Anspruch einen Vorteil bedeuten kann.

Seit der *Ultramares*-Entscheidung des Berufungsgerichts im Staat New York kann eine Haftung des Wirtschaftprüfers bereits bei leichtfertigem Handeln in Betracht kommen[628]. In einer weiteren Entscheidung hat dasselbe Gericht für die Haftung des beklagten Wirtschaftsprüfers grob fahrlässiges Verhalten (reckless and grossly negligent

---

621 *Touche Ross & Co. v. Commercial Union Ins. Co.*, 514 So.2d 315, 323 (Miss. 1987) ("Of course, the auditor remains free to limit the dissemination of his opinion through a separate agreement with the audited entity").

622 Siehe *Goldwasser/Arnold*, § 4.2.2.

623 Vgl. *Lazare*, 48 Alb.L.Rev. 876, 909 f. (1984) ("The ultimate reliance on an audit by a creditor or investor should be reasonably predictable by the accountant").

624 So bereits *Ebke/Siegel*, Sonderbeilage Nr. 2, WM 2001, S. 13.

625 Section 28 (a) SEA; *Goldwasser/Arnold*, § 5.4.5.

626 *Goldwasser/Arnold*, § 5.1.

627 *Goldwasser/Arnold*, § 5.3.1.

628 *Causey*, 57 Miss.L.J. 379, 383 (1987).

conduct) ausreichen lassen[629]. Es könnte hiernach bereits ausreichen, wenn der Aussteller Fakten in den Comfort Letter aufnimmt, ohne sich ernsthafte Gedanken über deren Wahrheitsgehalt zu machen, wenn er naheliegende Schlüsse nicht erkennt, die sich ihm aufdrängen mussten (disregard of the obvious) oder wenn er es leichtfertig unterlässt, Nachforschungen anzustellen (reckless failure to investigate)[630]. Die Ausdehnung des subjektiven Tatbestands ist im deutschen Recht vergleichbar mit der entsprechenden ausdehnenden Anwendung des § 826 BGB (Vorsätzliche sittenwidrige Schädigung)[631].

Den Aussteller kann eine Schadensersatzhaftung wegen arglistiger Täuschung (fraudulent misrepresentation) treffen, wenn er (1) wissentlich (scienter) unzutreffende falsche Angaben in Bezug auf eine wesentliche Tatsache in dem Comfort Letter aufgenommen hat (material false representation), (2) in der Absicht, einen anderen zu täuschen, wobei (3) der Anleger den Angaben des Ausstellers vertraut hat (justifiable reliance) und ihm (4) hierdurch ein ersatzfähiger Schaden entstanden ist[632]. Eine Haftung aufgrund einer fraudulent misrepresentation ist trotz reduzierter Anforderungen auf der subjektiven Tatbestandsseite für eine Inanspruchnahme des Ausstellers durch den Anleger von geringer Bedeutung. Dass Wirtschaftsprüfer ihren beruflichen Pflichten leichtfertig nachkommen, wird angesichts ihrer hohen Berufsstandards eher die Ausnahme sein. Ein Handeln in Täuschungsabsicht dürfte ebenfalls kaum in Betracht kommen, da der Aussteller aufgrund der Verwendungsklausel davon ausgeht, dass der Anleger von dem Comfort Letter überhaupt kein Kenntnis erhält. Ein „berechtigtes Vertrauen" (justifiable reliance) des Anlegers in die Angaben des Comfort Letter kann außerdem in diesen Fällen nicht entstehen[633]. Das Haftungsrisiko ist mithin für den Aussteller gering.

IV.   Rechtsprechung zu Comfort Letters: Rotterdam Ventures v. Ernst & Young LLP

Die Wirtschaftsprüfungsgesellschaft Ernst & Young, die in keinen Vertragsbeziehungen mit den Anlegern stand, wurde wegen falscher Angaben in zwei Comfort Letters und

---

629   *State Street Trust Co. v. Ernst*, 15 N.E.2d 416, 419 (N.Y. 1938).
630   Vgl. *Whitlock v. Duke University*, 829 F.2d 1340, 1342 (4th Cir. 1987): Recht des Bundesstaates North Carolina anwendend; *Schwartz v. Electronic Data Systems, Inc.*, 913 F.2d 279, 285 (6th Cir. 1990): Recht des Bundesstaates Michigan anwendend; *Bulgo v. Munoz*, 853 F.2d 710, 719 (9th Cir. 1988): Recht des Bundesstaates Hawaii anwendend; *Rainbow Travel Service, Inc. v. Hilton Hotels Corp.*, 896 F.2d 1233, 1240 (10th Cir. 1990): Recht des Bundesstaates Oklahoma anwendend; *Goldwasser/Arnold*, §§ 5.1.1, 5.2.4.
631   *Ebke*, Dritthaftung, S. 162.
632   *Causey*, § 8 (S. 229 f., 231); *ders.*, 57 Miss.L.J. 379, 394 (1987); *Herzfeld v. Laventhol, Krekstein, Horwath & Horwath*, 378 F.Supp. 112 (S.D.N.Y. 1974); *Berkowitz v. Baron*, 428 F.2d 27 (2nd Cir. 1976); *in re ZZZZ Best Securities Litigation*, Fed.Sec.L.Rep. (CCH) ¶ 94,485 at ¶ 93,099 (C.D. Cal. 1989); Restatements Second of Torts, §§ 525, 526.
633   *CL Alexanders Laing & Cruickshank v. Goldfeld*, 739 F.Supp. 158, 162 (S.D.N.Y. 1990); ausführlich zum Fall oben S. 148; *Rotterdam Ventures, Inc. v. Ernst & Young LLP*, 300 A.D.2d 963, 965-66 (N.Y.App. 2002); ausführliche Besprechung hier auf S. 128.

zwei testierten Jahresabschlüssen einer Gesellschaft namens AMNEX, gemäß negligent misrepresentation und fraud vor einem erstinstanzlichen Gericht des Staates New York (New York Supreme Court[634]) von den Anlegern in Anspruch genommen. Das Gericht wies die Klage mangels eines nicht hinreichend begründeten Klageanspruchs (failure to state a cause of action) durch summary judgment[635] ab. Auch die Berufung der Kläger vor dem Berufungsgericht des Staats New York hatte keinen Erfolg. Hierbei ging es um folgenden Sachverhalt:

Die Kläger, eine Investmentgesellschaft namens Rotterdam Ventures, Inc. und einer ihrer Manager, Galesi, hatten im Januar 1997 Aktien der bereits zu diesem Zeitpunkt öffentlich notierten Telekommunikationsgesellschaft AMNEX erworben. Galesi hatte einen Anteil von insgesamt etwa 1-2 Prozent des AMNEX-Stammkapitals gekauft und wurde Mitglied im AMNEX-Verwaltungsrat (board of directors). Kurz nach dem Aktienerwerb durch Rotterdam Ventures und Galesi beschloss AMNEX, Kapital über eine Emission von Schuldverschreibungen aufzunehmen. Zu diesem Zweck wurde die Emissionsbank HSBC als underwriter eingeschaltet. Diese prüfte das Emissionsvorhaben und stellte fest, dass ein hoher Anteil an Wandelumtauschrechten (stock conversion rigths) von verschiedenen Personen gehalten wurden, was als eine Gefahr für die Emission gesehen wurde. An den klagenden Galesi wurde daher das Anliegen herangetragen, einen Großteil der Wandelumtauschrechte zu kaufen und sodann gegen Zahlung in AMNEX-Aktien umzuwandeln. Galesi wandte sich an seinen Finanzberater, der verschiedene Unterlagen von AMNEX untersuchte, u.a. den 10-K Report der Emittentin für das Jahr 1996 und die letzten beiden von der beklagten Wirtschaftsprüfungsgesellschaft geprüften und testierten Jahresabschlüsse. Die beiden Jahresabschlüsse enthielten jeweils den Hinweis [that they] "present fairly, in all material respects, the consolidated financial position of AMNEX at December 31, 1996 and 1995"[636]. Der Finanzberater von Galesi gab daraufhin eine positive Antwort auf die Anfrage, und Galesi schloss bereits Anfang 1997 einen Vertrag über den Kauf der Wandelumtauschrechte ab. Der Kaufvertrag sollte am selben Tag wirksam werden (closing), an dem auch das closing für die Emission der Schuldverschreibungen (30. September 1997) vorgesehen war. Der Kaufvertrag enthielt die ausdrückliche Bedingung, dass in den Geschäfts- und Vermögensverhältnissen von AMNEX bis zum closing der Transaktion keine wesentlichen Veränderungen eintreten durften.

Kurz vor dem closing der Transaktion der Schuldverschreibungen im September 1997 erteilte die beklagte Wirtschaftsprüfungsgesellschaft Ernst & Young der Klägerin AMNEX und der Emissionsbank HSBC zu zwei verschiedenen Terminen Comfort Letters, die noch einmal die Ordnungsmäßigkeit der Finanzdaten von AMNEX,

---

634 Die erstinstanzlichen Gerichte des Staates New York werden ebenfalls als „Supreme Court" bezeichnet, was nicht verwechselt werden darf mit dem Höchsten Gericht der USA, dem U.S.-Supreme Court mit Sitz in Washington, D.C.

635 Siehe zum summary judgment oben Fn. 523, S. 108.

636 *Rotterdam Ventures, Inc. v. Ernst & Young LLP*, 300 A.D.2d 963 (N.Y.App. 2002).

bezogen auf den Stichtag dieser Comfort Letters, bekräftigten. Galesi, der im Verwaltungsrat von AMNEX saß und damit Kenntnis von den Comfort Letters hatte, kaufte im Vertrauen auf diese Informationen die Wandelumtauschrechte zum Preis von $ 3,1 Millionen, tauschte diese sodann gegen Zahlung einer unbekannten Summe in Aktien um und investierte in der Folgezeit weiteres Kapital in unbekannter Höhe in AMNEX. Im Mai 1999 wurde AMNEX insolvent. Rotterdam Ventures und Galesi fielen in Höhe ihres investierten Kapitals sowie mit weiteren Forderungen in mehrstelliger Millionenhöhe aus. Nach dem Vortrag der Kläger war der Schaden dadurch entstanden, dass sie im Vertrauen auf die vermeintliche Richtigkeit der Angaben der beklagten Wirtschaftsprüfungsgesellschaft in den beiden Jahresabschlüssen vom 31.12.1995 und 31.12.1996 sowie den beiden Comfort Letters in die AMNEX investiert hatten. Die Kläger stützten ihre Klage, die sie im Mai 2000 erhoben hatten, auf die Haftungsgrundlagen negligent misrepresentation und fraud.

Das erstinstanzliche Gericht prüfte die negligent misrepresentation-Ansprüche der Kläger anhand des im Staat New York geltenden engen privity-Standards[637]. Es kam zu dem Ergebnis, dass zwischen den Parteien des Rechtsstreits kein Vertragsverhältnis (privity of contract) bestand und lehnte mit dieser Begründung die geltend gemachten Ansprüche ab[638]. Das Berufungsgericht hatte sodann nur noch über den auf fraud lautenden Teil der Klage zu entscheiden. Es ging auf vier von den Klägern in der Berufungsbegründung gerügte Positionen der Jahresabschlüsse ein. Nach dem Vorbringen der Kläger hatte die Beklagte diese Positionen in den Comfort Letters und Jahresabschlüssen falsch dargestellt, obwohl ihr die Fehler wegen bestehender Anhaltspunkte ("red flags") hätten auffallen müssen. Hierdurch seien die Kläger unter Verwendung wesentlicher Tatsachen irregeführt worden (material misleading misrepresentations). Das Berufungsgericht ließ demgegenüber offen, ob die Angaben in den Jahresabschlüssen sowie in den Comfort Letters auch unrichtig bzw. irreführend waren und vertrat die Auffassung, dass die von den Klägern gerügten Fakten nicht auf den notwendigen Verschuldensgrad scienter schließen ließen, allenfalls sei der Beklagten leichte Fahrlässigkeit anzulasten[639]. Eine solche war jedoch für den fraud-Anspruch, der vorsätzliches oder zumindest leichtfertiges Handeln voraussetzt, nicht ausreichend.

Im Übrigen prüfte das Berufungsgericht, ob auf Seiten der Kläger ein „berechtigtes Vertrauen" (justifiable reliance) in die Angaben der Comfort Letters geschaffen worden war. Judge Crew berief sich auf die von der beklagten Wirtschaftsprüfungsgesellschaft benutzte Verwendungsklausel, die folgenden Wortlaut hatte: "The Comfort Letter is not to be used, circulated, quoted, or otherwise referred to for any purpose,

---

637 *Ultramares Corp. v. Touche*, 255 N.Y. 170, 174 N.E. 441, 74 A.L.R. 1139 (1931); ausführlich *Ebke*, Dritthaftung, S. 156 f.; *Credit Alliance v. Arthur Anderson & Co.*, 483 N.E.2d 110 (N.Y.App. 1985); *Security Pacific Business Credit, Inc. v. Peat Marwick Main & Co.*, 597 N.E.2d 1080 (N.Y.App. 1992).
638 *Rotterdam Ventures, Inc. v. Ernst & Young LLP*, 300 A.D.2d 963, 964 (N.Y.App. 2002).
639 *Rotterdam Ventures, Inc. v. Ernst & Young LLP*, 300 A.D.2d 963, 965 (N.Y.App. 2002).

including but not limited to the purchase or sale of securites"[640]. Nach dem insoweit eindeutigen Wortlaut des Comfort Letter konnte ein „berechtigtes Vertrauen" nur bei den als Empfänger bezeichneten Personen und auch nur für den primären Verwendungszweck der beschriebenen Transaktion hergestellt werden, jedoch nicht mehr für weitere Transaktionen, die lediglich mittelbar mit der Emission der Schuldverschreibungen zusammenhingen. Galesi habe, so das Gericht weiter, aufgrund seiner Position im Verwaltungsrat eigenen Zugang zu den Daten von AMNEX gehabt. Hiernach hätte er die Angaben der Jahresabschlüsse und der Comfort Letters selbstständig überprüfen können. Keinesfalls konnte er sich jedoch bei seiner Anlageentscheidung auf die „Angaben im berechtigten Vertrauen" berufen[641]. Da von daher weder ein grobes Verschulden (scienter) noch ein „berechtigtes Vertrauen" (justifiable reliance) ausreichend dargelegt worden war, konnte das Gericht auch die Frage, ob material misleading misrepresentations vorlagen, offen lassen und die Klage abweisen.

C. Haftung nach Bundesrecht

I. Haftung für falsche und unvollständige Angaben im Comfort Letter nach Section 11 (a) Securities Act

1. Haftungsvoraussetzungen

Der Jahresabschlussprüfer (accountant[642]/auditor) haftet für unrichtige und unvollständige Angaben des registration statement und Verkaufsprospekts (statutory prospectus), wenn zum Zeitpunkt des Wirksamwerdens des registration statement wesentliche Tatsachen (material facts) unrichtig oder unvollständig sind und wenn aus dem registration statement die Erklärung hervorgeht, dass der accountant Teile desselben oder einen dort verwendeten Bericht oder eine Bewertung angefertigt oder begutachtet hat[643]. Diese Haftung erstreckt sich insbesondere auf die von dem accountant geprüften und mit seiner Einwilligung in dem registration statement enthaltenen Jahresabschlüsse und die

---

640   *Rotterdam Ventures, Inc. v. Ernst & Young LLP*, 300 A.D.2d 963, 965-66 (N.Y.App. 2002).
641   *Rotterdam Ventures, Inc. v. Ernst & Young LLP*, 300 A.D.2d 963, 966 (N.Y.App. 2002).
642   Section 11 (a) (4) SA verwendet den Begriff accountant, meint aber den auditor, vgl. *Ebke*, Dritthaftung, S. 181 [Fn. 11].
643   Section 11 (a) (4) SA. Die Grundsätze der Haftung nach Section 11 (a) SA sind bereits ausführlich dargestellt worden, siehe oben S. 55. Siehe zum Gesetzestext von Section 11 (a) SA oben Fn. 167, S. 55.

Bestätigungsvermerke[644]. Auf die übrigen Teile des registration statement, an denen der accountant nicht mitgewirkt hat, kann sich seine Verantwortlichkeit dagegen nicht mehr beziehen.

Die vorliegende Untersuchung befasst sich jedoch allein mit der Verantwortlichkeit des Ausstellers für die von ihm erteilten Comfort Letters nach Section 11 (a) (4) Securities Act. Eine dahin gehende Haftung setzt voraus, dass der Aussteller in dem registration statement mit seiner Einwilligung als accountant oder expert präsentiert wird, der einen report oder eine valuation begutachtet oder angefertigt hat und dass der report oder die valuation in das registration statement eingestellt wird. Gemäß den Vorschriften des U.S.-amerikanischen Standards SAS No. 72 wird jedoch strikt von einer Aufnahme des Comfort Letter in das registration statement abgeraten[645]. Hält sich der Aussteller mithin an diese berufsständische Vorschrift, so entfällt insoweit eine Prospekthaftung. Eine Haftung nach Section 11 (a) Securities Act kann nur in Frage kommen, wenn der accountant eine Aussage macht, deren Richtigkeit er zuvor überprüft (certified) hat oder wenn er der Öffentlichkeit gegenüber mit seinem Namen für die Richtigkeit der Angaben eintritt, etwa indem entsprechende Angaben in dem registration statement enthalten sind.

Allerdings sind in den USA auch Fälle entschieden worden, in denen ein Comfort Letter in dem registration statement enthalten oder auf andere Weise dem Anleger bekannt war[646]. Diese Judikate sind zwar jeweils zur Frage einer Haftung nach Rule 10b-5 oder common law ergangen. Aber allein der Umstand, dass Comfort Letters insoweit der Öffentlichkeit zugänglich gemacht werden, gebietet es, auf die weiteren Haftungsvoraussetzungen nach Section 11 (a) (4) Securities Act einzugehen. Ein entsprechender Anspruch des Anlegers setzt voraus, dass der accountant über wesentliche Tatsachen des – ausnahmsweise im registration statement enthaltenen – Comfort Letters falsche oder unvollständige Angaben gemacht hat und der Anleger daraufhin eine oder mehrere Aktie(n) aus der Emission gekauft hat[647]. Hat der Anspruchssteller vor Gericht erst einmal diese anspruchsbegründenden Merkmale schlüssig dargelegt und nachgewiesen, obliegt es dem beklagten Aussteller zu beweisen, dass die Voraussetzungen für einen Prospekthaftungsanspruch nicht gegeben sind.

---

644 *Ahern v. Gaussoin*, 611 F.Supp. 1465, 1483 (D.Or. 1985); *Herman & McLean v. Huddleston*, 459 U.S. 375, 381 (1983); *Employers Ins. of Wausau v. Musick, Peeler & Garnett*, 871 F.Supp. 381, 390-91 (S.D.Cal. 1994); *in re Memorex Corporation Securities Litigation*, 493 F.Supp. 1135, 1143 (N.D.Cal. 1980).

645 AU § 634.61; vgl. oben Fn. 233, S. 63.

646 *CL Alexanders Laing & Cruickshank v. Goldfeld*, 739 F.Supp. 158 (S.D.N.Y. 1990); ausführlich zum Sachverhalt unten S. 148; *Rotterdam Ventures, Inc. v. Ernst & Young LLP*, 300 A.D.2d 963 (N.Y.App. 2002); ausführliche Besprechung oben S. 128.

647 Vgl. *Bloomenthal/Wolff*, § 12.27 (S. 12-65); *Loss/Seligman*, § 11 (S. 1227-1230); *Goldwasser/ Arnold*, § 8.2.2.

2. Due Diligence Defense

Der Aussteller kann gegenüber einem dahin gehenden Anspruch die ihm nach dem Securities Act zur Verfügung stehenden Einwendungen (defenses) erheben[648]. Zwecks Abwehr einer Haftung für den Comfort Letter über die due diligence defense kann er einwenden, dass er nach angemessenen, zumutbaren und zweckdienlichen Untersuchungen (reasonable investigation) hinreichenden Anlass (reasonable ground) hatte anzunehmen und wirklich geglaubt hat, dass in dem registration statement zum Zeitpunkt des Wirksamwerdens keine unwahren Angaben enthalten waren[649]. Zudem ist der Einwand möglich, dass die Aussagen des Comfort Letter in dem registration statement nicht in angemessener Weise wiedergegeben sind[650]. Das Ergebnis der due diligence defense ist abhängig von einer umfassenden Einzelfallprüfung.

3. Aiding and Abetting Liability im Zusammenhang mit Section 11 (a) Securities Act

Eine Ausdehnung der Haftung auf das Personal des Ausstellers (Prüfungsgehilfen) für die Erteilung eines fehlerhaften Comfort Letter nach Beihilfegrundsätzen (aiding and abetting liability) scheidet schon deshalb aus, weil Section 11 (a) Securities Act den Kreis der Verantwortlichen abschließend regelt[651]. Die U.S.-amerikanischen Gerichte haben deshalb eine Haftung des Personals eines Anspruchsverpflichteten abgelehnt[652].

4. Rechtsprechung zu Comfort Letters

Die Gerichte in den USA haben sich bisher nur recht vereinzelt mit der Frage der Comfort Letter-Haftung nach Section 11 (a) Securities Act auseinandergesetzt. Insgesamt kann festgestellt werden, dass eine Haftung des Ausstellers in der Regel verneint wurde.

---

648 Übersicht bei *Causey*, § 11 (S. 306); *Hazen*, § 7.3 (S. 353-361).
649 Section 11 (b) (3) (B) (i) SA; vgl. *Escott v. BarChris Construction Corp.*, 283 F.Supp. 643, 699-703 (S.D.N.Y. 1968).
650 Section 11 (b) (3) (B) (ii) SA.
651 *Dorchester Investors v. Peak International, Ltd.*, 134 F.Supp.2d 569 (S.D.N.Y. 2001); *in re Memorex Corporation Securities Litigation*, 493 F.Supp. 631, 642 (N.D.Cal. 1980); *in re Equity Funding Corporation of America Securities Litigation*, 416 F.Supp. 161, 181 (C.D. Cal. 1976).
652 *Ahern v. Gaussoin*, 611 F.Supp. 1465, 1484 (D.Or. 1985); *in re Memorex Corporation Securities Litigation*, 493 F.Supp. 631, 642 (N.D.Cal. 1980); *in re Gap Stores Securities Litigation*, 457 F. Supp. 1135, 1143 (N.D.Cal. 1978); *in re Equity Funding Corp. of America Securities Litigation*, 416 F.Supp. 161, 181 (C.D. Cal. 1976); *Hazen*, § 7.3 (S. 354).

a)   Escott v. BarChris Construction Corporation

Im Jahre 1968 wurden im Falle *Escott v. BarChris Construction Corporation* die accountants von Investoren für unzutreffende Angaben im registration statement und Verkaufsprospekt nach Section 11 (a) Securities Act gerichtlich in Anspruch genommen[653]. Erstmals befasste sich in diesem Verfahren ein U.S.-amerikanisches Gericht mit der Reichweite und dem Umfang der due diligence defense nach Section 11 (b) Securities Act. Die klagenden Anleger hatten Schuldverschreibungen einer Bowling-Bahn-Bau-Gesellschaft namens BarChris Construction Corporation erworben, die jedoch 17 Monate nach der Emission insolvent wurde. Die geschädigten Käufer erhoben daraufhin Gruppenklage (class action) gegen die Gesellschaft, neun directors der Gesellschaft, einen officer, der das registration statement unterschrieben hatte, die accountants, die die im registration statement enthaltenen Jahresabschlüsse geprüft hatten und acht underwriters des Emissionsvorhabens. Das erstinstanzliche Bundesgericht für den Südlichen Distrikt von New York kam zu dem Ergebnis, dass verschiedene wesentliche Tatsachen (material facts) des registration statement unzutreffend (false) oder irreführend (misleading) waren[654]. Zugleich wies das Gericht die due dilegence defense sämtlicher Beklagten mit der Begründung zurück, dass diese die vom Gesetz vorgegebenen Pflichten nicht ordnungsgemäß beachtet hatten.

Ungeachtet dessen stellte das Gericht andererseits fest, dass die Kläger sich bei der Begründung ihres Anspruchs nicht auf die Ausstellung eines Comfort Letter, der auf den Stichtag des closing bezogen war, berufen könnten. Der Comfort Letter enthielt in dem konkreten Fall eine Verwendungsklausel, die eine Weitergabe von Informationen oder die Bezugnahme auf den Comfort Letter untersagte[655]. "At the closing on (…), Peat, Marwick (the accountants) delivered a so-called comfort letter. This letter stated: 'It is understood that this letter is for the information of the underwriters and is not to be quoted or referred to, in whole or in part, in the registration statement or prospectus or in any literature used in connection with the sales of securities'". Das Gericht zog hieraus die weitere für den Aussteller des Comfort Letter beruhigende Schlussfolgerung: "Plaintiffs may not take advantage of any undertakings or representations in this letter"[656]. Da der Verkaufsprospekt sowie das registration statement keine Hinweise auf die Existenz des Comfort Letter enthielten, lehnte das Gericht eine Comfort Letter-Haftung des Ausstellers gegenüber den Käufern der Schuldverschreibungen ab.

---

653   *Escott v. BarChris Construction Corp.*, 283 F.Supp. 643 (S.D.N.Y. 1968).
654   *Escott v. BarChris Construction Corp.*, 283 F.Supp. 643, 668-83 (S.D.N.Y. 1968) (Material misstatements: overstatement of first quarter sales and profits, overstatement of orders on hand, understatement of contingent liabilities. Material omissions: failure to disclose officer loans to the corporation, plans to apply more than half the proceeds of the issue to repay these and other debts, increases in customers defaults in payment of discounted notes, and the prospect that the corporation would be required to repossess certain alleys and operate them itself).
655   *Escott v. BarChris Construction Corp.*, 283 F.Supp. 643, 698 (S.D.N.Y. 1968).
656   *Escott v. BarChris Construction Corp.*, 283 F.Supp. 643, 698 (S.D.N.Y. 1968).

b)   *Grimm v. Whitney-Fidalgo Seafoods, Inc.*

Im Jahr 1973 hatte das erstinstanzliche Bundesgericht für den Südlichen Bezirk von New York über die auf Section 11 (a) Securities Act gestützte Prospekthaftungsklage geschädigter Anleger zu entscheiden[657]. Die beklagte Emittentin Whitney-Fidalgo Seafoods, Inc., ein fischverarbeitender Grossbetrieb, führte im Jahre 1971 eine Aktienneuemission durch. Dabei verwendete sie einen Verkaufsprospekt mit Datum vom 21. August 1971, der zugleich in dem registration statement enthalten war. Die Klage der Anleger richtete sich gegen das emittierende Unternehmen sowie gegen deren officer, directors, die underwriters und die accounting firm Price, Waterhouse & Co. („Price"). Der Verkaufsprospekt und das registration statement enthielten die geprüften Bilanzen der Emittentin, die den testierten Jahresabschlüssen entnommen worden waren. Das Rechnungslegungsjahr der Emittentin endete jeweils zum 31. März, die letzte geprüfte Bilanz der Emittentin, die in dem Verkaufsprospekt enthalten war, datierte folglich vom 31. März 1971. Alle Jahresabschlüsse waren von Price geprüft und testiert worden. Allerdings stützten die Anleger ihre Klage gegen die Wirtschaftsprüfungsgesellschaft nicht auf fehlerhafte oder unvollständige Angaben in den Jahresabschlüssen. Vielmehr beriefen sie sich auf einen Zwischenbericht, den das Management der Emittentin zum Quartalsende am 30. Juni 1971 erstellt hatte. Dieser Zwischenbericht war jedoch von der Wirtschaftsprüfungsgesellschaft nicht mehr geprüft und auch nicht bestätigt worden. Zusätzlich war der Emittentin im Rahmen des Emissionsvorganges ein Comfort Letter von Price erteilt worden, der aber den Anlegern nie zugänglich gemacht worden war. Die Kläger trugen in ihrer Klagebegründung vor, dass die ungeprüften Rechnungslegungsdaten in dem Zwischenbericht für die Zeitspanne vom 1. April 1971 bis 30. Juni 1971 einen Gewinn von $ 57.495 ausgewiesen hätten, was sachlich unzutreffend und irreführend gewesen sei, da diese Angaben nicht die angestiegenen Produktionskosten in diesem Zeitraum berücksichtigt hätten, die den ausgewiesenen Gewinn erheblich gemindert hätten. Die Angaben in dem Zwischenbericht waren deshalb von erheblicher Bedeutung, da die Emittentin am Ende des Geschäftsjahres 1971/72 ein schlechtes Jahresergebnis einräumen musste, so dass die klagenden Anleger den ihnen durch den Kauf der securities entstandenen Schaden ersetzt verlangten.

Judge Brieant schrieb das Urteil für das erstinstanzliche New Yorker Bundesgericht und berief sich in seiner Urteilsbegründung auf die *BarChris*-Entscheidung, die er als "authority" bezeichnete. Die prospektive Haftungsnorm in Section 11 (a) Securities Act könne sich nur auf solche Angaben in dem Prospekt beziehen, die der accountant bescheinigt habe. Dagegen würden Prospektangaben, auf die sich die Bescheinigung des accountant nicht mehr beziehen würde und die eindeutig als nicht geprüft (unaudited) gekennzeichnet seien, nicht von der Haftung aus Section 11 (a) Securities Act erfasst. Die von Price als bestätigt gekennzeichneten Prüfungen beschränkten sich, so

---

657   *Grimm v. Whitney-Fidalgo Seafoods, Inc.*, Fed.Sec.L.Rep. (CCH) ¶ 96,029 (S.D.N.Y. 1973).

das Gericht weiter, allein auf den Jahresabschluss vom 31. März 1971. Der ungeprüfte Zwischenbericht vom 30. Juni 1971 sei dagegen nicht mehr die Arbeit von Price gewesen und auch nicht im Prospekt als die Arbeit von Price dargestellt worden. Auf den Comfort Letter, der sich im konkreten Fall auf die Zwischenperiode nach dem letzten geprüften Jahresabschluss vom 31. März 1971 bezogen hatte, sei die *BarChris*-Entscheidung ebenfalls als "authority" anzuwenden. Das Gericht zitierte den berühmten Satz aus dem *BarChris*-Urteil: "Plaintiffs may not take advantage of any undertakings or representations in this letter"[658]. Folglich wurde ein Anspruch gemäß Section 11 (a) Securities Act verneint.

Die Anleger hatten zugleich auf Rule 10b-5 gestützte Schadensersatzansprüche gegen die Wirtschaftsprüfungsgesellschaft erhoben. Unter Hinweis auf *Fischer v. Kletz*[659] lehnte Judge Brieant jedoch eine Haftung für den Zwischenabschluss vom 30. Juni 1971 ab, da es für ungeprüfte Angaben nach dem letzten geprüften Jahresabschluss in einem Zwischenabschluss, der zudem nicht einmal von den accountants selbst erstellt worden war, keine Rechtspflicht gebe, die Angaben den Anlegern gegenüber zu berichtigen. Die Wirtschaftsprüfungsgesellschaft habe in dem Zwischenabschluss nicht ihre Meinung öffentlich geäußert, habe den Zwischenabschluss auch nicht der Öffentlichkeit gegenüber bestätigt und die Öffentlichkeit auch nicht in sonstiger Weise dazu veranlasst, sich auf die Richtigkeit des Zwischenabschlusses zu verlassen. Unter Hinweis auf die *BarChris*-Entscheidung[660] gelangte das Gericht auch insoweit zu der Ansicht, dass sich die Kläger nicht auf den Comfort Letter stützen könnten. Die Klage gegen die beklagte Wirtschaftsprüfungsgesellschaft wurde daher insgesamt abgewiesen.

c)   In re Memorex Corporation Securities Litigation

Das erstinstanzliche Bundesgericht für den Nördlichen Bezirk von Kalifornien lehnte ebenfalls eine Haftung der beklagten Wirtschaftsprüfungsgesellschaft Deloitte, Haskins & Sells nach Section 11 (a) Securities Act für einen der Emittentin im Zusammenhang mit der Registrierung von Aktien bei der SEC erteilten Comfort Letter ab[661]. Dabei ging es den vom erstinstanzlichen Bundesgericht für den Südlichen Bezirk von New York in *Escott v. BarChris Construction Corporation* und *Grimm v. Whitney-Fidalgo Seafoods, Inc.* eingeschlagenen Weg konsequent weiter und berief sich explizit auf die *BarChris*- und *Whitney-Fidalgo Seafoods, Inc.*-Entscheidungen[662]. Der Comfort Letter war in dem konkreten Fall nicht in dem Verkaufsprospekt abgedruckt oder den Anlegern auf andere

---

658   *Escott v. BarChris Construction Corp.*, 283 F.Supp. 643, 698 (S.D.N.Y. 1968).
659   *Fischer v. Kletz*, 266 F.Supp. 180 (S.D.N.Y. 1967); Urteilsbesprechung bei *Ebke*, Dritthaftung, S. 165 f. m.w.N.
660   *Escott v. BarChris Construction Corp.*, 283 F.Supp. 643, 698 (S.D.N.Y. 1968).
661   *In re Memorex Corporation Securities Litigation*, 493 F.Supp. 631, 643 (N.D.Cal. 1980).
662   *In re Memorex Corporation Securities Litigation*, 493 F.Supp. 631, 643 (N.D.Cal. 1980).

Weise zugänglich gemacht worden. Eine Haftung des accountant könne – so das Gericht – nach der genannten Norm nur für solche Schriftstücke in Betracht kommen, die dieser bestätigt (certified) habe und die zudem in dem registration statement enthalten seien[663]. Zudem stützte sich das Gericht auf eine Rule der SEC vom 28. Dezember 1979, in der die Kommission eine Haftung des accountant nach Section 11 (a) Securities Act für die kritische Durchsicht ungeprüfter Zwischenabschlüsse (unaudited interim financial information) ausschließt, die im Zusammenhang mit der Registrierung von Aktien erteilt werden[664]. Die SEC hat ihrerseits in ihrer Begründung dieser Rule zur "Accountant Liability for Reports on Unaudited Interim Financial Information under the Securities Act of 1933" ausdrücklich darauf hingewiesen, dass die Rule exisiting case law entspricht, wobei sie auf die Entscheidungen *Escott v. BarChris Construction Corporation* sowie *Grimm v. Whitney-Fidalgo Seafoods, Inc.* verwiesen hat[665].

5. Reaktionen in der Literatur

Auch in der Literatur wird zutreffend die Ansicht vertreten, dass eine Haftung des Ausstellers gegenüber dem Anleger nach Section 11 (a) Securities Act für ungeprüfte Zwischenabschlüsse und demzufolge auch für den Comfort Letter abzulehnen ist. Dabei wird mit Recht auf die beschränkten Untersuchungshandlungen vor der Erteilung des Comfort Letter und die eingeschränkten inhaltlichen Aussagen des Comfort Letter hingewiesen, da allein die Ausstellung des Comfort Letter die Angaben des registration statement (inklusive dem Prospekt) nicht zu geprüften Angaben (expertised information) im Sinne der Haftungsnorm gemäß Section 11 (a) Securities Act macht[666]. Zudem ist zutreffend darauf hingewiesen worden, dass der Comfort Letter nicht einmal für das registration statement verwendet wird, so dass dem Anleger keine Kenntnisnahme möglich ist[667] und daher bereits der Anwendungsbereich der Haftungsnorm nicht eröffnet ist[668]. Eine Anwendung von Section 11 (a) Securities Act auf Comfort Letter wird daher konsequenterweise abgelehnt[669].

663   *In re Memorex Corporation Securities Litigation*, 493 F.Supp. 631, 643 (N.D.Cal. 1980).
664   SEC Release No. 33-6173, p.8, WL 169953. Rechtsgrundlage für den Erlass der Rule durch die SEC ist Section 19 (a) SA.
665   SEC Release No. 33-6173, p.3, 1979 WL 169953; vgl. auch SEC Release No. 33-6127 (Sept. 20, 1979), 1979 WL 1700299, zur gleichnamigen Bestimmung.
666   *Brody/Hartel*, PLI, April/June 2002, S. 307, 315.
667   *Ebke/Siegel*, Sonderbeilage Nr. 2, WM 2001, S. 11.
668   Vgl. *Causey*, § 11 (S. 305); *Goldwasser/Arnold*, § 8.1.2.
669   *Brody/Hartel* PLI, April/June 2002, S. 307, 315; *Ebke/Siegel*, Sonderbeilage Nr. 2, WM 2001, S. 11.

6. Fazit

Die U.S.-amerikanischen Gerichte haben in ihren Entscheidungen immer wieder festgestellt, dass eine Haftung des accountant nach Section 11 (a) Securities Act gegenüber einem Anleger nur dann möglich ist, wenn er der Öffentlichkeit gegenüber die Richtigkeit der geprüften Angaben bescheinigt hat (certification)[670]. Dagegen haben sie eine Haftung des accountant für ungeprüfte Zwischenabschlüsse oder den Comfort Letter stets verneint[671]. Der U.S.-Supreme Court hat in seiner Entscheidung *Herman & MacLean v. Huddleston* darauf hingewiesen, dass accountants für bestimmte Angaben im registration statement nicht nach Section 11 (a) Securities Act haftbar sind, wenn sie nicht als die für diese Angaben verantwortlichen Personen, die diese Angaben bereitgestellt oder bestätigt haben, gekennzeichnet sind[672]. Zu den Angaben des registration statement, die aus der Haftung ausgenommen sind, gehört auch der Comfort Letter, da er nicht in das registration statement eingestellt wird, die Angaben zudem ungeprüft sind und außerdem auch nur eine eingeschränkte Aussage des accountant enthält, die im Übrigen nicht einmal gegenüber der Öffentlichkeit im Sinne einer Bescheinigung (certification) abgegeben wird, sondern allein gegenüber der Emittentin und den Emissionsbanken.

Die SEC hat in einer am 28. Dezember 1979 veröffentlichten Rule zur "Accountant Liability for Reports on Unaudited Interim Financial Information under the Securities Act of 1933" die Haftung eines accountant nach Section 11 (a) Securities Act für die kritische Durchsicht ungeprüfter Zwischenabschlüsse (unaudited interim financial information) im Grundsatz ausgeschlossen[673]. Dabei hat die SEC zwar den Comfort Letter nicht explizit benannt. Überträgt man aber Sinn und Zweck dieser SEC-Rule auf die vergleichbare Situation bei der Erteilung des Comfort Letter, so muss eine Comfort Letter-Haftung des Ausstellers nach Section 11 (a) Securities Act ebenfalls ausscheiden, da es sich bei den relevanten Angaben des Comfort Letter ebenfalls weitgehend um

---

670   *Danis v. USN Communications, Inc.*, 121 F.Supp.2d 1183, 1192 (N.D. Ill. 2000) ("unless auditors actually make misstatements or certify that misstatements are accurate, they are not liable under Section 11"); *in re CBT Group PLC Securities Litigation*, 2000 WL 33339615 (N.D. Cal. 2000); *in re Memorex Corporation Securities Litigation*, 493 F.Supp. 631, 643 (N.D.Cal. 1980); *Grimm v. Whitney-Fidalgo Seafoods, Inc.*, Fed.Sec.L.Rep. (CCH) ¶ 96,029 (S.D.N.Y. 1973); *Hazen*, § 7.3 (S. 354).

671   *Escott v. BarChris Construction Corp.*, 283 F.Supp. 643, 698 (S.D.N.Y. 1968); *Grimm v. Whitney-Fidalgo Seafoods, Inc.*, Fed.Sec.L.Rep. (CCH) ¶ 96,029 (S.D.N.Y. 1973); *in re Memorex Corporation Securities Litigation*, 493 F.Supp. 631, 643 (N.D. Cal. 1980).

672   *Herman & MacLean v. Huddleston*, 459 U.S. 375, 387 (1983) ("Moreover, certain individuals who play a part in preparing the registration statement cannot be reached by a Section 11 action. These include (...) accountants with respect to parts of a registration statement which they are not named as having prepared or certified").

673   SEC Release No. 33-6173, p.8, WL 169953; vgl. auch SEC Release No. 33-6127 (Sept. 20, 1979), 1979 WL 1700299, zur gleichnamigen Bestimmung.

Daten aus ungeprüften Zwischenabschlüssen und ungeprüfte Daten aus dem Zeitraum nach dem Stichtag des letzten geprüften Jahresabschluss handelt. Bisher liegt keine Entscheidung eines U.S.-amerikanischen Gerichts zu dieser Frage vor.

II. Haftung für falsche oder unvollständige Angaben im Comfort Letter nach Section 10 (b) Securities Exchange Act i.V.m. Rule 10b-5[674]

Ein Anspruch gemäß Section 10 (b) Securities Exchange Act i.V.m. Rule 10b-5 kann dann in Betracht gezogen werden, wenn der Anleger geltend macht, der Aussteller habe ihn mit unzutreffenden Informationen getäuscht (false or misleading statements) oder zwecks Täuschung Angaben unterlassen, zu deren Offenlegung er rechtlich verpflichtet gewesen sei (duty to disclose)[675]. Der Anwendungsbereich von Rule 10b-5 umfasst u.a. auch die Fallgruppe unwahrer oder unvollständiger Angaben im Zusammenhang mit einem öffentlichen Angebot von securities[676].

1. Haftungsvoraussetzungen

Die U.S.-amerikanischen Gerichte gehen im Einzelnen von folgenden Anspruchsvoraussetzungen aus: (1) a misstatement or omission of a material fact; (2) in connection with the purchase or sale of a security; (3) through the use of interstate commerce or a national securities exchange; (4) indicating an intent to deceive or defraud (scienter or a mental state embracing intent to deceive, manipulate, or defraud); (5) upon which the plaintiff detrimentally relied[677].

a) Misstatement or Omission of a Material Fact

Ein Anspruch aus Rule 10b-5 setzt, ebenso wie bei Section 11 (a) Securities Act, eine unrichtige oder unvollständige Darstellung wesentlicher Tatsachen (material fact) in dem Comfort Letter voraus[678]. Insoweit kann auf die zu Section 11 (a) Securities Act

---

674 Rule 10b-5 zu Section 10 (b) Securities Exchange Act von 1934 ist oben in Fn. 236, S. 64 abgedruckt.
675 Vgl. *Lowenfels/Bromberg*, 53 Bus.Law. 1157, 1158 (1998).
676 Vgl. *Hazen*, § 12.3 (S. 573); siehe zur historischen Entwicklung bereits oben S. 64.
677 *Bentley v. Legent Corp.*, 849 F.Supp. 429, 431 (E.D.Va. 1994); *Myers v. Finkle*, 950 F.2d 165, 167 (4th Cir. 1991); *Brushi v. Brown*, 876 F.2d 1526, 1528 (11th Cir. 1989); *Luce v. Edelstein*, 802 F.2d 49, 55 (2nd Cir. 1986).
678 *Pavlidis v. New England Patriots Football Club*, 675 F.Supp. 688, 694 (D.Mass. 1986); *Rubenstein v. IU International Corporation*, 506 F.Supp. 311, 314 (E.D.Pa. 1980); *Kohn v. American Metal Climax, Inc.*, 458 F.2d 255 (3rd Cir. 1972), *cert. denied*, 409 U.S. 874 (1972).

dargestellten Ausführungen verwiesen werden[679]. Stehen unterlassene Angaben in Rede, so sind diese nur dann erheblich, wenn eine Pflicht zur Veröffentlichung gerade auch gegenüber dem Anleger bestand[680]. Eine dahin gehende Rechtspflicht gegenüber dem Anleger ist jedoch zu verneinen.

b) *In connection with the Purchase or Sale of a Security*

Für eine Haftung des Ausstellers kommt es nicht darauf an, ob dieser an dem tatsächlichen Kauf oder Verkauf der Aktien beteiligt war. Vielmehr reicht es aus, dass sein vorwerfbares Verhalten im Zusammenhang mit der Aktientransaktion (in connection with the sale of securities[681]) steht. Das Tatbestandsmerkmal, das von den Gerichten weit ausgelegt wird[682], könnte bereits erfüllt sein, wenn der Aussteller in dem Comfort Letter fehlerhafte Angaben in dem Bewusstsein macht, die Anleger beeinflussen zu wollen[683]. Andererseits kann davon ausgegangen werden, dass der auf der Grundlage des U.S.-amerikanischen Standards für Comfort Letter SAS No. 72 tätige Aussteller das Anlegerpublikum mit dem Comfort Letter gerade nicht beeinflussen möchte und eine Weitergabe der in dem Comfort Letter enthaltenen Darstellungen an unberechtigte Dritte oder eine Verwendung in dem registration statement mit allen Mitteln unterbinden wird[684]. Es wird daher im Regelfall an einer entsprechenden Absicht des Ausstellers fehlen.

Eine Haftung für den Comfort Letter nach Rule 10b-5 erfordert überdies eine an den Anleger gerichtete „Darstellung" (dissemination). Das Bundesberufungsgericht für den Dritten Bezirk hat hierzu entschieden, dass eine „Darstellung" nur vorliegen kann, "if the misrepresentations in question were disseminated to the public in a medium of communication upon which a reasonable investor would rely"[685]. Die Prüfung erfolgt anhand eines objektiven Tests. Das Bundesberufungsgericht für den Zweiten Bezirk hat eine „Darstellung" im Zusammenhang mit dem Verkauf von securities angenommen, wenn technische Anzeigen (technical advertisements) in Fachzeitschriften mit hoher Wahrscheinlichkeit einen durchschnittlichen Anleger zu seiner Kaufentscheidung veranlasst haben. In dem konkreten Fall ging es um eine Anzeige in einer medizinischen Fachzeitschrift, mit der ein neuartiger Wirkstoff angekündigt wurde. Das Gericht sah

---

679 Siehe oben S. 57.

680 *Anixter v. Home-Stake Prod. Co.*, 77 F.3d 1215, 1266 (10th Cir. 1996); *Lowenfels/Bromberg*, 53 Bus.Law. 1157, 1166 (1998).

681 Siehe zur Frage, was unter securities zu verstehen ist *Hazen*, § 12.5 (S. 580) m.w.N.

682 *Hazen*, § 12.5 (S. 577).

683 Vgl. *Mc Gann v. Ernst Young*, 95 F. 3d 821, 825 (9th Cir. 1996), *cert. denied*, 117 S.Ct. 1460 (1997) ("in connection with" includes false assertions reasonably calculated to influence the public"); *Zoelsch v. Arthur Andersen & Co.*, 824 F.2d 27, 35 (D.C. Cir. 1987).

684 Siehe zur Verwendungsklausel AU § 634.61 und oben Fn. 233, S. 63.

685 *Semerenko v. Cendant Corporation*, 223 F.3d 165, 176 (3rd Cir. 2000), *cert. denied*, 33 Sec.Reg. & L.Rep. 281 (2001).

bereits in diesem Tatbestand eine ausreichende Grundlage für einen Anspruch aus Rule 10b-5[686].

Wie bereits ausgeführt, wird der nach den Kriterien des U.S.-amerikanischen Standards SAS No. 72 ausgestellte Comfort Letter nicht in das registration statement und auch nicht in den Prospekt eingestellt oder auf sonstige Weise dem Anleger zugänglich gemacht[687]. Die Öffentlichkeit erhält mithin keine Kenntnis von den Feststellungen des Comfort Letter. Ein reasonable investor würde bei seiner Anlageentscheidung auch nicht auf ein Dokument vertrauen, das ausschließlich zur Verwendung der Emissionsbank erstellt worden ist und sich nicht an ihn richtet bzw. nicht für seine Bedürfnisse erstellt worden ist[688]. Hieraus folgt, dass in dem gemäß den berufsständischen Vorschriften des U.S.-amerikanischen Standards SAS No. 72 erstellten Comfort Letter keine an den Anleger gerichtete Darstellung (dissemination) gemäß Rule 10b-5 gesehen werden kann.

c)   *Through the Use of Interstate Commerce or a National Securities Exchange*

Rule 10b-5 erfasst grundsätzlich jeden Kauf oder Verkauf von securities, solange die Transaktion unter Einschaltung der Post oder anderer Mittel des zwischenstaatlichen Handels bzw. der Börsen abgewickelt wird[689]. Eine Emission junger Aktien über eine Börse wie etwa die New York Stock Exchange (NYSE) kann als Kauf von securities Anknüpfungsmoment einer Haftung nach Rule 10b-5 sein.

d)   *Indicating an Intent to Deceive or Defraud*

Obgleich Rule 10b-5 keinen Verschuldensmaßstab für das Verhalten des Beklagten vorsieht[690], setzt ein Anspruch gegen den Aussteller ein schuldhaftes Handeln bei der Erteilung des Comfort Letter voraus. Seit der berühmten *Ernst & Ernst v. Hochfelder*-Entscheidung des U.S.-Supreme Court erfüllt die Verschuldensform scienter, also direkter Vorsatz[691], den Tatbestand[692]. Ein Verhalten ist als scienter zu bewerten, wenn der

---

686   *In re Carter-Wallace, Inc. Securities Litigation* , 150 F.3d 153 (2nd Cir. 1998); die Klage wurde aber abgewiesen, weil keine Tatsachen vorgetragen waren, die eine Feststellung von scienter getragen hätten, siehe *in re Carter-Wallace, Inc. Securities Litigation*, 220 F.3d 36 (2nd Cir. 2000).
687   Siehe zur Verwendungsklausel AU § 634.61 und oben Fn. 233, S. 63.
688   Siehe AU § 634.12.
689   *Assmann*, S. 167; siehe zu einer extensiven Auslegung des Merkmals in einem corporate-crime-Fall *Carpenter v. United States*, 484 U.S. 19, 108 (1987).
690   *Hazen*, § 12.8 (S. 590).
691   Nach *Romain/Bader/Byrd*, S. 726, ist scienter mit wissentlich, vorsätzlich zu übersetzen.
692   *Ernst & Ernst v. Hochfelder*, 425 U.S. 185, 214 (1976); ebenso *Aaron v. SEC*, 446 U.S. 680, 695 (1980). Die *Ernst & Ernst*-Entscheidung ist ausführlich bei *Ebke*, Dritthaftung, S. 201-204 besprochen.

Aussteller mit dem Willen handelt, einen anderen zu täuschen, zu manipulieren oder zu betrügen[693]. Während der U.S.-Supreme Court im Übrigen ausdrücklich offengelassen hat, ob auch recklessness[694], d.h. lediglich leichtfertiges Verhalten ebenfalls tatbestandsmäßig ist[695], haben inzwischen sämtliche Bundesberufungsgerichte in den USA (mit Ausnahme des Vierten Bezirks) die Frage dahingehend entschieden, dass ein leichtfertiges Verhalten des Ausstellers ebenfalls dessen Haftung nach Rule 10b-5 begründet[696]. Hiernach werden auch die Sachverhalte haftungsmäßig erfasst, bei denen der Aussteller nicht an die Richtigkeit seiner Angaben glaubt oder sich über deren Wahrheitsgehalt keine Gedanken gemacht hat[697]. Der Verschuldensmaßstab wurde mithin in den letzten Jahren durch die Rechtsprechung U.S.-amerikanischer Gerichte erheblich verschärft. Andererseits wird in den Fällen lediglich leichter Fahrlässigkeit (negligence) bei der Ausstellung des Comfort Letter eine Haftung nach Rule 10b-5 nicht begründet[698]. Angesichts der hohen Berufsstandards der accountants liegt es nahe, dass die Fälle leichtfertigen Verhaltens (recklessness) eher selten sein dürften und in den übrigen Fällen ein etwaiges Verschulden des Ausstellers allenfalls im Bereich leichter Fahrlässigkeit liegt. Im Übrigen ist ein Verschulden im Sinne der Rule 10b-5 – so auch zahlreiche Gerichte – dann ausgeschlossen, wenn der Aussteller die Generally Accepted Auditing Standards (US GAAS) beachtet hat[699]. Dies dürfte für den U.S.-

---

693 *Ernst & Ernst v. Hochfelder*, 425 U.S. 185, 193 (1976) ("In this opinion the term 'scienter' refers to a mental state embracing intent to deceive, manipulate, or defraud").

694 Nach *Romain/Bader/Byrd*, S. 666, ist recklessness mit Leichtfertigkeit, bewusster oder grober Fahrlässigkeit zu übersetzen.

695 *Ernst & Ernst v. Hochfelder*, 425 U.S. 185, 193 (1976).

696 *In re Silicon Graphics, Inc. Securities Litigation*, 183 F.3d 970, 988 (9th Cir. 1999); *in re Advanta Corp. Securities Litigation*, 180 F.3d 525, 539 (3rd Cir. 1999); *SEC v. U.S. Environmental, Inc.*, 155 F.3d 107 (2nd Cir. 1998); *Alpern v. UtiliCorp United, Inc.*, 84 F.3d 1525 (8th Cir. 1996); *Searls v. Glasser*, 64 F.3d 1061, 1066 (7th Cir. 1995); *Backman v. Polaroid Corp.*, 893 F.2d 1405, 1425 (1st Cir. 1990); *Currie v. Camyn Resources Corp.*, 835 F.2d 780, 786 (11th Cir. 1988); *Barker v. Henderson, Franklin Starnes & Holt*, 797 F.2d 490, 495 (7th Cir. 1986); *Davis v. Avco Financial Services, Inc.*, 739 F.2d 1057, 1063 (6th Cir. 1984); *Zobrist v. Coal-X, Inc.*, 708 F.2d 1511, 1516 (10th Cir. 1983); *Dirks v. SEC*, 681 F.2d 824, 844 (D.C. Cir. 1982); *Broad v. Rockwell Int'l Corp.*, 642 F.2d 929, 961 (5th Cir. 1981); sowie die ausführliche Darstellung bei *Causey*, § 11 (S. 310).

697 *Sanders v. John Nuveen & Co.*, 554 F.2d 790, 793 (7th Cir. 1977), *cert. denied*, 439 U.S. 1039 (1978) ("at the least, conduct which is highly unreasonable and which represents an extreme departure from the standards of ordinary care (...) to the extent that the danger was either known to the defendant or so obvious that the defendant must have been aware of it").

698 Siehe *Ernst & Ernst v. Hochfelder*, 425 U.S. 185, 193 (1976).

699 *SEC v. Price Waterhouse*, 797 F.Supp. 1217 (S.D.N.Y. 1992) ("failure to follow accounting practices was not itself sufficient to establish scienter"); *SEC v. Arthur Young & Co.*, 590 F.2d 785 (9th Cir. 1979); zum Problem auch *Resnik*, 34 Bus.Law. 1725, 1745 (1979); *Causey/Causey*, 12 Miss.Coll.L.Rev. 7, 21(1991); *Rhode Island Hospital Trust National Bank v. Swartz, Bresenhoff, Yavner & Jacobs*, 455 F.2d 847 (4th Cir. 1972) ("While [AICPA] standards may not always be the maximum test of liability, certainly they should be deemed the minimum standard by which liability should be determined."); *Escott v. BarChris Construction Corp.*, 283 F.Supp. 643, 703 (S.D.N.Y. 1968) ("Accountants should not be held to a standard higher than that recognized in their profession.").

amerikanischen Standard SAS No. 72 gleichermaßen gelten, da die Statements on Auditing Standards Bestandteil der Generally Accepted Auditing Standards sind[700].

e)   *Upon which the Plaintiff Detrimentally Relied (Reliance); Kausalitätsvermutung;*
     Fraud on the Market Doctrine

Der Anleger muss bei seiner Anlageentscheidung auf die Richtigkeit und Vollständigkeit der Darstellung vertraut haben (reliance)[701]. Den dahin gehenden Nachweis wird der Anleger häufig kaum erbringen können. Allerdings bestehen zwei Beweiserleichterungen. Macht der Anleger eine unterlassene Offenlegung wesentlicher Tatsachen (omission to disclose) geltend, dann stellt bereits der Nachweis, dass es sich hierbei um eine wesentliche Tatsache handelt, eine Kausalitätsvermutung zugunsten des Anlegers dar[702], die der beklagte accountant seinerseits zu entkräften hat (rebuttal)[703]. Steht dagegen eine aktive Täuschungshandlung (affirmative misrepresentation) des Ausstellers in Frage, so wird diese Kausalitätsvermutung häufig nicht zugelassen[704]. In diesem Fall muss der Anleger seine reliance nachweisen[705].

Darüber hinaus besteht eine Beweiserleichterung nach der fraud on the market theory, wenn Anleger Aktien auf einem effizienten Markt (efficient market) erworben haben. Nach der von der Rechtsprechung entwickelten fraud on the market theory dürfen Anleger darauf vertrauen, dass der Börsenpreis alle über die Emittentin veröffentlichten Informationen widerspiegelt und nicht durch fehlerhafte Informationen (misstatement or omission) beeinflusst ist[706]. Das Vertrauen in die Lauterkeit des Preisbildungsprozesses rechtfertigt es, die Kausalität in diesen Fällen zu vermuten[707]. Allerdings wird die fraud on the market theory bei Neuemissionen von Aktien nicht ohne

---

700   Vgl. *Shroyer*, S. 19.
701   *Samuel M. Feinberg Testamentory Trustee v. Carter*, 652 F.Supp. 1066, 1079 (S.D.N.Y. 1987);
      Kramas v. Security Gas & Oil, Inc., 672 F.2d 766, 768 (9th Cir. 1982), *cert. denied*, 459 U.S.
      1035 (1982); *Wilson v. Comtech Telecommunications Corp.*, 648 F.2d 88, 92 (2nd Cir. 1981).
702   *Affiliated Ute Citizens of Utah v. United States*, 406 U.S. 128, 153 (1972), *reh'g denied*, 407 U.S.
      916 (1972); *Feinmann v. Dean Witter Reynolds, Inc.*, 84 F.3d 539 (2nd Cir. 1996); *Grupp v.*
      FDIC, 868 F.2d 1151, 1163 (10th Cir. 1989); *Abell v. Potamac Ins. Co.*, 858 F.2d 1104, 1119 (5th
      Cir. 1988); *Lipton v. Documentation, Inc.*, 734 F.2d 740, 742 (11th Cir. 1984), *cert. denied*, 469
      U.S. 1132 (1985); *Biechele v. Cedar Point, Inc.*, 747 F.2d 209, 214 (6th Cir. 1984); *Cavalier Carpets, Inc. v. Caylor*, 746 F.2d 749 (11th Cir. 1984).
703   *Basic Inc. v. Levinson*, 485 U.S. 224 (1988); *Michaels v. Michaels*, 767 F.2d 1185, 1205-06 (7th
      Cir. 1985), *cert. denied*, 474 U.S. 1057 (1986).
704   *Joseph v. Wiles*, 223 F.3d 1155 (10th Cir. 2000); *Binder v. Gillespie*, 184 F.3d 1059, 1063 (9th
      Cir. 1999).
705   Dazu *Hazen*, § 12.11 (S. 619 ff.).
706   *Basic Inc. v. Levinson*, 485 U.S. 224, 247 (1988); *Finkel v. Docutel/Olivetti Corp.*, 817 F.2d 356
      (5th Cir.1987), *cert. denied*, 485 U.S. 959 (1987).
707   *Basic Inc. v. Levinson*, 485 U.S. 224, 247-48 (1988).

weiteres in allen elf Bundesgerichtsbezirken der USA angewendet[708]. Einige Gerichte haben die fraud on the market theory dennoch insoweit berücksichtigt, als sie anerkennen, dass der Anleger nicht nur der Integrität des Preisbildungsprozesses, sondern allgemein der Integrität des Marktes vertraut (fraud created the market theory[709]). Allerdings sind mindestens zwei Gerichte in jüngerer Zeit dieser Argumentation nicht mehr gefolgt und haben eine Kausalitätsvermutung bei Neuemissionen nach der fraud created the market theory abgelehnt[710]. In der Praxis dürfte sich der Anwendungsbereich der fraud created the market theory auf die Fälle beschränken, in denen der zugrundeliegende Geschäftsbetrieb von einem betrügerischen Management gesteuert wird[711] oder im Zusammenhang mit einem Fehlverhalten steht, das die Wertpapiere zum Handel auf einem Wertpapiermarkt unwürdig macht[712].

f) Aiding and Abetting Liability im Zusammenhang mit Rule 10b-5

Bis zum Urteil des U.S.-Supreme Court in *Central Bank of Denver v. First Interstate Bank of Denver* konnte eine Haftung nach Rule 10b-5 bereits durch eine Mitwirkungshandlung als Gehilfe (aiding and abetting liability[713]) zu einer gemäß Rule 10b-5 tatbestandsmäßigen Verletzungshandlung begründet werden[714]. Seit der Entscheidung des U.S.-Supreme Court reicht eine Teilnahmehandlung jedoch nicht mehr aus. Vielmehr wird eine eigene täterschaftliche Mitwirkung (primary violation) verlangt[715]. Die Haftung des Ausstellers nach Rule 10b-5 erfährt durch diese höchstrichterliche Entscheidung ebenfalls eine Beschränkung auf die Fälle der eigenen täterschaftlichen Mitwirkung[716].

---

708 *Freeman v. Laventhol & Horwath*, 915 F.2d 193 (6th Cir. 1990) ("primary market for newly issued municipal bonds was not efficient").

709 *Ross v. Bank South, N.A.*, 885 F.2d 723, 729 (11th Cir. 1989); *Kirkpatrick v. J.C. Bradford & Co.*, 827 F.2d 718, 722 (11th Cir. 1987); *T.C. Raney & Sons, Inc. v. Fort Cobb Oklahoma Irrigation Fuel Authority*, 717 F.2d 1330, 1332 (10th Cir. 1983), *cert. denied*, 465 U.S. 1026 (1984); *Shores v. Sklar*, 647 F.2d 462, 469, 471 (5th Cir. 1981), *cert. denied*, 459 U.S. 1102 (1983).

710 *Ockerman v. May Zima & Co.*, 27 F.3d 1151, 1160 (6th Cir. 1994); *Eckstein v. Balcor Film Investors*, 8 F.3d 1121, 1130 (7th Cir. 1993), *cert. denied*, 510 U.S. 1073 (1994).

711 *Gruber v. Price Waterhouse*, 776 F.Supp. 1044, 1052-53 (E.D.Pa. 1991).

712 *Wiley v. Hughes Capital Corporation*, 746 F.Supp. 1264, 1293 (D.N.J. 1990).

713 *Causey*, § 6 (S. 165 f.); vgl. § 876 (b) Restatement Second of Torts; siehe *Roberts v. Peat, Marwick, Mitchell & Co.*, 857 F.2d 646, 652 (9th Cir. 1988), *cert. denied*, 493 U.S. 1002 (1989); *SEC v. Seaboard Corporation*, 677 F.2d 1301, 1311 (9th Cir. 1982); *Stevens v. Equidyne Extractive Industries 1980, Petro/Coal Program 1*, 694 F.Supp. 1057, 1065 (S.D.N.Y. 1988); *in re Gas Reclamation, Inc. Securities Litigation*, 659 F.Supp. 493, 503 (S.D.N.Y. 1987); *Andreo v. Friedlander, Gaines, Cohen, Rosenthal & Rosenberg*, 651 F.Supp. 877, 880 (D.Conn. 1986); *in re Storage Technology Corporation Securities Litigation*, 630 F.Supp. 1072, 1076 (D.Colo. 1986).

714 *Ebke*, Dritthaftung, S. 192.

715 *Central Bank of Denver, N.A. v. First Interstate Bank of Denver, N.A.*, 511 U.S. 164 (1994); offengelassen in *Ernst & Ernst v. Hochfelder*, 425 U.S. 185, 192 [Fn. 7] (1976); *Causey*, § 11 (S. 322).

716 Vgl. *Loss/Seligman*, § 11 (S. 1329); *Causey*, § 11 (S. 322).

144

Nach der *Central Bank of Denver*-Entscheidung stellt sich allerdings die Frage, wie der Begriff der täterschaftlichen Mitwirkungshandlung (primary violation) im Anwendungsbereich von Rule 10b-5 auszulegen ist[717]. Das Bundesberufungsgericht für den Neunten Bezirk nimmt eine primary violation bereits an, wenn der accountant zur Rechtsverletzung des Managements der Emittentin „maßgeblich beigetragen" hat (significant participation test)[718]. Das Bundesberufungsgericht für den Zweiten Bezirk hält es dagegen für erforderlich, dass die fehlerhafte Darstellung der wesentlichen Tatsache (misstatement of a material fact) im Zeitpunkt der Verbreitung dem accountant zugerechnet werden kann (identity of accountant test)[719], und zwar dadurch, dass der accountant die Darstellung testiert oder unterzeichnet hat[720]. Das erstinstanzliche Bundesgericht für den Nördlichen Bezirk von Georgia lehnt es dagegen ausdrücklich ab, der Ansicht des Bundesgerichts für den Zweiten Bezirk zu folgen[721]. Das Bundesberufungsgericht für den Zehnten Bezirk stellt wiederum darauf ab, ob der accountant eigene falsche oder irreführende Angaben macht, von denen er weiß, dass sie möglicherweise potentiellen Investoren zur Anlageentscheidung vorgelegt werden (direct misrepresentation test)[722].

Im Hinblick auf das der täterschaftlichen Mitwirkung innewohnende subjektive Täterschaftselement könnte es nahe liegen, dass der Position des Bundesberufungsgerichts für den Zehnten Bezirk der Vorzug zu geben ist[723]. Ungeachtet dessen, dass eine endgültige Klärung der Frage der täterschaftlichen Mitwirkung letztlich dem U.S.-Supreme Court vorbehalten ist, dürften sich die U.S.-amerikanischen Gerichte jedenfalls darin einig sein, dass eine Haftung des Ausstellers für den Comfort Letter nicht in Betracht kommt, solange der Comfort Letter der Öffentlichkeit nicht zugänglich gemacht wird oder in dem registration statement verwendet wird. Insgesamt kann mithin festgestellt werden, dass Darstellungen im registration statement oder Prospekt, die von

---

717   Zum Diskussionsstand *Cox*, 38 Ariz.L.Rev. 519, 521 ff. (1996); *Loss/Seligman*, § 11 (S. 1329, 1334); *Goldwasser/Arnold*, § 5.8.4.
718   *In re Software Toolworks, Inc.*, 50 F.3d 615 (9th Cir. 1994), *cert. denied*, 516 U.S. 907 (1995).
719   *Shapio v. Cantor*, 123 F.3d 717, 720 (2nd Cir. 1997); *Wright v. Ernst & Young LLP*, 152 F.3d 169, 175 (2nd Cir. 1998), *cert. denied*, 119 S.Ct. 870 (1999); *in re Cascade International Securities Litigation*, 894 F.Supp. 437 (S.D.Fla. 1995).
720   *Ebke/Siegel*, Sonderbeilage Nr. 2, WM 2001, S. 12.
721   *Carley Capital Corporation v. Deloitte & Touche LLP*, 27 F.Supp. 2d 1334-35 (N.D.Ga. 1998).
722   *Anixter v. Home-Stake Production Co.*, 77 F.3d 12125, 1222 (10th Cir. 1996).
723   Die Liste der sich gegenseitig widersprechenden gerichtlichen Entscheidungen kann hier nur kursorisch dargestellt werden: *Adam v. Silicon Valley Bancshares*, 884 F.Supp. 1398, 1401 (N.D.Cal. 1995): Haftung des accountant bejahend; *Cashman v. Coopers & Lybrand*, 877 F.Supp. 425, 432-34 (N.D.Ill. 1995): accountant "playing central role in drafting and formation of the alleged misstatements" kann haftbar sein unter der "puppeteer-Theorie"; *Employer Insurance of Wausau v. Musick, Peeler & Garett*, 871 F.Supp. 381, 389-90 (S.D.Cal. 1994): accountant kann haftbar sein, wenn er eine "significant role" bei der Prospekterstellung gespielt hat; *in re ZZZZ Best Securities Litigation*, 864 F.Supp. 960, 968-70 (C.D.Cal. 1994): Haftung des accountant bejahend; *in re Kendall Square Research Corporation Securities Litigation*, 868 F.Supp. 26, 28 (D.Mass. 1994): Haftung des accountant verneinend; *Vosgerichian v. Commodore International*, 862 F.Supp. 1371, 1378 (E.D.Pa. 1994): Haftung des accountant verneinend.

145

anderen Personen abgegeben worden sind, keine primary violation des Ausstellers für den Comfort Letter begründen können[724].

g)   Andere Teilnahmeformen an einer Verletzungshandlung

Schließlich wäre für einen Schadensersatzanspruch gemäß Rule 10b-5 noch an eine etwaige Verschwörung mehrer Beteiligter (conspiracy) oder eine Verantwortlichkeit für die Angestellten einer Wirtschaftsprüfungsgesellschaft nach den Regeln der Haftung für den Erfüllungsgehilfen (respondeat superior liability) zu denken. Nach allgemeiner Ansicht lässt jedoch die *Central Bank of Denver*-Entscheidung des U.S.-Supreme Court keinen Raum für eine Haftung nach Rule 10b-5 in Ansehung der Teilnahmeformen conspiracy und respondeat superior liability, da die Entscheidungsgründe des *Central Bank of Denver*-Urteils auf conspiracy und respondeat superior liability[725] übertragbar sind[726]. Folgerichtig haben die Bundesberufungsgerichte für den Zweiten und Neunten Bezirk[727] sowie weitere erstinstanzliche Bundesgerichte[728] jeweils eine Haftung für conspiracy verneint. Es bleibt damit bei dem Ergebnis, dass der Aussteller nur im Falle einer eigenen täterschaftlichen Mitwirkungshandlung (primary violation) an einer Rechtsverletzung gemäß Rule 10b-5 verantwortlich sein kann.

h)   Rechtsfolge: Schadensersatz

Im Falle einer Haftung des Ausstellers aus Rule 10b-5 könnte der Anleger nach Ansicht des U.S.-Supreme Court die Differenz zwischen dem von ihm gezahlten Kaufpreis und dem tatsächlichen Wert der Aktien zum Zeitpunkt des Erwerbs ersetzt verlangen (out of pocket measure)[729], wobei die Berechnung der Schadenshöhe nach Section 28 (a) Securities Exchange Act erfolgt[730]. Allerdings besteht eine Haftungsbegrenzung, sofern die

---

724   Vgl. *Wright v. Ernst & Young LLP*, 152 F.3d 169, 175 (2nd Cir. 1998), *cert. denied*, 119 S.Ct. 870 (1999).
725   Siehe jedoch für respondeat superior liability *in re Centennial Tech. Litigation*, 52 F.Supp. 2d 178, 185-86 (D.Mass. 1999) (anticipating that First Circuit would not conclude that Central Bank abolished agency liability); *Lawton v. Nyman*, 62 F.Supp. 2d 533, 536-37 (D.R.I. 1999); *Seolas v. Bilzerian*, 951 F.Supp. 978, 981-84 (D.Utah 1997) (concluding that Central Bank did not abolish respondeat superior as a viable theory under rule 10b-5).
726   *Loss/Seligman*, § 11 (S. 1312, 1334); *Causey*, § 11 (S. 322); *Goldwasser/Arnold*, §§ 5.8.4-5.
727   *In re GlenFed, Inc. Securities Litigation*, 60 F.3d 591, 592 (9th Cir. 1995); *Dinsmore v. Squadron, Ellenoff, Plesent, Sheinfeld & Sorkin*, 135 F.3d 837 (2nd Cir. 1998); siehe jedoch *in re Towers Fin. Corporation Noteholders Litigation*, 936 F.Supp. 126, 129-30 (S.D.N.Y. 1996) (concluding that Central Bank does not preclude conspiracy liability).
728   *Van de Velde v. Coopers & Lybrand*, 899 F.Supp. 731,738 (D.Mass. 1995); *Upton v. McKerrow*, 887 F.Supp. 1573, 1580 (N.D.Ga 1995).
729   *Affiliated Ute Citizens of Utah v. U.S.*, 406 U.S. 128, 155 (1972).
730   Siehe zu den Berechnungsarten *Causey*, § 11 (S. 318); *Goldwasser/Arnold*, §§ 5.4.2-6.

Aktien an einer Börse gehandelt werden (Section 21 D (e) Securities Exchange Act). Ersetzt verlangt werden kann immer nur der tatsächlich eingetretene Schaden (actual damages), ein Strafschadensersatz (punitive damages) kann dagegen vom Anleger nicht beansprucht werden[731]. Die unrichtigen oder unvollständigen Angaben des Comfort Letter müssten überdies nicht nur für den Erwerb der Aktien, sondern auch für den vom Kläger geltend gemachten Vermögensschaden ursächlich gewesen sein (loss causation)[732].

i)   Verjährung

Die Verjährung der Ansprüche aus Rule 10b-5 in Verbindung mit Section 10 (b) Securities Exchange Act ist nicht gesetzlich geregelt, da Section 10 (b) Securities Exchange Act vom Kongress nicht als Schadensersatznorm konzipiert worden war. Der U.S.-Supreme Court entschied im Jahre 1991 in der *Lampf*-Entscheidung, dass die bestehende Gesetzeslücke durch die Verjährungsfristen des Securities Act und des Securities Exchange Act auszufüllen sei[733]. Ansprüche verjährten nach der *Lampf*-Entscheidung mithin innerhalb eines Jahres ab dem Zeitpunkt, in dem der Anspruchsberechtigte von den unwahren bzw. unvollständigen Darstellungen Kenntnis erlangt hatte, spätestens aber in drei Jahren ab dem Zeitpunkt, in dem der Aussteller seine unzutreffenden oder unvollständigen Angaben gemacht hatte (Section 9 (e), 18 (c) Securities Exchange Act analog)[734]. Im Jahre 2002 sah sich der Kongress zuletzt doch noch veranlasst, die fehlende Verjährungsnorm nachzuholen, und zwar dadurch, dass er in Section 804 des Sarbanes Oxley Act einen entsprechenden Zusatz an 28 U.S.C. § 1658 anfügte. Die Verjährung tritt hiernach erst 2 Jahre nach dem Bekanntwerden der zum Schadensersatz berechtigenden Tatsachen ein, ungeachtet dessen spätestens 5 Jahre nachdem der Aussteller die unzutreffenden oder unvollständigen Angaben gemacht hat[735]. Die gesetzliche Regelung enthält mithin eine erhebliche Erweiterung der seit der *Lampf*-Entscheidung geltenden Verjährungsfristen, wofür offensichtlich ein Bedürfnis bestand. Die Folge dürfte sein, dass nunmehr vermehrt mit Anlegerklagen nach Maßgabe von Rule 10b-5 zu rechnen ist[736].

---

731   *Abell v. Potomac, Inc. Co.*, 858 F.2d 1104, 1139 (5th Cir. 1988); *Manufacturers Hanover Trust Co. v. Drysdale Sec. Corp.*, 801 F.2d 13, 29 (2nd Cir. 1986), *cert. denied*, 479 U.S. 1066 (1987); *Straub v. Vaisman & Co., Inc.*, 540 F.2d 591, 599 (3rd Cir. 1976); *Jones v. Miles*, 656 F.2d 1059 (9th Cir. 1972).

732   *Robbins v. Kroger Properties, Inc.*, 116 F.3d 1441, 1446 (11th Cir. 1997); *Huddleston v. Herman & MacLean*, 640 F.2d 534, 549 (5th Cir. 1981); *Hazen*, § 12.11 (S. 622).

733   *Lampf, Pleva, Lipkind, Prupis & Petigrow v. Gilbertson*, 501 U.S. 350, 359 (1991), *reh'g denied*, 501 U.S. 1277 (1991).

734   *Lampf, Pleva, Lipkind, Prupis & Petigrow v. Gilbertson*, 501 U.S. 350, 364 (1991), *reh'g denied*, 501 U.S. 1277 (1991).

735   18 U.S.C. Section 1658 (b); zum Ganzen *Loss/Seligman*, § 11 (S. 1339, 1346).

736   *Loss/Seligman*, § 11 (S. 1346).

2. Rechtsprechung zu Comfort Letters

Gerichtliche Entscheidungen zur Haftung des Ausstellers nach Section 10 (b) Securities Exchange Act und Rule 10b-5 sind nicht häufig. Soweit sich die Gerichte allerdings mit der Haftungsfrage befasst haben, ist eine Verantwortlichkeit des Ausstellers jeweils abgelehnt worden. In einem Fall wurde der Rechtsstreit zur weiteren Tatsachenfeststellung an das erstinstanzliche Gericht zurückverwiesen (remand).

a) *CL Alexanders Laing & Cruickshank v. Goldfeld*

Im Jahre 1990 entschied das erstinstanzliche Bundesgericht für den Südlichen Bezirk von New York, dass ein accountant für fehlerhafte, in die Zukunft gerichtete Prognosen in dem Comfort Letter, der im Prospekt abgedruckt worden war(!), nicht haftet, solange das notwendige Vertrauen (reliance) des Anlegers in die Angaben des Ausstellers nicht begründet worden ist[737]. In dem konkreten Fall hatte sich der klagende Investment Banker in London von der beklagten Wirtschaftprüfungsgesellschaft Andersen einen Comfort Letter zwecks Abdruck in einem Prospekt zum Verkauf bestimmter Aktien erstellen lassen. Bei der zugrundeliegenden Aktientransaktion handelte es sich um ein private placement des klagenden Investment Bankers über 2 Millionen Aktien einer in Delaware, USA registrierten Gesellschaft namens Container Industries, Inc. Zentraler Punkt der auf Rule 10b-5 gestützten Klage waren in dem Comfort Letter enthaltene fehlerhafte Prognosen der Wirtschaftsprüfungsgesellschaft. So wurden Aussagen über die zukünftigen Einnahmen aus dem Verkauf von Container Industries gemacht, für die der Aussteller des Comfort Letter allerdings explizit eine Haftungsfreizeichnung (disclaimer) vereinbart hatte[738]. Als sich die in dem Comfort Letter enthaltenen Prognosen

---

737 *CL Alexanders Laing & Cruickshank v. Goldfeld*, 739 F.Supp. 158, 162 (S.D.N.Y. 1990).
738 Die Haftungsfreizeichnung (disclaimer) der beklagten Wirtschaftsprüfungsgesellschaft lautete: (1) (...) The projections, and the principal assumptions on which they are based (...) are the sole responsibility of Container Industries. They were approved by duly authorized executive officers and members of the board of directors of Container Industries (the officers) on 27th May, 1986. (2) We have been informed by the officers that they believe the assumptions on which the 1986 projections are based fall within a range of possibilities which they consider reasonable. We express no opinion on this view and stress that (...) the projections do not constitute forecasts of the most likely results or cash flow of Container Industries for the year ending 31 December, 1986. As you are aware, we as accountants are not competent to judge the reasonableness or otherwise of the assumptions used in the projections and, in addition, as the projections relate to the future, they may be affected by unforeseen events. Accordingly, we can express no opinion on how closely they will correspond to actual results. (3) We would emphasize that Container Industries has not yet generated any significant revenues and is not yet trading profitably. Neither has it previously attained the production levels projected. In view of the inevitable uncertainties associated with a company at this stage of its development, any investment in Container Industries must be viewed as having significant risks associated with it (...) (5) Our review indicated that the projections, so far as the accounting policies and calculations are concerned, have been compiled on the basis of the assumptions made by the directors of Container Industries, as referred to above, and

als unzutreffend herausstellten, erhob der Investment Banker Klage gegen die Wirtschaftsprüfungsgesellschaft. Das Gericht, das die Klage durch summary judgment[739] abwies, vertrat die Auffassung, dass das für einen Anspruch nach Rule 10b-5 erforderliche Vertrauen (reliance) des Investors nur in engen Grenzen entstehen konnte, da die beklagte Wirtschaftsprüfungsgesellschaft dem Comfort Letter explizit einen disclaimer beigefügt hatte und der Investor zudem ein hohes Maß an eigener Sachkunde in Bezug auf die Transaktion besaß[740]. Der Grad des Verschuldens der beklagten Wirtschaftsprüfungsgesellschaft wurde zudem als unterhalb der für eine Haftung nach Rule 10b-5 erforderlichen Verschuldensform recklessness liegend bewertet[741]. Darüber hinaus verneinte das Gericht auch eine Haftung der Beklagten aufgrund unterlassener Information des Klägers, da – wie im Rahmen von Rule 10b-5 erforderlich – keine Rechtspflicht für die Angabe fehlender wesentlicher Tatsachen bestand[742]. Zudem traf die Beklagte nach dem Prüfungsvertrag auch keine Pflicht, bestimmte Angaben des Comfort Letter auf ihre Vertretbarkeit (reasonableness) hin zu überprüfen. Demgemäß hatte sich die Beklagte geweigert, zur Vertretbarkeit bestimmter Angaben im Comfort Letter Stellung zu nehmen[743]. Der Fall wies allerdings die Besonderheit auf, dass eine an den Investor gerichtete „Darstellung" (dissemination) des Comfort Letter im Sinne von Rule 10b-5 durch die Aufnahme des Comfort Letter in den Prospekt erfolgte, so dass das nach Rule 10b-5 notwendige Anspruchsmerkmal "in connection with the purchase or sale of a security" verwirklichte wurde[744]. Der sich am U.S.-amerikanischen Standard SAS No. 72 orientierende Aussteller wird einer solchen Verbreitung gerade nicht zustimmen[745].

Einschränkend ist zu der CL *Alexanders Laing & Cruickshank*-Entscheidung darauf hinzuweisen, dass die Aufnahme des Comfort Letter in den Prospekt wegen des private placement der Aktien erfolgte. Der Adressatenkreis des Prospekts war enger begrenzt als bei einem Verkauf der Aktien über eine Börse. Vermutlich aus diesem Grunde hatte die beklagte Wirtschaftsprüfungsgesellschaft der Aufnahme des Comfort Letter in den Prospekt nicht widersprochen. Der Untersuchungsgegenstand dieser Arbeit ist dagegen die Haftung für Comfort Letters bei Neuemissionen von Aktien. Bei einer Neuemission von Aktien, die später über die Börse an die Anleger verkauft

---

are presented on a basis consistent with the accounting policies normally adopted by the company.

739 Siehe zum summary judgment oben Fn. 523, S. 108.
740 CL *Alexanders Laing & Cruickshank v. Goldfeld*, 739 F.Supp. 158, 162 (S.D.N.Y. 1990), mit Hinweis auf *Friedman v. Arizona World Nurseries Ltd. Partnership*, 730 F.Supp. 521, 541 (S.D.N.Y. 1990).
741 CL *Alexanders Laing & Cruickshank v. Goldfeld*, 739 F.Supp. 158, 164 (S.D.N.Y. 1990).
742 CL *Alexanders Laing & Cruickshank v. Goldfeld*, 739 F.Supp. 158, 164-65 (S.D.N.Y. 1990), unter Hinweis auf *Chris-Craft Industries, Inc. v. Piper Aircraft Corp.*, 480 F.2d 341, 363 (2d Cir 1972), *cert. denied*, 414 U.S. 910 (1973); siehe auch *Anixter v. Home-Stake Prod. Co.*, 77 F.3d 1215, 1266 (10th 1996); *Lowenfels/Bromberg*, 53 Bus.Law. 1157, 1166 (1998).
743 CL *Alexanders Laing & Cruickshank v. Goldfeld*, 739 F.Supp. 158, 165 (S.D.N.Y. 1990).
744 Siehe zu dieser Tatbestandsvoraussetzung oben S. 140.
745 AU § 634.61; vgl. oben Fn. 233, S. 63.

werden, müssen die Aktien jedoch zuvor nach den Bestimmungen des Securities Act registriert werden[746]. Eine Aufnahme des Comfort Letter in das registration statement und den Emissionsprospekt erfolgt dabei nicht[747]. Hätte die beklagte Wirtschaftsprüfungsgesellschaft im konkreten Fall den Bestimmungen des U.S.-amerikanischen Standards SAS No. 72 entsprochen und eine Aufnahme des Comfort Letter in den Prospekt abgelehnt, so hätte mangels „Darstellung" von Tatsachen in dem Prospekt bereits kein Anknüpfungspunkt für eine Haftung gemäß Rule 10b-5 bestanden.

b)   In re The Hawaii Corporation

Die bereits an anderer Stelle behandelte Entscheidung des erstinstanzlichen Bundesgerichts für den Bezirk von Hawaii aus dem Jahr 1983 betraf zwar keinen Comfort Letter, der bei der Registrierung von Aktien nach dem Securities Act erteilt worden war[748]. Die beklagte Wirtschaftsprüfungsgesellschaft hatte den Comfort Letter aber im Verlauf der Verschmelzung (merger deal) von zwei Unternehmen ausgestellt. Das zuständige Gericht lehnte Ansprüche gemäß Rule 10b-5 deshalb ab, weil die beklagte Wirtschaftsprüfungsgesellschaft zu den im Comfort Letter enthaltenen Informationen ausdrückliche Warnhinweise gegeben hatte: "It should be understood that this limited review would not necessarily reveal adverse changes in the financial position or results of operations of the companies or inconsistencies in the application of generally accepted accounting principles. Subject to this explanation and based upon the aforementioned limited review, nothing has come to our attention"[749]. Judge Panner bezog sich in den Entscheidungsgründen auf die gleichen Argumente, die in der *CL Alexanders Laing & Cruickshank*-Entscheidung zu finden sind, ohne diese allerdings explizit zu nennen. Wenn der Aussteller in seinem Comfort Letter ausdrückliche Warnhinweise auf die durchgeführten Untersuchungen und die daraus zu ziehenden Schlussfolgerungen aufgenommen hat, so scheidet eine Haftung desselben nach Rule 10b-5 mangels eines bei dem Anleger erzeugten „berechtigten Vertrauens" (reliance) aus. Im konkreten Fall musste Judge Panner die reliance nicht mehr im Einzelnen klären, da es sich bei der zugrundeliegenden Transaktion nicht um einen Kauf von securities, sondern um einen Unternehmenskauf handelte[750]. Dem Kläger fehlte daher bereits die für Rule 10b-5 erforderliche

---

746 Siehe oben S. 51.
747 Siehe dazu die Tabelle in Regulation S-K, Item 601, wo der Comfort Letter nicht aufgeführt ist, abgedruckt bei *Coffee/Seligman*, S. 352; siehe auch AU § 634.61; dazu oben Fn. 233, S. 63.
748 Siehe zum genauen Sachverhalt und den weiteren Entscheidungsgründen oben S. 107.
749 *In re The Hawaii Corporation*, 567 F.Supp. 609, 616 (D. Haw. 1983).
750 *In re The Hawaii Corporation*, 567 F.Supp. 609, 616 (D. Haw. 1983) (Judge Panner reichte ein Hinweis: "I conclude that 10b-5 should not be construed to impose liability on an accounting firm based on alleged errors in the accounting work (…) under the circumstances of this case").

Klagebefugnis (standing), da die Transaktion nicht "in connection with the purchase or sale of a security" stand[751].

c) SEC v. Seaboard Corporation

In einer Entscheidung des Bundesberufungsgerichtes für den Neunten Bezirk aus dem Jahr 1982 hatte Judge Wright über Schadensersatzansprüche der Investmentfirma Admiralty Funds gegen die Wirtschaftsprüfer Ernst & Ernst gemäß Rule 10b-5 aufgrund einer strafbaren Teilnahmehandlung (aiding and abetting liability) wegen täuschender Prospektangaben zu entscheiden[752]. In dem konkreten Fall ging es um den Verkauf von Aktien einer Gesellschaft namens Dukor Modular Systems (DMS) durch Admiralty Funds, an dem Ernst & Ernst mit der Erstellung eines Verkaufsprospekts sowie eines Comfort Letter und diverser anderer Tätigkeiten beteiligt war. Die Emission der Aktien war bei der SEC registriert worden. Wie sich später herausstellte, war es zu persönlichen Bereicherungen mehrer an der Transaktion beteiligter Personen gekommen. Daraufhin leitete die SEC ein Untersuchungsverfahren gegen die Tatbeteiligten ein, in deren Verlauf die accountants aufgrund ihrer Tätigkeit bei der Registrierung der Aktien in das Verfahren einbezogen wurden und sich nunmehr zivilrechtlichen Schadensersatzansprüchen von Admiralty Funds ausgesetzt sahen, der in mehreren Tranchen Aktien von DMS gekauft hatte. Im Rahmen der due diligence defense gegen die Klägeransprüche argumentierte Ernst & Ernst, dass sie kein Verschulden treffe, da sie bei ihren prüferischen Tätigkeiten in Einklang mit den Generally Accepted Accounting Principles (US GAAP) vorgegangen sei. Das erstinstanzliche Bundesgericht für den Zentralen Bezirk von Kalifornien wies die Klage in der Vorinstanz durch summary judgment[753] ab, da die Ansprüche der Klägerin verjährt seien und darüber hinaus eine Täuschung durch fehlerhafte Prospektangaben nicht zu erkennen sei. Die due diligence defense der beklagten Wirtschaftsprüfer sei außerdem zulässig, da die Klägerin ein Verschulden der Beklagten nicht habe nachweisen können.

Das Bundesberufungsgericht, das lediglich darüber zu befinden hatte, ob das summary judgment der Vorinstanz zu recht ergangen war, kam zu dem Ergebnis, dass sehr wohl Tatsachen vorgetragen waren, die fehlerhafte Prospektangaben vermuten ließen. Das Gericht stellte fest, dass von den Klägern wesentliche Tatsachen vorgetragen worden waren, die auf eine Beteiligung von Ernst & Ernst an einer Rechtsverletzung gemäß Rule 10b-5 schließen ließen. Das summary judgment der Vorinstanz wurde aufgehoben und der Fall an die Vorinstanz zur weiteren Tatsachenfeststellung zurück-

---

751 *In re The Hawaii Corporation*, 567 F.Supp. 609, 614-16 (D. Haw. 1983), mit Hinweis auf *United Housing Foundation Inc. v. Foreman*, 421 U.S. 837 (1975). Aus denselben Gründen lehnte das Gericht einen Anspruch gemäß Section 485-25 Hawaii Uniform Securities Act ab.

752 *SEC v. Seaboard Corporation*, 677 F.2d 1301 (9th Cir. 1982).

753 Siehe zum summary judgment bereits oben Fn. 523, S. 108.

verwiesen (remand)[754]. Die für die Untersuchung einer Haftung für Comfort Letters in den USA wichtigen Passagen des Urteils sind an dieser Stelle kurz hervorzuheben.

Ernst & Ernst hatte gegen die Klägeransprüche argumentiert, dass sie kein Verschulden treffe, da sie bei ihren prüferischen Tätigkeiten in Einklang mit den Generally Accepted Accounting Principles (US GAAP) gehandelt hätten. Judge Wright stellte hierzu fest: "Rather, viewing the document in the light most favorable to Admiralty Funds, the standard [GAAP] applies only to audits relating to 'comfort letters' written pursuant to underwriting contracts and not to audits in general. Viewing it most favorably to Admiralty Funds, *we observe that an accountant's duty to an underwriter in a 'comfort letter' may be narrower than that owed to the investing public in a prospectus*"[755]. Das Gericht erkennt hiernach an, dass ein in Einklang mit den GAAP stehendes Verhalten bei der Erteilung des Comfort Letter den Vorwurf einer Pflichtverletzung (breach of duty) entfallen lassen kann. Dies trifft insbesondere dann zu, wenn der Aussteller die Regelungen des U.S.-amerikanischen Standards SAS No. 72 des AICPA beachtet[756].

d)   Grimm v. Whiney-Fidalgo Seafoods, Inc.

In dieser Entscheidung aus dem Jahre 1973, die bereits im Rahmen der Ansprüche aus Section 11 (a) Securities Act behandelt wurde[757], hatten die Kläger ihre Schadensersatzansprüche gegen die Wirtschaftsprüfungsgesellschaft zugleich auch auf Rule 10b-5 gestützt. Judge Brieant verneinte jedoch einen Anspruch aus Rule 10b-5 für einen ungeprüften Zwischenabschluss und den Comfort Letter vom 30. Juni 1971. Unter Hinweis auf die *BarChris*-Entscheidung[758] kam das Gericht zu dem Ergebnis, dass sich die Kläger bei ihrer Anlageentscheidung nicht auf den Comfort Letter verlassen konnten, da dieser nicht an die Kläger gerichtet war[759].

---

754   *SEC v. Seaboard Corporation*, 677 F.2d 1301, 1312 (9th Cir. 1982).
755   *SEC v. Seaboard Corporation*, 677 F.2d 1301, 1313 (9th Cir. 1982) [Hervorhebungen d. Verf.].
756   Vgl. auch *Resnik*, 34 Bus.Law. 1725, 1745 (1979); *Causey/Causey*, 12 Miss.Coll.L.Rev. 7, 21(1991); *Rhode Island Hospital Trust National Bank v. Swartz, Bresenhoff, Yavner & Jacobs*, 455 F.2d 847 (4th Cir. 1972) ("While [AICPA] standards may not always be the maximum test of liability, certainly they should be deemed the minimum standard by which liability should be determined".); *Escott v. BarChris Construction Corp.*, 283 F.Supp. 643, 703 (S.D.N.Y. 1968) ("Accountants should not be held to a standard higher than that recognized in their profession").
757   Siehe oben S. 135.
758   *Escott v. BarChris Construction Corp.*, 283 F.Supp. 643, 698 (S.D.N.Y. 1968).
759   *Grimm v. Whitney-Fidalgo Seafoods, Inc.*, Fed.Sec.L.Rep. (CCH) ¶ 96,029 (S.D.N.Y. 1973).

III. Haftung des Ausstellers nach 18 U.S.C. Section 1962 (c) – Racketeer Influenced and Corrupt Practices Act (RICO)[760]

Im Jahre 1970 wurde der Racketeer Influenced and Corrupt Practices Act (RICO) als Teil des Omnibus Crime Control Act (OCCA)[761] vom Kongress erlassen, um die Wirtschaftskriminalität und das organisierte Bandenwesen in den Vereinigten Staaten wirksamer bekämpfen zu können[762]. Das Gesetz sollte vor allem die finanziellen Ressourcen krimineller Zellen treffen und sie ihrer Handlungsmöglichkeiten berauben. Daher räumt RICO auch dem Geschädigten ein privates Klagerecht ein[763]. Dieser kann mithin Schadensersatz, und zwar in dreifacher Schadenshöhe (treble damages) sowie einen angemessenen Ersatz der bei ihm angefallenen Anwaltskosten verlangen und zu diesem Zweck den Gerichtsweg zu den bundesstaatlichen Gerichten beschreiten[764]. Aufgrund dieser attraktiven Klagemöglichkeit nutzen Anwälte und Kläger RICO zunehmend, um Wirtschaftsunternehmen und Wirtschaftsprüfer ins Visier zu nehmen[765]. Die nach deutschem Rechtsverständnis sehr weit gefassten Straftatbestände von RICO bieten hierfür die notwendige Grundlage. Das Gesetz enthält vier Tatbestände (prohibited racketeering activities), die jeweils auf die Straftatbestände anderer Gesetze zurückgreifen[766]. Ein besonderes Risiko für die accountants ergibt sich vor allem durch die Aufnahme von mail, wire und securities fraud[767] in den enumerativen Kreis der strafbaren Racketeering Activities, so dass enttäuschte Mandanten oder Anleger die Möglichkeit haben, ihren – früheren – Wirtschaftsprüfer über Section 1962 (c) in Anspruch zu nehmen[768]. Auf die Einzelheiten kann an dieser Stelle nicht näher eingegangen werden[769].

Der U.S.-Supreme Court hat in einer vielbeachteten Entscheidung, die Justice Blackmun für eine 7-2 Mehrheit abfasste, eine Anwendbarkeit von Section 1962 (c) auf Ansprüche gegen den Abschlussprüfer wegen fehlerhaft erstellter Jahresabschlüsse

---

760 18 U.S.C. Section 1962 (c) lautet: It shall be unlawful for any person employed by or associated with any enterprise engaged in, or the activities of which affect, interstate or foreign commerce, to conduct or participate, directly or indirectly, in the conduct of such enterprise's affairs through a pattern of racketeering activity or collection of unlawful debt.

761 18 U.S.C. §§ 1961-1968.

762 *Brickey*, S. 527; siehe zum historischen Hintergrund weiterführend *Schlimm*, S. 141-145; *McDonough*, 26 Suff.Univ.L.Rev. 1107, 1112 (1992) m.w.N.

763 18 U.S.C. Section 1964 (c).

764 18 U.S.C. Sections 1962 (c), 1965; *McDonough*, 26 Suff.Univ.L.Rev. 1107 (1992).

765 *H.J. Inc. v. Northwestern Bell Telephone*, 492 U.S. 229 (1989); *Ikuno v. Yip*, 912 F.2d 306 (9th Cir. 1990); *Reves v. Ernst & Young*, 507 U.S. 170 (1993); *National Organization for Women v. Scheidler*, 510 U.S. 249 (1994); *Word of Faith World Outreach Center Church Inc. v. Sawyer*, 90 F.3d 118 (5th Cir. 1996).

766 *Wang/Steinberg*, § 12.2.1; *Schlimm*, S. 145; vgl. 18 U.S.C. Section 1962 (a) - (d).

767 Seit Inkrafttreten des PSLRA im Jahr 1995 kann eine zivilrechtliche Schadensersatzklage allerdings nicht mehr auf securities fraud gestützt werden, vgl. *Goldwasser/Arnold*, § 5.1.3.

768 *McDonough*, 26 Suff.Univ.L.Rev., 1107, 1115 (1992). Grundlegend zur accountant liability in den USA *Schacht v. Brown*, 711 F.2d 1343 (7th Cir. 1983), *cert. denied*, 464 U.S. 1002 (1983).

769 Weiterführende Hinweise bei *Brickey*, S. 527 ff.; *McDonough*, 26 Suff.Univ.L.Rev. 1107, 1112 (1992) jew.m.w.N.

verneint und damit den Anwendungsbereich von RICO erheblich eingeschränkt[770]. Nach Auffassung des U.S.-Supreme Court haftet gemäß Section 1962 (c) nur derjenige, der an dem Betrieb oder der Führung der Geschäfte des Unternehmens selbst teilnimmt ("operation or management test")[771]. Erforderlich ist – so der U.S.-Supreme Court – eine aktive Beteiligung an den Geschäften des geprüften Unternehmens. Das Tatbestandsmerkmal "participate" sei gerade nicht gleichzusetzen mit "aiding and abetting" im Sinne der deliktsrechtlichen Teilnahmelehre[772]. In der Testierung fehlerhafter Jahresabschlüsse einer Gesellschaft konnte der U.S.-Supreme Court dagegen die notwendige aktive Teilnahmehandlung nicht erkennen[773]. Überträgt man diese Argumentation auf den hier in Frage stehenden Comfort Letter, so bedeutet dies, dass der Anleger ebenfalls keine Ansprüche aus Section 1962 (c) gegen den Aussteller ableiten kann, da dieser mit der Erteilung eines fehlerhaften Comfort Letter nicht aktiv an der Geschäftsführung der Emittentin beteiligt ist, sondern lediglich die Stellung eines outside accountant einnimmt.

D. Zwischenergebnis

1. Die Ausführungen zum Vertrag zu Gunsten Dritter (third party beneficiary contract) zeigen, dass der Aussteller eines Comfort Letter dem Anleger nicht zum Ersatz von Vermögensschäden verpflichtet ist. Die Untersuchung hat vielmehr ergeben, dass der Prüfungsvertrag kein eigenständiges Forderungsrecht des Anlegers auf die Leistung und damit auch kein Recht auf Ersatz eines entstandenen Schadens begründet.

2. Außervertragliche deliktsrechtliche Schadensersatzansprüche wegen fahrlässiger Pflichtverstöße des Ausstellers, die gemäß negligent misrepresentation gerichtlich geltend gemacht werden, sind in den einzelnen Bundesstaaten anhand unterschiedlicher Maßstäbe zu bewerten. Wie gezeigt werden konnte, ist der Aussteller vor Schadensersatzansprüchen von Anlegern geschützt, sofern er eine Verwendungsklausel in den Comfort Letter einfügt und die direkte Kommunikation mit den Anlegern unterlässt.

3. Für vorsätzliche oder leichtfertige Pflichtverstöße des Ausstellers hält das common law eine Haftung gemäß der fraudulent misrepresentation bereit. Dieser

---

770 *Reves v. Ernst & Young*, 113 S.Ct. 1163, 1169 ff. (1993); *McDonough*, 26 Suff.Univ.L.Rev. 1107, 1124 (1992).

771 *Reves v. Ernst & Young*, 113 S.Ct. 1163, 1173 (1993); *Ebke*, RIW 1993, 767, 768; *McDonough*, 26 Suff.Univ.L.Rev. 1107, 1124 (1992).

772 *Reves v. Ernst & Young*, 113 S.Ct. 1163, 1173 (1993); *Ebke*, RIW 1993, 767, 768; *McDonough*, 26 Suff.Univ.L.Rev. 1107, 1124 (1992).

773 Die *Reves*-Entscheidung hat in der Folgezeit zur Abweisung mehrerer auf Section 1962 (c) RICO gestützter Klagen geführt, siehe *University of Maryland v. Peat, Marwick, Main & Co.*, 996 F.2d 1534, 1539 (3rd Cir. 1993); *Nolte v. Pearson*, 994 F.2d 1311, 1317 (8th Cir. 1993); *Morin v. Trupin*, 832 F.Supp. 93, 98-99 (S.D.N.Y. 1993).

Haftung kommt jedoch trotz der reduzierten Anforderungen auf der subjektiven Tatbestandsseite für die hier interessierenden Fälle einer etwaigen Verantwortlichkeit des Ausstellers für fehlerhafte Comfort Letters nur eine geringe Bedeutung zu. Eine leichtfertige Ausübung der beruflichen Pflichten bei gleichzeitigem Handeln in Täuschungsabsicht dürfte der Ausnahmefall bleiben. Im Übrigen kann sich der Aussteller wiederum mittels einer Verwendungsklausel vor Anlegeransprüchen schützen.

4. Die Risiken des Ausstellers, aufgrund der Federal Laws von den Anlegern mit Erfolg in Anspruch genommen zu werden, sind gering. Die U.S.-amerikanischen Gerichte haben regelmäßig festgestellt, dass Schadensersatzansprüche gegen einen accountant nach Section 11 (a) Securities Act nur dann möglich sind, wenn dieser der Öffentlichkeit gegenüber die Richtigkeit der geprüften Angaben bescheinigt hat (certification). Dagegen wurde eine Haftung des accountant für ungeprüfte Zwischenabschlüsse sowie den Comfort Letter stets verneint. Die SEC hat sich in einer Rule der Ansicht der Gerichte angeschlossen und die Haftung für ungeprüfte Zwischenabschlüsse nach Section 11 (a) Securities Act unter bestimmten Voraussetzungen ausgeschlossen. Es liegt nahe, die Rule der SEC auch auf Comfort Letter zu übertragen.

5. Soweit die Aussagen des Comfort Letter von dem Aussteller nicht der Öffentlichkeit mitgeteilt werden – was der Regelfall ist – kommen auch keine Schadensersatzansprüche der Anleger gegen den Aussteller gemäß Section 10 (b) Securities Exchange Act in Verbindung mit Rule 10b-5 in Betracht, da es insoweit an dem Tatbestandsmerkmal "in connection with the sale or purchase of a security" mangelt. Dahin gehende Schadensersatzansprüche der Anleger gegen den Aussteller setzen zudem ein vorsätzliches (scienter) oder zumindest leichtfertiges Handeln (recklessness) voraus. Ein leicht fahrlässiges Fehlverhalten (negligence) bei der Anfertigung des Comfort Letter reicht dagegen für eine Haftung nach Rule 10b-5 nicht aus. Darüber hinaus erfordert eine Haftung nach Rule 10b-5 eine täterschaftliche Mitwirkung (primary violation), während eine Teilnahmehandlung des Ausstellers (aiding and abetting liability/conspiracy/respondeat superior liability) nicht tatbestandsrelevant ist.

6. Schadensersatzansprüche der Anleger gegen den Aussteller des Comfort Letter aufgrund 18 U.S.C. Section 1962 (c) (Racketeer Influenced and Corrupt Practices Act) kommen nicht in Frage, solange der Aussteller von Handlungen Abstand nimmt, die den operation or management test des U.S.-Supreme Court verwirklichen könnten.

§ 6: Die Haftung des Ausstellers eines Comfort Letter gegenüber der Emissionsbank

A. Vertragliche Ansprüche (Law of Contracts)

Der Prüfungsvertrag über die Erteilung des Comfort Letter wird zwischen dem Aussteller und der emittierenden Gesellschaft geschlossen. Die Emissionsbank ist in den Prüfungsvertrag nur einbezogen, sofern es sich insoweit um einen Vertrag zu Gunsten Dritter (third party beneficiary contract) handelt[774]. Eine dem deutschen Recht vergleichbare Haftungsbegründung über einen stillschweigend vereinbarten Prüfungsvertrag (implied contract) durch direkte Kontaktaufnahme (direct communications) zwischen dem Aussteller und der Emissionsbank kennt das U.S.-amerikanische Recht nicht. Die Gerichte bewerten eine dahin gehende unmittelbare Kontaktaufnahme vielmehr ausschließlich im Rahmen eines deliktsrechtlichen Anspruchs aufgrund negligent misrepresentation. Sonstige vertragsrechtliche Haftungskonstruktionen, wie sie im deutschen Recht unter dem Gesichtspunkt der culpa in contrahendo als „dritter Spur" zwischen Vertrags- und Deliktshaftung oder eines Vertrags mit Schutzwirkung für Dritte bekannt sind, fehlen ebenfalls im U.S.-amerikanischen Recht.

I. Vertrag zu Gunsten Dritter (Third Party Beneficiary Contract)

Der Prüfungsvertrag zwischen dem Aussteller und der Emittentin kann ausnahmsweise zugunsten prüfungsvertragsfremder Dritter, insbesondere zugunsten der Emissionsbank geschlossen werden[775]. So hat das Berufungsgericht im Staat New York in der Entscheidung *Lawrence v. Fox* aus dem Jahre 1859 den third party beneficiary contract grundsätzlich anerkannt[776]. Ein eigener Schadensersatzanspruch der Emissionsbank aufgrund einer Vertragsverletzung (breach of contract) setzt voraus, dass die Emissionsbank Begünstigte (intended beneficiary) eines Leistungsversprechens ist, das der Versprechende (promisor) dem Versprechensempfänger (promisee) gibt[777]. Ein solches Leistungsversprechen zugunsten der Emissionsbank könnte dadurch erteilt werden, dass der Prüfungsvertrag die Emissionsbank ausdrücklich als begünstigte Partei bezeichnet. Im Übrigen erscheint es möglich, dass sich ein etwaiges Leistungsversprechen

---

774   Zur amerikanischen Vertragsrechtslehre *Goldwasser/Arnold*, § 3.2.1; *Hay*, Rn. 282 ff.

775   Vgl. *Hay*, Rn. 284.

776   *Lawrence v. Fox*, 20 N.Y. 268 (Ct. App. 1859).

777   Siehe *Pell v. Weinstein*, 759 F.Supp. 1107, 1119 (M.D.Pa. 1991), für das Verhältnis zwischen auditor und stockholders. Siehe zur Unterscheidung zwischen einem intended beneficiary und einem incidental beneficiary oben S. 117; *Causey*, § 6 (S. 175) m.w.N.

zugunsten der Emissionsbank aus den besonderen Umständen des Einzelfalls ergibt[778]. Der Drittbegünstigte braucht zwar in dem Vertrag nicht genau bezeichnet zu sein. Andererseits muss der Vertrag jedoch die Absicht der Vertragsparteien erkennen lassen, einem Dritten ein unmittelbares Leistungsrecht zu verschaffen[779]. Keine näheren Hinweise zu dieser Auslegungsfrage enthält der U.S.-amerikanische Standard SAS No. 72. Zudem existieren keine einschlägigen Entscheidungen.

Nach § 302 Restatement Second of Contracts, dessen Grundsätze heute in vielen Bundesstaaten von den Gerichten angewendet werden[780], ist bei der Auslegung eines Prüfungsvertrags maßgeblich auf den Willen des Ausstellers und der Emitttentin sowie auf den Zweck des Prüfungsvertrags abzustellen[781]. Die Emissionsbank könnte hiernach Begünstigte (intended beneficiary) sein, wenn sich die Verwendungsklausel (disclaimer) des Comfort Letter dahingehend interpretieren ließe, dass die Emissionsbank in den Prüfungsvertrag einbezogen worden ist. Diese Klausel lautet: "This letter is solely for the information of the addressees and to assist the underwriters in conducting and documenting their investigation of the affairs of the company in connection with the offering of the securities covered by the registration statement". Da die Emissionsbank nach dem U.S.-amerikanischen Standard SAS No. 72 Empfänger des Comfort Letter ist scheint eine dahin gehende Auslegung möglich[782]. Der Aussteller ist sich nämlich bei der Erteilung des Comfort Letter darüber im Klaren, dass dieser anlässlich der beabsichtigten Aktienemission verwendet wird und die Emissionsbank ihre Entscheidung über die Ausübung ihres Rechts zum Rücktritt von dem Aktienübernahmevertrag, u.a. von dem Inhalt des Comfort Letter, abhängig macht. Es liegt hiernach nahe, dass die Emissionsbank als Drittbegünstigte in den Prüfungsvertrag einbezogen ist.

---

778   *Forcier v. Cardello*, 173 B.R. 973, 985 (D.R.I. 1994) ("unless the parties to a contract explicitly state otherwise, or absent circumstances which clearly indicate that performance under the contract is for the benefit of a third party, the law presumes that parties enter into the contract for their own benefit"); *United States v. United States Auto. Association*, 968 F.2d 1000, 1001-02 (10th Cir. 1993); *Blu-J, Inc. v. Kemper C.P.A. Group*, 916 F.2d 637, 640 (11th Cir. 1990); *F.W. Hempel & Co. v. Metal World, Inc.*, 721 F.2d 610, 614 (7th Cir. 1983).

779   *Fireman's Fund Insurance Co. v. Glass*, 1997 U.S. Dist. LEXIS 7518 (S.D.N.Y. 1997); *Department of Economic Development v. Arthur Andersen & Co.*, 924 F.Supp. 449 (S.D.N.Y. 1996); *Blu-J Inc. v. Kemper C.P.A. Group*, 916 F.2d 637, 640 (11th Cir. 1990).

780   Siehe *Fireman's Fund Insurance Co. v. Glass*, 1997 U.S. Dist. LEXIS 7518 (S.D.N.Y. 1997); *Department of Economic Development v. Arthur Andersen & Co.*, 924 F.Supp. 449 (S.D.N.Y. 1996).

781   § 302 Restatement Second of Contracts lautet: (...) if recognition of a right to performance in the beneficiary is appropriate to effectuate the intentions of the parties (...); ausführlich hierzu oben S. 117.

782   AU § 634.25.

II. Prozessuale Probleme: Parol Evidence Rule

Für die drittbegünstigte Partei (Emissionsbank) kann sich das Problem stellen, dass der Nachweis der Drittberechtigung aus dem Prüfungsvertrag vor Gericht erheblich erschwert ist. Nach der parol evidence rule kann die Emissionsbank Beweismittel, insbesondere mündliche Erklärungen, die anlässlich der Vertragsverhandlungen gemacht wurden, in einem Prozess nur begrenzt vorbringen, wenn die schriftlich fixierte „endgültige Fassung" des Prüfungsvertrags eindeutige Hinweise enthält, dass die Drittberechtigung aus dem Vertrag abschließend geregelt worden ist (final expression of the agreement) und die Emissionsbank nicht begünstigt werden sollte[783]. Gerichte haben die parol evidence rule bereits in Prozessen zur Frage der Haftung von Wirtschaftsprüfern zugrundegelegt und klargestellt, dass der Dritte keine Beweismittel mehr über mündliche Erklärungen anbieten kann, aus denen sich die Drittbegünstigung ergeben soll, nachdem von den Parteien bereits ein endgültiger Vertrag geschlossen worden ist[784]. Wann letztlich eine solche „endgültige Fassung" des Prüfungsvertrags vorliegt wird von den Gerichten unter Würdigung sämtlicher Umstände des Einzelfalls, der vorausgegangenen Parteihandlungen sowie des in Frage stehenden „endgültigen Vertragstextes" bestimmt[785].

III. Weitere Voraussetzungen des Schadensersatzanspruchs

Die übrigen Voraussetzungen des breach-of-contract-Anspruchs wurden bereits ausführlich dargestellt[786]. Im Einzelnen wird verlangt, dass der Prüfungsvertrag zwischen dem Aussteller und der Emittentin rechtsverbindlich vereinbart worden ist, sein Inhalt konkretisiert und abschließend bestimmt ist, der Aussteller seinen Vertragspflichten ganz oder teilweise nicht nachgekommen (breach) und der Emissionsbank hierdurch ein Schaden (damage) entstanden ist, der in einem zurechenbaren Zusammenhang zur Vertragsverletzung steht[787]. Im konkreten Fall wird die Emissionsbank solche Vermögensschäden vom Aussteller ersetzt verlangen, die ihr infolge eines fehlerhaften Comfort Letter entstanden sind. Dies könnten vor allem Schadensersatzansprüche wegen einer möglichen Inanspruchnahme durch die Anleger sein, für die sie sich beim Aussteller schadlos halten möchte.

---

783 Siehe zum Problem *Causey*, § 6 (S. 159).
784 Vgl. *Software Design and Application Ltd. v. Price Waterhouse*, 49 Cal.App. 4th 464, 470 (Cal. App. 1996).
785 *Banco Do Brazil S.A. v. Latian, Inc.*, 234 Cal.App. 3d 973, 1002-03 (Cal. App. 1991).
786 Siehe oben S. 95.
787 *Goldwasser/Arnold*, § 3.2; *Causey*, § 6 (S. 157).

In den meisten Bundesstaaten wird die Emissionsbank einen Schadensersatzanspruch gegen den Aussteller wegen einer Vertragsverletzung im Zuge der Erfüllung des Vertrags (d.h. nach deutschem Rechtsverständnis wegen einer Schlechtleistung) nicht mit Erfolg durchsetzen können. Etwas anderes kann in diesen Staaten lediglich dann gelten, wenn ausdrückliche Vereinbarungen des engagement letter verletzt worden sind, was jeweils einer Einzelfallprüfung vorbehalten bleiben muss.

Ein breach-of-contract-Anspruch setzt keinen Nachweis einer reliance voraus[788]. Erforderlich ist jedoch ein Zurechnungszusammenhang zwischen dem Schaden der Emissionsbank und der Vertragsverletzung des Ausstellers (proximate causation oder causal relationship)[789]. Unter diesem Gesichtspunkt würde eine Haftung des Ausstellers wiederum entfallen, wenn die Aktienemission in jedem Falle stattgefunden hätte, also auch bei einem pflichtgemäß ausgestellten Comfort Letter[790]. Dem ist die im deutschen Recht unter dem Gesichtspunkt eines „pflichtgemäßen Alternativverhaltens des Schädigers" in Betracht kommende Unterbrechung des Zurechnungszusammenhangs vergleichbar.

IV. Fazit

Es ist mithin festzustellen, dass Schadensersatzansprüche der Emissionsbank gegenüber dem Aussteller wegen eines fehlerhaften Comfort Letter aufgrund eines Anspruchs gemäß einer breach of contract nur unter ganz engen Voraussetzungen in Betracht kommen können. So wird bereits eine aus dem Prüfungsvertrag abgeleitete stillschweigend erfolgte Drittbegünstigung der Emissionsbank in der Praxis selten sein, zumal die Interessenlage des Ausstellers einer solchen Annahme regelmäßig entgegenstehen dürfte. In den meisten Bundesstaaten ist ein vertraglicher Schadensersatzanspruch zudem ausgeschlossen, sofern eine Pflichtverletzung im Zuge der Erfüllung des Vertrags (Schlechtleistung) in Frage steht und keine ausdrücklich vereinbarten vertraglichen Pflichten verletzt worden sind. In diesen Bundesstaaten kann die Emissionsbank von vornherein nur auf der Basis der deliktsrechtlichen Anspruchsgrundlagen vom Aussteller Schadensersatz verlangen.

---

788 *Ackerman III v. Price Waterhouse*, 683 N.Y.S.2d 179 (App. Div. 1998); *Hendricks v. Thornton*, 973 S.W.2d 348, 360 (Tex. App. 1998); *Applied Coatings, Inc. v. Pugh & Company, P.C.*, 1997 WL 189349 (Tenn. App. 1997); *Causey*, § 6 (S. 156).

789 *Causey*, § 6 (S. 159); *Goldwasser/Arnold*, § 3.2.3.

790 Ähnlich lag der Sachverhalt *in re The Hawaii Corporation*, 567 F.Supp. 609, 630 (D. Haw. 1983): nach den Feststellungen des Gerichts hätte die Klägerin die Umstrukturierung des Unternehmens unabhängig von dem Inhalt des Comfort Letter in jedem Fall durchgeführt; ausführlich oben S. 107.

B. Deliktsrechtliche Ansprüche (Law of Torts)

I. Haftung für Fahrlässigkeit

Die Emissionsbank könnte vom Aussteller Schadensersatz aufgrund eines negligent-misrepresentation-Anspruchs verlangen. Die Anspruchsvoraussetzungen sind bereits an anderer Stelle dargestellt[791]. Zunächst bedarf es einer Klärung, welche haftungsrechtlichen Konsequenzen eine direkte Kontaktaufnahme zwischen Aussteller und Emissionsbank bei der Erteilung des Comfort Letter, die Adressierung des Comfort Letter an die Emissionsbank und die im Comfort Letter enthaltene Verwendungsklausel nach U.S.-amerikanischen Recht haben. Soweit die Emissionsbank nicht als Drittbegünstigte in den Prüfungsvertrag zwischen Emittentin und Aussteller einbezogen ist[792], muss wiederum berücksichtigt werden, dass im U.S.-amerikanischen Recht die Frage der Haftung für fahrlässig unrichtige Comfort Letter-Angaben gegenüber vertragsfremden Dritten, die nicht in privity of contract zum Aussteller stehen, kontrovers diskutiert wird[793]. Es gibt insbesondere drei unterschiedliche Ansätze die Haftung auszugestalten[794], wie bereits in Paragraph 5 ausführlich dargestellt[795].

1. Privity Rule

Der Bundesstaat New York und sechs weitere Staaten[796] folgen der privity rule und der near privity rule, bei der es maßgeblich auf den Kontakt zwischen dem Aussteller und der Emissionsbank ankommt. Nur wenn zwischen beiden eine direkte Kontaktaufnahme (direct communications) stattfindet und dem Aussteller bewusst ist, dass die Emissionsbank den Comfort Letter als Entscheidungsgrundlage einer Transaktion zugrunde legen möchte, besteht gegenüber diesem vertragsfremden Dritten auch eine Sorgfaltspflicht, deren Verletzung schadensersatzpflichtig machen kann. Der Oberste Gerichtshof in Nebraska hat ebenfalls entschieden, dass eine direkte Kontaktaufnahme zwischen einem Wirtschaftsprüfer und vertragsfremden Dritten eine stillschweigend vereinbarte Pflicht zum Schutz der Interessen des Dritten begründet[797].

---

791 Siehe oben S. 100.
792 Siehe zur Einbeziehung der Emissionsbank in den Prüfungsvertrag oben S. 157.
793 Die Abhandlungen in juristischen Fachzeitschriften sind entsprechend umfangreich, vgl. Nachw. oben Fn. 578, S. 121.
794 Vgl. *Ebke*, FS Sandrock, S. 243, 264; *Ebke/Struckmeier*, S. 11-24; *Quick/Baker*, RIW 1995, 474.
795 Siehe oben S. 121.
796 Connecticut, Idaho, Indiana, Maryland, Montana, Nebraska.
797 *St Paul Fire & Marine Ins. Co. v. Touche Ross & Co.*, 507 N.W.2d 275 (Neb. 1993).

2. Foreseeability-Doktrin

Die Gegenposition nehmen die Bundesstaaten Mississippi und Wisconsin ein, in denen eine Verantwortlichkeit des Ausstellers gegenüber allen „vorhersehbaren Drittparteien" (foreseeable third parties) möglich ist[798]. Der Aussteller kann in diesen beiden Bundesstaaten für fahrlässige Falschangaben im Comfort Letter in Anspruch genommen werden, wenn das potenzielle Vertrauen der Emissionsbank in die Richtigkeit des Comfort Letter vorhersehbar war[799].

3. Restatement of Torts

Die Gerichte in sechsundzwanzig Bundesstaaten vertreten demgegenüber eine vermittelnde Position, die sich an § 552 Restatement Second of Torts orientiert[800]. Hiernach kann der Aussteller gegenüber einer einzelnen Person oder einer begrenzten Personengruppe verantwortlich sein, deren „berechtigtes Vertrauen" vorhersehbar ist, und zwar auch dann, wenn die Identität dem Aussteller vorher nicht bekannt war[801]. Ein „berechtigtes Vertrauen" der Geschädigten wurde in anderen Fällen z.B. bejaht, wenn die Beklagte Informationen unmittelbar an die Anspruchssteller verbreitet hatte oder wenn sie zumindest wusste, dass die Empfänger der Informationen deren Weitergabe an die Geschädigten vorgesehen hatten[802]. Letztlich wird in allen U.S.-Bundesstaaten eine Pflicht des Ausstellers zum Schutz der Interessen der Emissionsbank anzunehmen sein. Aufgrund der direkten Kontaktaufnahme zwischen der Emissionsbank und dem Aussteller, der Adressierung des Comfort Letter an die Emissionsbank und der Verwendungsklausel, nach der die Emissionsbank ausdrücklich zur Verwendung des Comfort Letter berechtigt ist[803], dürfte es nicht auf die Frage ankommen, welcher Ansicht die Gerichte in dem entsprechenden Bundesstaat folgen.

---

798 Mississippi (*Touche Ross & Co. v. Commercial Union Ins. Co.*, 514 So.2d 315 (Miss. 1987)); Wisconsin (*Citizens State Bank v. Timm, Schmidt & Co.*, 113 Wis.2d 376, 335 N.W.2d 361 (Wis. 1983); *Grove Holding Corp. v. First Wisconsin Bank of Sheboygan*, 803 F.Supp. 1486 (E.D.Wis. 1992)); siehe zur Entstehung der foreseeability-Doktrin Ebke, FS Trinkner, S. 493, 506 f.; *Gormley*, 14 Seton Hall L.Rev. 528, 548-558 (1984); *Goldwasser/Arnold*, § 4.2.1.

799 Vgl. *Ebke*, FS Trinkner, S. 493, 507 m.w.N.

800 *Causey*, § 8 (S. 219), mit Übersicht der Rechtsprechung der dem Restatement Second of Torts folgenden 26 Staaten (S. 221).

801 Siehe *Goldwasser/Arnold*, § 4.2.1.

802 *First Florida Bank, N.A. v. Max Mitchell & Co.*, 558 So.2d 9, 16 (Fla. 1990); *Amwest Surety Ins. Co. v. Ernst & Young*, 677 So.2d 409 (Fla. App. 1996); *Ryan v. Kanne*, 170 N.W.2d 395, 398-99 (Iowa 1969).

803 AU § 634.61; vgl. oben Fn. 233, S. 63.

4. Weitere Anspruchsmerkmale

Die Gerichte in den USA setzen bei einem Anspruch aufgrund einer negligent-misrepresentation im Übrigen voraus, dass die Emissionsbank ein bei ihr entstandenes „berechtigtes Vertrauen" (justifiable reliance) in die Darstellungen des Ausstellers nachweist[804]. Bei der Prüfung dieser Voraussetzung muss die von der Emissionsbank durchgeführte eigene Due-Diligence-Prüfung berücksichtigt werden, bei der diese eigene detaillierte Kenntnisse über die Geschäftstätigkeiten sowie die Finanzdaten der Emittentin erlangt hat. Der Begründung eines „berechtigtes Vertrauens" der Emissionsbank können andererseits die im Comfort Letter enthaltenen Warnhinweise und eingeschränkten Aussagen des Ausstellers entgegenstehen. So kann nach Ansicht des erstinstanzlichen Bundesgerichts für den Südlichen Bezirk von New York aufgrund der im Comfort Letter enthaltenen umfassenden Warnhinweise und der eingeschränkten Aussagen des Ausstellers zu den Finanzdaten der Emittentin eine justifiable reliance nicht entstehen[805]. Die Entscheidung ist zwar zur Haftung nach Section 10 (b) Securities Exchange Act in Verbindung mit Rule 10b-5 ergangen. Aufgrund der identischen Interessenlage muss jedoch die Anspruchsvoraussetzung der (justifiable) reliance in gleicher Weise für den negligent-misrepresentation-Anspruch gelten[806].

5. Fazit

Die Emissionsbank kann im Falle eines fahrlässigen Verhaltens des Ausstellers einen Schadensersatzanspruch diesem gegenüber auch dann geltend machen, wenn sie im konkreten Fall nicht in den Prüfungsvertrag zwischen Aussteller und Emittentin einbezogen wurde. Die vorstehenden Ausführungen machen gleichwohl deutlich, dass bei einem Anspruch aus negligent misrepresentation hohe Voraussetzungen erfüllt sein müssen. Aufgrund der im Comfort Letter enthaltenen Warnhinweise und eingeschränkten Aussagen des Ausstellers wird eine Haftung des Ausstellers nur in ganz engen Grenzen begründbar sein.

---

804 *Ebke/Siegel*, Sonderbeilage Nr. 2, WM 2001, S. 13; *Causey*, 57 Miss.L.J. 379, 413 (1987); *Shroyer*, S. 70; *Causey*, § 6 (S. 168, 171); *Goldwasser/Arnold*, §§ 5.2.5, 4.1.2.
805 *CL Alexanders Laing & Cruickshank v. Goldfeld*, 739 F.Supp. 158, 162 (S.D.N.Y. 1990); ausführlich oben S. 148.
806 Vgl. *Goldwasser/Arnold*, § 5.2.5.

II. Arglistige Täuschung (Fraudulent Misrepresentation)

Die Anspruchsgrundlage der fraudulent misrepresentation ist bereits ausführlich an anderer Stelle behandelt worden[807]. Hiernach wird eine Haftung des Ausstellers gegenüber den Emissionsbanken vor allem unter dem Gesichtspunkt eines fehlenden leichtfertigen (reckless) oder vorsätzlichen (scienter) Handelns sowie einer fehlenden Täuschungsabsicht (intent to induce action) des Ausstellers in der Regel kaum zu begründen sein. Zudem würde eine Haftung des Ausstellers gegenüber der Emissionsbank voraussetzen, dass diese im „berechtigten Vertrauen" (justifiable reliance) auf die Angaben des Ausstellers eine Vermögensverfügung vornimmt, die zu einem Vermögensschaden (pecuniary damage) führt. In diesem Zusammenhang sind wiederum die Warnhinweise des Comfort Letter und die infolge der eigenen Due-Diligence-Prüfung der Emissionsbank vorhandenen Kenntnisse über die wirtschaftlichen Verhältnisse der Emittentin zu berücksichtigen[808]. Die bisher in den USA entschiedenen Fälle professioneller Finanzinvestoren, die über einen eigenen vertieften Einblick in das Unternehmen der fraglichen Transaktion verfügten, legen es nahe, dass die Gerichte eine justifiable reliance der Emissionsbank verneinen dürften[809]. Das Bundesberufungsgericht für den Fünften Bezirk hat die Behauptung eines institutionellen Anlegers, er habe den Aussagen der beklagten Wirtschaftsprüfungsgesellschaft vertraut, obwohl er nach den Feststellungen des Gerichts umfassende eigene Kenntnisse besaß, als „schlichtweg unglaubwürdig" (simply incredible) bezeichnet und die Klage abgewiesen[810]. Nach alledem ist das Haftungsrisiko für den Aussteller im Ergebnis als gering anzusehen.

C. Haftung für falsche oder unvollständige Angaben im Comfort Letter nach Section 10 (b) Securities Exchange Act i.V.m. mit Rule 10b-5

Ansprüche der Emissionsbank gegen den Aussteller könnten sich schließlich auch aus Section 10 (b) Securities Exchange Act in Verbindung mit Rule 10b-5 ergeben. Die einzelnen Anspruchsvoraussetzungen sind bereits an anderer Stelle dargestellt[811]. Hier sei lediglich noch einmal darauf hingewiesen, dass das erstinstanzliche Bundesgericht

---

807   Siehe oben S. 104 und S. 127.
808   Siehe *CL Alexanders Laing & Cruickshank v. Goldfeld*, 739 F.Supp. 158, 162 (S.D.N.Y. 1990); ausführlich oben S. 148.
809   Siehe *Rotterdam Ventures, Inc. v. Ernst & Young LLP*, 300 A.D.2d 963, 966 (N.Y.App. 2002); ausführlich zum Sachverhalt oben S. 128; *Scottish Heritable Trust v. Peat Marwick Main & Co.*, 81 F.3d 606, 615 (5th Cir. 1996), *cert. denied*, 117 S.Ct. 182 (1996); *in re The Hawaii Corporation*, 567 F.Supp. 609, 627 (D. Haw. 1983); ausführlich zum Sachverhalt oben S. 107.
810   *Scottish Heritable Trust v. Peat Marwick Main & Co.*, 81 F.3d 606, 615 (5th Cir. 1996), *cert. denied*, 117 S.Ct. 182 (1996).
811   Siehe oben S. 64 und S. 139.

für den Südlichen Bezirk von New York die erforderliche Vertrauensgrundlage (reliance) eines Investors in dem Fall sehr stark eingeschränkt hat, in dem der Aussteller dem Comfort Letter explizit eine Verwendungsklausel (disclaimer) beifügt hatte und der Investor bezüglich der Transaktion ein hohes Maß an eigener Sachkunde besaß[812]. Überträgt man diesen Bewertungsmaßstab auf das Verhältnis zwischen Aussteller und Emissionsbank, so führt dies dazu, dass auch die Emissionsbank generell den Angaben des Comfort Letter nur sehr begrenzt vertrauen kann, da der Aussteller nach dem U.S.-amerikanischen Standard SAS No. 72 den Comfort Letter mit dem Vorbehalt der Verwendungsklausel versieht und die Emissionsbank infolge der eigenen Due-Diligence-Prüfung des emittierenden Unternehmens über dasselbe eingehend informiert ist. Außerdem sind die vorstehend im Rahmen der fraudulent misrepresentation gegebenen Hinweise zur justifiable reliance entsprechend zu berücksichtigen[813].

D.   Zwischenergebnis

1.   Die Emissionsbank kann in Ausnahmefällen als Drittberechtigte in den Prüfungsvertrag zwischen Aussteller und Emittentin einbezogen sein, sofern ein Gericht ausnahmsweise die Verwendungsklausel des Comfort Letter und die Stellung der Emissionsbank als Empfängerin des Comfort Letter entsprechend zu ihren Gunsten auslegt. Allerdings kommt der Nachweis einer Drittberechtigung aus dem Prüfungsvertrag vor Gericht nur innerhalb der engen Grenzen der parol evidence rule in Betracht. Im Übrigen ist in den meisten Bundesstaaten ein Schadensersatzanspruch der Emissionsbank in den Fälle einer Vertragsverletzung im Zuge der Erfüllung des Prüfungsvertrags (Schlechtleistung) nur möglich, wenn die Emissionsbank eine Verletzung ausdrücklicher Vereinbarungen des engagement letter zu rügen vermag.

2.   Auch soweit die Emissionsbank nicht als Drittberechtigte in den Prüfungsvertrag zwischen Aussteller und Emittentin einbezogen ist, kann sie aber einen deliktsrechtlichen Schadensersatzanspruch im Falle fahrlässigen Verhaltens des Ausstellers geltend machen. Eine fehlende privity of contract stellt mithin kein Hindernis für den negligent-misrepresentation-Anspruch dar. Dem Anspruch aus negligent misrepresentation stehen jedoch im Übrigen hohe Hürden entgegen. Angesichts der im Comfort Letter enthaltenen Warnhinweise und eingeschränkten Aussagen des Ausstellers und der seitens der Emissionsbank durchgeführten Due-Diligence-Prüfung kommt eine Verantwortlichkeit des Ausstellers daher nur in Ausnahmefällen in Betracht.

812   *CL Alexanders Laing & Cruickshank v. Goldfeld*, 739 F.Supp. 158, 162 (S.D.N.Y. 1990); ausführlich oben S. 148.
813   Siehe oben S. 164.

3. Ein Schadensersatzanspruch der Emissionsbank gegenüber dem Aussteller aufgrund einer fraudulent misrepresentation setzt zwar kein vorsätzliches Handeln des Ausstellers mehr voraus, sondern kann bereits bei leichtfertigem oder grobfahrlässigem Verschulden in Betracht kommen. Für die hier interessierenden Fälle eines leicht fahrlässigen Verhaltens (negligence) des Ausstellers bei der Erteilung des Comfort Letter kann ein Anspruch aber nicht entstehen. Ein „berechtigtes Vertrauen" (justifiable reliance) der Emissionsbank wird überdies im Regelfall nicht vorliegen.

4. Schadensersatzansprüche der Emissionsbank gemäß Section 10 (b) Securities Exchange Act in Verbindung mit Rule 10b-5 kommen nur bei schuldhaftem Verhalten des Ausstellers in Frage. Ein leicht fahrlässiges Fehlverhalten (negligence) bei der Ausstellung des Comfort Letter vermag eine Haftung nach Rule 10b-5 nicht auszulösen. Ein „berechtigtes Vertrauen" (reliance) der Emissionsbank ist im Regelfall wiederum nicht gegeben.

Dritter Teil: Die Haftung für die Ausstellung von Comfort Letters nach deutschem Recht

Im dritten Teil der Arbeit wird die Haftung des Ausstellers in Deutschland untersucht. Der Aussteller des Comfort Letter, in der Regel ein Wirtschaftsprüfer[814], könnte bei pflichtwidriger und schuldhafter Verletzung seiner Pflichten zum Schadensersatz verpflichtet sein. Ansprüche können sich aus dem der Comfort Letter-Ausstellung zugrundeliegenden Prüfungsvertrag in Verbindung mit den Grundsätzen der Berufshaftung, aus deliktsrechtlichen Anspruchsgrundlagen sowie aus der „Prospekt- und Investorennähe" des Ausstellers ergeben.

§ 7: Die Haftung des Ausstellers eines Comfort Letter gegenüber der Emittentin

A. Haftung nach § 323 Abs. 1 Satz 3 HGB

In der Praxis wird die Erstellung des Comfort Letter regelmäßig vom Abschlussprüfer der Emittentin verlangt[815]. Zentrale Anspruchsgrundlage der Wirtschaftsprüferhaftung ist § 323 Abs. 1 Satz 3 HGB[816]. Das Handelsgesetzbuch als Sonderprivatrecht regelt in § 323 Abs. 1 Satz 3 die Haftung des Wirtschaftsprüfers für die gesetzlich vorgeschriebene Jahresabschlussprüfung. Für andere dem Wirtschaftsprüfer nach § 2 WPO übertragene Aufgaben existiert keine sonderprivatrechtliche Haftungsnorm[817]. Bei der Ausstellung eines Comfort Letter durch den Wirtschaftsprüfer handelt es sich nicht um einen Pflichtprüfungsfall im Sinne von §§ 316 ff. HGB. Diese Aufgabe ist vielmehr als eine dem Wirtschaftsprüfer nach § 2 Abs. 1 WPO übertragene betriebswirtschaftliche Prüfungstätigkeit anzusehen. Deshalb ist für Haftungsfragen im Zusammenhang mit der Ausstellung des Comfort Letter § 323 Abs. 1 Satz 3 HGB nicht anzuwenden[818].

In Frage kommt daher allenfalls eine analoge Anwendung der Norm. Die Voraussetzungen für die Analogiefähigkeit einer Rechtsnorm ergeben sich aus der Feststellung

---

814 Selbstverständlich können auch andere Personen einen Comfort Letter ausstellen. Wie jedoch *Ostrowski/Sommerhäuser*, WPg 2000, 961, 968 festgestellt haben, ist der Aussteller in der überwiegenden Zahl der Transaktionen der gesetzliche Abschlussprüfer.
815 Vgl. *Ostrowski/Sommerhäuser*, WPg 2000, 961, 968.
816 *Geuer*, S. 57.
817 MünchKomm HGB/*Ebke*, § 323, Rn. 14; *Ebke/Scheel*, WM 1991, 389; *Ebke/Gehringer*, Anm. zu BGH Urt. v. 26.9.2000, WPK-Mitt. 2001, 78, 83.
818 Dies gilt sogar für die in der Praxis vor Inkrafttreten des IDW PS 910 vereinzelt aufgetretenen Fälle, in denen der Bestätigungsvermerk (§ 322 Abs. 1 HGB) in dem Comfort Letter vollständig oder teilweise wiedergegeben wurde.

einer planwidrigen Lücke im Gesetz und einer Vergleichbarkeit der zugrundeliegenden Lebenssachverhalte[819]. Die ganz herrschende Auffassung in der Literatur[820] verneint bereits das Vorliegen einer planwidrigen Lücke im HGB für die Haftung bei freiwilligen Prüfungen unter Hinweis darauf, dass eine analoge Anwendung auf freiwillige Prüfungstätigkeiten selbst dann nicht in Frage steht, wenn die gesetzlich nicht vorgeschriebene Prüfung eines Jahres- oder Konzernabschlusses nach Art, Gegenstand und Umfang einer gesetzlichen Abschlussprüfung entspricht und ein § 322 Abs. 1 HGB nachgebildeter Bestätigungsvermerk erteilt wird[821]. Eine analoge Anwendung der Norm auf Pflichtverletzungen des Ausstellers kommt nicht in Betracht, selbst wenn seine Untersuchungshandlungen nach ihrem Inhalt und Umfang ausnahmsweise einer vollständigen Abschlussprüfung entsprechen sollten[822]. Im Übrigen ist eine Analogie ausgeschlossen, soweit der Comfort Letter den Bestätigungsvermerk in seinem Wortlaut oder in Teilen davon mittelbar oder unmittelbar wiederholt. Zudem ist die Norm nicht entsprechend auf solche Konstellationen anzuwenden, in denen die aufklärenden Untersuchungshandlungen zur Erteilung des Comfort Letter im Zusammenhang oder während einer laufenden Pflichtprüfung erfolgen[823].

B. Prüfungsvertragliche Ansprüche

Der Vertrag über die Ausstellung des Comfort Letter ("Prüfungsvertrag") kommt zwischen dem Aussteller und der Emittentin zustande[824]. Ist der Comfort Letter unzutreffend oder unvollständig, können die Pflichten aus dem Prüfungsvertrag verletzt und der Aussteller zum Schadensersatz verpflichtet sein. Denkbar sind auch Ansprüche aufgrund einer verspäteten Ausstellung des Comfort Letter und wegen Unmöglichkeit der Ausstellung eines solchen. Auf diese Konstellationen soll hier jedoch nicht näher eingegangen werden.

---

819   Vgl. *Larenz*, S. 370 ff.; *Rüthers*, § 23 (Rn. 832 ff.).
820   BeckBilKomm/*Winkeljohann/Hellwege*, § 323 Rn. 165; *Adler/Düring/Schmaltz*, § 323 Rn. 9; *Baumbach/Hopt*, § 323 Rn. 6; MünchKomm HGB/*Ebke*, § 323 Rn. 14; *Pohl*, Sonderheft WPK-Mitt. 04/1996, S. 3.
821   MünchKomm HGB/*Ebke*, § 323 Rn. 14; *Ebke/Gehringer*, Anm. zu BGH Urt. v. 26.9.2000, WPK-Mitt. 2001, 78, 83; a.A. LG Mönchengladbach (31.5.1990) NJW-RR 1991, 415, 416 (freiwillige Jahresabschlussprüfung).
822   *Ebke/Siegel*, Sonderbeilage Nr. 2, WM 2001, S. 14.
823   *Ebke/Siegel*, Sonderbeilage Nr. 2, WM 2001, S. 14; IDW PS 910, WPg 2004, 342, 344 (Tz. 13).
824   Siehe zur Frage einer möglichen Drittberechtigung des zwischen Emittentin und Aussteller vereinbarten Prüfungsvertrags unten S. 202.

I. Anspruch auf Schadensersatz statt der Leistung (§§ 634 Nr. 4, 280, 281, 636
BGB)

1. Rechtsnatur des Prüfungsvertrags

Die rechtliche Einordnung des zwischen der Emittentin und dem Aussteller geschlossenen Prüfungsvertrags erfolgt nach den gleichen Grundsätzen wie Steuerberater- und
Anwaltverträge[825]. In erster Linie ist die Vereinbarung mit dem Mandaten zu bewerten[826], die nach dem Parteiwillen auszulegen ist[827]. Lässt sich anhand der Mandatsvereinbarung keine Einordnung vornehmen, so gilt als Leitlinie, dass es sich bei einer
dauerhaften und zeitlich unbefristeten Tätigkeit[828] um einen Dienstvertrag mit Ge-
schäftsbesorgungscharakter handelt (§§ 611, 675 BGB)[829], bei dem nicht ein bestimmter Erfolg, sondern die diesen herbeiführende Tätigkeit geschuldet wird. Andererseits ist
die „klassische" Prüfungstätigkeit, der Kernbereich der Wirtschaftsprüfertätigkeit, als
werkvertragliche Geschäftsbesorgung einzuordnen (§§ 631, 675 BGB). Beim Werkvertrag handelt es sich um einen gegenseitigen Vertrag, durch den sich der Unternehmer
zur Herstellung eines versprochenen Werkes im Austausch gegen die Leistung einer
Vergütung durch den Besteller verpflichtet[830]. Der geschuldete Werkerfolg kann auch
ein unkörperliches Arbeitsergebnis wie die Erstattung eines Gutachtens sein[831]. Bei
Prüfungsdienstleistungen steht die vereinbarte abgeschlossene Einzelleistung im Vordergrund, für deren Erbringung der Wirtschaftsprüfer nach der Vereinbarung oder der
Interessenlage einzustehen hat[832]. Das Rechtsverhältnis zwischen Emittentin und

825 *Hirte*, S. 57; *Lange*, Sonderbeilage Nr. 2, WM 1988, S. 15; MünchKomm BGB/*Heermann*, § 675
     Rn. 47. Die Einordnung des Rechtsverhältnisses zwischen Emittentin und Aussteller ist vor allem
     hinsichtlich der Primärleistung relevant. Der Aussteller haftet beim Werkvertrag für Mängel bei
     der Ausstellung des Comfort Letter (§ 634 Nr. 3 und 4 BGB) und der Emittentin steht ein Nacher-
     füllungsanspruch (§ 635 Abs. 1 BGB) sowie ein Recht auf Rücktritt zu. Der Aussteller ist vorleis-
     tungspflichtig (§§ 631 Abs. 1, 320 BGB).
826 MünchKomm BGB/*Heermann*, § 675 Rn. 47, Rn. 33; Soergel/*Häuser/Welter*, § 675 Rn. 467.
827 Vgl. Palandt/*Heinrichs*, § 133 Rn. 7; IDW PS 910, WPg 2004, 342, 343 (Tz. 10) geht von einem
     Auftragsverhältnis aus, soweit das Vertragsverhältnis mit dem Wirtschaftsprüfer entsprechend
     dem IDW PS 220, WPg 2001, 895 ff. vereinbart wird.
828 Vgl. BGHZ 78, 335, 337; BGH WM 1988, 763, 764 (Steuerberater).
829 BGHZ 54, 106, 107 f. (Wahrnehmung der steuerlichen Interessen); BGH NJW 1967, 719, 720
     (Anwaltvertrag).
830 Palandt/*Sprau*, Einf. v. § 631 Rn. 1.
831 BGH BB 1995, 170, 171.
832 BGH WM 1988, 763, 764 (vom Steuerberater zu erstellende steuerliche Bilanz); ähnlich OLG
     Saarbrücken (12.7.1978) BB 1978, 1434 (Erstellung einer Jahresbilanz).

Aussteller weist Werkvertragscharakter auf[833], da die Erarbeitung eines Prüfungsergebnisses bzw. Gutachtens im weiteren Sinne vereinbart ist[834].

2. Unterscheidung zwischen Mangelschäden und Mangelfolgeschäden

Bei der Geltendmachung von Schadensersatzansprüchen der Emittentin gegenüber dem Aussteller eines fehlerhaften Comfort Letter ist zu unterscheiden zwischen den von der Emittentin erlittenen Mangelschäden und den Mangelfolgeschäden, da für beide Schadensarten unterschiedliche Anspruchsgrundlagen in Betracht kommen[835]. Mangelschäden sind die in dem Comfort Letter selbst liegenden Schäden, die im Falle einer erfolgreichen Nacherfüllung nicht entstanden wären. Die Emittentin macht insoweit den Ersatz der Schäden geltend, die durch die Nacherfüllung hätten ausgeglichen werden können. Anspruchsgrundlage ist insoweit § 634 Nr. 4 BGB in Verbindung mit §§ 636, 280, 281 BGB. Hierzu gehören insbesondere die Aufwendungen der Emittentin, die zur Erstellung des Comfort Letter bzw. zur Beseitigung seiner Mängel angefallen sind. Mangelfolgeschäden sind demgegenüber die Schäden, die – vielfach erst zu einem späteren Zeitpunkt – aufgrund weiterer Vermögensdispositionen zu einem Vermögensschaden der Emittentin geführt haben und durch die Nacherfüllung naturgemäß nicht mehr beseitigt werden können[836]. Hierzu gehören auch Schadensersatzansprüche

---

833 Siehe abweichend für die Rechtslage in der Schweiz *Herzog/Amstutz*, ST 2000, 757, 759. Nach ihrer Ansicht liegt der „Wert der vom Wirtschaftsprüfer erbrachten Leistung nicht im Papier, im Ergebnis, sondern in den im Hinblick darauf vorgenommenen Abklärungen. (...) Der Vertrag zur Erstellung des Comfort Letter ist deshalb als Auftrag zu qualifizieren."

834 OLG Saarbrücken, BB 1978, 1434, 1436: „Sind konkrete Einzelleistungen eines Wirtschaftsprüfers Gegenstand mit diesem abgeschlossenen Vertrags, ohne dass eine Dauerberatung vorliegt, so ist auf den Vertrag Werkvertragsrecht anwendbar."; BGH WM 1988, 763, 764: „Um einen Werkvertrag kann es sich handeln, wenn lediglich konkrete Einzelleistungen, z.B. die Anfertigung bestimmter Bilanzen geschuldet werden."; BGH NJW 2000, 1107=WPK-Mitt 2000, 129, 130: „Das zwischen den Parteien bestehende Vertragsverhältnis (Anm. d. Verf.: gerichtet auf die Erstellung von Jahresabschlüssen) ist als Werkvertrag anzusehen. Es betrifft fest umrissene Leistungsgegenstände und nicht eine allgemeine, laufende Tätigkeit, was für die Einordnung als Werkvertrag genügt."; BGH JZ 2001, 933, 934=WPK-Mitt 2001, 78, 79 f., nimmt ebenfalls einen Werkvertrag für die freiwillige Erstellung eines Testats einer Kapitalanlagegesellschaft an, eine Begründung wird allerdings nicht gegeben. Insoweit kritisch *Ebke/Gehringer*, Anm. zu BGH Urt. v. 26.9.2000, WPK-Mitt. 2001, 78, 85; zuletzt BGH WPK-Mitt. 2002, 271, 273 (Buchhaltungsarbeiten des Wirtschaftsprüfers).

835 Palandt/*Heinrichs*, § 280 Rn. 18; *Henssler/Dedek*, WPK-Mitt. 2002, 278, 280; Dauner-Lieb/Heidel/Ring/Raab, § 2 Rn. 36; § 9 Rn. 63; *Huber/Faust*, S. 445, unter Hinweis auf *Roth*, JZ 2001, 543, 549.

836 Siehe RGZ 64, 41,44 (fehlerhafte Grundstückstaxe, die erst zu einem späteren Schaden führte und für deren Ersatzanspruch § 638 BGB nicht einschlägig war); RGZ 115, 122, 125 (fehlerhafte Kreditauskunft, die zu einem späteren Schaden infolge der Veräußerung von Wertpapieren als „selbstständiges Ereignis" führte); BGH NJW 1965, 106, 107 (anwaltliche Rechtsauskunft unter Berufung auf RGZ 64, 41 ff. und RGZ 115, 122 ff.); BGHZ 67, 1, 9 f. (Grundstückswertermittlung unter Berufung auf RGZ 64, 41 ff. und RGZ 115, 122 ff.); BGHZ 87, 239, 243 (tierärztlicher Untersuchungsbefund, der „selbstständige wirtschaftliche Bedeutung" hatte); siehe auch Soergel/*Teichmann*, § 635 Rn. 21.

Dritter, denen die Emittentin möglicherweise aufgrund eines fehlerhaften Comfort Letter ausgesetzt sein könnte. Die früher auf die Positive Vertragsverletzung (PVV) gestützte ergänzende Pflicht zum Ersatz der Schäden an anderen Rechtsgütern („Integritätsinteresse") hat ihre Anspruchsgrundlage nunmehr in § 280 Abs. 1 BGB[837].

3. Besondere Voraussetzungen für den Anspruch auf Schadensersatz statt der Leistung (§§ 634 Nr. 4, 636, 280, 281 BGB)

Soweit die Emittentin aufgrund eines fehlerhaften Comfort Letter den Anspruch auf Schadensersatz statt der Leistung gegenüber dem Aussteller des Comfort Letter geltend macht, kommen zu ihren Gunsten die dem Besteller eines Werks nach § 634 BGB zustehenden Rechte in Betracht. Die Vorschrift greift grundsätzlich erst ab der Abnahme des vertragsmäßig hergestellten Werks (§ 640 BGB)[838]. Der Aussteller muss mithin die Arbeiten zwecks Erstellung des Comfort Letter beendet und zu erkennen gegeben haben, dass er das Ergebnis seiner Tätigkeit als das vertragsgemäße Werk ansieht; die Emittentin muss das Werk als solches entgegengenommen haben. Für die dem Besteller eines mangelhaften Werks gemäß § 634 Nr. 4 BGB zustehenden Rechte gilt, dass dieser gegenüber dem Werkunternehmer zunächst grundsätzlich nur den Nacherfüllungsanspruch nach § 635 Abs. 1 BGB unter Setzung einer angemessenen Frist geltend machen kann. Die Emittentin, die den Aussteller unter Fristsetzung zur Nacherfüllung auffordert, dürfte damit allerdings nur geringe Erfolgsaussichten haben, da aufgrund des engen Zeitrahmens einer Kapitalmarkttransaktion in der Praxis vielfach keine Möglichkeit mehr besteht, die Mängel eines Comfort Letter nachträglich noch zu beheben. Im Übrigen dürfte angesichts der inzwischen verstrichenen Zeit kaum noch ein Interesse der Emittentin an der Mangelbeseitigung bestehen.

Es stellt sich mithin die Frage, ob die Emittentin – ohne Nacherfüllungsbegehren – unmittelbar einen Anspruch auf Schadensersatz statt der Leistung (§§ 634 Nr. 4, 636, 280, 281 BGB) gegenüber dem Aussteller geltend machen kann. Nach § 636, 3. Alt. BGB ist eine Fristsetzung zur Nacherfüllung u.a. dann entbehrlich, wenn sie dem Besteller unzumutbar ist, was u.a. dann der Fall sein dürfte, wenn die Emittentin aufgrund der Zeit, die bis zum Bekanntwerden des Mangels des Comfort Letter verstrichen ist, an der Nacherfüllung kein Interesse mehr hat[839].

---

837 Palandt/*Sprau*, § 634 Rn. 8; BeckBilKomm/*Winkeljohann/Hellwege*, § 323 Rn. 165; BGH JZ 2001, 933 = WPK-Mitt 2001, 78, geht pauschal von einem „Schadensersatz aus Werkvertrag" aufgrund einer „mangelhaften Durchführung des Prüfungsauftrages" bzw. einer „Verletzung von Hinweis- und Aufklärungspflichten gegenüber den Auftraggebern" aus. Eine Anspruchsgrundlage wird nicht angegeben, die Frage war allerdings in dem Sachverhalt auch nicht streitentscheidend; zum Ganzen auch Palandt/*Heinrichs*, § 280 Rn. 18.

838 Palandt/*Sprau*, Vor § 633 Rn. 7; Palandt/*Heinrichs*, § 280 Rn. 17 .

839 Vgl. BGH NJW-RR 1993, 560 zu § 634 Abs. 2 BGB a.F.; siehe zu weiteren Fallgruppen der Entbehrlichkeit der Fristsetzung nach § 636 Palandt/*Sprau*, § 636 Rn. 14-16.

Darüber hinaus ist eine Fristsetzung gemäß § 281 Abs. 2, 2. Alt. BGB auch bei Vorliegen besonderer Umstände, die unter Abwägung der beiderseitigen Interessen die sofortige Geltendmachung des Schadensersatzanspruchs rechtfertigen, entbehrlich. Die Tatbestandsvoraussetzungen liegen nach der Gesetzesbegründung vor, wenn der Schuldner bei einem Just-in-Time-Vertrag nicht fristgerecht leistet[840]. Unter einem Just-in-Time-Vertrag – auch „relatives Fixgeschäft" genannt[841] – sind solche Verträge zu verstehen, deren Leistungsinhalt auf einen fest vereinbarten Zeitpunkt fixiert ist. Hierunter ist im konkreten Fall auch ein Prüfungsvertrag zu verstehen, der den Termin der Erteilung des Comfort Letter ausdrücklich bezeichnet.

Unter den Voraussetzungen des allgemeinen Leistungsstörungsrechts (§§ 280 Abs. 1 u. 3, 281 Abs. 1 BGB) kann die Emittentin einen Anspruch auf Schadensersatz statt der Leistung gegenüber dem Aussteller für einen mangelhaften Comfort Letter geltend machen, wobei die Übergabe des mangelhaften Comfort Letter die Pflichtverletzung begründet. Wahlweise kann die Emittentin nach §§ 634 Nr. 4, 284 BGB anstelle des Schadensersatzes statt der Leistung den Ersatz der Aufwendungen verlangen, die sie im Vertrauen auf den Erhalt des Comfort Letter gemacht hat[842].

II.   Schadensersatz wegen Pflichtverletzung (§ 280 Abs. 1 BGB)

Ein Anspruch der Emittentin gegen den Aussteller des fehlerhaften Comfort Letter auf Ersatz der ihr durch diesen zugefügten Mangelfolgeschäden stützt sich unmittelbar auf § 280 Abs. 1 BGB. Ein dahin gehender Anspruch setzt voraus, dass der Aussteller bei der Erstellung des Comfort Letter eine vertragliche Pflicht verletzt hat, diese Handlung rechtswidrig und schuldhaft war und der Emittentin dadurch ein Schaden entstanden ist.

1.   Pflichtverletzung

Nach der Art der Leistungsstörung lassen sich drei Typen von Pflichtverletzungen unterscheiden: Nichterfüllung einer vertraglichen Leistungspflicht, Schlechterfüllung einer vertraglichen Leistungspflicht und Verletzung von Nebenpflichten[843]. Bei der Erteilung eines fehlerhaften oder unvollständigen Comfort Letter an die Emittentin, kommt eine Schlechterfüllung vertraglicher Leistungspflichten in Betracht. Der Aussteller erbringt seine Leistung zwar „gegenständlich", jedoch in einer Weise, die der Emittentin neben der durch Qualitätsdefizite bewirkten Äquivalenzverschiebung einen

---

840   BT-Drs. 14/6040, S. 140; Palandt/*Sprau*, § 281 Rn. 15.
841   *Fikentscher*, § 45 IV 4.
842   BGH NJW 2005, 2848; Palandt/*Sprau*, § 284 Rn. 3; MünchKomm BGB/*Busche*, § 634 Rn. 71.
843   Palandt/*Heinrichs*, § 280 Rn. 12; Staudinger/*Otto*, § 280 Rn. C7 – C20.

Mangelfolgeschaden zufügt. Ausgangspunkt ist mithin die Klärung, welche Prüfungspflichten der Aussteller gegenüber der Emittentin übernommen hat.

a) Pflichtenprogramm

Die Pflichten, denen ein Aussteller gegenüber der Emittentin unterliegt, ergeben sich aus dem konkreten Auftrag, fernerhin aus dem Gesetz sowie den standesrechtlichen Vorschriften[844]. Der Inhalt des Pflichtenprogramms eines Ausstellers ist in erster Linie durch das individualvertraglich vereinbarte Leistungsprogramm bestimmt. Die Vertragsfreiheit stellt es den Parteien frei, welche Tätigkeiten die Emittentin dem Aussteller im Einzelnen überträgt und welche dieser umgekehrt übernimmt[845]. Hinzu kommen allgemeine Leistungs- und Verhaltenspflichten, die weitgehend durch § 43 Abs. 1 Satz 1 und 2 WPO bestimmt werden[846]. Hiernach ist der Wirtschaftsprüfer gesetzlich zu einer unabhängigen, gewissenhaften, verschwiegenen[847], eigenverantwortlichen und unabhängigen Erstellung des Comfort Letter verpflichtet. Zur Konkretisierung dieser unbestimmten Rechtsbegriffe können die Berufsrichtlinien der Wirtschaftsprüferkammer (WPK)[848] und die vom IDW erstellten Prüfungsstandards herangezogen werden[849], wobei besonders der IDW Prüfungsstandard PS 910 „Grundsätze für die Erteilung eines Comfort Letter"[850] zu beachten ist[851]. An die Einhaltung der Berufspflichten wird im Übrigen ein hoher Maßstab angelegt, was nicht zuletzt auf das besondere Vertrauen zurückzuführen ist, das diese Berufsgruppe in der Öffentlichkeit genießt[852].

---

844 Vgl. *Geuer*, S. 34.
845 *Pohl*, WPK-Mitt. Sonderheft 4/1996, S. 2.
846 Zur Frage, ob § 49 2. Var. WPO ein Verbotsgesetz im Sinne von § 134 BGB darstellt, hat der BGH zuletzt in der Entscheidung „K. of America" geurteilt, dass „trotz einer § 49 2. Var. WPO missachtenden einer Prüfung durch einen Wirtschaftsprüfer dessen Vertrag mit dem zu prüfenden Unternehmen wirksam ist, wenn nicht andere Nichtigkeitsgründe eingreifen"; BGH WM 2004, 1491, 1495 m. Bespr. *Ebke/Paal*, ZGR 2005, 894, 911.
847 Ausführlich zur Verschwiegenheitspflicht *Poll*, DZWir 1995, 95, 96 f.
848 Der WPK wird in der WPO die Befugnis übertragen, die genannten Berufsgrundsätze zu konkretisieren. Das ergibt sich aus § 57 Abs. 2 Nr. 5 WPO und der Satzungsbefugnis des § 57 Abs. 3 WPO. Ausführlich *Gehringer*, S. 117-127.
849 *Hirte*, S. 59; siehe ausführlich zu IDW-Prüfungsstandards MünchKomm HGB/*Ebke*, § 323 Rn. 24-27; *Hopt*, FS Pleyer, S. 341, 362 (zu den vormals geltenden Fachgutachten und Stellungnahmen der IDW).
850 IDW PS 910, WPg 2004, 342.
851 Zu den Berufspflichten des Wirtschaftsprüfers, die sich insbesondere aus § 43 Abs. 1 WPO ergeben (Unabhängigkeit, Gewissenhaftigkeit, Verschwiegenheit, Eigenverantwortlichkeit, Unparteilichkeit) siehe WP-Handbuch I, Teil A, Rn. 220-256; MünchKomm HGB/*Ebke*, § 323 Rn. 16-54; Kölner-Kommentar/*Claussen-Korth*, § 323 Rn. 4-10; *Gehringer*, S. 48-71; *Geuer*, S. 34-54; siehe zur Gewissenhaftigkeit des Abschlussprüfers *Hirte*, S. 59-61.
852 *Müller/Breinersdorfer*, WPK-Mitt. Sonderheft 10/1991, S. 13 f.

b)   Pflichtverletzung

Vor der Aufnahme seiner eigentlichen Tätigkeit hat der Aussteller eingehend den Sachverhalt zu klären. Sodann hat er seiner Auftraggeberin einen geeigneten Lösungsvorschlag zu unterbreiten, in dem diese über alle Risiken und Alternativen aufklärt wird und der möglichst mehrere Lösungswege erkennen lässt. Erst hiernach darf der Aussteller mit der Umsetzung der abgestimmten Lösung beginnen, die auf dem „sichersten und gefahrlosesten Weg"[853] zu erfolgen hat oder im Sinne einer „optimalen Verfolgung der Mandanteninteressen"[854] zu suchen ist[855]. Der Aussteller schuldet der Emittentin die Einhaltung der berufsüblichen Standards[856], was eine Berücksichtigung der maßgebenden Gesetze und der hierzu ergangenen einschlägigen Rechtsprechung sowie der anerkannten fachlichen Regeln, festgehalten in IDW Prüfungsstandard PS 910, einschließt[857]. Die Aussagen und Feststellungen des Comfort Letter müssen den Kriterien der Vollständigkeit, Wahrheit und Klarheit entsprechen[858].

2.   Verletzungshandlung des Ausstellers

Der Aussteller kann bei der Erteilung des Comfort Letter seine Pflichten durch ein aktives Tun oder ein Unterlassen verletzen[859]. Ein aktives Tun ist „jede willensgetragene Tätigkeit, die in der Außenwelt als Gefährdung eines Interesses oder Rechts erscheint"[860]. Dem steht die Untätigkeit (Unterlassung) als gleichwertige Handlungsform gegenüber[861]. Unterlassen bedeutet „etwas nicht zu tun". Das „Etwas" ist die Beachtung einer Verhaltenspflicht, die sich aus Gesetz, Vertrag, vorangegangenem Tun oder einer Verkehrspflicht ergeben kann[862]. Vielfach wird der an den Aussteller gerichtete

---

853   RGZ 151, 259, 264.
854   OLG Düsseldorf (18.12.1986) AnwBl. 1987, 547.
855   Vgl. *Hirte*, S. 137 f.
856   BGH WM 1975, 763, 765 (Auskunft zu Beteiligungen); BFH NJW 1982, 1608 (gerichtliches Sachverständigengutachten); BGHZ 128, 358 = BGH NJW 1995, 958 (Steuerberater); Soergel/*Wiedemann*, Vor § 275 Rn. 451; *Müller/Breinersdorfer*, WPK-Mitt. Sonderheft 10/1991, S. 13 f.
857   Wegen der Fülle der möglichen Pflichtverletzungen kann eine erschöpfende oder systematische Darstellung der möglichen Fehlleistungen nicht vorgenommen werden, vgl. WP-Handbuch I, Abschnitt A, Rn. 351.
858   Vgl. *Hopt*, FS Pleyer, S. 341, 364 ff. für die Prospektprüfung und Auskunftserteilung des Wirtschaftsprüfers; allgemein zur Erteilung von Rat, Auskunft, Aufklärung, Zeugnis und Prospekt *Baumbach/Hopt*, § 347 Rn. 23-31.
859   Soergel/*Wiedemann*, Vor § 275 Rn. 452; *Fikentscher*, § 49 Rn. 432; *Ebke/Siegel*, Sonderbeilage Nr. 2, WM 2001, S. 14.
860   *Deutsch*, S. 65 (rechtlicher Handlungsbegriff).
861   *Deutsch*, S. 66; Esser/*Schmidt*, SchuldR I, TB 1, S. 59.
862   *Fikentscher*, § 49 Rn. 432; *Deutsch*, S. 64-75.

Vorwurf lauten, eine Prüfungshandlung nicht vorgenommen zu haben, zu der er aufgrund des Vertrags mit der Emittentin oder angesichts seiner Berufspflichten gehalten war, oder es versäumt zu haben, aus den pflichtgemäß durchgeführten Untersuchungshandlungen die notwendigen Feststellungen und Aussagen im Sinne des IDW Prüfungsstandards PS 910 zu ziehen.

3. Schaden

Ein Schadensersatzanspruch setzt darüber hinaus voraus, dass ein ersatzfähiger Schaden vorliegt. Der Begriff des Schadens ist im BGB selbst nicht geregelt. Das Gesetz beschränkt sich in den §§ 249 ff. BGB darauf, die Wiedergutmachung eines eingetretenen Schadens zu normieren[863]. Nach dem zivilrechtlichen Vermögensbegriff und der dazu entwickelten Differenzhypothese ist unter einem Schaden jede Beeinträchtigung eines Interesses zu verstehen, wobei es sich um ein vermögenswertes oder ideelles Interesse handeln kann[864]. Im konkreten Fall wird regelmäßig das vermögenswirksame, materielle Interesse der Emittentin betroffen.

a)   Vermögensschaden aufgrund von Regressansprüchen Dritter

Ein Vermögensschaden der Emittentin kann u.a. darin bestehen, dass sie Regressansprüchen der Emissionsbanken oder Prospekthaftungsansprüchen der Anleger ausgesetzt ist. Nach § 249 Abs. 1 BGB hat der Geschädigte gegen den Ersatzpflichtigen einen Anspruch auf Herstellung der tatsächlichen Güterlage, die beim Hinwegdenken des zum Ersatz verpflichtenden Umstandes gegeben wäre (Naturalrestitution)[865], beschränkt durch das Bereicherungsverbot[866]. Dabei ist eine Wiederherstellung in der Form der Freistellung möglich[867]. Hierunter ist im konkreten Fall auch der Schaden zu subsumieren, den die Emittentin dadurch erleidet, dass sie objektiv begründete Schadensersatzansprüche Dritter bereits erfüllt hat oder in Zukunft noch zu erfüllen hat. Unerheblich ist, ob die Emittentin die Schadensersatzansprüche Dritter tatsächlich befriedigen könnte oder ob sie diese Verbindlichkeiten, zum Beispiel wegen Vermögenslosigkeit, nicht

863   *Borgmann/Jungk/Grams*, § 29 Rn. 79.
864   Palandt/*Heinrichs*, Vor § 249 Rn. 7; MünchKomm BGB/*Oetker*, § 249 Rn. 14; Soergel/*Mertens*, Vor § 249 Rn. 41, 43.
865   Palandt/*Heinrichs*, § 249 Rn. 2; Soergel/*Mertens*, § 249 Rn. 4; Staudinger/*Schiemann*, § 249 Rn. 202.
866   Soergel/*Mertens*, Vor § 249 Rn. 25.
867   Palandt/*Heinrichs*, Vor § 249 Rn. 46; Soergel/*Mertens*, § 249 Rn. 13; BGH NJW-RR 1989, 1043, 1044; BGH NJW-RR 1989 211, 213 = WM 1989, 26 = LM § 276 (Hb) Nr. 50; BGH NJW-RR 1987, 869 = LM § 276 (Hb) BGB Nr. 43 = WM 1987, 725; BGHZ 57, 78, 81 = NJW 1971, 2218 = LM § 249 (Hd) BGB Nr. 14.

bedienen könnte. Die eigene Vermögenslosigkeit des Schuldners schließt den Schaden, bestehend aus der Belastung mit Ansprüchen Dritter, nicht aus[868].

b) Vermögensschaden aufgrund von Vermögensdispositionen der Emittentin

Ein eigener Vermögensschaden kann der Emittentin im Übrigen auch dadurch entstanden sein, dass sie aufgrund des fehlerhaften Comfort Letter zu Vermögensdispositionen veranlasst wurde, die sie ohne den fehlerhaften Comfort Letter nicht getroffen hätte. Zu denken wäre z.b. an den Abschluss eines Übernahmegeschäfts mit der Emissionsbank zu ungünstigen Konditionen für die Emittentin oder an den unterlassenen Abbruch der Aktienemission durch den Vorstand der emittierenden Gesellschaft. Ob ein so angelegter Schaden ersatzfähig ist, hängt darüber hinaus auch von der Frage der haftungsausfüllenden Kausalität ab[869]. Diesen Kausalitätsnachweis zu führen, erscheint jedoch problematisch, da die zum Vermögensschaden führende Disposition der Emittentin bereits erfolgt ist, bevor dieser der Comfort Letter vorlag. Der Comfort Letter dient vornehmlich dem Zweck, den Emissionsbanken die Finanzdaten der Emittentin im Rahmen der Platzierung der Aktien auf den cutoff date zu bestätigen, was unmittelbar vor der Aktienplatzierung stattfindet. Zu diesem Zeitpunkt sind jedoch die wesentlichen Vermögensdispositionen der Emittentin bereits getroffen, so dass zwischen eingetretenem Schaden und fehlerhaftem Comfort Letter grundsätzlich keine Ursächlichkeit besteht. Es fehlt mithin in der Regel an einem erstattungsfähigen (kausalen) Schaden.

4. Schadenszurechnung

Ein Schadensersatzanspruch der Emittentin gegen den Aussteller des fehlerhaften Comfort Letter gemäß § 280 Abs. 1 BGB setzt des weiteren voraus, dass dessen Handlung für die Pflichtverletzung kausal geworden ist (Haftungsbegründung) und die Pflichtverletzung zu einem kausalen Schaden an den Rechtsgütern der Emittentin geführt hat (Haftungsausfüllung)[870]. Sowohl im Rahmen der haftungsbegründenden als auch der haftungsausfüllenden Kausalität ist ein äquivalenter und adäquater Ursächlichkeitszusammenhang erforderlich. Weiterhin ist der Schutzzweck der Norm zu beachten[871] und der Einwand des rechtmäßigen Alternativverhaltens zu bewerten, der zum Ausschluss

---

868 BGH NJW-RR 1986, 581, 582 f.; BGHZ 59, 148, 149 f.; anders noch RGZ 146, 360; RGZ 147, 248.
869 Siehe zur Schadenszurechnung unten S. 176.
870 *Brox/Walker*, § 30 Rn. 4; *Deutsch*, S. 84 f.
871 Palandt/*Heinrichs*, Vor § 249 Rn. 63.

der Haftung führen kann[872]. Der Schaden muss schließlich dem Verantwortungsbereich des Ausstellers zuzurechnen sein[873].

a) Haftungsbegründung

Die Haftung des Ausstellers ist begründet, wenn dessen Handlungsweise kausal für die Pflichtverletzung geworden ist[874]. Die Pflichtverletzung kann in einem aktiven Tun oder in einem Unterlassen bestehen[875]. Es soll hier nur die Kausalität im Falle einer Unterlassung behandelt werden, da bei dieser regelmäßig der Pflichtwidrigkeitsvorwurf liegen wird. Steht eine Unterlassung des Ausstellers als Ursache der Pflichtverletzung in Frage, so muss die Unterlassung äquivalent kausal für den Eintritt der Pflichtverletzung geworden sein. Die Kausalität ist dahingehend zu prüfen, ob die versäumte Handlungsmöglichkeit nicht hinzugedacht werden kann, ohne dass der Erfolg mit an Sicherheit grenzender Wahrscheinlichkeit entfiele. Mit anderen Worten geht es darum, ob die versäumte Handlungsmöglichkeit die Pflichtverletzung verhindert hätte[876]. Derartige Wertungen sind aber nicht überprüfbar, so dass auf die Erfahrungswerte in vergleichbaren Konstellationen zurückgegriffen werden muss[877]. Es kommt auf empirische Gesetzmäßigkeiten an, die eine Wahrscheinlichkeitsprognose dahin zulassen, wie sich die Dinge bei der zu beurteilenden Situation abgespielt hätten[878]. Dabei ist nach Erfahrungswerten zu suchen, mit denen die Zusammenhänge zwischen einer unterlassenen Handlung des Ausstellers und dessen in Frage stehender Pflichtverletzung bei der Erteilung des Comfort Letter begründet werden können[879]. Ungeachtet dessen, dass ungewiss ist, woher solche Erfahrungswerte bezogen werden sollen, können jedenfalls die Untersuchungshandlungen des Ausstellers, die vor der Erteilung des Comfort Letter vorgenommen werden, keine absolute Sicherheit dafür bieten, dass falsche Aussagen im Comfort Letter verhindert werden. Hierauf weist der Aussteller in dem Comfort Letter auch ausdrücklich hin[880]. Es fehlt außerdem an empirischen Gesetzmäßigkeiten, mit

872 Dazu Palandt/*Heinrichs*, Vor § 249 Rn. 105-107.
873 *Geuer*, S. 93; *Vollkommer*, S. 193.
874 *Brox/Walker*, § 30 Rn. 4.
875 Siehe oben S. 174.
876 *Esser/Schmidt*, SchuldR AT, TB 2, S. 229.
877 *Esser/Schmidt*, SchuldR AT, TB 2, S. 230; *Gehringer*, S. 93.
878 *Esser/Schmidt*, SchuldR AT, TB 2, S. 230; *Gehringer*, S. 93.
879 Vgl. *Gehringer*, S. 93.
880 IDW PS 910, WPg 2004, 342, 359 (Tz. 52): „Diese Untersuchungshandlungen stellen zwangsläufig in Art und Umfang weder eine Abschlussprüfung gemäß den deutschen Prüfungsgrundsätzen noch eine prüferische Durchsicht nach IDW PS 900 dar. (...) Darüber hinaus führen die vorgenommenen Untersuchungshandlungen nicht notwendigerweise zur Aufdeckung wesentlicher Aspekte im Zusammenhang mit den im folgenden Absatz (Anm. d. Verf.: *neagtive assuarance* über die Bestätigungsvermerke der Jahresabschlüsse der vorausgegangenen Jahre) enthaltenen Aussagen. Folglich machen wir keine Aussagen, ob die von uns durchgeführten Untersuchungshandlungen für ihre Zwecke ausreichend sind".

deren Hilfe ein Kausalzusammenhang zwischen unterlassener Untersuchungshandlung und Pflichtverletzung begründet werden könnte.

Der Nachweis der haftungsbegründenden Kausalität im Falle einer Unterlassungshandlung des Ausstellers ist mithin problematisch. Jedenfalls reicht es nicht aus, dass die bloße Möglichkeit oder eine gewisse Wahrscheinlichkeit des Nichteintritts der Pflichtverletzung besteht[881].

b) Haftungsausfüllung

Es muss darüber hinaus ein Kausalzusammenhang zwischen der Pflichtverletzung des Ausstellers und dem Vermögensschaden der Emittentin festzustellen sein[882]. Ein solcher Zusammenhang besteht, wenn der Comfort Letter für die vermögenswirksame Handlung der Emittentin ursächlich war. Steht ein Schaden in Form der Belastung mit einer Verbindlichkeit durch die Emissionsbank oder die Anleger in Frage, gilt Entsprechendes. Nach der Adäquanztheorie ist ein Ereignis dann kausal für den Schadenseintritt, wenn es im Allgemeinen und nicht nur unter unwahrscheinlichen und nach dem gewöhnlichen Verlauf der Dinge außer Betracht zu lassenden Umständen geeignet ist, einen Erfolg der eingetretenen Art herbeizuführen. Maßgeblich für die Beurteilung ist die objektive nachträgliche Prognose eines optimalen Beobachters[883]. Neben der

---

881 Vgl. BGHZ 64, 46, 51; *Gräfe/Lenzen/Schmeer*, S. 521 (Steuerberater).

882 Die Rechtsprechung hat zuletzt zu Fragen der haftungsausfüllenden Kausalität bei Regressansprüchen gegen Wirtschaftsprüfer wie folgt entschieden: OLG Karlsruhe (22.6.1999) WPK-Mitt. 1999, 231, 233 (Bericht), verneint in einem Pflichtprüfungsfall die haftungsausfüllende Kausalität mit dem Argument, dass die geprüfte Gesellschaft wegen der Bösgläubigkeit ihres Geschäftsführers nicht auf die Richtigkeit der erteilten Testate vertrauen durfte und folglich die Pflichtwidrigkeit nicht zu einem eigenen Schaden der geprüften Gesellschaft führen konnte. Es wird von einer „bewussten Selbstschädigung" gesprochen. LG Frankfurt am Main (8.4.1997) WPK-Mitt. 1997, 236, 239 = BB 1997, 1682, 1684, verneint in einem Pflichtprüfungsfall den Schadensersatzanspruch eines prüfungsvertragsfremden Dritten wegen fehlender haftungsausfüllender Kausalität zwischen den in Streit stehenden Pflichtverstößen und dem geltend gemachten Schaden. Dabei lässt es ausdrücklich offen, ob der Wirtschaftsprüfer seine Pflichten verletzt hat. Vgl. auch die Bespr. dieses Urteils bei *Ebke*, BB 1997, 1731. OLG Hamm (12.7.1996) BB 1996, 2295, 2297, bejaht im Falle einer fehlerhaften Auskunft des Wirtschaftsprüfers über einen Jahresabschluss der geprüften Gesellschaft die Pflichtverletzung des Prüfers, der es unterlassen habe, Saldenbestätigungen einzuholen. Es verneint dann aber die haftungsausfüllende Kausalität zwischen der Pflichtverletzung und dem Entschluss zum Abschluss eines zum Schaden führenden Kaufvertrags durch den prüfungsvertragsfremden Dritten. Das OLG Düsseldorf (15.12.1998) WPK-Mitt. 1999, 258, 260 = GI 1999, 218, 221 (rkr.), hat sich u.a. mit dem Problem des unmittelbaren zeitlichen Zusammenhangs zwischen der in Streit stehenden Pflichtverletzung des Wirtschaftsprüfers bei einer Pflichtprüfung und der späteren vermögensschädigenden Disposition des Klägers beschäftigt. Die Entscheidung ist durch die Rücknahme der Revision inzwischen rechtskräftig geworden. Der erkennende Senat hat die haftungsausfüllende Kausalität verneint, da zwischen dem Bestätigungsvermerk im Januar und den später zum Schaden führenden Kreditverhandlungen im September des gleichen Jahres kein unmittelbarer zeitlicher Zusammenhang mehr bestanden habe. Ein Zwischenzeitraum von 8 Monaten reiche nicht aus, um eine Kausalität zwischen Pflichtverletzung und Schaden anzunehmen.

883 BGHZ 3, 261, 266 f.; *Gräfe/Lenzen/Schmeer*, S. 521 (Steuerberater).

Äquivalenz und Adäquanz der Pflichtverletzung zum Schaden[884] sind der Normzweck und ein rechtmäßiges Alternativverhalten des Ausstellers zu prüfen. Unter dem Gesichtspunkt des Schutzzwecks der Norm ist bei Vertragsverletzungen zu berücksichtigen, welchen Zweck die Ausstellung des Comfort Letter für die Emittentin hat[885]. Dabei werden nur solche Schäden im Schutzzweck der Norm liegen, die der Comfort Letter gerade abwenden sollte, was sich aus dem Inhalt und Zweck des individuellen Prüfungsvertrags ergibt[886]. Hätte die Emissionsbank die Aktien der Emittentin auch im Falle eines pflichtgemäß erstellten Comfort Letter übernommen, gegebenenfalls zu einem um einen höheren Risikoaufschlag verminderten Übernahmepreis, so kann der Aussteller unter dem Gesichtspunkt des rechtmäßigen Alternativverhaltens jedenfalls nicht für die Schäden herangezogen werden, die aufgrund der Aktienemission nach der börsengesetzlichen Prospekthaftung entstanden sind.

5. Rechtswidrigkeit

Eine Vertragsverletzung löst nur dann eine Schadensersatzpflicht aus, wenn sie rechtswidrig ist[887]. Rechtswidrig ist jede Handlung, die der Rechtsordnung widerspricht[888]. Die Rechtswidrigkeit ist bei Vorliegen von Verletzungshandlung, Schaden und Kausalität indiziert, es sei denn, dass ausnahmsweise Rechtfertigungsgründe vorliegen[889].

6. Verschulden

Die Haftung des Ausstellers setzt ein schuldhaftes Handeln voraus. Das Verschulden muss sich auf die Pflichtverletzung und nicht auf den entstandenen Schaden beziehen[890]. Der Aussteller hat für sein eigenes Verhalten nach § 276 BGB und das seiner Erfüllungsgehilfen, ohne Rücksicht auf das eigene Verhalten, nach § 278 BGB einzustehen[891]. Er haftet für eine Pflichtverletzung, wenn er sie zu vertreten hat (§ 276 Abs. 1 Satz 1 BGB). Bereits ein leicht fahrlässiges Verhalten begründet sein Verschulden[892]. Leichte Fahrlässigkeit ist anzunehmen, wenn die besonderen Merkmale grober

884 Vgl. hierzu MünchKomm BGB/*Oetker*, § 249 Rn. 97-111; Palandt/*Heinrichs*, Vor § 249 Rn. 54-61; Soergel/*Mertens*, Vor § 249 Rn. 117-120.
885 Vgl. Soergel/*Mertens*, Vor § 249 Rn. 149.
886 *Schack*, JZ 1986, 305, 306.
887 *Brox/Walker*, § 28 Rn. 4.
888 *Deutsch*, S. 147; umfassend zur Rechtswidrigkeit *Deutsch*, S. 147-168. Auf den Meinungsstreit, ob die Rechtswidrigkeit handlungs- oder erfolgsbezogen zu beurteilen ist, wird hier nicht näher eingegangen. Vgl. hierzu Palandt/*Sprau*, § 823 Rn. 24 f; ausführlich *Fezer*, S. 491 ff.
889 *Brox/Walker*, § 28 Rn. 4 f.
890 *Brox/Walker*, § 20 Rn. 2; *Fikentscher*, S. 337.
891 Staudinger/*Otto*, § 280 D6.
892 Soergel/*Wiedemann*, Vor § 276 Rn. 490.

Fahrlässigkeit nicht erfüllt sind[893]. Der anzuwendende Sorgfaltsmaßstab ist objektiv-abstrakter Natur[894]. Der Aussteller kann sich daher auch nicht auf seine individuellen Fähigkeiten berufen[895]. Mithin gilt ein „berufsbezogener Fahrlässigkeitsmaßstab" für den Aussteller des Comfort Letter[896]. Für die bei einer Wirtschaftprüfungsgesellschaft angestellten Wirtschaftsprüfer sowie die bei einem Wirtschaftsprüfer beschäftigten Prüfungsassistenten und Bürokräfte, die bei der Erstellung des Comfort Letter mitgearbeitet haben, ist § 278 als Zurechnungsnorm anzuwenden[897]. Zusätzlich kann der Aussteller auch für das Verschulden hinzugezogener Wirtschaftsprüfer, unabhängiger Sachverständiger und weiterer Fachleute verantwortlich sein[898]. An den Erfüllungsgehilfen sind grundsätzlich die gleichen Sorgfaltspflichtanforderungen zu stellen, die für den Geschäftsherren selbst gelten[899].

7. Mitverschulden der Emittentin

Die Haftung des Ausstellers kann teilweise oder vollständig entfallen, soweit die Emittentin für den Schaden mitverantwortlich ist. Dabei ist zwischen einem anspruchsmindernden Mitverschulden bei der Schadensentstehung (§ 254 Abs. 1 BGB) und einem Mitverschulden bei der Schadensabwendung (§ 254 Abs. 2 BGB) zu differenzieren[900]. Die Emittentin hat ein Verschulden ihrer Hilfspersonen gleichermaßen zu verantworten[901], wobei vorliegend insbesondere die Emissionsbank in Betracht kommen kann. Die nachstehenden Ausführungen sind auf die Darstellung des anspruchsmindernden Mitverschuldens begrenzt. Grundsätzlich muss sich der Geschädigte ein „Verschulden gegen sich selbst" vorwerfen lassen, wenn er in eigenen Angelegenheiten seine Interessen außer Acht lässt[902]. Teilweise wird auch angenommen, es handele sich um eine Obliegenheitsverletzung, deren Verletzung zu einer Herabsetzung des Schadensersatz-

---

893 Palandt/*Heinrichs*, § 276 Rn. 14; Soergel/*Wolf*, § 276 Rn. 131. Die Fahrlässigkeit ist dann leicht, wenn man sagen kann „Das kann vorkommen"; sie ist dagegen grob, wenn man sagen muss „Das darf nicht vorkommen"; vgl. MünchKomm BGB/*Grundmann*, § 276 Rn. 94. Der Fahrlässigkeitsgrad ist entscheidend für die Haftung des Ausstellers, denn bei Vorliegen grober Fahrlässigkeit kann unter Umständen auch ein Indiz für bedingt vorsätzliches Verhalten vorliegen.

894 Palandt/*Heinrichs*, § 276 Rn. 15; Soergel/*Wolf*, § 276 Rn. 73.

895 Anders dagegen im Strafrecht, wo es auf die individuellen Fähigkeiten, Kräfte, Erfahrungen und Kenntnisse ankommt, dazu *Vollkommer*, S. 153 f. Rn. 271.

896 MünchKomm BGB/*Grundmann*, § 276 Rn. 94, Rn. 59; *Deutsch*, S. 260.

897 *Geuer*, S. 88.

898 Deshalb enthält IDW PS 910, WPg 2004, 342, 355 (Tz. 115-132) besondere Regelungen für die Beteiligung mehrerer Wirtschaftsprüfer.

899 Soergel/*Wolf*, § 278 Rn. 57.

900 MünchKomm BGB/*Oetker*, § 254 Rn. 29 und 68; Palandt/*Heinrichs*, § 254 Rn. 8, 36; *Deutsch*, S. 363 f.

901 MünchKomm BGB/*Oetker*, § 254 Rn. 126 ff.; Soergel/*Mertens*, § 254 Rn. 88 ff.; Palandt/*Heinrichs*, § 254 Rn. 49 ff.

902 BGHZ 3, 44, 49; BGHZ 57, 137, 145 = NJW 1972, 36; Palandt/*Heinrichs*, § 254 Rn. 1.

anspruchs führt[903]. Das Mitverschulden ist auf der Grundlage eines objektiven Sorgfaltsmaßstabs zu bestimmen. Die Frage ist jeweils, welche Sorgfalt ein verständiger Mensch im eigenen Interesse aufwenden würde, um sich vor Schaden zu bewahren[904]. Weiterhin ist ein Zurechnungszusammenhang im Sinne einer adäquaten Kausalität zwischen der Sorgfaltsverletzung des Geschädigten und der Herbeiführung des Schadens erforderlich[905]. Soweit eine Handlung der Emittentin diese Voraussetzungen erfüllt, stellt § 254 Abs. 1 darauf ab, inwieweit die Beiträge des Schädigers und des Geschädigten den Schaden verursacht haben[906]. Dabei werden nicht alle Ursachen als gleichwertig angesehen, sondern es wird gewichtet[907]. Eine Ursache wiegt umso schwerer, je wahrscheinlicher sie den Schaden gemacht hat[908]. Solche Wahrscheinlichkeitsprognosen können naturgemäß nicht exakt gestellt werden, weshalb an dieser Stelle viel Raum für ein nur beschränkt nachprüfbares Schätzungsermessen bleibt[909].

a) Comfort Letter

Für die Beurteilung eines Mitverschuldens der Emittentin bei der Entstehung des Anspruchs gegen den Aussteller sind die mitursächlichen Handlungen der Emittentin sowie die der Emissionsbank, die im Einzelfall Erfüllungsgehilfin der Emittentin sein kann, während der Untersuchungstätigkeiten des Ausstellers zur Vorbereitung der Erteilung des Comfort Letter zu untersuchen. Es fragt sich, wer für die Richtigkeit der dem Comfort Letter zugrunde liegenden Fakten verantwortlich ist. Grundsätzlich trägt der Aussteller das Risiko einer fehlerhaften Auskunft[910]. Dennoch ist eine Schadensursache, die im Bereich der Eigenverantwortung der Emittentin entstanden und von ihr nicht beachtet worden ist, dem Risikobereich der Emittentin zuzuordnen[911]. Der Aussteller kann den Comfort Letter ohne eine Mitwirkung der Emittentin überhaupt nicht erteilen. Deshalb ist die Emittentin nach IDW Prüfungsstandard PS 910 verpflichtet, diesem richtige und vollständige Informationen zur Verfügung zu stellen, indem sie Unterlagen

---

903 Grundlegend *R. Schmidt*, S. 105-118; *Deutsch*, S. 361 f.; Palandt/*Heinrichs*, § 254 Rn. 1; Münch
    Komm BGB/*Oetker*, § 254 Rn. 126 ff., Rn. 3; BGHZ 135, 235, 240; Staudinger/*Schiemann*, § 254
    Rn. 30; *Fikentscher*, S. 351; ablehnend dagegen Soergel/*Mertens*, § 254 Rn. 4; Esser/*Schmidt*,
    SchR AT TB 2, S. 278.
904 BGHZ 3, 46, 49; BGHZ 9, 316, 318 = NJW 1953, 977; BGH LM (Da) Nr. 22 = NJW 1965, 1075,
    1076; BGH NJW 2001, 149, 150; MünchKomm BGB/*Oetker*, § 254 Rn. 30; Soergel/*Mertens*,
    § 254 Rn. 23; Palandt/*Heinrichs*, § 254 Rn. 9; Staudinger/*Schiemann*, § 254 Rn. 38.
905 BGHZ 3, 46, 48; BGHZ 61, 144, 147 = NJW 1973, 1698; MünchKomm BGB/*Oetker*, § 254
    Rn. 32; Soergel/*Mertens*, § 254 Rn. 32; Palandt/*Heinrichs*, § 254 Rn. 14; Staudinger/*Schiemann*,
    § 254 Rn. 32.
906 MünchKomm BGB/*Oetker*, § 254 Rn. 108; *Medicus*, SchuldR I, Rn. 683.
907 Palandt/*Heinrichs*, § 254 Rn. 3; Erman/*Kuckuk*, § 254 Rn. 22; ähnlich BeckBilKomm/*Winkeljohann/Hellwege*, § 323 Rn. 121.
908 *Medicus*, SchuldR I, Rn. 683.
909 *Medicus*, SchuldR I, Rn. 683.
910 Vgl. BGHZ 74, 103, 112 m.w.N.; *Gräfe/Lenzen/Schmeer*, S. 365 (Steuerberater); *Geuer*, S. 92.
911 Vgl. *Gräfe/Lenzen/Schmeer*, S. 92 (Steuerberater).

übergibt[912], für deren Richtigkeit sie die alleinige Verantwortung trägt[913]. Zudem ist die Emittentin verpflichtet, den Aussteller über jede Änderung des Sachverhalts zu informieren, da ihre Informationspflicht für die gesamte Dauer des Mandats gilt[914].

b) *Fallgruppen*

Ein Mitverschulden der Emittentin kann in Betracht kommen, wenn einer ihrer Repräsentanten oder Mitarbeiter die vom Aussteller vor der Ausstellung des Comfort Letter angeforderten Unterlagen aus dem Rechnungswesen oder sonstige Angaben, die für den Comfort Letter von Bedeutung sind, vorsätzlich verfälscht und der Aussteller diese Manipulation fahrlässigerweise nicht bemerkt hat. Das OLG Karlsruhe hat zu dieser Konstellation in einem Pflichtprüfungsfall entschieden, dass durch ein vorsätzliches Handeln eines gesetzlichen Vertreters der geprüften Gesellschaft Ansprüche gegen den Abschlussprüfer zwar nicht von vornherein ausgeschlossen werden[915]. Andererseits hat das Gericht klargestellt, dass grundsätzlich nach den allgemeinen Regeln eine Verringerung des Schadensersatzanspruchs bis hin zu dessen vollständigen Verlust in Betracht kommen kann[916]. So hat der vorsätzlich Handelnde einen Schaden – unabhängig von der Wahrscheinlichkeit seines Ursachenbeitrags für den Schadenseintritt – grundsätzlich allein zu tragen[917]. Handeln umgekehrt die Repräsentanten oder Mitarbeiter der Emittentin leicht fahrlässig und erkennt der Aussteller den Fehler, ohne hieraus die notwendigen Konsequenzen zu ziehen, so wird sich der Aussteller nicht auf ein Mitverschulden der Emittentin berufen können[918]. Steht sowohl auf Seiten der Emittentin als auch auf der des Ausstellers ein vorsätzliches (u.U. kollusives) Verhalten in Frage, wird sich die emittierende Gesellschaft ein Mitverschulden bis hin zur Schadensteilung zurechnen

---

912 IDW PS 910, WPg 2004, 342, 344 (Tz. 19): „Mitwirkungspflichten des Auftraggebers".
913 Vgl. BGH NJW 1985, 1154 = ZIP 1985, 813 = DB 1985, 1941 (Rechtsanwalt); *Borg-mann/Jungk/Grams*, § 18 Rn. 23 (Rechtsanwalt); *Geuer*, S. 91; *Gräfe/Lenzen/Schmeer*, S. 365 (Steuerberater).
914 *Gräfe/Lenzen/Schmeer*, S. 92 (Steuerberater).
915 OLG Karlsruhe (22.6.1999) WPK-Mitt. 1999, 231 (Bericht).
916 OLG Karlsruhe (22.6.1999) WPK-Mitt. 1999, 231, 233 (Bericht), unter Hinweis auf OLG Köln (14.12.1990) NJW-RR 1992, 1184; siehe auch OLG Hamburg (6.5.1988) ZIP 1988, 1551, 1554 (Steuererklärung); WP-Handbuch I, Teil A, Rn. 386; MünchKomm HGB/*Ebke*, § 323 Rn. 62; BeckBilKomm/*Winkeljohann/Hellwege*, § 323 Rn. 122.
917 BGH NJW 1992, 310, 311 m.w.N.; *Medicus*, SchuldR AT, Rn. 683; *Geuer*, S. 91.
918 Vgl. für die Pflichtprüfungsfälle MünchKomm HGB/*Ebke*, § 323 Rn. 62; BeckBilKomm/*Winkeljohann/Hellwege*, § 323 Rn. 122, meinen, dass im Zweifel eine Schadensteilung stattzufinden hat; für Comfort Letters *Ebke/Siegel*, Sonderbeilage 2, WM 2001, S. 15.

lassen müssen[919]. Im Falle eines beiderseits fahrlässigen Verhaltens[920] sollte die börsengesetzliche Prospekthaftung für die Beurteilung der Frage des Mitverschuldens herangezogen werden, da sie in der Regel das schadensauslösende Ereignis im konkreten Fall auslöst. Dabei ist jeweils zu klären, wer die überwiegende Schadensursache gesetzt hat. Daneben kommt es maßgeblich auf die im Einzelfall vorgenommenen Untersuchungshandlungen und auf die im Comfort Letter getroffenen Aussagen des Ausstellers an. Zudem ist auch dem Verschuldensgrad eine erhebliche Bedeutung beizumessen[921]. Fraglich ist, ob ein Mitverschulden auch Einfallstor für eine Schadensverteilung nach Billigkeitsgesichtspunkten sein kann[922] und der auf Seiten des Ausstellers bestehende Berufshaftpflicht-Versicherungsschutz in die Abwägung einfließen sollte. Der Bundesgerichtshof hat zutreffend Tendenzen in der Literatur, die sich für eine Berücksichtigung anderer Umstände als der allgemeinen haftungsbegründenden Kriterien ausgesprochen haben, eine eindeutige Absage erteilt[923].

8. Verjährung des Anspruchs wegen Pflichtverletzung

Für vertragliche Schadensersatzansprüche gegen den Aussteller eines Comfort Letter gilt nunmehr die Regelverjährung von 3 Jahren (§ 195 BGB)[924]. Die zuvor in § 51a WPO enthaltene besondere Verjährungsnorm für vertragliche Ansprüche gegen einen Wirtschaftsprüfer ist zum 31.12.2003 außer Kraft getreten[925].

9. Haftungsbeschränkungen

Die in § 323 Abs. 2 Satz 1 und Satz 2 HGB für die Haftung des Abschlussprüfers und seiner Gehilfen gesetzlich normierte Beschränkung der Haftungssumme auf 1 Millionen

---

919 Vgl. für die Pflichtprüfungsfälle MünchKomm HGB/*Ebke*, § 323 Rn. 62; BeckBilKomm/*Winkeljohann/Hellwege*, § 323 Rn. 122; für Comfort Letters *Ebke/Siegel*, Sonderbeilage 2, WM 2001, S. 15.

920 Die einschlägigen Kommentierungen für die Pflichtprüfungsfälle (vgl. MünchKomm HGB/*Ebke*, § 323 Rn. 63; BeckBilKomm/*Winkeljohann/Hellwege*, § 323 Rn. 123) in der Konstellation eines beiderseitig fahrlässigen Verhaltens der geprüften Gesellschaft und des Prüfers können nicht auf Comfort Letter-Konstellationen übertragen werden.

921 *Lange*, § 10 XII 2 und 5b; MünchKomm BGB/*Oetker*, § 254 Rn. 110.

922 Vgl. MünchKomm BGB/*Oetker*, § 254 Rn. 116 m.w.N.

923 BGH NJW 1978, 421, 422; siehe auch Soergel/*Mertens*, § 254 Rn. 114; Staudinger/*Schiemann*, § 254 Rn. 112; *Lange*, § 10 XII 4.

924 Palandt/*Heinrichs*, § 195 Rn. 4.

925 Siehe zur alten Rechtslage unter § 51a WPO WP-Handbuch I, Teil A, Rn. 387; *Geuer*, S. 103; *Hirte*, S. 69 f.; *Gräfe/Lenzen/Schmeer*, S. 438 (Steuerberater); MünchKomm BGB/*Emmerich*, Vor § 275 Rn. 277; BGH BB 2004, 2180, 2181 (Vertrag mit Schutzwirkung für Dritte); BGHZ 78, 335, 343 (Beratungs- und Betreuungstätigkeit); BGHZ 100, 132, 134 (Treuhänderische Verwaltung); OLG Hamburg (5.04.1990) WPK-Mitt. 1990, 44, 45; BGHZ 83, 17, 22 f. = NJW 1982, 1285 (Steuerberater).

bzw. 4 Millionen Euro ist auf die Ausstellung eines Comfort Letter nicht entsprechend anzuwenden[926]. Eine Beschränkung der Haftung kann aus einer vertraglichen Haftungsabrede resultieren, wenn eine Begrenzung der Haftungssumme, ein abweichender Haftungsmaßstab oder eine abweichende Verjährungsregelung durch eine individualvertragliche Abrede vereinbart wurden. Allerdings sind Haftungsmilderungen eng und im Zweifel zu Lasten dessen auszulegen, der die Haftung abbedingen will[927]. Neben individualvertraglichen Absprachen kommt eine Einbeziehung der Allgemeinen Auftragsbedingungen für Wirtschaftsprüfer (Stand 1.1.2002) (AAB)[928] in Betracht[929]. Die Verwendung von AAB ist bei Wirtschaftsprüfern allgemein üblich[930]. Demgemäß wird auch bei der Erteilung eines Comfort Letter versucht, die AAB zum Bestandteil des Prüfungsvertrags zu machen. Die Trennungslinie zwischen einer Einzelvereinbarung und Allgemeinen Geschäftsbedingungen ist fließend. Eine Einzelvereinbarung liegt vor, wenn der Aussteller beim Abschluss eines Vertrags zu Änderungen bereit war und die Emittentin dies wusste. Dabei muss die Emittentin nach ihren intellektuellen Fähigkeiten und Kenntnissen die reale Möglichkeit gehabt haben, auf den Inhalt der Vertragsbedingungen Einfluss zu nehmen[931]. Nicht ausreichend ist die bloße Unterschrift unter einer besonderen Erklärung, der Vertrag sei in allen Einzelheiten ausgehandelt. Ein „wirkliches Aushandeln" kann nicht durch eine rechtsgeschäftliche Erklärung ersetzt werden[932]. Ein Aushandeln einzelner Klauseln ändert auch nichts daran, dass es sich bei den übrigen Bestimmungen um Allgemeine Geschäftsbedingungen handelt[933].

Bei der Verwendung der Allgemeinen Auftragsbedingungen für Wirtschaftsprüfer gegenüber einem Unternehmer ist die konkludente Einbeziehung in den Vertrag möglich (§ 310 Abs. 1 Satz 1 BGB)[934]. In der Regel wird es ausreichen, wenn ein Exemplar der AAB der Auftragsbestätigung beigefügt oder der Inhalt der AAB auf der Rückseite der Auftragsbestätigung selbst wiedergegeben wird, ohne dass hierauf im Vertragsangebot ausdrücklich Bezug genommen werden muss[935]. Die Emittentin darf der Einbeziehung der AAB aber nicht widersprechen[936]. Erforderlich ist in jedem Falle, dass die AAB bereits bei der Annahme des konkreten Mandats Bestandteil der vertraglichen

---

926 Siehe bereits oben S. 167.
927 BGHZ 22, 90, 96 (Allgemeine Geschäftsbedingungen); BGHZ 40, 65, 69 (Formularvertrag); BGHZ 47, 312, 318 (Allgemeine Verkaufsbedingungen); BGHZ 54, 293, 305 (Satzung einer Gemeinde).
928 Begrifflich handelt es sich bei den AAB um Allgemeine Geschäftsbedingungen im Sinne von § 305 Abs. 1 BGB, die damit wie andere vorformulierte Vertragsvereinbarungen der Kontrolle durch die §§ 305-310 BGB unterliegen.
929 *Hübner*, NJW 1989, 5, 10.
930 *Geuer*, S. 108.
931 *Gräfe/Lenzen/Schmeer*, S. 382 (Steuerberater).
932 *Gräfe/Lenzen/Schmeer*, S. 382 (Steuerberater).
933 *Gräfe/Lenzen/Schmeer*, S. 383 (Steuerberater).
934 Vgl. Ulmer/Brandner/Hensen/*Ulmer*, § 2 Rn. 80; *Fischer*, BB 1995, 2491.
935 Ulmer/Brandner/Hensen/*Ulmer*, § 2 Rn. 80 m.w.N.; *Geuer*, S. 110.
936 Ulmer/Brandner/Hensen/*Ulmer*, § 2 Rn. 84; *Geuer*, S. 110.

Absprache werden, ein späteres Beifügen an den Comfort Letter reicht nicht aus, um sie wirksam in den Prüfungsvertrag einzubeziehen[937].

a) Haftungssummenbegrenzung

Ansprüche der Emittentin gegen den Wirtschaftsprüfer für einen fahrlässig verursachten Schaden im Sinne von § 54a Abs. 1 Nr. 1 WPO können im Einzelfall durch eine individualrechtliche Haftungsvereinbarung auf die Höhe der Mindest-Deckungssumme[938] begrenzt werden[939]. Ein vollständiger Haftungsausschluss ist dagegen auch in Individualvereinbarungen unwirksam[940], eine Haftungsbegrenzung durch Individualvereinbarung ist nur oberhalb der Mindest-Deckungssumme möglich[941] und für vorsätzliches Handeln nach § 276 Abs. 3 generell ausgeschlossen. Für die Begrenzung der Haftungssumme durch vorformulierte Vertragsbedingungen (AAB) gilt, dass die Haftung für Schäden, die durch Fahrlässigkeit verursacht worden sind, auf den vierfachen Betrag der Mindest-Deckungssumme beschränkt werden kann, wenn insoweit Versicherungsschutz besteht[942]. Verstöße gegen § 54a Abs. 1 Nr. 2 WPO führen nach einer weit verbreiteten Ansicht gemäß § 134 BGB zur Nichtigkeit der Klausel[943], so dass eine nachträgliche Anpassung der zu geringen Haftungssumme an die gesetzliche vierfache Mindestversicherungssumme ausgeschlossen ist. Eine Inhaltskontrolle nach den §§ 307-309 BGB (ehemals §§ 9-11 AGBG) findet im Übrigen nicht mehr statt[944]. Eine Begrenzung der Haftungssumme für vorsätzlich verursachte Schäden ist generell ausgeschlossen (§ 276 Abs. 3 BGB)[945]. Schließlich kann durch eine vorformulierte Vertragsklausel auch die gesamtschuldnerische Haftung der Mitglieder einer Wirtschaftsprüfersozietät auf einzelne namentlich bezeichnete Mitglieder beschränkt werden, die die vertragliche

---

937 Vgl. WP-Handbuch I, Teil A, Rn. 318.
938 Die Höhe der Mindestversicherungssumme ergibt sich aus § 54 Abs. 1 Satz 2 WPO i.V.m. § 323 Abs. 2 Satz 1 HGB. Die nach § 54a Abs. 1 Nr. 2 WPO zulässige Haftungssummenbegrenzung beträgt damit zur Zeit 4 Mio. Euro.
939 *Wolf*, WPK-Mitt. 1998, 197, mit ausführlicher Abgrenzung der „schriftlichen Vereinbarung im Einzelfall" von „Allgemeinen Geschäftsbedingungen".
940 Wolf/Horn/Lindacher/*Wolf*, § 9 Rn. R 6; *Reiff*, AnwBl 1997, 4, 6.
941 *Reiff*, AnwBl 1997, 4, 6.
942 Vgl. *Hirte*, S. 67. Zu beachten ist, dass § 54a Abs. 1 Nr. 2 WPO zwischenzeitlich geändert worden ist und die frühere Differenzierung zwischen leichter und grober Fahrlässigkeit aufgegeben wurde. Daraus wird geschlossen, dass auch die Haftung für grobe Fahrlässigkeit begrenzt werden kann, vgl. Ulmer/Brandner/Hensen/*Brandner*, Anh. §§ 9-11 Rn. 956; Wolf/Horn/Lindacher/*Wolf*, § 9 Rn. R 7.
943 Umstritten, siehe nur WP-Handbuch I, Teil A, Rn. 376; *Gräfe/Lenzen/Schmeer*, S. 383 (Steuerberater).
944 *Reiff*, AnwBl 1997, 4, 15; Ulmer/Brandner/Hensen/*Brandner*, Anh. §§ 9-11 Rn. 954; Wolf/Horn/Lindacher/*Wolf*, § 9 Rn. R 7.
945 MünchKomm BGB/*Grundmann*, § 276 Rn. 9.

Leistung erbringen (54a Abs. 2 WPO)[946]. Der Haftungsausschluss für die mit der Sache nicht befassten Sozien/Partner gilt für jede Art von Verschulden[947].

b) Haftungsmaßstab

i) Eigene Haftung des Wirtschaftsprüfers

Ein völliger Haftungsausschluss kann grundsätzlich nicht wirksam vereinbart werden[948], allenfalls ist eine Beschränkung der Haftung auf bestimmte Verschuldensformen möglich. Für vorsätzliches Handeln kann dem Wirtschaftsprüfer die Haftung in keinem Falle im Voraus erlassen werden (§ 276 Abs. 3 BGB)[949]. Aus § 54a Abs. 1 WPO ergibt sich darüber hinaus, dass für jegliche, d.h. für grobe und leichte Fahrlässigkeit, ein vollständiger Haftungsausschluss sowohl durch die AAB als auch durch Individualvereinbarung berufsrechtlich ausgeschlossen ist[950]. Durch die Vorschrift soll dem Auftraggeber ein über § 276 Abs. 3 BGB hinausgehender Mindestschutz gewährleistet werden[951].

ii) Haftung für den Erfüllungsgehilfen

Demgegenüber kann die Haftung für ein vorsätzliches Handeln des gesetzlichen Vertreters sowie des Erfüllungsgehilfen durch eine entsprechende Vereinbarung im Voraus ausgeschlossen werden (§ 278 Satz 2 BGB). Im Falle der Verwendung der AAB ist dagegen ein vorheriger Haftungsausschluss für vorsätzliches und grobfahrlässiges Handeln der gesetzlichen Vertreter und Erfüllungsgehilfen unwirksam (§ 309 Ziff. 7b BGB). Gemäß § 310 Abs. 1 Satz 1 BGB gilt das Klauselverbot des § 309 Ziff. 7b BGB allerdings nicht, sofern die AAB gegenüber einem Unternehmer verwendet werden. Andererseits findet auch bei der Verwendung von AAB gegenüber Unternehmern eine Inhaltskontrolle gemäß § 307 BGB statt, bei der die Klauselverbote des § 309 BGB zur Auslegung der Generalklausel des § 307 Abs. 1 BGB heranzuziehen sind. Hieraus ergibt sich, dass eine Haftungsfreizeichnung jedenfalls für leichte Fahrlässigkeit nicht

---

946 *Hirte*, S. 67 f.
947 Wolf/Horn/Lindacher/*Wolf*, § 9 Rn. R 6; *Wolf*, FS Schneider, S. 349, 360 (Anwaltssozietät).
948 Wolf/Horn/Lindacher/*Wolf*, § 9 Rn. R 6, R 8.
949 WP-Handbuch I, Teil A, Rn. 371; Wolf/Horn/Lindacher/*Wolf*, § 9 Rn. R 6; *Münch Komm BGB/ Grundmann*, § 276 Rn. 9.
950 *Wolf*, FS Schneider, S. 349, 360.
951 Wolf/Horn/Lindacher/*Wolf*, § 9 Rn. R 8.

mit der qualifizierten Vertrauensstellung des Ausstellers des Comfort Letter vereinbar ist[952].

c) Vereinbarung über die Verjährung

Eine Verkürzung der regelmäßigen dreijährigen Verjährungsfrist aus § 195 BGB durch AAB beurteilt sich nunmehr nach § 202 in Verbindung mit § 307 Abs. 1 BGB[953]. Dabei wird bei einer Verkürzung der dreijährigen Verjährungsfrist durch AAB gegenüber der Emittentin wiederum die besondere qualifizierte Vertrauensstellung des Ausstellers zu berücksichtigen sein, die zur Unzulässigkeit einer entsprechenden Klausel führt[954]. Bei individualvertraglicher Vereinbarung ist die Verkürzung der Verjährungsfrist gemäß § 202 BGB zu beurteilen. Hiernach kann eine Verkürzung der Verjährung für die Haftung wegen Vorsatz nicht im Voraus durch Rechtsgeschäft erleichtert werden[955]. Aufgrund der Ausweitung der Vertragsfreiheit im Verjährungsrecht[956] können Aussteller und Emittentin grundsätzlich eigene individualvertragliche Vereinbarungen für fahrlässig verursachte Schadensereignisse treffen.

d) Ausschlussfrist

In den AAB ist zudem eine Ausschlussfrist von 12 Monaten enthalten. Innerhalb dieser Frist, die ab dem Zeitpunkt der Kenntnis von dem anspruchsbegründenden Ereignis und dem Schaden läuft, hat der Anspruchsteller seinen Schadensersatzanspruch gegenüber dem Wirtschaftsprüfer geltend zu machen. Ab dem Zeitpunkt der schriftlichen Ablehnung des Anspruchs unterliegt der Anspruchsteller einer sechsmonatigen Klagefrist mit Ausschlusswirkung[957]. Beide Fristen werden zum Teil als unzulässige Anspruchsverkürzungen für unwirksam erachtet[958].

---

952 Vgl. Palandt/*Heinrichs*, § 307 Rn. 46.
953 Palandt/*Heinrichs*, § 202 Rn. 8.
954 Bei der Verjährung unter § 51a WPO, der inzwischen zum 31.12.2003 außer Kraft getreten ist, wurde eine Verkürzung der 5-jährigen gesetzlichen Verjährung durch AAB für unzulässig gehalten. Siehe BGHZ 102, 220, 224; *Hirte*, S. 70; Ulmer/Brandner/Hensen/*Brandner*, Anh. §§ 9-11 Rn. 959; Wolf/Horn/Lindacher/*Wolf*, § 9 Rn. R 17.
955 Palandt/*Heinrichs*, § 202 Rn. 8.
956 Dazu Palandt/*Heinrichs*, § 202 Rn. 1.
957 AAB Nr. 9 Abs. 3 in der Fassung vom 1.1.2002.
958 Wolf/Horn/Lindacher/*Wolf*, § 9 Rn. R 17; Ulmer/Brandner/Hensen/*Brandner*, Anh. §§ 9-11 Rn. 959 jew.m.w.N.

10. Rechtsfolge/Schadensersatz

Der Anspruch auf Schadensersatz wegen Pflichtverletzung ist auf den Ausgleich des von dem Aussteller des fehlerhaften Comfort Letter verursachten Schadens gerichtet. Die Emittentin kann Ersatz des entstandenen Schadens verlangen, ohne dass es insoweit auf die Unterscheidung zwischen positivem und negativem Interesse ankommt[959]. Zu ersetzen ist vielmehr jeder unmittelbare und mittelbare Schaden der Emittentin[960]. So kann die Emittentin, soweit der Schaden in der Belastung mit einer Verbindlichkeit besteht, ihren Anspruch auf Befreiung von dieser Verbindlichkeit richten (§ 249 Abs. 1 Satz 1 BGB)[961]. Hat die Emittentin die Verbindlichkeit ihrerseits bereits erfüllt, so kann sie die Erstattung der angefallenen Kosten verlangen. Naturalrestitution ist in diesen Fällen durch Zahlung eines entsprechenden Geldbetrages möglich[962].

11. Zusammenfassung

Die Ausführungen zur prüfungsvertraglichen Haftung haben bisher ergeben, dass der Aussteller gegenüber der Emittentin nur sehr eingeschränkt zum Ersatz der Mangelfolgeschäden nach § 280 Abs. 1 BGB verpflichtet ist. Die Untersuchung hat gezeigt, dass der Emittentin der Nachweis eines haftungsbegründenden Kausalzusammenhangs im Falle einer Unterlassungshandlung des Ausstellers nur eingeschränkt möglich ist. Weiterhin werden vertragliche Ansprüche der Emittentin eingeschränkt durch deren Handlungsbeitrag bei der Entstehung des Schadens (§ 254 Abs. 1 BGB).

12. Prozessuales Haftungsrecht

Für die Schadensersatzpflicht des Ausstellers eines fehlerhaften Comfort Letter kommt es nicht nur auf die geschilderten materiellrechtlichen Haftungsvoraussetzungen und Haftungsschranken an[963]. In einem Schadensersatzprozess hängt die Entscheidung über die Durchsetzbarkeit des geltend gemachten Schadensersatzanspruchs auch davon ab,

---

959 Vgl. MünchKomm BGB/*Emmerich*, Vor § 275 Rn. 278, unter Hinweis auf BGHZ 11, 80, 83 ff. = NJW 1954, 229; BGH LM § 249 (Bb) Nr. 48 = NJW 1989, 2115.
960 Palandt/*Heinrichs*, Vor § 249 Rn. 15.
961 Soergel/*Mertens*, § 249 Rn. 13; Palandt/*Heinrichs*, Vor § 249 Rn. 46; BGH NJW-RR 1989, 1043, 1044; BGH NJW-RR 1989 211, 213 = WM 1989, 26 = LM § 276 (Hb) Nr. 50; BGH NJW-RR 1987, 869 = LM § 276 (Hb) BGB Nr. 43 = WM 1987, 725; BGHZ 57, 78, 81 = NJW 1971, 2218 = LM § 249 (Hd) BGB Nr. 14.
962 Staudinger/*Schiemann*, § 249 Rn. 202.
963 Vgl. *Ebke*, Dritthaftung, S. 80; *Geuer*, S. 129.

welche Partei den strittigen Sachverhalt darzulegen und zu beweisen hat. Zu den Haftungsrisiken des Ausstellers hinzu kommt daher noch die prozessuale Frage, welche Partei den strittigen Sachverhalt beweisen muss und das Beweisrisiko, d.h. das Risiko, dass der Beweis nicht erbracht werden kann, zu tragen hat[964].

a) Beweislastverteilung

Nach dem allgemeinen Beweislastprinzip trägt jede Partei die Beweislast für die tatsächlichen Voraussetzungen der ihr günstigen Rechtsnormen[965]. Der Emittentin obliegt daher als Anspruchsstellerin die Beweislast für alle anspruchsbegründenden Tatbestandsmerkmale. Anspruchsverneinende und -hemmende Sachverhalte, wie beispielsweise die wirksame Vereinbarung einer Haftungsobergrenze, die Verjährung des Anspruchs oder ein Mitverschulden der Emittentin, hat dagegen der Aussteller darzutun[966]. Die Emittentin hat hiernach das Vorliegen einer Pflichtverletzung, den Eintritt eines Schadens, die Schadenshöhe, den Kausalzusammenhang zwischen Handlung und Pflichtverletzung sowie zwischen Pflichtverletzung und Schaden darzulegen und zu beweisen, wobei das Verschulden des Ausstellers vermutet wird. Dessen Sache ist es demgegenüber, ein fehlendes Verschulden darzutun und zu belegen (§ 280 Abs. 1 Satz 2 BGB)[967], wenn es der Emittentin gelingt, die übrigen haftungsbegründenden Merkmale darzulegen.

b) Beweislastumkehr

In manchen Fällen ist es der Emittentin nicht möglich, die Tatsachen darzulegen, aus denen sich die von ihr angestrebte Rechtsfolge ergibt, so z.B. für den Nachweis, ob der Aussteller bei pflichtgemäßer Vornahme einer bestimmten Untersuchungshandlung zu einer richtigen Feststellung im Comfort Letter gekommen wäre. Es stellt sich daher die Frage einer etwaigen Beweislastumkehr zwecks Feststellung der haftungsbegründenden Kausalität. Vornehmlich im Bereich der ärztlichen Vertragshaftung gewährt die Rechtsprechung dem Geschädigten hinsichtlich des Nachweises der haftungsbegründenden

---

964 BGH NJW 1996, 1059; *Geuer*, S. 129; *Rosenberg/Schwab/Gottwald*, § 114 I 2. Ausführlich zur Frage der Beweislastverteilung bei Schadensersatzansprüchen gegen Berufsangehörige der freien Berufe *Hirte*, S. 465 ff.

965 *Ebke*, Dritthaftung, S. 80; Thomas/Putzo/*Reichold*, Vorbem. § 284 Rn. 23; *Rosenberg/Schwab/ Gottwald*, § 114 II 1; Soergel/*Wiedemann*, Vor § 275 Rn. 527.

966 *Rosenberg/Schwab/Gottwald*, § 114 II 1; Baumbach/Lauterbach/Albers/Hartmann/*Hartmann*, Anh. § 286 Rn. 3; *Ebke*, Dritthaftung, S. 81; Soergel/*Mertens*, § 254 Rn. 133; *Geuer*, S. 130. Dem genannten Beweislastprinzip liegt die Rosenberg'sche Normentheorie (*Rosenberg*, S. 98) zugrunde. Dieser Grundsatz gilt i.Ü. auch bei deliktsrechtlichen Ansprüchen der Emittentin.

967 Palandt/*Heinrichs*, § 280 Rn. 34.

Kausalität Beweiserleichterungen, die bis hin zur Beweislastumkehr reichen[968]. So kann eine Beweislastumkehr z.b. bei der Vernichtung von Beweismitteln[969], bei einer mangelhaften Dokumentation[970] oder bei einem groben Verstoß gegen die Berufspflichten[971] in Betracht kommen. Auch wenn alle diese Fälle der Beweislastumkehr aus dem Bereich des Arzthaftungsrechts stammen, so liegt andererseits eine Ausdehnung aufgrund der Verwandtschaft der freien Berufe und der gleichgerichteten Interessenlage auf den Bereich der Wirtschaftsprüferhaftung zumindest nahe[972].

Im Rahmen der allgemeinen bürgerlich-rechtlichen Prospekthaftung ist darüber hinaus bei der Verletzung von Aufklärungs- und Beratungspflichten eine Beweiserleichterung, zum Teil sogar eine Beweislastumkehr, für den Beleg des haftungsbegründenden Kausalzusammenhangs angenommen worden[973]. Diese Erleichterungen sind allerdings vor dem Hintergrund zu sehen, dass das Regelungsziel der allgemeinen bürgerlich-rechtlichen Prospekthaftung nicht nachhaltig gefährdet werden darf[974]. Die allgemeine bürgerlich-rechtliche Prospekthaftung ist entwickelt worden, um einem vertragsfremden Dritten unmittelbare Ansprüche gegen den Herausgeber, den Veranlasser oder die „Garanten" des Prospekts an die Hand zu geben. Insoweit fehlt es aber an einer vergleichbaren Interessenlage mit der vorliegend diskutierten Fallkonstellation. Die Emittentin ist nicht vertragsfremder Dritter, sondern leitet Ansprüche aus dem zwischen ihr und dem Aussteller bestehenden Vertrag ab. Darüber hinaus hat die Emittentin auch insoweit eine günstigere Position als ein Kapitalanleger, weil sie selbst den „Gegenstand" des Prüfungsvertrags mit dem Aussteller bildet und mithin auch einen besseren Einblick in den Handlungsablauf des im Streit stehenden Prüfungsvorgangs besitzt. Entsprechende Beweiserleichterungen kommen mithin zugunsten der Ansprüche der Emittentin, insbesondere hinsichtlich des haftungsbegründenden Kausalzusammenhangs, nicht in Betracht.

---

968 Soergel/*Wiedemann*, Vor § 275 Rn. 540.
969 Maßgeblich ist die Beweisfunktion, die vernichtet werden muss, vgl. Baumbach/Lauterbach/ Albers/Hartmann/*Hartmann*, Anh. § 286 Rn. 28.
970 *Geuer*, S. 132 (Wirtschaftsprüferhaftung); *Vollkommer*, Rn. 522 f. (Anwaltshaftung); Soergel/ *Wiedemann*, Vor § 275 Rn. 544 m.w.N. (Arzthaftung).
971 Soergel/*Wiedemann*, Vor § 275 Rn. 542 m.w.N. (Arzthaftung), bisher aber eingeschränkt auf Fälle der „Verletzung von Berufspflichten, die dem Schutz von Körper und Gesundheit dienen".
972 *Geuer*, S. 132. Für den Bereich der Anwaltshaftung wird dies ebenfalls für möglich gehalten, wenn der Anwalt eine Aufklärungs- oder Beratungspflicht schwerwiegend verletzt hat und der eingetretene Schaden eine typische Folge der Pflichtverletzung ist. Über den Bereich der groben Verletzung von Aufklärungs- und Beratungspflichten hinaus ist eine Beweislastumkehr nicht gerechtfertigt, vgl. *Vollkommer*, Rn. 524 f. m.w.N. Ablehnend für den Bereich der Anwaltshaftung *Borgmann/Jungk/Grams*, § 45 Rn. 24, da die Frage des Verschuldensgrades keinen Einfluss auf die Frage der Kausalität habe.
973 *Assmann/Schütze*, § 7 Rn. 139 f. m.w.N. zur Rechtsprechung; *Geuer*, S. 132.
974 *Assmann/Schütze*, § 7 Rn. 139 f.

c)   Beweisführungserleichterungen

Für den Ausgang eines Haftungsprozesses ist nicht nur die Frage der Beweislastverteilung entscheidend, sondern auch, ob Beweisführungserleichterungen möglich sind. Für die Beweisführung der Emittentin können im Wege der freien Beweiswürdigung durch das Gericht (§ 286 ZPO) und den Beweis des ersten Anscheins (prima facie-Beweis) sowie durch Anwendung von § 287 ZPO für den Nachweis der Schadenshöhe Beweiserleichterungen in Betracht kommen.

C.   Haftung aus außervertraglichen Haftungstatbeständen

Es schließt sich die Frage an, ob der Emittentin gegen den Aussteller eines fehlerhaften Comfort Letter Schadensersatzansprüche auf Ersatz der Vermögensschäden aus unerlaubter Handlung zustehen. Dabei kommen als Anspruchsnormen § 823 Abs. 1 und Abs. 2 BGB sowie § 826 BGB in Betracht. Auf die deliktsrechtliche Haftung des Ausstellers für die an der Erstellung des Comfort Letter mitwirkenden Prüfungsgehilfen (§ 831 Abs. 1 BGB) soll nicht näher eingegangen werden, da der Anwendungsbereich der Haftungsnorm aufgrund der bestehenden Exkulpationsmöglichkeit eng ist[975].

I.   Anspruch aus § 823 Abs. 1 BGB

Der Tatbestand des § 823 Abs. 1 BGB setzt die Verletzung eines der dort aufgeführten absoluten Rechte voraus, wobei der Aussteller sowohl für fahrlässiges wie für vorsätzliches Handeln verantwortlich ist[976]. Die fehlerhafte Erteilung eines Comfort Letter führt allenfalls zu einem reinen Vermögensschaden der Emittentin. Mit Hilfe des § 823 Abs. 1 BGB lassen sich demgegenüber nur solche Vermögensschäden ausgleichen, die aufgrund einer Verletzung der in dieser Vorschrift genannten absoluten Rechte oder Rechtsgüter eingetreten sind[977]. Das Vermögen als solches gehört nicht dazu und ist insbesondere auch kein „sonstiges Recht"[978]. Fraglich ist lediglich, ob durch die Ausstellung eines fehlerhaften Comfort Letter ein „sonstiges Recht" der Emittentin am eingerichteten und ausgeübten Gewerbebetrieb („Unternehmensschutz") verletzt werden

975   So auch MünchKomm HGB/*Ebke*, § 323 Rn. 75; *Fikentscher*, § 107 I 1: „stumpfe Waffe"; *Otto/ Mittag*, WM 1996, 377.
976   *Geuer*, S. 78.
977   *Ebke*, Dritthaftung, S. 44.
978   *Ebke*, Dritthaftung, S. 44; MünchKomm HGB/*Ebke*, § 323 Rn. 75; *Fikentscher*, § 103 I 6.

kann[979]. Die schadensverursachende Handlung des Ausstellers müsste einen unmittelbaren[980] Eingriff in den Gewerbebetrieb der Emittentin darstellen. Dies setzt einen „betriebsbezogenen Eingriff"[981] und damit ein vorsätzliches Handeln voraus, was in der Praxis jedoch selten ist und zudem nur schwer nachweisbar sein dürfte[982]. Das Recht am eingerichteten und ausgeübten Gewerbebetrieb der Emittentin wird durch das in Frage stehende Verhalten des Ausstellers in den hier zu untersuchenden Fällen in der Regel wohl nicht verletzt[983]. Die Emittentin, die infolge eines fehlerhaften Comfort Letter einen Vermögensschaden erleidet, ist mithin gemäß § 823 Abs. 1 BGB nicht geschützt.

II. Anspruch aus § 823 Abs. 2 BGB

Auch wenn Ansprüche der Emittentin gegen den Aussteller nach § 823 Abs. 1 BGB nicht in Betracht kommen, bedeutet dies nicht, dass das Vermögen als solches nach dem im Gesetz angelegten deliktsrechtlichen Haftungsrechtssystem ungeschützt bleibt[984]. Für die hier interessierenden Fälle können Ansprüche aus § 823 Abs. 2 BGB sowie § 826 BGB in Betracht kommen.

1. Tatbestand

Eine Haftung des Ausstellers gegenüber der Emittentin setzt voraus, dass dieser mit der Erteilung eines fehlerhaften Comfort Letter gegen ein Gesetz verstößt, das den Schutz eines Dritten mit umfasst[985]. Eine solche Rechtsnorm muss nach ihrem Inhalt zumindest auch dem Schutz des Einzelnen dienen[986]. Es reicht nicht aus, dass sie die Wirkung hat,

---

979 MünchKomm BGB/*Wagner*, § 823 Rn. 179 ff; *Fikentscher*, § 103 II 1; *Gräfe/Lenzen/Schmeer*, S. 266 (Steuerberater).

980 RGZ 163, 32; BGHZ 29, 65, 69 = NJW 1959, 479, 480 m.w.N.

981 St. Rspr. BGHZ 29, 65, 74 = NJW 1959, 479, 481; BGHZ 55, 153, 161 = NJW 1971, 886, 888; BGH LM § 249 Nr. 14 = NJW 1974, 1503, 1505; BGHZ 69, 128, 139 = NJW 1977, 1875, 1877.

982 Vgl. MünchKomm HGB/*Ebke*, § 323 Rn. 78.

983 Vgl. auch MünchKomm HGB/*Ebke*, § 323 Rn. 75; *Gräfe/Lenzen/Schmeer*, S. 266 (Steuerberater).

984 *Ebke*, Dritthaftung, S. 44. Es stellt eine Wertung des Gesetzes dar, dass primäre Vermögensschäden nicht schlechterdings ausgeglichen werden sollen, sondern nur bei Vorliegen der Voraussetzungen des § 823 Abs. 2 BGB oder § 826 BGB. Manche Autoren bezeichnen diese Wertung auch als „Enge des Deliktsrechts", Nachw. bei *Bar*, S. 204 [Fn.4]; *Ebke*, JZ 1998, 993, 995.

985 Art. 2 EGBGB. § 823 Abs. 2 Satz 1 BGB setzt eine Rechtsnorm im Sinne der Rechtsquellenlehre voraus. Siehe *Ebke*, Dritthaftung, S. 45; *Kötz/Wagner*, Rn. 170 jew.m.w.N.; siehe zum neueren Ansatz der Lehre von den „Verkehrspflichten zum Schutze fremden Vermögens" unten S. 193.

986 *Ebke*, Dritthaftung, S. 44; MünchKomm HGB/*Ebke*, § 323 Rn. 77; BGHZ 46, 17, 23 = NJW 1966, 2014; BGH DB 1976, 1665; BGHZ 84, 312, 314 = NJW 1982, 2780; BGHZ 100, 13, 14; NJW 1987, 1818; BGHZ 122, 1, 9 = NJW 1993, 1580, 1581 f. = VersR 1993, 698, 699; *Gräfe/Lenzen/Schmeer*, S. 267 (Steuerberater); Palandt/*Sprau*, § 823 Rn. 57; *Fikentscher*, § 104 II 2; *Adler/Düring/Schmaltz*, § 323 Rn. 80; *Geuer*, S. 78 f.; BeckBilKomm/*Winkeljohann/Hellwege*, § 323 Rn. 174.

dem Einzelnen zu nutzen. Ihr muss vielmehr nach dem Willen des Gesetzgebers der Zweck zukommen, dem Einzelnen Rechtschutz zu gewähren (Gesetz mit Individualschutzcharakter)[987]. Als ebensolche Schutzgesetze kommen strafrechtliche[988], aber auch handelsrechtliche[989] und aktienrechtliche[990] Normen in Betracht. Die berufsrechtlichen Bestimmungen[991] sind hingegen keine Schutzgesetze im Sinne des § 823 Abs. 2 Satz 1 BGB. Die das Vermögen der Emittentin schützenden einschlägigen Vorschriften begründen eine Haftung nur im Falle vorsätzlicher Rechtsverletzungen durch den Aussteller. Vorsätzliches Handeln wird allerdings in der Regel in den hier zu untersuchenden Fällen nicht vorliegen und darüber hinaus nur schwer nachzuweisen sein[992].

2. *„Verkehrspflichten zum Schutze fremden Vermögens"*

Obgleich den IDW Prüfungsstandards keine Rechtsnormqualität zukommt[993], könnte dennoch erwogen werden, ob es sich bei den im IDW Prüfungsstandard PS 910 festgelegten „Grundsätzen für die Erteilung eines Comfort Letter"[994] um „Verkehrspflichten" handelt[995], die im Rahmen eines deliktsrechtlichen Anspruchs von Bedeutung sind. Die deutsche Praxis hat eine deliktsrechtliche Berufshaftung für die fahrlässige Verletzung

---

987 MünchKomm HGB/*Ebke*, § 323 Rn. 77; *Fikentscher*, § 104 II 2.
988 Siehe zu den möglicherweise einschlägigen vermögensschützenden sowie individualschützenden Strafnormen MünchKomm HGB/*Ebke*, § 323 Rn. 78; BeckBilKomm/*Winkeljohann/Hellwege*, § 323 Rn. 179; *Gräfe/Lenzen/Schmeer*, S. 267-281 (Steuerberater); siehe zu § 264a StGB (Kapitalanlagebetrug) *Assmann/Schütze*, § 7 Rn. 41 f.
989 In Betracht kommen die handelsrechtlichen Strafnormen in § 332 HGB (Verletzung der Berichtspflicht) und § 333 HGB (Verletzung der Geheimhaltungspflicht). Dagegen stellt § 323 Abs. 1 Satz 1 HGB, der den Abschlussprüfer u.a. zu einer gewissenhaften und unparteiischen Prüfung verpflichtet, kein Schutzgesetz dar. Dazu *Ebke*, Dritthaftung, S. 47-49 (zur Vorgängervorschrift des § 168 Abs. 1 Satz 1 AktG a.F.); MünchKomm HGB/*Ebke*, § 323 Rn. 79.
990 § 403 AktG (Verletzung der Berichtspflicht) und § 404 AktG (Verletzung der Geheimhaltungspflicht). Dazu BeckBilKomm/*Winkeljohann/Hellwege*, § 323 Rn. 177; *Geuer*, S. 79.
991 Soweit der Aussteller des Comfort Letter dem Berufsstand der Wirtschaftsprüfer angehört, kann noch erwogen werden, ob den §§ 2 und 43 Abs. 1 Satz 1 WPO Schutzgesetzcharakter zukommt. Diese Frage ist indessen zu verneinen, da die genannten Vorschriften lediglich die Tätigkeit des Wirtschaftsprüfers bestimmen, nicht aber den Schutz bestimmter Personen umfassen; siehe OLG Saarbrücken (12.7.1978) BB 1978, 1434, 1438; BeckBilKomm/*Winkeljohann/Hellwege*, § 323 Rn. 180; MünchKomm HGB/*Ebke*, § 323 Rn. 80 m.w.N. Ebenso werden §§ 4 und 7 der am 15.9.1996 in Kraft getretenen Berufssatzung der WPK nicht als Schutzgesetze angesehen, da sie lediglich im Innenverhältnis zu den Mitgliedern der WPK Wirkung entfalten; dazu MünchKomm HGB/*Ebke*, § 323 Rn. 82. Zur Frage, ob § 49 2. Var. WPO ein Verbotsgesetz im Sinne von § 134 BGB darstellt, hat der BGH zuletzt in der Entscheidung „K. of America" geurteilt, dass „trotz einer § 49 2. Var. WPO missachtenden Übernahme einer Prüfung durch einen Wirtschaftsprüfer dessen Vertrag mit dem zu prüfenden Unternehmen wirksam ist, wenn nicht andere Nichtigkeitsgründe eingreifen"; BGH WM 2004, 1491, 1495 m. Bespr. *Ebke/Paal*, ZGR 2005, 894, 911.
992 Vgl. MünchKomm HGB/*Ebke*, § 323 Rn. 78.
993 MünchKomm HGB/*Ebke*, § 323 Rn. 27 m.w.N.; *Gehringer*, S. 111-113; *Hauser*, S. 64 f.; *Hopt*, FS Pleyer, S. 341, 363 (zu den vormals geltenden Fachgutachten und Stellungnahmen des IDW).
994 IDW PS 910, WPg 2004, 342.
995 Vgl. *Hopt*, FS Pleyer, S. 341, 363 (zu den vormals geltenden Fachgutachten und Stellungnahmen des IDW).

von „Verkehrspflichten" bisher nur im Rahmen des § 823 Abs. 1 BGB anerkannt, sie dort aber nicht auf bestimmte Berufe begrenzt, sondern weitere Berufsgruppen[996] eingeschlossen[997]. Allerdings werden nach dieser Norm nur die Rechtsgüter[998] des § 823 Abs. 1 BGB durch „Verkehrspflichten" geschützt[999], das Vermögen als solches wird nicht erfasst[1000].

In der Rechtslehre ist dagegen mit der Theorie von den „Verkehrspflichten zum Schutz fremden Vermögens"[1001] eine Fahrlässigkeitshaftung für Angehörige bestimmter Berufsgruppen, wie beispielsweise Wirtschaftsprüfer, Schätzer, Banker sowie öffentlich bestellter und vereidigter Sachverständiger[1002] entwickelt worden, aus der sich auch ein Anspruch der Emittentin gegen den Aussteller ergeben könnte. Die Theorie stützt sich auf den Gedanken, dass die Herausbildung „freier" richterrechtlicher Verkehrs- und Verhaltenspflichten[1003], ausgerichtet an den jeweiligen Berufsstandards und Sorgfaltsmaßstäben, gleichberechtigt neben die traditionellen Schutzgesetze des § 823 Abs. 2 BGB treten und auf der normativen Grundlage des § 823 Abs. 2 BGB[1004] eine Haftung auch für reine Vermögensschäden begründen könnte. Schutzgut dieser „Verkehrspflichten" soll demnach das Vermögen als solches sein[1005].

Die Lehre von den „Verkehrspflichten zum Schutze fremden Vermögens" ist in der Literatur auf heftige Kritik gestoßen[1006]. Die im Gesetz angelegte Bindung des Gerichts an den Rechtsgüterkatalog in § 823 Abs. 1 BGB werde übergangen[1007] und das im Gesetz angelegte „Dreigestirn des Deliktsrechts"[1008] zu Gunsten eines allgemeinen Schutzes reiner Vermögensinteressen aufgelöst. Tatsächlich lässt sich im BGB keine Grundlage für eine Haftung für eine fahrlässige Verletzung von Verkehrspflichten zum Schutze reiner Vermögensinteressen finden. Zwar können solche Verkehrspflichten –

996 Beispielsweise Abschleppunternehmer, Spediteure, gewerbliche Lagerhalter etc.
997 *Köndgen*, S. 368.
998 *Steffen*, VersR 1980, 409, 410: „erratische Blöcke".
999 BGHZ 58, 149, 156; BGHZ 63, 140, 146; *Deutsch*, S. 22.
1000 Siehe Nachw. oben Fn. 978, S. 191.
1001 Die Bezeichnung geht zurück auf den Titel des Beitrags von *K. Huber*, FS von Caemmerer, S. 359. *Ebke*, Dritthaftung, S. 51; MünchKomm HGB/*Ebke*, § 323 Rn. 86 hat sie übernommen. Die Lehre von den „Verkehrspflichten zum Schutze fremden Vermögens" geht zurück auf *Bar*, RabelsZ 44 (1980), 455 ff.; *ders.*, Verkehrspflichten, S. 204 ff.; *Mertens*, AcP 178 (1978), 227, 228 ff. Einen Überblick über den Mitte der siebziger Jahre des 20. Jahrhunderts beginnenden Entstehungsvorgang bieten *Ebke*, Dritthaftung, S. 51 f. und *Hirte*, S. 406 ff. jew.m.w.N.
1002 So explizit *Mertens*, AcP 178 (1978), 227, 240 f.; *Bar*, JZ 1979, 728, 730; *ders.*, Verkehrspflichten, S. 230-238.
1003 *Canaris*, 2. FS Larenz, S. 27, 83.
1004 *Bar*, Verkehrspflichten, S. 204 ff.; *K. Huber*, FS von Caemmerer, S. 359; noch weiter *Mertens*, AcP 178 (1978), 227, 232: „ungeschriebener § 823 Abs. 3 BGB".
1005 *Stahl*, S. 43.
1006 Zur Kritik *Ebke*, Dritthaftung, S. 54: „schlicht gesetzeswidrig", unter Hinweis auf *Schröder*, NJW 1980, 2279, 2284; *Canaris*, 2. FS Larenz, S. 27, 81 ff., 83; *ders.*, ZHR 163 (1999), 206, 214; *Grunewald*, AcP 187 (1987), 285, 297; *dies.*, JZ 1982, 627, 631; *Picker*, AcP 183 (1983), 369, 496 ff.; *Fezer*, S. 529-531; *Brüggemeier*, S. 468; RGRK/*Steffen*, § 823 Rn. 140.
1007 *Ebke*, Dritthaftung, S. 51; MünchKomm HGB/*Ebke*, § 323 Rn. 86.
1008 *Mertens*, AcP 178 (1978), 227, 232 unter Bezug auf § 823 Abs. 1 BGB, § 823 Abs. 2 BGB und § 826 BGB.

auch wenn man sie auf spezifische Berufspflichten beschränken würde – den Inhalt von Rechtspflichten beeinflussen, sie sind aber außerhalb von §§ 823 ff. nicht in der Lage eine Haftung zu begründen[1009]. Darüber hinaus spricht gegen die Einordnung der Verkehrspflichten als Schutzgesetz, dass hierdurch eine Haftungsgeneralklausel begründet würde, die in keinem funktionalen Zusammenhang zur bestehenden Rechtsordnung mehr stünde[1010]. Die „Verkehrspflichten zum Schutze fremden Vermögens" sind demgemäß von der Rechtsprechung bis heute nicht als „Schutzgesetz" anerkannt worden[1011], obwohl zahlreiche Entscheidungen Gelegenheit geboten hätten, die Lehre zur Begründung einer Haftung anzuwenden oder zumindest anzusprechen[1012].

Eine unmittelbare Umsetzung der in IDW Prüfungsstandard PS 910 festgelegten Grundsätze als „Schutzgesetz" im Sinne von § 823 Abs. 2 BGB, das auch den Schutz des Vermögens der Emittentin umfasst, ist mit dem geltenden Recht nicht vereinbar und mithin abzulehnen.

3. Zusammenfassung

Eine Haftung des Ausstellers gegenüber der Emittentin kann auch nicht § 823 Abs. 2 BGB entnommen werden. Der Grund liegt darin, dass in allen Fällen eine vorsätzliche Verwirklichung der genannten vermögensschützenden Normen erforderlich ist[1013].

III. Anspruch aus § 826 BGB

Von den deliktsrechtlichen Anspruchsgrundlagen hat im Bereich der Wirtschaftsprüferhaftung allein § 826 BGB nennenswerte praktische Bedeutung erlangt[1014]. Diese Ansprüche können neben vertraglichen Ansprüchen der Emittentin in echter Anspruchskonkurrenz stehen[1015]. Eine Haftung des Ausstellers gegenüber der Emittentin setzt voraus, dass dieser mit Schädigungsvorsatz in sittenwidriger Weise seine prüfungsvertraglichen Pflichten verletzt hat. Die Verletzungshandlung kann in einem Tun oder

---

1009 *Canaris*, 2. FS Larenz, S. 27, 83.
1010 *Canaris*, 2. FS Larenz, S. 27, 83: „Absage des BGB an eine große deliktsrechtliche Generalklausel und einen umfassenden deliktsrechtlichen Vermögensschutz".
1011 MünchKomm HGB/*Ebke*, § 323 Rn. 86; *Bar*, Verkehrspflichten, S. 206.
1012 Vgl. nur BGH NJW 1984, 355; BGH NJW-RR 1986, 484 = WM 1985, 450; BGH NJW 1987, 1758.
1013 MünchKomm HGB/*Ebke*, § 323 Rn. 78.
1014 *Hopt*, HWRev, S. 798; *Ebke/Scheel*, WM 1991, 389; *Ebke/Fechtrup*, JZ 1986, 1111, 1113; MünchKomm HGB/*Ebke*, § 323 Rn. 87; *Geuer*, S. 80; *Stahl*, S. 39; *Gräfe/Lenzen/Schmeer*, S. 225 (Steuerberater).
1015 Siehe MünchKomm BGB/*Kramer*, § 241 Rn. 28; MünchKomm BGB/*Wagner*, § 826 Rn. 40, 43; Staudinger/*Oechsler*, § 826 Rn. 132.

Unterlassen bestehen[1016]. Ein Unterlassen ist aber nur tatbestandsmäßig, wenn nach den guten Sitten eine Handlungspflicht besteht[1017]. Der Vorsatz des Handelnden muss allein den Vermögensschaden der geschädigten Emittentin umfassen[1018]. Die Voraussetzungen einer „vorsätzlichen sittenwidrigen Schädigung" erscheinen zwar zunächst als eine hohe Hürde, andererseits wurden die Anforderungen an die Tatbestandsmerkmale „Vorsatz" und „Sittenwidrigkeit" in der Praxis reduziert[1019].

1. Sittenwidriges Handeln

Betreibt der Aussteller eine bewusst unrichtige Berichterstattung über die wirtschaftliche Lage der Emittentin, so ist dieses Verhalten als sittenwidrig anzusehen[1020]. Nach der neueren Judikatur können unrichtige Auskünfte, Gutachten etc. bereits den Vorwurf sittenwidrigen Verhaltens begründen, wenn sie „leichtfertig, gewissenlos und ins Blaue hinein"[1021] erfolgt sind, ohne klarzustellen, dass die entscheidungserheblichen Grundlagen nicht geprüft wurden und dieses Informationsdefizit auch nicht aus der Auskunft erkennbar ist[1022]. Der Aussteller handelt dann leichtfertig, wenn er die erforderliche Sorgfalt in besonders schwerem Maße verletzt und mit besonderem Leichtsinn oder besonderer Gleichgültigkeit tätig wird. Nicht jeder Verstoß ist aber auch – subjektiv – als gewissenlos zu betrachten. Hierfür müssen die besonderen Umstände im Einzelfall, z.B. die erkennbar weitreichenden wirtschaftlichen Folgen der Auskunft eine solche Bewertung tragen.

Von einem sittenwidrigen Verhalten ist dann auszugehen, wenn der Aussteller, der aufgrund seiner beruflichen Stellung als Wirtschaftsprüfer[1023] eine besondere Vertrauensstellung einnimmt, in grober Weise gegen die durch seinen Beruf gebotene Sorgfalt verstößt[1024]. Dies bedeutet, dass hiernach letztlich auch die Fälle grob fahrlässigen Handelns als sittenwidriges Verhalten beurteilt werden[1025]. Zur Vermeidung von Missverständnissen ist darauf hinzuweisen, dass auch eine gewissenlose Berufstätigkeit

---

1016 Palandt/*Sprau*, § 826 Rn. 7.
1017 BGH NJW 1963, 148, 149; MünchKomm BGB/*Wagner*, § 826 Rn. 7.
1018 MünchKomm BGB/*Wagner*, § 826 Rn. 21.
1019 *Hopt*, HWRev., S. 798; *Ebke/Scheeel*, WM 1991, 389; *Ebke/Fechtrup*, JZ 1986, 1111, 1113; MünchKomm HGB/*Ebke*, § 323 Rn. 87; *Geuer*, S. 80; *Stahl*, S. 39; *Gräfe/Lenzen/Schmeer*, S. 225 (Steuerberater).
1020 Staudinger/*Oechsler*, § 826 Rn. 207; BeckBilKomm/*Winkeljohann/Hellwege*, § 323 Rn. 183.
1021 BGHZ 10, 228, 233; BGH WM 1956, 1229; BGH WM 1962, 934; BGH WM 1966, 1149; BGH WM 1970, 878, 879; BGH NJW 1973, 321, 322; BGH WM 1975, 559; BGH NJW 1986, 180, 181; BGH NJW 1987, 1758; BGH NJW 1990, 389, 390; BGH NJW 1991, 3282, 3283; BGH NJW 1992, 2080, 2083.
1022 *Borgmann/Jungk/Grams*, § 32 Rn. 10 (Anwaltshaftung), unter Hinweis auf BGH NJW 1986, 180, 181; BGH NJW 1992, 2080, 2083.
1023 Vgl. *Ostrowski/Sommerhäuser*, WPg 2000, 961, 968.
1024 BeckBilKomm/*Winkeljohann/Hellwege*, § 323 Rn. 183.
1025 *Otto/Mittag*, WM 1996, 325, 332, a.A. *Gräfe/Lenzen/Schmeer*, S. 284 (Steuerberater).

gerade bei Wirtschaftsprüfern und Steuerberatern nur schwer zu beweisen ist, da nicht ohne weiteres angenommen werden kann, dass sie ihre berufliche Existenz durch derartige Handlungen aufs Spiel setzen werden[1026]. Andererseits kann ein einfacher Verstoß gegen die standesrechtlichen Vorschriften der Wirtschaftsprüferordnung grundsätzlich nicht als ein sittenwidriges Verhalten bewertet werden[1027].

2. Schaden

Für den Schadensbegriff und den Schadensumfang gelten die bereits dargestellten Grundsätze des allgemeinen Schadensersatzrechts (§§ 249 ff BGB)[1028]. Selbst ein grobfahrlässiges Mitverschulden der Emittentin bei der Schadensentstehung wirkt sich unter Umständen nicht anspruchsmindernd aus[1029].

3. Schädigungsvorsatz

Der in § 826 BGB vorausgesetzte Schädigungsvorsatz muss gesondert neben der Sittenwidrigkeit festgestellt werden[1030]. Der Vorsatz bezieht sich allein auf die Nachteilszufügung (Schaden) und nicht auf deren Sittenwidrigkeit[1031]. Die Anforderungen an das Merkmal „Vorsatz" sind durch die neuere Judikatur erheblich reduziert worden[1032]. Es genügt, dass der Aussteller die Art des Schadens und die generelle Richtung des

---

1026 *Gräfe/Lenzen/Schmeer*, S. 284 (Steuerberater), unter Hinweis auf OLG Karlsruhe (7.5.1985) VersR 1986, 924; ähnlich *Ebke*, Dritthaftung, S. 56. Zahlreiche Beispiele zur abgelehnten Sittenwidrigkeit finden sich bei *Gräfe/Lenzen/Schmeer*, S. 284 ff.; MünchKomm HGB/*Ebke*, § 323 Rn. 89; siehe auch OLG Karlruhe (22.6.1999) WPK-Mitt. 1999, 231, 234 [Bericht]; OLG Köln (14.12.1990) AG 1992, 89, 90; LG Hamburg (22.6.1998) WM 1999, 139, 142; OLG Düsseldorf (15.12.1998) GI 1999, 218, 223 = WPK-Mitt. 1999, 258, 261 m. Anm. *Ebke/Paal*.
1027 *Gräfe/Lenzen/Schmeer*, S. 283 m.w.N. (Steuerberater).
1028 Siehe oben S. 175; siehe auch MünchKomm BGB/*Wagner*, § 826 Rn. 31; Staudinger/*Oechsler*, § 826 Rn. 118.
1029 BGH NJW 1992, 310, 311, unter Hinweis auf Rechtsgedanken des venire contra factum proprium; BGHZ 76, 216, 218 = NJW 1980,1618; BGH NJW 1984, 921, 922 m.w.N.; siehe Staudinger/*Oechsler*, § 826 Rn. 118 (Deprivilegierung des Täters).Vertragliche Haftungsbeschränkungen können aus dem gleichen Rechtsgedanken nicht als Haftungsausschlussgrund geltend gemacht werden, dazu BGH JZ 1996, 1111, 1112; BGH NJW 1987, 1758, 1760.
1030 BGH NJW 1962, 1766; BGH VersR 1966, 1034, 1036; BeckBilKomm/*Winkeljohann/Hellwege*, § 323 Rn. 185.
1031 MünchKomm BGB/*Wagner*, § 826 Rn. 20 f.; Palandt/*Sprau*, § 826 Rn. 9. Aber auch wenn die Prüfung der Sittenwidrigkeit und die Prüfung des Schädigungsvorsatzes getrennt vorgenommen werden müssen, stehen beide Prüfungen nicht beziehungslos zueinander. Einerseits kann die Tatsache, dass eine Nachteilszufügung vorsätzlich erfolgt, für die Feststellung der Sittenwidrigkeit ausschlaggebend sein. Andererseits kann aus der Art und Weise des sittenwidrigen Handelns gefolgert werden, dass der Täter mit Schädigungsvorsatz gehandelt hat, siehe BGH WM 1995, 882, 885.
1032 *Ebke*, Dritthaftung, S. 55.

Schadensverlaufs vorausgesehen und billigend in Kauf genommen hat[1033]. Ein bedingter Schädigungsvorsatz (dolus eventualis) reicht damit aus[1034], eine Schädigungsabsicht ist nicht erforderlich[1035]. Der Schädigungsvorsatz wird darüber hinaus bei Vertrauenspersonen wie Wirtschaftsprüfern und Steuerberatern im Falle bewusster Verstöße gegen die elementaren Berufspflichten grundsätzlich bejaht[1036], bei grob leichtfertigem Verhalten kann u.U. gefolgert werden, dass ein bedingter Schädigungsvorsatz vorliegt, wenn der Schädiger selbst sein schädigendes Verhalten erkannt hat[1037]. Ein grobfahrlässiges Handeln in Bezug auf die Schädigung reicht dagegen nicht aus[1038]. Allerdings zeichnet sich die Rechtsprechung zum Teil durch ein besonders „leichtfüßiges Überspringen der Vorsatzhürde" aus[1039].

4. Bewusstsein der Sittenwidrigkeit

Nicht erforderlich für die Schadensersatzpflicht nach § 826 BGB ist die Kenntnis der Sittenwidrigkeit und das entsprechende Bewusstsein von derselben[1040]. Der Aussteller muss lediglich Kenntnis von den tatsächlichen Umständen haben, die sein Verhalten als sittenwidrig erscheinen lassen[1041]. Er muss sich bewusst gewesen sein, im Widerspruch zu den elementaren Fachkenntnissen zu handeln oder in sonstiger Weise seine Pflicht zur gewissenhaften Berufsausübung in besonders grober Weise zu verletzen.

1033 BGHZ 108, 134, 143 = NJW 1989, 3277, 3279; BGH WM 1962, 527, 529 f.; BGH LM (Ge) Nr. 9 = NJW 1974, 57; BGH LM (C) Nr. 5 = NJW 1991, 634, 636 = JZ 1991, 719, 721; Palandt/ *Sprau*, § 826 Rn. 10. Der entscheidende Wertungsgesichtspunkt in diesem Zusammenhang liegt darin, dass der Schutzbereich des § 826 BGB durch den Schädigungsvorsatz eingeschränkt wird. Gerade weil der Tatbestand weit gefasst ist, hängt die Verantwortlichkeit des Ausstellers eines Comfort Letter vom Umfang seines Vorsatzes ab. Er haftet daher nur dann für mittelbare Schäden, wenn er diese bewusst in Kauf genommen hat. Vgl. BGH NJW 1979, 1599, 1600; OLG Düsseldorf (15.03.1990) NJW-RR 1990, 732, 734.
1034 BGH NJW 1951, 596; MünchKomm HGB/*Ebke*, § 323 Rn. 90.
1035 *Ebke*, Dritthaftung, S. 56.
1036 Gräfe/Lenzen/Schmeer, S. 287 (Steuerberater).
1037 BGH WM 1986, 904; BGH NJW 1991, 3282, 3283; enger OLG Köln (14.12.1990) NJW-RR 1992, 1184.
1038 Palandt/*Sprau*, § 826 Rn. 10; LG Hamburg (22.06.1998) WM 1999, 139, 142; *Canaris*, ZHR 163 (1999), 206, 214 f.; MünchKomm HGB/*Ebke*, § 323 Rn. 90; *Ebke*, Dritthaftung, S. 56. Dem steht auch nicht entgegen, dass das Merkmal der Sittenwidrigkeit in manchen Fällen in einem grobfahrlässigen, gewissenlosen Verhalten zu sehen ist, denn die Prüfung von Sittenwidrigkeit und Schädigungsvorsatz ist getrennt vorzunehmen. Durch die Beibehaltung des Schädigungsvorsatzes bleibt der Charakter der Vorsatztat erhalten, BGH NJW 1962, 1766; kritisch *Honsell*, JuS 1976, 621, 628.
1039 MünchKomm HGB/*Ebke*, § 323 Rn. 90; zurückhaltend BGH NJW 1991, 32, 33.
1040 St. Rspr. seit RGZ 72, 175, 176; RGZ 79, 17, 23; RGZ 136, 293, 296; übernommen von BGHZ 8, 83, 87 f. = NJW 1953, 297; BGHZ 10, 228, 233; BGH NJW 1961, 2302, 2303; kritisch *Ebke/ Scheel*, WM 1991, 389, 390: „kaschierte Haftung"; vgl. Staudinger/*Oechsler*, § 826 Rn. 61 ff.
1041 BGHZ 8, 83, 87 f. = NJW 1953, 297.

5. Verjährung

Ansprüche aus unerlaubter Handlung verjähren innerhalb der kurzen regelmäßigen Verjährungsfrist von 3 Jahren (§ 195 BGB), wobei sich der Fristbeginn gemäß § 199 Abs. 1 BGB bestimmt[1042].

6. Zusammenfassung

Trotz Reduzierung der Anforderungen an die Tatbestandsvoraussetzungen des § 826 BGB durch die Rechtsprechung bleibt die Haftungsnorm für die hier interessierenden Fälle von geringer Relevanz. Ein gewissenloses Handeln wird dem Aussteller von der Emittentin nur schwer nachzuweisen sein, zumal nicht angenommen werden kann, dass der Aussteller seine berufliche Existenz durch derartige Handlungen aufs Spiel setzt[1043]. Sein Haftungsrisiko bleibt hiernach im Normalfall gering.

D. Zwischenergebnis

1. Ein vertraglicher Schadensersatzanspruch der Emittentin wegen der direkten Mangelschäden eines fehlerhaften Comfort Letter wird sich gemäß § 634 Nr. 4 i.V.m. §§ 636, 280, 281 BGB auf die Erstattung des Nichterfüllungsschadens der Emittentin richten und u.a. die Kosten, die für die Erstellung des Comfort Letter bzw. die zur Beseitigung der darin enthaltenen Mängel angefallen sind, umfassen. Wie festgestellt, kann eine Nachfristsetzung wegen des engen Zeitrahmens der Aktientransaktion nach § 636, 3. Alt. BGB und § 281 Abs. 2, 2. Alt. BGB entfallen. Wahlweise kann die Emittentin nach §§ 634 Nr. 4, 284 BGB anstelle des Nichterfüllungsschadens einen Aufwendungsersatz nach §§ 634 Nr. 4, 284 BGB verlangen.

2. Die Ausführungen zur prüfungsvertraglichen Haftung haben weiterhin ergeben, dass der Aussteller von der Emittentin nur sehr eingeschränkt auf Ersatz der Mangelfolgeschäden gemäß § 280 Abs. 1 BGB in Anspruch genommen werden kann. Aufgrund der Probleme der Emittentin, eine haftungsbegründende Kausalität im

---

1042 Vgl. zum Ganzen Dauner-Lieb/Heidel/Lepa/Ring/*Mansel*, § 1 Rn. 33 ff.

1043 *Gräfe/Lenzen/Schmeer*, S. 284 m.w.N. (Steuerberater); ähnlich *Ebke*, Dritthaftung, S. 56; Münch Komm HGB/*Ebke*, § 323 Rn. 89. Von einem gewissenlosen Verhalten des Ausstellers kann noch nicht gesprochen werden, wenn dieser auf die Richtigkeit der ihm vorgelegten Zahlenwerke – auf die dann in dem Comfort Letter Stellung genommen wurde – berechtigterweise vertraut hat und insbesondere dem für die Buchführung Verantwortlichen der Gesellschaft eine Fälschung des vorgelegten Zahlenwerkes nicht zutrauen musste, vgl. OLG Karlruhe (22.6.1999) WPK-Mitt. 1999, 231, 234 [Bericht]; OLG Köln (14.12.1990) AG 1992, 89, 90; LG Hamburg (22.6.1998) WM 1999, 139, 142); siehe auch OLG Düsseldorf (15.12.1998) GI 1999, 218, 223 = WPK-Mitt. 1999, 258, 261 m. Anm. *Ebke/Paal* (Einbuchung von Scheinforderungen).

Falle einer Unterlassungshandlung des Ausstellers zu belegen, ist ein Ersatz der entstandenen Mangelfolgeschäden nur in einem äußerst engen Rahmen möglich. Erheblich eingeschränkt wird ein Schadensersatzanspruch der Emittentin zusätzlich durch ihr mitursächliches Verhalten bei der Entstehung des Schadens (§ 254 Abs. 1 BGB).

3. Aber auch aufgrund außervertraglicher Anspruchsgrundlagen ist ein Anspruch der Emittentin auf Ersatz der ihr infolge eines fehlerhaften Comfort Letter entstandenen Vermögensschäden nur in Ausnahmefällen vorstellbar, die jedenfalls nicht die Fälle eines leicht fahrlässigen Handelns des Ausstellers erfassen werden. Im Einzelnen kommt eine Haftung nur bei vorsätzlicher Verwirklichung eines Schutzgesetzes im Sinne von § 823 Abs. 2 BGB oder bei einem leichtfertigen und gewissenlosen Handeln bzw. einem grobfahrlässigen und bewussten Verstoß gegen die Berufspflichten nach § 826 BGB in Frage. Beide Anspruchsnormen werden nur bei außergewöhnlichen Konstellationen erfüllt sein.

§ 8: Die Haftung des Ausstellers eines Comfort Letter gegenüber der Emissionsbank

Es ist nunmehr der Frage nachzugehen, ob und inwieweit der Aussteller der Emissionsbank für falsche oder unvollständige Angaben in dem Comfort Letter zum Schadensersatz verpflichtet ist. Mögliche Anspruchsgrundlagen könnten in der Vertragshaftung sowie in außervertraglichen Haftungstatbeständen zu finden sein. Daneben könnte die in der Literatur entwickelte Vertrauenshaftung in Frage stehen.

A. Vertragliche Ansprüche

Im ersten Teil der Arbeit wurde bereits dargelegt, dass die Emissionsbank im Rahmen einer Aktienneuemission ein erhebliches Interesse an der Vorlage von bis zu drei Comfort Letters hat, die jeweils auf unterschiedliche Stichtage bezogen werden[1044]. Aus diesem Grund tritt die Emissionsbank in der Regel auch schon im Übernahmevertrag (underwriting agreement) mit den Vorgaben eines „Muster-Comfort-Letter" an die Emittentin heran und verlangt von dieser, dass sie ihren Wirtschaftsprüfer beauftragt, einen oder mehrere Comfort Letter zu erteilen[1045]. Der Aussteller des Comfort Letter hat demgegenüber seinerseits ein erhebliches Interesse daran, dass der „Muster-Comfort-Letter" den Vorgaben des IDW Prüfungsstandards PS 910 entspricht[1046]. Er wird deshalb strikt darauf achten, dass die Vorgaben des IDW Prüfungsstandards PS 910, auch soweit der „Muster-Comfort-Letter" der Emissionsbank diesem nicht entspricht, uneingeschränkt eingehalten werden. Andererseits kommt der schuldrechtliche Vertrag über die Ausstellung des Comfort Letter („Prüfungsvertrag") allein zwischen dem Aussteller und der Emittentin zustande[1047]. Diese vertragliche Gestaltung wird von der Emissionsbank gewünscht, damit ein etwaiges Fehlverhalten des Ausstellers ihr nicht im Rahmen der gesetzlichen Prospekthaftung (gegenüber den Anlegern) über § 278 BGB zugerechnet werden kann. Die Emissionsbank ist damit nicht Vertragspartnerin des Ausstellers, sondern im Verhältnis zu diesem prüfungsvertragsfremder „Dritter". Es stellt sich aber die Frage, ob nicht dennoch vertragliche Ansprüche aus dem Prüfungsvertrag gegen den Aussteller begründet sein können.

1044   Siehe oben S. 36.
1045   Siehe oben S. 38.
1046   IDW PS 910, WPg 2004, 342.
1047   Siehe zur Frage einer möglichen Drittberechtigung des zwischen Emittentin und Aussteller vereinbarten Prüfungsvertrags unten S. 202.

I.   Ansprüche aus einem Vertrag zu Gunsten Dritter (§ 280 Abs. 1 BGB)

Die Emissionsbank könnte aufgrund schuldhafter Verletzung prüfungsvertraglicher Haupt-, Nebenleistungs- und Verhaltenspflichten[1048] bei der Erstellung des Comfort Letter durch den Aussteller einen Schadensersatzanspruch aus § 280 Abs. 1 BGB gegen diesen geltend machen, wenn der zwischen Emittentin und Aussteller geschlossene Prüfungsvertrag als echter (berechtigender) Vertrag zu Gunsten Dritter, nämlich zu Gunsten der Emissionsbank, zu qualifizieren wäre[1049]. In diesem Falle stünde der Emissionsbank ein eigener Anspruch auf die Hauptleistung – Vornahme der vereinbarten (prüferischen) Untersuchungshandlungen und Ausstellung des Comfort Letter – gegenüber dem Aussteller zu[1050]. Im Falle einer Leistungsstörung wäre sie u.U. in der Lage, Schadensersatzansprüche unmittelbar gegenüber dem Aussteller geltend zu machen.

1.   Echter Vertrag zu Gunsten Dritter (§ 328 BGB)/Rechtsnatur des Prüfungsvertrags

Bei einem echten Vertrag zu Gunsten Dritter handelt es sich nicht um einen besonderen Vertragstyp, sondern um die spezifische vertragliche Ausformung eines schuldrechtlichen Vertrags[1051]. Der Prüfungsvertrag kann grundsätzlich dahingehend ausgestaltet werden, dass der Aussteller nach dem übereinstimmenden Willen der Vertragspartner die vertragliche Hauptleistung gegenüber der Emissionsbank erbringen und diese unmittelbar das Recht erwerben soll, die Leistung zu fordern (§ 328 Abs. 1 BGB)[1052]. Der Anspruch der Emissionsbank entsteht allein durch die entsprechend übereinstimmenden Willenserklärungen von Aussteller („Versprechender") und Emittentin („Versprechensempfängerin"); eine eigene Mitwirkungshandlung der Emissionsbank („Dritter") ist für den Rechtserwerb dagegen nicht erforderlich[1053]. Ist eine solche Absicht des Ausstellers, unmittelbar an die Emissionsbank leisten zu wollen, dem Vertrag nicht zu entnehmen, kann sie sich noch aus einer am Vertragszweck ausgerichteten Auslegung des

---

1048 Palandt/*Heinrichs*, § 280 Rn. 12.
1049 MünchKomm BGB/*Gottwald*, § 328 Rn. 9; Palandt/*Grüneberg*, § 328 Rn. 13.
1050 *Zugehör*, NJW 2000, 1601, 1602; Soergel/*Hadding*, § 328 Rn. 32.
1051 MünchKomm BGB/*Gottwald*, § 328 Rn. 4; Palandt/*Grüneberg*, § 328 Rn. 1.
1052 *Zugehör*, NJW 2000, 1601, 1602; Soergel/*Hadding*, § 328 Rn. 32.
1053 MünchKomm BGB/*Gottwald*, § 328 Rn. 3; Staudinger/*Jagmann*, § 328 Rn. 2; vgl. zum rechtshistorischen Gesichtspunkt („Acceptationstheorie" und „Anwachsungstheorie") *Sutschet*, S. 86 m.w.N. Die Drittberechtigung der Emissionsbank kann im Übrigen in der Form einer Alleinberechtigung oder Mitberechtigung (neben der Emittentin) vereinbart werden, Staudinger/*Jagmann*, § 328 Rn. 78. Eine erst nachträglich vereinbarte Drittberechtigung der Emissionsbank kann als eine Änderung des Prüfungsvertrags ebenso vereinbart werden, Soergel/*Hadding*, § 328 Rn. 32.

Prüfungsvertrags (§ 328 Abs. 2 BGB) ergeben[1054]. In der Praxis kommen vertragliche Drittbegünstigungen aus Prüfungsverträgen zu Gunsten der Emissionsbank nicht vor. Die Emissionsbank vereinbart in dem Übernahmevertrag mit der Emittentin lediglich, dass die Erteilung des Comfort Letter eine aufschiebende Bedingung des Übernahmevertrags darstellt. Die Leistung aus dem Prüfungsvertrag soll allein der Emittentin zustehen und nur dieser gegenüber erbracht werden.

2. Unechter Vertrag zu Gunsten Dritter

Sollte der ausdrückliche Wille der Emittentin und der des Ausstellers oder die Auslegung des Prüfungsvertrags ergeben, dass ein echter Vertrag zu Gunsten der Emissionsbank nicht vorliegt, so kann der Emittentin aus dem Prüfungsvertrag dennoch das Recht vorbehalten sein, die Vornahme der Leistung direkt an die Emissionsbank zu verlangen (unechter Vertrag zu Gunsten Dritter). Die dahin gehende rechtliche Bewertung des Prüfungsvertrags kann nur anhand der Umstände des konkreten Einzelfalles vorgenommen werden. Dies bedarf jedoch keiner Klärung, da die Emissionsbank im Falle eines unechten Vertrags zu Gunsten Dritter jedenfalls kein eigenes Forderungsrecht auf die Leistung des Ausstellers und mithin auch keine vertraglichen Schadensersatzansprüche gegenüber diesem erwerben würde[1055].

3. Zusammenfassung und Überblick

Wenn die Emissionsbank im Falle eines von dem Aussteller mangelhaft erstellten Comfort Letter gegen diesen mithin auch keinen Anspruch aus einem Vertrag zu Gunsten Dritter, nämlich zu ihren Gunsten, erwirbt, so könnten bei dieser Sachlage jedoch unmittelbare Ansprüche der Emissionsbank aus einem Auskunfts- oder Beratungsvertrag gegenüber dem Aussteller des Comfort Letter in Betracht kommen.

II. Ansprüche aus einem Auskunftsvertrag (§ 280 Abs. 1 BGB)

Eine unmittelbare vertragliche Haftung des Ausstellers gegenüber der Emissionsbank aus einem Auskunftsvertrag könnte in Frage kommen, wenn der Aussteller (Auskunftgeber) seine Pflichten aus einem ausdrücklich oder stillschweigend mit der Emissions-

---

1054 Vgl. *Zugehör*, NJW 2000, 1601, 1602; nach vielfach in der Literatur anzutreffender Ansicht ist § 328 Abs. 2 BGB nichts anderes als eine deklaratorische Klarstellung, dass die Prüfung der Drittberechtigung anhand einer ergänzenden Vertragsauslegung vorzunehmen ist, siehe *Sutschet*, S. 107, mit Hinweis auf *Heck*, § 49, 1; RGRK/*Ballhaus*, § 328 Rn. 35.
1055 MünchKomm BGB/*Gottwald*, § 328 Rn. 9.

bank (Auskunftsempfänger) geschlossenen Auskunfts- oder Beratungsvertrag pflicht-widrig verletzt hätte (§ 280 Abs. 1 BGB). Das Risiko einer Inanspruchnahme aus einem Auskunftsvertrag ist für den Aussteller eines mangelhaften Comfort Letter nicht unbeträchtlich, da die Rechtsprechung bei der Annahme eines stillschweigend geschlossenen Auskunftsvertrags äußerst großzügig verfährt[1056]. Anknüpfungspunkt für eine mögliche Haftung des Ausstellers aus einem Auskunftsvertrag ist der Umstand, dass der Aussteller ein Exemplar des Comfort Letter unmittelbar der Emissionsbank zuschickt[1057]. Es liegt mithin nahe, hierin einen stillschweigend vereinbarten Auskunftsvertrag zu sehen, wie dies auch z.B. bei der Erteilung von Bescheinigungen, der Erstattung von Gutachten sowie der Durchführung freiwilliger oder sonstiger betriebswirtschaftlicher Prüfungen des Wirtschaftsprüfers oder Steuerberaters angenommen wird[1058].

1. Gesetzliche Ausgangslage

Die Haftung für fehlerhafte Ratschläge und Empfehlungen – hierzu gehören auch Auskünfte[1059] – ist in § 675 Abs. 2 BGB nicht als Anspruchsnorm, sondern als ein „negativer Rechtssatz" normiert[1060]. Eine Haftung für erteilte Informationen besteht hiernach nur aufgrund eines Vertrags, einer in der Information liegenden unerlaubten Handlung oder einer Verantwortlichkeit, die durch eine sonstige gesetzliche Vorschrift bestimmt ist[1061]. Die gesetzgeberische Wertung des § 675 Abs. 2 BGB und das dort ausdrücklich bestimmte Regel-Ausnahme-Verhältnis ist durch die in der Judikatur erfolgte „Korrektur der Gesetzeslage" aufgrund einer großzügigen Annahme „stillschweigend" vereinbarter Auskunftsverträge inzwischen aufgehoben worden[1062].

2. Ausdrücklich vereinbarter Auskunftsvertrag

Der Abschluss eines Auskunftsvertrags zwischen Aussteller und Emissionsbank erfordert zwei übereinstimmende Willenserklärungen, die den diesbezüglichen objektiven Erklärungswert haben[1063]. Eine ausdrückliche Erklärung, einen eigenständigen Auskunftsvertrag über die in dem Comfort Letter enthaltenen Angaben mit der Emissionsbank abzuschließen, wird der Aussteller in der Regel nicht abgeben. Dies schon deshalb

---

1056 Vgl. *Ebke/Scheel*, WM 1991, 389, 390; *Ebke/Fechtrup*, JZ 1986, 1112, 1114; *Ebke*, Dritthaftung, S. 66-69; *Gräfe/Lenzen/Schmeer*, S. 239-244 (Steuerberater).
1057 IDW PS 910, WPg 2004, 342, 344 (Tz. 12).
1058 *Schlitt/Smith/Werlen*, AG 2002, 478, 486: „im Regelfall unmittelbarer Auskunftsanspruch" bei Comfort Letter (ohne Begründung ihrer Ansicht).
1059 Palandt/*Sprau*, § 675 Rn. 26 ff.; Soergel/*Häuser/Welter*, § 676 Rn. 1.
1060 *Boecken*, S. 84.
1061 *Boecken*, S. 84.
1062 *Lorenz*, 1. FS Larenz, S. 575; *Boecken*, S. 86; *Wiegand*, S. 173.
1063 *Ebke/Fechtrup*, JZ 1986, 1112, 1114; *Rüthers/Stadler*, § 19 Rn. 1.

nicht, weil er von der Emissionsbank keine Vergütung erhält und die Emissionsbank ihrerseits regelmäßig nicht bereit ist, eine individualvertragliche oder formularmäßige Vereinbarung über eine Haftungsbeschränkung des Ausstellers zu akzeptieren[1064], um sich etwaige Rückgriffsmöglichkeiten gegen den Aussteller nicht zu verkürzen[1065]. Insofern ist für den Abschluss eines ausdrücklichen Auskunftsvertrags kein Raum[1066].

3. Stillschweigend vereinbarter Auskunftsvertrag

Nach Rechtsprechung des Bundesgerichtshofs kann ein Auskunftsvertrag aber auch stillschweigend zustande kommen, wenn Auskünfte erteilt werden, die bei einer Gesamtbetrachtung der Umstände unter Berücksichtigung der Verkehrsauffassung und der Verkehrsbedürfnisse nach ihrem objektiven Erklärungswert einen Rückschluss auf einen entsprechenden Verpflichtungswillen beider Parteien zulassen[1067]. Dabei muss auch die Gefahr unübersehbarer, nach der interessenmäßigen Wertung nicht mehr zu rechtfertigender Haftungsrisiken des Auskunfterteilenden berücksichtigt werden[1068]. Zudem sind maßgebliche Gesichtspunkte das eigene wirtschaftliche Interesse des Auskunfterteilenden an dem Geschäftsabschluss[1069], ein persönliches Engagement in Form von Zusicherungen nach Art einer Garantieübernahme[1070], das Versprechen des Auskunfterteilenden, die Angaben selbst nachgeprüft zu haben[1071], das Hinzuziehen des Auskunfterteilenden zu Vertragsverhandlungen auf Verlangen des Auskunftsempfängers[1072] oder dessen Einbeziehung in solche Verhandlungen als unabhängige neutrale Person[1073] sowie anderweitige, bereits bestehende Vertragsbeziehungen zwischen Auskunftgeber und Auskunftsempfänger[1074]. Dagegen spricht gegen die Annahme eines Auskunftsvertrags, dass sich auch der Auskunftsempfänger eines sachkundigen Beistandes bedient[1075].

Zum Teil wird das Zustandekommen eines Auskunftsvertrags allerdings zwingend von einer unmittelbaren Kontaktaufnahme zwischen Auskunftgeber und Auskunftsempfänger abhängig gemacht und beim Fehlen einer solchen Kontaktaufnahme („unmittelbaren Fühlungnahme") ein eigenständiges Vertragsverhältnis mit entsprechender

1064 Siehe für den Berufsstand der Wirtschaftsprüfer die Regelung über die vertragliche Begrenzung von Schadensersatzansprüchen gegen den Wirtschaftsprüfer in § 54a WPO.
1065 So bereits *Ebke/Siegel*, Sonderbeilage Nr. 2, WM 2001, S. 16.
1066 Vgl. *Canaris*, ZHR 163 (1999), 206, 211.
1067 BGH WM 1985, 1531, 1532 = NJW 1986, 180, 181; bestätigt in BGH NJW 1992, 2080, 2082; BGH NJW 1992, 3167, 3168; BGH WM 1997, 613, 615.
1068 BGH WM 1997, 613, 615.
1069 BGH 1962, 1110, 1111.
1070 BGHZ 7, 371, 377.
1071 BGH WM 1965, 287, 288.
1072 BGH VersR 1967, 65, 66; BGH NJW 1972, 678, 680.
1073 BGH NJW 1972, 678, 680.
1074 BGH WM 1969, 36, 37.
1075 BGH NJW 1992, 2080, 2083.

vertraglicher Haftung abgelehnt[1076]. Diese Auffassung verdient Zustimmung, da allein im Falle einer unmittelbaren Kontaktaufnahme zwischen Auskunftgeber und Auskunftsempfänger dem Auskunftgeber bekannt ist, dass die mit ihm in Kontakt stehende Person die Auskünfte als Entscheidungsgrundlage für eine Vermögensdispositionen nutzbar machen wird[1077].

Im Zusammenhang mit der unmittelbaren Übermittlung des Comfort Letter an die Emissionsbank müssten folgende Voraussetzungen gegeben sein, um die Anforderungen eines stillschweigend vereinbarten Auskunftsvertrags zu erfüllen:

1. Bei den im Comfort Letter dargestellten Informationen muss es sich um konkrete Angaben zu einem bestimmten Sachverhalt handeln[1078]. Dies ist bei der Erteilung des Comfort Letter der Fall, da der Aussteller seine Angaben auf einen zeitlich eingegrenzten Zeitraum bezieht und konkret zu den Finanzdaten der Emittentin Stellung nimmt.

2. Für den Aussteller muss zudem erkennbar sein, dass die Emissionsbank aufgrund der Auskunft eine Vermögensdisposition vornehmen wird[1079]. Bei der Durchführung der Aktienneuemission kommt es der Emissionsbank entscheidend auf den Comfort Letter an. Diese wird die Aktien nicht zum Verkauf an der Wertpapierbörse anbieten, wenn die Angaben des Comfort Letter über das emittierende Unternehmen wesentliche Veränderungen aufweisen. Dabei hat die Emissionsbank eine Risikoabschätzung zwischen dem einzugehenden Prospekthaftungsrisiko (§§ 44, 45 BörsG) einerseits und dem aus der Emission zu erzielenden Provisionsvolumen von drei bis vier Prozent des Emissionserlöses andererseits vorzunehmen. Insoweit dient der Comfort Letter u.a. als eine wesentliche Entscheidungsgrundlage. Die Wichtigkeit des Comfort Letter für den Entscheidungsprozess der Emissionsbank ist dem Aussteller auch bekannt.

3. Der Auskunftgeber muss darüber hinaus durch seinen Beruf eine besondere Vertrauensstellung einnehmen. Bei dem Aussteller handelt es sich regelmäßig um den Wirtschaftsprüfer des emittierenden Unternehmens[1080]. Dem Berufsstand der Wirtschaftsprüfer wird in der Öffentlichkeit, zumal angesichts seiner anerkannten hohen Fachkompetenz, eine exponierte Vertrauensstellung zugeschrieben[1081].

1076 LG Mönchengladbach (31.5.1990) NJW-RR 1991, 415; MünchKomm HGB/*Ebke*, § 323 Rn. 105 m.w.N.; *Wiegand*, S. 70; a.A. *Otto/Mittag*, WM 1996, 325, 329: lediglich „erhebliches Indiz".

1077 Vgl. BGHZ 138, 257 = BGH JZ 1998, 1013, 1015 m. Anm. *Ebke* JZ 1998, 991; enger LG Mönchengladbach, (31.5.1990) NJW-RR 1991, 415; ebenso LG Hamburg (22.6.1998) WM 1999, 139; siehe auch BGH NJW 1973, 321, 323.

1078 Vgl. BGH NJW 1972, 678, 680.

1079 Vgl. BGHZ 7, 371, 374 f.; BGH NJW 1972, 678, 680; BGH NJW 1970, 1737; BGH WM 1965, 287.

1080 *Ostrowski/Sommerhäuser*, WPg 2000, 961, 968.

1081 Statt vieler *Bar*, Verkehrspflichten, S. 230, 232.

4. Im Übrigen dürfte zwischen Aussteller und Emissionsbank jeweils auch eine unmittelbare Kontaktaufnahme („unmittelbare Fühlungnahme") stattfinden[1082]. Nach dem IDW Prüfungsstandard PS 910 wird der Comfort Letter direkt an die Emissionsbank adressiert und versendet[1083]. Daneben kann es im konkreten Einzelfall zu weiteren „unmittelbaren Kontaktaufnahmen" zwischen dem Aussteller und der Emissionsbank kommen, so etwa in (Telefon-)Gesprächen, in denen die Reichweite und der Umfang der Feststellungen des Comfort Letter geklärt werden. Der direkte Versand des Comfort Letter an die Emissionsbank und die klärenden Gespräche zwischen dem Aussteller und der Emissionsbank sind jeweils für sich als eine „unmittelbare Kontaktaufnahme" zu bewerten. Es ist daher bereits an anderer Stelle der Vorschlag gemacht worden, dass sich die Gefahr des Ausstellers, der Emissionsbank aufgrund eines Auskunftsvertrags zu haften, möglicherweise dadurch reduzieren ließe, dass der Aussteller den Comfort Letter nicht an die Emissionsbank adressiert und versendet und auch sonst bezüglich des Comfort Letter und der von ihm durchgeführten Untersuchungen jegliche unmittelbare Fühlungnahme mit der Emissionsbank vermeidet, was national wie international zwar unüblich wäre, sich aber aus den Besonderheiten des deutschen Haftungsrechts erklären ließe[1084]. Dieser Gedanke trägt jedoch den an den Comfort Letter gerichteten tatsächlichen Anforderungen nicht ausreichend Rechnung. Der Kontakt zwischen Emissionsbank und Aussteller ist nicht vermeidbar, sondern zwingend erforderlich, um den mehrmonatigen Emissionsablauf an die sich ändernden tatsächlichen Gegebenheiten anzupassen.

Auf Seiten des Ausstellers müsste nicht einmal ein Wille zum Abschluss eines Auskunftsvertrags kundgetan sein[1085]. Zudem muss ein Entgelt für die in dem Comfort Letter enthaltene Auskunft von der Emissionsbank nicht gezahlt werden[1086]. Die von der Rechtsprechung entwickelten Anforderungen an einen stillschweigend geschlossenen Auskunftsvertrag dürften aufgrund der Übermittlung des Comfort Letter an die

---

1082 Vgl. BGH JZ 1998, 1013, 1015 = BGHZ 138, 257 m. Anm. *Ebke* JZ 1998, 991; enger LG Mönchengladbach (31.5.1990) NJW-RR 1991, 415: „nur bei unmittelbarem Kontakt"; siehe auch BGH WM 1995, 204, 205; BGH NJW-RR 1996, 1307; BGH NJW 1973, 321, 323; MünchKomm HGB/*Ebke*, § 323 Rn. 105 m.w.N.; *Wiegand*, S. 70; a.A. *Otto/Mittag*, WM 1996, 325, 329.

1083 IDW PS 910, WPg 2004, 342, 344 (Tz. 12); vgl. zur „Adressierung" auch BGH JZ 1998, 1013, 1015 = BGHZ 138, 257 m. Anm. *Ebke* JZ 1998, 991: bereits bei einmaligem Kontakt infolge Anschreiben und einem weiteren Telefax wurde der notwendige unmittelbare Kontakt bejaht; vgl. BGH NJW-RR 1986, 1307, wo der Auftraggeber, ein Kreditinteressent, eine Wirtschaftsprüfungsgesellschaft beauftragte, ein Immobilienverzeichnis, welches die WPG, mit ihrem Siegel versehen, der Bank vorlegte, die daraufhin den Kredit bewilligte und dadurch einen konkludenten Auskunftsvertrag mit der WPG abschloss; a.A. *Wiegand*, S. 70: Um der Auskunft einen ausreichenden sachlichen Inhalt zu geben, bedarf es mehr als der bloßen Zuleitung einer Information auf Veranlassung des Auftraggebers (Emittentin) an den Auskunftsempfänger (Emissionsbank), wenn der unmittelbare Kontakt sich auf dieses eine Mal beschränkt.

1084 *Ebke/Siegel*, Sonderbeilage Nr. 2, WM 2001, S. 17.

1085 BGHZ 7, 371, 375.

1086 BGH WM 1982, 762 = NJW 1982, 2431 = LM BGB § 328 Rn. 71; BGH WM 1985, 450 = NJW-RR 1986, 484 = LM BGB § 328 Nr. 78.

Emissionsbank und die anschließenden klärenden Gespräche grundsätzlich erfüllt sein, so dass in der Regel vom Bestehen eines stillschweigend geschlossenen Auskunftsvertrag zwischen dem Aussteller und der Emissionsbank auszugehen ist[1087].

4. Weitere haftungsbegründende Tatbestandsvoraussetzungen

Liegt hiernach grundsätzlich ein stillschweigend vereinbarter Auskunftsvertrag zwischen dem Aussteller und der Emissionsbank vor, so folgt hieraus noch nicht ohne weiteres eine Einstandspflicht des Ausstellers für die erteilte Auskunft. Hierfür sind vielmehr Inhalt und Umfang der sich aus dem Vertrag ergebenden Auskunftspflichten zu ermitteln. Daneben ist zu prüfen, ob diese Pflicht vom Auskunftgeber verletzt worden ist (§ 280 Abs. 1 BGB)[1088]. Darüber hinaus ist die Haftung des Ausstellers nur begründet, wenn er schuldhaft gehandelt, der Emissionsbank ein ersatzfähiger Schaden entstanden und die haftungsbegründende und haftungsausfüllende Kausalität gegeben ist. Ein etwaiges anspruchsminderndes Mitverschulden der Emissionsbank ist anspruchsmindernd zu berücksichtigen (§ 254 Abs. 1 BGB)[1089].

5. Schaden der Emissionsbank

Ein Schaden[1090] könnte der Emissionsbank anlässlich einer Aktienneuemission nur dann entstehen, wenn diese börsengesetzlichen oder verkaufsprospektgesetzlichen Prospekthaftungsansprüchen der Anleger ausgesetzt wäre, wozu bereits in § 1 dieser Arbeit Stellung genommen wurde[1091]. Prospekthaftungsansprüche gegen die Emissionsbank kämen jedoch dann nicht in Betracht, wenn sich die Emissionsbank in einem gegen sie gerichteten Prospekthaftungsprozess unter Hinweis auf die Einholung eines Comfort Letter des Ausstellers vom Vorwurf eines grobfahrlässigen Verhaltens nach § 45 Abs. 1 BörsG freizeichnen könnte. In diesem Falle würde sich alsdann aber auch die Frage der Haftung des Ausstellers gegenüber der Emissionsbank erledigen. Insoweit könnte man davon sprechen, dass die Emissionsbank und der Aussteller gleich gelagerte Interessen verfolgen. Die Emissionsbank ist daher daran interessiert, in dem Comfort Letter weitreichende Zusicherungen zu erhalten, um sich in ihrem Prospekthaftungsprozess damit verteidigen zu können, sie habe aufgrund der im Comfort Letter enthaltenen

---

1087 So auch *Schlitt/Smith/Werlen*, AG 2002, 478, 486: „im Regelfall unmittelbarer Auskunftsanspruch" (ohne Begründung ihrer Ansicht).

1088 Vgl. etwa BGHZ 123, 126 = NJW 1993, 2433; BGH NJW 1990, 513, 514.

1089 Siehe ausführlich zu den Anspruchsvoraussetzungen oben S. 172.

1090 Siehe zum Schadensbegriff bereits oben S. 175.

1091 Siehe zur Emissionsprospekthaftung der Emissionsbank oben S. 39.

Angaben keine Kenntnis von der Unrichtigkeit oder Unvollständigkeit des Börsenzulassungsprospekts gehabt.

In diesem Zusammenhang gab vor Inkrafttreten des IDW Prüfungsstandards PS 910 die Bezugnahme des Ausstellers auf die zuletzt geprüften Jahresabschlüsse im Comfort Letter immer wieder Anlass zu Meinungsverschiedenheiten zwischen dem Aussteller und der Emissionsbank. Die Emissionsbank bevorzugte in der Regel eine Zusicherung, dass sie sich zum Zeitpunkt der Veröffentlichung des Emissionsprospekts auf die Richtigkeit dieser Jahresabschlüsse verlassen könne. Dahinter steht das Problem, dass es in Deutschland nach einer sehr kontrovers diskutierten Ansicht derzeit keine Dritthaftung des Jahresabschlussprüfers für die testierten Jahresabschlüsse[1092] (Sperrwirkung des § 323 Abs. 1 Satz 3 HGB gegenüber einem Vertrag mit Schutzwirkung für Dritte[1093]) und keine Prospektverantwortlichkeit des Jahresabschlussprüfers aufgrund §§ 44, 45 BörsG gibt. Mit anderen Worten kann die Emissionsbank den Jahresabschlussprüfer im Falle einer fahrlässigen Verletzung seiner Prüfungspflichten bei der Jahresabschlussprüfung nicht auf Schadensersatz in Anspruch nehmen, da dieser nach § 323 Abs. 1 Satz 3 HGB nur der geprüften Gesellschaft verantwortlich ist. Gleichzeitig ist der Jahresabschlussprüfer nach der börsengesetzlichen Prospekthaftung aber auch nicht gegenüber den Anlegern für einen fehlerhaften Jahresabschluss zum Ersatz des entstandenen Schadens verpflichtet. Den Erwerbern der Aktien steht dadurch als Anspruchsgegner für unrichtige oder unvollständige Angaben im Finanzteil des Emissionsprospekts im Normalfall[1094] nur die Emissionsbank, nicht aber der die Jahresabschlüsse testierende Wirtschaftsprüfer zur Verfügung[1095]. Mit einer entsprechenden Stellungnahme zur Richtigkeit der Jahresabschlüsse in dem Comfort Letter hätte die Emissionsbank mithin die Sperrwirkung des § 323 Abs. 1 Satz 3 HGB zu ihren Gunsten ausgehebelt und eine Rückgriffsmöglichkeit gegen den Jahresabschlussprüfer gesichert. Ungeachtet dessen stellt der nunmehr verabschiedete IDW Prüfungsstandard PS 910 klar, dass der Aussteller die Bestätigungsvermerke weder direkt noch indirekt im vollständigen Wortlaut oder in Teilen davon wiedergeben und damit auch nicht mehr zur Richtigkeit der Jahresabschlüsse zum Zeitpunkt der Erteilung des Comfort Letter Stellung nehmen soll[1096]. Damit stellt sich für den Aussteller in der heutigen Praxis das hier aufgezeigte Spannungsverhältnis zu § 323 Abs. 1 Satz 3 HGB durch eine Wiederholung der Bestätigungsvermerke nicht[1097].

1092 BGHZ 138, 257 = JZ 1998, 1013 m. Anm. *Ebke* JZ 1998, 991.
1093 Vgl. zur Sperrwirkung statt aller MünchKomm HGB/*Ebke*, § 323 Rn. 112 ff.
1094 Voraussetzung ist, dass der Wirtschaftsprüfer nicht als Prospektverantwortlicher im Sinne von § 44 Abs. 1 Satz 1 Nr. 1 oder Nr. 2 in dem Emissionsprospekt genannt ist.
1095 Das emittierende Unternehmen, das nach § 44 Abs. 1 Satz 1 BörsG ebenfalls prospekthaftungspflichtig ist, dürfte in der Regel nicht mehr als solventer Schuldner zur Verfügung stehen.
1096 IDW PS 910, WPg 2004, 342, 346 (Tz. 31); siehe zum Verweis des Ausstellers auf erfolgte Prüfungen in dem Comfort Letter bereits oben S. 84.
1097 Siehe ausführlich zur Wiederholung der Bestätigungsvermerke im Comfort Letter unten S. 300.

6. Zwischenergebnis

Als Zwischenergebnis ist mithin festzuhalten, dass der Emissionsbank im Falle eines ihr vom Aussteller übermittelten fehlerhaften Comfort Letter, sofern zwischen dem Aussteller und der Emissionsbank im Einzelfall ein stillschweigend vereinbarter Auskunftsvertrag zustande gekommen ist und die übrigen Anspruchsvoraussetzungen erfüllt sind, ein Schadensersatzanspruch gemäß § 280 Abs. 1 BGB gegenüber dem Aussteller zusteht.

7. Vertragliche Haftungsbegrenzungen

Hieran schließt sich die Frage an, ob und inwieweit eine etwaige Haftung des Ausstellers gegenüber der Emissionsbank aufgrund eines stillschweigend geschlossenen Auskunftsvertrags durch eine entsprechende stillschweigende Einbeziehung der Allgemeinen Auftragsbedingungen für Wirtschaftsprüfer und Wirtschaftsprüfungsgesellschaften (Stand 1.1.2002) (AAB) beschränkt werden kann[1098]. In diesem Zusammenhang sind u.a. folgende vier Fallgestaltungen denkbar: Der Aussteller übersendet der Emissionsbank den Comfort Letter entweder ohne Beifügung seiner AAB oder zusammen mit seinen AAB bzw. mit oder ohne gleichzeitiger Bezugnahme auf diese. Die Zulässigkeit von Haftungsbeschränkungen durch Allgemeine Geschäftsbedingungen beurteilt sich nach den §§ 305 ff. BGB sowie gemäß § 54a WPO[1099]. Der Verwender der Allgemeinen Geschäftbedingungen muss hiernach bei Vertragsabschluss grundsätzlich ausdrücklich auf dieselben hinweisen, um dem Vertragspartner hierdurch Gelegenheit zu geben, in zumutbarer Weise von ihrem Inhalt Kenntnis zu nehmen (§ 305 Abs. 2 Nr. 1 und 2 BGB). Demgegenüber ist im rechtsgeschäftlichen Verkehr zwischen Unternehmern ein ausdrücklicher Hinweis auf die Verwendung Allgemeiner Geschäftsbedingungen nicht zwingend erforderlich[1100]. Diese können bei Verträgen zwischen Unternehmern vielmehr auch stillschweigend einbezogen werden, wenn dies branchenüblich und der

---

1098 Da ein ausdrücklich vereinbarter Auskunftsvertrag zwischen Aussteller und Emissionsbank, wie ausgeführt (oben S. 204), ausscheidet, erübrigt es sich auch, auf die Frage einer individualvertraglichen Haftungsbegrenzung, deren Zulässigkeit sich aus § 54a WPO (dazu bereits oben S. 185) und aus §§ 305 ff. BGB im Falle der Verwendung der AAB ergeben würde, im Einzelnen einzugehen.

1099 Siehe zu § 54a WPO oben S. 185. Eine Haftungsbegrenzung aufgrund einer individualvertraglichen Vereinbarung zwischen Aussteller und Emissionsbank kommt hier dagegen nicht in Betracht, denn wenn die Parteien bereits die Haftung durch individuelle Abrede gestalten, dürfte sich der Anspruch ebenfalls aus einem ausdrücklich vereinbarten Auskunftsvertrag ergeben.

1100 Ulmer/Brandner/Hensen/*Ulmer*, § 2 Rn. 83. Die zwingende Voraussetzung eines ausdrücklichen Hinweises auf die Einbeziehung in den Vertrag ergibt sich aus § 305 Abs. 2 Nr. 1 BGB. Die Norm bezieht sich jedoch nur auf Verträge mit Personen, die keine Unternehmer sind (§ 310 Abs. 1 Satz 1 BGB). Daher können Allgemeine Geschäftsbedingungen bei Verträgen mit Unternehmern auch stillschweigend einbezogen werden.

Vertragspartner branchenkundig ist[1101]. Da die AAB branchenüblich sind[1102] und die Emissionsbank Unternehmerin ist (vgl. § 14 Abs. 1 BGB), erscheint eine stillschweigende Einbeziehung der AAB in den stillschweigend geschlossenen Auskunftsvertrag mit der Emissionsbank grundsätzlich möglich[1103].

1. Eine Haftungsbeschränkung mittels AAB ist hiernach in den Fällen grundsätzlich nicht zu beanstanden, in denen der Aussteller der Emissionsbank den Comfort Letter unter Beifügung seiner AAB übersendet. Dabei ist es auch unerheblich, ob dieser zusätzlich auf die AAB Bezug genommen hat, da die Übersendung derselben der branchenkundigen Emissionsbank die diesbezügliche Absicht des Ausstellers deutlich macht[1104].

2. Aus dem gleichen Grund werden die AAB Bestandteil des Auskunftsvertrags, wenn der Aussteller des Comfort Letter bei dessen Übersendung lediglich auf die AAB Bezug nimmt, ohne diese hinzuzufügen.

3. Lediglich in dem Fall, dass der Aussteller den Comfort Letter ohne Beifügung seiner AAB und ohne Hinweis auf dieselben übermittelt, entfällt eine Haftungsbeschränkung nach Ziffer 9 AAB, da ein entsprechender Erklärungswille des Ausstellers insoweit nicht erkennbar ist.

4. Allerdings muss eine Haftungsbeschränkung nach Ziffer 9 AAB auch in dem Fall bezweifelt werden, in dem die Emissionsbank aufgrund des IDW Prüfungsstandards PS 910 Kenntnis davon hat, dass der Aussteller nur aufgrund des zwischen ihm und der Emittentin geschlossenen Prüfungsvertrags leistet, der u.a. die AAB einschließt[1105].

Im Übrigen entfällt eine Haftungsbeschränkung des Ausstellers gegenüber der Emissionsbank gemäß Ziffer 9 AAB, wenn diese der Einbeziehung der AAB widersprochen hat[1106].

8. Verjährung des Anspruchs

Der vertragliche Schadensersatzanspruch der Emissionsbank gegen den Aussteller des Comfort Letter wegen Pflichtverletzung eines stillschweigend vereinbarten Auskunfts-

1101 Vgl. *Ebke/Fechtrup*, JZ 1986, 1112, 1115; Staudinger/*Schlosser*, § 2 AGBG Rn. 51, 59, 61; *Gräfe/Lenzen/Schmeer*, S. 244 (Steuerberater); Wolf/Horn/Lindacher/*Wolf*, § 2 Rn. 57; Ulmer/ Brandner/Hensen/*Ulmer*, § 2 Rn. 82-84.

1102 *Gräfe/Lenzen/Schmeer*, S. 384 (Steuerberater). An das Merkmal einer „branchenüblichen Verwendung" Allgemeiner Geschäftsbedingungen sind hohe Anforderungen zu stellen. Es kommt insbesondere darauf an, ob es sich um ein branchentypisches Geschäft handelt und ob die in Streit stehende Klausel typisch oder untypisch ist, siehe *Müller-Graff*, FS Pleyer, S. 401, 412.

1103 Vgl. *Ebke/Fechtrup*, JZ 1986, 1112, 1115.

1104 Ausdrücklich zum „Mitverschicken" Ulmer/Brandner/Hensen/*Ulmer*, § 2 Rn. 83.

1105 IDW PS, WPg 2004, 342, 344 (Tz. 11 – letzter Bulletpoint).

1106 Vgl. auch *Gräfe/Lenzen/Schmeer*, S. 244 (Steuerberater).

vertrags gemäß § 280 Abs. 1 BGB verjährt in der regelmäßigen Verjährungsfrist von drei Jahren (§ 195 BGB)[1107].

III. Weitere vertragsrechtliche Haftungsinstitute

Dass über den stillschweigend vereinbarten Auskunftsvertrag hinaus auch ein Haftungseinstandsvertrag, ein Haftungsübernahmevertrag oder ein Garantievertrag Grundlage eines Schadensersatzanspruchs der Emissionsbank gegen den Aussteller des Comfort Letter gemäß § 280 Abs. 1 BGB sein könnte[1108], erscheint wenig realistisch, da das Interesse des Ausstellers gerade dahin geht, das Risiko einer unbeschränkten Haftung nach Möglichkeit auszuschließen. Unter diesen Umständen wird bei ihm grundsätzlich jegliche Bereitschaft zum Abschluss eines Vertrags der genannten Art fehlen. Erforderlich wäre in diesen Fällen eine ausdrückliche oder stillschweigende rechtsgeschäftliche Erklärung des Ausstellers gegenüber der Emissionsbank, zur Übernahme z.B. einer Garantiehaftung bereit zu sein[1109]. Ungeachtet dessen kann angesichts der beträchtlichen Haftungsrisiken eine stillschweigende Haftungszusage nur mit großer Zurückhaltung angenommen werden. Demgemäß hat das OLG Saarbrücken entschieden, dass der beklagte Wirtschaftsprüfer, dessen Bilanzen sowie Gewinn- und Verlustrechnungen an den Kreditgeber (Dritter) weitergegeben wurden, diesem gegenüber nicht verpflichtet ist, da in solchen „tatsächlichen Handlungen" keine ausreichende rechtsgeschäftliche Erklärung liege[1110].

IV. Anspruch aus einem Vertrag mit Schutzwirkung für Dritte (§ 280 Abs. 1 BGB)[1111]

Grundlage eines Schadensersatzanspruchs der Emissionsbank gegen den Aussteller eines fehlerhaften Comfort Letter könnte auch die in der Rechtsprechung entwickelte Rechtsfigur des Vertrags mit Schutzwirkung für Dritte sein[1112]. Die Emissionsbank

---

1107 Siehe zur alten Rechtslage vor dem 31.12.2003 unter § 51a WPO die Nachweise oben in Fn. 925, S. 183.

1108 Siehe zu derartigen Haftungsgrundlagen MünchKomm HGB/*Ebke*, § 323 Rn. 107; *Feddersen*, WM 1999, 105, 107; LG Mönchengladbach (31.5.1990) NJW-RR 1991, 415, 416; OLG Saarbrücken (12.7.1978) BB 1978, 1434, 1435.

1109 Vgl. *Feddersen*, WM 1999, 105, 107.

1110 OLG Saarbrücken (12.7.1978) BB 1978, 1434, 1435; siehe auch LG Mönchengladbach (31.5. 1990) NJW-RR 1991, 415, 416.

1111 Der Begriff des „Vertrags mit Schutzwirkung für Dritte" geht auf *Larenz*, NJW 1956, 1193 zurück und wird seit BGH NJW 1959, 1676 in ständiger Rechtsprechung verwendet.

1112 MünchKomm HGB/*Ebke*, § 323 Rn. 109; *Ebke*, Verantwortlichkeit, S. 41-45; *Grunewald*, ZGR 1999, 583, 585. Unter den besonderen Experten sind Rechtsanwälte, Steuerberater, Wirtschaftsprüfer und andere Sachverständige zu verstehen. Nach Ansicht des BGH (NJW 1996, 2927, 2928; NJW 2002, 3625, 3626) hat sich auf der Linie des Vertrags mit Schutzwirkung eine Berufshaftung für ebensolche Experten herausgebildet.

kann den Aussteller nur dann aus einem Prüfungsvertrag mit Schutzwirkung für Dritte in Anspruch nehmen, wenn sie „schutzbedürftig" ist. Eine Schutzbedürftigkeit der Emissionsbank kommt allein dann in Betracht, wenn ihr keine eigenen vertraglichen Ansprüche mit demselben oder einem zumindest gleichwertigen Inhalt zustehen[1113]. Eigene vertragliche Schadensersatzansprüche mit demselben oder einem gleichwertigen Inhalt wegen eines fehlerhaften Comfort Letter können der Emissionsbank, wie unter Ziffer II. in diesem Paragraphen ausgeführt[1114], unter bestimmten Voraussetzungen aufgrund eines mit dem Aussteller geschlossenen Auskunftsvertrags unmittelbar diesem gegenüber zustehen. In derartigen Fällen entfällt mangels Schutzbedürftigkeit der Emissionsbank ein zusätzlicher Schadensersatzanspruch gegenüber dem Aussteller aufgrund der Rechtsfigur des Vertrags mit Schutzwirkung für Dritte. Andererseits kommt ein direkter Anspruch der Emissionsbank aufgrund eines fehlerhaften Comfort Letter gegenüber dem Aussteller nicht in jedem Falle in Betracht, so z.B. nicht, wenn ein Auskunftsvertrag im Einzelfall nicht geschlossen ist. In all diesen Fällen wird die Schutzbedürftigkeit der Emissionsbank für einen Schadensersatzanspruch gegenüber dem Aussteller gemäß der Rechtsfigur des Vertrags mit Schutzwirkung für Dritte insoweit nicht berührt. Im Übrigen kommt eine Schutzbedürftigkeit der Emissionsbank auch dann nicht mehr in Frage, wenn diese aufgrund der §§ 311 Abs. 3 Satz 2, 280 Abs. 1, 241 Abs. 2 BGB einen Schaden direkt gegenüber der Emittentin wegen Verletzung der Schutzpflichten aus § 241 Abs. 2 BGB geltend machen kann[1115]. Der Vertrag mit Schutzwirkung für Dritte ist gegenüber der vertrauensrechtlich einzuordnenden Haftung aus § 311 Abs. 3 Satz 2 subsidiär[1116].

1. Rechtsgrundlage und Entwicklung des Rechtsinstituts

Während über die grundsätzliche Anerkennung des Vertrags mit Schutzwirkung für Dritte weitgehend Einigkeit besteht, ist die Rechtsgrundlage bis heute nicht abschließend geklärt[1117]. So ist nach wie vor umstritten, ob methodisch auf eine ergänzende Vertragsauslegung unter Berücksichtigung des hypothetischen Parteiwillens, einen Analogieschluss zu § 328 BGB oder ein (ungeschriebenes) gesetzliches Schuldverhältnis, gestützt auf Treu und Glauben[1118], zurückzugreifen ist. Leider hat der Gesetzgeber davon abgesehen, im Zuge der gerade zurückliegenden Reform des Schuldrechts den

---

1113 BGHZ 70, 327, 329 f. = NJW 1978, 883 = JZ 1978, 238 = WM 1978, 429; BGH NJW 1987, 2510, 2511 = JZ 1987, 1087 = WM 1987, 1135; BGH NJW 1993, 655, 656; BGHZ 129, 136, 169 = NJW 1995, 1739, 1745; BGH NJW 1996, 2927, 2929; MünchKomm HGB/*Ebke*, § 323 Rn. 111.
1114 Siehe dazu oben S. 203.
1115 Siehe zum Anspruch nach §§ 311 Abs. 3 Satz 2, 280 Abs. 1, 241 Abs. 2 BGB unten S. 224.
1116 *Paal*, BB 2004, 2183, 2184.
1117 *Ebke*, Dritthaftung, S. 61 m.w.N.
1118 *Canaris*, 2. FS Larenz, S. 84 ff.; *ders.*, ZHR 163 (1999), 206, 220-242; *ders.*, FS 50 Jahre BGH, S. 129; *ders.*, JZ 1998, 603: „Dritte Spur der Haftung".

Vertrag mit Schutzwirkung zu Gunsten Dritter im Allgemeinen Schuldrecht zu kodifizieren[1119].

Die Rechtsprechung des Reichsgerichts hat schon früh in Anwendung des § 328 BGB einer Person, die bei der Erfüllung eines fremden Vertrags geschädigt worden ist, durch Auslegung – notfalls durch ergänzende Auslegung – des Vertrags einen eigenen, aus diesem Vertrag abgeleiteten Schadensersatzanspruch gewährt, allerdings nur bei einer Verletzung sekundärer Schutzpflichten[1120]. Damit sollte die missglückte Haftung für den Verrichtungsgehilfen (§ 831 Abs. 1 BGB) mit der Möglichkeit des Entlastungsbeweises umgangen und dem Schuldner das Verschulden seiner Gehilfen nach § 278 BGB zugerechnet werden[1121]. Der Bundesgerichtshof hat sich zunächst auf die Fortführung der Rechtsprechung des Reichsgerichts beschränkt und das „Vertragskonzept mit ergänzender Auslegung" favorisiert[1122], die vertragliche Schutzwirkung dabei später sogar auf bestimmte Hauptleistungspflichten erstreckt[1123]. Teilweise wird das Vertragskonzept vom Bundesgerichtshof nur noch als Begründungsalternative erwähnt[1124], zum Teil wird von ihm auf andere Begründungen zurückgegriffen, wie zum Beispiel auf Treu und Glauben[1125] oder die „Gerechtigkeit"[1126]. Letztlich hat der Bundesgerichtshof jedoch an der „ergänzenden Vertragsauslegung" zur Rechtfertigung seiner Rechtsprechung festgehalten[1127].

Nach Auffassung des Bundesgerichtshofs muss eine – notfalls ergänzende[1128] – Auslegung des (fremden) Prüfungsvertrags ergeben[1129], dass beide Vertragspartner, nämlich Aussteller und Emittentin, die Emissionsbank als „Dritte" in den Schutzbereich des Prüfungsvertrags einbezogen haben. Damit der Dritte ausreichend schutzwürdig ist, um seine Ansprüche erheben zu können, müssen nach der vielfach uneinheitlichen Rechtsprechung im wesentlichen folgende Kriterien erfüllt sein[1130]: Der notwendige Bezug des Dritten zum Schuldverhältnis wird häufig als „Leistungsnähe"

1119 *Eggert*, KritV 2002, 99. Siehe zur Frage, ob der Gesetzgeber den Vertrag mit Schutzwirkung für Dritte in § 311 Abs. 3 Satz 2 BGB kodifiziert haben könnte Staudinger/*Jagmann*, § 328 Rn. 92; *Eckebrecht*, MDR 2002, 425, 427; *Schwab*, JuS 2002, 872, 873; *Teichmann*, BB 2001, 1485, 1492.

1120 RGZ 87, 64, 65 und RGZ 87, 289, 292 (Personenbeförderungsvertrag); RGZ 91, 21, 24 und RGZ 102, 231, 232 (Mietvertrag); RGZ 127, 218, 221 ff. (Werkvertrag); RGZ 152, 175, 176 (Arztvertrag).

1121 *Schlechtriem*, FS Medicus, S. 529, unter Hinweis auf RGZ 87, 289, 292; RGZ 129, 14, 18; Staudinger/*Jagmann*, § 328 Rn. 85.

1122 BGH NJW 1954, 874; BGH NJW 1956, 1193, 1194.

1123 BGH NJW 1965, 1955; BGH NJW 1977, 2073 (Anwaltshaftung).

1124 BGHZ 66, 51, 56 mit Drittschutz aus einer cic, obwohl hier das Vertragskonzept bereits begrifflich nicht in Betracht kommt. Zum Ganzen *Gernhuber*, § 21 II 1; MünchKomm BGB/*Gottwald*, § 328 Rn. 104.

1125 BGHZ 56, 269, 273 = NJW 1971, 1931; BGH NJW 1975, 867, 868.

1126 *Gernhuber*, § 21 II 5.

1127 *Zugehör*, NJW 2000, 1601, 1609; *Hopt*, NJW 1987, 1745, 1746: „klare Pflöcke".

1128 BGHZ 56, 269, 273 = NJW 1971, 1931.

1129 BGH NJW 1984, 355, 356; BGH NJW-RR 1986, 1307 = WM 1986, 711.

1130 *Martiny*, JZ 1996, 19, 21.

bezeichnet[1131]. Es muss entweder eine besondere Fürsorgepflicht des Vertragsgläubigers gegenüber dem Dritten oder eine bestimmungsgemäße Berührung des Dritten mit dem Leistungsgegenstand bestehen[1132]. Dies setzt einen entsprechenden Parteiwillen voraus, der auch konkludent vorliegen kann („Gläubigerinteresse")[1133]. Im Übrigen soll der Schuldner nur dann haften, wenn die Schutzpflicht des Vertragsgläubigers beziehungsweise die Drittbezogenheit des Vertrags für ihn erkennbar ist[1134] („Erkennbarkeit"). Schließlich muss ein besonderes Interesse des Dritten an seiner Einbeziehung in den Vertrag bestehen, das unter dem Blickwinkel einer „Schutzbedürftigkeit" zu erörtern ist[1135]. Zu den Anspruchsvoraussetzungen im Einzelnen:

2. Leistungsnähe der Emissionsbank

Die Emissionsbank muss sich in einer sogenannten Leistungsnähe befinden, d.h. den Gefahren einer Schlechtleistung des Ausstellers in ebenso hohem Maße ausgesetzt sein wie die Emittentin als Gläubigerin des Anspruchs selbst[1136]. Dazu muss die Emissionsbank bestimmungsgemäß mit der Hauptleistung[1137] oder einer Schutzpflichtverletzung[1138] des Ausstellers in Berührung kommen. Der Comfort Letter wird nach dem Willen der Parteien des Prüfungsvertrags zum Zweck der Durchsicht der Finanzdaten des emittierenden Unternehmens nach dem Stichtag des letzten geprüften Jahresabschlusses und zu weiteren Untersuchungen über Angaben des emittierenden Unternehmens erstellt und alsdann der Emissionsbank zugeleitet. Die Emissionsbank nimmt auf der Grundlage der Informationen des Comfort Letter und anderer Daten eine Vermögensdisposition vor, indem sie die Aktien der Emittentin an der Börse platziert[1139]. Damit befindet sich die Emissionsbank im „Gefahrenbereich" der nach dem Prüfungsvertrag geschuldeten Hauptleistung des Ausstellers.

1131 *Martiny*, JZ 1996, 19, 21.
1132 *Martiny*, JZ 1996, 19, 21.
1133 *Quick*, BB 1992, 1675, 1682.
1134 *Martiny*, JZ 1996, 19, 21.
1135 *Martiny*, JZ 1996, 19, 21.
1136 Vgl. BGHZ 49, 350, 354 = NJW 1968, 885, 887; BGHZ 70, 327, 329; BGHZ 129, 136, 168 = NJW 1995, 1739, 1747; BGHZ 133, 168, 170 ff. = NJW 1996, 2927, 2928; Palandt/*Grüneberg*, § 328 Rn. 16; MünchKomm BGB/*Gottwald*, § 328 Rn. 97; Staudinger/*Jagmann*, § 328 Rn. 98.
1137 BGH NJW 1965, 1955 = JZ 1966, 141; BGH NJW 1977, 2073, 2074; BGH NJW 1986, 581; BGH NJW 1987, 1758, 1759; BGH NJW 1988, 200; BGH NJW-RR 1990, 1172, 1173; BGH NJW 1995, 51, 52; BGH NJW 1995, 2551; Staudinger/*Jagmann*, § 328 Rn. 98.
1138 BGHZ 70, 327, 329 = NJW 1978, 883; BGH NJW 1984, 355, 356; BGH NJW 1985, 489; BGHZ 96, 9, 17 = NJW 1986, 249; BGH NJW 1994, 2231; Palandt/*Grüneberg*, § 328 Rn. 15.
1139 Vgl. *Ebke/Siegel*, Sonderbeilage Nr. 2, WM 2001, S. 16: „nicht nur der Information des Emittenten, sondern auch der Unterrichtung der Emissionsbanken zu dienen bestimmt".

3. Gläubigerinteresse der Emittentin

Zudem ist es erforderlich, dass der Gläubiger ein besonderes Interesse am Schutz eines bestimmten Dritten hat[1140]. Die zu diesem Zweck ursprünglich verwendete sogenannte „Wohl-und-Wehe-Formel"[1141] ist erheblich ausgeweitet worden[1142]. Auch in den Fällen, in denen es dem Gläubiger nicht um das „Wohl und Wehe" eines Dritten geht, kann dieser daher in den Schutzbereich des Vertrags einbezogen sein[1143]. Voraussetzung für die stillschweigende Einbeziehung eines Dritten in den Schutzbereich eines Vertrags in den Fällen eines primären Vermögensschadens ist, dass die Rechtsgüter des Dritten nach der Interessenlage im Einzelfall durch die Leistung des Schuldners mit Rücksicht auf den Vertragszweck „bestimmungsgemäß, typischerweise" beeinträchtigt werden können und der Vertragsgläubiger ein berechtigtes Interesse am Schutz des Dritten hat[1144]. Eine „Gegenläufigkeit der Interessen" zwischen (Anschluss-) Gläubiger (Emittentin) und Drittem (Emissionsbank), die darin zu sehen ist, dass die Emittentin an einem möglichst vorteilhaften Comfort Letter interessiert ist, während die Emissionsbank schonungslose Offenheit erwartet, steht der Einbeziehung in den Vertrag nicht mehr entgegen[1145].

Nach der Rechtsprechung müssen keine hohen Hürden überwunden werden, um ein „besonderes Interesse" an einer stillschweigenden Einbeziehung der Emissionsbank in den Prüfungsvertrag zu bejahen. Geht man davon aus, dass der Aussteller eines Comfort Letter dem Berufsstand der Wirtschaftsprüfer angehört, so ist der von ihm erstellte Comfort Letter als „Expertenmeinung" zu bewerten, dem die Rechtsprechung aufgrund öffentlicher Vertrauenswirkung besondere Beweiskraft zumisst. In einer neueren Entscheidung hat der Bundesgerichtshof allerdings den Schutzbereich des Vertrags mit

---

1140 BGH JZ 1998, 1013, 1014 = BGHZ 138, 257 m. Anm. *Ebke,* JZ 1998, 993, 995; Staudinger/*Jagmann,* § 328 Rn. 100; MünchKomm BGB/*Gottwald,* § 328 Rn. 112.
1141 BGHZ 51, 91, 96 = NJW 1969, 269, im Anschluss an *Larenz,* NJW 1956, 1193, 1194; BGHZ 56, 269, 273; BGHZ 66, 51, 57; BGH NJW 1964, 33, 34; BGH NJW 1970, 38, 40; BGH NJW 1971, 1931.
1142 Seit BGHZ 69, 82, 86 ff. = NJW 1977, 1916; BGH NJW 1984, 355, 356.
1143 BGHZ 51, 91, 96 = NJW 1969, 269; BGHZ 56, 269, 273 = NJW 1971, 1931; BGHZ 66, 51, 57 = NJW 1976, 712; BGH NJW 1977, 2208, 2209.
1144 BGHZ 96, 9, 17 = NJW 1986, 249; BGH NJW 1996, 2927.
1145 BGH NJW 1998, 1059, 1060 = ZIP 1998, 556, 557 = WM 1998, 440 = JZ 1998, 624, 625 m. Bespr. *Canaris,* JZ 1998, 603; BGHZ 127, 378, 380 = NJW 1995, 392, 393 = JZ 1995, 306 m. Anm. *Medicus* u. Bespr. *Canaris,* JZ 1995, 441; OLG Frankfurt am Main (7.7.1988) NJW-RR 1989, 337, 338; BGH NJW-RR 1989, 696; BGH NJW 1987, 1758, 1759; BGH NJW-RR 1986, 484, 486. In einer grundlegenden Entscheidung hatte der BGH (NJW 1973, 321, 322) noch festgestellt, dass die Einbeziehung eines Kreditinstituts in den Prüfungsvertrag eines Wirtschaftsprüfers mit seinem Klienten an der erkennbaren „Gegenläufigkeit" der Interessen zwischen Dritten und Vertragsgläubiger (Klient) scheitere. In weiteren Entscheidungen waren das OLG Saarbrücken (BB 1978, 1434, 1435, Urt. v. 12.7.1978) und das OLG Köln (VersR 1978, 333, 334, Urt. v. 4.12.1978, bestätigt durch BGH v. 3.11.1977, VI ZR 265/75 nach dem BGH-Entlastungsgesetz) dem BGH gefolgt. Siehe *Ebke/Fechtrup,* JZ 1986, 1112, 1113.

Schutzwirkung für Dritte zusätzlich eingegrenzt. Hiernach hat sich das Interesse des (Anschluss-) Gläubigers auf die Einbeziehung eines bestimmten Dritten zu richten, dem das Ergebnis der Begutachtung als Entscheidungsgrundlage dient[1146]. Auch diese Anforderung wäre jedoch vorliegend zu bejahen, da der Kreis der (konsortialführenden) Emissionsbank und der Konsorten klar bestimmt ist.

4. Erkennbarkeit für den Aussteller

Nach der vom Bundesgerichtshof verwendeten ergänzenden Vertragsauslegung müssen die beiden zuvor genannten Erfordernisse (Leistungsnähe der Emissionsbank, Gläubigerinteresse der Emittentin) dem Aussteller bei Vertragsabschluss erkennbar gewesen sein, da ihm das zusätzlich aufgebürdete höhere Haftungsrisiko sonst nicht zugemutet werden kann[1147]. Ein entsprechender Vertragswille der Parteien, den Dritten in den Schutzbereich des Vertrags einzubeziehen, ist nur dann gegeben, wenn dem Aussteller bei Vertragsabschluss bekannt oder zumindest erkennbar war, dass der Prüfungsvertrag mit der Emittentin auch Schutzwirkung für die Emissionsbank haben soll[1148]. Der Comfort Letter wird gerade zur Verwendung für die Emissionsbank erstellt und dieser vielfach durch den Aussteller übermittelt. Der Kreis der potentiellen Empfänger des Comfort Letter ist bestimmungsgemäß im Voraus auf die Emissionsbank bzw. die Konsorten beschränkt[1149]. Das Merkmal der „Erkennbarkeit" ist mithin ebenfalls erfüllt.

5. Schutzbedürftigkeit der Emissionsbank

Die Emissionsbank kann den Aussteller darüber hinaus nur dann aus einem Prüfungsvertrag mit Schutzwirkung für Dritte in Anspruch nehmen, wenn sie „schutzbedürftig" ist[1150]. Eine Schutzbedürftigkeit der Emissionsbank kann, wie oben bereits ausgeführt, unter bestimmten Voraussetzungen entfallen, wenn Ansprüche aufgrund eines mit dem Aussteller geschlossenen Auskunftsvertrags unmittelbar diesem gegenüber zustehen

---

1146 BGH JZ 1998, 1013, 1014 = BGHZ 138, 257 m. Anm. *Ebke, JZ* 1998, 993, 995; gegenläufig BGH NJW 2004, 3035, 3037 f.

1147 *Gernhuber,* § 21II 2 d; *Medicus* BR, Rn. 846; *Martiny, JZ* 1996, 19, 25; MünchKomm HGB/ *Ebke,* § 323 Rn. 110.

1148 Vgl. BGHZ 49, 350, 354 = NJW 1968, 885; BGH NJW 1985, 489; BGH NJW 1985, 2411 = WM 1984, 1233.

1149 So bereits *Ebke/Siegel,* Sonderbeilage Nr. 2, WM 2001, S. 16; siehe IDW PS 910, WPg 2004, 342, 344 (Tz. 12).

1150 BGHZ 70, 327, 329 f. = NJW 1978, 883 = JZ 1978, 238 = WM 1978, 429; BGH NJW 1987, 2510, 2511 = JZ 1987, 1087; BGH NJW 1993, 655, 656; BGHZ 129, 136, 169 = NJW 1995, 1739, 1745; BGH NJW 1996, 2927, 2929; MünchKomm HGB/*Ebke,* § 323 Rn. 111.

oder gleichgerichtete Ansprüche nach §§ 311 Abs. 3 Satz 2, 280 Abs. 1, 241 Abs. 2 BGB bestehen[1151].

a) Eigene Schadensersatzansprüche gegen die Emittentin

Darüber hinaus könnte der Emissionsbank nach Maßgabe des mit der Emittentin geschlossenen Übernahmevertrags dieser gegenüber ein unmittelbarer Schadensersatzanspruch sowohl aufgrund eigenen schuldhaften Handelns der Emittentin als auch aufgrund schuldhaften Handelns des Ausstellers des fehlerhaften Comfort Letter zustehen, sofern sich die Emittentin des Ausstellers zur Erfüllung ihrer Verbindlichkeit gegenüber der Emissionsbank gemäß § 278 BGB bedient. Die Folge eines dahin gehenden unmittelbaren Schadensersatzanspruchs der Emissionsbank gegenüber der Emittentin, gleichgültig, ob aufgrund eigenen (§ 276 BGB) oder fremden Verschuldens (§ 278 BGB), wäre, dass ihre Schutzbedürftigkeit für einen derartigen Anspruch gegenüber dem Aussteller des fehlerhaften Comfort Letter auch in diesen Fällen entfiele. Der Bundesgerichtshof hat darauf hingewiesen, dass es Treu und Glauben widerspreche, wenn der Geschädigte eigene vertragliche Ansprüche desselben Inhalts gegen einen anderen Schuldner habe und gleichzeitig versuche, Ansprüche auf dem Weg eines Vertrags mit Schutzwirkung zugunsten Dritter durchzusetzen[1152].

Ob sich die Emittentin im Rahmen des Übernahmevertrags – abgesehen von einem Fall eigenen Verschuldens – des Ausstellers des fehlerhaften Comfort Letter zur Erfüllung ihrer Verbindlichkeit gegenüber der Emissionsbank bedient und demgemäß für diesen nach § 278 BGB haftet, hängt vom Inhalt des Übernahmevertrags im Einzelfall ab. Dabei ist es durchaus möglich, dass sich die Emittentin gegenüber der Emissionsbank zur Vorlage eines Comfort Letter in einer bestimmten, über die Standard-Comfort-Letter-Fassung hinausgehenden Ausgestaltung verpflichtet. In diesen Fällen wird der von ihr beauftragte Aussteller des Comfort Letter als ihr Erfüllungsgehilfe gemäß § 278 BGB tätig. Möglich erscheint aber ebenfalls, dass die Emissionsbank die Vorlage eines Comfort Letter, z.B. in der Standardfassung des IDW Prüfungsstandards PS 910, lediglich zur Bedingung für die Auszahlung des Emissionserlöses macht und die Vorlage des Comfort Letter keine eigene Verbindlichkeit der Emittentin gegenüber der Emissionsbank darstellt, so dass die Emittentin der Emissionsbank gegenüber auch nicht für einen fehlerhaften Comfort Letter des Ausstellers einzustehen hat. Auch in diesen Fällen besteht mithin ein Schutzbedürfnis der Emissionsbank für einen eigenen unmittelbaren Schadensersatzanspruch gegen den Aussteller des fehlerhaften Comfort Letter aufgrund der Rechtsfigur des Vertrags mit Schutzwirkung für Dritte. Hierbei

---

1151 Siehe zur fehlenden Schutzbedürftigkeit der Emissionsbank in diesen Fällen oben S. 212.
1152 BGHZ 70, 327, 330 = NJW 1978, 883 = JZ 1978, 238; *Gernhuber*, § 21 II 5.

wird vorausgesetzt, dass daneben kein unmittelbarer Anspruch der Emissionsbank gegen die Emittentin aufgrund eigenen schuldhaften Handelns derselben gegeben ist.

Im Übrigen hat das LG Mönchengladbach in einem Dritthaftungsfall entschieden, dass ein unmittelbarer Anspruch der Emissionsbank gegenüber der Emittentin Ansprüche derselben nach den Grundsätzen des Vertrags mit Schutzwirkung für Dritte auch dann ausschließen, wenn die Emittentin in die Insolvenz gerät und der Anspruch der Emissionsbank nicht mehr befriedigt wird, da der wirtschaftliche Wert einer Forderung nicht die materielle Rechtslage berührt, so dass in diesem Fall kein Raum für einen Anspruch aus einem Prüfungsvertrag mit Schutzwirkung für die Emissionsbank bleibt[1153].

b) *Fazit*

Es ist zunächst festzustellen, dass im Einzelfall eine unmittelbare Vertragshaftung der Emittentin sowie des Ausstellers gegenüber der Emissionsbank begründet sein kann. Andererseits können im Einzelfall unmittelbare vertragliche Ansprüche der Emissionsbank gegenüber dem Aussteller und der Emittentin mangels vertraglicher Beziehungen entfallen, so dass insoweit unmittelbare Ansprüche der Emissionsbank gegenüber dem Aussteller des fehlerhaften Comfort Letter nach Maßgabe des Vertrags mit Schutzwirkung für Dritte in Betracht kommen.

6.   Rechtsfolgen der Drittschutzwirkung

Ist die Emissionsbank im Einzelfall in den zwischen Aussteller und Emittentin vereinbarten Prüfungsvertrag einbezogen[1154], kann sie einen vertraglichen Schadensersatzanspruch unmittelbar gegen den Aussteller auf Ersatz des ihr entstandenen Vermögensschadens geltend machen[1155], wenn und soweit die weiteren Tatbestandsmerkmale einer Pflichtverletzung des Prüfungsvertrags (§ 280 Abs. 1, 241 Abs. 2 BGB) vorliegen. Die weiteren anspruchsbegründenden Merkmale einer Pflichtverletzung des Ausstellers beurteilen sich entsprechend den Darstellungen zur Haftung gemäß Auskunftsvertrag[1156]. Eine Pflichtverletzung hat der Aussteller nur dann zu vertreten, wenn er fahrlässig gehandelt hat (§ 276 Abs. 2 BGB). Bei seinen Sorgfaltspflichten hat er die Verkehrskreise einzubeziehen, mit denen er anlässlich der Verwendung seines Comfort Letter rechnen muss[1157]. Der Inhalt und Umfang seiner Sorgfaltspflichten bestimmt sich

1153 LG Mönchengladbach (31.5.1990) NJW-RR 1991, 415, 417.
1154 Davon geht auch IDW PS 910, WPg 2004, 342, 344 (Tz. 13) aus.
1155 Palandt/*Grüneberg*, § 328 Rn. 19; MünchKomm BGB/*Gottwald*, § 328 Rn. 119.
1156 Siehe zu den weiteren haftungsbegründenden Merkmalen oben S. 208.
1157 BGH NJW 1998, 1059, 1060 = JZ 1998, 624.

also auch jeweils nach der Person des Dritten[1158]. Ein eigenes Mitverschulden der Emissionsbank bei der Entstehung oder Abwendung des Schadens ist anspruchsmindernd zu berücksichtigen[1159].

7. *Sicherungsmöglichkeiten des Ausstellers*

Soweit der Emissionsbank aufgrund eines fehlerhaften Comfort Letter des Ausstellers gemäß der Rechtsfigur des Vertrags mit Schutzwirkung für Dritte aus dem zwischen Aussteller und Emittentin geschlossenen Prüfungsvertrag im Einzelfall ein unmittelbarer Anspruch gegen den Aussteller zusteht, ist weiterhin zu klären, ob der Aussteller trotz der bestehenden „Gegenläufigkeit der Interessen" [1160] gegenüber diesem Anspruch Einwendungen aus dem Prüfungsvertrag geltend machen kann. Dies betrifft insbesondere die Frage einer etwaigen Mitverursachung sowie eines etwaigen Mitverschuldens der Emittentin und etwaiger mit der Emittentin getroffener Haftungsbeschränkungen. Hierbei könnte eine entsprechende Anwendung des § 334 BGB in Betracht kommen, nach welcher Vorschrift im Rahmen eines Vertrags zu Gunsten Dritter dem Versprechenden Einwendungen aus dem Vertrag auch gegenüber dem Dritten zustehen. Ferner könnte der aus Treu und Glauben (§ 242 BGB) abgeleitete allgemeine Grundsatz von Bedeutung sein, dass der Dritte keine stärkere Rechtsposition erlangen kann als die Partei, aus deren Vertrag er seinen Anspruch ableitet[1161].

a) *Mitverschulden der Emittentin*

Inwieweit der Aussteller eine Mitverursachung sowie ein Mitverschulden der Emittentin an dem durch seinen fehlerhaften Comfort Letter bei der Emissionsbank eingetretenen Schaden auch der Emissionsbank entgegenhalten kann, ist nicht abschließend

---

1158 *Canaris*, JZ 1998, 603, 604; vgl. BGH NJW 1998, 1059, 1061 = JZ 1998, 624.

1159 *Ebke*, JZ 1998, 991, 997; *Ebke/Siegel*, Sonderbeilage Nr. 2, WM 2001, S. 17; MünchKomm BGB/*Gottwald*, § 328 Rn. 126. Soweit die Emittentin im Einzelfall als Erfüllungsgehilfin der Emissionsbank anzusehen ist, kann ein Verschulden der Emittentin der Emissionsbank über §§ 254 Abs. 2 Satz 2, 278 BGB zugerechnet werden, da der drittschützende Prüfungsvertrag eine ausreichende Sonderverbindung i.S.v. § 278 BGB ist. Soweit die Emittentin nicht Erfüllungsgehilfin ist, stellt sich die Frage, ob ihr schadensverursachendes Verhalten dennoch anspruchskürzend berücksichtigt werden kann. Dazu sogleich auf S. 220 unter „Sicherungsmöglichkeiten des Ausstellers".

1160 Siehe zur „Gegenläufigkeit der Interessen" oben S. 216 sowie die Nachw. in Fn. 1145, S. 216.

1161 *Canaris*, ZHR 163(1999) 206, 210: „Grundsatz des Bundesgerichtshofes"; zuletzt BGH NJW 1998, 1059, 1060 = ZIP 1998, 556, 557 = WM 1998, 440 = JZ 1998, 624, 625; BGHZ 127, 378, 385 = NJW 1995, 392 = JZ 1995, 306; OLG Düsseldorf (15.12.1998) GI 1999, 218, 221 = WPK-Mitt 1999, 258, 260 m. Anm. *Ebke/Paal*.

geklärt[1162]. Ausgangspunkt ist, dass die Emissionsbank im Rahmen des Vertrags mit Schutzwirkung für Dritte zwar einen eigenen unmittelbaren Schadensersatzanspruch erlangt, allerdings nur aufgrund eines vom Hauptschuldverhältnis abgeleiteten Rechts. Dem Aussteller muss es daher grundsätzlich auch möglich sein, der Emissionsbank als Anspruchsstellerin dieses nicht vollkommen selbstständigen Anspruchs ein mitverursachendes Verschulden des eigenen Vertragspartners entgegenzuhalten.

Der Bundesgerichtshof hat im Falle einer Sachverständigenhaftung mit „gegenläufiger Interessenlage" zwischen dem (Anschluss-) Gläubiger und dem in den Schutzbereich des fremden Vertragsverhältnisses einbezogenen Dritten die Auffassung vertreten, dass dem Vertragsgläubiger in entsprechender Anwendung des § 334 BGB Einwendungen aus dem Vertrag auch gegenüber dem Dritten zustünden. Dies verbiete sich allerdings bei bestehender „gegenläufiger Interessenlage" von Vertragsgläubiger und Drittem sowie nach der Natur des Prüfungsvertrags[1163]. Die Norm sei daher stillschweigend durch die Parteien abbedungen, was „üblicherweise erwünscht" sei[1164]. Die Rechtsprechung des Bundesgerichtshofs erscheint jedoch angreifbar, läuft doch die Annahme einer „stillschweigenden Abbedingung" des § 334 BGB auf eine bloße Fiktion hinaus. Offensichtlich will der Bundesgerichtshof hiermit ausschließen, dass die bei fehlerhaften Gutachten und Testaten u.U. in Frage stehenden Drittansprüche durch die Einwendungen des jeweiligen Wirtschaftsprüfers, der für das fehlerhafte Gutachten oder Testat verantwortlich ist, ausgehöhlt und geschwächt werden. Inwieweit der Bundesgerichtshof an seiner Rechtsprechung angesichts der neuen Vorschrift des § 311 Abs. 3 BGB zukünftig festhält, bleibt abzuwarten[1165].

1162 *Müller*, FS Forster, S. 452, 462 f.; Soergel/*Hadding*, Anhang § 328 Rn. 23; MünchKomm BGB/ *Gottwald*, § 328 Rn. 127-131 m.w.N.; zuletzt BGH NJW 1998, 1059, 1060 = ZIP 1998, 556, 557 = WM 1998, 440 = JZ 1998, 624, 625 m. Bespr. *Canaris*, JZ 1998, 603; BGHZ 127, 378, 380 = NJW 1995, 392, 393 = JZ 1995, 306 m. Anm. *Medicus* u. Bespr. *Canaris*, JZ 1995, 441.

1163 BGH NJW 1998, 1059, 1060 = ZIP 1998, 556, 557 = WM 1998, 440 = JZ 1998, 624, 625; BGHZ 127, 378, 385 = NJW 1995, 392 = JZ 1995, 306; *Medicus*, JZ 1995, 308, 309, hält § 334 BGB für unanwendbar mit Hinweis, dass § 334 BGB nur bei Primäransprüchen in Betracht komme und Gläubiger und Dritter im gleichen Lager stehen müssten; zweifelnd *Lang*, WPg 1989, 57.

1164 BGH NJW 1998, 1059, 1061 = JZ 1998, 624, 626 m. *Canaris*, JZ 1998, 603, seine Ansicht verteidigend; kritisch auch *Schlechtriem*, FS Medicus, S. 529, 540.

1165 *Ebke*, JZ 1997, 295, 296 (l. Sp.), für die vergleichbare Problematik bei der Dritthaftung des Pflichtprüfers. Die Betroffenen sollten sich besser nicht darauf verlassen, dass Einwendungen aus dem Grundvertragsverhältnis auch von den Gerichten anerkannt werden. Ähnlich auch *Hauser*, S. 161 (Fn. 697 a.E.); *Zugehör*, NJW 2000, 1601, 1604. Siehe zur Vertrauenshaftung und § 311 Abs. 3 BGB unten S. 224.

b)   *Vertragliche Haftungsbeschränkungen[1166]*

Es kann davon ausgegangen werden, dass der Aussteller des Comfort Letter ein erhebliches Interesse daran hat, dass seine Allgemeinen Auftragsbedingungen für Wirtschaftsprüfer und Wirtschaftsprüfungsgesellschaften (AAB) (Stand: 1.1.2002) bei Abschluss des Prüfungsvertrags mit der Emittentin unbedingt in diesen Vertrag aufgenommen werden[1167]. Von besonderer Bedeutung ist für den Aussteller dabei die Geltung seiner haftungsbeschränkenden AAB (Ziffer 9). Insoweit gilt, dass auch in einem Prüfungsvertrag die Haftung des Ausstellers innerhalb der gesetzlichen Grenzen durch AAB eingeschränkt werden kann[1168]. Fraglich ist allerdings, ob sich der Aussteller gegenüber einem Schadensersatzanspruch der Emissionsbank, den diese gemäß der Rechtsfigur des Vertrags mit Schutzwirkung für Dritte aus dem zwischen Aussteller und Emittentin geschlossenen Prüfungsvertrag aufgrund eines fehlerhaften Comfort Letter erlangt hat, trotz der „Gegenläufigkeit der Interessen" der Emittentin und der Emissionsbank[1169], ebenfalls auf die im Prüfungsvertrag getroffenen Haftungsbeschränkungen berufen kann. Für eine Unwirksamkeit einer Haftungsbeschränkung spricht der Gedanke, dass auch ein Vertrag zu Lasten Dritter für unzulässig gehalten wird[1170]. Dem ist zuzugeben, dass in den Fällen, in denen die Haftungsbeschränkung allein auf den Dritten durchschlagen würde, dies generell zur Unwirksamkeit der Abrede führen würde[1171].

Der Bundesgerichtshof lässt den Einwand der Haftungsbeschränkung gegenüber dem begünstigten Dritten mit der Begründung zu, dass diesem keine weitergehenden Rechte aus dem drittschützenden Vertragsverhältnis zustehen können als dem unmittelbaren (Anschluss-) Gläubiger selbst. Wie von ihm ausgeführt, muss sich ein in den Vertrag mit Schutzwirkung für Dritte einbezogener Dritter grundsätzlich „die Bedingungen des Vertrags entgegenhalten lassen" so wie sie auch in dem Verhältnis zwischen Schuldner und (Anschluss-) Gläubiger vereinbart worden sind[1172]. Hiernach kann

---

1166   Gesetzliche Haftungsbeschränkungen wirken sich ebenfalls haftungsbeschränkend auf das Schutzverhältnis zu Gunsten der Emissionsbank aus (zuletzt BGHZ 138, 257, 266 = BGH JZ 1998, 1013, 1015 m. Anm. *Ebke,* JZ 1998, 991, 996; MünchKomm BGB/*Gottwald,* § 328 Rn. 124). Bei der Erteilung eines Comfort Letter handelt es sich allerdings um eine Tätigkeit, auf die § 323 Abs. 2 HGB nicht angewendet werden kann (vgl. bereits oben S. 167). Eine Begrenzung der Haftungssumme nach § 323 Abs. 2 HGB kommt nicht, auch nicht analog, in Betracht.

1167   Siehe IDW PS 910, WPg 2004, 342, 344 (Tz. 12).

1168   Siehe zur Möglichkeit einer Haftungsbeschränkung zwischen Aussteller und Emittentin bereits oben S. 183.

1169   Siehe zur „Gegenläufigkeit der Interessen" oben S. 216 sowie die Nachw. in Fn. 1145, S. 216.

1170   Soergel/*Hadding,* Anh. § 328 Rn. 20.

1171   Soergel/*Hadding,* Anh. § 328 Rn. 20.

1172   BGH NJW 1987, 1758, 1760; kritisch *Hopt,* NJW 1987, 1745, 1746: „Müsste nicht jedenfalls der Dritte zumindest Kenntnis von der Freizeichnung durch den Schuldner erhalten oder könnte hier auch eine stillschweigende Einbeziehung in den Vertrag ähnlich § 2 AGBG [§ 305 Abs. 2 BGB n.F.] in Frage kommen?"; im Sinne des 4a-Zivilsenats hat zuvor bereits BGHZ 56, 269, 273 ff. = NJW 1971, 1931 entschieden.

festgestellt werden, dass der Bundesgerichtshof, anders als den Einwand des Mitverschuldens, den er bei gleichgelagerter Sachlage gegenüber dem Dritten nicht zulässt, den Einwand der Haftungsbeschränkung gegenüber dem Dritten durch den Aussteller akzeptiert. Der Bundesgerichtshof erkennt hiernach in Übereinstimmung mit der Literatur jedenfalls in diesem Bereich den Rechtsgedanken des § 334 BGB an[1173].

Der Rechtsprechung des Bundesgerichtshofs, die bei der vorliegenden Fallgestaltung in gleicher Weise gelten dürfte, erscheint zudem auch unter Berücksichtigung der Interessenlage der Emissionsbank durchaus angemessen. Da die Emissionsbank im Übrigen in der Lage ist, sich über die Haftungsbeschränkungen des Prüfungsvertrags Kenntnis zu verschaffen, kann ihr durchaus zugemutet werden, dass sie nur in den Genuss eines „geschmälerten Vertragsschutzes" gelangt[1174]. Hiermit muss sie darüber hinaus auch nach dem IDW Prüfungsstandard PS 910 rechnen, da der Standard für die Erteilung von Comfort Letters die Beschränkung der Haftung im Grundvertragsverhältnis explizit enthält[1175]. Sollte der Emissionsbank eine derartige Haftungsbeschränkung als nicht akzeptabel erscheinen, müsste sie entweder darauf hinwirken, dass Aussteller und Emittentin den Prüfungsvertrag mit einer für sie weitergehenden Haftungsregelung abschließen oder – außerhalb der Rechtsfigur des Vertrags mit Schutzwirkung für Dritte – im Rahmen eines Auskunftsvertrags mit dem Aussteller die entsprechenden Konditionen vereinbaren. In diesem Fall riskiert die Emissionsbank allerdings, dass der Aussteller des Comfort Letter im Rahmen der gegen die Emissionsbank gerichteten börsengesetzlichen Prospekthaftungsansprüche als Erfüllungsgehilfe angesehen wird.

8. *Verjährung*

Die Verjährung des Schadensersatzanspruchs der Emissionsbank gegen den Aussteller gemäß § 280 Abs. 1 BGB richtet sich nach den für das Hauptschuldverhältnis geltenden

---

1173 *Baumbach/Hopt*, § 347 Rn. 21; *Ekkenga*, Sonderbeilage Nr. 3, WM 1996, S. 14; *Ebke*, JZ 1998, 991, 996; *Ebke/Fechtrup*, JZ 1986, 1112, 1114; *Erman/Westermann*, § 328 Rn. 16; *Müller*, FS Forster, S. 466 f.; MünchKomm BGB/*Gottwald*, § 328 Rn. 123; *Otto/Mittag*, WM 1996, 377, 382; Soergel/*Hadding*, Anh. § 328 Rn. 21 f.; *Weber*, NZG 1999, 1, 8; a.A. *Assmann*, JuS 1986, 885, 888.

1174 Soergel/*Hadding*, Anh. § 328 Rn. 22. Anders dagegen, wenn man mit *Canaris* die Rechtsgrundlage für den Drittschutz in einem gesetzlichen Schuldverhältnis erblickt (§ 311 Abs. 3 BGB). Dann bestünde ein eigenständiges Schutzpflichtverhältnis (§ 241 Abs. 2 BGB) zwischen Aussteller und Emissionsbank. Es bliebe keine Möglichkeit, den Anspruch wegen der im Grundvertragsverhältnis beschränkenden Abreden zu begrenzen. Etwaige haftungsbeschränkende Vereinbarungen müssten direkt zwischen Emissionsbank und Aussteller zustande kommen. Der BGH hat diesen Ansätzen bisher eine Absage erteilt – allerdings noch zur alten Rechtslage vor Inkrafttreten des Gesetzes zur Modernisierung des Schuldrechts vom 26.11.2001, zuletzt BGH NJW 1998, 1059, 1061 = JZ 1998, 624, 626 m. Anm *Canaris*, JZ 1998, 603.

1175 IDW PS 910, WPg 2004, 342, 344 (Tz. 11-letzter Bulletpoint).

Regeln[1176]. Hiernach ist die regelmäßige Verjährungsfrist von drei Jahren anzuwenden (§ 195 BGB).

9. Zusammenfassung

Soweit im Einzelfall unmittelbare vertragliche Ansprüche der Emissionsbank gegenüber dem Aussteller und der Emittentin mangels dahin gehender vertraglicher Beziehungen ausscheiden, kann insoweit im Falle eines fehlerhaften Comfort Letter ein unmittelbarer Schadensersatzanspruch der Emissionsbank gegenüber dem Aussteller aus dem zwischen diesem und der Emittentin geschlossenen Prüfungsvertrag nach Maßgabe der Rechtsfigur des Vertrags mit Schutzwirkung für Dritte gemäß § 280 Abs. 1 BGB begründet sein. Gegenüber diesem Anspruch ist dem Aussteller der Einwand der von der Emittentin zu vertretenden Mitursächlichkeit und des von dieser zu vertretenden Mitverschuldens nicht gestattet, während zugunsten des Ausstellers bestehende Haftungsbeschränkungen von diesem geltend gemacht werden können.

V. Anspruch aufgrund einer Vertrauenshaftung/Culpa in Contrahendo (§§ 311 Abs. 3 Satz 1, 280 Abs. 1, 241 Abs. 2 BGB)

Es soll nunmehr darauf eingegangen werden, ob eine Haftung des Ausstellers gegenüber der Emissionsbank im Falle eines fehlerhaften Comfort Letter unter dem Gesichtspunkt der sog. Vertrauenshaftung für Drittschäden in Betracht kommt. Die Entwicklung der Vetrauenshaftung als Anspruchsgrundlage für die Dritthaftungsfälle werden ausführlich im rechtsvergleichenden Teil dargestellt und diskutiert[1177].

1. Schadensersatzanspruch gemäß §§ 311 Abs. 3 Satz 2, 280 Abs. 1, 241 Abs. 2 BGB

Wenn auch der Bundesgerichtshof zur Frage der Haftung eines Gutachters für ein von ihm erstelltes Gutachten zur Grundstückswertermittlung gegenüber einem vertragsfremden Dritten zuletzt erneut auf die Rechtsfigur des Vertrags mit Schutzwirkung für Dritte zurückgegriffen und eine Vertrauenshaftung unberücksichtigt gelassen hat[1178], erscheint es gleichwohl geboten, auf die Frage einzugehen, ob in dem grundsätzlich gleich gelagerten Fall eines fehlerhaften Comfort Letter ein Schadensersatzanspruch der

---

1176 Soergel/*Hadding*, Anh. § 328 Rn. 26.
1177 Siehe dazu unten auf S. 305.
1178 BGH NJW 2004, 3035; BGH NJW 1998, 1059, 1061 = JZ 1998, 624, 626 m. Anm *Canaris*, JZ 1998, 603.

Emissionsbank gegenüber dem Aussteller unter dem Gesichtspunkt der Vertrauenshaftung begründet sein könnte.

a) Schadensersatzpflicht für unrichtige Comfort Letters im System der Vertrauenshaftung

Die Vertrauenshaftung gemäß §§ 311 Abs. 3 Satz 2, 280 Abs. 1, 241 Abs. 2 BGB unterscheidet sich dadurch von der Rechtsfigur des Vertrags mit Schutzwirkung für Dritte, dass die Haftung möglicherweise durch die Verletzung von Schutzpflichten begründet wird, die dem Aussteller gegenüber der Emissionsbank gemäß § 241 Abs. 2 BGB obliegen. Hierzu wäre erforderlich, dass die Erstellung des Comfort Letter durch den Aussteller und die Weiterleitung des Comfort Letter an die Emissionsbank den Tatbestand des § 311 Abs. 3 BGB erfüllt. Nach dieser Bestimmung kann ein Schuldverhältnis mit Pflichten nach § 241 Abs. 2 BGB auch zu Personen entstehen, die nicht selbst Vertragspartei werden sollen. Dies ist nach § 311 Abs. 3 Satz 2 BGB insbesondere der Fall, wenn der Dritte in besonderem Maße Vertrauen für sich in Anspruch nimmt und dadurch die Vertragsverhandlungen erheblich beeinflusst. Bei dem Aussteller des Comfort Letter – hier „Dritter"[1179] – handelt es sich in der Regel um einen Wirtschaftsprüfer, der als solcher aufgrund seiner großen Sachkunde und herausragenden Expertenstellung besonderes persönliches Vertrauen für sich beansprucht und dem von der Emissionsbank gleichermaßen großes Vertrauen entgegengebracht wird. So verlässt sich die Emissionsbank voll und ganz auf die Gewissenhaftigkeit und Eigenständigkeit des Wirtschaftsprüfers und den von diesem ausgestellten Comfort Letter, der somit in entscheidenden Maße zu der angestrebten Aktienemission beiträgt[1180].

Ob und inwieweit der Aussteller des Comfort Letter selbst nach Maßgabe des § 311 Abs. 3 Satz 2 BGB in die Verhandlungen über den Abschluss des Übernahmevertrags zwischen der Emittentin und der Emissionsbank eingebunden ist und hierdurch die Vertragsverhandlungen oder den Vertragsabschluss beeinflusst, ist letztlich eine Frage des Einzelfalls. Aber auch soweit der Aussteller des Comfort Letter nicht direkt in die Verhandlungen einbezogen ist und seine Einflussnahme lediglich indirekt über den von ihm erstellten Comfort Letter erfolgt, so dass ein direkter Kontakt zwischen Aussteller und Emissionsbank nicht stattfindet, dürfte nach dem Sinn und Zweck der Gesetzesvorschrift die für die Dritthaftung nach § 311 Abs. 3 Satz 2 BGB erforderliche Einflussnahme des besonderes Vertrauen beanspruchenden Ausstellers des Comfort Letter gegeben sein[1181].

1179 Vgl. *Neuner*, JZ 1999, 126, 135.
1180 Ausführlich zur Lehre der Vertrauenshaftung unter Berücksichtigung der Haftung von Sachverständigen gegenüber Dritten *Canaris*, ZHR 163 (1999), 206, 229 ff.
1181 *Canaris*, ZHR 163 (1999), 206, 234; *ders.*, JZ 1995, 441, 445: keine unmittelbare Kontaktaufnahme erforderlich.

b)   Schutzpflichten (§ 241 Abs. 2 BGB)

Bei dem gemäß § 311 Abs. 3 Satz 1 BGB zwischen Emissionsbank und Aussteller begründeten „Schuldverhältnis mit Pflichten nach § 241 Abs. 2 BGB" [1182] bestimmen sich die Pflichten des Ausstellers nach den Interessen, Verhältnissen und Erkenntnismöglichkeiten der Emissionsbank und nicht etwa nach denen der Emittentin [1183]. Allerdings kann gerade nicht die Gesamtheit des Pflichtenprogramms, welches Aussteller und Emittentin ihrem Prüfungsvertrag zugrunde gelegt haben, auch auf das Schutzpflichtverhältnis zu der Emissionsbank übertragen werden. Welche Schutzpflichten dem Aussteller jeweils gegenüber der Emissionsbank obliegen, kann im Einzelfall zweifelhaft sein, insbesondere vor dem Hintergrund der erheblichen Haftungsrisiken, die dem Aussteller im Falle einer Nichterfüllung gemäß § 280 Abs. 1 BGB drohen. Ob der Aussteller in ausreichendem Umfang auf die Interessen der Emissionsbank gemäß § 241 Abs. 2 BGB Rücksicht genommen hat, wird letztlich davon abhängen, welchen Vertrauenstatbestand der Aussteller des Comfort Letter bei der Emissionsbank begründet und ob der Aussteller diesem Vertrauenstatbestand Genüge getan hat. Dabei wird von folgenden Grundsätzen auszugehen sein: Einerseits kann ein pflichtwidriges Verhalten nur gegenüber solchen Personen vorliegen, an die der Comfort Letter adressiert worden ist („primäre Weitergabeempfänger") [1184]. Wenn der Comfort Letter dem IDW Prüfungsstandard PS 910 entspricht und an die Emissionsbank adressiert worden ist [1185], wird hiernach in jedem Falle von einer Verantwortlichkeit gegenüber der Bank auszugehen sein. Andererseits kann ein Vertrauenstatbestand nur insoweit entstehen, als die Angaben des Comfort Letter diesen entstehen lassen. Es kommt mithin entscheidend auf die vom Aussteller dargestellten Informationsquellen und Untersuchungshandlungen bei der Erstellung des Comfort Letter an.

c)   Einwendungen aus dem Grundvertragsverhältnis

Anders als bei dem Schadensersatzanspruch der Emissionsbank gegenüber dem Aussteller gemäß der Rechtsfigur des Vertrags mit Schutzwirkung für Dritte, bei dem zum Teil Einwendungen des Ausstellers gegenüber der anspruchsstellenden Emissionsbank möglich sind [1186], sind gegenüber einem Schadensersatzanspruch der Emissionsbank aufgrund §§ 311 Abs. 3 Satz 2, 280 Abs. 1, 241 Abs. 2 BGB jegliche Einwendungen aus dem Prüfungsvertrag zwischen dem Aussteller und der Emittentin ausgeschlos-

---

1182   Dazu Palandt/*Heinrichs*, § 311 Rn. 11 ff.; MünchKomm BGB/*Emmerich*, § 311 Rn. 65.
1183   Vgl. *Canaris*, JZ 1998, 603, 605.
1184   Vgl. *Schneider*, ZHR 163 (1999), 246, 262.
1185   Vgl. IDW PS 910, WPg 2004, 342, 344 (Tz. 12).
1186   Dazu oben S. 220.

sen[1187]. Etwaige haftungsbeschränkende Vereinbarungen müssen unmittelbar zwischen der Emissionsbank und dem Aussteller verabredet werden. Hieraus folgt, dass die bestehende Praxis, dem Comfort Letter die Allgemeinen Auftragsbedingungen für Wirtschaftsprüfer und Wirtschaftsprüfungsgesellschaften (AAB) (Stand: 1.1.2002) beizufügen, haftungsbeschränkende Wirkung unmittelbar gegenüber der Emissionsbank entfaltet[1188].

2. Zusammenfassung

Mit Inkrafttreten des Gesetzes zur Modernisierung des Schuldrechts vom 26.11.2001 ist zu dem unter den erforderlichen Voraussetzungen gegebenen Schadensersatzanspruch der Emissionsbank gegenüber dem Aussteller gemäß § 280 Abs. 1 BGB im Falle einer Pflichtverletzung des stillschweigend geschlossenen Auskunftsvertrags oder des Prüfungsvertrags mit Schutzwirkung für Dritte möglicherweise ein gleichgerichteter Haftungstatbestand gemäß §§ 311 Abs. 3 Satz 2, 280 Abs. 1, 241 Abs. 1 BGB hinzugetreten. Anders als beim Vertrag mit Schutzwirkung für Dritte können hier allerdings keine Einwendungen aus dem Grundvertragsverhältnis zwischen Aussteller und Emittentin erhoben werden. Soweit im Einzelfall eine Haftung des Ausstellers gegenüber der Emissionsbank aus einem stillschweigend geschlossenen Auskunftsvertrag in Betracht kommt, wäre dieser Schadensersatzanspruch, soweit die Verletzung vertraglicher Hauptleistungspflichten in Frage steht, einem etwaigen Anspruch aus §§ 311 Abs. 3 Satz 2, 280 Abs. 1, 241 Abs. 2 BGB vorrangig[1189]. Die Rechtsfigur des Vertrags mit Schutzwirkung für Dritte ist demgegenüber subsidiär gegenüber einem Anspruch aus §§ 311 Abs. 3 Satz 2, 280 Abs. 1, 241 Abs. 2 BGB, da es an einer entsprechenden Schutzbedürftigkeit der Emissionsbank fehlen würde[1190]. Der Anspruch unterliegt außerdem der regelmäßigen Verjährungsfrist von 3 Jahren gemäß § 195 BGB[1191].

1187 Statt vieler *Canaris*, JZ 1998, 603, 605.
1188 Vgl. *Schneider*, ZHR 163 (1999), 246, 267; differenzierend *Canaris*, ZHR 163 (1999), 206, 230, zwischen Einschränkung des Vertrauenstatbestandes im Falle der Verwendungsklausel und einer rechtsgeschäftlichen Einschränkung der Haftung hinsichtlich der Haftungsfreizeichnung.
1189 Das Gesetz enthält zu dieser Frage keinen Hinweis, siehe Dauner-Lieb/Heidel/Ring/*Lieb*, § 3 Rn. 40. Daher muss zunächst vom Fortbestehen der zur alten Rechtslage geltenden Grundsätze ausgegangen werden. Siehe zur alten Rechtslage *Canaris*, FS Schimansky, S. 43, 46 f.: „subsidiär".
1190 *Paal*, BB 2004, 2183, 2184; siehe zur Schutzbedürftigkeit der Emissionsbank oben S. 217.
1191 Münch Komm BGB/*Emmerich*, § 311 Rn. 252.

VI. Drittschadensliquidation

Da der Emissionsbank im Falle eines Schadens, der ihr aufgrund eines fehlerhaften Comfort Letter und der von ihr hierauf gestützten Vermögensdisposition erwächst, in der Regel Schadensersatzansprüche gegen die Emittentin und den Aussteller zustehen, ist für die Anwendung einer Drittschadensliquidation, bei der dem Geschädigten kein eigener Anspruch zusteht und der Anspruchsinhaber keinen eigenen Schaden hat[1192], kein Raum, so dass insoweit nicht in eine weitere Erörterung einzutreten ist.

B. Außervertragliche Anspruchsgrundlagen/Deliktsrechtliche Haftung

Pflichtverstöße bei der Erteilung des Comfort Letter können den Tatbestand einer unerlaubten Handlung im Sinne des BGB verwirklichen. Als Anspruchsnormen für die Emissionsbank kommen dabei § 823 Abs. 1 und 2 BGB sowie § 826 BGB in Betracht, die an anderer Stelle dieser Arbeit bereits dargestellt worden sind[1193]. Für eine deliktsrechtliche Haftung des Ausstellers gegenüber der Emissionsbank aufgrund der an der Erstellung mitwirkenden (Prüfungs-) Personen (§ 831 Abs. 1 BGB) besteht angesichts der Exkulpationsmöglichkeit nur ein enger Anwendungsbereich, so dass insoweit von einer Erörterung abgesehen wird[1194].

I. Anspruch aus § 823 Abs. 1 BGB

Aufgrund eines fehlerhaften Comfort Letter und der hierauf gestützten Verfügungen erleidet die Emissionsbank in der Regel einen Vermögensschaden, und zwar in der Form, dass sie Regressansprüchen der Anleger ausgesetzt ist[1195]. Mittels eines Schadensersatzanspruchs gemäß § 823 Abs. 1 BGB lassen sich aber nur solche Vermögensschäden ausgleichen, die infolge einer Verletzung der in dieser Vorschrift genannten absoluten Rechte oder Rechtsgüter eingetreten sind[1196]. Das Vermögen als solches gehört nicht dazu und stellt insbesondere auch kein „sonstiges Recht" dar[1197]. Der Emissionsbank steht mithin aufgrund eines fehlerhaften Comfort Letter kein Schadensersatzanspruch gemäß § 823 Abs. 1 BGB gegenüber dem Aussteller zu.

1192 Statt aller *Neuner*, JZ 1999, 126, 130.
1193 Siehe dazu oben S. 191.
1194 So auch MünchKomm HGB/*Ebke*, § 323 Rn. 75; *Otto/Mittag*, WM 1996, 377.
1195 Siehe zum Schaden der Emissionsbank oben S. 208.
1196 *Ebke*, Dritthaftung, S. 44.
1197 *Ebke*, Dritthaftung, S. 44; MünchKomm HGB/*Ebke*, § 323 Rn. 75.

II. Anspruch aus § 823 Abs. 2 BGB

Um einen Schadensersatzanspruch der Emissionsbank gegen den Aussteller eines fehlerhaften Comfort Letter begründen zu können, bedarf es eines (auch) das Vermögen der Emissionsbank schützenden Gesetzes, das der Aussteller mittels pflichtwidriger Erteilung des Comfort Letter verletzt haben müsste[1198]. Als Schutzgesetze kommen strafrechtliche[1199], aber auch handelsrechtliche[1200] und aktienrechtliche[1201] Normen in Betracht. Die berufsrechtlichen Bestimmungen[1202] sind hingegen keine Schutzgesetze im Sinne des § 823 Abs. 2 Satz 1 BGB. Im Übrigen ist nur ein vorsätzlicher Verstoß gegen ein Schutzgesetz relevant im Sinne des Tatbestands. Ein vorsätzliches Handeln scheidet allerdings in der Regel aus und wäre darüber hinaus auch nur schwer zu beweisen[1203]. Zudem ist die Ansicht abzulehnen, die über eine Verletzung von „Verkehrspflichten zum Schutz fremden Vermögens"[1204] zu einer deliktsrechtlichen Haftung des Comfort Letter-Ausstellers gelangen will[1205]. § 823 Abs. 2 BGB hat nach alledem für eine Haftung des Ausstellers eines Comfort Letter gegenüber der Emissionsbank keine große Bedeutung.

III. Anspruch aus § 826 BGB

Sofern es in der Praxis um die Frage eines Schadensersatzanspruchs gegenüber einer besonders sachkundigen Person geht, steht regelmäßig die Haftungsnorm des § 826 BGB im Vordergrund[1206]. Dies hat seinen Grund darin, dass der Bundesgerichtshof die Anforderungen an eine Haftung gemäß § 826 BGB erheblich reduziert hat[1207]. So können nach der neueren Judikatur unrichtige Auskünfte, Gutachten etc. bereits den Vorwurf sittenwidrigen Verhaltens begründen, wenn sie „leichtfertig, gewissenlos und ins

---

1198 Siehe *Ebke*, Dritthaftung, S. 45; *Kötz/Wagner*, Rn. 170 jew.m.w.N.
1199 Siehe die Nachw. in Fn. 988, S. 193.
1200 Siehe die Nachw. in Fn. 989, S. 193.
1201 Siehe die Nachw. in Fn. 990, S. 193.
1202 Siehe die Nachw. in Fn. 991, S. 193.
1203 Vgl. MünchKomm HGB/*Ebke*, § 323 Rn. 78; *Stahl*, S. 40.
1204 Siehe oben S. 193.
1205 Siehe zur Kritik oben S. 194.
1206 Nachweise bei *Altenburger*, WM 1994, 1597, 1603 [Fn. 72].
1207 Vgl. *Ebke*, Dritthaftung, S. 55; dazu auch oben S. 195.

Blaue hinein"[1208] abgegeben worden sind und das Informationsdefizit auch nicht aus der Auskunft erkennbar ist[1209]. Demgegenüber wird in der Literatur zu Recht darauf hingewiesen, dass eine gewissenlose Berufsausübung gerade bei Wirtschaftsprüfern und Steuerberatern nur schwer zu belegen sein wird, zumal in der Regel kaum zu erwarten ist, dass die Vertreter dieses Berufsstandes durch derartige Handlungen ihre berufliche Existenz aufs Spiel setzen[1210]. Darüber hinaus stellt ein einfacher Verstoß des Ausstellers gegen die standesrechtlichen Vorschriften der Wirtschaftsprüferordnung nicht ohne weiteres ein sittenwidriges Verhalten dar[1211]. Die Haftungsnorm ist mithin, trotz reduzierter Anforderungen an die Tatbestandsmerkmale, für die hier interessierenden Fälle eines eventuell leicht fahrlässigen Handelns des Ausstellers nur von geringer Relevanz.

C. Zwischenergebnis

1. Mangels eines echten Vertrags zu Gunsten Dritter zwischen Aussteller und Emittentin zu Gunsten der Emissionsbank erwirbt diese gegenüber dem Aussteller eines Comfort Letter in der Regel keinen unmittelbaren Leistungsanspruch und mithin im Falle eines fehlerhaften Comfort Letter auch keinen Schadensersatzanspruch gemäß § 280 Abs. 1 BGB. Durch den zwischen Aussteller und Emittentin geschlossenen Prüfungsvertrag wird auf diesem Wege grundsätzlich kein unmittelbarer Anspruch gegenüber der Emissionsbank begründet.

2. Ein Schadensersatzanspruch der Emissionsbank gegenüber dem Aussteller eines fehlerhaften Comfort Letter gemäß § 280 Abs. 1 BGB kann sich demgegenüber,

---

1208 Der Aussteller handelt leichtfertig, wenn er die objektiv erforderliche Sorgfalt in besonders schwerem Maße verletzt und sich von besonderem Leichtsinn oder besonderer Gleichgültigkeit leiten ließ. Nicht jeder Verstoß ist aber auch – subjektiv – als gewissenlos zu betrachten. Ein gewissenloses Handeln kann nur dann angenommen werden, wenn die besonderen Umstände im Einzelfall, wie etwa die erkennbar weitreichenden wirtschaftlichen Folgen der Auskunft, eine solche Bewertung tragen; vgl. BGHZ 10, 228, 233; BGH WM 1956, 1229; BGH WM 1962, 934; BGH WM 1966, 1149; BGH WM 1970, 878, 879; BGH NJW 1973, 321, 322; BGH WM 1975, 559; BGH NJW 1986, 180, 181; BGH NJW 1987, 1758; BGH NJW 1990, 389, 390; BGH NJW 1991, 3282, 3283; BGH NJW 1992, 2080, 2083.

1209 *Borgmann/Jungk/Grams*, § 32 Rn. 10 (Anwaltshaftung), unter Hinweis auf BGH NJW 1986, 180, 181; BGH NJW 1992, 2080, 2083.

1210 *Gräfe/Lenzen/Schmeer*, S. 284 (Steuerberater), unter Hinweis auf OLG Karlsruhe (7.5.1985) VersR 1986, 924; ähnlich *Ebke*, Dritthaftung, S. 56. Zahlreiche Beispiele zur abgelehnten Sittenwidrigkeit finden sich bei *Gräfe/Lenzen/Schmeer*, S. 284 ff. und MünchKomm HGB/*Ebke*, § 323 Rn. 89. So scheidet ein gewissenloses Verhalten des Ausstellers von vornherein aus, wenn dieser auf die Richtigkeit der ihm vorgelegten Zahlenwerke – auf die dann in dem Comfort Letter Stellung genommen wurde – berechtigterweise vertraut hat und insbesondere den von der Buchführung Verantwortlichen der Gesellschaft eine Fälschung des vorgelegten Zahlenwerkes nicht zutrauen musste, vgl. OLG Karlsruhe (22.6.1999) WPK-Mitt. 1999, 231, 234 [Bericht]; OLG Köln (14.12.1990) AG 1992, 89, 90; LG Hamburg (22.6.1998) WM 1999, 139, 142). Entsprechendes gilt, wenn der Aussteller die Einbuchung von Scheinforderungen nicht aufdecken konnte, vgl. OLG Düsseldorf (15.12.1998) GI 1999, 218, 223 = WPK-Mitt. 1999, 258, 261 m. Anm. *Ebke/Paal*.

1211 *Gräfe/Lenzen/Schmeer*, S. 283 m.w.N. (Steuerberater).

sofern die übrigen Anspruchsvoraussetzungen erfüllt sind, daraus ergeben, dass mit der Übermittlung des Comfort Letter an die Emissionsbank stillschweigend ein entsprechender Auskunftsvertrag zwischen Aussteller und Emissionsbank zustande kommt. Entscheidend für den Abschluss eines stillschweigenden Auskunftsvertrags aufgrund „unmittelbarer Kontaktaufnahme" sind die herausragende Sachkunde und Qualifikation des Ausstellers (Wirtschaftsprüfers) einerseits und die Abhängigkeit der Emissionsbank von dem Inhalt des Comfort Letter andererseits. Im Übrigen wird die Haftung des Ausstellers gegenüber der Emissionsbank beschränkt, sofern dieser der Emissionsbank den Comfort Letter unter Beifügung der „Allgemeinen Auftragsbedingungen für Wirtschaftsprüfer und Wirtschaftprüfungsgesellschaften (AAB) übermittelt bzw. hierauf in sonstiger Weise der Emissionsbank gegenüber Bezug genommen hat.

3. Ein Schadensersatzanspruch der Emissionsbank gegenüber dem Aussteller eines fehlerhaften Comfort Letter in dessen Eigenschaft als besonders sachkundiger Experte kann darüber hinaus gemäß der Rechtsfigur des Vertrags mit Schutzwirkung für Dritte in Betracht kommen. Die Schutzbedürftigkeit der Emissionsbank setzt allerdings voraus, dass dieser keine unmittelbaren Ansprüche mit demselben oder einem zumindest gleichwertigen Inhalt zustehen. Je nach der konkreten Sachlage kann sich ein vertraglicher Schadensersatzanspruch der Emissionsbank aufgrund eines mit dem Aussteller geschlossenen Auskunftsvertrags ergeben. Darüber hinaus können sich entsprechende Ansprüche der Emissionsbank nach Maßgabe des mit der Emittentin im Einzelfall geschlossenen Übernahmevertrags aufgrund eigenen schuldhaften Handelns der Emittentin als auch aufgrund schuldhaften Handelns des Ausstellers des fehlerhaften Comfort Letter ergeben, sofern sich die Emittentin des Ausstellers zur Erfüllung ihrer Verbindlichkeit gegenüber der Emissionsbank gemäß § 278 BGB bedient.

4. Soweit danach je nach der Ausgestaltung des Einzelfalls unmittelbare vertragliche Ansprüche der Emissionsbank gegenüber dem Aussteller und der Emittentin mangels dahin gehender vertraglicher Beziehungen ausscheiden, kann insoweit im Falle eines fehlerhaften Comfort Letter ein unmittelbarer Schadensersatzanspruch der Emissionsbank gegenüber dem Aussteller nach Maßgabe des Vertrags mit Schutzwirkung für Dritte gemäß § 280 Abs. 1 BGB begründet sein. Der Einwand des von der Emittentin zu vertretenden Mitverschuldens ist nicht zulässig, während sich der Aussteller auf eine zu seinen Gunsten bestehende Haftungsbeschränkung berufen kann.

5. Als weitere Grundlage einer Haftung des Ausstellers eines fehlerhaften Comfort Letter gegenüber der Emissionsbank ist der durch das Gesetz zur Modernisierung des Schuldrechts vom 26.11.2001 neu geschaffene Haftungstatbestand gemäß §§ 311 Abs. 3 Satz 2, 280 Abs. 1, 241 Abs. 2 BGB in Betracht zu ziehen. Der Aussteller, der regelmäßig Wirtschaftsprüfer ist, nimmt aufgrund seiner großen

Sachkunde und seiner herausragenden Expertenstellung besonderes Vertrauen für sich in Anspruch. Da der Aussteller in der Regel nicht in die Vertragsverhandlungen zwischen Emissionsbank und Emittentin eingebunden sein dürfte, kommt das notwendige Schutzpflichtenverhältnis zwischen Emissionsbank und Aussteller durch die bestimmungsgemäße Verwendung des Comfort Letter bei der Transaktion zustande. Eine Haftungsbeschränkung müsste der Aussteller dagegen unmittelbar mit der Emissionsbank vereinbaren, Einwendungen aus dem Prüfungsvertragsverhältnis zwischen Aussteller und Emittentin sind dagegen gegenüber der Emissionsbank nicht zulässig.

6. Ein Schadensersatzanspruch der Emissionsbank gegenüber dem Aussteller aufgrund eines stillschweigend vereinbarten Auskunftsvertrags wäre gegenüber einem Schadensersatzanspruch gemäß §§ 311 Abs. 3 Satz 2, 280 Abs. 1, 241 Abs. 2 BGB vorrangig, soweit der Aussteller die Hauptleistungspflichten des Auskunftsvertrags verletzt hätte.

7. Ein Schadensersatzanspruch der Emissionsbank aufgrund der Rechtsfigur des Vertrags mit Schutzwirkung für Dritte ist subsidiär gegenüber einem Anspruch aus §§ 311 Abs. 3 Satz 2, 280 Abs. 1, 241 Abs. 2 BGB, da es an einer entsprechenden Schutzbedürftigkeit der Emissionsbank fehlt.

8. Eine Haftung des Ausstellers eines fehlerhaften Comfort Letter gegenüber der Emissionsbank aus unerlaubter Handlung kommt nur bei einer vorsätzlichen Verwirklichung eines Schutzgesetzes im Sinne von § 823 Abs. 2 BGB oder einem leichtfertigen und gewissenlosen Handeln bzw. einem grob fahrlässigen Verstoß gegen die Berufspflichten nach § 826 BGB in Betracht. Dahin gehende Schadensersatzansprüche dürften allerdings nur in Ausnahmefällen in Frage stehen.

§ 9: Die Haftung des Ausstellers eines Comfort Letter gegenüber dem Anleger

Erleiden die Erwerber neu emittierter Aktien (Anleger) im Anschluss an den Aktienerwerb aufgrund eines unerwarteten erheblichen Kurseinbruchs einen Vermögensschaden, so stellt sich für sie die Frage nach den Verantwortlichen. Zu dem Kreis der Verantwortlichen gehört aus der Sicht der Anleger unzweifelhaft auch der Aussteller des Comfort Letter, der aufgrund desselben bei der Emittentin sowie der Emissionsbank in erheblichen Maße auf die Aktienemission Einfluss genommen haben könnte. Für den Aussteller des Comfort Letter kann sich in derartigen Fällen andererseits die Gefahr ergeben, dass er sich einer unüberschaubaren Zahl von Anspruchstellern ausgesetzt sieht und daher notwendigerweise entsprechende Abwehrmaßnahmen ergreifen muss. Es stellt sich somit die Frage, ob und gegebenenfalls welche Ansprüche den Erwerbern neu emittierter Aktien bei einem anschließenden – erheblichen – Kursverlust gegenüber dem Aussteller eines fehlerhaften Comfort Letter zustehen können.

A. Vertragliche Ansprüche

I. Schadensersatzanspruch aus einem Auskunftsvertrag (§ 280 Abs. 1 BGB)

Ein Schadensersatzanspruch des Anlegers gegenüber dem Aussteller eines fehlerhaften Comfort Letter könnte sich gemäß § 280 Abs. 1 BGB daraus ergeben, dass der Aussteller dem Anleger gegenüber seine Pflichten aus einem mit diesem stillschweigend geschlossenen Auskunftsvertrag verletzt hat. Maßgebend für das stillschweigende Zustandekommen eines Auskunftsvertrags sind die Umstände des Einzelfalls, aus denen sich ergeben muss, dass die Parteien die Auskunft zum Gegenstand vertraglicher Rechte und Pflichten machen wollten[1212]. Dabei sind für die Auslegung des konkreten Handelns der Parteien die Verkehrssitte, die Verkehrsauffassung sowie das Verkehrsbedürfnis heranzuziehen[1213]. Essentielle Voraussetzung für das Vorliegen eines Auskunftsvertrags ist die unmittelbare Kontaktaufnahme („unmittelbare Fühlungnahme") zwischen Auskunftgeber und Auskunftsempfänger[1214]. Diese stellt eine „Mindestbedingung" für

---

1212   Ausführlich oben S. 205.

1213   BGH WM 1985, 1531, 1532 = NJW 1986, 180, 181; bestätigt in BGH NJW 1992, 2080, 2082; BGH NJW 1992, 3167, 3168; BGH WM 1997, 613, 615.

1214   Vgl. BGH JZ 1998, 1013, 1015 m. Anm. *Ebke*, JZ 1998, 991; BGH WM 1995, 204 = NJW 1995, 392; BGH WM 1992, 1031 = NJW 1992, 2080; enger LG Mönchengladbach (31.5.1990) NJW-RR 1991, 415: „nur bei unmittelbarem Kontakt"; ebenso LG Hamburg (22.6.1998) WM 1999, 139 f.; siehe auch BGH NJW 1973, 321, 323.

die Entstehung eines Auskunftsvertrags dar[1215]. Eine unmittelbare Kontaktaufnahme findet aber zwischen Aussteller und Anleger nicht statt. Der Aussteller des Comfort Letter wird im Gegenteil alle Maßnahmen ergreifen, damit der Comfort Letter nicht in den Bereich des Anlegers gelangt oder dieser auf eine andere Art von dessen Inhalt oder allein von dessen Existenz Kenntnis erhält. Aber selbst wenn der Comfort Letter entgegen aller vom Aussteller ergriffenen Maßnahmen in den Bereich des Anlegers gerät, kann dies mangels übereinstimmender vertraglicher Erklärungen nicht zu einem stillschweigend vereinbarten Auskunftsvertrag führen. Demgemäß hat auch das OLG München für die Haftung eines Steuerberaters gegenüber Dritten für die von ihm angefertigten Jahresabschlüsse und Zwischenberichte entschieden, dass in deren bloßer Weiterleitung an einen vertragsfremden Dritten noch kein stillschweigendes Angebot auf Abschluss eines Auskunftsvertrags gesehen werden könne, da bereits kein ausreichender unmittelbarer Kontakt bestehe und das zwischen den Parteien des Steuerberatungsvertrags bestehende Leistungsprogramm nicht für das Verhältnis zu dem vertragsfremden Dritten gelte[1216]. Überträgt man diese Grundsätze auf den hier in Frage stehenden Fall, so kommt mangels eines unmittelbaren Kontakts zum Aussteller und mangels einer entsprechenden Parteiabrede kein stillschweigender Auskunftsvertrag zwischen dem Aussteller des Comfort Letter und dem Anleger zustande.

II. Schadensersatzanspruch aus einem Auskunftsvertrag „mit dem, den es angeht" (§ 280 Abs. 1 BGB)

In Frage könnten allerdings noch Schadensersatzansprüche des Anlegers gegen den Aussteller eines Comfort Letter gemäß § 280 Abs. 1 BGB aufgrund eines Auskunftsvertrags „mit dem, den es angeht" kommen[1217]. Nach Auffassung des Bundesgerichtshofs kann ein Vertrag auch dadurch zustande kommen, dass eine Bank einem Kunden eine Bescheinigung erteilt, die den Charakter einer Auskunft hat, so dass dieser aufgrund der Bescheinigung an eine Vielzahl von Interessenten herantreten kann, um diesen eine entsprechende Anfrage bei der Bank zu ersparen[1218]. Hierbei ist entscheidend, dass die

---

1215 LG Hamburg (22.6.1998) WM 1999, 139, 140 (Auskunftshaftung des Pflichtprüfers gegenüber Dritten); OLG München (13.4.1995) WM 1997, 613, 615 (Dritthaftung des Steuerberaters); LG Frankfurt am Main (8.4.1997) BB 1997, 1682, 1683 (Haftung des Pflichtprüfers gegenüber Dritten); LG Mönchengladbach (31.5.1990) NJW-RR 1991, 415 (Haftung des Pflichtprüfers gegenüber Dritten); OLG Dresden (19.11.1996) NJW-RR 1996, 1001, 1001 (Haftung des nicht öffentlich bestellten Sachverständigen gegenüber Dritten); a.A. Otto/Mittag, WM 1996, 325, 329: nur „erhebliches Indiz".

1216 OLG München (13.4.1995) WM 1997, 613, 615 = GI 1997, 191, rkr. nach Nichtannahme der Revision durch Beschluss des BGH vom 30.4.1996 – Az. VIII ZR 369/95; Quick, BB 1992, 1675, 1683 (Pflichtprüfungsfälle).

1217 Vgl. Soergel/Häuser/Welter, § 676 Rn. 34 m.w.N; zuletzt BGH NJW-RR 1998, 1343, 1344 (Bankauskunft).

1218 BGH WM 1979, 548, 550 = NJW 1979, 1595, 1597.

dem Kunden von der Bank ausgestellte Bescheinigung gerade auch für Dritte bestimmt ist[1219]. Der gravierende Unterschied zum Comfort Letter besteht darin, dass dessen Feststellungen gerade nicht für den Anleger bestimmt sind. Die Übernahme einer Haftung gegenüber beliebig vielen, im Einzelnen noch unbekannten Dritten ist darüber hinaus ungewöhnlich, so dass ein Angebot zum Abschluss eines Auskunftsvertrags „an den, den es angeht" daher regelmäßig verneint werden muss[1220]. Der Aussteller eines Comfort Letter gibt mit der Erteilung des Comfort Letter auf keinen Fall ein Angebot auf Abschluss eines Auskunftsvertrags mit unbestimmt vielen Personen („ad incertas personas") ab[1221]. Dem Aussteller des Comfort Letter fehlt es an einem entsprechenden Rechtsbindungswillen, der auch nicht mittels objektiver Kriterien, wie etwa der „Verkehrsbedürfnisse" oder durch konkludentes Verhalten des Ausstellers festzustellen ist. Eine gegenteilige Annahme wäre eine reine Fiktion, bei der der Parteiwille außer Acht gelassen würde und der Aussteller unüberschaubaren Haftungsrisiken ausgesetzt wäre[1222]. Eine Haftung nach Maßgabe eines Auskunftsvertrags „mit dem, den es angeht" kommt daher nicht in Betracht[1223].

III. Ansprüche aus einem Vertrag mit Schutzwirkung für Dritte (§ 280 Abs. 1 BGB)

Nachdem ein vertraglicher Schadensersatzanspruch des Erwerbers neu emittierter Aktien gegenüber dem Aussteller des Comfort Letter mangels eigener vertraglicher Beziehungen ausscheidet, könnte ein entsprechender Schadensersatzanspruch des Anlegers gegenüber dem Aussteller aufgrund eines Vertrags mit Schutzwirkung für Dritte in Betracht kommen[1224].

1. Anknüpfungspunkt des vertraglichen Drittschutzes

Als ein Vertragsverhältnis, dessen Schutzwirkung möglicherweise auch den Anleger einbezieht, kommt zum einen der Prüfungsvertrag zwischen dem Aussteller und der Emittentin und zum anderen ein Auskunftsvertrag in Betracht, der unter Umständen stillschweigend zwischen dem Aussteller und der Emissionsbank geschlossen wird.

1219 BGH NJW-RR 1998, 1343, 1344.
1220 BGH WM 1997, 613, 615; BGH NJW 1991, 352; BGH WM 1979, 548 = NJW 1979, 1595; BGH WM 1976, 498.
1221 Vgl. Soergel/*Häuser/Welter*, § 676 Rn. 34.
1222 Soergel/*Häuser/Welter*, § 676 Rn. 33.
1223 Siehe auch *Ebke*, Dritthaftung, S. 68 f.; Soergel/*Häuser/Welter*, § 676 Rn. 34 m.w.N.; BGH WM 1997, 613, 615; BGH NJW 1991, 352; BGH NJW 1979, 1595, 1597; BGH NJW 1973, 321; 323; BGHZ 12, 105, 109; BGH NJW 1970, 1737; BGH WM 1966, 1148, 1149.
1224 Siehe dazu oben S. 214.

a) *Prüfungsvertrag*

Aussteller und Emittentin schließen im Rahmen des Emissionsvorgangs einen Prüfungsvertrag, nach dem der Aussteller verpflichtet ist, die vertraglich abgestimmten Untersuchungshandlungen (agreed upon procedures) durchzuführen und hierüber in dem Comfort Letter zu berichten[1225]. Ob dieser vertraglichen Verpflichtung allerdings eine Drittschutzwirkung zugunsten der Anleger zukommt, so dass dem Anleger im Falle eines fehlerhaften Comfort Letter aufgrund des ihm durch den erheblichen Kursverlust entstandenen Schadens ein unmittelbarer Schadensersatzanspruch gegen den Aussteller erwächst, erscheint problematisch, da Aussteller und Emittentin in dem Prüfungsvertrag gerade eine Weitergabe des Comfort Letter an Dritte (Anleger) in der Verwendungsklausel (disclaimer) ausschließen[1226].

b) *Stillschweigend vereinbarter Auskunftsvertrag*

Als ein Vertragsverhältnis mit Drittschutzwirkung zugunsten des Anlegers könnte darüber hinaus ein Auskunftsvertrag in Betracht gezogen werden, der je nach den Umständen des Einzelfalls stillschweigend zwischen dem Aussteller und der Emissionsbank zustande kommt; dies insbesondere vor dem Hintergrund des zweiten Urteils des Bundesgerichtshofs in dem sogenannten „Konsul-Fall", in dem ein vertragsfremder Dritter erstmals in den Schutzbereich eines stillschweigend vereinbarten Auskunftsvertrags einbezogen wurde[1227] und in dem der Bundesgerichtshof die Haftung gegenüber

---

1225 Siehe ausführlich zum Prüfungsvertrag oben S. 38.
1226 IDW PS 910, WPg 2004, 342, 354 f. (Tz. 107).
1227 BGH WM 1985, 450 = NJW-RR 1986, 484 = JZ 1985, 951= LM BGB § 328 Nr. 78 (Dänischer Konsul II): (nach *Lang*, WM 1988, 1001, 1004 f.) Ein öffentlich bestellter und vereidigter Sachverständiger hatte im Auftrag der Grundeigentümerin, die die Errichtung eines Feriendorfes in ländlicher Umgebung plante, ein Gutachten über den Verkehrswert des Grundstücks erstattet und dabei Baulandpreise zugrunde gelegt, obgleich das Projekt noch nicht genehmigt war und kein Bebauungsplan vorlag. Als ihn der Dänische Konsul telefonisch fragte, ob er tatsächlich öffentlich bestellter und vereidigter Sachverständiger sei und ob das Gutachten auch heute noch zutreffe, bejahte er dies und bestätigte dem Konsul auf ausdrücklichen Wunsch schriftlich, dass das Objekt auch heute noch unverändert den gleichen Wert habe. Aufgrund dieser Auskunft gewährte eine dänische Bank ein durch Grundschulden gesichertes Darlehen. Zugleich übernahm der Dänische Exportkreditrat eine Bürgschaft. Die später aus den Grundschulden betriebene Zwangsversteigerung erbrachte nur einen minimalen Erlös. Im ersten Revisionsurteil (BGH NJW 1982, 2431 = WM 1982, 762 = LM § 328 Nr. 71) gab der BGH dem Berufungsgericht insbesondere zu prüfen auf, ob die klagende Bank nicht in den Schutzbereich eines mit dem Konsul geschlossenen Auskunftsvertrags einbezogen sei. Dies sei naheliegend, weil dieser mitgeteilt hatte, dass die Auskunft für die Kreditvergabe benötigt werde, und durch die Bitte um schriftliche Bestätigung unterstrichen hatte, dass die sachverständige Äußerung als Grundlage für die schwerwiegende Entscheidung dienen solle. In der zweiten Revisionsentscheidung ging der IVa-Senat davon aus, dass ein stillschweigender Auskunftsvertrag zwischen dem dänischen Staat, vertreten durch seinen Konsul, und dem Sachverständigen zustande gekommen war. Hierfür wurden die besondere Sachkunde sowie die ersichtlich besondere Bedeutung der Auskunft angeführt, während die fehlende Vergütung wiederum als unerheblich erachtet wurde. Für eine Einbeziehung der klagenden

Dritten bekräftigt hat[1228]. Es muss daher davon ausgegangen werden, dass im Falle eines zwischen Aussteller und Emissionsbank stillschweigend geschlossen Auskunftsvertrags dieser unter Beachtung der weiteren vom Bundesgerichtshof geforderten Voraussetzungen Schutzwirkung zugunsten der betroffenen Anleger entfaltet[1229].

2. Leistungsnähe des Anlegers

Voraussetzung für einen Vertrag mit Schutzwirkung für Dritte ist zunächst, dass der Anleger sich in der Leistungsnähe der vom Aussteller geschuldeten Vertragsleistung befindet, also den Gefahren einer Schlechtleistung des Ausstellers ebenso stark ausgesetzt ist wie der Gläubiger des Anspruchs selbst[1230] und bestimmungsgemäß mit der Hauptleistung oder einer Schutzpflicht des Ausstellers in Berührung kommt[1231]. Im Rahmen des Prüfungsvertrags wäre eine solche Leistungsnähe des Anlegers zum Comfort Letter als der vom Aussteller zu erbringenden vertraglichen Hauptleistung dann gegeben, wenn der Aussteller nicht nur zufällig in den „Gefahrenbereich" der vertraglichen Hauptleistungs- und Schutzpflichten gelangt[1232]. Eine lediglich reflexartige Berührung des Anlegers mit den vom Aussteller geschuldeten Hauptleistungs- und Schutzpflichten reicht nicht aus[1233]. Es muss daher bereits bezweifelt werden, ob die Gefahren einer Schlechtleistung des Ausstellers aus dem Prüfungsvertrag den Anleger überhaupt „bestimmungsgemäß" treffen. Die Parteien des Prüfungsvertrags legen bei Vertragsabschluss ausdrücklich fest – und der Aussteller bestätigt dies nochmals im Comfort Letter –, dass eine Weitergabe der Informationen an Dritte (Anleger) unzulässig ist[1234]. Eine stillschweigende Erweiterung der Vertragspflichten zugunsten des Anlegers ist gegen den erklärten Willen der Vertragsparteien nicht ohne weiteres möglich[1235].

Bank in den Schutzbereich dieses Vertrags hielt der BGH die alte Wohl-und-Wehe-Formel nicht mehr für maßgeblich, ebenso sei die Gegenläufigkeit der Interessen zwischen der klagenden Bank und dem ursprünglichen Auftraggeber des Sachverständigen unerheblich. Die Vertragsparteien könnten den Vertrag auf jeden beliebigen Dritten erstrecken. Kritisch dazu *Honsell*, JZ 1985, 952. In einer weiteren Entscheidung hatte der BGH kurz zuvor (NJW 1984, 355 m. krit. Anm. *Littbarski*, NJW 1984, 1667) den Weg zur Einbeziehung eines Dritten in die Rechtsfigur des Vertrags mit Schutzwirkung für Dritte im Falle eines primären Vermögensschadens geebnet.

1228 BGH NJW 1991, 352, dort einen Anspruch verneinend.
1229 Die Grundsätze, nach denen die höchstrichterliche Rechtsprechung einen stillschweigend vereinbarten Auskunftsvertrag feststellt, sind bereits ausführlich dargelegt worden. Siehe dazu oben S. 205. In der Literatur wurde der vom BGH eingeschlagene Weg zur Erweiterung des vertraglichen Drittschutzes mittels eines stillschweigend zustande gekommenen Auskunftsvertrags kritisiert, siehe *Honsell*, JZ 1985, 952, 953.
1230 Vgl. BGHZ 49, 350, 354 = NJW 1968, 885, 887; BGHZ 70, 327, 329; BGHZ 129, 136, 168 = NJW 1995, 1739, 1747; BGHZ 133, 168, 170 ff. = NJW 1996, 2927, 2928; Palandt/*Grüneberg*, § 328 Rn. 16.
1231 Palandt/*Grüneberg*, § 328 Rn. 16.
1232 MünchKomm BGB/*Gottwald*, § 328 Rn. 111.
1233 MünchKomm BGB/*Gottwald*, § 328 Rn. 111.
1234 Siehe zur Verwendungsklausel (disclaimer) IDW PS 910, WPg 2004, 342, 354 f. (Tz. 107).
1235 BGH NJW 2001, 3115, 3117, eine ergänzende Vertragsauslegung verneinend.

237

Eine dahin gehende Erweiterung der Vertragspflichten ist jedoch nach der Rechtsprechung des Bundesgerichtshofs dann in Betracht zu ziehen, wenn gewichtige objektive Kriterien ergeben würden, dass die Angaben im Comfort Letter nach ihrem Sinn und Zweck auch den Schutz der Rechtsgüter des Anlegers umfassen[1236]. Solche gewichtigen Kriterien sind jedoch nicht ersichtlich. Die Feststellungen in dem Comfort Letter werden im Gegenteil allein für die Zwecke der Emissionsbank getroffen (u.a. nach den Vorgaben des Übernahmevertrags mit dem Fernziel einer Due-Diligence-Einwendung – § 45 Abs. 1 BörsG). Der Comfort Letter ist auch nicht dazu bestimmt und geeignet, dem durchschnittlichen Privatanleger die für seine Anlageentscheidung notwendige Aufklärung zu vermitteln, zumal er über die Risiken einer Anlageentscheidung nichts aussagt und auch ansonsten zum Gebrauch durch die Anleger ungeeignet ist.

Hinzu kommt, dass im Falle der Erstellung von Gutachten durch Vertreter bestimmter Berufsgruppen (Wirtschaftsprüfer, Steuerberater, Sachverständige u.a.) das in den Gutachter gesetzte Vertrauen insbesondere daraus resultiert, dass seine Leistung von vornherein für Dritte bestimmt ist[1237]. Demgegenüber ist nicht ersichtlich, aus welchen Umständen der Anleger ein schützenswertes „Vertrauen" in die Feststellungen des Comfort Letter ableiten wollte, wenn aus diesem ausdrücklich hervorgeht, dass er ausschließlich zum Gebrauch durch die Emissionsbank und insbesondere für deren Zwecke der internen Dokumentation bestimmt und eine Verwendung gegenüber Dritten (Anleger) nicht zulässig ist[1238]. Es fehlt in diesem Falle sowohl an einem schützenswerten „Vertrauen" des Anlegers in den Comfort Letter als auch an einer „bestimmungsgemäßen Verwendungsmöglichkeit" dem Anleger gegenüber. Die erforderliche Leistungsnähe des Anlegers zu dem Prüfungsvertrag ist mithin zu verneinen.

Was die Leistungsnähe des Anlegers zu dem stillschweigend geschlossenen Auskunftsvertrag zwischen Aussteller und Emissionsbank mit Drittschutzwirkung anbelangt, so kann der Auslegung der Erklärungen der Vertragsparteien lediglich entnommen werden, dass der Inhalt des Auskunftsvertrags gerade nicht dem Schutz der Rechtsgüter des Anlegers dient, sondern allein dem Schutz der Rechtsgüter der Emissionsbank mit dem Fernziel einer Due-Diligence-Einwendung (§ 45 Abs. 1 BörsG). Es soll lediglich die interne Dokumentation der Emissionsbank begünstigt und nicht der Anleger zu einer Vermögensdisposition veranlasst werden. Anhaltspunkte für gewichtige objektive Kriterien, die im Übrigen auf die Einbeziehung des Anlegers in den Schutzbereich des stillschweigend geschlossenen Auskunftsvertrags hinweisen könnten, sind nicht ersichtlich. Die erforderliche Leistungsnähe des Anlegers zu dem Auskunftsvertrag ist auch insoweit grundsätzlich nicht gegeben.

1236 BGH NJW 1984, 355, 356; BGH NJW-RR 1986, 1307 = WM 1986, 711; BGHZ 56, 269, 273 = NJW 1971, 1931 (ergänzende Vertragsauslegung).
1237 Zuletzt BGH NJW 2002, 3625, 3626.
1238 Siehe IDW PS 910, WPg 2004, 342, 354 (Tz. 106 f.).

Bei einem Vertrag mit Schutzwirkung für Dritte muss der Gläubiger darüber hinaus ein berechtigtes Interesse am Schutz eines bestimmten Dritten haben[1239]. Eine „Gegenläufigkeit der Interessen"[1240] schadet nach neuerer Rechtsprechung nicht mehr[1241]. Nach Auffassung des Bundesgerichtshofs kommt es maßgeblich darauf an, ob zwischen der Auftraggeberin des Gutachtens (Emittentin) und dem Dritten (Anleger) eine Pflicht zur Wahrnehmung oder zum Schutz der Interessen des Dritten besteht[1242]. Im Bereich des Comfort Letter ist demgegenüber eine besondere Vermögenssorgepflicht der Emittentin gegenüber dem Anleger nicht zu erkennen. Zudem sprechen die wirtschaftlichen Interessen der Emittentin gegen eine Einbeziehung des Anlegers in den Prüfungsvertrag, zumal dieser aus der Sicht der Emittentin aufgrund börsengesetzlicher Prospekthaftungsansprüche bereits ausreichend geschützt wird. Ein besonderes Gläubigerinteresse scheidet folglich aus.

Im Rahmen des Auskunftsvertrags müsste ein Gläubigerinteresse der Emissionsbank an einer Einbeziehung des Anlegers bestehen. Eine Rechtsbeziehung zwischen der Emissionsbank und dem Anleger entsteht grundsätzlich erst mit der Veröffentlichung des Emissionsprospekts, an dessen Ausarbeitung die Banken mitwirken. Stellen sich die Prospektangaben als unrichtig oder unvollständig heraus, kann sich in diesem Rechtsverhältnis allenfalls eine Prospekthaftung, also ein gesetzliches Schuldverhältnis, ergeben. Ein darüber hinaus bestehendes „besonderes Interesse" der Emissionsbank an einer Einbeziehung des Anlegers ist nicht gegeben und wäre eine reine Fiktion. Diese Auslegung entspricht gleichzeitig den wirtschaftlichen Interessen der Emissionsbank.

Gegen die Einbeziehung des Anlegers in den Schutzbereich des Prüfungs- sowie des Auskunftsvertrags spricht darüber hinaus, dass der Bundesgerichtshof bestrebt ist, den Kreis der geschützten Personen zu begrenzen und eng zu halten[1243]. Dies führte zu der Einschränkung, dass das Interesse des Gläubigers am Schutz eines bestimmten Dritten bestehen muss[1244]. Würde man aber die Schutzbereiche von Prüfungs- oder Auskunftsvertrag auf den Anleger- und Investorenkreis ausweiten, würde ein unbestimmter und unüberschaubarer Kreis von Personen mit in den Vertrag einbezogen, was

---

1239 BGH JZ 1998, 1013, 1014 = BGHZ 138, 257 m. Anm. *Ebke*, JZ 1998, 993, 995; MünchKomm BGB/*Gottwald*, § 328 Rn. 112; *Lutter/Drygala*, FS Raisch, S. 239, 247.
1240 Siehe zur „Gegenläufigkeit der Interessen" oben S. 216 sowie die Nachw. in Fn. 1145, S. 216.
1241 BGH NJW 1998, 1059, 1060 = ZIP 1998, 556, 557 = WM 1998, 440 = JZ 1998, 624, 625 m. Bespr. *Canaris*, JZ 1998, 603; BGHZ 127, 378, 380 = NJW 1995, 392, 393 = JZ 1995, 306 m. Anm. *Medicus* u. Bespr. *Canaris*, JZ 1995, 441; OLG Frankfurt am Main (7.7.1988) NJW-RR 1989, 337, 338; BGH NJW-RR 1989, 696; BGH NJW 1987, 1758, 1759; BGH NJW-RR 1986, 484, 486.
1242 BGH NJW 2001, 3115, 3116; BGHZ 138, 257, 261 = NJW 1998, 1948; BGHZ 127, 378, 385; BGH NJW 1996, 2927, 2928; BGH NJW 1985, 489; BGH NJW 1984, 355, 356; BGH NJW 1983, 1053, 1054.
1243 *Zugehör*, NJW 2000, 1601, 1603 m.w.N.
1244 BGH JZ 1998, 1013, 1014 = BGHZ 138, 257 m. Anm. *Ebke*, JZ 1998, 993, 995; *ders.*, BFuP 2000, 549, 560 [Fn. 139], unter Hinweis auf BGH JZ 1998, 624, 627.

insoweit zu einer beträchtlichen Ausdehnung des Haftungsrisikos des Ausstellers führen könnte. Ein Sonderfall ist gegeben, wenn der Anleger personengleich wäre mit einem Organ des emittierenden Unternehmens (z.B. Vorstandsmitglied) und auf diese Weise Kenntnis von dem Inhalt des Comfort Letter erhalten würde. Ungeachtet dessen besteht aber auch insoweit kein Gläubigerinteresse an einer Einbeziehung des Anlegers[1245].

4. Erkennbarkeit für den Aussteller

Die beiden vorgenannten Erfordernisse – Leistungsnähe des Anlegers und Gläubigerinteresse des (Anschluss-) Gläubigers – müssten dem Schuldner (Aussteller) beim Vertrag mit Schutzwirkung für Dritte bei Vertragsabschluss „erkennbar" gewesen sein[1246]. Ein dahin zu verstehender Wille der Parteien ist dann anzunehmen, wenn insbesondere dem Aussteller bei Vertragsabschluss bekannt oder zumindest erkennbar war, dass die Feststellungen, die Gegenstand des Prüfungs- oder Auskunftsvertrags sind, auch Schutzwirkung zugunsten bestimmter Anleger haben sollen[1247]. Dies ist im konkreten Fall abzulehnen, da der Aussteller bei Vertragsabschluss davon ausgeht, dass nur die Emissionsbank Kenntnis von dem Inhalt des Comfort Letter erhält. Dies zeigt sich auch an der Vereinbarung über die äußerst eingeschränkte Verwendung des Comfort Letter[1248]. Eine bestimmungsgemäße Berührung des Anlegers mit der Vertragsleistung, wie sie der Bundesgerichtshof in den „Wertgutachtenfällen" festgestellt hat, in denen die Gutachten jeweils den Vertragspartnern des Auftraggebers vorgelegt wurden[1249], kann vorliegend in den Comfort Letter-Fällen nicht angenommen werden. Sie sollen „typischerweise bestimmungsgemäß" Dritten gerade nicht vorgelegt werden. Im Falle eines Prüfungs- und Auskunftsvertrags ist die Einbeziehung des Anlegers für den Aussteller bei Vertragsabschluss nicht erkennbar, da der Kreis der potentiellen Anspruchsberechtigten im Voraus nicht bestimmbar ist und auch nicht zuverlässig eingegrenzt werden kann[1250].

1245 Siehe zu dieser Konstellation die Entscheidung aus den USA *Rotterdam Ventures, Inc. v. Ernst & Young LLP*, 300 A.D.2d 963, 965-66 (N.Y.App. 2002); ausführliche Besprechung oben auf S. 128. In einem solchen Fall muss das Gläubigerinteresse der Emittentin verneint werden, wenn eine gegenläufige Interessenlage zwischen den personenidentischen Handelnden besteht, da der Aussteller sonst Gefahr läuft, das Missbrauchsrisiko des Comfort Letter allein tragen zu müssen. Schließlich besteht für den Vorstand der Emittentin ein Interesse an einer möglichst wohlwollenden Berichterstattung im Comfort Letter. Dagegen hat der Anleger eine möglichst kritische Analyse im Blick. In diesem Fall kann nach der Rechtsprechung des BGH zu den Sachverständigengutachten kein Schutz des „vertrauenswürdigen" Anlegers bestehen, da es hier an dem erforderlichen Vertrauenstatbestand fehlt.

1246 *Gernhuber*, § 21 II 2 d; *Medicus* BR, Rn. 846; MünchKomm HGB/*Ebke*, § 323 Rn. 110.

1247 BGHZ 49, 350, 354 = NJW 1968, 885; BGH NJW 1985, 489; BGH NJW 1985, 2411 = WM 1984, 1233; *Ebke*, Verantwortlichkeit, S. 42, unter Hinweis auf BGH NJW 1987, 1758, 1759.

1248 Siehe zur Verwendungsklausel (disclaimer) IDW PS 910, WPg 2004, 342, 354 f. (Tz. 107).

1249 BGHZ 127, 378, 381 = NJW 1995, 392; BGH JZ 1998, 626, 626 f.

1250 *Ebke/Siegel*, Sonderbeilage Nr. 2, WM 2001, S. 20. Siehe zum Problem der Abgrenzung des geschützten Personenkreises statt vieler *Canaris*, ZHR 163 (1999), 206, 234 ff. m.w.N.

Die Einbeziehung des Anlegers in den Schutzbereich des Vertrags muss daher abgelehnt werden.

5. Schutzbedürftigkeit des Anlegers

Schließlich könnte der Anleger den Aussteller nur dann aufgrund eines Prüfungs- oder Auskunftsvertrags mit Schutzwirkung für Dritte in Anspruch nehmen, wenn er „schutzbedürftig" wäre, d.h. wenn ihm keine eigenen vertraglichen Ansprüche mit demselben oder zumindest einem gleichwertigen Inhalt gegen den Aussteller zustünden[1251]. Die Schutzbedürftigkeit des Anlegers könnte im konkreten Fall gegeben sein, da keine eigenen vertraglichen Ansprüche gegen den Aussteller, die Emittentin oder die Emissionsbank in Betracht kommen. Allerdings stellt sich noch die Frage, ob etwaige vertragliche Ansprüche des Anlegers gegen den Aussteller gemäß der Rechtsfigur des Vertrags mit Schutzwirkung für Dritte unter dem Gesichtspunkt fehlender Schutzbedürftigkeit des Anlegers aufgrund etwaiger börsengesetzlicher Prospekthaftungsansprüche des Anlegers gegenüber der Emissionsbank ausgeschlossen werden. Nach Auffassung des Bundesgerichtshofs haben eigene deliktsrechtliche Ansprüche der Anleger ebenfalls Vorrang vor Ansprüchen aus einem Vertrag mit Schutzwirkung für Dritte[1252]. Sieht man demgemäß etwaige börsengesetzliche Prospekthaftungsansprüche gegen die Emissionsbank als gleichwertige (deliktsrechtliche) Ansprüche an[1253], so entfällt auch insoweit die Schutzbedürftigkeit des Anlegers.

6. Zusammenfassung

Dem Anleger steht gegenüber dem Aussteller eines fehlerhaften Comfort Letter kein vertraglicher Schadensersatzanspruch gemäß § 280 Abs. 1 BGB aufgrund eines Vertrags mit Schutzwirkung für Dritte zu, da es an sämtlichen Anspruchsvoraussetzungen – Leistungsnähe des Anlegers, Gläubigerinteresse des (Anschluss-) Gläubigers, Erkennbarkeit für den Aussteller sowie in einigen Fällen auch an einer Schutzbedürftigkeit des Anlegers – mangelt.

1251 BGHZ 70, 327, 329 f. = NJW 1978, 883 = JZ 1978, 238 = WM 1978, 429; BGH NJW 1987, 2510, 2511 = JZ 1987, 1087 = WM 1987, 1135; BGH NJW 1993, 655, 656; BGHZ 129, 136, 169; BGH NJW 1996, 2927, 2929, gegenläufig noch RGZ 127, 218, 221.
1252 BGH JZ 1998, 1013, 1015 = BGHZ 138, 257 m. Anm. *Ebke*, JZ 1998, 1013.
1253 Nach h.M. sind börsengesetzliche Prospekthaftungsansprüche deliktsrechtlicher Natur, siehe *Assmann/Schütze*, § 7 Rn. 23; *Groß*, §§ 45, 46 Rn. 4.

Auf die Frage eines Haftungseinstands-, Haftungsübernahme- und Garantievertrags wurde bereits an anderer Stelle eingegangen[1254]. Auch insoweit fehlen von vornherein jegliche Anhaltspunkte für eine Haftung des Ausstellers.

V. Anspruch aufgrund einer Vertrauenshaftung/Culpa in Contrahendo (§§ 311 Abs. 3 Satz 1, 280 Abs. 1, 241 Abs. 2 BGB)

Dem Erwerber neu emittierter Aktien könnten aufgrund eines erheblichen Kursverfalls der erworbenen Aktien unter dem Gesichtspunkt der Vertrauenshaftung darüber hinaus Schadensersatzansprüche gemäß §§ 311 Abs. 3 Satz 2, 280 Abs. 1, 241 Abs. 2 BGB gegenüber dem Aussteller eines fehlerhaften Comfort Letter zustehen. Nach § 311 Abs. 3 Satz 1 BGB kann ein Schuldverhältnis mit Pflichten nach § 241 Abs. 2 BGB auch zu Personen entstehen, die nicht selbst Vertragspartei werden sollen. Dies ist nach § 311 Abs. 3 Satz 2 BGB insbesondere dann der Fall, wenn der Dritte in besonderem Maße Vertrauen für sich in Anspruch nimmt und dadurch die Vertragsverhandlungen erheblich beeinflusst. Die Entwicklung der Vetrauenshaftung als Anspruchsgrundlage für die Dritthaftungsfälle wird ausführlich im rechtsvergleichenden Teil dargestellt[1255].

Fraglich ist, ob in der konkreten Fallgestaltung ein Vertrauenstatbestand zwischen Aussteller und Anleger entstehen kann (§ 311 Abs. 3 Satz 2 BGB). Für die Bestimmung des Vertrauenstatbestands ist es notwendig, dass der Aussteller bei objektiver Beurteilung gezielt die fremde Willensbildung beeinflusst hat. Das wird in erster Linie nur gegenüber den unmittelbaren Adressaten der Auskunft sowie den primären Weitergabeempfängern bejaht, worunter man die mittelbaren Auskunftsempfänger versteht, deren Entscheidungsfindung durch die Auskunft gerade beeinflusst werden soll[1256]. In der Praxis wird der Comfort Letter nach dem IDW Prüfungsstandard PS 910 allein an die Emissionsbank und die Emittentin adressiert, ist somit gerade nicht für den Anleger bestimmt und soll auch keinesfalls an diesen weitergegeben werden. Der Anleger ist daher *kein* „primärer Weitergabeempfänger" des Comfort Letter. Nach dem Gesetzeswortlaut des § 311 Abs. 3 Satz 2 BGB müsste der Aussteller das Vertrauen des Anlegers „in besonderem Maße" in Anspruch genommen habe. *Canaris* sieht in dieser *besonderen Intensität der Inanspruchnahme* von Vertrauen, dass in der Aufforderung des

---

1254 Vgl. oben S. 212.
1255 Unten auf S. 305. Die Anspruchsvoraussetzungen der Vertrauenshaftung für Anlegeransprüche gegen den Aussteller sind ausführlich unten auf S. 307 erörtert.
1256 *Koch*, AcP 204 (2004), 59, 76; vgl. *Canaris*, 2. FS Larenz, S. 27, 95; *Lorenz*, 1. FS Larenz, S. 575, 618 f.; *Schneider*, ZHR 163 (1999), 246, 259 f.

Ausstellers, ihm Vertrauen zu schenken, zugleich auch die Versicherung liegen müsse, der Anleger könne seine ihm ansonsten obliegende Pflicht zum Selbstschutz vernachlässigen[1257]. Die Tatbestandsvoraussetzung wird bei der Ausstellung von Comfort Letters dem Anleger gegenüber gerade nicht ausgedrückt. Weiterhin lassen die Vorbehalte des Comfort Letter, die u.a. in der Verwendungsklausel (disclaimer) enthalten sind, ein schutzwürdiges Vertrauen des Anlegers in die Angaben des Ausstellers nicht entstehen, so dass dieser sich bei seiner Entscheidung über den Erwerb der Aktien nicht hierauf stützen kann[1258]. Ein Schadensersatzanspruch des Anlegers gemäß §§ 311 Abs. 3 Satz 2, 280 Abs. 1, 241 Abs. 2 BGB kann daher nicht in Frage kommen.

B. Haftung aus außervertraglichen Haftungstatbeständen

I. Börsengesetzliche Prospekthaftung (§§ 44, 45 BörsG)

Der Aussteller, in der Regel ein Wirtschaftsprüfer[1259], könnte dem Erwerber neu emittierter Wertpapiere eventuell noch nach den Vorschriften der börsengesetzlichen Prospekthaftung zum Schadensersatz verpflichtet sein. Eine Prospekthaftung besteht nach dem Börsengesetz, wenn Aktien aufgrund eines Börsenzulassungsprospekts zum amtlichen Markt zugelassen werden[1260]. Im Rahmen der Zulassung von Aktien zum geregelten Markt besteht eine entsprechende Haftung für den Unternehmensbericht[1261]. Nach § 44 Abs. 1 Satz 1 BörsG haften diejenigen, die für einen Börsenzulassungsprospekt die Verantwortung übernommen haben (Nr. 1) oder von denen der Erlass des Prospekts ausgeht (Nr. 2) dem Erwerber eines aufgrund des Prospekts zugelassenen Wertpapiers gesamtschuldnerisch auf Schadensersatz wegen unrichtiger oder unvollständiger, für die Beurteilung der Wertpapiere wesentlicher Angaben im Verkaufsprospekt, wenn sie die Unrichtigkeit kannten oder ohne grobes Verschulden hätten kennen müssen, sofern das Erwerbsgeschäft gegen ein Entgelt abgewickelt und nach dem Zeitpunkt der Veröffentlichung des Prospekts und innerhalb von sechs Monaten nach der erstmaligen Einführung der Wertpapiere abgeschlossen wurde[1262].

1257 *Koch*, AcP 204 (2004), 59, 76; vgl. *Canaris*, ZHR 163 (1999), 206, 233 f.
1258 Siehe zur Verwendungsklausel (disclaimer) IDW PS 910, WPg 2004, 342, 354 f. (Tz. 107).
1259 *Ostrowski/Sommerhäuser*, WPg 2000, 961, 968.
1260 Nach § 30 Abs. 1 BörsG sind alle Aktienemissionen prospektpflichtig, sofern die emittierten Papiere mit amtlicher Notierung an der Börse gehandelt werden sollen. Die Prospekthaftungspflicht folgt dann aus §§ 44, 45 BörsG.
1261 Die Pflicht zur Veröffentlichung des Unternehmensberichts folgt aus § 51 Abs. 1 Nr. 2 BörsG. § 55 BörsG verweist zur Frage der Haftung auf eine entsprechende Anwendung der §§ 44 bis 48 BörsG.
1262 *Kümpel*, Rn. 9.293; *Kort*, AG 1999, 9 ff.; *Ellenberger*, FS Schimansky, S. 591 f.

1. Prospektbegriff

Das Börsengesetz nennt als Anknüpfungspunkt einer Haftung den „Prospekt", ohne allerdings diesen Begriff zu definieren. Aus dem Wortlaut von § 44 Abs. 1 Satz 1 BörsG ergibt sich jedoch, dass Prospekte diejenigen (schriftlichen) Darstellungen sind, aufgrund derer die Wertpapiere zum Börsenhandel zugelassen sind[1263]. Hierunter ist nur der Börsenzulassungsprospekt zu verstehen[1264]. In der Praxis ist die Prospektqualität verneint worden für das Bezugsangebot[1265], für Werbemaßnahmen in Tageszeitungen[1266], für Research-Reporte und für Ad-hoc-Mitteilungen nach § 15 WpHG[1267]. Der Comfort Letter ist ebenfalls nicht unter den börsengesetzlichen Prospektbegriff zu subsumieren. Er wird nicht erstellt, um eine Zulassung für die Wertpapiere zu erhalten, sondern um im Anschluss an die Aktienemission etwaige Prospekthaftungsansprüche der Anleger abzuwehren. Überdies fehlen im Comfort Letter die nach §§ 30 Abs. 3 Nr. 2, 32 Abs. 1 Nr. 2 BörsG in Verbindung mit §§ 13 ff. BörsZulVO erforderlichen Pflichtangaben.

2. Prospektverantwortlichkeit des Ausstellers/Jahresabschlussprüfers

Als mögliche Anknüpfungspunkte einer börsengesetzlichen Prospekthaftung sind die in dem Börsenzulassungsprospekt genannten und testierten Jahresabschlüsse mit den dazugehörigen Bestätigungsvermerken des Abschlussprüfers (§§ 13 Abs. 2 Nr. 4 i.V.m. 30 Abs. 1 Sätze 1 und 2 BörsZulVO) sowie die erteilten Comfort Letters des Ausstellers zu prüfen. In der Regel sind Jahresabschlussprüfer und Aussteller personenidentisch.

a) § 44 Abs.1 Satz 1 Nr. 1 BörsG

Hiernach haften diejenigen, die „für den Prospekt die Verantwortung übernommen haben". Das sind zum einen die Unterzeichner des Börsenzulassungsprospekts und zum anderen die Personen, die nach § 14 BörsZulVO im Prospekt als für dessen Inhalt

---

1263 Ausführlich zum Prospektinhalt *Ellenberger*, FS Schimansky, S. 591, 594; *Assmann/Schütze*, § 7 Rn. 48.
1264 Vgl. *Groß*, §§ 45, 46 Rn. 10; Schimansky/Bunte/Lowowski/*Siol*, § 112 Rn. 50. Dem Prospekt sind Darstellungen gleichgestellt, aufgrund deren Veröffentlichung die Emittentin von der Pflicht zur Veröffentlichung eines Prospekts befreit wurde (§ 44 Abs. 4 BörsG).
1265 BGH WM 1992, 867, 868 = NJW 1982, 2827, 2828.
1266 OLG Frankfurt (14.5.1997) ZIP 1997, 1105 f. = NJW-RR 1998, 122.
1267 Einzelheiten bei *Assmann/Schütze*, § 7 Rn. 49-52.

verantwortlich bezeichnet werden[1268]. Es ist für jeden konkreten Einzelfall zu prüfen, ob der Aussteller den Prospekt unterzeichnet hat oder in sonstiger Weise als „Verantwortlicher" in dem Prospekt genannt worden ist und damit die Verantwortung für den gesamten Prospekt übernommen hat. Dies wird in der Regel nicht der Fall sein, da für eine derartige Übernahme des Prospekthaftungsrisikos kein Anlass besteht und diese Aufgabe auch nicht zu dem typischen Berufsfeld des Ausstellers zu rechnen ist[1269]. Der Aussteller des Comfort Letter, typischerweise dem Berufsstand der Wirtschaftsprüfer zugehörig, übernimmt für seinen Mandanten nur solche Tätigkeiten, die ihm nach § 2 Abs. 1 bis 3 WPO gesetzlich zugewiesen sind.

b) § 44 Abs. 1 Satz 1 Nr. 2 BörsG

Nach § 44 Abs. 1 Satz 1 Nr. 2 BörsG haften die Personen, von „denen der Erlass des Prospekts ausgeht". Orientiert man sich an der Gesetzesbegründung, so erfasst diese Tatbestandsalternative die hinter dem Prospekt stehenden „tatsächlichen Urheber"[1270]. Hierzu zählen vor allem diejenigen, die „typischerweise ein eigenes geschäftliches Interesse an der Emission haben"[1271], wie etwa ein Großaktionär, der seine Beteiligung veräußert und maßgeblich auf die Erstellung des Prospekts Einfluss genommen hat, oder die Konzernmuttergesellschaft, auf deren Veranlassung hin die Tochtergesellschaft Aktien emittiert[1272]. Für die rechtliche Bewertung ist streng zwischen der Abschlussprüfertätigkeit und der Ausstellung eines Comfort Letter zu differenzieren.

1268 Regierungsbegründung zum Dritten Finanzmarktförderungsgesetz, BT-Drs. 13/8933, S. 54, 78. In Erfüllung der Verpflichtung aus § 14 BörsZulV wird im Regelfall folgende Erklärung in den Prospekt aufgenommen: „Der Emittent und die am Ende des Prospekts unterzeichnenden Banken übernehmen gemäß § 45 BörsG die Prospekthaftung und erklären, dass ihres Wissens die Angaben im Prospekt richtig und keine wesentlichen Umstände ausgelassen sind", *Groß*, §§ 13-32 BörsZulVO Rn. 4. Entscheidend ist nicht die Mitwirkung an der Erstellung des Prospekts, sondern die Unterschrift unter dem Prospekt, *Groß*, §§ 45, 46 Rn. 19.

1269 Die Tatbestandsalternative erfüllen vor allem die Emittentin und die Emissionsbanken, die den Prospekt unterzeichnen, vgl. Schimansky/Bunte/Lowowski/*Grundmann*, § 112 Rn. 53. In der Praxis bietet sich die Mitwirkung der Banken bei der Veröffentlichung von Emissionsprospekten an, da sie über geschultes Personal für die Abfassung der Emissionsprospekte verfügen, die nach den gesetzlichen Vorgaben, insbesondere der BörsZulVO, eine Vielzahl von Angaben enthalten müssen. Zudem besteht aus der Sicht der Anleger und Investoren nur bei einer solchen professionellen Mitwirkung die Gewähr für die Richtigkeit und Vollständigkeit der Prospektangaben; zum Ganzen *Kümpel*, Rn. 9.267.

1270 Regierungsbegründung zum Dritten Finanzmarktförderungsgesetz, BT-Drs. 13/8933, S. 78 (l. Sp.).

1271 Regierungsbegründung zum Dritten Finanzmarktförderungsgesetz, BT-Drs. 13/8933, S. 78 (l. Sp.).

1272 *Kümpel*, Rn. 9.311.

i)   Abschlussprüfertätigkeit

Die börsengesetzliche Prospektverantwortlichkeit des gesetzlichen Pflichtprüfers ist – soweit ersichtlich – obergerichtlich bisher noch ungeklärt. In der Literatur ist die Sichtweise herrschend geworden, dass der Wirtschaftsprüfer grundsätzlich nicht unter diesen Tatbestand fällt. Nach der Gesetzesbegründung kann bereits der Lieferant, der (unrichtiges) Material bereitgestellt hat, das für die Erstellung des Prospekts bestimmungsgemäß verwendet wurde, nicht als Prospekthaftungsverpflichteter angesehen werden, solange kein eigenes wirtschaftliches Interesse an der Emission besteht[1273]. Diese Ansicht überzeugt im Hinblick auf den Zweck des Tatbestandsmerkmals, die hinter dem Prospekt stehenden „Urheber" der Emission zu erfassen, die ein wirtschaftliches Interesse an der Erstellung des Prospekts haben. Der Wirtschaftsprüfer liefert in der Regel nur den „Finanzteil" des Prospekts und hat außerdem kein eigenes geschäftliches Interesse an der Emission. Ein solches kann auch nicht darauf gestützt werden, dass er eine Vergütung für seine Tätigkeit erhält. Diese Auffassung stützt sich nicht zuletzt auf den Schutzzweck der gesetzlichen Börsenprospekthaftung, der die Richtigkeit und Vollständigkeit des Prospekts in seiner „Gesamtheit" umfasst[1274]. Die Prospektverantwortlichkeit ist mithin für den Jahresabschlussprüfer nach dem Börsengesetz zu verneinen.

In der Literatur finden sich Gegenansichten von *Groß*[1275] und *Bosch*[1276], die entgegen der herrschenden Auffassung eine Prospekthaftung der Wirtschaftsprüfer begründen möchten, und zwar letztlich aus der Überlegung heraus, den Emissionsbanken einen weiteren Schuldner zu verschaffen. Der Ansatz von *Groß* und *Bosch* widerspricht jedoch dem Erfordernis, dass die Prospekthaftung nur für den Prospekt in seiner „Gesamtheit" übernommen werden kann und nicht für einzelne Teilabschnitte[1277]. Weiterhin vernachlässigen beide Autoren das vom Gesetzgeber geforderte Merkmal des „eigenen wirtschaftlichen Interesses an der Emission", das sich zugleich auch aus einer

---

1273   Regierungsbegründung zum Dritten Finanzmarktförderungsgesetz, BT-Drs. 13/8933, S. 78 (l. Sp.); *Schwark*, §§ 45, 46 Rn. 7, *Groß*, §§ 45, 46 Rn. 20; *Assmann/Schütze*, § 7 Rn. 205; *Sittmann*, NZG 1998, 490, 493; *Lehmann*, WM 1985, 181, 183. Die Formulierung des Gesetzgebers geht auf einen Vorschlag *Schwarks* zurück, siehe *Schwark*, 1. Aufl., §§ 45, 46 Rn. 3; a.A. Schimansky/Bunte/Lowowski/*Grundmann*, § 112 Rn. 58.

1274   *Sittmann*, NZG 1998, 490, 493, unter Hinweis auf *Assmann/Schütze*, § 7 Rn. 205 und *Lehmann*, WM 1985, 181, 183.

1275   *Groß*, §§ 45, 46 Rn. 21; *ders.*, AG 1999, 199, 201.

1276   *Bosch*, ZHR 163 (1999), 274, 279 ff., mit rechtsvergleichender Darstellung zum U.S.-amerikanischen und britischen Kapitalmarktrecht.

1277   *Bosch*, ZHR 163 (1999), 274, 281 f., vertritt die Ansicht, dass sich diese Auffassung nur auf die Wiedergabe des Testates des Wirtschaftsprüfers im Prospekt beziehen könne. Ansonsten – also für alle weiteren gutachterlichen Äußerungen des Wirtschaftsprüfers – könne eine Haftung auch für einzelne Teile des Prospekts in Frage kommen.

teleologischen Auslegung der Vorschrift gewinnen lässt[1278]. Der Hinweis auf eine europarechtskonforme Auslegung der Börsenzulassungsverordnung, die zu einer Einschränkung der Haftung auch auf einzelne Teilabschnitte des Prospekts führt, überzeugt dagegen nicht[1279]. Der deutsche Gesetzgeber hat sich anders als die Gesetzgeber in Belgien, Frankreich, Italien, Luxemburg, den Niederlanden und Spanien für die Umsetzung der Richtlinie in der Weise entschieden, dass die Übernahme der Prospektverantwortung nur für den Prospekt in seiner Gesamtheit möglich ist. Weiterhin steht einer entsprechenden Interpretation des Börsengesetzes auch die Sperrwirkung des § 323 Abs. 1 Satz 3 HGB entgegen[1280].

ii)   Ausstellung eines Comfort Letter

Soweit an dieser Stelle eine Prospektverantwortlichkeit des Ausstellers wegen des von ihm erteilten Comfort Letter angesprochen wird, sei noch einmal klargestellt, dass es sich bei den denkbaren Fallkonstellationen um Sonderfälle handelt, die erheblich von der Normalsituation abweichen. Der Comfort Letter erfüllt grundsätzlich nicht die an einen „Prospekt" im Sinne von § 44 Abs. 1 Satz 1 BörsG gestellten Anforderungen[1281]. Es fehlt mithin bereits das Anknüpfungsmoment einer Verantwortlichkeit im Sinne des Börsengesetzes. Für den Fall, dass auf Veranlassung der Emittentin oder der Emissionsbank Angaben und Feststellungen aus dem Comfort Letter, möglicherweise unter Hinweis auf ihre Herkunft, in den Börsenzulassungsprospekt übernommen worden sind, gelten die Ausführungen zur Verantwortlichkeit des gesetzlichen Abschlussprüfers entsprechend. Der Aussteller wäre hier lediglich „Lieferant (unrichtigen) Materials, das zur Aufstellung des Prospekts"[1282] verwendet worden ist. Er hat auch in diesem Fall kein „eigenes wirtschaftliches Interesse" an der Aktienemission und kann bei dieser Sachlage nicht als der „tatsächliche Urheber des Prospektes" angesehen werden[1283].

1278 Vgl. *Schwark*, §§ 45, 46 Rn. 7; *Assmann/Schütze*, § 7 Rn. 205; *Sittmann*, NZG 1998, 490, 493; *Lehmann*, WM 1985, 181, 183.
1279 Es wird argumentiert, die Richtlinie des Rates vom 17.3.1980 zur Koordinierung der Bedingungen für die Erstellung, die Kontrolle und die Verbreitung des Prospekts, der für die Zulassung von Wertpapieren zur amtlichen Notierung an einer Wertpapierbörse zu veröffentlichen ist, RL 80/390/EWG, Abl. EG L 100/1, insbesondere die Festlegungen in Kapitel 1, Nummern 1.1. und 1.2. in Schema A (L 11) ergebe, dass die Verantwortlichkeit auf „bestimmte Abschnitte" beschränkt werden könne. Hierbei handelt es sich m.E. um einen Zirkelschluss, da die entsprechenden Schemata der Richtlinie bereits die materiell-rechtliche Prospektverantwortlichkeit voraussetzen und sich nur auf formale Mindestangaben in dem Prospekt beschränken. Siehe im Ergebnis ebenso *Vaupel*, S. 10.
1280 Umstritten, zuletzt BGHZ 138, 257 = JZ 1998, 1013; eingehend zur Problematik MünchKomm HGB/*Ebke*, § 323 Rn. 70 ff.
1281 Siehe bereits oben S. 244.
1282 Regierungsbegründung zum Dritten Finanzmarktförderungsgesetz, BT-Drs. 13/8933, S. 78 (l. Sp.).
1283 Regierungsbegründung zum Dritten Finanzmarktförderungsgesetz, BT-Drs. 13/8933, S. 78 (l. Sp.).

Im Übrigen kann auch der Ansicht von *Hopt* nicht gefolgt werden, dass der Aussteller des Comfort Letter aufgrund desselben gegenüber den Anlegern eine „Garantenstellung" für die Prospektangaben einnimmt und hiermit als Prospektverantwortlicher im Sinne von § 44 Abs. 1 Satz 1 Nr. 2 BörsG anzusehen sei[1284]. Damit wird eine vom Bundesgerichtshof zur bürgerlich-rechtlichen Prospekthaftung gehörende Fallgruppe angesprochen[1285], die allerdings in den Prospekthaftungsvorschriften des Börsengesetzes gerade nicht berücksichtigt ist. Eine Übertragung der vom Bundesgerichthof entwickelten Grundsätze auf die spezialgesetzliche Börsenprospekthaftung ist wegen des Lex-Specialis-Grundsatzes[1286] ausgeschlossen[1287]. Eine Verantwortlichkeit des Ausstellers kann hieraus nicht abgeleitet werden.

c)   Rechtsprechung

Der Bundesgerichtshof hat sich erstmals im Jahre 1982 in drei Urteilen in der Rechtssache „Beton- und Monierbau AG" mit der Börsenprospekthaftung befassen müssen[1288]. Diesen folgten Entscheidungen der Instanzgerichte nach Emissionen der Gesellschaften Bond[1289], Sachsenmilch[1290] und MHM-Mode[1291]. Eine weitere höchstrichterliche Entscheidung erging im Fall der Elsflether-Werft[1292], dort jedoch zur Haftung für einen fehlerhaften Unternehmensbericht. Über die Verantwortlichkeit des gesetzlichen Pflichtprüfers sowie des Comfort Letter-Ausstellers nach den börsengesetzlichen Haftungsnormen wurde bisher nicht entschieden.

1284 *Baumbach/Hopt*, § 44 BörsG, Rn. 4 a.E.; *Ebke/Siegel*, Sonderbeilage Nr. 2, WM 2001, S. 6, ihm folgend.
1285 Dazu unten S. 260; BGHZ 77, 172, 176 f. = NJW 1980, 1840; BGHZ 79, 337, 341 = NJW 1981, 1449; BGHZ 83, 222, 224 = NJW 1982, 1514; BGHZ 111, 314, 319 = NJW 1990, 2461; BGH NJW-RR 1992, 879, 883; BGH NJW 1995, 1025. Erfasst werden dabei vor allem Wirtschaftsprüfer, die im Prospekt (im Sinne der bürgerlich-rechtlichen Prospekthaftung) nach außen erkennbar in Erscheinung treten.
1286 Siehe dazu unten S. 255.
1287 H.M. BGHZ 123, 106, 109 = WM 1993, 1787; BGH NJW 1986, 837, 840 = WM 1986, 2 = BGHZ 96, 231; BGH WM 1982, 867 f.; OLG Frankfurt am Main (17.12.1996) WM 1997, 361, 363 = NJW-RR 1997, 749; OLG Bremen (21.5.97), DB 1997, 1705, 1706; *Kümpel*, Rn. 11.212; *Schwark*, §§ 45, 46 Rn. 43; *Waldeck/Süßmann*, WM 1993, 361, 367; *Westphalen*, BB 94, 85, 88; *Kort*, AG 1998, 9, 19; ähnlich wie hier *Assmann/Schütze*, § 7 Rn. 198.
1288 BGH NJW 1982, 2823 = WM 1982, 862 = ZIP 1982, 923; BGH WM 1982, 867 = NJW 1982, 2827; BGHZ 96, 231 = WM 1986, 2 = NJW 1986, 837 = ZIP 1986, 14.
1289 OLG Frankfurt am Main (27.3.1996) ZIP 1996, 1037; OLG Frankfurt am Main (14.5.1997) ZIP 1997, 1105 = NJW-RR 1998, 122; LG Frankfurt am Main (6.10.1992) WM 1992, 1768 = ZIP 1993, 184.
1290 OLG Frankfurt am Main (17.12.1996) WM 1997, 361; LG Frankfurt am Main (26.6.1995) WM 1996, 525 = ZIP 1996, 25.
1291 LG Frankfurt am Main (7.10.1997) ZIP 1998, 641.
1292 BGH WM 1998, 1772 = ZIP 1998, 1528.

3. Zusammenfassung des börsengesetzlichen Prospekthaftungsrisikos für Jahresabschlussprüfer und Aussteller

Um Prospekthaftungsrisiken auszuschließen, darf der Aussteller des Comfort Letter auf keinen Fall als „verantwortlich für den Prospekt" bezeichnet werden. Hierbei hat er insbesondere darauf zu sehen, dass er keine „Erklärung" im Sinne von § 14 BörsZulVO unterzeichnet. Sind diese Anforderungen beachtet, ist eine Prospektverantwortlichkeit nach § 44 Abs. 1 Satz 1 Nr. 1 BörsG ausgeschlossen. Eine Verantwortlichkeit des Jahresabschlussprüfers nach § 44 Abs. 1 Satz 1 Nr. 2 BörsG für die geprüften und testierten Jahresabschlüsse scheidet gleichermaßen aus, da de lege lata eine Verantwortlichkeit für einzelne Teile des Emissionsprospekts nicht in Betracht kommt. Eine Verantwortlichkeit des Ausstellers des Comfort Letter nach § 44 Abs. 1 Satz 1 Nr. 2 BörsG entfällt aus demselben Grunde.

II. Haftung nach § 20 KAAG, § 12 AusllnvestmG und § 13 Abs. 1 VerkProspG

Eine Haftung des Ausstellers eines fehlerhaften Comfort Letter gemäß § 20 KAAG und § 12 AusllnvestmG scheidet vorliegend schon deshalb aus, weil diese Normen bei Aktienneuemissionen tatbestandsmäßig[1293] nicht einschlägig sind[1294]. Bezugspunkt einer im Übrigen noch in Betracht zu ziehenden Haftung gemäß § 13 Abs. 1 VerkProspG ist ein Dokument, das als Verkaufsprospekt im Sinne der Legaldefinition des § 1 Verk ProspG anzusehen ist[1295]. Für Wertpapiere, die erstmals im Inland öffentlich angeboten werden und die nicht zum Handel an einer inländischen Börse zugelassen sind, muss ein Verkaufsprospekt veröffentlicht werden. Mit dieser Regelung soll der Platzierung von Neuemissionen vor der Veröffentlichung des Börsenzulassungsprospekts ohne Erstellung eines Verkaufsprospekts begegnet werden[1296]. Ausnahmetatbestände zu dieser Pflicht enthalten §§ 2, 3 und 4 VerkProspG. Zum Zwecke der funktionalen und inhaltlichen Abgrenzung zwischen Verkaufsprospekt und Börsenzulassungsprospekt bzw. Unternehmensbericht bestimmt § 5 VerkProspG, dass auf den Inhalt des Verkaufsprospekts öffentlich angebotener Wertpapiere, für die ein Antrag auf Zulassung zur amtlichen Notierung oder auf Zulassung zum geregelten Markt an einer inländischen Börse gestellt ist, die § 32 Abs. 1 Nr. 2, Abs. 2 BörsG sowie die Bestimmungen

---

1293 Nach §§ 30 BörsG, 19 KAGG und 3 AusllnvG besteht eine gesetzliche Pflicht zur Prospekterstellung. Die im Einzelnen in den Prospekten zu beschreibenden Anlagegegenstände sind in den jeweiligen Gesetzen unterschiedlich. Im BörsG sind die wertbildenden Faktoren von Wertpapieren Gegenstand dieser gesetzlichen Pflicht. Dagegen sind nach KAGG und AusllnvG Gesellschaften, die Investmentanteile ausgeben, Gegenstand der Prospektpflicht.
1294 Siehe Schimansky/Bunte/Lowowski/*Grundmann*, § 112 Rn. 47.
1295 *Assmann/Schütze*, § 7 Rn. 53.
1296 *Schwark*, FS Schimansky, S. 739, 743.

der Börsenzulassungsverordnung entsprechend anzuwenden sind[1297]. Bei der erstmaligen Platzierung von Aktien an einer inländischen Börse ist ein Verkaufsprospekt nur dann anzufertigen, wenn ein „erstmaliges öffentliches Angebot" vor der Börsenzulassung der Aktien erfolgt, auf das keiner der Ausnahmetatbestände der §§ 2 - 4 VerkProspG anzuwenden ist. Werden die Aktien im Wege des Bookbuilding-Verfahrens platziert, liegt ein öffentliches Angebot im Sinne von § 1 VerkProspG vor[1298]. Im Übrigen verweist § 13 Abs. 1 VerkProspG weitgehend auf die börsengesetzlichen Haftungsnormen, so dass die Haftungstatbestände des Börsengesetzes hiernach entsprechend anzuwenden sind. Die zur börsengesetzlichen Prospekthaftung bereits dargelegten Grundsätze sind mithin entsprechend heranzuziehen[1299]; die zur Verantwortlichkeit für den Aussteller des Comfort Letter dargelegten Grundsätze gelten ebenfalls sinngemäß.

III.   Haftung aufgrund der bürgerlich-rechtlichen Prospekthaftung (§§ 311 Abs. 2, 280 Abs. 1 BGB)[1300]

Werden in dem Comfort Letter unrichtige oder unvollständige Angaben gemacht, könnte der Aussteller dem Anleger auch nach den Grundsätzen der bürgerlich-rechtlichen Prospekthaftung zum Ersatz des hierdurch entstandenen Vermögensschadens verpflichtet sein. Die bürgerlich-rechtliche Prospekthaftung ist vom Bundesgerichtshof in Anlehnung an die spezialgesetzlich geregelten Prospekthaftungstatbestände aus der Vertrauenshaftung praeter legem entwickelt worden, um den Kapitalanleger zu schützen, der seine Anlageentscheidung am „grauen", nicht organisierten Kapitalmarkt aufgrund eines Werbeprospekts trifft[1301].

1297 *Waldeck/Süßmann*, WM 1993, 361, 362.
1298 *Hein*, WM 1996, 1, 3.
1299 Siehe oben S. 249.
1300 In der Rechtsprechung des Bundesgerichtshofs (BGHZ 83, 222, 227) sowie in der Literatur wird zwischen der allgemeinen zivilrechtlichen Prospekthaftung *im engeren Sinne* (die auch „bürgerlich-rechtliche Prospekthaftung" genannt wird) und *im weiteren Sinne* differenziert. (kritisch *Assmann*, EWiR 1998, 439, 440). Während die bürgerlich-rechtliche Prospekthaftung an ein typisiertes, vom Vorliegen eines Werbeprospekts abhängiges Vertrauen anknüpft, beruht die Prospekthaftung im weiteren Sinne auf der konkreten Inanspruchnahme eines persönlichen Vertrauens durch einen „Sachwalter". Siehe *Assmann/Schütze*, § 7 Rn. 13, 15; *Grumann*, BKR 2002, 310; *Kiethe*, ZIP 2000, 216; *Möllers*, JZ 2001, 909, 912; *Palandt/Heinrichs*, § 280 Rn. 54 ff.; *Pleyer/Hegel*, ZIP 1985, 1370 ff. Siehe zur Prospekthaftung im uneigentlichen Sinne unten S. 262.
1301 *Assmann/Schütze*, § 7 Rn. 2; *Grumann*, BKR 2002, 310; *Möllers*, JZ 2001, 909, 912; *Zugehör*, NJW 2000, 1601, 1607; BGHZ 71, 284; 72, 387; 79, 342; 83, 222; 84, 141; 111, 314; 115, 213.

1. Entsprechende Anwendung der Grundsätze der bürgerlich-rechtlichen Prospekthaftung auf die Comfort Letter-Verantwortlichen

Zunächst stellt sich die Frage, ob die Grundsätze der bürgerlich-rechtlichen Prospekthaftung zur Beurteilung der Frage der Haftung für Comfort Letters entsprechend herangezogen werden können. Der Anwendungsbereich der bürgerlich-rechtlichen Prospekthaftung, der sich zunächst auf das Gebiet der Werbung für Beteiligungen an Publikumskommanditgesellschaften beschränkte, ist im Laufe der Zeit auf solche Fälle ausgedehnt worden, in denen Anleger mit Hilfe eines Prospekts angeworben werden[1302]. Ob die bürgerlich-rechtliche Prospekthaftung darüber hinaus auch auf den hier in Frage stehenden Comfort Letter-Bereich angewendet werden kann[1303], ist ungeklärt. Hierfür spricht, dass diese Haftungsgrundsätze Ausprägung des allgemeinen Vertrauensschutz- und Garantieprinzips sind und mithin nicht rechtsdogmatisch strikt auf ganz bestimmte Sachverhalte beschränkt sein dürften[1304]. Der Comfort Letter müsste hiernach neben dem Börsenzulassungsprospekt zu den Informationsquellen zu rechnen sein, der, wenn auch nicht die einzige, so aber doch „die wichtigste Informationsquelle (war), die den Anleger in die Lage versetzt (hat), die Anlage objektiv zu beurteilen und sein Risiko richtig einzuschätzen"[1305]. Nach dieser Definition der bürgerlich-rechtlichen Prospekthaftung ist bei einem Comfort Letter-Sachverhalt „typisierend"[1306] zu entscheiden, ob der Anleger neben dem Börsenzulassungsprospekt auf weitere Informationsquellen wie den Comfort Letter vertrauen konnte und ob der Comfort Letter zugleich die wichtigste Informationsquelle für die Beurteilung durch den Anleger war. An dem vom Bundesgerichtshof aufgestellten Erfordernis der „Wichtigkeit für die Beurteilung" könnte aber die

---

1302 Vgl. nur Reithmann/Meichssner/von Heymann/*Thode*, S. 435 f. (Erwerb von Beteiligungen an Bauherrenmodellen). Als Anknüpfungsmoment der bürgerlich-rechtlichen Prospekthaftung wurden in der höchstrichterlichen Rechtsprechung bisher der prospektvermittelte Vertrieb von Kommanditanteilen an Publikumspersonengesellschaften (BGHZ 79, 337), der prospektbezogene Vertrieb von Aktien außerhalb der geregelten Aktienmärkte, ohne dass ein öffentliches Angebot im Sinne des Verkaufsprospektgesetzes vorliegt (BGHZ 123, 106, 109), und die prospektvermittelte Beteiligung an Bauherrenmodellen, ebenfalls ohne öffentliches Angebot im Sinne des Verkaufsprospektgesetzes (BGHZ 111, 314, 317), anerkannt. Schimansky/Bunte/Lowowski/*Siol*, § 45 Rn. 28: es ist kein Grund ersichtlich, diese Grundsätze nicht auch beim prospektvermittelten Vertrieb geschlossener Immobilienfonds anzuwenden (unter Hinweis auf *Schmidt/Weidert*, DB 1998, 2309, 2310).

1303 *Ebke/Siegel*, Sonderbeilage Nr. 2, WM 2001, S. 18; zuletzt wurde die Anwendbarkeit für den Erwerb im Bauträgermodell erneut bestätigt (BGH NJW 2001, 436), dagegen aber auf Prospekte des Franchisegebers (OLG München (24.4.2001), BB 2001, 1759, 1760) und den Vertrieb von Devisen- und Warenterminoptionen (BGHZ 80, 80, 81 f.) nicht übertragen; vgl. *Assmann/Schütze*, § 7 Rn. 97.

1304 Vgl. *Assmann*, FS Kübler, S. 317, 337.

1305 BGHZ 115, 214, 218.

1306 Der BGH begreift die bürgerlich-rechtliche Prospekthaftung als „typisierten Vertrauenstatbestand", d.h. auf eine tatsächliche Kenntnis des Anlegers von dem Prospekt kommt es nicht an, vgl. BGHZ 123, 106, 109.

Erweiterung des Anwendungsbereichs auf Comfort Letters scheitern, da der Börsenzulassungsprospekt in der Regel bereits sämtliche Anlegerinformationen enthält. Darüber hinaus steht einer Erweiterung auf andere Informationsquellen die in §§ 44, 45 BörsG zum Ausdruck kommende gesetzgeberische Wertung entgegen, nach der nur die enumerativ genannten Personen für den Prospekt verantwortlich sind. Durch eine entsprechende Anwendung der bürgerlich-rechtlichen Prospekthaftung würde im Übrigen eine Haftung für einfache Fahrlässigkeit begründet, was der Gesetzgeber jedenfalls für den Bereich der börsengesetzlichen Prospekthaftung ausschließen wollte. Demgegenüber spricht für eine entsprechende Anwendung, dass ein – wie auch immer gearteter – Vertrauenstatbestand neben dem Börsenzulassungsprospekt durchaus als Anknüpfungspunkt eines zusätzlichen Haftungstatbestands in Betracht zu ziehen ist.

Es erscheint daher nach alledem angemessen, die Frage, ob und inwieweit die Grundsätze der bürgerlich-rechtlichen Prospekthaftung im Rahmen der Haftung des Ausstellers eines fehlerhaften Comfort Letter gegenüber dem Anleger entsprechend anzuwenden sind, einer näheren Prüfung zu unterziehen.

2. Bildung von Fallgruppen

Eine (gesetzliche) Pflicht zur Erstellung eines Prospekts besteht bei der bürgerlich-rechtlichen Prospekthaftung nicht[1307]; die Palette der Werbemöglichkeiten gegenüber Anlegern ist folglich groß. Eine Verantwortlichkeit des Ausstellers könnte z.B. in Betracht kommen, wenn der Comfort Letter in einer Originalfassung oder in Fotokopie in den Bereich des Anlegers gelangt. Darüber hinaus erscheint es grundsätzlich auch denkbar, dass der Anleger mit Aussagen über die bloße Existenz eines erteilten Comfort Letter oder mit inhaltlichen Auszügen aus dem Comfort Letter „angelockt", informiert oder beworben wird, ohne dass der Comfort Letter selbst oder eine Kopie in den Bereich des Anlegers gelangt. Letztere Möglichkeit kann z.B. durch ein persönliches, an den Anleger gerichtetes Schreiben erfüllt sein. In allen Varianten würde im Übrigen regelmäßig eine unberechtigte Informationsweitergabe an Dritte vorliegen, da die Weitergabe an Dritte ausgeschlossen ist (Verwendungsklausel/disclaimer[1308])[1309]. Die

---

1307 Statt aller *Kiethe*, ZIP 2000, 216, 218.
1308 IDW PS 910, WPg 2004, 342, 354 (Tz. 106 f.).
1309 *Ebke/Siegel*, Sonderbeilage Nr. 2, WM 2001, S. 19, sehen den Anwendungsbereich der bürgerlich-rechtlichen Prospekthaftung möglicherweise eröffnet, wenn ein Wirtschaftsprüfer sog. Pro-Forma-Abschlüsse einer Gesellschaft, die mit dem Hinweis, der Wirtschaftsprüfer habe sie durchgesehen (reviewed), aber nicht im Rahmen einer gesetzlichen Abschlussprüfung vollständig geprüft (audited), in den Comfort Letter und darüber hinaus in den Prospekt aufnimmt; vgl. zu den Pro-Forma-Abschlüssen *Schindler/Böttcher/Roß*, WPg 2001, 22 ff.; *dies.*, WPg 2001, 139 ff.; IDW PH 9.4000.4, WPg 2000, 1073; siehe zum IDW PH 9.4000.4 *Schindler/Böttcher/ Roß*, WPg 2001, 477 ff. Die Haftungsfragen im Zusammenhang mit Pro-Forma-Angaben sind nach den allgemeinen Grundsätzen zu lösen: werden Pro-Forma-Angaben in dem Börsenzulassungsprospekt verwendet, so richtet sich die Verantwortlichkeit nach der börsengesetzlichen Prospekthaftung

denkbaren Fälle sind damit letztlich „Missbrauchsfälle", die sich in die bisher bekannten Fallgruppen der bürgerlich-rechtlichen Prospekthaftung nicht einordnen lassen.

3. Konkurrenzverhältnis

Neben der bereits erwähnten Frage einer entsprechenden Anwendung der Grundsätze der bürgerlich-rechtlichen Prospekthaftung im Rahmen der Comfort Letter-Haftung bedarf es im Übrigen der Klärung, ob im Zuständigkeitsbereich der börsengesetzlichen Prospekthaftung, die davon ausgeht, dass der Anleger durch den Börsenzulassungsprospekt umfassend und abschließend informiert wird – während in der Praxis tatsächlich noch andere Publikationen veröffentlicht werden – bei Bestehen der entsprechenden Voraussetzungen lediglich eine börsengesetzliche Prospekthaftung in Betracht kommt oder ob daneben zusätzlich für die neben dem Prospekt veröffentlichten Publikationen eine bürgerlich-rechtliche Prospekthaftung möglich ist[1310]. Diese Frage ist von erheblicher Bedeutung, geht doch die bürgerlich-rechtliche Prospekthaftung über die börsengesetzliche Haftung hinaus[1311]. Die Konkurrenzfrage wird in der Literatur dahingehend beantwortet, dass ein Vorrang der börsengesetzlichen gegenüber der bürgerlich-rechtlichen Prospekthaftung angenommen wird[1312]. Die Sichtweise der überwiegenden Lehre deckt sich im Übrigen weitgehend mit der strikten Abgrenzung beider Haftungsgrundlagen durch die Rechtsprechung[1313].

a) Anwendungsbereich der börsengesetzlichen Prospekthaftung (§§ 44, 45 BörsG)

Der Anwendungsbereich der börsengesetzlichen Prospekthaftung umfasst den Börsenzulassungsprospekt[1314], aufgrund dessen die Zulassung zu dem betreffenden Marktsegment erfolgt ist[1315]. Soweit eine Haftung allein an den Börsenzulassungsprospekt bzw.

---

und dem Kriterium des nach außen in Erscheinung tretenden Mitwirkens eines Ausstellers. Für solche in dem Comfort Letter niedergelegten Pro-Forma-Angaben sind die Überlegungen zur bürgerlich-rechtlichen Prospekthaftung maßgeblich.

1310 *Assmann/Schütze*, § 7 Rn. 5.
1311 Vgl. *Assmann*, S. 373 ff.; *Baumbach/Hopt*, § 47 BörsG Rn. 4.
1312 *Assmann/Schütze*, S. 373 ff., Rn. 95; *Baumbach/Hopt*, § 47 BörsG Rn. 4; *Kort*, AG 1998, 9, 19; *Kümpel*, Rn. 9.349; *Möllers*, JZ 2001, 909, 912; *Schwark*, §§ 45, 46 Rn. 43; *Soergel/Häuser-Welter*, § 676 Rn. 130; *Waldeck/Süßmann*, WM 1993, 361, 367; *Westphalen*, BB 1994, 85, 88; a.A. *Canaris*, Bankvertragsrecht, Rn. 2289.
1313 BGHZ 123, 106, 109 = WM 1993, 1787; BGH NJW 1986, 837, 840 = WM 1986, 2 = BGHZ 96, 231; BGH WM 1982, 867 f.; OLG Frankfurt am Main (17.12.1996) WM 1997, 361, 363 = NJW-RR 1997, 749; OLG Bremen (21.5.97) DB 1997, 1705, 1706.
1314 Die maßgeblichen Vorschriften für die Bestimmung, was als Börsenzulassungsprospekt zu gelten hat, finden sich in §§ 30 Abs. 3 Nr. 2, 32 Abs. 1 BörsG i.V.m. §§ 13 ff. BörsZulVO.
1315 *Groß*, §§ 45, 46 Rn. 10; *Schimansky/Bunte/Lowowski/Siol*, § 112 Rn. 50.

den Verkaufsprospekt[1316] geknüpft wird, scheidet eine bürgerlich-rechtliche Prospekthaftung generell aus[1317]. So hat der Bundesgerichtshof z.B. eine Verantwortlichkeit der Emissionsbank für unrichtige Bezugsangebote nach der bürgerlich-rechtlichen Prospekthaftung abgelehnt[1318]. Durch die Veröffentlichung der Bezugsangebote im Bundesanzeiger und im Handelsblatt sei, so der Bundesgerichtshof, noch kein besonders ausgeprägter Vertrauenstatbestand erwachsen; außerdem sei für die Bekanntgabe der Bezugsangebote nicht die Emissionsbank, sondern der Vorstand der emittierenden Gesellschaft verantwortlich gewesen[1319]. Im Anwendungsbereich der börsengesetzlichen Prospekthaftung fehle es auch an einer zur Rechtsfortbildung berechtigenden Regelungslücke[1320]. Nach Ansicht des Bundesgerichtshofs ist die bürgerlich-rechtliche Prospekthaftung neben der Börsenprospekthaftung verdrängt, soweit sie im Anwendungsbereich der Börsenprospekthaftung an (fehlerhafte oder unvollständige) Bezugsrechtsangebote anknüpft. In einem weiteren Fall hat der Bundesgerichtshof andererseits die bürgerlich-rechtliche Prospekthaftung für den freien Handel von Aktien, also außerhalb der gesetzlich geregelten Märkte, für anwendbar erachtet, ohne dass eine entsprechende spezialgesetzliche Prospekthaftung bestand[1321].

i)   *Konkurrenzregel des § 47 Abs. 2 BörsG*

Ausgangspunkt der Überlegungen zur Lösung des Konkurrenzproblems ist § 47 Abs. 2 BörsG[1322]. Hiernach sollen nur vertragliche Ansprüche mit den börsengesetzlichen Prospekthaftungsansprüchen konkurrieren können[1323]. Die Rechtsnatur der bürgerlich-rechtlichen Prospekthaftung ist in der Rechtslehre und höchstrichterlichen Rechtsprechung umstritten[1324]. Der Bundesgerichtshof berief sich anfangs als Rechtsgrundlage auf culpa in contrahendo. Später ging er dazu über, von einem „typisierten Anlegervertrauen" zu sprechen[1325]. Damit hat sich die bürgerlich-rechtliche Prospekthaftung zu einem eigenständigen, partiell an die spezialgesetzlichen Prospekthaftungstatbestände

1316 Im Sinne von § 1 VerkProspG.
1317 H.M., siehe dazu die Nachw. in Fn. 1312 und Fn. 1313, S. 253.
1318 BGH WM 1982, 867 f. = NJW 1982, 2827.
1319 BGH WM 1982, 867 f. = NJW 1982, 2827.
1320 BGH WM 1982, 867, 868 = NJW 1982, 2827.; BGH NJW 1986, 837, 840 = WM 1986, 2 = BGHZ 96, 231.
1321 BGHZ 123, 106, 109 = WM 1993, 1787, der Sachverhalt fiel allerdings noch nicht in den Anwendungsbereich des seit 1.1.1991 geltenden VerkProspG. Mit den von *Westphalen*, BB 1994, 84, 88 genannten Argumenten würde der Fall nach heute geltender Rechtslage in den Anwendungsbereich des VerkProspG fallen.
1322 *Assmann*, S. 373 f.
1323 *Schwark*, ZGR 1983, 162, 182.
1324 Siehe *Assmann*, FS Kübler, S. 317, 322; *Assmann/Schütze*, § 7 Rn. 96; *Pleyer/Hegel*, ZIP 1986, S. 681 f.; Palandt/*Heinrichs*, § 280 Rn. 50.
1325 BGHZ 123, 106, 109 = WM 1993, 1787.

angelehnten Haftungsinstrument fortentwickelt[1326]. Das bürgerliche Recht enthält zwar seit dem 1.1.2002 nunmehr in §§ 311 Abs. 2, 280 Abs. 1 BGB eine subsumtionsfähige Rechtsgrundlage[1327]. Ansprüche aus bürgerlich-rechtlicher Prospekthaftung sind jedoch unverändert nicht vertraglicher Natur, weil der Haftungsgrund auch weiterhin nicht auf einem (unmittelbaren) rechtsgeschäftlichem Kontakt, sondern auf einem gesetzlichen Schuldverhältnis beruht[1328]. Damit bleiben diese Ansprüche nach der gesetzlichen Konkurrenzregel in § 47 Abs. 2 BörsG neben der börsengesetzlichen Prospekthaftung unanwendbar[1329], soweit sie sich allein auf den Börsenzulassungsprospekt beziehen.

ii) Spezialitätsgrundsatz

Die bestehende Konkurrenz der Anspruchsnormen[1330] kann auch mit dem Gedanken der Spezialität zugunsten der börsengesetzlichen Haftung gelöst werden[1331]. Das Spezialitätsprinzip besagt, dass ein allgemeineres Gesetz durch das speziellere verdrängt wird (Lex specialis derogat legi generali). Diese Regel setzt Normen gleichen Ranges voraus, was bei Normen von Börsengesetz und Bürgerlichem Gesetzbuch[1332] der Fall ist. Der Begriff der Spezialität wird im Übrigen nicht nur verwendet, um das Verhältnis eines einzelnen Rechtssatzes eines Gesetzes zu einem anderen Rechtssatz eines anderen Gesetzes zu bestimmen. Das Spezialitätsprinzip gilt auch dann, wenn ein Gesetz als Ganzes spezieller als ein anderes ist. Dies trifft auch auf das Verhältnis zwischen Börsengesetz und Bürgerlichem Gesetzbuch zu. Genau betrachtet stehen insoweit die einzelnen Rechtssätze der beiden Gesetze im Verhältnis der Spezialität zueinander, wobei dem Börsengesetz die Rolle des Sonderrechts zukommt. Im Falle der Prospekthaftung, für die beide Gesetze Regelungen getroffen haben, stellt das Börsengesetz die Spezialnorm dar. Der Anwendungsbereich der bürgerlich-rechtlichen Prospekthaftung kann mithin erst dort eröffnet sein, wo der Bereich der spezialgesetzlich geregelten Prospekthaftung endet[1333]. Eine Haftung für einen fehlerhaften Comfort Letter gemäß bürgerlich-rechtlicher Prospekthaftung kann hiernach nur insoweit in Betracht kommen, als dieser nicht in den Anwendungsbereich der börsengesetzlichen Prospekthaftung

1326 *Assmann/Schütze*, § 7 Rn. 22.
1327 Palandt/*Heinrichs*, § 311 Rn. 30.
1328 Vgl. BT-Drs. 14/6040, S. 162 (r.Sp.).
1329 Für das Bürgerliche Recht in der Fassung vom 1.1.1900 *Assmann*, S. 374 f.; *Waldeck/Süßmann*, WM 1993, 361, 367.
1330 Statt vieler *Engisch*, S. 28 f., 47 ff.; *Larenz/Canaris*, S. 87 ff.
1331 Ähnlich *Westphalen*, BB 94, 85, 87; *Schwark*, ZGR 1983, 162, 183.
1332 Die richterrechtlich entwickelte, allgemeine zivilrechtliche Prospekthaftung ist nunmehr in § 311 Abs. 2 BGB kodifiziert.
1333 Statt vieler *Assmann/Schütze*, § 7 Rn. 94; *Kiethe*, ZIP 2000, 216, 218.

fällt[1334]. Dem Spezialitätsprinzip kann nicht entnommen werden, dass die börsengesetz-liche Prospekthaftung für solche (qualifizierten) Schriftstücke und Dokumente, die neben dem Börsenzulassungsprospekt publiziert werden, die bürgerlich-rechtliche Prospekthaftung „sperrt", wenn diese Unterlagen auf freiwilliger Basis erstellt werden und sich dabei auf eine konkrete Kapitalanlage in Aktien beziehen.

b)   *Anwendungsbereich der bürgerlich-rechtlichen Prospekthaftung neben der bör-sengesetzlichen Prospekthaftung*

Auch *Assmann* vertritt – entgegen der vom II. Senat des Bundesgerichtshofs geäußerten Auffassung[1335] – die Ansicht, dass die ohne gesetzliche Verpflichtung erstellten Publi-kationen, die nach den Regeln der bürgerlich-rechtlichen Prospekthaftung als Prospekte anzusehen sind, nach deren Regeln eine Verantwortlichkeit begründen können[1336]. Er spricht sich damit gegen eine „Sperrwirkung" der Börsenprospekthaftung in dem vor-erwähnten Sinne aus, soweit Ansprüche aus allgemeiner zivilrechtlicher Prospekthaf-tung auf der Grundlage weiterer Sachverhalte außerhalb des Börsenzulassungsprospekts geltend gemacht werden. Für diese Ansicht spricht, dass die gesetzliche Pflicht zur Erstellung eines Börsenzulassungsprospekts keinesfalls dazu führen kann, dass jenseits der Erfüllung dieser gesetzlichen Pflicht für unzutreffendes anlockendes Werbematerial ein haftungsrechtlicher Freiraum zum Nachteil der Anleger geschaffen wird[1337]. Eine bürgerlich-rechtliche Prospekthaftung für sonstige Publikationen neben dem Börsenzu-lassungsprospekt ist mithin konkurrenzrechtlich zumindest nicht von vornherein aus-geschlossen[1338].

Eine Anwendung der bürgerlich-rechtlichen Prospekthaftung ist hiernach für die behandelten Fälle dann in Betracht zu ziehen, wenn dem Anleger der Comfort Letter oder sonstige entscheidungserhebliche Dokumente zugänglich gemacht werden. An-knüpfungsmoment einer etwaigen Haftung des Ausstellers ist nicht der Börsenzulas-sungsprospekt – dieser unterliegt ausschließlich der börsengesetzlichen Prospekthaftung

---

1334   Anders als im Sachverhalt BGH WM 1982, 867 = NJW 1982, 2827, wo die Abgabe von Bezug-rechtsangeboten gesetzlich vorgeschrieben war, ohne dass für diesen Vorgang eine sondergesetz-liche Haftungsnorm einschlägig war, besteht im hier konkret zu beurteilenden Fall gerade keine Rechtspflicht zur Erstellung eines Comfort Letter im Vorfeld einer Aktienemission. Hier unter-scheiden sich die denkbaren Comfort Letter-Fälle auch von den übrigen Fragen, wie etwa einer Verantwortlichkeit für fehlerhafte Ad-Hoc-Mitteilungen (§ 15 WpHG) nach der bürgerlich-rechtlichen Prospekthaftung. Zum Streitstand *Assmann/Schütze*, § 7 Rn. 50; *Rützel*, AG 2003, 69, 70 f.
1335   BGH WM 1982, 867 = NJW 1982, 2827.
1336   *Assmann*, FS Kübler, S. 317, 338.
1337   *Assmann/Schütze*, § 7 Rn. 94.
1338   So bereits *Ebke/Siegel*, Sonderbeilage Nr. 2, WM 2001, S. 18 f.; a.A. BGH WM 1982, 867 = NJW 1982, 2827, der auf die informationsbezogenen Vertriebsmaßnahmen im Zusammenhang mit der Kapitalanlage selbst abzustellen scheint.

– sondern Veröffentlichungen mit mittelbaren oder unmittelbaren Berührungspunkten zum Comfort Letter.

4. Sachlicher Anwendungsbereich: Vorliegen eines Prospektes

Die bürgerlich-rechtliche Prospekthaftung setzt das Vorliegen eines Prospekts voraus, der aber, wie vorstehend ausgeführt, nicht zugleich in den Anwendungsbereich der börsengesetzlichen Prospekthaftung fallen darf[1339]. In den bisher zur bürgerlich-rechtlichen Prospekthaftung ergangenen Entscheidungen wurde jeweils der Vertrieb der schadensursächlichen Beteiligungen durch einen Prospekt beworben. Ansonsten blieb der Prospektbegriff in der gerichtlichen Praxis bisher praktisch unbearbeitet[1340]. *Assmann* berichtet allerdings von unveröffentlichten oberlandesgerichtlichen Entscheidungen, in denen Anzeigen in Magazinen oder Tageszeitungen den eigentlichen „Werbeprospekten" gleichgestellt wurden[1341]. Zur Bestimmung des zivilrechtlichen Begriffs kann der gleichlautende strafrechtliche Prospektbegriff (§ 264a StGB) herangezogen werden[1342]. Im Bereich des Strafrechts wird jede marktbezogene, d.h. an eine Vielzahl von Personen gerichtete schriftliche Erklärung, die für die Beurteilung der Anleger erhebliche Angaben enthält oder den Eindruck eines solchen Inhaltes erwecken soll[1343], als Prospekt verstanden[1344], wobei es entscheidend auf das Kriterium der Marktöffentlichkeit ankommt[1345]. Demnächst könnten andere Formen als der klassische „Werbeprospekt", zum Beispiel ein Internet-Newsletter („massenhaft verschickte Email"), Veröffentlichungen marktbezogener Unterlagen auf einer Internet-Homepage oder Anzeigen in Magazinen und Tageszeitungen[1346], den Anwendungsbereich der bürgerlich-rechtlichen Prospekthaftung erweitern, sofern sie die genannten qualifizierenden Merkmale aufweisen.

Für den Aussteller des Comfort Letter besteht damit die potentielle Gefahr, dass derartige der Marktöffentlichkeit zur Verfügung gestellte Dokumente, die unmittelbar

---

1339 *Möllers*, JZ 2001, 909, 912.
1340 *Grumann*, BKR 2002, 310, 311.
1341 *Assmann/Schütze*, § 7 Rn. 57, unter Hinweis auf OLG Frankfurt am Main, Urteil v. 29.2.1982 (21 U 296/81), S. 8 (unveröffentlicht); OLG München (24.4.2001) BB 2001, 1759, 1760 (Anzeigentext in der Süddeutschen Zeitung); *Assmann* stimmt dieser Tendenz zu, da sonst ein Ausweichen der Emittenten und Vertriebsorganisationen auf weniger streng kontrollierte Werbemittel begünstigt werde.
1342 BGH NJW 2000, 3346; *Assmann/Schütze*, § 7 Rn. 57; *Wiegand*, S. 289; *Rützel*, AG 2003, 69, 71.
1343 BT-Drs. 10/318, S. 23; Schönke/Schröder/*Cramer*, § 264a Rn. 18. Die „interne Vorlage und Prüfung" einer Darstellung im emittierenden Unternehmen oder der Emissionsbank kann dementsprechend noch keinen Vertrauenstatbestand beim Anlegerpublikum hervorrufen, vgl. *Schwark*, NJW 1987, 2041, 2046.
1344 *Assmann/Schütze*, § 7 Rn. 57; weitergehend *Grumann*, BKR 2002, 310, 313.
1345 Siehe *Assmann/Schütze*, § 7 Rn. 58.
1346 *Assmann/Schütze*, § 7 Rn. 57, unter Hinweis auf OLG Frankfurt am Main, Urteil v. 29.2.1982 (21 U 296/81), S. 8 (unveröffentlicht); OLG München (24.4.2001) BB 2001, 1759, 1760.

oder mittelbar inhaltliche Feststellungen des Comfort Letter zum Gegenstand haben und für die Beurteilung der Anleger entscheidende Informationen[1347] enthalten oder den Eindruck eines solchen Inhaltes erwecken, eine bürgerlich-rechtliche Prospekthaftung eröffnen könnten. Dagegen weist der Comfort Letter selbst nicht die erforderliche Prospektqualität auf, da er – für jedermann erkennbar – gerade nicht für die Marktöffentlichkeit bestimmt ist (Verwendungsklausel/disclaimer[1348]) und auch keineswegs den Eindruck erwecken soll, dem Anleger zur Grundlage einer Entscheidung zur Verfügung zu stehen[1349]. Für die konkreten Einzelfälle ist aber jeweils auf die einzelfallbezogene rechtliche Einordnung zu verweisen.

5. *Persönlicher Anwendungsbereich: Prospektverantwortlichkeit des Ausstellers*

Es ist nunmehr auf die Prospektverantwortlichkeit des Ausstellers nach den vom Bundesgerichtshof in ständiger Rechtsprechung gebildeten Fallgruppen einzugehen. Der Kreis der Prospektverantwortlichen und die Reichweite ihrer Prospektverantwortlichkeit werden nach abstrakten Kriterien bestimmt, die zu drei Fallgruppen führen. Zur ersten Gruppe gehören die Prospektherausgeber und Prospektverantwortlichen im engeren Sinne: Es sind dies die Initiatoren, Gestalter und Gründer der Anlagegesellschaft, die das Management bilden oder beherrschen[1350]. Zu dieser Gruppe wird der Aussteller in der Regel nicht gehören.

Die zweite Fallgruppe umfasst die hinter einem Kapitalanlagemodell stehenden Personen, die besonderen Einfluss ausüben und hierdurch eine Mitverantwortung tragen[1351]. Dies sind zum Beispiel die Mitglieder eines Aufsichts- oder Beirates[1352]. Der Aussteller lässt sich im Regelfall auch dieser Fallgruppe nicht zurechnen, da er keine derartige Stellung in der emittierenden Gesellschaft einnimmt und in der Planungs- und

---

1347 Die Frage der „Erheblichkeit" solcher Angaben ist von Bedeutung, da der Anleger nur aufgrund erheblicher Informationen eine Entscheidung zum Kauf von Wertpapieren trifft, vgl. *Kiethe*, ZIP 2000, 216, 219. Hier erfolgt eine Abgrenzungsfrage zur „reinen", allgemein gehaltenen Werbung (puffing), die selbst nicht Grundlage eines von der Rechtsprechung verlangten „typisierten Vertrauens" sein könnte. Dies hat auch der BGH (ZIP 1989, 1455, 1457 f.) so gesehen. Dort sprach gegen die Anwendung der Prospekthaftung, dass die Werbeschreiben lediglich „der Förderung des Abschlusses einzelner noch auszuhandelnder Verträge zwischen einzelnen Privatpersonen" gedient hatten.

1348 IDW PS 910, WPg 2004, 342, 354 (Tz. 106 f.).

1349 Ähnlich für anwaltliche legal opinions (Rechtsgutachten) *Schneider*, ZHR 163 (1999), 246, 267.

1350 BGHZ 71, 284, 287 f. = NJW 1978, 1625; BGHZ 115, 213, 217 f. = NJW 1992, 228; BGHZ 126, 166, 169 = NJW 1994, 2226; BGH NJW 1995, 1025.

1351 Ausführlich *Gehrlein*, BB 1995, 1965 ff.

1352 BGHZ 77, 172, 175 = NJW 1980, 1840; BGHZ 79, 337, 340 = NJW 1981, 1449; BGHZ 115, 213, 218 = NJW 1992, 228; BGH NJW 1995, 1025.

Vertriebsphase eines Emissionsprojekts auf die emittierende Gesellschaft auch keinen besonderen Einfluss ausüben wird[1353].

Von besonderer Relevanz für den Aussteller ist allerdings, dass der Bundesgerichtshof die Prospektverantwortlichkeit zudem auch für solche Personen und Unternehmen begründet hat, die wegen ihrer herausgehobenen beruflichen und wirtschaftlichen Stellung oder ihrer Eigenschaft als „berufsmäßige Sachkenner" eine Garantenstellung nach außen hin einnehmen und damit einen Vertrauenstatbestand schaffen[1354]. Zu dieser dritten Gruppe gehören insbesondere Wirtschaftsprüfer[1355], Steuerberater und Rechtsanwälte[1356]. Die Verantwortlichkeit in dieser Gruppe ist immer auf das durch den Prospekt geschaffene Vertrauen beschränkt und kann auch nur einzelne Teile des Prospekts umfassen[1357]. Es muss somit in jedem Einzelfall geprüft werden, ob sich – neben den übrigen Voraussetzungen der bürgerlich-rechtlichen Prospekthaftung – in dem Prospekt eine vertrauensbildende „Erklärung" des Ausstellers finden lässt, die den Eindruck erweckt, dieser wolle als besonderer Sachverständiger für die Richtigkeit der Angaben in dem Prospekt einstehen[1358]. So hat der VII. Senat des Bundesgerichtshofs

---

1353 Namentliche Nennung mit Kurzlebenslauf in dem Prospekt reicht nicht aus, um eine Prospektverantwortlichkeit auszulösen, *Grumann*, BKR 2002, 310, 315. Mitwirkende Handlungen in der Projektvorbereitung, genügen ebenfalls noch nicht, *Assmann/Schütze*, § 7 Rn. 116.
1354 BGHZ 77, 172, 176 f. = NJW 1980, 1840; BGHZ 79, 337, 341 = NJW 1981, 1449; BGHZ 83, 222, 224 = NJW 1982, 1514; BGHZ 111, 314, 319 = NJW 1990, 2461; BGH NJW-RR 1992, 879, 883; BGH NJW 1995, 1025. Grundlegend BGHZ 77, 172, 176 f.: „Aus der Bedeutung, die dem Emissionsprospekt zukommt, muss aber weiter gefolgert werden, dass auch alle Personen für eine sachlich richtige und vollständige Information einzustehen haben, die durch ihr *nach außen in Erscheinung tretendes Mitwirken an der Prospektgestaltung einen besonderen – zusätzlichen – Vertrauenstatbestand* schaffen. Dazu gehören insbesondere solche Personen und Unternehmen, die mit Rücksicht auf ihre allgemeine anerkannte und herausgehobene Stellung oder ihre Eigenschaft als berufsmäßige Sachkenner eine *Garantenstellung* einnehmen. In erster Linie kommen hierfür Rechtsanwälte und Wirtschaftsprüfer in Betracht, *die mit ihrer Zustimmung* im Prospekt als Sachverständige angeführt werden und in dieser Eigenschaft Erklärungen abgeben. Von ihnen wird berufliche Sachkunde und persönliche Zuverlässigkeit mit der Folge erwartet, dass der Kapitalanleger ihren Aussagen im Prospekt häufig eine maßgebliche und ausschlaggebende Bedeutung beimisst" (Hervorhebungen d. Verf.); wiederholend BGHZ 79, 337, 349; siehe auch *Assmann/Schütze*, § 7 Rn. 116, Rn. 99, *Baumbach/Hopt*, § 44 BörsG Rn.4 und Anh. § 177a HGB Rn. 63.
1355 Der Aussteller wird in der Regel dem Berufsstand der Wirtschaftsprüfer angehören, vgl. *Ostrowski/Sommerhäuser*, WPg 2000, 961, 968.
1356 Zum Ganzen *Schwark*, FS 50 Jahre BGH, Band II, S. 455, 493 f., mit Hinweis auf den bestehenden Unterschied im Vergleich zum Börsengesetz (§ 44 Abs. 1 Satz 1 Nr. 1 und 2 BörsG), wo Wirtschaftsprüfer, technische Sachverständige, Rechtsanwälte etc. – in der Regel – nicht erfasst werden.
1357 *Grumann*, BKR 2002, 310, 315.
1358 *Wagner*, BFuP 2000, 594, 595. Der BGH hat in neueren Entscheidungen das Erfordernis „der Abgabe einer eigenen Erklärung" nicht mehr ausdrücklich als Voraussetzung genannt (BGH NJW 2001, 360, 363; BGH NJW 1995, 1025; BGH NJW-RR 1992, 879), dafür ist er jedoch im Rahmen der rechtlichen Würdigung des Sachverhalts unverändert auf dieses Erfordernis eingegangen, so dass von einem Fortbestehen der in BGHZ 77, 172, 176 f. aufgestellten Grundsätze auszugehen ist, siehe *Grumann*, BKR 2002, 310, 316.

die Verantwortlichkeit des Wirtschaftsprüfers für den Prospekt eines Bauherrenmodells bejaht, obwohl dieser in dem Prospekt nicht einmal namentlich genannt war[1359].

Eine abschließende Bestimmung des Vertrauenstatbestands, der eine Prospektverantwortlichkeit des Ausstellers erst begründet, ist aufgrund der Vielgestaltigkeit der Einzelumstände nicht möglich. Um die Schaffung eines Vertrauenstatbestands nach Möglichkeit auszuschließen, können jedoch nach dem heutigen Stand der Rechtsprechung folgende Empfehlungen gegeben werden: Zunächst sind in dem Prospekt alle Hinweise zu vermeiden, die beim Anlegerpublikum den Eindruck erwecken könnten, der Aussteller des Comfort Letter stehe hinter den Aussagen des Prospekts und wolle „garantenmäßig" für die Richtigkeit der Prospektangaben einstehen. Konsequenterweise darf der Prospekt daher auch keinen Hinweis auf den existierendenden Comfort Letter enthalten, da hierin entsprechend dem vom VII. Senat des Bundesgerichtshofs entschiedenen Fall eine „Prospektprüfung" gesehen werden könnte[1360]. Die Erteilung eines Comfort Letter stellt jedoch gerade keine Prospektprüfung dar, worauf der Aussteller in dem Comfort Letter auch hinweisen wird[1361]. Weiterhin darf der Inhalt des Comfort Letter weder ganz noch auszugsweise in den „Prospekt" eingefügt werden, um schon den ersten Anschein einer „Prospektprüfung" oder „vertrauensbegründenden" Stellung durch eine „Erklärung" in dem „Prospekt" zu vermeiden. Sämtliche Empfehlungen sollten möglichst strikt beachtet werden, da die Gerichte an einen entsprechenden (typisierten) Vertrauenstatbestand zum Schutze der Anleger keine hohen Anforderungen stellen.

Sollte der Aussteller in einem Prospekt ohne seine Kenntnis oder gegen seinen Willen (missbräuchlich) als „Prospektverantwortlicher" im Sinne der Rechtsprechung des Bundesgerichtshofs dargestellt werden, kommt eine Verantwortlichkeit gegenüber Dritten gleichwohl nicht in Betracht, wenn der Aussteller die Verwendung gegenüber Dritten in dem Comfort Letter durch eine „Verwendungsklausel"[1362] untersagt hatte. In einem solchen Fall würde eine Prospektverantwortlichkeit mangels des vom Bundesgerichtshof geforderten „subjektiven Elements" einer „Erklärung" des Ausstellers ausscheiden[1363].

1359 BGHZ 111, 314, 320 = NJW 1990, 2461, 2462: In dem Prospekt war angegeben: „Prospekt und Bauherrenvertrag sind durch einen Wirtschaftsprüfer geprüft. Bericht und Testat können aus standesrechtlichen Gründen in diesem Prospekt nicht abgedruckt werden. Auf Anforderung von Interessenten wird der Prüfungsbericht selbstverständlich zur Verfügung gestellt". Der BGH führte aus, dass der Name des beklagten Wirtschaftsprüfers ohnehin für den vertrauenden Anleger weniger wichtig sei als die berufliche Qualifikation.
1360 BGHZ 111, 314, 320 = NJW 1990, 2461, 2462.
1361 IDW PS 910, WPg 2004, 342, 343 (Tz. 4).
1362 IDW PS 910, WPg 2004, 342, 354 (Tz. 106 f.).
1363 BGHZ 77, 172, 176 f. = NJW 1980, 1840: „In erster Linie kommen hierfür Rechtsanwälte und Wirtschaftsprüfer in Betracht, die *mit ihrer Zustimmung im Prospekt als Sachverständige angeführt* werden und in dieser Eigenschaft Erklärungen abgeben." (Hervorhebungen d. Verf.); vgl. Schimansky/Bunte/Lowowski/*Siol*, § 45 Rn. 36: „besondere Garantenstellung nur bei Billigung".

6. Weitere haftungsbegründende Tatbestandsmerkmale und Rechtsfolgen einer Prospektverantwortlichkeit

Eine Verantwortlichkeit des Ausstellers des Comfort Letter setzt weiterhin voraus, dass ein unrichtiger oder unvollständiger Prospekt[1364] durch leicht fahrlässiges Handeln des Ausstellers (§ 276 Abs. 2 BGB) zu einem kausalen[1365] Anlegerschaden geführt hat. Ein Verschulden seiner Prüfungsgehilfen hat der Aussteller nach § 278 BGB zu vertreten[1366]. Im Übrigen kann sich der Aussteller im Rahmen des von ihm geschaffenen Vertrauenstatbestands dem Anleger gegenüber auch nicht mit dem Einwand entlasten, dass für etwaige Fehler die Emittentin verantwortlich sei, z.B. durch die Überlassung fehlerhaften Zahlenmaterials[1367]. Aus dem gleichen Grund würde auch eine mit der Emittentin vereinbarte Haftungsbeschränkung aufgrund Allgemeiner Geschäftsbedingungen ausscheiden[1368]. Sofern die Voraussetzungen der bürgerlich-rechtlichen Prospekthaftung im Einzelfall erfüllt sind, kann der Anleger von dem Aussteller den Schaden ersetzt verlangen, der ihm im Vertrauen auf die Richtigkeit und Vollständigkeit der Prospektangaben entstanden ist[1369]. Daher kann er auch Befreiung von dem nachteiligen Anlagevertrag und Ersatz seiner Aufwendungen geltend machen[1370]. Soweit der Aussteller gemeinsam mit anderen Prospektverantwortlichen in Anspruch genommen wird, haftet er mit diesen als Gesamtschuldner (§ 421 BGB).

7. Zusammenfassung

Die börsengesetzliche Prospekthaftung, die auf den Börsenzulassungsprospekt anzuwenden ist, schließt daneben eine bürgerlich-rechtliche Prospekthaftung für den Börsenzulassungsprospekt aus, da das Börsengesetz insoweit eine abschließende Haftungsregelung enthält. Soweit über den Börsenzulassungsprospekt hinaus weitere schriftliche Werbemaßnahmen publiziert werden, für die keine gesetzliche Pflicht zur Erstellung besteht, können dagegen die Grundsätze der bürgerlich-rechtlichen Prospekthaftung entsprechend zur Anwendung kommen. Gegenstand einer bürgerlich-rechtlichen Prospekthaftung können nur Werbemaßnahmen sein, die sich an eine Vielzahl von Anlegern richten und diese zu einer Kaufentscheidung motivieren sollen, wobei für den Anleger

---

1364 Zuletzt BGH NJW 2002, 1711 f.; BGHZ 123, 106, 109 f. = NJW 1993, 2865; BGH NJW 1992, 228, 229 = BGHZ 115, 213; *Assmann/Schütze*, § 7 Rn. 63 ff.
1365 Zu Beweiserleichterungen beim Kausalitätsnachweis BGHZ 115, 213, 223; BGH NJW 1990, 2461, 2463; *Schimansky/Bunte/Lowowski/Siol*, § 45 Rn. 61 m.w.N.
1366 *Hopt*, FS Pleyer, S. 341, 356.
1367 *Hopt*, FS Pleyer, S. 341, 356.
1368 BGH NJW 2002, 1711, 1712.
1369 BGHZ 79, 337, 346 = NJW 1981, 1449; BGHZ 115, 213, 220 f. = NJW 1992, 228, 230; BGHZ 123, 106, 111 f. = NJW 1993, 2865; *Hopt*, FS Pleyer, S. 341, 356.
1370 BGHZ 79, 337, 346 = NJW 1981, 1449; BGHZ 115, 213, 221 = NJW 1992, 228.

erhebliche Tatsachen in Bezug auf die Aktien mitgeteilt werden müssen. Der Comfort Letter stellt keinen Prospekt im Sinne der bürgerlich-rechtlichen Prospekthaftung dar, da er nicht an eine Vielzahl von Anlegern gerichtet ist und den Anlegern gerade nicht als Entscheidungsgrundlage dienen soll. Eine Verantwortlichkeit des Ausstellers eines fehlerhaften Comfort Letter könnte nur unter dem Gesichtspunkt einer Garantenstellung desselben für den Prospektinhalt in Betracht kommen. Insoweit müsste ein „subjektives Element" in Form einer „garantenmäßigen Erklärung" des Ausstellers in dem Prospekt vorliegen. Wie die Verwendungsklausel (disclaimer) in dem Comfort Letter belegt, ist der Aussteller eines Comfort Letter jedoch grundsätzlich nicht bereit, gegenüber den Anlegern eine derartige Garantenstellung zu übernehmen.

IV. Haftung aufgrund der allgemeinen zivilrechtlichen Prospekthaftung im uneigentlichen Sinne (§§ 311 Abs. 2, 280 Abs. 1, 241 Abs. 2 BGB)

1. Haftungsgrundsätze

Nach der sogenannten allgemeinen zivilrechtlichen Prospekthaftung im uneigentlichen Sinne[1371] kann der Aussteller dem Anleger gegenüber zum Schadensersatz verpflichtet sein, wenn ihm nach den Umständen des konkreten Einzelfalls als „Sachwalter" aufgrund des von ihm persönlich in Anspruch genommenen Vertrauens eine selbstständige Aufklärungspflicht gegenüber dem Anleger oblag, zu deren Erfüllung er sich des inhaltlich zu beanstandenden Prospekts (nach Maßgabe der bürgerlich-rechtlichen Prospekthaftung) bedient hat, indem er sich diesen zu eigen gemacht hat[1372]. Darüber hinaus kann eine Schadensersatzpflicht gegenüber dem Anleger dann in Betracht kommen, wenn er einen aus seiner Person hergeleiteten zusätzlichen Vertrauenstatbestand neben dem Prospekt geschaffen hat und damit beim Anleger eine zusätzliche, wenn nicht sogar ausschlaggebende Gewähr für die Richtigkeit der in dem Werbeprospekt oder anderweitig gemachten Angaben geboten hat[1373]. Die Anspruchsvoraussetzungen richten sich nach den Grundsätzen der culpa in contrahendo (§§ 311 Abs. 2,

1371 Siehe *Assmann/Schütze*, § 7 Rn. 100 ff.; MünchKomm BGB/*Emmerich*, § 311 Rn. 174; Palandt/*Heinrichs*, § 280 Rn. 55; *Grumann*, BKR 2002, 310, 311.
1372 Grundlegend BGHZ 74, 103, 109; BGHZ 77, 172, 175; BGHZ 111, 314, 319 ff.; BGH WM 1992, 901, 906. Eine Haftung kommt beispielsweise für Anlageberater oder Anlagevermittler (so Schimansky/Bunte/Lowowski/*Siol*, § 45 Rn. 40; zuletzt OLG Celle (15.8.2002) BKR 2002, 841, 843 n. rkr.) oder Treuhänder und Kreditinstitute (so *Zugehör*, NJW 2000, 1601, 1608) in Betracht. Für den Treuhänder hat das OLG Köln (25.11.1998) VersR 2000, 1290 = GI 2001, 75 (rkr. durch Nichtannahmebeschluss des BGH vom 29.7.1999, Az. III ZR 22/99) entschieden, dass eine Haftung gegenüber Anlegern nach diesen Grundsätzen nicht in Betracht kommen kann, wenn in dem Prospekt ausdrücklich klargestellt ist, dass der Treuhänder weder bei der Konzeption noch bei der Erstellung und Gestaltung des Prospekts mitgewirkt hat und diese Klarstellung auch inhaltlich zutreffend ist.
1373 *Assmann/Schütze*, § 7 Rn. 100; BGHZ 74, 103, 109.

280 Abs. 1, 241 Abs. 2 BGB)[1374]. Der Anspruch folgt damit anderen dogmatischen Regeln als die bürgerlich-rechtliche Prospekthaftung. In diesem Zusammenhang ist auf ein neueres Urteil des Bundesgerichtshofs einzugehen, das eine (nochmalige) Verschärfung der Haftung für rechts- und wirtschaftsberatende Berufsangehörige erkennen lässt[1375]. Das konkurrenzrechtliche Abgrenzungsproblem zur spezialgesetzlich geregelten Börsenprospekthaftung (§§ 44, 45 BörsG) stellt sich im Übrigen hier nicht[1376].

a) Inanspruchnahme eines besonderen persönlichen Vertrauens durch den Aussteller

Eine Verantwortlichkeit des Ausstellers kann nur bei der Inanspruchnahme eines besonderen persönlichen Vertrauens desselben durch den Anleger begründet sein, etwa wenn der Aussteller als Sachwalter an Verhandlungen über den Beitritt der Anleger zur Anlagegesellschaft teilnimmt[1377]. Erforderlich ist zudem eine persönliche Kontaktaufnahme zwischen Aussteller und Anleger sowie die Enttäuschung der Anleger über das dem Aussteller (tatsächlich) gewährte Vertrauen[1378]. Das Element einer persönlichen Kontaktaufnahme liegt allerdings in den Comfort Letter-Fällen nicht vor[1379]. Eine Haftung kommt daher insoweit nicht in Betracht.

b) Hervorrufen eines zusätzlichen Vertrauenstatbestandes

Eine Haftung kann jedoch bei der Begründung eines besonderen, zusätzlichen Vertrauenstatbestands in Frage kommen, wenn der mit besonderer Sachkunde auftretende Aussteller den Eindruck erweckt, er biete eine zusätzliche, wenn nicht sogar ausschlaggebende Gewähr für die Richtigkeit der in dem Prospekt gemachten Angaben[1380].

i) Urteil des Bundesgerichtshofs vom 26.9.2000[1381]

Eine Prognose, unter welchen Voraussetzungen ein solcher besonderer zusätzlicher Vertrauenstatbestand gegeben ist, wird infolge des Urteils des Bundesgerichtshofs vom

---

1374 Assmann/Schütze, § 7 Rn. 22; Kiethe, ZIP 2000, 216; Palandt/Heinrichs, § 311 Rn. 30.
1375 BGH NJW 2001, 360 = JZ 2001, 933 m. Anm. Möllers, JZ 2001, 909 = WPK-Mitt. 2001, 78 m. Anm. Ebke/Gehringer, WPK-Mitt. 2001, 83.
1376 Kort, AG 1999, 9, 20 (r.Sp.); BT-Drs. 13/8933, S. 81 (r.Sp.).
1377 MünchKomm BGB/Emmerich, § 311 Rn. 174.
1378 Schimansky/Bunte/Lowowski/Siol, § 45 Rn. 40; Grumann, BKR 2002, 310, 311.
1379 Siehe bereits im Rahmen der auskunftsvertraglichen Haftung oben S. 233.
1380 Vgl. Reithmann/Meichssner/von Heymann/Thode, S. 439; BGHZ 74, 103, 109; BGH NJW 1991, 1881 = WM 1991, 890.
1381 BGH NJW 2001, 360 = JZ 2001, 933 m. Anm. Möllers, JZ 2001, 909 = WPK-Mitt. 2001, 78 m. Anm. Ebke/Gehringer, WPK-Mitt. 2001, 83.

26.9.2000 erheblich erschwert[1382]. Der erkennende Senat folgte dort nämlich nicht seiner früheren Rechtsprechung zur Expertenhaftung gegenüber Dritten, sondern zog ohne nähere Auseinandersetzung mit der bisherigen Rechtsprechung eine Schadensersatzpflicht des beklagten Wirtschaftsprüfers aus allgemeinen Rechtsgrundsätzen in Erwägung[1383]. Aus der Sicht des Ausstellers erwecken die maßgeblichen Entscheidungsgründe des Urteils Unbehagen, da sie die Tür zu einer Haftung des Ausstellers auch gegenüber den Anlegern geöffnet haben könnten. Die Besonderheit des Falles bestand darin, dass zwar Schadensersatzansprüche der Anleger gegen den Wirtschaftsprüfer aufgrund eines – sonst so häufig als Anspruchsgrundlage herangezogenen – Prüfungsvertrags mit Schutzwirkung zu Gunsten der Anleger mangels Kausalität nicht in Frage kamen und spezialgesetzliche sowie bürgerlich-rechtliche Prospekthaftungsansprüche ebenfalls abzulehnen waren. Nach Ansicht des X. Senates ist jedoch eine Haftung des Wirtschaftsprüfers aus culpa in contrahendo in Betracht zu ziehen, wenn die Initiatoren (eines Anlagemodells am „grauen Kapitalmarkt") mit unrichtigen Prüftestaten geworben haben und der die Testate erteilende Wirtschaftsprüfer damit rechnete oder rechnen musste, dass die Initiatoren diese zur Anwerbung von Kapitalanlegern einsetzen würden. Die Haftung des Wirtschaftsprüfers gründe sich – so der Bundesgerichtshof – auf eine pflichtwidrige Duldung des Gebrauchs seiner mit den Angaben des Prospektes nicht übereinstimmenden Prüfberichte durch die Initiatoren[1384].

ii)   Auswirkungen des Urteils auf die Praxis

Das Urteil deutet darauf hin, dass der Bundesgerichtshof einer Verschärfung der Wirtschaftsprüferhaftung zuneigt. Dabei stützt er die Haftung auf die bekannten Merkmale der „beruflichen Stellung", der „vom Staat anerkannten besonderen Sachkunde" und dessen „Garantenstellung"[1385]. Eine Haftung komme dann in Betracht, wenn ein Wirtschaftsprüfer einen zusätzlichen Vertrauenstatbestand dadurch geschaffen habe, dass er „in Kenntnis der Angaben des Werbeprospekts und des Treuhandvertrags" für die Initiatorin eines Kapitalanlagemodells (freiwillige) „Prüftestate erstelle, in denen er mit Bezug auf seine Prüfungen des Zahlungsverkehrs beim Mittelverwendungstreuhänder bestätige, dass der Zahlungsverkehr entsprechend dem Treuhandvertrag abgewickelt und die Einnahmen und Ausgaben ordnungsgemäß anhand der Kontoauszüge und

---

1382 Siehe die Besprechungen zu diesem Urteil bei *Arnold*, DStR 2001, 488; *Ebke/Gehringer*, WPK-Mitt. 2001, 83; *Emmerich*, JuS 2001, 296; *Möllers*, JZ 2001, 909.
1383 *Emmerich*, JuS 2001, 296, 297, ordnet die Entscheidung m.E. unzutreffend der Berufshaftung zu; zutreffend sieht Palandt/*Heinrichs*, § 280 Rn. 55, hierin einen Fall der Prospekthaftung im uneigentlichen Sinne.
1384 BGH WPK-Mitt. 2001, 78, 82 = JZ 2001, 933, 935 = NJW 2001, 360, 364; kritisch *Möllers*, JZ 2001, 909, 913, denn eine fahrlässige Unkenntnis stelle noch keine Duldung dar, weil eine Duldung die Kenntnis des Verpflichteten voraussetze; zum Ganzen Palandt/*Heinrichs*, § 173 Rn. 9 ff.
1385 BGH WPK-Mitt. 2001, 78, 82 = JZ 2001, 933, 935 = NJW 2001, 360, 364 (Tz. 2a).

Belege nachgewiesen worden seien"[1386]. Ein zusätzlicher Vertrauenstatbestand könnte in den Comfort Letter-Fällen dadurch begründet werden, dass die Emissionsbank oder die Emittentin in Prospekten (im Sinne der börsengesetzlichen[1387] oder der bürgerlich-rechtlichen Prospekthaftung) sowie in prospektähnlichen Darstellungen, die direkt an den Anleger gerichtet sind, auf die Existenz oder auf konkrete Feststellungen des Comfort Letter hingewiesen hat und der Aussteller mit dieser Art der Verwendung gerechnet hat oder zumindest rechnen musste und gleichwohl ein solches Verhalten duldete[1388]. Ein entsprechendes Verhalten des Ausstellers stünde aber eindeutig nicht mehr in Einklang mit der in IDW PS 910 niedergelegten berufsständischen Auffassung der Wirtschaftsprüfer zur Ausstellung von Comfort Letters.

Mit Hilfe der Verwendungsklausel (disclaimer)[1389] in dem Comfort Letter und durch eine strenge Kontrolle der Werbemaßnahmen der Emissionsbank kann das Haftungsrisiko für den Aussteller jedoch eingeschränkt werden. Die Verwendungsklausel ist, für sich betrachtet, zwar noch nicht ausreichend, um dieses Ziel zu erreichen, da durchaus Fälle denkbar sind, in denen der Anleger von der Klausel, die schließlich nur das Innenverhältnis betrifft, keine Kenntnis erhält. Der Aussteller muss aber nach der Verkehrssitte und der entsprechenden vertraglichen Vereinbarung mit der Emittentin, die die Verwendungsmöglichkeit des Comfort Letter strikt auf Emittentin und Emissionsbank beschränkt, keinesfalls mit der Entstehung eines Vertrauenstatbestands beim Anleger rechnen[1390]. Insoweit dürfte es an einem Verschuldensvorwurf gegen ihn mangeln. Sollte der Aussteller derartige Sicherungsmaßnahmen im Einzelfall ausnahmsweise unterlassen haben und sich die Feststellungen in dem Comfort Letter als unrichtig oder unvollständig herausstellen, kann er nur noch durch berichtigende Darstellungen (im Sinne von „Prospektberichtigungen") einen entsprechenden Vertrauenstatbestand der Anleger beseitigen.

iii)   *Inhaltlicher Schutzbereich des Comfort Letter*

Der Bundesgerichtshof führt im Übrigen aus, dass sich ein Wirtschaftsprüfer gegenüber dem von ihm (mit)geschaffenen Vertrauenstatbestand nicht mit der Behauptung

---

1386   BGH WPK-Mitt. 2001, 78, 82 = JZ 2001, 933, 935 = NJW 2001, 360, 364 (Tz. 2a).

1387   Auch wenn das Urteil des BGH die Verantwortlichkeit des Wirtschaftsprüfers für ein von ihm geprüftes Kapitalanlagemodell am „grauen Kapitalmarkt" betrifft (für das keine Prospektpflicht besteht), erscheint eine sinngemäße Anwendung dieser Grundsätze auf Fälle im Kontext mit Prospekten, die den Anforderungen des Börsengesetzes entsprechen, zumindest denkbar.

1388   So bereits *Ebke/Siegel*, Sonderbeilage Nr. 2, WM 2001, S. 19.

1389   IDW PS 910, WPg 2004, 342, 354 (Tz. 106 f.).

1390   Hier liegt ein wesentlicher Unterschied zum Sachverhalt der Entscheidung BGH WPK-Mitt. 2001, 78 = JZ 2001, 933 = NJW 2001, 360 vor, in der der Wirtschaftsprüfer wegen der nach außen hin sichtbaren Stellung als Prüfer der Mittelverwendung mit der Entstehung eines Vertrauenstatbestands bei den Anlegern rechnen musste. Der BGH hat daher auf eine Vergleichbarkeit des dortigen Falles mit der Garantiestellung bei der bürgerlich-rechtlichen Prospekthaftung erkannt.

verteidigen könne, er habe den Umfang seines prüferischen Vorgehens streng an dem mit den Initiatoren des Kapitalanlagemodells geschlossenen Prüfungsvertrag ausgerichtet[1391]. Dem liegt der Gedanke zugrunde, dass ein nach außen begründeter Vertrauenstatbestand nicht durch haftungsbeschränkende Vereinbarungen im Innenverhältnis aufgehoben oder eingeschränkt werden kann. Der Bundesgerichtshof, der den Wirtschaftsprüfer nach dem Inhalt des Prospekts mit der Aufgabe der „Gewährsübernahme" für die Sicherheit des Kapitalanlagemodells betraut sieht[1392], nimmt mithin eine rechtliche Beurteilung aufgrund einer Gesamtschau der Prüftestate im Zusammenhang mit den Angaben des Prospekts und unter Berücksichtigung der nachfolgenden Verwendungsmöglichkeit der Testate zur Werbung gegenüber den Anlegern vor. Für den Aussteller ist es daher äußerst wichtig, dass er in dem Comfort Letter Angaben über dessen Verwendungszweck macht[1393]. Es muss ebenfalls auf alle Hinweise verzichtet werden, die dahin ausgelegt werden könnten, der Aussteller übernehme eine „Gewähr" für die Richtigkeit und Vollständigkeit der in dem Börsenzulassungsprospekt enthaltenen Angaben, da derartige Hinweise den Aussteller in die Nähe einer Haftung gegenüber dem Anleger bringen können.

2.   Verjährung (§ 195 BGB)

Der Anspruch des Anlegers gegen den Aussteller gemäß der bürgerlich-rechtlichen Prospekthaftung im uneigentlichen Sinne verjährt innerhalb der regelmäßigen Verjährungsfrist von 3 Jahren.

V.   Deliktsrechtliche Ansprüche

Anknüpfungspunkt für eine Haftung des Ausstellers gegenüber dem Anleger kann nach der hier interessierenden Fragestellung nur die pflichtwidrige Erteilung des Comfort Letter sein. Soweit es um den Ausgleich von Vermögensschäden geht, scheidet § 823 Abs. 1 BGB bereits deshalb aus, weil die Bestimmung das Vermögen nicht als absolutes Recht schützt. Zudem besteht für einen Anspruch gemäß § 823 Abs. 2 BGB praktisch kein Raum, da eine das Vermögen des Anlegers schützende Rechtsnorm im Sinne des

---

1391   BGH WPK-Mitt. 2001, 78, 82 f. = JZ 2001, 933, 935 = NJW 2001, 360, 364.
1392   BGH WPK-Mitt. 2001, 78, 82 f. = JZ 2001, 933, 935 = NJW 2001, 360, 364: „Ist der Wirtschaftsprüfer nach dem den Anlageinteressenten vorgelegten Prospekt in das Kapitalanlagesystem so eingebunden, dass das Kapitalsicherungssystem von der Vollständigkeit und Richtigkeit der Prüfungen des Wirtschaftsprüfers abhängt, so wird hierdurch der Eindruck besonderer Zuverlässigkeit des Systems geschaffen und für die Anlageinteressenten eine zusätzliche, wenn nicht gar die ausschlaggebende Gewähr für die Richtigkeit der in dem Werbeprospekt über die Kapitalanlage gemachten Angaben gegeben". Anders als eine Garantieübernahme (dazu *Grunewald*, ZGR 1999, 583, 598) verlangt eine Gewährübernahme ein getrennt festzustellendes Verschulden.
1393   IDW PS 910, WPg 2004, 342, 354 (Tz. 106 f.).

§ 823 Abs. 2 BGB vorsätzlich verwirklicht werden muss[1394]. Selbst der durch die ständige Rechtsprechung des Bundesgerichtshofs in seinen Anforderungen sehr stark reduzierte § 826 BGB[1395], der bereits bei leichtfertigem Handeln des Aussteller eingreifen kann, vermag eine Haftung in der Regel nicht zu begründen[1396]. Damit wird das Deliktsrecht dem Anleger den Schutz in der Regel versagen, wenn es sich um den Ersatz eines fahrlässig verursachten Vermögensschadens handelt. Dies beruht auf der Erwägung des historischen Gesetzgebers, primäre Vermögensschäden des Anlegers nur bei vorsätzlichem Handeln des Ausstellers auszugleichen[1397]. Im Anwendungsbereich der börsengesetzlichen Prospekthaftung stellt § 47 Abs. 2 BörsG klar, dass etwaige Ansprüche aus vorsätzlich begangener unerlaubter Handlung durch die Börsenprospekthaftung nicht berührt werden.

C. Zwischenergebnis

1. Da im Rahmen der Erstellung des Comfort Letter und dem sich anschließenden Emissionsverfahren der Aktien keine unmittelbare Kontaktaufnahme zwischen dem Aussteller des Comfort Letter und dem Anleger stattfindet, kommen zwischen diesen auch keine vertraglichen Beziehungen, insbesondere kein Auskunftsvertrag, zustande.

2. Im Übrigen wird der Anleger in der Praxis grundsätzlich auch nicht in den Schutzbereich eines zwischen Aussteller und Emittentin geschlossenen Prüfungsvertrags oder eines zwischen Aussteller und Emissionsbank stillschweigend zustande kommenden Auskunftsvertrags einbezogen.

3. Mangels dahin gehender vertraglicher Beziehungen entfallen, sofern der Anleger aufgrund eines erheblichen Kurseinbruchs der von ihm erworbenen Aktien einen Schaden erleidet, entsprechende vertragliche Schadensersatzansprüche desselben gegen den Aussteller eines fehlerhaften Comfort Letter gemäß § 280 Abs. 1 BGB.

4. Dem Erwerber neu emittierter Aktien steht im Falle eines anschließenden erheblichen Kurseinbruchs der erworbenen Aktien auch kein Schadensersatzanspruch aufgrund des durch das Gesetz zur Modernisierung des Schuldrechts vom 26.11.2001 neu geschaffenen Haftungstatbestands gemäß §§ 311 Abs. 3 Satz 2, 280 Abs. 1, 241 Abs. 2 BGB gegen den Aussteller eines fehlerhaften Comfort Letter zu. Da der Comfort Letter aufgrund der Verwendungsklausel nur für die Emissionsbank und nicht zur Weitergabe an die Anleger bestimmt ist, kann sich

---

1394 Es wird auf die Darstellungen oben auf S. 191 verwiesen.
1395 Vgl. statt aller *Ebke*, Dritthaftung, S. 55. Zum Konkurrenzverhältnis eines Anspruchs aus § 826 BGB zur börsengesetzlichen Prospekthaftung, siehe Staudinger/*Oechsler*, § 826 Rn. 167.
1396 Siehe dazu oben auf S. 195.
1397 Vgl. *Ebke*, WPK-Mitt. 1997, 196, 199. Manche Autoren bezeichnen diese Wertung auch als „Enge des Deliktrechts", Nachw. bei *Bar*, S. 204 [Fn.4]; *Ebke*, JZ 1998, 993, 995.

der Anleger nicht darauf berufen, im Vertrauen auf den fehlerhaften Comfort Letter des Ausstellers gehandelt zu haben. Weiterhin besteht auch keine entsprechende Vermögensschutzpflicht des Ausstellers gegenüber dem Anleger gemäß § 241 Abs. 2 BGB, so dass eine Verletzung derartiger Pflichten durch den Aussteller ausgeschlossen werden kann.

5. Darüber hinaus kommt grundsätzlich keine Verantwortlichkeit des Ausstellers eines fehlerhaften Comfort Letter nach der börsengesetzlichen Prospekthaftung gegenüber dem Anleger in Frage. Nimmt der Aussteller hingegen tatsächliche oder rechtsgeschäftliche Handlungen vor, die ihn in den Kreis der Prospektverantwortlichen (§ 45 Abs. 1 Satz 1 Nr. 1 oder Nr. 2 BörsG) rücken lassen, so kann er gegebenenfalls gesamtschuldnerisch neben der Emittentin und der Emissionsbank haften.

6. Eine Haftung des Ausstellers eines fehlerhaften Comfort Letter kommt zudem grundsätzlich auch weder nach der bürgerlich-rechtlichen Prospekthaftung noch nach der allgemeinen Prospekthaftung im uneigentlichen Sinne in Betracht.

7. Schadensersatzansprüche des Anlegers gegenüber dem Aussteller eines fehlerhaften Comfort Letter nach den deliktsrechtlichen Haftungsnormen scheiden von vornherein aus, soweit den Aussteller nur der Vorwurf eines fahrlässigen Handelns trifft. Im Übrigen entfällt ein Schadensersatzanspruch gemäß § 823 Abs. 1 BGB mangels Verletzung eines absoluten Rechts, während Schadensersatzansprüche gemäß §§ 823 Abs. 2, 826 BGB eine seltene Ausnahme sein dürften.

Vierter Teil: Rechtsvergleichung

Mit dieser Untersuchung wird die Klärung der Haftungsproblematik bei der Ausstellung eines fehlerhaften Comfort Letter angestrebt. Letztlich geht es um die Frage, wer bei einer Neuemission neuer Aktien das Risiko für einen fehlerhaften Comfort Letter tragen soll. Dabei bezieht die Untersuchung insbesondere eine rechtsvergleichende Betrachtung der Haftungsproblematik nach U.S.-amerikanischen und deutschem Recht ein. Dies geschieht vor allem vor dem Hintergrund, dass die USA der wichtigste außereuropäische Handels- und Investitionspartner Deutschlands sind und ein hochentwickeltes System von Aktien- und Kapitalmärkten besitzen[1398]. Sowohl die Kapitalmärkte als auch die jeweiligen nationalen Rechtsordnungen haben sich in den vergangenen Jahrzehnten zunehmend internationalisiert und stehen heute in einem engen Wettbewerbsverhältnis. Auch die Bundesregierung hat die Bedeutung dieser starken internationalen Konkurrenz auf den Kapitalmärkten erkannt und räumt dementsprechend dem Gebot der Steigerung der Wettbewerbsfähigkeit des deutschen Kapitalmarkts höchsten Stellenwert ein, u.a. durch die Erarbeitung des sog. 10-Punkte-Plans[1399]. Vor diesem Hintergrund und im Hinblick auf den scharfen Wettbewerb der Kapitalmärkte und Rechtsordnungen erscheint ein Vergleich der Rechtssysteme zur Frage der Verantwortlichkeit des Ausstellers eines Comfort Letter zweckmäßig und geboten[1400]. Sinn und Zweck der rechtsvergleichenden Betrachtung ist es, der in Deutschland geltenden Regelung der Haftung für Comfort Letters die entsprechende Haftungsausgestaltung nach U.S.-amerikanischen Recht gegenüberzustellen. Die rechtsvergleichende Betrachtung soll Gemeinsamkeiten und Unterschiede des einschlägigen Haftungsrechts in den USA und in Deutschland aufzuzeigen mit dem Ziel, eventuelle Anregungen zu geben, wie die Ausgestaltung der Haftung für Comfort Letters in Deutschland modifiziert werden kann.

§ 10: Comfort Letters im Regime der Prospekthaftung

A.   Historische Entwicklung der Comfort Letter-Standards

In den USA entwickelte sich erstmals eine starke Nachfrage nach Comfort Letters durch underwriters, nachdem der Securities Act im Jahr 1933 vom Kongress verabschiedet

---

1398   Semler/Volhard/*Junius*, § 36 Rn. 1 f.
1399   *Eichel*, FAZ, Nr. 56, 7.3.2003, S. 20; vgl. *Köhler/Meyer*, BB 2004, 2623; *Seibert*, BB 2003, 693.
1400   *Hopt*, Verantwortlichkeit, S. 30 f., beschreibt das „Schicksal" nationaler Eigenheiten im Kapitalmarktrecht; siehe auch *Gross*, §§ 45, 46 Rn. 3.

wurde. In den USA gab es in den folgenden 32 Jahren dennoch keine berufsrechtlichen Bestimmungen zur Erteilung von Comfort Letters[1401]. Erst in den sechziger Jahren begannen die accountants einen einheitlichen Standard Letter zu entwickeln. Das American Institute of Certified Public Accountants (AICPA) stellte im November 1965 den ersten Standard für Comfort Letter vor (Statement on Auditing Procedure No. 35). Einen weiteren Entwicklungsschritt brachte dann die *BarChris*-Entscheidung des erstinstanzlichen Bundesgerichts für den Südlichen Bezirk von New York[1402], in deren Folge die underwriters erhöhte Anforderungen an die inhaltlichen Aussagen des Comfort Letter zu stellen begannen[1403]. Das AICPA präsentierte alsdann im Jahr 1971 einen neuen, verbesserten Standard für Comfort Letter (Statement on Auditing Procedure No. 48)[1404]. Diesem folgte im Jahre 1984 das Statement on Auditing Standards No. 49 des AICPA[1405]. Maßgeblicher Standard des AICPA ist gegenwärtig das am 30.6.1993 in Kraft getretene Statement on Auditing Standards No. 72 (SAS No. 72)[1406].

Die Situation in den USA bis zum Jahr 1965 war mit derjenigen in Deutschland bis zur Verabschiedung des IDW Prüfungsstandards PS 910 für Comfort Letters im März 2004 vergleichbar. Kennzeichnend war bis dahin die Vielfalt der von den Emissionsbanken angestrebten Comfort Letter-„Modelle". In den USA wird seit nahezu 40 Jahren vom AICPA ein Standard für die Erteilung eines Comfort Letter bereitgestellt, auf den der Aussteller zurückgreift und der von allen Beteiligten akzeptiert wird. Dies hat entscheidend zur allgemeinen Rechtssicherheit beigetragen. Diese Rechtssicherheit ist nunmehr auch in Deutschland dadurch gewährleistet, dass der IDW Prüfungsstandard PS 910 für Comfort Letters ebenfalls einen von allen Beteiligten akzeptierten Standard bereitstellt[1407]. Ungeachtet dessen interessiert vor dem Hintergrund des in Deutschland geltenden Haftungsrechts die Frage der Ausgestaltung der Haftung für Comfort Letters in den USA.

B. Prospekthaftung in den USA und in Deutschland

Wie die Darstellung im ersten Teil dieser Untersuchung in den Paragraphen 1 und 2 gezeigt hat, kommt dem Comfort Letter im Rahmen der Emission neuer Aktien sowohl

---

1401 *Resnik*, 34 Bus.Law. 1725, 1733 (1979).
1402 *Escott v. BarChris Construction Corp.*, 283 F.Supp. 643 (S.D.N.Y. 1968).
1403 Siehe *Weiss/Israels/Schwartz*, 57 Geo.L.J. 221, 228 (1968) ("The point to remember is that a cold comfort letter provides just that – cold comfort. Therefore do not rely on the accountants to discover problems of a material nature, even though they relate to the financial operations of the company").
1404 *Resnik*, 34 Bus.Law. 1725, 1734 (1979).
1405 *Augenbraun*, Bus. Law Today, Jul./Aug. 1993, 31.
1406 Zum Inkrafttreten des SAS No. 72 und den gegenüber SAS No. 49 vorgenommenen Veränderungen, siehe *Augenbraun*, Bus. Law Today, Jul./Aug. 1993, 31.
1407 Vgl. zur Rechtsnatur des IDW Prüfungsstandards IDW PS 910 MünchKomm HGB/*Ebke*, § 323 Rn. 26 f.; BeckBilKomm/*Winkeljohann/Hellwege*, § 323 Rn. 17; *Gehringer*, S. 111-113.

in Deutschland als auch in den USA maßgebliche Bedeutung zu. Es ist daher naheliegend, zunächst die prospekthaftungsrechtlichen Rahmenbedingungen beider zu vergleichenden Rechtsordnungen gegenüberzustellen, und dabei auf die Frage ihrer Vergleichbarkeit einzugehen.

I.   Übersicht und Vergleich der gefundenen Ergebnisse

1.   Die Prospekthaftung ist in den USA in Section 11 (a) Securities Act normiert. Darüber hinaus wurde Rule 10b-5 zu Section 10 (b) Securities Exchange Act durch die Rechtsprechung zur Grundlage der Ansprüche geschädigter Anleger ausgestaltet. In Deutschland finden sich die entsprechenden Prospekthaftungsbestimmungen in §§ 44, 45 BörsG bzw. § 13 Abs. 1 VerkProspG.

2.   In Deutschland kann nur der Börsenzulassungsprospekt bzw. der Verkaufsprospekt eine Prospekthaftung nach dem Börsengesetz bzw. Verkaufsprospektgesetz begründen. Alle anderen Unterlagen, Dokumente und Schriftstücke, die im Zusammenhang mit einem Emissionsvorhaben veröffentlicht werden, unterliegen dagegen nicht der spezialgesetzlichen Prospekthaftung. In den USA kann eine Prospekthaftung nach Section 11 (a) Securities Act allein auf das registration statement, das auch den Emissionsprospekt enthält, gestützt werden. Demgegenüber erfasst eine Haftung nach Rule 10b-5 auch sämtliche Publikationen, die „in Verbindung mit dem Kauf oder Verkauf von Wertpapieren" ("in connection with the purchase or sale of any security") veröffentlicht werden. Hinzu kommt, dass dieses Tatbestandsmerkmal von den U.S.-amerikanischen Gerichten äußerst extensiv ausgelegt wird, so dass der Aussteller eines fehlerhaften Comfort Letter einem erheblichen Haftungsrisiko ausgesetzt ist.

3.   Voraussetzung einer Prospekthaftung sind in beiden Rechtsordnungen unrichtige oder unvollständige Angaben über wesentliche Tatsachen (material facts) der Aktie. Hierunter fallen auch in die Zukunft gerichtete Werturteile und Prognosen (forward looking statements), wobei allerdings gegenüber den „wesentlichen Tatsachen" nur ein abgeschwächter Beurteilungsmaßstab zugrundegelegt wird.

4.   Beide Rechtsordnungen erleichtern dem Anleger im Rahmen der gesetzlichen Prospekthaftung – ausgenommen die Haftung nach Rule 10b-5 – mit einer großzügigen Kausalitätsvermutung den Nachweis eines ursächlichen Zusammenhangs zwischen dem mangelhaften Prospekt und der Kaufentscheidung. So ist es nicht erforderlich, dass der Anleger von dem Prospektinhalt überhaupt Kenntnis genommen hat. In Deutschland besteht eine gesetzliche Kausalitätsvermutung zu Gunsten der Anleger innerhalb der ersten 6 Monate nach Einführung der Aktien zum Börsenhandel, in den USA sogar innerhalb der ersten 12 Monate nach Wirksamwerden des registration statement. Für Ansprüche des Anlegers nach Rule

10b-5 kommen Beweiserleichterungen nach der fraud on the market doctrine in Betracht.

5. Anspruchsberechtigt können nach deutschem wie nach U.S.-amerikanischen Recht sowohl Erst- als auch Zweiterwerber der Aktien sein. In Deutschland müssen die Erst- und Zweiterwerber die Aktien allerdings innerhalb von sechs Monaten nach der Zulassung der Aktien zum Börsenhandel erworben haben. In den USA sind die Zweiterwerber nur unter erhöhten Beweisanforderungen anspruchsberechtigt. Darüber hinaus neigt die Rechtsprechung in den USA neuerdings dazu, allein die Ersterwerber junger Aktien zu schützen. Nach Rule 10b-5 können auch geschädigte Anleger, die die Aktien auf dem Sekundärmarkt als Zweiterwerber gekauft haben, Ansprüche geltend machen. Nach beiden Rechtsordnungen sind Anleger auch dann anspruchsberechtigt, wenn sie ihre Aktien inzwischen weiterveräußert haben.

6. Der Kreis der prospektverantwortlichen Personen ist in beiden Rechtsordnungen in den kapitalmarktrechtlichen Emissionshaftungsnormen abschließend geregelt. In Deutschland ist der für den Emissionsprospekt verantwortliche Personenkreis äußerst begrenzt. So haften neben der Emittentin und den hinter der Emittentin stehenden Veranlassern des Emissionsvorhabens allenfalls die Emissionsbanken, wobei sich ihre Haftung auf den *gesamten* Inhalt des Prospekts erstreckt (Prinzip der Gesamtverantwortung für den Prospekt). Dagegen sind die Wirtschaftsprüfer und andere Sachverständige, deren sachkundige Aussagen in den Emissionsprospekt aufgenommen wurden, in der Regel nicht für den Prospektinhalt verantwortlich. Nach der U.S.-amerikanischen Regelung ist der Kreis der Prospektverantwortlichen erheblich weiter gefasst. So kann auch eine Prospekthaftung sachverständiger Personen wie Wirtschaftsprüfer und Rechtsanwälte in Betracht kommen. Diese Sachverständigen sind *nicht* für den gesamten Inhalt des Prospekts, sondern nur für *die Teile* des registration statement verantwortlich, in die ihre Informationen und Angaben Eingang gefunden haben (Prinzip der partiellen Prospektverantwortlichkeit). Eine Erweiterung des Kreises der prospektverantwortlichen Personen über die Grundsätze einer Teilnehmerhaftung (aidor and abettor liability) ist in den USA dagegen nicht möglich.

7. Die Prospekthaftungsnormen beider Rechtsordnungen mit Ausnahme von Rule 10b-5 in den USA sehen eine Haftung für ein vermutetes Verschulden der Prospektverantwortlichen vor. Nach beiden Rechtsordnungen entfällt gleichermaßen eine Haftung, wenn der Prospektverantwortliche belegen kann, dass er mit der erforderlichen Sorgfalt gehandelt hat (due diligence defense). Dies hat in den USA bereits kurz nach Inkrafttreten des Securities Act im Jahre 1933 dazu geführt, dass die Emissionsbanken (underwriters) die Vorlage eines Comfort Letter verlangten.

8. Während Section 11 (b) (3) Securities Act für die due diligence defense der underwriter in den USA ausdrücklich vorsieht, dass sich diese durch eine im

Prospekt abgedruckte Expertenerklärung entlasten können, sehen die deutschen Prospekthaftungsnormen eine Entlastungsmöglichkeit durch einen entsprechenden Verweis nicht vor. Dieser Unterschied ist Ausfluss der in den USA bestehenden partiellen Prospektverantwortlichkeit.

9. Verschieden ist in beiden Ländern ebenfalls der Verschuldensmaßstab. Während in Deutschland ein Prospekthaftungsanspruch erst bei grober Fahrlässigkeit in Betracht kommt, reicht es in den USA bereits aus, wenn die Emissionsbank dem Standard of reasonableness nicht entspricht, was nach der *BarChris*-Entscheidung als ein fahrlässiges Verhalten (negligence) bewertet wird. Die Prospekthaftung ist mithin in den USA, zumal angesichts der Beweislastumkehr, anlegerfreundlicher geregelt als in Deutschland.

10. Nach deutschem wie nach U.S.-amerikanischem Recht hat der Anleger schließlich die Unrichtigkeit oder Unvollständigkeit des Prospekts bzw. registration statement darzulegen. Das Verschulden der Prospektverantwortlichen wird dagegen widerlegbar vermutet. Gleiches gilt in bestimmten zeitlichen Grenzen für das Vorliegen der haftungsbegründenden Kausalität.

II. Zusammenfassung der rechtsvergleichend gefundenen Ergebnisse

Nach dieser vergleichenden Betrachtung kann festgestellt werden, dass die Regelung der Emissionsprospekthaftung im Zusammenhang mit der Emission neuer Aktien in beiden Ländern weitgehende Ähnlichkeiten und Übereinstimmungen aufweist, wobei jedoch drei gravierende Unterschiede bestehen. Der wichtigste Unterschied ist der erheblich eingeschränkte Kreis der prospektverantwortlichen Personen in Deutschland, der grundsätzlich den Jahresabschlussprüfer ausnimmt. Hinzu kommt der eingeschränkte Haftungsmaßstab in Deutschland, der eine Haftung nur im Falle grober Fahrlässigkeit vorsieht. Schließlich differiert die Zeitdauer der Kausalitätsvermutung zwischen mangelhaftem Prospekt und Kaufentscheidung des Anlegers, wobei die Frist in den USA mit 12 Monate anlegerfreundlicher ist als die 6-Monatsfrist in Deutschland.

C. Bedeutung und Funktion von Comfort Letters

Die Bedeutung und Funktion von Comfort Letters wird durch die jeweiligen rechtlichen Rahmenbedingungen beider Rechtsordnungen sowie die jeweiligen Abläufe des Emissionsvorgangs bestimmt. Es sollen daher die Gemeinsamkeiten und Unterschiede der rechtlichen Rahmenbedingungen und Verfahrensabläufe bei der Emission neuer Aktien in Deutschland und in den USA aufgezeigt werden.

1. Weder in den USA noch in Deutschland besteht für die Beteiligten einer Aktienemission eine Rechtspflicht zur Erstellung eines Comfort Letter. Darüber hinaus
    wird der Comfort Letter in beiden Ländern auch nicht bei der Börsenzulassungsstelle eingereicht. Der Comfort Letter stellt jedoch für die Emissionsbank sowohl
    in Deutschland als auch in den USA eine zwingende Bedingung (condition precedent) für die Übernahme der Aktien dar[1408].

2. Die Ausgangslage für die Emissionsbanken bei der Emission von Aktien in
    Deutschland unterscheidet sich grundlegend von derjenigen in den USA. Während
    in den USA die Jahresabschlussprüfer (accountants/auditors [1409]) für den Teil des
    registration statement verantwortlich sind, in dem die von ihnen geprüften und
    testierten Jahresabschlüsse enthalten sind (Prinzip der partiellen Prospektverantwortlichkeit), existiert in Deutschland eine für Jahresabschlussprüfer geltende
    Prospekthaftung de lege lata nicht (Prinzip der Gesamtverantwortung für den
    Prospekt)[1410]. Dies bedeutet für die Emissionsbanken in Deutschland, dass der
    Jahresabschlussprüfer in dem Haftungsverbund der für den Prospekt verantwortlichen Personen grundsätzlich nicht vertreten ist.

3. Hinzu kommt, dass vertragliche Schadensersatzansprüche gemäß § 323 Abs. 1
    Satz 3 HGB im Falle eines fahrlässigen Verhaltens des Jahresabschlussprüfers allein von der geprüften Gesellschaft gegenüber diesem geltend gemacht werden
    können, nicht dagegen von sonstigen Verfahrensbeteiligten, wie z.B. der Emissionsbank, so dass der Jahresabschlussprüfer, ausgenommen einer Haftung gegenüber seiner Auftraggeberin, insoweit keiner Haftung unterliegen kann. Diese
    „Haftungssperre" des Jahresabschlussprüfers gegenüber Dritten kann nach der
    herrschenden Meinung auch nicht dadurch unterlaufen werden, dass der zwischen
    emittierender Gesellschaft und Jahresabschlussprüfer geschlossene Vertrag über
    die Jahresabschlussprüfung – stillschweigend – als ein solcher mit Schutzwirkung
    für Dritte, nämlich z.B. für die Emissionsbank ausgestaltet wird mit der Folge,
    dass der Jahresabschlussprüfer im Falle eines fahrlässig pflichtwidrigen Handelns
    entgegen § 323 Abs. 1 Satz 3 HGB dennoch haften würde[1411].

4. Vielfach wird davon ausgegangen, der Comfort Letter könne als Vehikel für einen
    Rückgriffsanspruch der Emissionsbanken gegenüber dem Aussteller genutzt werden[1412]. Eine Rückgriffsmöglichkeit der Emissionsbanken gegenüber dem

---

1408 Siehe *Krämer*, in: Marsch-Barner/Schäfer, § 9 III Rn. 220.
1409 Section 11 (a) (4) SA verwendet den Begriff accountant, meint aber den auditor, vgl. *Ebke*,
      Dritthaftung, S. 181 [Fn. 11].
1410 Siehe zum Entwurf des Kapitalmarktinformationshaftungsgesetzes der Bundesregierung unten
      S. 333.
1411 Streitig, siehe zur Sperrwirkung MünchKomm HGB/*Ebke*, § 323 Rn. 112 ff.; zuletzt BGHZ 138,
      257 = JZ 1998, 1013 m. Anm. *Ebke* JZ 1998, 991.
1412 *Kunold*, in: Habersack/Mülbert/Schlitt, § 21 (S. 613).

Aussteller muss allerdings aufgrund der in dieser Untersuchung gefundenen Ergebnisse bezweifelt werden[1413].

5. Die Emissionsbanken unterliegen in den USA äußerst strengen Prospektprüfungspflichten, die deutlich über die entsprechenden, in Deutschland geltenden Pflichten hinausgehen. So müssen die Emissionsbanken in den USA eine unabhängige Prüfung durchführen und dürfen sich nicht allein auf die Angaben der Emittentin verlassen (Due-Diligence-Prüfung). Zu diesem Zweck wenden sich die Emissionsbanken u.a. an accountants, die sie bei den Untersuchungen unterstützen. Wenn demgegenüber die deutschen Emissionsbanken insoweit auch nicht den gleichen strengen Prospektprüfungspflichten unterliegen wie in den USA, so müssen diese auch in Deutschland jeweils eine unabhängige Prüfung durchführen und dürfen sich nicht allein auf die Angaben der Emittentin verlassen. Wesentliche Aufgabe des Comfort Letter ist es mithin in beiden Ländern, die Richtigkeit und Vollständigkeit des Emissionsprospekts sicherzustellen.

6. Die Prospekthaftung für den Emissionsprospekt ist in beiden Rechtsordnungen als eine Haftung für ein vermutetes Verschulden ausgestaltet. Die Emissionsbank, die von einem Anleger auf Schadensersatz in Anspruch genommen wird, muss daher den Exkulpationsnachweis erbringen, um beim Vorliegen der sonstigen anspruchsbegründenden Voraussetzungen eine Haftung abwenden zu können. Infolgedessen wird in beiden Ländern eine sog. Due-Diligence-Prüfung durchgeführt, wobei der Comfort Letter eine zusätzliche Untersuchung durch einen unabhängigen Experten zur Due-Diligence-Prüfung darstellt, um eventuelle Schadensersatzansprüche auszuschließen. Eine gründliche und sorgfältige Due-Diligence-Prüfung ist in den USA ebenfalls geeignet, den gegenüber der Emissionsbank geltend gemachten Section 10 (b) Securities Exchange Act i.V.m. Rule 10b-5-Anspruch zu vermeiden.

7. Neben dem rechtlichen Risiko einer Aktienemission darf nicht übersehen werden, dass den Emissionsbanken auch ein Imageschaden entstehen kann, wenn sich später herausstellt, dass der Emissionsprospekt fehlerhaft war. Deswegen wird der Comfort Letter nicht nur aus rechtlichen Erwägungen, sondern auch aus wirtschaftlichen Überlegungen verlangt.

8. In den USA werden in der Regel zwei Comfort Letters ausgestellt. Der erste ist auf den Tag des Wirksamwerdens des registration statement datiert. Der zweite erfolgt am Tag des closing der Transaktion. In Deutschland werden dagegen regelmäßig drei Comfort Letters bei einer Neuemission von Aktien von der Emissionsbank gefordert. Der erste Comfort Letter ist bei der Veröffentlichung des vorläufigen Verkaufsprospekts zu Beginn des Bookbuilding-Verfahrens notwendig. Der zweite Comfort Letter ist auf den Tag der Veröffentlichung des Börsenzulas-

---

1413 Siehe dazu sogleich unten S. 289.

sungsprospekts bezogen. Der dritte Comfort Letter, auch Bring Down Comfort Letter genannt, ist zum Tag des closing vorzulegen.

9. In beiden Ländern verlangen die Emissionsbanken einen Comfort Letter, bezogen auf den Tag des closing der Transaktion, um im Falle einer wesentlichen Veränderung der Vermögensverhältnisse der Emittentin noch von dem underwriting agreement zurücktreten zu können (market out clause)[1414].

Die rechtsvergleichende Betrachtung macht deutlich, dass die Emissionsbanken in den USA, bedingt durch die grundsätzlich bestehende Prospektverantwortlichkeit des Jahresabschlussprüfers, in einer günstigeren Lage sind als die Emissionsbanken in Deutschland. Andererseits sind sie angesichts ihrer weitreichenderen Prospektprüfungspflichten einer strengeren Haftung ausgesetzt als die Emissionshäuser in Deutschland. Durch die *BarChris*-Entscheidung wurden sie in den USA schon Ende der sechziger Jahre verpflichtet, eine unabhängige Prüfung durchzuführen. Aufgrund der Ausdehnung des Geschäftsfelds U.S.-amerikanischer Investmentbanken auf Deutschland sowie der Übernahme von Führungspositionen U.S.-amerikanischer Investmentbanker in deutschen Investmenthäusern und der verstärkten Nutzung des U.S.-amerikanischen Kapitalmarkts durch deutsche Unternehmen entwickelte sich die Comfort Letter-Praxis in den neunziger Jahren auch in Deutschland zu einem standardisierten Verfahren einer Kapitalmarkttransaktion[1415].

D. Motive des Ausstellers bei der Erteilung des Comfort Letter

Der Aussteller steht im Mittelpunkt der rechtsvergleichenden Untersuchung. Die für seine Tätigkeit bei einer Aktienemission geltende rechtliche Ausgangssituation in beiden Rechtsordnungen stellt sich wie folgt dar:

1. Die Stellung des U.S.-amerikanischen accountant im Rahmen eines Emissionsvorhabens unterscheidet sich hinsichtlich seiner zivilrechtlichen Haftung gegenüber derjenigen des Wirtschaftsprüfers in Deutschland. In den USA haften die accountants den Anlegern aufgrund der kapitalmarktrechtlichen Prospekthaftung für fehlerhafte und irreführende Angaben im registration statement (Prinzip der partiellen Prospektverantwortlichkeit). Sie müssen darauf achten, dass die von ihnen geprüften und testierten Jahresabschlüsse, die mit ihrer Zustimmung in dem registration statement enthalten sind, im Zeitpunkt des effective date des registration statement zutreffend und vollständig sind[1416]. Dabei dürfen sie sich nicht allein

---

1414 Zum Ganzen *Cox/Hillmann/Langevoort*, Sec. 4 A (S. 222); *Dooley*, 58 Va.L.Rev. 776, 789 (1972) [Fn. 68] m.w.N.
1415 Vgl. *Köhler/Weiser*, DB 2003, 565, 566 f.
1416 *Causey*, § 11 (S. 301); *Steinberg*, § 6.04 (S. 158 f.).

auf die Angaben der Emittentin stützen, sondern müssen eine eigene Due-Diligence-Prüfung durchführen[1417] (subsequent events review[1418]).

2. In Deutschland entfällt in der Regel eine Prospekthaftung des Jahresabschlussprüfers, jedenfalls wenn er lediglich unrichtiges Zahlenmaterial für den Prospekt geliefert hat (Prinzip der Gesamtverantwortung für den Prospekt)[1419]. Dies bedeutet dass der Jahresabschlussprüfer in dem Haftungsverbund der für den Prospekt verantwortlichen Personen grundsätzlich nicht vertreten ist.

3. Aus § 323 Abs. 1 Satz 3 HGB ergibt sich nach herrschender Ansicht eine (handelsrechtliche) Sperrwirkung dergestalt, dass der Jahresabschlussprüfer im Falle eines fahrlässigen Verhaltens allein von der geprüften Gesellschaft, nicht dagegen von sonstigen Verfahrensbeteiligten, wie z.b. der Emissionsbank, in Anspruch genommen werden kann. Der Jahresabschlussprüfer unterliegt damit, ausgenommen gegenüber seiner Auftraggeberin, keiner Haftung.

4. Diese Haftungssperre zugunsten des Abschlussprüfers gegenüber Dritten kann nach herrschender Meinung auch nicht dadurch unterlaufen werden, dass der zwischen emittierender Gesellschaft und Jahresabschlussprüfer geschlossene Vertrag über die Jahresabschlussprüfung – stillschweigend – als ein solcher mit Schutzwirkung für Dritte, nämlich z.b. für die Emissionsbank ausgestaltet wird mit der Folge, dass der Jahresabschlussprüfer im Falle eines fahrlässig pflichtwidrigen Handelns entgegen § 323 Abs. 1 Satz 3 HGB dennoch haften würde[1420].

Die rechtliche Ausgangslage des Ausstellers und Wirtschaftsprüfers bei einem Emissionsvorgang weist in Deutschland hinsichtlich der Verantwortlichkeit der von ihm geprüften und testierten Jahresabschlüsse erhebliche Unterschiede im Vergleich zu den USA auf. Aufgrund der vorstehend unter Ziffer 1 bis 4 dargestellten Rechtslage ist die Interessensituation der Wirtschaftsprüfer in Deutschland, die zugleich als Aussteller eines Comfort Letter fungieren, eine andere als die ihrer Kollegen in den USA. So sind sie bestrebt, ihre günstigere Rechtsposition nicht dadurch zu verlieren, dass sie mit der Erteilung eines Comfort Letter zusätzliche Haftungsrisiken übernehmen, die nach der Gesetzeslage nicht gegeben sind. Zwar wird teilweise angenommen, der Comfort Letter könne einen Rückgriffsanspruch der Emissionsbanken gegenüber dem Aussteller begründen[1421]. Eine Rückgriffsmöglichkeit der Emissionsbanken gegen den Aussteller ist allerdings nach den in dieser Untersuchung gefundenen Ergebnissen nur in engen

---

1417 *Ernst & Ernst v. Hochfelder*, 425 U.S. 185, 208 (1976); *Causey/Causey*, 12 Miss.Coll.L.Rev. 7, 16 (1991); *Causey*, § 11 (S. 304).

1418 *Causey*, § 11 (S. 302); *Resnik*, 34 Bus.Law. 1725, 1729 (1979).

1419 Siehe zum Entwurf des Kapitalmarktinformationshaftungsgesetzes der Bundesregierung unten S. 333.

1420 Streitig, siehe zur Sperrwirkung MünchKomm HGB/*Ebke*, § 323 Rn. 112 ff.; zuletzt BGHZ 138, 257 = JZ 1998, 1013 m. Anm. *Ebke* JZ 1998, 991.

1421 *Kunold*, in: Habersack/Mülbert/Schlitt, § 21 (S. 613).

Grenzen möglich[1422]. Im Übrigen bestehen in der Regel keine Ansprüche der Emittentin gegen den Aussteller[1423].

1422 Zur Haftung des Ausstellers gegenüber der Emissionsbank unten S. 289.
1423 Zur Haftung des Ausstellers gegenüber der Emittentin unten S. 279.

§ 11: Comfort Letters als Anknüpfungspunkt einer Rückgriffshaftung des Ausstellers?

Aufgrund der in den USA bestehenden partiellen Prospektverantwortlichkeit, die eine direkte Expertenhaftung der accountants auch für die fehlerhaften Jahresabschlüsse vorsieht, kommt einer haftungsbegründenden Funktion des Comfort Letter in der U.S.-amerikanischen juristischen Diskussion allenfalls eine sekundäre Bedeutung zu. Erhebliche Bedeutung hat der Comfort Letter demgegenüber in den USA aufgrund seiner Entlastungsfunktion (due diligence defense) für die Emissionsbank. In Deutschland kommt es angesichts der Ausgestaltung der Prospekthaftung für den *gesamten* Emissionsprospekt mit Ausnahme des Jahresabschlussprüfers zu eine Verschiebung des funktionalen Anwendungsbereichs der Comfort Letters. Neben der nach U.S.-amerikanischen Verständnis ursprünglich zugedachten Entlastungsfunktion für die Emissionsbanken hat sich hierzulande die juristische Diskussion von Anfang an auch einer möglichen Haftungsfunktion der Comfort Letters zugewendet. Etwaige Haftungsfragen im Zusammenhang mit Comfort Letters betreffen dabei vornehmlich Rückgriffsansprüche der Emittentin sowie der Emissionsbanken gegenüber dem Aussteller.

A.   Die Haftung des Ausstellers gegenüber der Emittentin

Die in den darstellenden Länderberichten in den Paragraphen 4 und 7 gefundenen Ergebnisse werden in der folgenden Darstellung vergleichend gegenübergestellt, um Erkenntnisse über die haftungsrechtliche Verantwortlichkeit des Ausstellers gegenüber der Emittentin zu gewinnen.

I.   Vertragsrecht

1.   Sowohl in den USA als auch in Deutschland verpflichtet sich die Emittentin üblicherweise im Übernahmevertrag (underwriting agreement) gegenüber der Emissionsbank, einen Wirtschaftsprüfer mit der Ausstellung eines oder mehrerer Comfort Letters zu beauftragen. Auf dieser Grundlage wird sodann jeweils der Prüfungsvertrag zwischen der Emittentin und dem Aussteller geschlossen. Die Emittentin kann somit nach beiden Rechtsordnungen, sofern der Aussteller des Comfort Letter seinen Pflichten aus dem Prüfungsvertrag nicht nachkommt, unmittelbar diesem gegenüber Schadensersatzansprüche geltend machen.

2. Während in Deutschland die vertragliche Schadensersatzpflicht des Ausstellers des Comfort Letter gesetzlich normiert ist, werden die Anspruchsgrundlagen in den USA durch die Gerichte der einzelnen Bundesstaaten bestimmt.

3. In Deutschland besteht grundsätzlich eine verschuldensabhängige Vertragshaftung. Demgegenüber ist das U.S.-amerikanische Recht durch eine verschuldensunabhängige Vertragshaftung gekennzeichnet.

4. Ein weiterer maßgeblicher Unterschied beider Rechtsordnungen besteht darin, dass in Deutschland der Inhalt und der Umfang der Vertragspflichten der – u.U. auch ergänzenden – Vertragsauslegung zugänglich ist, während das U.S.-amerikanische Recht eine Vertragsauslegung nur in engen Grenzen zulässt. Die Folge hiervon ist, dass nach der U.S.-amerikanischen Rechtsordnung die Vertragspflichten jeweils durch die Vertragspartner detailliert und umfassend festgelegt werden. Demgemäß sieht auch der Prüfungsvertrag in den USA in der Regel ein umfassendes Pflichtenprogramm des Ausstellers vor. Dennoch wird die vertragliche Dokumentation des Pflichtenprogramms vielfach Lücken aufweisen, die sodann mangels einer – ergänzenden – Vertragsauslegung nicht geschlossen werden können. Dies führt dazu, dass in den USA in derartigen Fällen der breach-of-contract-Schadensersatzanspruch der Emittentin nur eingeschränkt zur Verfügung steht. Im Übrigen kann festgestellt werden, dass die Gerichte in den USA die Emittentin in solchen Fällen häufig auf die deliktsrechtlichen Ansprüche des law of torts verweisen, da es sich um sogenannte deliktsrechtliche malpractice-Ansprüche handelt.

5. Der Anspruch auf Ersatz des direkten Mangelschadens an dem fehlerhaften Comfort Letter folgt in Deutschland aus §§ 634 Nr. 4, 280, 281, 636 BGB. Nach der U.S.-amerikanischen Rechtsordnung ergeben sich die Voraussetzungen eines vertraglichen Schadensersatzanspruchs, wie im Einzelnen in Paragraph 4 aufgezeigt, aus dem common law.

6. Der Schaden der Emittentin aufgrund eines fehlerhaften Comfort Letter kann nach deutschem Recht u.a. darin bestehen, dass diese Schadensersatzansprüchen Dritter ausgesetzt ist. Insoweit kann die Emittentin von dem Aussteller des fehlerhaften Comfort Letter gemäß § 280 Abs. 1 BGB Freistellung von derartigen Ansprüchen als Mangelfolgeschaden verlangen. Ein dahin gehender Schadensersatzanspruch wegen Pflichtverletzung (§ 280 Abs. 1 BGB) stützt sich in Deutschland in der Regel darauf, dass der Aussteller eine ihm aufgrund seiner Berufspflichten oder aufgrund des Prüfungsvertrags obliegende Prüfungshandlung fehlerhaft bzw. nicht vorgenommen oder es versäumt hat, die aus den pflichtgemäß durchgeführten Untersuchungshandlungen notwendigen Feststellungen und Aussagen im Sinne des IDW Prüfungsstandards PS 910 zu treffen.

   a) Die Verletzungshandlung muss kausal für die Pflichtverletzung sein und die Pflichtverletzung zu einem kausalen Schaden an den Rechtsgütern der

Emittentin geführt haben. Im Falle einer Unterlassungshandlung des Ausstellers kann der Nachweis der haftungsbegründenden Kausalität nicht ohne
weiteres erbracht werden. So reicht es keinesfalls aus, dass die bloße Möglichkeit oder eine gewisse Wahrscheinlichkeit des Nichteintritts der Pflichtverletzung besteht.

b)   Der Kausalzusammenhang zwischen Pflichtverletzung und Vermögensschaden muss neben Äquivalenz und Adäquanz auch den Schutzzweck der
Norm sowie ein rechtmäßiges Alternativverhalten des Ausstellers berücksichtigen. Dabei werden nur solche Schäden innerhalb des Schutzzwecks
der Norm liegen, die der Comfort Letter gerade abwenden sollte, was sich
aus dem Inhalt und Zweck des individuellen Prüfungsvertrags ergibt. Hätte
die Emissionsbank die Aktien auch im Falle eines pflichtgemäß erstellten
Comfort Letter von der Emittentin übernommen, kann der Aussteller unter
dem Gesichtspunkt des rechtmäßigen Alternativverhaltens jedenfalls nicht
für die Schäden herangezogen werden, die aufgrund der Aktienemission
nach der börsengesetzlichen Prospekthaftung entstanden sind.

c)   Wie eine Entscheidung des U.S.-amerikanischen erstinstanzlichen Bundesgerichts für den Bezirk von Hawaii gezeigt hat, kann in den USA ein rechtmäßiges Alternativverhalten des Ausstellers angenommen werden, wenn
feststeht, dass das zuständige Organ des Adressaten eines Comfort Letter in
jedem Falle die Transaktion fortgesetzt hätte[1424]. In der Entscheidung In re
The Hawaii Corporation stellte Judge Panner daher fest, dass der beklagte
Aussteller auch aus diesem Grund nicht für den von ihm erteilten Comfort
Letter verantwortlich war.

d)   Im Gegensatz zum verschuldensunabhängigen Schadensersatzanspruch wegen breach of contract in den USA kommt eine Haftung des Ausstellers in
Deutschland nur bei einem schuldhaftem Handeln in Frage. Der Aussteller
hat sein eigenes Verhalten nach § 276 BGB und das seiner Erfüllungsgehilfen nach § 278 BGB zu vertreten. Bereits ein leicht fahrlässiges Verhalten
ist ausreichend. Der anzuwendende Sorgfaltsmaßstab ist objektiv-abstrakter
Natur, so dass ein „berufsbezogener Fahrlässigkeitsmaßstab" für den Aussteller des Comfort Letter gilt. Der IDW Prüfungsstandard PS 910 kann in
diesem Zusammenhang dadurch Verbindlichkeit erlangen, dass die Gerichte
die vom IDW festgelegten Grundsätze als Verkehrs- bzw. Berufspflichten
für den Aussteller von Comfort Letters ansehen. Demgegenüber ist in den
USA im Rahmen einer gerichtlichen Auseinandersetzung eine Bezugnahme
auf den U.S.-amerikanischen Standard SAS No. 72 häufig nicht möglich, da

---

1424 *In re The Hawaii Corporation*, 567 F.Supp. 609, 627 (D. Haw. 1983) ("I am satisfied that the
      THC Board would have proceeded with the reorganization, irrespective of the conduct of the de-
      fendant").

die Prüfungspflichten von den Parteien ausdrücklich vereinbart werden müssen.

e) Vertragliche Ansprüche der Emittentin gegenüber dem Aussteller können in Deutschland aufgrund eines Mitverschuldens der Emittentin bei der Entstehung des Schadens eine Einschränkung erfahren. Hierbei ist zu würdigen, dass die Emittentin den Gegenstand des Comfort Letter bildet und daher über ihre eigenen finanziellen Verhältnisse informiert ist. Ein Schadensersatzanspruch wird deshalb in der Regel ausscheiden. Dagegen bleibt in den USA ein Mitverschulden der Emittentin im Rahmen vertraglicher Ansprüche außer Betracht, da diese Ansprüche im Gegensatz zu deliktsrechtlichen Ansprüchen des law of torts verschuldensunabhängig ausgestaltet sind.

f) In Deutschland kann sich im konkreten Einzelfall eine Haftungsbeschränkung aufgrund einer entsprechenden vertraglichen Haftungsabrede ergeben. Dabei ist eine Begrenzung der Haftungssumme, ein abweichender Haftungsmaßstab oder eine abweichende Verjährungsregelung durch individualvertragliche Abrede oder Einbeziehung der Allgemeinen Auftragsbedingungen für Wirtschaftsprüfer (AAB) möglich. Allerdings hat der Gesetzgeber der Zulässigkeit einer abweichenden rechtlichen Gestaltung, u.a. aufgrund des § 54a WPO und der §§ 305 ff. BGB, oftmals Grenzen gesetzt.

II. Sonderprivatrecht

In Deutschland können Ansprüche der Emittentin gegen den Aussteller eines Comfort Letter nicht auf § 323 Abs. 1 Satz 3 HGB gestützt werden, da es sich insoweit nicht um einen Pflichtprüfungsfall im Sinne von §§ 316 ff. HGB handelt. Im Übrigen kommt auch keine analoge Anwendung der Norm in Betracht.

III. Kapitalmarktrecht

1. In den USA kann die Emittentin einen Schadensersatzanspruch gegen den Aussteller auch auf die kapitalmarktrechtliche Anspruchsnorm Rule 10b-5 in Verbindung mit Section 10 (b) Securities Exchange Act stützen. Allerdings dürfte es ihr nur in ganz besonders gelagerten Fällen gelingen, ein Verschulden des Ausstellers mit scienter nachzuweisen. Ein fahrlässiges Handeln des Ausstellers reicht dagegen nicht aus, um den Haftungstatbestand zu erfüllen.

2. Das Vertrauen in die Richtigkeit und Vollständigkeit der Darstellung im Comfort Letter (reliance) ist ein weiteres nur schwer nachzuweisendes Anspruchsmerkmal des Rule 10b-5-Anspruchs. In der Entscheidung *CL Alexanders Laing & Cruick-*

shank v. Goldfeld des erstinstanzlichen Bundesgerichts für den Südlichen Bezirk von New York wurde die Klage eines Investors gegen die beklagte Wirtschafts-prüfungsgesellschaft durch summary judgment[1425] abgewiesen[1426]. Nach Ansicht des Gerichts konnte das für eine Haftung nach Rule 10b-5 erforderliche Vertrauen (reliance) des Investors in die Angaben des Comfort Letter im konkreten Fall nur in engen Grenzen entstehen, da der Aussteller dem Comfort Letter explizit eine Verwendungsklausel (disclaimer) beigefügt hatte und der Investor in Bezug auf die Transaktion zudem in hohem Maße über eigene Sachkunde verfügte. Über-trägt man diese Grundsätze auf die Beurteilung der reliance der Emittentin, so liegt es nahe, dass diese den Angaben des Comfort Letter ebenfalls nur in engen Grenzen vertrauen kann, sofern der Aussteller im Comfort Letter einen disclaimer verwendet und die Emittentin darüber hinaus einen detaillierten Kenntnisstand über ihr eigenes Unternehmen besitzt.

3. Ein Berufungsgericht im Staat New York hat in *Rotterdam Ventures, Inc. v. Ernst & Young LLP* in dem vergleichbaren Fall eines negligence-Anspruchs eines In-vestors die reliance aus denselben Gründen verneint[1427]. Die vom Gericht in die-ser Entscheidung aufgestellten Grundsätze sind auch auf den Rule 10b-5-Anspruch der Emittentin übertragbar.

4. Wie in Paragraph 4 ausgeführt, stellt die reliance der Emittentin aufgrund ihrer eigenen Kenntnisse über ihr Unternehmen sowie angesichts der ihr bekannten Verwendungsklausel (disclaimer) eine nur schwer zu erfüllende Anspruchsvor-aussetzung dar.

5. Das deutsche Kapitalmarktrecht erweist sich dagegen für die Emittentin als wenig ergiebig, da ihr aufgrund börsen- oder verkaufsprospektgesetzlicher Prospekthaf-tung keine Ansprüche gegen den Aussteller zustehen. Eine dem U.S.-amerikanischen Recht vergleichbare Haftungsnorm wie Rule 10b-5 in Verbindung mit Section 10 (b) Securities Exchange Act ist im deutschen Recht unbekannt.

IV. Deliktsrecht

1. Die Emittentin kann ihre Klage nach U.S.-amerikanischem Recht auf die An-spruchsgrundlagen des law of torts (Deliktsrecht) stützen, das Teil des common law ist. Einem Anspruch der Emittentin aus negligence oder negligent misrepre-sentation stehen allerdings schwer überwindbare Hindernisse entgegen. Gegen-stand der Darstellungen des Comfort Letter ist das Unternehmen der Emittentin.

1425 Siehe zum summary judgment oben Fn. 523, S. 108.
1426 *CL Alexanders Laing & Cruickshank v. Goldfeld*, 739 F.Supp. 158, 162 (S.D.N.Y. 1990); aus-führliche Fallbesprechung siehe oben S. 148.
1427 *Rotterdam Ventures, Inc. v. Ernst & Young LLP*, 300 A.D.2d 963, 966 (N.Y.App. 2002); ausführ-liche Fallbesprechung siehe oben S. 128.

Dieser ist daher die eigene Kenntnis zuzurechnen (respondeat superior doctrine). Wie die Entscheidungen *CL Alexanders Laing & Cruickshank v. Goldfeld*[1428] und *In re The Hawaii Corporation*[1429] zeigen, kann angesichts der im Comfort Letter enthaltenen Warnhinweise und eingeschränkten Aussagen des Ausstellers ein „berechtigtes Vertrauen" (justifiable reliance) der Emittentin nur in engen Grenzen entstehen[1430]. Ein auf negligence beruhender Anspruch der Emittentin wird daher in den USA in der Regel nicht begründet sein.

2. Mit der Entscheidung *In re The Hawaii Corporation* des U.S.-amerikanischen erstinstanzlichen Bundesgerichts für den District von Hawaii liegt ein ausführlich begründetes Urteil zur Vertrags- und Deliktshaftung des Ausstellers gegenüber seinem unmittelbaren Vertragspartner vor. Dabei ging es in erster Linie um die Fahrlässigkeitshaftung des Ausstellers für negligence.

a) Zur Frage der Pflichtverletzung bei der Ausstellung des Comfort Letter prüfte das Gericht den genauen Wortlaut der Aussagen des Comfort Letter[1431]. In diesem war exakt dargelegt, welche Prüfungstätigkeiten durchgeführt worden waren und welche Feststellungen hieraus gezogen werden konnten. Desweiteren wurde von dem Gericht untersucht, ob es entgegen der Darstellungen im Comfort Letter zu einer wesentlichen Vermögensveränderung des geprüften Unternehmens innerhalb der change period gekommen war, die von den accountants in fahrlässiger Weise nicht erkannt worden war. Die Beurteilung der festgestellten Fakten durch Judge Panner erfolgte dabei zum Stichtag des Comfort Letter, da dieser Tag den relevanten Beurteilungshorizont des Ausstellers bildete. Das Pflichtenprogramm des Ausstellers entnahm das Gericht dem Wortlaut des Comfort Letter, der die Reichweite der übernommenen Pflichten festlegte: "The comfort letter is the limit of defendant's commitment"[1432]. Im Comfort Letter hatte der Aussteller sehr vorsichtige und zurückhaltende Formulierungen verwendet. Die Prüfungshandlungen für die Zwischenperiode (change period) waren auf die Durchsicht von Zwischenabschlüssen für unterschiedliche Zeiträume beschränkt. Die Zwischenabschlüsse waren von der geprüften Gesellschaft selbst erstellt worden (company-prepared interim statements) und ungeprüft. Wie der Aussteller in dem Comfort Letter zudem klargestellt hatte, konnte er keine Gewähr dafür übernehmen, dass seine Untersuchungshandlungen auch tatsächlich wesentliche Veränderungen in den dargestellten

1428 *CL Alexanders Laing & Cruickshank v. Goldfeld*, 739 F.Supp. 158, 162 (S.D.N.Y. 1990); ausführliche Fallbesprechung siehe oben S. 148.

1429 *In re The Hawaii Corporation*, 567 F.Supp. 609, 627 (D. Haw. 1983); ausführliche Fallbesprechung siehe oben S. 107.

1430 Siehe *CL Alexanders Laing & Cruickshank v. Goldfeld*, 739 F.Supp. 158, 162 (S.D.N.Y. 1990); *in re The Hawaii Corporation*, 567 F.Supp. 609, 627 (D. Haw. 1983).

1431 *In re The Hawaii Corporation*, 567 F.Supp. 609, 622 [Fn. 6] (D. Haw. 1983).

1432 *In re The Hawaii Corporation*, 567 F.Supp. 609, 624 (D. Haw. 1983).

Finanzangaben offenbarten. Demzufolge befand Judge Panner, dass die Nachforschungshandlungen im Zusammenhang mit der Comfort Letter-Ausstellung und die Darstellungen in dem Comfort Letter in Einklang mit der (prüfungs)vertraglichen Verpflichtung und den professionellen Berufspflichten zum Zeitpunkt der Erteilung des Comfort Letter standen. Ein fahrlässiges Verhalten des Ausstellers bei Erteilung des Comfort Letter wurde daher seitens des Gerichts verneint.

b) Da der Comfort Letter an das zuständige Organ der geprüften Gesellschaft (board of directors) gerichtet war, das über die Umstände der Transaktion und die Geschäfte der fusionierenden Unternehmen informiert war, konnte dieses Organ den Aussagen des Comfort Letter auch nur eingeschränkt vertrauen. Hiernach war die Entstehung eines „berechtigten Vertrauens" (justifiable reliance) in die Angaben des Comfort Letter nicht möglich.

c) Judge Panner brachte es in dieser sorgfältig begründeten Entscheidung auf den Punkt, was in Wirtschaftsprüferhaftungsfällen häufig im Hintergrund steht: Wer trägt im Falle einer falschen Investmententscheidung des Managements das wirtschaftliche Risiko einer Transaktion? Die Antwort gab Judge Panner sogleich selbst: "No one likes to accept the blame for a disaster. (...) In hindsight it is always easy to decide that someone else is to blame"[1433].

3. Ein auf fraudulent misrepresentation gestützter Anspruch wird nach U.S.-amerikanischem Recht im Regelfall ebenfalls nicht begründet sein, und zwar deshalb nicht, weil eine Ausübung der beruflichen Pflichten des Aussteller in Täuschungsabsicht nur in seltenen Ausnahmefällen denkbar erscheint. Zudem wird ein Handeln des Ausstellers in Täuschungsabsicht nur schwer zu beweisen sein, da an die der Emittentin obliegende Beweislast hohe Anforderungen gestellt werden und die Beweise im Übrigen klar, widerspruchslos und zwingend sein müssen. Außerdem wird die Emittentin große Schwierigkeiten haben, ein „berechtigtes Vertrauen" (justifiable reliance) in die Angaben des Ausstellers darzulegen. Insoweit müssen die im Rahmen des negligent-misrepresentation-Anspruchs dargestellten Entscheidungen entsprechend beachtet werden. Ein Haftungsrisiko des Ausstellers entfällt damit in der Regel.

4. Ein breach-of-fiduciary-duty-Anspruch der Emittentin gegenüber dem Aussteller eines Comfort Letter wegen Verletzung eines besonderen Treueverhältnisses ist bisher in der U.S.-amerikanischen Rechtsprechung noch nicht näher behandelt worden. Insbesondere haben die Gerichte in den USA bisher noch nicht entschieden, ob das Verhältnis zwischen Aussteller und Emittentin als fiduciary

---

1433 *In re The Hawaii Corporation*, 567 F.Supp. 609, 627 (D. Haw. 1983).

relationship zu qualifizieren ist[1434]. Dies liegt wohl aber auch daran, dass der Aussteller in der Praxis keine fiduciary duty verletzen wird, solange er sich an die berufsständischen Vorschriften des U.S.-amerikanischen Standards SAS No. 72 hält.

5. In Deutschland scheiden deliktsrechtliche Ansprüche der Emittentin, die infolge eines fehlerhaften Comfort Letter einen Vermögensschaden erleidet, ebenfalls weitgehend aus. Ein Schadensersatzanspruch nach § 823 Abs. 1 BGB entfällt, da das Vermögen nicht als „sonstiges Recht" im Sinne dieser Bestimmung geschützt ist. Schadensersatzansprüche nach § 823 Abs. 2 BGB kommen höchstens im Falle einer vorsätzlichen Verwirklichung einer vermögensschützenden Norm in Frage. Andererseits hat die Rechtsprechung in Deutschland die Haftung aus § 826 BGB durch eine extreme Gesetzesauslegung in erheblichen Maße ausgedehnt[1435], offensichtlich in dem Bestreben, in entsprechenden Fällen zu einem „billigen Ergebnis" zu gelangen[1436]. Die Kritik moniert deshalb auch, dass die in § 826 BGB normierte vorsätzliche sittenwidrige Schädigung zu einer allgemeinen Fahrlässigkeitshaftung ausgedehnt wird[1437]. Außerdem wird bei dieser extensiven Gesetzesanwendung übersehen, dass der „Enge des Deliktsrechts" eine haftungsbegrenzende Funktion zukommt[1438]. Inzwischen spricht auch der Bundesgerichtshof von einem „allzu sehr strapazierten Tatbestand"[1439]. Für den Aussteller ist die vom Bundesgerichtshof praktizierte Rechtsanwendung in jedem Fall mit erheblichen Risiken verbunden. Bei einer Verurteilung zum Schadensersatz gemäß § 826 BGB würde er möglicherweise den Versicherungsschutz der Berufshaftpflichtversicherung[1440] verlieren. So entfällt nach § 152 VVG die Deckungspflicht des Versicherers, wenn der Versicherungsnehmer das Haftpflichtereignis vorsätzlich herbeigeführt hat. Offen bliebe alsdann nur noch, ob bei einer extensiven Auslegung des § 826 BGB andererseits § 152 VVG restriktiv auszulegen ist[1441]. Dennoch ist ein Schadensersatzanspruch gemäß § 826 BGB trotz der ausdehnenden Gesetzesanwendung durch die Rechtsprechung für die hier interessierenden Fälle letztlich nur von geringer praktischer Relevanz.

1434 *Silverman v. Ernst & Young, LLP*, 1999 U.S. Dist. LEXIS 17703 (D.N.J. 1999); *Cortec Industries, Inc. v. Sum Holding L.P.*, 1994 U.S. Dist. LEXIS 18640 (S.D.N.Y. 1994).

1435 Statt aller *Henssler*, JZ 1994, 178, 184.

1436 MünchKomm HGB/*Ebke*, § 323 Rn. 91.

1437 Staudinger/*Oechsler*, § 826 Rn. 84; MünchKomm HGB/*Ebke*, § 323 Rn. 91: „Verwässerung der Haftungsvoraussetzungen"; *Ebke/Scheel*, WM 1991, 389, 390: „kaschierte Haftung"; *Hopt*, AcP 183 (1983) 608, 633: „Denaturierung der Vorsatzhaftung"; *Canaris*, 2. FS Larenz, S. 39; *Assmann*, Jus 1986, 885, 890; *Damm*, JZ 1991, 373, 383 f.; *Grunewald*, AcP 187(1987) 285, 306 f.; *Hirte*, S. 426; *Lammel*, AcP 179 (1979), 337, 341 f.; *Köndgen*, S. 373.

1438 *Ebke*, WPK-Mitt. 1997, 196, 199.

1439 BGHZ 74, 281, 289 = JZ 1979, 725 m. Anm. *Bar*.

1440 § 54 WPO legt dem Wirtschaftsprüfer die Verpflichtung auf, eine Berufshaftpflichtversicherung abzuschließen.

1441 *Grunewald*, ZGR 1999, 583, 592; *Hirte*, S. 426.

Die Frage, ob der Comfort Letter ein Vehikel für (Rückgriffs-) Ansprüche der Emittentin gegen den Aussteller sein kann, muss aufgrund der gefundenen Untersuchungsergebnisse sowohl für die USA wie auch für Deutschland verneint werden.

1. Die Untersuchung der Comfort Letter-Haftung des Ausstellers gegenüber der Emittentin ergibt, dass in den USA ein verschuldensunabhängiger vertraglicher Schadensersatzanspruch bei einer vertraglichen Schlechterfüllung des Ausstellers grundsätzlich nicht in Betracht kommt, es sei denn die Emittentin kann mit Erfolg eine Verletzung ausdrücklich im Prüfungsvertrag festgelegter Vertragspflichten durch den Aussteller geltend machen.

2. Die Comfort Letter-Haftung des Ausstellers gegenüber dem Auftraggeber war in den USA bereits Gegenstand eines Gerichtsverfahrens. Dabei wurde sowohl eine deliktsrechtliche Fahrlässigkeitshaftung für negligence als auch ein Schadensersatzanspruch wegen Vertragsverletzung (breach of contract) abgelehnt, da aufgrund der detaillierten Beschreibung der durchgeführten Untersuchungshandlungen und der vorsichtigen Formulierungen in dem Comfort Letter über die Schlussfolgerungen aus den Untersuchungshandlungen eine Pflichtverletzung des Ausstellers nicht erkennbar war[1442]. Außerdem hatte das Management des Unternehmens, dem der Comfort Letter erteilt worden war, eigene umfangreiche Kenntnisse über die Umstände der durchgeführten Transaktion und die eigenen wirtschaftlichen Verhältnisse in seinem Unternehmen. Es fehlte mithin an dem für einen Schadensersatzanspruch erforderlichen „berechtigten Vertrauen" (justifiable reliance) in die Darstellungen des Comfort Letter.

3. Die Ausführungen zur prüfungsvertraglichen Haftung des Ausstellers gegenüber der Emittentin in Deutschland haben deutlich gemacht, dass der Aussteller der Emittentin nur sehr eingeschränkt auf Schadensersatz verpflichtet ist, und zwar insbesondere deshalb, weil die Feststellung der haftungsbegründenden und haftungsausfüllenden Kausalität im Falle einer Unterlassung des Ausstellers äußerst schwierig ist.

4. Aus deutscher Sicht sind die vorstehend unter Ziffer 2 erwähnten Gründe des U.S.-amerikanischen Gerichts zur Haftung des Ausstellers gegenüber dem Auftraggeber von erheblicher Bedeutung, da sich der Aussteller aufgrund der beschränkten Prüfungshandlungen zu den gefundenen Ergebnissen aus dem relevanten Werterhellungszeitraum (change period) auch in Deutschland in der Regel in zurückhaltender und vorsichtiger Weise äußert, zumal er zu dieser Darstellungs-

---

1442 *In re The Hawaii Corporation*, 567 F.Supp. 609, 630 (D. Haw. 1983); ausführliche Fallbesprechung siehe oben S. 107.

weise nach dem IDW Prüfungsstandard PS 910 ausdrücklich angehalten wird. Auch in Deutschland muss daher bei der Frage, ob und inwieweit der Aussteller seinen Vertragspflichten nachgekommen ist, dieser Sachlage Rechnung getragen werden. Es ist mithin jeweils zu klären, zu welchen Prüfungshandlungen sich der Aussteller vertraglich verpflichtet hat und welche Ergebnisse hieraus abzuleiten sind. Dabei hat die Beurteilung der Richtigkeit und Vollständigkeit des Comfort Letter auf den Stichtag des cutoff dates zu erfolgen, da dieser Tag den Prüfungszeitraum des Ausstellers zeitlich markiert.

5. Der im U.S.-amerikanischen Recht als „berechtigtes Vertrauen" (justifiable reliance) bezeichnete kausale Zusammenhang zwischen einer unrichtigen oder unvollständigen Darstellung im Comfort Letter und der Vermögensdisposition der Emittentin, der in der unter Ziffer 2 erwähnten Entscheidung zur Abweisung der Klage führte, sollte in Deutschland im Rahmen der haftungsausfüllenden Kausalität ebenfalls berücksichtigt werden. Das „berechtigte Vertrauen" der Emittentin ist in den USA bei kapitalmarktrechtlichen Ansprüchen nach Rule 10b-5 in Verbindung mit Section 10 (b) Securities Exchange Act sowie bei deliktsrechtlichen Ansprüchen wegen negligence und fraud Anspruchsvoraussetzung. Das „berechtigte Vertrauen" ist jeweils nicht erfüllt, wenn die Emittentin eine Vermögensdisposition im vermeintlichen Vertrauen auf die umstrittene unrichtige oder unvollständige Darstellung vorgenommen hat, obwohl sie über die Transaktion und deren Hintergründe aufgrund vorhandener eigener Informationen Kenntnis hatte und so den Eintritt eines Schadens vorhersehen konnte.

VI. Abschließende Bewertung

Zusammenfassend ist festzuhalten, dass die Emittentin in Deutschland Ansprüche, die im Zusammenhang mit einer Pflichtverletzung des Jahresabschlussprüfers bei der *Erstellung des Jahresabschlusses* stehen, auf die handelsrechtliche Anspruchsnorm in § 323 Abs. 1 Satz 3 HGB mit der Haftungsbegrenzung des § 323 Abs. 2 Satz 1 und 2 HGB stützen kann. Steht demgegenüber ein Anspruch wegen Pflichtverletzung des Prüfungsvertrags zur *Erstellung des Comfort Letter* (§§ 280 Abs. 1, 631 BGB) gegen den Aussteller des Comfort Letter in Frage, sind die Überlegungen zur haftungsausfüllenden Kausalität unter Heranziehung der aus dem U.S.-amerikanischen Recht gewonnenen Erkenntnisse anzustellen. Dabei sind zum einen die nur eingeschränkten vorbereitenden Prüfungshandlungen des Ausstellers vor der Ausstellung des Comfort Letter zu würdigen. Darüber hinaus ist die vorsichtige und klarstellende Sprache des Ausstellers in dem Comfort Letter und zudem die auf Seiten der Emittentin vorhandenen eigenen Kenntnisse über ihr eigenes Unternehmen heranzuziehen. Auf Grundlage dieses dreistufigen prüferischen Vorgehens wird eine an den Comfort Letter anknüpfende Haftung des Ausstellers gegenüber der Emittentin im Regelfall nicht gegeben sein.

B. *Die Haftung des Ausstellers eines Comfort Letter gegenüber der Emissionsbank*

In der folgenden Darstellung wird die in den beiden Rechtsordnungen zur Verfügung stehenden Anspruchsgrundlagen für Rückgriffsansprüche der Emissionsbank gegen den Aussteller rechtsvergleichend untersucht. Anschließend sollen die seitens der Emissionsbank genannten inhaltlichen Anforderungen an Comfort Letters in Deutschland erörtert werden. Die zivilrechtliche Verantwortlichkeit des Ausstellers für die fehlerhafte Erteilung eines Comfort Letter gegenüber der Emissionsbank ist in Deutschland noch nicht gerichtlich überprüft worden. Auch in den USA haben Ansprüche der Emissionsbank gegen den Aussteller bisher noch nicht die Gerichte beschäftigt. Die Untersuchung der Anspruchsnormen in den USA und Deutschland hat zu folgenden Ergebnissen geführt:

I.   Vertragsrecht

1. Für den Bereich des deutschen Rechts ergibt die Untersuchung vertraglicher Ansprüche der Emissionsbank gegenüber dem Aussteller, dass die Emissionsbank mangels eines echten Vertrags zwischen Aussteller und Emittentin zu ihren Gunsten grundsätzlich keinen unmittelbaren Leistungsanspruch und mithin im Falle eines fehlerhaften Comfort Letter auch keinen Schadensersatzanspruch gemäß § 280 Abs. 1 BGB gegenüber dem Aussteller des Comfort Letter erwirbt.

2. Demgegenüber kann sich ein Schadensersatzanspruch der Emissionsbank gegenüber dem Aussteller eines fehlerhaften Comfort Letter nach § 280 Abs. 1 BGB aufgrund eines stillschweigend zwischen Aussteller und Emissionsbank geschlossenen Auskunftsvertrags ergeben. Maßgeblich für den stillschweigenden Abschluss eines Auskunftsvertrags aufgrund „unmittelbarer Kontaktaufnahme" sind auf der einen Seite die herausragende Sachkunde und Qualifikation des Ausstellers und andererseits die Abhängigkeit der Emissionsbank von dem Inhalt des Comfort Letter[1443].

3. Darüber hinaus kann ein Schadensersatzanspruch der Emissionsbank gegenüber dem Aussteller eines fehlerhaften Comfort Letter aufgrund des zwischen Aussteller und Emittentin geschlossenen Prüfungsvertrags mit Schutzwirkung für Dritte in Betracht kommen, allerdings nur insoweit, als der Emissionsbank keine

---

1443 So auch *Schlitt/Smith/Werlen*, AG 2002, 478, 486: „im Regelfall unmittelbarer Auskunftsanspruch" (ohne Begründung ihrer Ansicht).

unmittelbaren Ansprüche mit demselben oder einem zumindest gleichwertigen Inhalt zustehen. Hierbei sind folgende unmittelbaren Ansprüche der Emissionsbank in Betracht zu ziehen:

a) Wie bereits unter Ziffer 2 ausgeführt, kann sich zum einen je nach den konkreten Umständen ein vertraglicher Schadensersatzanspruch der Emissionsbank gegenüber dem Aussteller aufgrund eines mit diesem stillschweigend geschlossenen Auskunftsvertrags ergeben.

b) Zudem kann ein Schadensersatzanspruch der Emissionsbank nach Maßgabe des im Einzelfall mit der Emittentin geschlossenen Übernahmevertrags aufgrund eigenen schuldhaften Handelns der Emittentin bzw. aufgrund schuldhaften Handelns des Aussteller des fehlerhaften Comfort Letter in Betracht kommen, sofern sich die Emittentin des Ausstellers zur Erfüllung ihrer Verbindlichkeit gegenüber der Emissionsbank gemäß § 278 BGB bedient.

c) Mit dem Inkrafttreten des Gesetzes zur Modernisierung des Schuldrechts vom 26.11.2001 ist möglicherweise noch ein weiterer Haftungstatbestand gemäß §§ 311 Abs. 3, 280 Abs. 1, 241 Abs. 2 BGB hinzugetreten, wobei die „offenen" Anspruchsvoraussetzungen sicherlich noch einer weiteren Klärung durch Rechtsprechung und Literatur bedürfen. Der Aussteller, der regelmäßig Wirtschaftsprüfer ist, nimmt aufgrund seiner großen Sachkunde und seiner herausragenden Expertenstellung besonderes Vertrauens für sich in Anspruch. Da der Aussteller jedoch nicht persönlich in die Vertragsverhandlungen eingebunden ist, erscheint es nicht eindeutig, ob die erforderliche Einflussnahme im Sinne des § 311 Abs. 3 Satz 2 BGB gegeben ist. M.E. ist es jedoch nach dem Sinn und Zweck der Vorschrift nicht erforderlich, dass der einflussnehmende Dritte bei den Vertragsverhandlungen oder dem Vertragsabschluss persönlich anwesend war.

4. Sofern hiernach je nach den konkreten Umständen bzw. je nach der Interpretation des § 311 Abs. 3 Satz 2 BGB unmittelbare vertragliche Ansprüche der Emissionsbank gegenüber Aussteller und Emittentin ausscheiden, kann insoweit im Falle eines fehlerhaften Comfort Letter ein Schadensersatzanspruch der Emissionsbank gegenüber dem Aussteller gemäß der Rechtsfigur des Vertrags mit Schutzwirkung für Dritte in Frage kommen (§ 280 Abs. 1 BGB).

5. Das U.S.-amerikanische Haftungsrecht unterscheidet sich zunächst dadurch von der entsprechenden deutschen Haftungsregelung, dass ihm eine dem deutschen Recht vergleichbare Haftungsbegründung über einen stillschweigend vereinbarten Auskunftsvertrag (implied contract) durch direkte Kontaktaufnahme (direct communications) zwischen dem Aussteller und der Emissionsbank unbekannt ist. Eine unmittelbare Kontaktaufnahme der Parteien ist vielmehr im Rahmen eines deliktsrechtlichen Anspruchs aufgrund negligent misrepresentation rechtlich erheblich. Andere vertragsrechtliche Haftungskonstruktionen wie im deutschen Recht in

Form der Vertrauenshaftung (§ 311 Abs. 2 und 3 BGB) sind dem U.S.-amerikanischen Recht ebenfalls fremd.

6. Die Ausführungen zur vertraglichen Haftung des Ausstellers in den USA haben deutlich werden lassen, dass ein breach-of-contract-Schadensersatzanspruch der Emissionsbank nur eingeschränkt zur Verfügung steht.

a) Die Emissionsbank kann zwar als drittberechtigte Partei in den Prüfungsvertrag einbezogen werden, wenn ein Gericht im Rahmen einer Einzelfallbetrachtung die Verwendungsklausel (disclaimer) des Comfort Letter und ihren Status als Empfängerin des Comfort Letter zu ihren Gunsten auslegt.

b) Allerdings wird ihr der Nachweis einer Drittberechtigung aus dem Prüfungsvertrag vor Gericht nur innerhalb der engen Grenzen der parol evidence Rule möglich sein.

c) Dennoch ist in den meisten Bundesstaaten ein Schadensersatzanspruch der Emissionsbank in den Fällen einer Vertragsverletzung bei Erfüllung des Vertrags (d.h. nach deutschem Rechtsverständnis wegen einer Schlechtleistung) nur möglich, wenn die Emissionsbank eine Verletzung ausdrücklicher Vereinbarungen des engagement letters rügen kann. Dies beruht darauf, dass die Vertragshaftung in den USA verschuldensunabhängig ausgestaltet ist und teilweise als eine Garantiehaftung (breach of warranty) begriffen wird. Die U.S.-amerikanischen Gerichte haben daher die entsprechenden Anspruchssteller in zahlreichen, ähnlich gelagerten Wirtschaftsprüferhaftungsfällen auf die deliktsrechtlichen Ansprüche des law of torts verwiesen, da es sich in der Natur der Sache um malpractice-Ansprüche handelt.

d) Demzufolge wird die Emissionsbank in den meisten Bundesstaaten einen vertraglichen Schadensersatzanspruch gegen den Aussteller wegen einer Vertragsverletzung nicht geltend machen können. Sie kann in diesen Staaten vertragliche Ansprüche lediglich dann vortragen, wenn ausdrückliche Vereinbarungen des engagement letters verletzt worden sind.

II. Deliktsrecht

1. Die Untersuchung der deliktsrechtlichen Fahrlässigkeitshaftung (negligent misrepresentation) in den USA macht deutlich, dass die Emissionsbank einen deliktsrechtlichen Schadensersatzanspruch bei fahrlässigem Verhalten des Ausstellers geltend machen kann, auch wenn sie im konkreten Fall nicht als drittberechtigte Person in den Prüfungsvertrag zwischen Aussteller und Emittentin einbezogen ist. Eine fehlende privity of contract ist damit kein Hindernis für einen negligent-misrepresentation-Anspruch.

2. An einen dahin gehenden Anspruch werden in den USA allerdings Anspruchsvoraussetzungen gestellt, die für die Emissionsbank nur schwer zu erfüllen sein dürften. Dies gilt vor allem für das „berechtigte Vertrauen" der Emissionsbank (justifiable reliance), das auch bei einem negligent misrepresentation-Anspruch nach dem common law vorliegen muss. Hiernach ist erforderlich, dass die Emissionsbank im „berechtigten Vertrauen" auf die Angaben des Comfort Letter die zum Schaden führende Vermögensdisposition vorgenommen hat. Da die Emissionsbank vor der Emission der Aktien eine eigene Due-Diligence-Prüfung durchführt, sind ihr die Finanzdaten der Emittentin in der Regel bekannt, so dass bei ihr ein „berechtigtes Vertrauen" nicht entstehen kann. Außerdem hat der Aussteller gemäß dem U.S.-amerikanischen Standard SAS No. 72 umfangreiche Warnhinweise in seine Darstellungen aufzunehmen und darauf zu achten, dass er nur eingeschränkte Aussagen zu den Finanzdaten der Emittentin macht. Die Verantwortlichkeit des Ausstellers unterliegt hiernach von vornherein erheblichen Einschränkungen.

3. Andererseits erfordert die Haftung des Ausstellers aufgrund einer fraudulent misrepresentation kein vorsätzliches Handeln, sondern kommt bereits bei einem leichtfertigen oder grobfahrlässigen Verschulden in Betracht. Eine leichtfertige Ausübung seiner beruflichen Pflichten dürfte dem Aussteller jedoch nur in außergewöhnlichen Einzelfällen anzulasten sein. Dagegen scheidet ein fraudulent-misrepresentation-Anspruch für die hier interessierenden Fälle eines leicht fahrlässigen Verhaltens des Ausstellers bei der Erteilung des Comfort Letter aus. Darüber hinaus wird die Emissionsbank große Schwierigkeiten haben, ein „berechtigtes Vertrauen" (justifiable reliance) in die Angaben des Ausstellers darzulegen, das auch bei diesem Schadensersatzanspruch von der Emissionsbank darzulegen ist. Die unter Ziffer 2 genannten Gründe sind hier entsprechend zu berücksichtigen.

4. Schadensersatzansprüche der Emissionsbank aus unerlaubter Handlung sind in Deutschland schließlich nur bei einem vorsätzlichen Verstoß gegen ein Schutzgesetz im Sinne des § 823 Abs. 2 BGB oder bei einem leichtfertigen und gewissenlosen Handeln bzw. einem grobfahrlässigen Verstoß gegen die Berufspflichten nach § 826 BGB in Ausnahmefällen denkbar. Eine gewissenlose Berufstätigkeit von Wirtschaftsprüfern dürfte im Übrigen nur schwer zu belegen sein, da nicht ohne weiteres angenommen werden kann, dass diese ihre Berufsausübung durch derartige Handlungen auf Spiel setzen werden[1444].

1444 *Gräfe/Lenzen/Schmeer*, S. 284 (Steuerberater); ähnlich *Ebke*, Dritthaftung, S. 56.

1. Bei der Betrachtung des U.S.-amerikanischen Rechts ist zunächst festzustellen, dass Schadensersatzansprüche der Emissionsbank gegen den Aussteller aufgrund Section 10 (b) Securities Exchange Act in Verbindung mit Rule 10b-5 nur bei einem schuldhaften Verhalten des Ausstellers in Frage kommen. Ein leicht fahrlässiges Fehlverhalten (negligence) bei der Ausstellung des Comfort Letter vermag eine Haftung nach Rule 10b-5 i.V.m. Section 10 (b) Securities Exchange Act demgegenüber nicht zu begründen. Die Emissionsbank wird sich in der Regel auch nicht auf ein „berechtigtes Vertrauen" (reliance) berufen können, das bei ihr angesichts des Comfort Letter entstanden sei, da sie aufgrund der eigenen Due-Diligence-Prüfung vor der Durchführung der Aktienemission einen detaillierten Kenntnisstand über die Finanzdaten der Emittentin erlangt.

2. In der deutschen Literatur ist von *Meyer* im Rahmen der rechtsvergleichenden Diskussion zur U.S.-amerikanischen Haftung des accountant, der zugleich Aussteller eines Comfort Letter ist, die Auffassung vertreten worden, Rückgriffsansprüche der Emissionsbank gegen den accountant/Aussteller könnten bereits aufgrund Section 11 (a) Securites Act entstehen. Zur Begründung führt *Meyer* aus, dass Section 11 (a) Securities Act die Übernahme der Wertpapiere durch die Emissionsbanken als Erwerbsvorgang ansehe und mithin der accountant für unrichtige bzw. unvollständige Angaben in dem registration statement, das auch den Emissionsprospekt mit seinen Bestätigungsvermerken enthalte, einzustehen habe[1445]. Diese Ansicht ist jedoch unzutreffend, da eine Haftung des accountant nach Section 11 (a) Securities Act bei der Übernahme der Wertpapiere durch den underwriter nicht in Betracht kommt.

3. Eine andere Frage ist aber, ob ein Ausgleich zwischen den nach Section 11 (a) Securities Act gesamtschuldnerisch haftenden Personen stattfinden soll. Hier bestimmt Section 11 (f) Securites Act, dass ein Gesamtschuldnerausgleich im Innenverhältnis in bestimmten Konstellationen möglich ist[1446]. Die underwriter werden von dem accountant aber niemals den gesamten Schaden, der ihnen aufgrund ihrer nach Section 11 (a) bestehenden Verantwortlichkeit entstanden ist, ersetzt verlangen können, sondern allenfalls nach den Regeln der contribution einen

---

1445 *Meyer*, WM 2003, 1745, 1747 (Tz. 1), 1748 (Tz. 3).
1446 Zum Gesamtschuldnerausgleich nach Section 11 (f) SA ist zunächst jede zum Schadensersatz verpflichtete Person berechtigt, der lediglich Fahrlässigkeit anzulasten ist. Dagegen können solche Personen, die den Schaden vorsätzlich herbeigeführt haben, einen Schadensausgleich nur von anderen vorsätzlich Handelnden verlangen, nicht jedoch von denjenigen, die fahrlässig gehandelt haben.

anteiligen Betrag[1447]. In seiner Leitentscheidung hat das Bundesberufungsgericht für den Zweiten Bezirk in *Globus v. Law Research Service, Inc.* im Jahr 1969 festgestellt, dass sich die underwriter bei dem in diesem Fall beklagten issuer nicht in Höhe des gesamten Betrags schadlos halten könnten, da hiergegen public-policy-Erwägungen sprächen[1448]. Maßgebend ist dabei der Gedanke, dass die underwriter ihrerseits zur Einhaltung der größtmöglichen Sorgfalt angehalten sind und ein umfassendes Recht zum Rückgriff den Regelungszweck des Securities Act konterkarieren würde[1449]. Die Entscheidung ist noch heute in den USA geltendes Recht.

4. Ein im voraus geregelter Innenausgleich zwischen dem nach Section 11 (a) Securities Act zur Haftung verpflichteten underwriter sowie dem accountant ist im Übrigen nur zulässig, wenn eindeutig erkennbar ist, dass es sich um einen Ausgleichsanspruch und nicht um eine Haftungsfreistellungsvereinbarung handelt. Zwar sind solche Freistellungsregelungen nicht ausdrücklich im Securities Act normiert. Sie werden jedoch von den Gerichten als unzulässig bewertet[1450].

5. Wendet man sich nach dieser Betrachtung des U.S.-amerikanischen Rechts dem deutschen Kapitalmarktrecht zu, wird deutlich, dass ein Gesamtschuldnerausgleich zwischen Emissionsbank und Jahresabschlussprüfer/Aussteller des Comfort Letter grundsätzlich nicht möglich ist. Nach § 44 Absatz 1 BörsG ist der Jahresabschlussprüfer jedenfalls nicht im Außenverhältnis den Erwerbern von Wertpapieren zum Schadensersatz verpflichtet, so dass eine Rückgriffsmöglichkeit der Emissionsbank über den Gesamtschuldnerausgleich (§ 426 BGB) schon aus diesem Grunde entfällt.

6. Folglich erstaunt es auch nicht, dass die Emissionsbanken in den USA bisher noch nicht versucht haben, über den Comfort Letter einen Schadensersatzanspruch gegen den Aussteller gerichtlich durchzusetzen. Aufgrund der in Section 11 (f) Securities Act geregelten Rückgriffsmöglichkeit besteht zum einen kein zwingender Anlass, den Comfort Letter als Haftungsvehikel nutzbar zu machen. Darüber hinaus müssten auch die unter Ziffer 3 und 4 genannten Maßstäbe der Gerichte

---

1447 Unterschiedlich wird die Frage beurteilt, ob die aus dem Vertragsrecht bekannte pro rata rule anzuwenden ist. Dabei wird der auszugleichende Betrag durch die Anzahl der Ersatzverpflichteten dividiert. Siehe *Herzfeld v. Laventhol, Krekstein, Horwath*, 540 F.2d 27, 39 (2nd Cir. 1976); *Wassel v. Eglowsky*, 399 F.Supp. 1330, 1370-71 (D.Md. 1975), *aff'd.*, 542 F.2d 1235 (4th Cir. 1976). Andererseits wird von den Gerichten auch das jeweilige individuelle Verschulden der Ersatzverpflichteten berücksichtigt und auf die Höhe des Gesamtbetrages umgerechnet. Siehe *Wassel v. Eglowsky*, 399 F.Supp. 1330, 1370-71 (D.Md. 1975), *aff'd.*, 542 F.2d 1235 (4th Cir. 1976).

1448 *Globus v. Law Research Service, Inc.*, 418 F.2d 1276, 1287-88 (2nd Cir. 1969), *cert. denied*, 397 U.S. 913 (1970).

1449 *Globus v. Law Research Service, Inc.*, 418 F.2d 1276, 1287-88 (2nd Cir. 1969), *cert. denied*, 397 U.S. 913 (1970).

1450 Siehe *Globus v. Law Research Service, Inc.*, 418 F.2d 1276, 1287-88 (2nd Cir. 1969), *cert. denied*, 397 U.S. 913 (1970); *Eichenholz v. Brennan*, 52 F.3d 478, 483 (3rd Cir. 1995); *Laventhol, Krekstein, Horwath & Horwath v. Horwitch*, 637 F.2d 672, 676 (9th Cir. 1980); ausführlich *Hazen*, § 12.27 (S. 693 ff.) m.w.N.

berücksichtigt werden, die einen vollständigen Rückgriff der Emissionsbanken beim Jahresabschlussprüfer/Aussteller eines Comfort Letter nicht zulassen. Der underwriter in den USA kann daher den in Section 11 (f) Securities Act normierten Innenrückgriff nur in engen Grenzen zu seinen Gunsten vertraglich ausgestalten.

7. Zugleich wird damit die der deutschen börsengesetzlichen Prospekthaftung zugrundeliegende Wertung deutlich. Hiernach ist die Emissionsbank für die in dem Emissionsprospekt enthaltenen Angaben dem Anleger gegenüber verantwortlich. Der Jahresabschlussprüfer ist dagegen für die in einem Emissionsprospekt enthaltenen Bestätigungsvermerke den Anlegern gegenüber nicht zum Schadensersatz verpflichtet. Der Emissionsbank kann es daher über die Erteilung eines Comfort Letter auch nicht gelingen, die grundsätzlich im Börsengesetz angelegte Risikozuweisung zu Lasten des Ausstellers eines Comfort Letter umzugestalten. Mit einem Comfort Letter soll der Emissionsbank schließlich nur ihr eigener Entlastungsbeweis nach § 45 Abs. 1 BörsG ermöglicht werden. Die Emissionsbank ist jedoch *den Anlegern* zur Einhaltung der erforderlichen Sorgfalt verpflichtet. Würde man einen Rückgriff der Emissionsbank beim Aussteller des Comfort Letter zulassen, würde hierdurch der Kreis der Prospektverantwortlichen nach dem Börsengesetz um den Jahresabschlussprüfer – bei Personenidentität mit dem Aussteller – erweitert, was nach dem Sinn und Zweck der Börsenprospekthaftung gerade nicht gewollt ist. Damit würde nämlich, wie es die U.S.-amerikanischen Gerichte in ihren Entscheidungen präzise formuliert haben, der Regelungszweck der kapitalmarktrechtlichen Gesetzte konterkariert, indem den Emissionsbanken ein Abwälzen der ihnen obliegenden strengen Sorgfaltspflichten auf andere Beteiligte – hier den Aussteller eines Comfort Letter – ermöglicht würde[1451]. Mit anderen Worten könnten sich die Emissionsbanken schon bei der Durchführung ihrer Due-Diligence-Prüfung gemäß 45 Abs. 1 BörsG auf bestehende Rückgriffsmöglichkeiten gegen den Aussteller verlassen, was im Sinne des Anlegerschutzes nicht beabsichtigt sein kann. Das Börsengesetz will zwar den Eintritt eines Schadens beim Anleger verhindern, nicht aber die Schadloshaltung der Emissionsbanken bei Dritten – hier dem Aussteller eines Comfort Letter – ermöglichen.

1451 *Globus v. Law Research Service, Inc.*, 418 F.2d 1276, 1287-88 (2nd Cir. 1969), *cert. denied*, 397 U.S. 913 (1970).

1. Der Vergleich der einschlägigen Haftungsregelungen der U.S.-amerikanischen und der deutschen Rechtsordnung ergibt, dass in den USA vertragliche Schadensersatzansprüche der Emissionsbank gegenüber dem Aussteller eines fehlerhaften Comfort Letter nur in engen Grenzen in Betracht kommen. Dafür stehen der Emissionsbank die deliktsrechtlichen Anspruchsgrundlagen und die kapitalmarktrechtliche Haftungsnorm Rule 10b-5 i.V.m. Section 10 (b) Securities Exchange Act zur Verfügung.

2. In Deutschland kann die Emissionsbank dagegen grundsätzlich keine Ansprüche auf das Deliktsrecht stützen. Stattdessen bieten sich die vertraglichen Anspruchsgrundlagen des „stillschweigend" vereinbarten Auskunftsvertrags oder des Prüfungsvertrags mit Schutzwirkung für Dritte an. Seit der Schuldrechtsreform kann sich ein Schadensersatzbegehren der Emissionsbank möglicherweise auch aus einer Vertrauenshaftung gemäß §§ 311 Abs. 3, 280 Abs. 1, 241 Abs. 2 BGB ergeben.

3. Die justifiable reliance ist, wie die Untersuchung des U.S.-amerikanischen Rechts zeigt, ein ganz entscheidendes Kriterium, um die Haftung des Ausstellers eines fehlerhaften Comfort Letter gegenüber der Emissionsbank sinnvoll zu begrenzen. Das „berechtigte Vertrauen" des Anspruchsstellers in die Angaben des Comfort Letter wird von den U.S.-amerikanischen Gerichten sowohl beim Schadensersatzanspruch nach Rule 10b-5 i.V.m. Section 10 (b) Securities Exchange Act (dort als reliance bezeichnet) als auch bei den deliktsrechtlichen Schadensersatzansprüchen aufgrund negligence und fraud geprüft. Dabei wird als Anspruchsvoraussetzung jeweils verlangt, dass die Emissionsbank die später zum Vermögensschaden führende Vermögensdisposition im „berechtigten Vertrauen" auf die Angaben des Ausstellers in dem Comfort Letter vorgenommen hat. Die Gerichte in den USA haben bereits entschieden, dass die erforderliche Vertrauensgrundlage eines Investors sehr stark eingeschränkt ist, wenn der Aussteller dem Comfort Letter explizit eine Verwendungsklausel (disclaimer) beifügt und der Investor in Ansehung der Transaktion ein hohes Maß an eigener Sachkunde besitzt[1452]. Ein U.S.-Bundesberufungsgericht hat die Behauptung eines institutionellen Anlegers, er habe auf Aussagen der beklagten Wirtschaftsprüfungsgesellschaft vertraut, obwohl er nach den gerichtlichen Feststellungen umfassend informiert war, als

---

1452 *CL Alexanders Laing & Cruickshank v. Goldfeld*, 739 F.Supp. 158, 162 (S.D.N.Y. 1990); ausführlich oben S. 148.

„schlichtweg unglaubwürdig" (simply incredible) bezeichnet und die Klage daher mangels einer justifiable reliance abgewiesen[1453].

4. Angesichts dieser überzeugenden U.S.-Rechtsprechung sollte das „berechtigte Vertrauen" nach Möglichkeit auch in Deutschland zur Lösung der besprochenen Fallkonstellationen zwischen Emissionsbank und Aussteller mit herangezogen werden. Hierin kann zwar kein gesetzliches Tatbestandsmerkmal gesehen werden. Es erscheint jedoch durchaus möglich, die mit der justifiable reliance verbundenen Wertungen auch in Deutschland bei der jeweiligen Gesetzes- und Vertragsauslegung mit zu berücksichtigen.

a) So können die mit dem „berechtigten Vertrauen" verknüpften Bewertungsmaßstäbe herangezogen werden, um im Rahmen etwaiger Schadensersatzansprüche aufgrund der Verletzung eines „stillschweigend" vereinbarten Auskunftsvertrags bzw. aus einem Prüfungsvertrag mit Drittschutzwirkung den Kausalzusammenhang zwischen dem von dem Aussteller zu verantwortenden fehlerhaften Comfort Letter und einen der Emissionsbank entstandenen Schaden (haftungsausfüllende Kausalität) zu bestimmen.

b) Eine entsprechende Bewertung ist im Rahmen eines etwaigen Schadensersatzanspruchs der Emissionsbank nach den Grundsätzen der Vertrauenshaftung (§§ 311 Abs. 3, 280 Abs. 1, 241 Abs. 2 BGB) durchzuführen. Auch hier gilt, dass eine Vertrauensgrundlage der Emissionsbank insoweit nicht entsteht, als diese aufgrund der Due-Diligence-Prüfung selbst über entsprechende detaillierte Kenntnisse verfügt. Zusätzlich muss die Vertrauensbasis der Emissionsbank präzise bestimmt werden. Dabei ist der Inhalt des Comfort Letter zu analysieren und zu prüfen, welche Informationsquellen dem Aussteller bei der Erarbeitung des Comfort Letter erkennbar zur Verfügung standen, da nur insoweit ein Vertrauenstatbestand der Emissionsbank begründet werden kann. In die Bewertung der Vertrauensgrundlage der Emissionsbank ist auch die Überlegung einzubeziehen, dass der Aussteller nach dem deutschen IDW Prüfungsstandard PS 910 bekanntermaßen nur eingeschränkte Aussagen zu den Finanzdaten der Emittentin vornimmt.

5. Aus rechtsvergleichender Sicht spricht gegen einen Rückgriffsanspruch der Emissionsbank über den Anknüpfungspunkt eines fehlerhaften Comfort Letter, die dieser durch das Börsengesetz zugeordnete Risikozuweisung (ausgeführt unter III. Ziff. 7). Die Emissionsbank ist *den Anlegern* zur Einhaltung der erforderlichen Sorgfalt verpflichtet. Eine Rückgriffsmöglichkeit beim Aussteller des Comfort Letter ist nach dem Sinn und Zweck der Börsenprospekthaftung nicht gewollt. Damit würde, wie es die U.S.-amerikanischen Gerichte in ihren Entscheidungen präzise formuliert haben, der Regelungszweck der kapitalmarktrechtlichen

---

1453 *Scottish Heritable Trust v. Peat Marwick Main & Co.*, 81 F.3d 606, 615 (5th Cir. 1996), *cert. denied*, 117 S.Ct. 182 (1996).

Gesetze konterkariert, indem die Emissionsbank die ihr obliegenden strengen Sorgfaltspflichten auf andere Beteiligte – hier den Aussteller eines Comfort Letter – abwälzen würde[1454]. Im Interesse des Anlegerschutzes ist dies nicht beabsichtigt.

V.   Anforderungen der Emissionsbanken an Comfort Letters in Deutschland

1. Gegenstand heftiger Diskussionen bei praktisch jeder Aktienneuemission sind die Allgemeinen Auftragsbedingungen für Wirtschaftsprüfer und Wirtschaftsprüfungsgesellschaften (Stand: 1.1.2002) (AAB) nebst der in Ziffer 9 Absatz 2 enthaltenen Haftungsbeschränkung auf 5 Millionen Euro für ein fahrlässig verursachtes Schadensereignis. Im Verhältnis zwischen Aussteller und Emittentin werden die AAB in den Prüfungsvertrag über die Erteilung des Comfort Letter einbezogen[1455]. Die Emissionsbank ist demgegenüber bestrebt, dass die AAB nebst der darin enthaltenen Haftungsbeschränkungen dem für sie bestimmten Comfort Letter nicht beigefügt werden[1456]. Hierdurch soll der Emissionsbank ein unbegrenzter Rückgriff auf den Aussteller ermöglicht werden. Die Untersuchung in Paragraph 8 hat zur Einbeziehung der AAB des Ausstellers in den mit der Emissionsbank konkludent vereinbarten Auskunftsvertrag folgendes ergeben[1457]:

a)   Eine Haftungsbeschränkung mittels AAB ist in den Fällen nicht zu beanstanden, in denen der Aussteller der Emissionsbank den Comfort Letter unter Beifügung seiner AAB übersendet. Dabei ist auch unerheblich, ob dieser zusätzlich auf die AAB Bezug genommen hat, da die Übersendung derselben der branchenkundigen Emissionsbank die diesbezügliche Absicht des Ausstellers deutlich macht[1458].

b)   Aus dem gleichen Grund werden die AAB Bestandteil des Auskunftsvertrags, wenn der Aussteller des Comfort Letter bei dessen Übersendung lediglich auf die AAB Bezug nimmt, ohne diese hinzuzufügen.

1454 *Globus v. Law Research Service, Inc.*, 418 F.2d 1276, 1287-88 (2nd Cir. 1969), *cert. denied*, 397 U.S. 913 (1970).

1455 Der IDW Prüfungsstandard PS 910 legt dem Aussteller nahe, die AAB in den Prüfungsvertrag mit der Emittentin einzubeziehen, siehe IDW PS 910, WPg 2004, 342, 344 (Tz. 11). Die Zulässigkeit der Einbeziehung der AAB in den Prüfungsvertrag zwischen Emittentin und Aussteller ist oben auf S. 183 ausführlich dargestellt. Erforderlich ist in jedem Falle, dass die AAB bereits bei der Annahme des konkreten Mandats Bestandteil der vertraglichen Absprache werden. Ein späteres einseitiges Beifügen an den Comfort Letter reicht nicht aus, um sie wirksam in den Prüfungsvertrag einzubeziehen.

1456 Der IDW Prüfungsstandard PS 910 enthält freilich den ausdrücklichen Hinweis, dass die AAB verwendet werden sollen. Siehe dazu oben S. 93.

1457 Siehe ausführlich zur Zulässigkeit und Möglichkeit der Einbeziehung der AAB in den Auskunftsvertrag oben S. 210.

1458 Ausdrücklich zum „Mitverschicken" Ulmer/Brandner/Hensen/*Ulmer*, § 2 Rn. 83.

c) Lediglich wenn der Aussteller der Emissionsbank den Comfort Letter ohne Beifügung seiner AAB und ohne Hinweis auf dieselben übermittelt, entfällt eine Haftungsbeschränkung nach Ziffer 9 AAB, da ein entsprechender Erklärungswille des Ausstellers in diesem Fall nicht erkennbar ist.

d) Eine Haftungsbeschränkung nach Ziffer 9 AAB dürfte auch in dem Fall zu verneinen sein, wenn die Emissionsbank aufgrund des IDW Prüfungsstandards PS 910 Kenntnis davon hat, dass der Aussteller nur aufgrund des zwischen ihm und der Emittentin geschlossenen Prüfungsvertrags leistet, der u.a. die AAB einschließt[1459].

e) Im Übrigen entfällt eine Haftungsbeschränkung des Ausstellers gegenüber der Emissionsbank gemäß Ziffer 9 AAB, wenn diese der Einbeziehung der AAB in den Auskunftsvertrag widersprochen hat[1460].

2. Stützt sich der Anspruch der Emissionsbank dagegen auf eine Pflichtverletzung des zwischen Emittentin und Aussteller vereinbarten Prüfungsvertrags mit Schutzwirkung für Dritte (§ 280 Abs. 1 BGB), so kann sich der Aussteller des fehlerhaften Comfort Letter trotz der „Gegenläufigkeit der Interessen" der Emittentin und der Emissionsbank[1461] auf die im Prüfungsvertrag getroffenen AAB-Haftungsbeschränkungen berufen[1462]. Der Bundesgerichtshof lässt einen Einwand der Haftungsbeschränkung gegenüber dem begünstigten Dritten mit der Begründung zu, dass diesem keine weitergehenden Rechte aus dem drittschützenden Vertragsverhältnis zustehen können als dem unmittelbaren (Anschluss-) Gläubiger selbst und erkennt hiernach in Übereinstimmung mit der Literatur jedenfalls in diesem Bereich den Rechtsgedanken des § 334 BGB an[1463]. Sollte der Emissionsbank eine derartige Haftungsbeschränkung nicht akzeptabel erscheinen, muss sie entweder darauf hinwirken, dass Aussteller und Emittentin den Prüfungsvertrag mit einer für sie weiterreichenden Haftungsregelung abschließen oder – außerhalb der Rechtsfigur des Vertrags mit Schutzwirkung für Dritte – im Rahmen eines Auskunftsvertrags mit dem Aussteller die entsprechenden Konditionen vereinbaren. In diesem Fall riskiert die Emissionsbank allerdings, dass der Aussteller des Comfort Letter im Rahmen der gegen die Emissionsbank gerichteten börsengesetzlichen Prospekthaftungsansprüche als ihr Erfüllungsgehilfe angesehen wird.

1459 IDW PS, WPg 2004, 342, 344 (Tz. 11 – letzter Bulletpoint).
1460 Vgl. auch *Gräfe/Lenzen/Schmeer*, S. 244 (Steuerberater).
1461 Siehe zur „Gegenläufigkeit der Interessen" oben S. 216 sowie die Nachw. in Fn. 1145, S. 216.
1462 Siehe ausführlich zur Begrenzung der Haftung des Ausstellers durch vertragliche Hafungsbeschränkungen zwischen Emittentin und Aussteller oben S. 222.
1463 *Baumbach/Hopt*, § 347 Rn. 21; *Ekkenga*, Sondbeilage Nr. 3, WM 1996, S. 14; *Ebke*, JZ 1998, 991, 996; *Ebke/Fechtrup*, JZ 1986, 1112, 1114; *Erman/Westermann*, § 328 Rn. 16; *Müller*, FS Forster, S. 466 f.; MünchKomm BGB/*Gottwald*, § 328 Rn. 123; *Otto/Mittag*, WM 1996, 377, 382; Soergel/*Hadding*, Anh. § 328 Rn. 21 f.; *Weber*, NZG 1999, 1, 8; a.A. *Assmann*, JuS 1986, 885, 888.

3. Kann die Emissionsbank ihren Schadensersatzanspruch gegen den Aussteller auf die Vertrauenshaftung gemäß §§ 311 Abs. 3, 280 Abs. 1, 241 Abs. 2 BGB stützen, müssen haftungsbeschränkende Vereinbarungen unmittelbar zwischen der Emissionsbank und dem Aussteller verabredet sein. Hiernach ist festzustellen, dass die bestehende Praxis, dem Comfort Letter die AAB beizufügen, haftungsbeschränkende Wirkung unmittelbar gegenüber der Emissionsbank entfaltet[1464].

4. Die Emissionsbank kann zudem an einer Nichteinbeziehung der AAB im Verhältnis zum Aussteller des Comfort Letter interessiert sein, damit sie im Falle eines späteren Entlastungsbeweises gemäß § 45 Absatz 1 BörsG darauf hinweisen kann, dass sie gerade wegen der unbegrenzten Haftung des Ausstellers davon ausgehen musste, dass die geprüften Tatsachen objektiv richtig gewesen seien. Freilich spricht gegen diese Ansicht, dass ein Aussteller bei der Erteilung eines Comfort Letter seine berufliche Reputation einbringt. Eine Beschädigung seines beruflichen Ansehens dürfte für den Aussteller schwerer wiegen als der unmittelbar im Zusammenhang mit einem fehlerhaften Comfort Letter eintretende materielle Schaden. Gegen die Sichtweise der Emissionsbanken spricht auch die gesetzliche Haftungsbeschränkung in § 323 Abs. 2 S. 1 u. 2 HGB für die Pflichtprüfungsfälle, in denen die Haftungsbeschränkung sicherlich nicht zu einer Schmälerung der Aussagen des Abschlussprüfertestats führt.

5. Die Emissionsbank möchte ferner eine Wiederholung der Jahresabschlusstestate in Verbindung mit einer Bestätigung der „Richtigkeit" dieser Testate in dem Comfort Letter zum Zeitpunkt seiner Ausstellung erhalten. Der Aussteller soll nach Möglichkeit bestätigen, ihm sei „nichts zur Kenntnis gelangt, was ihn veranlasst anzunehmen, dass die geprüften Abschlüsse nichtig sind oder der Bestätigungsvermerk widerrufen werden müsste" (negative assurance)[1465]. Dies soll ebenfalls dem Ziel dienen, die Anforderungen sorgfaltgerechten Verhaltens umfassend zu erfüllen[1466], indem nochmals kompetente Auskunft darüber erteilt wird, dass die in den testierten Abschlüssen genannten Zahlen richtig waren. Aus Sicht des Jahresabschlussprüfers handelt es sich um eine Bestätigung der auf die Vergangenheit bezogenen testierten Abschlüsse, die für ihn mit großen Risiken verbunden ist, da die Bestätigungsvermerke des Abschlussprüfers streng stichtagsbezogen sind und eine aktuell durchgeführte Abschlussprüfung voraussetzen. Eine „Neuerteilung" der Bestätigungsvermerke in dem Comfort Letter würde daher eine erneute Abschlussprüfung erforderlich machen. Außerdem ließe die „Neuerteilung" eines dann gegebenenfalls geänderten Bestätigungsvermerks den Eindruck der Unrichtigkeit des ursprünglichen Bestätigungsvermerks entstehen,

---

1464 Vgl. *Schneider*, ZHR 163 (1999), 246, 267; differenzierend *Canaris*, ZHR 163 (1999), 206, 230, zwischen Einschränkung des Vertrauenstatbestandes im Falle der Verwendungsklausel und einer rechtsgeschäftlichen Einschränkung der Haftung hinsichtlich der Haftungsfreizeichnung.
1465 Zum Widerruf des Bestätigungsvermerks zuletzt MünchKomm HGB/*Ebke*, § 322 Rn. 34 f.
1466 Vgl. BGH WM 1982, 862, 864 = NJW 1982, 2823 = ZIP 1982, 923.

was zu erheblichen negativen Folgen für das geprüfte Unternehmen (Emittentin) und den Abschlussprüfer/Aussteller führen kann[1467]. Aus einer Wiederholung der Testate könnten sich außerdem Rückgriffsansprüche gegen den Abschlussprüfer ergeben, die weder durch die gesetzliche Haftungsbeschränkung (§ 323 Abs. 2 Satz 1 und 2 HGB) noch durch die Verjährungsregelung (§ 323 Abs. 5 HGB) eingeschränkt wären. Beide Vorschriften wären mithin zu Gunsten der Emissionsbank ausgeschaltet. Nach dem IDW Prüfungsstandard PS 910 kommt eine Wiederholung der Bestätigungsvermerke in dem Comfort Letter jedoch *nicht* in Betracht. Der Aussteller kann allenfalls Untersuchungshandlungen zur Aufdeckung „bestätigungsvermerksrelevanter Ereignisse" durchführen und hierüber in dem Comfort Letter berichten[1468]. Damit stellen sich die hier aufgezeigten Spannungsverhältnisse für den Aussteller eines Comfort Letter in der heute ausgeübten Praxis nicht.

1467 Einzelheiten bei *Meyer*, WM 2003, 1745, 1750; *Kunold*, in: Habersack/Mülbert/Schlitt, § 21 (S. 617) m.w.N. So ist ein bereits erteilter Bestätigungsvermerk selbst im Fall einer nachträglich festgestellten Fehlerhaftigkeit nur in Ausnahmefällen zu widerrufen, so zum Beispiel wenn der Abschlussprüfer bei voller Kenntnis des für die Prüfung relevanten Sachverhalts den Bestätigungsvermerk nicht oder nicht in der abgegebenen Form erteilt hätte. Der Widerruf des Testats muss sogleich hinsichtlich der Beseitigung einer Irreführung der Öffentlichkeit verhältnismäßig sein und darf die geprüfte Gesellschaft nicht übermäßig belasten.

1468 Siehe zu Einzelheiten im IDW Prüfungsstandard PS 910 oben S. 85.

§ 12: Comfort Letters als Anknüpfungspunkt einer Außenhaftung des Ausstellers gegenüber den Anlegern?

Bei der Frage der zivilrechtlichen Haftung des Ausstellers eines Comfort Letter gegenüber den Erwerbern neu emittierter Aktien handelt es sich um das wohl gravierendste Haftungsproblem, das sich für den Aussteller des Comfort Letter anlässlich einer Aktienemission stellen kann, da dieser im Falle einer Haftung u.U. einem unüberschaubaren Personenkreis in beträchtlicher Höhe zum Schadensersatz verpflichtet wäre. Es kann daher davon ausgegangen werden, dass der Aussteller eines Comfort Letter, sei es in Deutschland oder in den USA, jeweils alle Anstrengungen unternehmen wird, um dahin gehende Haftungsrisiken nach Möglichkeit auszuschließen bzw. soweit möglich zu beschränken.

In Deutschland ist die Frage der Haftung des Ausstellers für Comfort Letters gegenüber den Anlegern hochaktuell, stellt doch das am 1.1.2002 in Kraft getretene „Gesetz zur Modernisierung des Schuldrechts" den Anlegern möglicherweise mit § 311 Abs. 3 BGB eine geeignete Anspruchsgrundlage zur Verfügung[1469]. Eine Gefahr für den Aussteller stellen die unbestimmten Tatbestandsmerkmale des § 311 Abs. 3 BGB dar, die von der Rechtsprechung durchaus in Richtung eines umfassenden Anlegerschutzes weiterentwickelt werden können, um ein „gerechtes Ergebnis" für geschädigte Anleger zu finden.

Die folgende Untersuchung wird sich dabei auch von den dogmatischen Haftungskonstruktionen des deutschen Rechts lösen und der Frage einer rechtspolitisch sinnvollen Ausgestaltung der Anlegerhaftung des Ausstellers für Comfort Letters im Lichte des in Deutschland zu erreichenden Anlegerschutzes nachgehen. Dies geschieht vor folgendem Hintergrund. Im Jahr 1988 schrieb *Lang*[1470] in einem Beitrag in „Der Wirtschaftsprüfung" mit dem Titel „Zur Dritthaftung der Wirtschaftsprüfer": „Wenn ich (...) Ihnen etwas halbwegs Verlässliches über die Dritthaftung der Wirtschaftsprüfer vortragen zu können glaube, so deshalb, weil die höchstrichterliche Rechtsprechung (...) beginnt, Konturen anzunehmen, und weil in der rechtswissenschaftlichen Diskussion trotz aller Vielfalt in der Art der dogmatischen Begründung merkwürdigerweise eine weitgehende Übereinstimmung darüber besteht, welche Fälle – ich möchte es einmal so nennen – „dritthaftungswürdig" erscheinen"[1471]. Die – sicherlich überspitzte – Wort-

---

1469 Vgl. *Canaris*, JZ 2001, 499, 520; *Koch*, AcP 204 (2004), 59, 63 ff.; BeckBilKomm/*Winkeljohann/ Hellwege*, § 323 Rn. 220-223; MünchKomm BGB/*Emmerich*, § 311 Rn. 195 ff.; *Medicus*, BR, Rn. 846a; *Teichmann*, BB 2001, 1485, 1492; *Schwab*, JuS 2002, 872, 873; *Eckebrecht*, MDR 2002, 425, 427.
1470 Richter am Bundesgerichtshof.
1471 *Lang*, WPg 1989, 57.

schöpfung „dritthaftungswürdig" steht dabei – aus der Sicht von *Lang* – für nichts anderes als die Tendenz, sich von jeglichen dogmatischen Konstruktionen zu entfernen.

Eine rechtspolitische Diskussion zur Haftung des Ausstellers eines Comfort Letter gegenüber den Anlegern, die unabhängig von der dogmatischen Ableitung eines Anlegeranspruchs gegen den Aussteller die Auswirkungen eines derartigen Anspruchs für die Beteiligten untersucht, erscheint auch vor folgendem Hintergrund geboten: Nach der Rechtsprechung des Bundesgerichtshofs war anfänglich, wie bereits in Paragraph 8 dargelegt, ein vertragsfremder Dritter in den Schutzbereich eines Vertrags zwischen dem Wirtschaftsprüfer und dessen Mandanten einzubeziehen, sofern der Wirtschaftsprüfer in „Leistungsnähe" zu dem Mandanten stand, dieser ein entsprechendes „Gläubigerinteresse" hatte, die Drittbezogenheit des Vertrags für den Wirtschaftsprüfer „erkennbar" war und ein besonderes Interesse des Dritten an seiner Einbeziehung in den Vertrag bestand („Schutzbedürftigkeit")[1472]. Sodann hatte sich der Bundesgerichtshof allerdings mit Fällen zu befassen, bei denen Haftungsbeschränkungen zwischen dem Wirtschaftsprüfer und seinem Mandaten bestanden bzw. der Wirtschaftsprüfer aufgrund arglistigen Verhaltens seines Mandaten Einreden gegen eigene Ansprüche des Mandanten erhoben hatte, so dass der Gläubiger an einer Einbeziehung des Dritten in den Vertrag nicht das geringste „Interesse" hatte. Zumindest hätte der Wirtschaftsprüfer dem Dritten die Einreden über eine entsprechende Anwendung von § 334 BGB entgegenhalten können[1473]. Ungeachtet dessen kam der Bundesgerichtshof den Geschädigten in diesen Fällen aber dadurch zur Hilfe, dass er seine eigenen Anspruchsvoraussetzungen kurzerhand modifizierte und durch einen juristischen Kunstgriff das „Gläubigerinteresse" für erfüllt hielt, um sodann den eigentlich einem Anspruch entgegenstehenden § 334 BGB zu ignorieren, der in den Fällen „gegenläufiger Interessenlage"[1474] nicht anwendbar sei. Beide hier genannten Beispiele verdeutlichen dabei vor allem eines: Es geht bei der Frage der Dritthaftung des Wirtschaftsprüfers nicht mehr um Dogmatik, diese ist vielmehr nur noch Mittel zum Zweck. Es geht in dieser Diskussion primär um das passende Ergebnis.

Die Rechtsvergleichung soll in dieser weitgehend rechtspolitisch geprägten Diskussion vor allem Lösungen anbieten, die sich auf den ersten Blick vielleicht nicht

---

1472 Siehe ausführlich zum Vertrag mit Schutzwirkung für Dritte oben S. 214.
1473 BGH NJW 1998, 1059, 1060 = ZIP 1998, 556, 557 = WM 1998, 440 = JZ 1998, 624, 625 m.
Bespr. *Canaris*, JZ 1998, 603; BGHZ 127, 378, 380 = NJW 1995, 392, 393 = JZ 1995, 306 m.
Anm. *Medicus* u. Bespr. *Canaris*, JZ 1995, 441; OLG Frankfurt am Main (7.7.1988) NJW-RR 1989, 337, 338; BGH NJW-RR 1989, 696; BGH NJW 1987, 1758, 1759; BGH NJW-RR 1986, 484, 486. In einer grundlegenden Entscheidung hatte der BGH (NJW 1973, 321, 322) noch festgestellt, dass die Einbeziehung eines Kreditinstituts in den Prüfungsvertrag eines Wirtschaftsprüfers mit seinem Klienten an der erkennbaren „Gegenläufigkeit" der Interessen zwischen Dritten und Vertragsgläubiger (Klient) scheitere. In weiteren Entscheidungen waren das OLG Saarbrücken (BB 1978, 1434, 1435, Urt. v. 12.7.1978) und das OLG Köln (VersR 1978, 333, 334, Urt. v. 4.12.1978, bestätigt durch BGH v. 3.11.1977, VI ZR 265/75 nach dem BGH-Entlastungsgesetz) dem BGH gefolgt. Siehe *Ebke/Fechtrup*, JZ 1986, 1112, 1113.
1474 Siehe zur „Gegenläufigkeit der Interessen" oben S. 216 sowie die Nachw. in Fn. 1145, S. 216.

erschließen, die jedoch im Hinblick auf die Tragweite des Haftungsproblems für Comfort Letters gegenüber den Anlegern auf jeden Fall erwägenswert erscheinen. Während sich die Gerichte in den USA bereits mit dieser Haftungsfrage zu befassen hatten, war die Frage der Haftung des Ausstellers gegenüber den Anlegern bisher in Deutschland – soweit feststellbar – noch nicht Gegenstand einer gerichtlichen Auseinandersetzung. Daher soll die Untersuchung rechtsvergleichend beleuchten, wie die Haftung für Comfort Letters gegenüber den Anlegern in den USA von den Gerichten ausgestaltet worden ist.

A. Rechtslage in Deutschland

Der Gesetzgeber hat in der Gesetzesbegründung zu dem „Gesetz zur Modernisierung des Schuldrechts" vom 26.11.2001 darauf hingewiesen, dass für die Vertrauenshaftung in § 311 Abs. 2 und 3 eine abstrakte Regelung vorsehen sei, die der Ausdifferenzierung durch die Rechtsprechung zugänglich sei[1475]. Es dürfte damit nur noch eine Frage der Zeit sein, bis das Institut der Vertrauenshaftung auch in den Dritthaftungsfällen für eine Wirtschaftsprüferhaftung fruchtbar gemacht wird. Daher soll untersucht werden, ob eine Haftung des Ausstellers gegenüber den Anlegern im Falle eines fehlerhaften Comfort Letter unter dem Gesichtspunkt der Vertrauenshaftung für Drittschäden in Betracht kommt und wie das Verhältnis der Vertrauenshaftung zum Vertrag mit Schutzwirkung für Dritte zu bestimmen ist.

I. Rechtslage unter Geltung des Bürgerlichen Rechts in der Fassung vom 1.1.1900

Nach einer umfassenden Untersuchung zur Frage der Schutzpflichten bei nichtigen Verträgen gelangte *Canaris* zu der These, dass es ein auf § 242 BGB beruhendes „einheitliches gesetzliches Schuldverhältnis" für alle rechtsgeschäftlich nicht begründbaren Schutzpflichten gebe, so dass eine Differenzierung zwischen vorvertraglichen, vertraglichen und nachvertraglichen Schutzpflichten nicht erforderlich sei[1476]. Es entfalle daher auch die Notwendigkeit, Verträgen drittschützende Wirkung beizumessen. So erhalte ein erkennbar betroffener Dritter, zu dem keine vertragliche Bindung bestehe, im Falle eines unrichtigen Gutachtens (bzw. einer unrichtigen Auskunft) einen eigenen originären Anspruch gegenüber dem Auskunftsgeber[1477]. Es wurde daher vorgeschlagen, die Dritthaftungsproblematik im Falle eines fehlerhaften Comfort Letter unter dem Gesichtspunkt der sog. Vertrauenshaftung in Verbindung mit den Grundsätzen der culpa in

---

1475 BT Drs. 14/6040, S. 162 (r. Sp.).
1476 *Canaris*, JZ 1965, 475, 479. Heute sind diese Pflichten § 241 Abs. 2 BGB zuzuordnen.
1477 MünchKomm BGB/*Kramer*, Einl. § 241 Rn. 82.

contrahendo zu lösen[1478]. Die Rechtsprechung hat *Canaris* die Gefolgschaft verweigert und stattdessen die hier interessierenden Fälle ausnahmslos über die Grundsätze der Auskunftshaftung oder eines Vertrags mit Schutzwirkung für Dritte gelöst[1479].

II. Rechtslage unter Geltung des Bürgerlichen Rechts in der Fassung vom 1.1.2002

Die von *Canaris* vertretene These hat durch das am 1.1.2002 in Kraft getretene „Gesetz zur Modernisierung des Schuldrechts" eine gesetzliche Stütze erhalten[1480]. So haben die von der Rechtsprechung anerkannten Schutzpflichten nunmehr in § 241 Abs. 2 BGB eine gesetzliche Grundlage gefunden. Darüber hinaus bestimmt § 311 Abs. 3 Satz 1 BGB, dass ein Schuldverhältnis mit den Pflichten nach § 241 Abs. 2 BGB auch zu solchen Personen begründet werden kann, die nicht selbst Vertragspartei werden sollen („Nichtvertragspartner/Dritte"). Nach dem Wortlaut dieser Vorschrift bleibt allerdings offen, ob sich diese lediglich auf die Verpflichtung eines Dritten bezieht oder auch dessen Berechtigung einschließt[1481]. Gemäß § 311 Abs. 3 Satz 2 BGB, der die Fälle der vertrauensrechtlich begründeten „Sachwalterhaftung" erfassen soll[1482], können hierunter auch die Dritthaftungsfälle subsumiert werden, denen die Verwendung eines Expertengutachtens gegenüber einem Geschäftspartner des Auftraggebers zugrunde liegt[1483]. Einen Hinweis enthält im Übrigen auch die Gesetzesbegründung des Deutschen Bundestages, nach welcher mit der Vorschrift des § 311 Abs. 3 Satz 2 BGB der Rechtsprechung aufgezeigt werden soll, dass die Fälle der Dritthaftung auch auf diesem Weg zu lösen seien[1484]. Die neue Vorschrift des § 311 Abs. 3 BGB wird flankiert von mehreren (monographischen) Beiträgen *Canaris*, in denen dieser sich zusätzlich vehement für eine Vertrauenshaftung bei Drittschäden aufgrund fehlerhafter Gutachten einsetzt[1485]. Da *Canaris* der „Kommission zur Überarbeitung eines Entwurfes des Rechts der Leistungsstörungen" angehört, deren Entwurf später zu dem Schuldrechtsmodernisierungsgesetz führte[1486], liegt es nahe, dass die hier interessierende Vorschrift ebenfalls seine Handschrift trägt. Zum Teil wird übrigens in der Bestimmung bereits eine „Ermächtigung" der Rechtsprechung gesehen, den Vertrag mit Schutzwirkung für Dritte

1478 Vgl. *Canaris*, JZ 1995, 441, 442 ff.; *ders.*, JZ 1998, 603, 605 ff.; *ders.*, ZHR 163 (1999), 206, 222 ff.; *ders.*, FS Schimansky, S. 43, 49 ff.; *Kiss*, WM 1998, 117, 119 ff.; kritisch *Gernhuber*, § 8 I 6b; *Köndgen*, S. 98, 115 f.; *Picker*, AcP 183 (1983), 369, 427; *ders.*, JZ 1987, 1041, 1045 f.
1479 Zuletzt BGH NJW 2004, 3035; BGH NJW 1998, 1059, 1061 = JZ 1998, 624, 626 m. Anm. *Canaris*, JZ 1998, 603; BGH WM 2001, 529, 532.
1480 Vgl. MünchKomm BGB/*Kramer*, Einl. § 241 Rn. 82.
1481 Dauner-Lieb/Heidel/Ring/*Lieb*, § 3 Rn. 44.
1482 BT Drs. 14/6040, S. 163 (r. Sp.).
1483 Vgl. *Canaris*, JZ 2001, 499, 520: „reichlich weit geraten"; *Medicus*, BR, Rn. 846a: „kann man erwägen".
1484 BT Drs. 14/6040, S. 163 (r. Sp.).
1485 *Canaris*, FS 50 Jahre BGH Band I, S. 129, 185-187; *ders.*, JZ 2001, 499, 520.
1486 *Canaris*, JZ 2001, 499 [Fn. 1].

„fortzuentwickeln"[1487]. Gemeint ist hiermit die Übertragung der Grundsätze der Expertenhaftung nach der Rechtsfigur des Vertrags mit Schutzwirkung für Dritte auf die neu eingefügte Norm des § 311 Abs. 3 Satz 1 BGB. Allerdings muss auch die Gefahr gesehen werden, dass diese „Ermächtigung" zu einer erneuten Haftungsverschärfung genutzt wird[1488]. Diese Zielsetzung könnte insbesondere vor dem Hintergrund eines durch die Schuldrechtsreform angestrebten verbesserten „Verbraucherschutzes"[1489] und im Hinblick auf das „Bedürfnis eines besseren Anlegerschutzes"[1490] naheliegen.

III. Schadensersatzanspruch gemäß §§ 311 Abs. 3 Satz 2, 280 Abs. 1, 241 Abs. 2 BGB

Wenn auch der Bundesgerichtshof zur Frage der Haftung eines Gutachters für ein von ihm erstelltes Gutachten zur Grundstückswertermittlung gegenüber einem vertragsfremden Dritten zuletzt erneut auf die Rechtsfigur des Vertrags mit Schutzwirkung für Dritte zurückgegriffen und eine Vertrauenshaftung unberücksichtigt gelassen hat[1491], erscheint es gleichwohl geboten, auf die Frage einzugehen, ob in dem grundsätzlich gleich gelagerten Fall eines fehlerhaften Comfort Letter ein Schadensersatzanspruch der Anleger gegenüber dem Aussteller unter dem Gesichtspunkt der Vertrauenshaftung begründet sein könnte.

1.   Schadensersatzpflicht für unrichtige Comfort Letters im System der Vertrauenshaftung

Die Vertrauenshaftung gemäß §§ 311 Abs. 3 Satz 2 BGB unterscheidet sich dadurch von der Rechtsfigur des Vertrags mit Schutzwirkung für Dritte, dass die Haftung möglicherweise durch die Verletzung von Schutzpflichten begründet wird, die dem Aussteller gemäß § 241 Abs. 2 BGB gegenüber den Anlegern obliegen. Hierzu wäre erforderlich, dass die Erstellung des Comfort Letter durch den Aussteller und die Weiterleitung des

---

1487 *Teichmann*, BB 2001, 1485, 1492; *Schwab*, JuS 2002, 872, 873, unter Hinweis auf den Wortlaut des § 311 Abs. 3 Satz 1 BGB: „kann....entstehen"; ähnlich auch *Eckebrecht*, MDR 2002, 425, 427. Siehe hierzu ebenfalls die Regierungsbegründung, BR-Drs. 338/01, S. 373, zur gleichlautenden Vorschrift: „Es soll (...) eine abstrakte Regelung vorgesehen werden, die der Ausdifferenzierung und Fortentwicklung durch die Rechtsprechung zugänglich ist".

1488 Vgl. *Canaris*, JZ 2001, 499, 520 [Fn. 194].

1489 Die Reform des Allgemeinen Schuldrechts dient der Umsetzung der sog. Verbrauchsgüterkauf-Richtlinie der EU (Richtlinie 1999/44/EG des Europäischen Parlamentsund des Rates vom 25.5.1999, ABlEG Nr. L 171, 12). Darüber hinaus wurden die verbraucherschützenden Gesetze (Gesetz zur Regelung der Allgemeinen Geschäftsbedingungen; Fernabsatzgesetz, Verbraucherkreditgesetz und Haustürwiderrufsgesetz) in das BGB integriert.

1490 Vgl. hierzu Beschlüsse des 64. Deutschen Juristentages in Berlin, NJW 2002, 3073, 3082 f.; *Seidel*, BB 2003, 693.

1491 BGH NJW 2004, 3035; BGH NJW 1998, 1059, 1061 = JZ 1998, 624, 626 m. Anm *Canaris*, JZ 1998, 603.

Comfort Letter an die Emissionsbank zum Zweck der Due-Diligence-Prüfung den Tatbestand des § 311 Abs. 3 Satz 2 BGB *den Anlegern gegenüber* erfüllt.

a) Die Entstehung eines Vertrauenstatbestand

Der Aussteller müsste nach dem Wortlaut des § 311 Abs. 3 Satz 2 BGB zur Begründung eines Schuldverhältnisses im Sinne von § 241 Abs. 2 BGB Handlungen vornehmen, die ein besonderes Vertrauen der Anleger *für sich* in Anspruch nehmen. Dabei wird nicht vorrangig darauf abgestellt, ob einer der Vertragspartner dem Dritten Vertrauen schenkt, sondern ob dieser Vertrauen in Anspruch nimmt[1492]. Es kommt auf ein „normatives Vertrauendürfen" oder auch auf die „Gewährung und Inanspruchnahme von Vertrauen" an, was dahingehend präzisiert werden kann, dass der Aussteller eine Vertrauenswerbung tätigt und der Anleger eine Vertrauensinvestition vornimmt[1493]. Weiterhin konkretisiert § 311 Abs. 3 Satz 2 BGB, dass dies insbesondere dann der Fall sein kann, wenn der Dritte in besonderem Maße Vertrauen für sich in Anspruch nimmt und *dadurch die Vertragsverhandlungen oder den Vertragsschluss erheblich* beeinflusst.

b) Besondere Vertrauensstellung in der Rechtsprechung des Bundesgerichtshofs und die Anwendung auf Comfort Letter-Fälle

Die Haftung aufgrund einer besonderen Vertrauensstellung setzt nach der bisherigen Rechtsprechung des Bundesgerichtshofs voraus, dass der Dritte auf der Seite eines Vertragspartners an dem Zustandekommen des Vertragsschlusses beteiligt ist und über das normale Verhandlungsvertrauen hinaus in besonderem Maße Vertrauen für sich in Anspruch nimmt[1494]. Anknüpfungspunkt einer Verantwortlichkeit des Ausstellers gegenüber dem Anleger könnte dabei die Überlegungen sein, dass es sich bei dem Aussteller des Comfort Letter in der Regel um einen Wirtschaftsprüfer handelt, der aufgrund seiner großen Sachkunde und herausragenden Expertenstellung besonderes persönliches Vertrauen für sich in Anspruch nimmt und dem von dem Anleger gleichermaßen großes Vertrauen entgegengebracht wird. So kann nicht in Frage stehen, dass sich der Anleger vor dem Hintergrund der internationalen Transaktionspraxis, bei jeder Aktienneuemission einen oder mehrere Comfort Letters zum Zweck der Due-Diligence-Prüfung der Emissionsbank zu verwenden, auf die Gewissenhaftigkeit und Eigenständigkeit des Wirtschaftsprüfers und den von diesem ausgestellten Comfort Letter

---

1492 *Koch*, AcP 204 (2004), 59, 75.
1493 *Koch*, AcP 204 (2004), 59, 75 [m.w.N. in Fn. 71 und 72].
1494 BGHZ 63, 382, 384; BGHZ 88, 67, 69; BGH NJW 1989, 293, 294; BGH NJW 1991, 32, 33; BGH NJW 1997, 1233.

verlässt. Der Comfort Letter trägt mithin – jedenfalls im Innenverhältnis zwischen Emissionsbanken, Emittentin und Aussteller – in entscheidenden Maße zu der angestrebten Aktienemission bei, worauf der Anleger im Außenverhältnis konkludent vertraut.

Andererseits ist der Aussteller des Comfort Letter nach Maßgabe des § 311 Abs. 3 Satz 2 BGB *nicht* selbst in die Verhandlungen über den Abschluss der Kaufverträge zwischen der Emissionsbank und den Anlegern eingebunden und beeinflusst daher auch nicht die Vertragsverhandlungen oder den Vertragsabschluss. Ursprünglich hatte der Bundesgerichtshof verlangt, eine „besondere Vertrauensstellung" könne nur entstehen, wenn der Dritte auf Seiten eines Vertragspartners an dem Zustandekommen des Vertragsschlusses *beteiligt* ist[1495]. In der sog. „Sachwalterentscheidung" hat der Bundesgerichtshof alsdann aber festgestellt, dass die Grundsätze der Eigenhaftung „auch auf den Sachwalter einer Vertragspartei anzuwenden" seien, „der sich selbst bei den Verhandlungen im Hintergrund hält und eigene Beziehungen zu dem Verhandlungsgegner nur mittelbar über den von ihm betreuten Verhandlungspartner" herstellt[1496]. Daher kann der Aussteller des Comfort Letter, der nicht direkt in die Verhandlungen einbezogen ist und eine Einflussnahme lediglich *indirekt* über den von ihm erstellten Comfort Letter vornimmt, auch wenn ein direkter Kontakt zwischen Aussteller und Anleger *nicht* stattfindet, grundsätzlich dennoch in den Anwendungsbereich von § 311 Abs. 3 Satz 2 BGB fallen[1497].

Mit der angesprochenen abnehmenden Bedeutung des „Beteiligungserfordernisses am Vertragsschluss" rückte sodann als wesentliche Haftungsvoraussetzung das Merkmal der „Inanspruchnahme von Vertrauen" in den Vordergrund[1498], das durch die außer-gewöhnliche Sachkunde des Dritten begründet sein könnte, sich aber auch aus einer persönlichen Zuverlässigkeit oder einer eigenen Einflussmöglichkeit auf die Vertragsabwicklung ergeben könnte[1499]. Dazu muss nach Ansicht des Bundesgerichtshofs aber auch noch eine „persönliche Gewährsübernahme" des Dritten treten[1500]. Während in älteren Entscheidungen von einer Gewähr für den „Bestand und die Erfüllung des in Aussicht genommenen Rechtsgeschäfts die Rede ist[1501], wird es in jüngeren Urteilen als ausreichend erachtet, dass sich die „persönliche Gewährsübernahme" auf die Richtigkeit und Vollständigkeit der Erklärungen bezieht, die für den Willensentschluss des anderen Teils bedeutsam waren[1502]. Ausschlaggebend für die Annahme einer Gewähr ist damit,

1495 BGHZ 63, 382, 384; BGHZ 88, 67, 69; BGH NJW 1989, 293, 294; BGH NJW 1991, 32, 33; BGH NJW 1997, 1233.
1496 BGHZ 56, 81, 84 ff.
1497 *Canaris*, ZHR 163 (1999), 206, 234; *ders.*, JZ 1995, 441, 445.
1498 *Koch*, AcP 204 (2004), 59, 65.
1499 BGHZ 56, 81, 85; BGH NJW 1990, 389; *Koch*, AcP 204 (2004), 59, 66.
1500 BGHZ 88, 67, 69 f.; BGH NJW 1990, 389; BGH NJW 1990, 506; *Koch*, AcP 204 (2004), 59, 66.
1501 BGHZ 56, 81, 85; BGHZ 63, 382, 384; BGH NJW 1990, 389; *Koch*, AcP 204 (2004), 59, 66.
1502 BGH WM 1992, 699, 700; BGH NJW 1997, 1233, 1234; BGH NJW 1990, 293, 294; *Koch*, AcP 204 (2004), 59, 66.

dass der Dritte nicht nur als Sprachrohr einer Vertragspartei fremdes Wissen weiterleitet, sondern an das Vertrauen der Vertragsgegenseite in seine eigene Zuverlässigkeit und Sachkunde appelliert[1503]. Auch der neu in das BGB eingefügte § 311 Abs. 3 Satz 2 BGB bringt mit der Formulierung „für sich" zum Ausdruck, dass der Aussteller *ein persönliches Vertrauen* in seine eigene Zuverlässigkeit in Anspruch nehmen muss[1504]. Der gesetzlichen Formulierung „Inanspruchnahme" wohnt dagegen der besondere Appellcharakter inne, der auch in dem Begriff der „Vertrauenswerbung" zum Ausdruck kommt[1505]. Der Dritte „genießt" nicht nur das Vertrauen, sondern zieht es bewusst auf sich; er wirbt um Vertrauen, indem er gezielt an den Empfänger appelliert, seinen Aussagen Glauben zu schenken[1506]. Dem Merkmal kommt damit die außerordentlich wichtige Funktion zu, eine sinnvolle Eingrenzung des Gläubigerkreises zu gewährleisten[1507].

Bewertet man die Entstehung eines Vertrauenstatbestands zwischen dem Aussteller eines Comfort Letter und dem Anleger anhand dieser Grundsätze, wird klar, dass zwischen dem Aussteller des Comfort Letter und dem Anleger kein Vertrauenstatbestand entsteht. Für die Begründung eines Vertrauenstatbestands ist es notwendig, dass der Aussteller bei objektiver Beurteilung gezielt die fremde Willensbildung beeinflusst hat. Das wird in erster Linie nur gegenüber den unmittelbaren Adressaten der Auskunft sowie dem primären Weitergabeempfänger bejaht, worunter man die mittelbaren Auskunftsempfänger versteht, deren Entscheidungsfindung durch die Auskunft beeinflusst werden soll[1508]. Der Aussteller möchte aber gerade keine zielgerichtete Information des Anlegers betreiben, sondern ausschließlich die Emittentin und natürlich auch die Emissionsbanken erreichen. Das zeigt sich schon an der Verwendungsklausel des Comfort Letter, die deutlich werden lässt, dass die Aussagen in dem Comfort Letter nicht für den Anleger bestimmt sind und der Comfort Letter auch nicht an den Anleger weitergegeben werden darf[1509]. Angesichts der Verwendungsklausel kann durch den Comfort Letter ein entsprechender Vertrauenstatbestand des Anlegers nicht begründet werden. Es fehlt an einer „Inanspruchnahme" des besonderen „persönlichen Vertrauens" des Ausstellers gegenüber dem Anleger. Der Aussteller möchte gerade dem Anleger gegenüber keine „persönliche Gewähr" für die Angaben des Comfort Letter übernehmen. Der Aussteller wirbt mithin bei dem Anleger auch nicht mit seiner Sachkunde und seiner Zuverlässigkeit für die Angaben im Comfort Letter, da er dem Anleger gegenüber gerade keine Informationen bereitstellen möchte.

Weiterhin müsste der Aussteller nach dem Gesetzeswortlaut des § 311 Abs. 3 Satz 2 BGB das Vertrauen gegenüber dem Anleger „in besonderem Maße" in Anspruch

---

1503 *Koch*, AcP 204 (2004), 59, 66.
1504 *Koch*, AcP 204 (2004), 59, 75.
1505 *Koch*, AcP 204 (2004), 59, 75.
1506 *Koch*, AcP 204 (2004), 59, 75.
1507 *Koch*, AcP 204 (2004), 59, 75 f.
1508 *Koch*, AcP 204 (2004), 59, 76; vgl. *Canaris*, 2. FS Larenz, S. 27, 95; *Lorenz*, 1. FS Larenz, S. 575, 618 f.; *Schneider*, ZHR 163 (1999), 246, 259 f.
1509 Siehe zur Verwendungsklausel (disclaimer) IDW PS 910, WPg 2004, 342, 354 f. (Tz. 107).

genommen haben. *Canaris* sieht in dieser *besonderen Intensität der Inanspruchnahme von Vertrauen*, dass in der Aufforderung des Ausstellers, ihm Vertrauen zu schenken, zugleich auch die Versicherung liegen müsse, der Anleger könne seine ansonsten bestehende Obliegenheit zum Selbstschutz vernachlässigen[1510]. Die Tatbestandsvoraussetzung bezieht sich also zugleich auch auf die vom Bundesgerichtshof geforderte „Gewährsübernahme", die wie dargelegt, bei der Ausstellung von Comfort Letters dem Anleger gegenüber gerade *nicht* erklärt wird.

2. *Zusammenfassung*

Mit dem Inkrafttreten des „Gesetzes zur Modernisierung des Schuldrechts" ist zu dem Prüfungsvertrag mit Schutzwirkung für Dritte ein gleichgerichteter Haftungstatbestand gemäß §§ 311 Abs. 3 Satz 2, 280 Abs. 1, 241 Abs. 1 BGB hinzugetreten, wobei die konturlosen Anspruchsvoraussetzungen sicherlich noch einer Klärung durch Rechtsprechung und Literatur bedürfen. Eine Ausweitung der Haftung des Ausstellers des Comfort Letter ist hiermit durch den Gesetzgeber nicht beabsichtigt[1511]. Eine Haftung des Ausstellers nach den Grundsätzen der Vertrauenshaftung für die Erteilung von Comfort Letters kommt den Anlegern gegenüber nicht in Betracht. Die Rechtsfigur des Vertrags mit Schutzwirkung für Dritte ist im Übrigen subsidiär gegenüber einem Anspruch aus §§ 311 Abs. 3 Satz 2, 280 Abs. 1, 241 Abs. 2 BGB, da es an einer entsprechenden Schutzbedürftigkeit der Anleger fehlen würde[1512].

B. *Rechtsvergleichende Betrachtung*

Der Gesetzgeber hat mit dem „Gesetz zur Modernisierung des Schuldrechts" die dogmatischen Bedenken, die bis dahin gegen die Vertrauenshaftung in den Dritthaftungsfällen sprachen, ausgeräumt. Wie die Untersuchung gezeigt hat, kommt eine Vertrauenshaftung des Ausstellers gegenüber dem Anleger dennoch nicht in Betracht. Allerdings erscheint es aus rechtsvergleichender Sicht geboten, vor einer Ausweitung der Vertrauenshaftung zugunsten von Anlegern zu warnen.

Lässt man einmal die dogmatischen Haftungskonstruktionen – sei es die Vertrauenshaftung, der Vertrag mit Schutzwirkung für Dritte sowie die auskunftsvertragliche Haftung – außer Betracht und fokussiert die Fragestellung allein darauf, ob eine Comfort Letter-Haftung des Ausstellers gegenüber den Anlegern notwendig erscheint, bietet ein Blick auf die Rechtsordnung der USA interessante Erkenntnisse. So war die zivilrechtliche Haftung des Ausstellers gegenüber den Erwerbern neu emittierter Aktien in

---

1510   *Koch*, AcP 204 (2004), 59, 76; vgl. *Canaris*, ZHR 163 (1999), 206, 233 f.
1511   Beschlussempfehlung des Rechtsausschusses, BT-Drs. 14/7052, S. 190.
1512   *Paal*, BB 2004, 2183, 2184; siehe zur Schutzbedürftigkeit der Emissionsbank oben S. 217.

den USA bereits Gegenstand gerichtlicher Auseinandersetzungen. Sie soll daher mit der in Deutschland geltenden Rechtslage verglichen werden, um aufzuzeigen, wo die Gerichte in den USA die Grenzen der Verantwortlichkeit des Ausstellers für die Ausstellung von Comfort Letters gegenüber den Anlegern gezogen haben.

I. Vertragsrecht

1. Ebenso wie das deutsche Recht kennt auch das U.S.-amerikanische Recht die Rechtsfigur des Vertrags zu Gunsten Dritter (third party beneficiary contract), allerdings nur in der Ausgestaltung als berechtigender echter Vertrag zu Gunsten Dritter, wobei der Anleger durch diesen Vertrag einen eigenen Anspruch gegen den Schuldner erwirbt. Während das Rechtsinstitut des Vertrags zu Gunsten Dritter in Deutschland durch die Bestimmungen der §§ 328 ff. BGB normiert ist, ist die Rechtsfigur in den USA Bestandteil des common law. Zwar finden sich darüber hinaus Regelungen zum Vertrag zu Gunsten Dritter in den §§ 302 ff. Restatements Second of Contracts. Diese besitzen jedoch keine Gesetzeskraft, sondern lediglich den Charakter von Empfehlungen, sind also für die Gerichte nicht bindend.

2. Wie die Untersuchung vertraglicher Ansprüche der Anleger gegenüber dem Aussteller eines fehlerhaften Comfort Letter für den Bereich des U.S.-amerikanischen Rechts ergeben hat, kann praktisch die Möglichkeit ausgeschlossen werden, dass der Aussteller eines fehlerhaften Comfort Letter den Anlegern gemäß einem Vertrag zu Gunsten Dritter zum Schadensersatz verpflichtet sein wird. Nach dem Willen des zwischen dem Aussteller und der Emittentin geschlossenen Prüfungsvertrags sollen zu Gunsten der Anleger als vertragsfremden Dritten kein eigenständiges Recht auf die Leistung begründet werden. Demgemäß können die Anleger auf diesem Wege auch keinen vertraglichen Schadensersatzanspruch gegen den Aussteller erlangen.

3. Das U.S.-amerikanische Recht kennt darüber hinaus auch – ebenso wie in Deutschland – die Rechtsfigur des Auskunftsvertrags. Ein dahin gehender Vertrag muss jedoch in den USA ausdrücklich geschlossen werden und kann nicht den tatsächlichen Handlungen der Vertragsparteien konkludent entnommen werden. Entsprechende auskunftsvertragliche Schadensersatzansprüche der Anleger gegenüber dem Aussteller eines fehlerhaften Comfort Letter scheiden daher aus.

4. In Deutschland kommen ebenfalls keine vertraglichen Schadensersatzansprüche der Anleger gegen den Aussteller in Betracht, und zwar insbesondere auch nicht unter dem Gesichtspunkt eines Auskunftsvertrags oder eines drittschützenden Vertrags.

a) Ein Schadensersatzanspruch wegen Verletzung auskunftsvertraglicher Pflichten entfällt, da es mangels unmittelbarer Kontaktaufnahme („unmittelbarer Fühlungnahme") bereits an einem entsprechenden Auskunftsvertrag zwischen Aussteller und Anlegern fehlt[1513].

b) Die Untersuchung des Prüfungsvertrags hat ergeben, dass die Anleger auch nicht in den Schutzbereich des Prüfungsvertrags zwischen Aussteller und Emittentin oder eines stillschweigend vereinbarten Auskunftsvertrags zwischen Aussteller und Emissionsbank einbezogen werden. Die ergänzende Auslegung der genannten Vertragsbeziehungen ergibt, dass der Aussteller und die Emittentin keine stillschweigende Einbeziehung der Anleger beabsichtigten.

5. Nach beiden Rechtsordnungen entfallen hiernach vertragliche Schadensersatzansprüche der Anleger gegenüber dem Aussteller. In Deutschland wird dieses Ergebnis vom Aussteller sicherlich begrüßt, hat doch der „stillschweigend" vereinbarte Auskunftsvertrag seit jeher starke Kritik hervorgerufen[1514]. Von einem stillschweigenden oder „konkludenten" Vertragsabschluss kann nur dort die Rede sein, wo der Auskunftsgeber einen vertraglichen Verpflichtungswillen gefasst, ihn allerdings nicht erklärt hat[1515]. In der hier diskutierten Fallkonstellation zwischen Aussteller und Anlegern fehlt es jedoch von vornherein an einem entsprechenden Verpflichtungswillen des Ausstellers.

II. Kapitalmarktrechtliche Haftung

1. Während in Deutschland eine Prospekthaftung des Ausstellers eines fehlerhaften Comfort Letter gegenüber den aufgrund eines Kurseinbruchs geschädigten Erwerbern neu emittierter Aktien mangels einer entsprechenden Haftungsnorm von vornherein ausscheidet, sind in den USA insoweit die Prospekthaftungsvorschrif-

---

1513 Siehe auch LG Hamburg WM (22.6.1998) 1999, 139, 140 (Auskunftshaftung des Pflichtprüfers gegenüber Dritten); OLG München (13.4.1995) WM 1997, 613, 615 (Dritthaftung des Steuerberaters wegen Jahresberichten und Zwischenabschlüssen); LG Frankfurt am Main (8.4.1997) BB 1997, 1682, 1683 (Haftung des Pflichtprüfers gegenüber Dritten); LG Mönchengladbach (31.5.1990) NJW-RR 1991, 415 (Haftung des Pflichtprüfers gegenüber Dritten); OLG Dresden (19.11.1996) NJW-RR 1996, 1001, 1001 (Haftung des nicht öffentlich bestellten Sachverständigen gegenüber Dritten); a.A. *Otto/Mittag*, WM 1996, 325, 329: nur „erhebliches Indiz".

1514 Bereits im Anschluss an die grundlegende Entscheidung RGZ 52, 365, hat *Laband*, DJZ 1903, 259, 262, von einer „leeren Fiktion" gesprochen. Siehe zu den zuletzt geäußerten Bedenken *Lorenz*, 1. FS Larenz, S. 575, 618: „blutleere Fiktion"; *Canaris*, Vertrauenshaftung, S. 425: „Hypostasierung stillschweigender Auskunftsverträge"; *Ebke/Fechtrup*, JZ 1986, 1112, 1115: „forensische Lotterie"; *Ebke*, Dritthaftung, S. 66 ff.; *Ebke/Scheel*, WM 1991, 389, 391; *Hopt*, AcP 183 (1983), 608, 617; *Köndgen*, Selbstbindung, S. 354; *Grunewald*, AcP 187 (1987), 285, 295; *Lammel*, AcP 179 (1979), 337, 340; *Hirte*, S. 387 ff. m.w.N.; a.A. lediglich *Musielak*, Haftung für Rat, Auskunft und Gutachten, S. 44.

1515 Vgl. *Ebke/Fechtrup*, JZ 1986, 1112, 1115.

ten in Section 11 (a) Securities Act sowie die durch Richterrecht zur Anspruchs-grundlage entwickelte Rule 10b-5 zu Section 10 (b) Securities Exchange Act für die Verantwortlichkeit des Ausstellers gegenüber den Anlegern in Betracht zu ziehen. Der Kreis der für den Emissionsprospekt verantwortlichen Personen ist in den USA erheblich weiter gezogen als in Deutschland. Sowohl nach Section 11 (a) Securities Act als auch nach Section 10 (b) Securities Exchange Act in Verbindung mit Rule 10b-5 kann der Jahresabschlussprüfer prospektverantwortlich sein. Dies hat dazu geführt, dass Anleger versucht haben, die Haftung nach Section 11 (a) Securities Act und Section 10 (b) Securities Exchange Act in Verbindung mit Rule 10b-5 auch auf den Aussteller eines Comfort Letter zu erweitern.

2. Für einen Anspruch nach Section 11 (a) Securities Act ist allerdings erforderlich, dass der Aussteller mit seiner Einwilligung in dem registration statement als accountant oder expert dargestellt wird. Andererseits wird von einer Darstellung des Comfort Letter im registration statement nach dem U.S.-amerikanischen Standard SAS No. 72 – offensichtlich aus haftungsrechtlichen Gründen – strikt abgeraten[1516]. Es muss hiernach davon ausgegangen werden, dass es mangels einer Aufnahme des Comfort Letter in das registration statement in der Praxis in der Regel von vornherein an der Anknüpfung für eine kapitalmarktrechtliche Haftung des Ausstellers gemäß Section 11 (a) Securities Act fehlt.

3. Darüber hinaus hat die Untersuchung der gerichtlich entschiedenen U.S.-amerikanischen Fälle deutlich gemacht, dass eine Haftung des Ausstellers insoweit nicht in Betracht kommt.

a) In der Entscheidung *Escott v. BarChris Construction Corporation* des erstinstanzlichen Bundesgerichts für den Südlichen Bezirk von New York enthielt der Comfort Letter eine Verwendungsklausel, die eine Weitergabe von Informationen an Dritte oder die Bezugnahme auf den Comfort Letter untersagte[1517]. Eine Haftung nach Section 11 (a) Securities Act entfiel hiernach: "Plaintiffs may not take advantage of any undertakings or representations in this letter"[1518].

b) In einer weiteren Entscheidung lehnte das gleiche Gericht fünf Jahre später in *Grimm v. Whitney-Fidalgo Seafoods, Inc.* erneut eine Haftung nach Section 11 (a) Securities Act für den Comfort Letter ab[1519]. Dabei berief sich Judge Brieant in der Urteilsbegründung auf die *BarChris*-Entscheidung, die er als „authority" bezeichnete. Die prospektive Haftungsnorm in Section 11 (a) Securities Act könne sich nur auf solche Angaben in dem Prospekt

---

1516 AU § 634.61; vgl. oben Fn. 233, S. 63.
1517 *Escott v. BarChris Construction Corp.*, 283 F.Supp. 643, 698 (S.D.N.Y. 1968); ausführliche Fallbesprechung oben S. 134.
1518 *Escott v. BarChris Construction Corp.*, 283 F.Supp. 643, 698 (S.D.N.Y. 1968); ausführliche Fallbesprechung oben S. 134.
1519 *Grimm v. Whitney-Fidalgo Seafoods, Inc.*, Fed.Sec.L.Rep. (CCH) ¶ 96,029 (S.D.N.Y. 1973); ausführliche Fallbesprechung oben S. 135.

beziehen, die der accountant bescheinigt habe. Dagegen werden Prospektangaben, auf die sich die Bescheinigung des accountant nicht mehr bezieht
und die eindeutig als nicht geprüft (unaudited) gekennzeichnet sind, nicht
von der Haftung gemäß Section 11 (a) Securities Act erfasst. Die von der
beklagten Wirtschaftsprüfungsgesellschaft als geprüft gekennzeichneten Bescheinigungen beschränkten sich allein auf den Jahresabschluss zum Stichtag vom 31. März 1971. Als ungeprüfte Bescheinigungen stufte das Gericht
dagegen einen ungeprüften Zwischenbericht vom 30. Juni 1971 und zusätzlich den Comfort Letter ein, der im konkreten Fall den Werterhellungszeitraum nach dem letzten geprüften Jahresabschluss vom 31. März 1971 betraf. Das Gericht zitierte den maßgeblichen Satz aus dem *BarChris*-Urteil:
"Plaintiffs may not take advantage of any undertakings or representations in
this letter"[1520] und lehnte wiederum einen Anspruch aus Section 11 (a) Securities Act ab.

c)   Das erstinstanzliche Bundesgericht für den Nördlichen Bezirk von Kalifornien hielt in der Sache *In re Memorex Corporation Securities Litigation*
gleichfalls eine Haftung des Ausstellers eines Comfort Letter nach Section
11 (a) Securities Act unter Bezugnahme auf die *Escott v. BarChris Construction Corporation* und *Grimm v. Whitney-Fidalgo Seafoods, Inc.* Urteile
für unbegründet[1521]. Eine Haftung des accountant komme – so das Gericht –
nur für solche Schriftstücke in Betracht, die dieser bestätigt (certified) habe
und die darüber hinaus in dem registration statement enthalten seien[1522].
Zudem stützte das Gericht sein Urteil auf eine Rule der SEC vom 28. Dezember 1979, in der die U.S.-amerikanische Wertpapieraufsichtsbehörde eine Haftung des accountant nach Section 11 (a) Securities Act für die kritische Durchsicht ungeprüfter Zwischenabschlüsse (unaudited interim financial information) ausgeschlossen hatte, die im Zusammenhang mit der Registrierung von Aktien erteilt worden waren[1523]. Die SEC weist ihrerseits in
ihrer Begründung dieser Rule zur "Accountant Liability for Reports on U-
naudited Interim Financial Information under the Securities Act of 1933"
explizit darauf hin, dass die Rule exisiting case law entspricht, wobei sie auf

---

1520   *Escott v. BarChris Construction Corp.*, 283 F.Supp. 643, 698 (S.D.N.Y. 1968); ausführliche
       Fallbesprechung oben S. 134.
1521   *In re Memorex Corporation Securities Litigation*, 493 F.Supp. 631, 643 (N.D.Cal. 1980); ausführ-
       liche Fallbesprechung oben S. 136.
1522   *In re Memorex Corporation Securities Litigation*, 493 F.Supp. 631, 643 (N.D.Cal. 1980); ausführ-
       liche Fallbesprechung oben S. 136.
1523   SEC Release No. 33-6173, p.8, WL 169953. Rechtsgrundlage für den Erlass der Rule durch die
       SEC ist Section 19 (a) SA.

die Entscheidungen *Escott v. BarChris Construction Corporation* sowie *Grimm v. Whitney-Fidalgo Seafoods, Inc.* Bezug nimmt[1524].

4. Nach der übereinstimmenden Auffassung der U.S.-amerikanischen Gerichte kommen mithin Schadensersatzansprüche der Anleger gegen den accountant gemäß Section 11 (a) Securities Act nur dann in Betracht, wenn dieser der Öffentlichkeit gegenüber die Richtigkeit der Angaben bescheinigt hat (certification), was in der Praxis allerdings nicht der Fall sein dürfte. Dagegen scheidet eine Haftung des accountant für ungeprüfte Zwischenabschlüsse oder den unveröffentlichten Comfort Letter aus. Darüber hinaus hat sich nicht nur die SEC in einer Rule zur Frage der Haftung für die Durchsicht ungeprüfter Zwischenabschlüsse der Ansicht der U.S.-amerikanischen Gerichte angeschlossen. Bestätigt wird die Auffassung der Gerichte auch von der Literatur, die dabei auf die beschränkten Untersuchungshandlungen vor der Erteilung des Comfort Letter und die eingeschränkten inhaltlichen Aussagen des Comfort Letter hinweist. Allein die Ausstellung des Comfort Letter macht die Angaben des registration statement (inklusive dem Prospekt) nicht zu geprüften Angaben (expertised information) im Sinne der Haftungsnorm von Section 11 (a) Securities Act[1525]. Im Übrigen ist zu Recht darauf hingewiesen worden, dass der Comfort Letter nicht einmal für das registration statement verwendet wird, so dass den Anlegern auch insoweit eine Kenntnisnahme nicht möglich ist[1526] und daher grundsätzlich bereits der Anwendungsbereich der Haftungsnorm nicht eröffnet ist[1527]. Eine Anwendung von Section 11 (a) Securities Act auf Comfort Letter wird daher auch in der Literatur konsequenterweise abgelehnt[1528].

5. Soweit darüber hinaus eine Haftung des Ausstellers eines Comfort Letter nach Rule 10b-5 i.V.m. Section 10 (b) Securities Exchange Act eine an die Anleger gerichtete „Darstellung" (dissemination) voraussetzt, liegt eine solche – so das Bundesberufungsgericht für den Dritten Bezirk – nur dann vor, "if the misrepresentations in question were disseminated to the public in a medium of communication upon which a reasonable investor would rely"[1529]. Demgegenüber wird der Comfort Letter weder in das registration statement noch in den Prospekt eingestellt. Der Comfort Letter wird mithin der Öffentlichkeit nicht „dargestellt" (disseminated). Ein „vernünftiger Investor" (reasonable Investor) würde bei seiner Anlageentscheidung auch nicht auf ein Dokument vertrauen, das ausschließlich für die

---

1524 SEC Release No. 33-6173, p.3, 1979 WL 169953; vgl. auch SEC Release No. 33-6127 (Sept. 20, 1979), 1979 WL 1700299, zur gleichnamigen Bestimmung.

1525 *Brody/Hartel*, PLI, April/June 2002, S. 307, 315.

1526 *Ebke/Siegel*, Sonderbeilage Nr. 2, WM 2001, S. 11.

1527 Vgl. *Causey*, § 11 (S. 305); *Goldwasser/Arnold*, § 8.1.2.

1528 *Brody/Hartel*, PLI, April/June 2002, S. 307, 315; *Ebke/Siegel*, Sonderbeilage Nr. 2, WM 2001, S. 11.

1529 *Semerenko v. Cendant Corporation*, 223 F.3d 165, 176 (3rd Cir. 2000), *cert. denied*, 33 Sec.Reg. & L.Rep. 281 (2001).

Emissionsbank erstellt worden ist und sich nicht an ihn richtet bzw. nicht für seine Zwecke erstellt worden ist.

6. Zudem erfordert eine Haftung nach Rule 10b-5 i.V.m. Section 10 (b) Securities Exchange Act direkten Vorsatz (scienter), dem ein leichtfertiges Handeln (recklessness) gleichgestellt ist, während leichte Fahrlässigkeit (negligence) nicht ausreicht. Auch eine Teilnahmehandlung des Ausstellers (aiding and abetting liability/conspiracy/respondeat superior liability) kann die Haftung nach Rule 10b-5 i.V.m. Section 10 (b) Securities Exchange Act nicht begründen. Es wird vielmehr eine eigene täterschaftliche Mitwirkung (primary violation) des Ausstellers verlangt[1530].

7. Von entscheidender Bedeutung für eine Haftung des Ausstellers eines fehlerhaften Comfort Letter gemäß Rule 10b-5 i.V.m. Section 10 (b) Securities Exchange Act ist, dass die Anleger bei dem Erwerb der neu emittierten Aktien auf die Richtigkeit und Vollständigkeit der Darstellung berechtigterweise vertrauen durfte (reliance). Wenn auch den Anlegern, die im Prozess insoweit die Beweislast tragen, eine Kausalitätsvermutung zugute kommt und die Gerichte zudem eine Beweiserleichterung nach der fraud on the market theory gewähren, stellt das Merkmal der reliance eine für die Anleger problematische Anspruchsvoraussetzung dar.

a) So wies das erstinstanzliche Bundesgericht für den Südlichen Bezirk von New York die Klage eines Anlegers gegen eine Wirtschaftsprüfungsgesellschaft in *CL Alexanders Laing & Cruickshank v. Goldfeld* durch summary judgment[1531] ab, da das erforderliche Vertrauen (reliance) des Investors für eine Haftung nach Rule 10b-5 i.V.m. Section 10 (b) Securities Exchange Act im konkreten Fall nur in engen Grenzen habe entstehen können. Der Aussteller hätte dem Comfort Letter nämlich explizit eine Verwendungsklausel (disclaimer) beigefügt und der Investor zudem in Bezug auf die Transaktion ein hohes Maß an eigener Sachkunde besessen[1532]. Im Übrigen hätte es an dem für eine Haftung nach Rule 10b-5 i.V.m. Section 10 (b) Securities Exchange Act erforderlichen Verschulden – mindestens leichte Fahrlässigkeit (recklessness) – gefehlt[1533].

b) Die Entscheidung *In re The Hawaii Corporation* aus dem Jahr 1983 stand zwar im Zusammenhang mit der Erteilung eines Comfort Letter, der anlässlich der Neustrukturierung von zwei Unternehmen (merger deal) ausgestellt

---

1530 *Central Bank of Denver, N.A. v. First Interstate Bank of Denver*, N.A., 511 U.S. 164 (1994); offengelassen in *Ernst & Ernst v. Hochfelder*, 425 U.S. 185, 192 [Fn. 7] (1976); *Causey*, § 11 (S. 322).

1531 Siehe zum summary judgment oben Fn. 523, S. 108.

1532 *CL Alexanders Laing & Cruickshank v. Goldfeld*, 739 F.Supp. 158, 162 (S.D.N.Y. 1990), mit Hinweis auf *Friedman v. Arizona World Nurseries Ltd. Partnership*, 730 F.Supp. 521, 541 (S.D.N.Y. 1990); ausführliche Fallbesprechung oben S. 148.

1533 *CL Alexanders Laing & Cruickshank v. Goldfeld*, 739 F.Supp. 158, 164 (S.D.N.Y. 1990); ausführliche Fallbesprechung oben S. 148.

worden war[1534]. Das erkennende erstinstanzliche Bundesgericht für den Bezirk von Hawaii prüfte jedoch Ansprüche aufgrund von Rule 10b-5 i.V.m. Section 10 (b) Securities Exchange Act, die es im Ergebnis ablehnte, da der Comfort Letter ausdrückliche Warnhinweise enthalten hatte. Dem Kläger fehlte außerdem die für Rule 10b-5 erforderliche Klagebefugnis (standing).

c) Die Entscheidung *SEC v. Seaboard Corporation* des Bundesberufungsgerichts für den Neunten Bezirk betraf Schadensersatzansprüche einer geschädigten Investmentfirma gegen die Wirtschaftsprüfer Ernst & Ernst, die anlässlich einer Aktientransaktion mit der Erstellung eines Verkaufsprospekts und eines Comfort Letter sowie mit diversen anderen Tätigkeiten beteiligt waren und aufgrund Rule 10b-5 i.V.m. Section 10 (b) Securities Exchange Act wegen einer strafbaren Teilnahmehandlung (aiding and abetting liability) in Anspruch genommen wurden[1535]. Das Gericht befand, dass unter den besonderen Umständen des konkreten Falles von den Klägern wesentliche Tatsachen vorgetragen worden waren, die auf die Kenntnis (knowledge) einer Beteiligung bei der Verletzung von Rule 10b-5 durch Ernst & Ernst schließen ließen. Es hob daher das summary judgment der Vorinstanz auf und verwies den Fall zur weiteren Tatsachenfeststellung an die Vorinstanz zurück (remand)[1536].

d) Ungeachtet dessen enthielt das Urteil auch wichtige Hinweise an den Aussteller des Comfort Letter. So erkannte das Gericht dem Grunde nach an, dass ein im Einklang mit den US GAAP stehendes Verhalten bei der Erteilung des Comfort Letter grundsätzlich den Vorwurf einer Pflichtverletzung (breach of duty) entfallen lässt. Dies trifft insbesondere zu, wenn der Aussteller die Regelungen des U.S.-amerikanischen Standards SAS No. 72 des AICPA einhält[1537]. Das Haftungsrisiko bleibt für den Aussteller damit äußerst gering, solange der berufsständische Standard SAS No. 72 beachtet wird.

e) Schließlich lehnte das erstinstanzliche Bundesgericht für den Südlichen Bezirk von New York auch in *Grimm v. Whitney-Fidalgo Seafoods, Inc.* Ansprüche aufgrund Rule 10b-5 i.V.m. Section 10 (b) Securities Exchange

---

1534 *In re The Hawaii Corporation*, 567 F.Supp. 609, 616 (D. Haw. 1983); ausführliche Fallbesprechung oben S. 107 und 150.

1535 *SEC v. Seaboard Corporation*, 677 F.2d 1301 (9th Cir. 1982); ausführliche Fallbesprechung oben S. 151.

1536 *SEC v. Seaboard Corporation*, 677 F.2d 1301, 1312 (9th Cir. 1982); ausführliche Fallbesprechung oben S. 151.

1537 Vgl. auch *Resnik*, 34 Bus.Law. 1725, 1745 (1979); *Causey/Causey*, 12 Miss.Coll.L.Rev. 7, 21(1991); *Rhode Island Hospital Trust National Bank v. Swartz, Bresenhoff, Yavner & Jacobs*, 455 F.2d 847 (4th Cir. 1972) ("While [AICPA] standards may not always be the maximum test of liability, certainly they should be deemed the minimum standard by which liability should be determined"); *Escott v. BarChris Construction Corp.*, 283 F.Supp. 643, 703 (S.D.N.Y. 1968) ("Accountants should not be held to a standard higher than that recognized in their profession").

Act für einen ungeprüften Zwischenabschluss und den Comfort Letter ab[1538].

8. Als weitere Anspruchsgrundlage des bundesstaatlichen Kapitalmarktrechts sind Anlegeransprüche aufgrund Section 1962 (c) RICO erörtert worden. Der Racketeer Influenced and Corrupt Practices Act (RICO) wurde 1970 als Teil des Omnibus Crime Control Act (OCCA)[1539] vom Kongress in Kraft gesetzt, um Wirtschaftskriminalität und organisierte Banden in den Vereinigten Staaten bekämpfen zu können[1540]. Auch zu diesem Gesetz gibt es in Deutschland keine entsprechende gesetzliche Regelung, die vergleichbare Rechtsfolgen auf das Wirtschaftsleben entfaltet. Nimmt der Aussteller in den USA jedoch von Handlungen Abstand, die den operation or management test des U.S.-Supreme Court verwirklichen könnten, kann auch hieraus keine Haftung abgeleitet werden[1541]. Ansprüche gegen den Aussteller sind unbegründet, solange in der Erteilung eines fehlerhaften Comfort Letter keine aktive Beteiligungshandlung an der Geschäftsführung der Emittentin zu sehen ist, der Aussteller vielmehr die Stellung eines outside accountant einnimmt, der nicht an der Leitung der Geschäfte mitwirkt.

9. Insgesamt kann mithin festgestellt werden, dass das Risiko des Ausstellers eines fehlerhaften Comfort Letter, aufgrund des Federal Law von den Erwerbern neu emittierter Aktien nach einem anschließenden Kursverfall in Anspruch genommen zu werden, gering ist, solange der U.S.-amerikanische Prüfungsstandard SAS No. 72 beachtet wird.

10. Die Rechtslage in Deutschland sieht demgegenüber vor, dass der Jahresabschlussprüfer nach dem Börsengesetz de lege lata grundsätzlich nicht für den Emissionsprospekt verantwortlich ist. Wenn aber nicht einmal den Jahresabschlussprüfer eine Prospekthaftung treffen kann, so kann, wie die Untersuchung im Dritten Teil dieser Arbeit ergeben hat, eine Verantwortlichkeit des Ausstellers eines Comfort Letter gemäß börsengesetzlicher Prospekthaftung nach heutiger Rechtslage in Deutschland ebenfalls nicht in Frage stehen. Dies hat seinen Grund darin, dass der Prospektbegriff, der den spezialgesetzlich geregelten Prospekthaftungsansprüchen zugrunde liegt, im Wesentlichen nur den Börsenzulassungsprospekt gemäß § 30 BörsG und den Verkaufsprospekt im Sinne des § 1 VerkProspG umfasst. Zu diesen Prospekten gehört der Comfort Letter jedoch unter keinen Umständen.

11. Die Untersuchung hat im Übrigen gezeigt, dass die bürgerlich-rechtliche Prospekthaftung in Deutschland differenzierter ausgestaltet ist. Insoweit gilt ein weniger stark konturierter Prospektbegriff. Der Comfort Letter selbst lässt sich zwar

1538 Grimm v. Whitney-Fidalgo Seafoods, Inc., Fed.Sec.L.Rep. (CCH) ¶ 96,029 (S.D.N.Y. 1973); ausführliche Fallbesprechung oben S. 135.

1539 18 U.S.C. §§ 1961-1968.

1540 Brickey, S. 527; zum historischen Hintergrund weiterführend Schlimm, S. 141-145; McDonough, 26 Suff.Univ.L.Rev. 1107, 1112 (1992) m.w.N.

1541 Vgl. Reves v. Ernst & Young, 113 S.Ct. 1163, 1173 (1993); Ebke, RIW 1993, 767, 768.

hierunter nicht subsumieren, da er nicht für die Marktöffentlichkeit bestimmt ist und den Anlegern gerade nicht als Grundlage ihrer Entscheidung zur Verfügung stehen soll[1542]. Dies wird von dem Aussteller insbesondere durch die Verwendungsklausel klargestellt, die als Adressaten des Comfort Letter allein die an der Transaktion beteiligten Emissionsbanken ausweist[1543]. Andererseits können nach neuerer Ansicht nicht nur klassische „Werbeprospekte", sondern auch weitere (Kommunikations-) Mitteilungen als Prospekt im Sinne der bürgerlich-rechtlichen Prospekthaftung verstanden werden. In bestimmten Konstellationen kann hiernach auch der Aussteller in den Gefahrenbereich der bürgerlich-rechtliche Prospekthaftung geraten, sofern das im Comfort Letter verkörperte (geistige) Produkt oder weitere von der Emittentin oder der Emissionsbank verbreitete Unterlagen an die Anleger gerichtet werden. Anknüpfungsmoment einer Haftung des Ausstellers ist insoweit nicht der Börsenzulassungsprospekt, da dieser ausschließlich der börsengesetzlichen Prospekthaftung unterliegt. Maßgeblich sind insoweit vielmehr eventuell weitere Veröffentlichungen mit mittelbaren oder unmittelbaren Hinweisen auf den Comfort Letter. Wie sich gezeigt hat, ist die Konkurrenz zwischen börsengesetzlicher und bürgerlich-rechtlicher Prospekthaftung nach geltender Rechtslage nicht abschließend geklärt. Eine Haftung für sonstige Publikationen neben dem Börsenzulassungsprospekt ist konkurrenzrechtlich jedoch nicht von vornherein ausgeschlossen[1544]. Denkbar wäre auch, eine „Spezialität" der Börsenprospekthaftung anzunehmen, so dass Ansprüche gegen den Aussteller allein aus diesem Grund unbegründet wären. Sofern der Aussteller in dem Prospekt dagegen keine „Garantenstellung" einnimmt und nicht nach außen in Erscheinung tritt[1545], ist das Risiko ausgeschlossen, nach bürgerlich-rechtlicher Prospekthaftung von Anlegern in Anspruch genommen zu werden. Sollte der Aussteller demgegenüber im Einzelfall gegen seinen Willen in einem Prospekt als „Verantwortlicher" dargestellt worden sein, so kommt eine Haftung gegenüber Dritten gleichwohl nicht in Betracht, wenn der Aussteller in dem Comfort Letter die Verwendung gegenüber Dritten durch eine Verwendungsklausel[1546] untersagt hat. In einem solchen Fall kann zwar objektiv eine Prospektverantwortlichkeit vorliegen, es fehlt jedoch an dem notwendigen Erklärungswillen als dem „subjektiven Element" einer

1542 Ähnlich für anwaltliche legal opinions (Rechtsgutachten) *Schneider*, ZHR 163 (1999), 246, 267.
1543 IDW PS 910, WPg 2004, 342, 354 (Tz. 106 f.).
1544 So bereits *Ebke/Siegel*, Sonderbeilage Nr. 2, WM 2001, S. 18 f.; a.A. BGH WM 1982, 867 = NJW 1982, 2827, der auf die informationsbezogenen Vertriebsmaßnahmen im Zusammenhang mit der Kapitalanlage selbst abzustellen scheint; vgl. *Assmann*, FS Kübler, S. 317, 339.
1545 Vgl. IDW PS 910, WPg 2004, 342.
1546 IDW PS 910, WPg 2004, 342, 354 (Tz. 106 f.).

„Erklärung" des Ausstellers und damit an der Übernahme einer Verantwortlichkeit[1547].

12. Darüber hinaus kommt in Deutschland auch nach den Grundsätzen der allgemeinen zivilrechtlichen Prospekthaftung im uneigentlichen Sinne in Ermangelung einer unmittelbaren Kontaktaufnahme zwischen den Parteien kein Schadensersatzanspruch der Anleger gegenüber dem Aussteller in Frage. Die in dem Urteil des Bundesgerichtshofs vom 26.9.2000[1548] niedergelegten Grundsätze zur Wirtschaftsprüferhaftung sind auf eine Haftung für Comfort Letters nicht entsprechend anwendbar, solange die im IDW Prüfungsstandard PS 910 niedergelegten Grundsätze zur Ausstellung von Comfort Letters eingehalten werden.

III. Deliktsrecht

1. Wie die Untersuchung des U.S.-amerikanischen Deliktsrechts zeigt, ist in den USA die Haftung des Ausstellers eines Comfort Letter gegenüber den Anlegern im Falle von Fahrlässigkeit heftig umstritten. Zweifelhaft ist, ob eine Vermögenssorgepflicht auch gegenüber einem vertragsfremden Dritten besteht, mit dem der Aussteller nicht in einer vertraglichen Sonderrechtsbeziehung (privity of contract) steht und der für die Leistung des Ausstellers nicht einmal ein Entgelt gezahlt hat[1549]. Wie die Untersuchung ergeben hat, ist der Aussteller ungeachtet der verschiedenen Haftungsansätze in den einzelnen Bundesstaaten[1550] mangels Bestehens einer Vermögenssorgepflicht vor Ansprüchen der Anleger dann geschützt, wenn er entsprechend dem U.S.-amerikanischen Standard SAS No. 72 eine Verwendungsklausel (disclaimer) in den Comfort Letter einfügt und die direkte Kommunikation mit den Anlegern vermeidet. Unter diesen Umständen scheiden trotz Fahrlässigkeit des Ausstellers Schadensersatzansprüche der Anleger aufgrund einer negligent misrepresentation aus.

2. Bei vorsätzlichen Pflichtverstößen des Ausstellers kann im common law eine fraudulent misrepresentation als Anspruchsgrundlage für Schadensersatzan-

---

1547 BGHZ 77, 172, 176 f. = NJW 1980, 1840: „In erster Linie kommen hierfür Rechtsanwälte und Wirtschaftsprüfer in Betracht, die *mit ihrer Zustimmung im Prospekt als Sachverständige angeführt* werden und in dieser Eigenschaft Erklärungen abgeben"; vgl. Schimansky/Bunte/Lowowski/*Siol*, § 45 Rn. 36: „besondere Garantenstellung nur bei Billigung".

1548 BGH NJW 2001, 360 = JZ 2001, 933 m. Anm. *Möllers*, JZ 2001, 909 = WPK-Mitt. 2001, 78 m. Anm. *Ebke/Gehringer*, WPK-Mitt. 2001, 83 f.

1549 Siehe die umfangreichen Abhandlungen in juristischen Fachzeitschriften: *Fink*, 1992 Mich.B.J. 1286; *Lawson/Mattison*, 52 Ohio State L.J. 1309 (1991); *Marinelli*, 16 Ohio N.Univ.L.Rev. 1 (1989); *Zisa*, 11 Campbell L.Rev. 123 (1989); *Siliciano*, 86 Mich.L.Rev. 1929 (1988); *Gossman*, 1988 Colum.Bus.L.Rev. 213; *Hagen*, 1988 Colum.Bus.L.Rev. 18; *Chaffee*, 1988 J.Corp.L. 863; *Bilek*, 39 Sw.L.J. 689 (1985); *Minow*, J.o.A., Sep. 1984, 70; *Lazare*, 48 Alb.L.Rev. 876 (1984); *Gormley*, 14 Seton Hall L.Rev. 528 (1984).

1550 Vgl. *Ebke*, FS Sandrock, S. 243, 264; *Ebke/Struckmeier*, S. 11-24; *Quick/Baker*, RIW 1995, 474.

sprüche der Anleger in Betracht kommen. Die *Ultramares*-Entscheidung hat die Anforderungen auf der subjektiven Tatbestandsseite deutlich reduziert, sodass nunmehr auch ein leichtfertiges Fehlverhalten eine fraudulent misrepresentation begründen könnte. Im Bereich des deutschen Rechts findet eine vergleichbare Ausdehnung des subjektiven Tatbestands bei dem Anspruch wegen vorsätzlicher sittenwidriger Schädigung (§ 826 BGB) statt[1551]. Dennoch kommt der Anspruchsgrundlage für die hier interessierenden Fälle nur geringe Bedeutung zu, da eine leichtfertige Ausübung der beruflichen Pflichten bei gleichzeitigem Handeln mit Täuschungsabsicht nur Ausnahmefällen vorbehalten bleiben dürfte.

3. Voraussetzung für einen Schadensersatzanspruch der Anleger wegen negligence und fraudulent misrepresentation ist zudem auch nach common law insoweit ein „berechtigtes Vertrauen" (justifiable reliance) der Anleger in die Angaben des Comfort Letter. Ein Berufungsgericht im Staat New York hat dazu in *Rotterdam Ventures, Inc. v. Ernst & Young* entschieden, dass auf Seiten der Anleger kein „berechtigtes Vertrauen" in die Angaben des Comfort Letter gegeben ist, wenn die Anleger nach der Verwendungsklausel des Comfort Letter (disclaimer) nicht befugt sind, den Comfort Letter zu lesen und sich bei ihrer Anlageentscheidung auf den Comfort Letter zu verlassen[1552]. In dem konkreten Fall war der Comfort Letter nur für die genannten Personen und nur für die beschriebene Transaktion bestimmt und nicht mehr für darüber hinausgehende Transaktionen, *die nur noch mittelbar mit der Emission zusammenhingen*[1553]. Der Aussteller ist daher nach der geltenden Rechtslage in den USA vor Anlegerklagen geschützt, solange er die Vorgaben des U.S.-amerikanischen Standards SAS No. 72 und die dort vorgeschlagenen Formulierungen für den Comfort Letter beachtet[1554].

4. In Deutschland sind die Möglichkeiten der Anleger, Schadensersatzansprüche aus unerlaubter Handlung gegenüber dem Aussteller geltend zu machen, praktisch ausgeschlossen, solange ein leicht fahrlässiges Handeln in Rede steht. Dem liegt die in der Literatur vielfach kritisierte Entscheidung des historischen Gesetzgebers zugrunde[1555], das Vermögen nicht als absolutes Recht im Sinne von § 823 Abs. 1 BGB zu schützen. Ein Anspruch gemäß § 823 Abs. 2 BGB verlangt stets die vorsätzliche Begehung eines vermögensschützenden Gesetzes. Selbst der durch die ständige Rechtsprechung des Bundsgerichtshof in seinen Anforderungen sehr stark reduzierte § 826 BGB, der bereits bei leichtfertigem Handeln des Ausstellers eingreifen könnte, bietet den Anlegern keinen ausreichenden Schutz für den Ersatz fahrlässig verursachter Vermögensschäden.

1551 *Ebke*, Dritthaftung, S. 162.

1552 *Rotterdam Ventures, Inc. v. Ernst & Young LLP*, 300 A.D.2d 963, 965-66 (N.Y.App. 2002); ausführliche Besprechung oben S. 128.

1553 *Rotterdam Ventures, Inc. v. Ernst & Young LLP*, 300 A.D.2d 963, 966 (N.Y.App. 2002); ausführliche Besprechung oben S. 128.

1554 So bereits *Ebke/Siegel*, Sonderbeilage Nr. 2, WM 2001, S. 13.

1555 *Ebke*, WPK-Mitt. 1997, 196, 199; *Ebke*, JZ 1998, 993, 995; *Bar*, S. 204 [Fn.4].

1. Die Untersuchung der Comfort Letter-Haftung des Ausstellers gegenüber den Anlegern hat gezeigt, wie in den USA das Haftungsrisiko für den Aussteller auf ein sinnvolles Maß begrenzt werden kann. Als effizientes Kriterium erweist sich dabei das „berechtigte Vertrauen" (justifiable reliance) der Anleger in die Angaben des Comfort Letter, das sowohl beim Anspruch nach Rule 10b-5 i.V.m. Section 10 (b) Securities Exchange Act als auch bei den deliktsrechtlichen Ansprüchen aufgrund negligence und fraud gegeben sein muss. Wie gezeigt, haben die U.S.-amerikanischen Gerichte im Hinblick auf diese Voraussetzung Schadensersatzbegehren der Anleger stets verneint, da der Comfort Letter *nicht an sie adressiert worden war* und demzufolge *keine geeignete Vertrauensgrundlage* für ihre Schadensersatzbegehren darstellte.

2. In Deutschland entfallen vertragliche Schadensersatzansprüche der Anleger gegenüber dem Aussteller eines fehlerhaften Comfort Letter gemäß § 280 Abs. 1 BGB mangels vertraglicher Beziehungen zwischen Anlegern und Aussteller. So kann weder von einem zwischen diesen stillschweigend geschlossenen Auskunftsvertrag ausgegangen werden noch werden die Anleger in den Schutzbereich des zwischen Aussteller und Emittentin geschlossenen Prüfungsvertrags oder des zwischen Aussteller und Emissionsbank stillschweigend vereinbarten Auskunftsvertrags einbezogen. Schließlich scheidet auch eine Verantwortlichkeit des Ausstellers gegenüber dem Anleger aufgrund der börsengesetzlichen Prospekthaftung aus. Lediglich sofern der Aussteller ein Verhalten zeigt, das ihn in den Kreis der Prospektverantwortlichen rückt, kann eine Haftung in Betracht gezogen werden. Darüber hinaus sind in Ausnahmefällen Schadensersatzansprüche gemäß §§ 823 Abs. 2, 826 BGB denkbar.

3. Aus deutscher Sicht von Interesse ist insbesondere das in den USA verwendete anspruchsbegründende Merkmal des „berechtigten Vertrauens". Dieses kann zwar nicht als Tatbestandsmerkmal in das deutsche Haftungsrecht übernommen werden. Dennoch wäre daran zu denken, die das „berechtigte Vertrauen" begründenden Wertungen auch in Deutschland bei der Rechtsanwendung zu berücksichtigen. Dies kann am zweckmäßigsten dadurch geschehen, dass im Rahmen des vertraglichen Drittschutzes die *umfassenden Warnhinweise* und die *Verwendungsklausel* des Comfort Letter zur Bestimmung der „Leistungsnähe des Anlegers" herangezogen und der Verwendungszweck des Comfort Letter zur alleinigen Vorlage bei den Emissionsbanken im Auge behalten wird. Sofern diese Voraussetzungen des IDW Prüfungsstandards PS 910 beachtet werden, ist für den Aussteller in Deutschland eine angemessene Haftungsbegrenzung gegenüber dem Anleger sichergestellt.

4.   Ebenso wenig kommt ein Schadensersatzbegehren gemäß §§ 311 Abs. 3 Satz 1,
     280 Abs. 1, 241 Abs. 2 BGB in Betracht, da der Aussteller aufgrund der Verwen-
     dungsklausel im Comfort Letter weder Vertrauen gegenüber dem Anleger in An-
     spruch nimmt noch eine entsprechende Vermögensschutzpflicht des Ausstellers
     gegenüber dem Anleger besteht. In den USA wird ebenfalls im Rahmen des kapi-
     talmarktrechtlichen Rule 10b-5-Anspruchs eine Verantwortlichkeit des Ausstel-
     lers für den Comfort Letter abgelehnt, wenn keine an den Anleger gerichtete Dar-
     stellung (dissemination) vorliegt und folglich keine geeignete Vertrauensgrundla-
     ge für den Anleger entstehen kann. Das Bundesberufungsgericht für den Dritten
     Bezirk hat hierzu zuletzt entschieden, dass eine „Darstellung" nur vorliegen kann
     "if the misrepresentations in question were disseminated to the public in a medi-
     um of communication upon which a reasonable investor would rely"[1556]. In der
     Entscheidung *Rotterdam Ventures, Inc. v. Ernst & Young* hat ein Berufungsge-
     richt im Staat New York entschieden, dass auf Seiten der Anleger kein „berechtig-
     tes Vertrauen" in die Angaben des Comfort Letter entstehen kann, wenn die An-
     leger nach der Verwendungsklausel des Comfort Letter (disclaimer) nicht befugt
     sind, den Comfort Letter zu lesen und sich bei ihrer Anlageentscheidung auf den
     Comfort Letter zu verlassen[1557]. In dem konkreten Fall war der Comfort Letter
     nur für die genannten Personen und nur für die beschriebene Transaktion be-
     stimmt und nicht mehr für darüber hinausgehende Transaktionen, *die nur noch
     mittelbar mit der Emission zusammenhingen*[1558].

1556   *Semerenko v. Cendant Corporation*, 223 F.3d 165, 176 (3rd Cir. 2000), *cert. denied*, 33 Sec.Reg.
       & L.Rep. 281 (2001).
1557   *Rotterdam Ventures, Inc. v. Ernst & Young LLP*, 300 A.D.2d 963, 965-66 (N.Y.App. 2002);
       ausführliche Besprechung oben S. 128.
1558   *Rotterdam Ventures, Inc. v. Ernst & Young LLP*, 300 A.D.2d 963, 966 (N.Y.App. 2002)); aus-
       führliche Besprechung oben S. 128.

§ 13: Inhaltliche und Formale Gestaltung des Comfort Letter im Spannungsverhältnis zur Verantwortlichkeit des Ausstellers

Die Untersuchung der zivilrechtlichen Verantwortlichkeit des Ausstellers in den USA und Deutschland zeigt, dass in beiden Rechtsordnungen eine rechtliche Inanspruchnahme des Ausstellers für die fehlerhafte Erteilung des Comfort Letter möglich ist. Sowohl die Emittentin als auch die Emissionsbanken sowie die Anleger könnten gemäß der dargestellten Anspruchsgrundlagen nach beiden Rechtsordnungen, sofern sämtliche Anspruchsvoraussetzungen vorliegen, einen Schadensersatzanspruch gegen den Aussteller geltend machen. Andererseits kann der Aussteller sein Haftungsrisiko dadurch begrenzen, dass er bei seiner Tätigkeit streng die vom Institut der Deutschen Wirtschaftsprüfer (IDW) und American Institute of Certified Public Accountants (AICPA) formulierten Prüfungsstandards für die Erteilung eines Comfort Letter beachtet. Die folgende Darstellung weist auf die wichtigsten Vorschriften der jeweiligen Comfort Letter Standards und deren Auswirkung auf die zivilrechtliche Verantwortlichkeit des Ausstellers hin.

A.   Adressierung des Comfort Letter

1.   In den USA hatte sich schon vor Jahren die Praxis durchgesetzt, dass der Comfort Letter sowohl der Emittentin als auch der Emissionsbank erteilt wird[1559]. Der Kreis der Empfänger eines Comfort Letter soll möglichst klein gehalten werden; auch sollen keine weiteren Schreiben außer den im U.S.-amerikanischen Standard SAS No. 72 genannten an die Emittentin oder die Emissionsbanken verschickt werden[1560]. In Deutschland wird der Comfort Letter nach dem IDW Prüfungsstandard PS 910 an den unmittelbaren Vertragspartner, die Emittentin, sowie an die konsortialführende Emissionsbank adressiert[1561]. Weitere Begleitschreiben sind ebenfalls nicht gestattet.

2.   Nach beiden Rechtsordnungen ist ein solches Vorgehen des Ausstellers haftungsrechtlich nicht unproblematisch. In Deutschland kann bereits allein aufgrund der Adressierung eines Comfort Letter an die Emissionsbank und der darin liegenden Kontaktaufnahme der Parteien konkludent ein Auskunftsvertrag zustande kommen. Gleichzeitig ist die Adressierung des Comfort Letter aber auch von Bedeutung für die Frage etwaiger Einreden des Ausstellers gegenüber einem Schadens-

---

1559   Vgl. AU § 634.25.
1560   AU § 634.25.
1561   IDW PS 910, WPg 2004, 342, 344 (Tz. 12).

ersatzanspruch der Emissionsbank aus einem Prüfungsvertrag mit Drittschutzwirkung. In erster Linie kommt es dabei auf die formularmäßig einbezogenen haftungsbeschränkenden Klauseln an. Wenn der Aussteller den Comfort Letter an die
Emittentin adressiert und der Emissionsbank diese Tatsache bekannt ist oder aufgrund des IDW Prüfungsstandards PS 910 zumindest bekannt sein müsste, dann
spricht vieles dafür, dass der Emissionsbank auch die Einreden aus dem Prüfungsvertrag gegen die Emittentin in entsprechender Anwendung des § 334 BGB
entgegenhalten werden können[1562].

3. In den USA können die Gerichte der Adressierung des Comfort Letter eine haf-
    tungsbegründende Wirkung beimessen, wenn es im Rahmen eines deliktsrechtli-
    chen negligent-misrepresentation-Anspruchs darum geht, ob eine deliktsrechtliche
    Vermögenssorgepflicht gerade auch gegenüber einem (prüfungs-)vertragsfremden
    Dritten wie im konkreten Fall der Emissionsbank bestehen kann. Dabei kann in
    den Staaten, die der privity rule folgen, aus der unmittelbaren Kontaktaufnahme
    eine solche Vermögenssorgepflicht gegenüber Dritten entnommen werden.

B. *Fehlende Zweckbescheinigung des Comfort Letter zu Gunsten der Emissionsbank*

1. In den USA liegt die Verantwortlichkeit für eine erfolgreiche Durchführung der
    Due-Diligence-Prüfung allein bei der Emissionsbank. Nur sie kann die Frage be-
    antworten, ob die von ihr vertraglich geforderten Untersuchungshandlungen des
    ungeprüften Zahlenmaterials zu diesem Verwendungszweck ausreichend sind und
    eine „angemessene Prüfung" (reasonable investigation) im Sinne von Section 11
    (b) Securities Act darstellen. Der Aussteller soll sich in seinem Comfort Letter
    andererseits nicht dazu äußern, welche Untersuchungshandlungen er im Sinne von
    Section 11 (b) Securities Act für „erforderlich" hält[1563].

2. Auch in Deutschland liegt die Due-Diligence-Prüfung ausschließlich im Verant-
    wortungsbereich der Emissionsbanken, die hierdurch mögliche Anlegeransprüche
    aufgrund der Emissionsprospekthaftung abwenden möchten. Der Aussteller macht
    daher nach dem IDW Prüfungsstandard PS 910 keine Angaben dazu, ob die von
    ihm durchgeführten Untersuchungshandlungen für die Zwecke der Emittentin und
    Emissionsbanken ausreichend sind. Beispielhaft dafür steht die Mitteilung über
    die Durchführung von Untersuchungshandlungen zur Ermittlung „bestätigungs-
    vermerksrelevanter Ereignisse"[1564], in der der Aussteller auf die fehlende Zweck-
    bescheinigung gesondert hinweist.

1562 Siehe ausführlich zur Vereinbarung haftungsbeschränkender Abreden zwischen Aussteller und
      Emissionsbank durch die AAB oben S. 298.
1563 AU §§ 634.16; 634.35 (Tz. b).
1564 Siehe IDW PS 910, WPg 2004, 342, 347 (Tz. 52), 348 (Tz. 55).

C. *Wiedergabe der Bestätigungsvermerke in dem Comfort Letter*

1. Der Aussteller macht in Deutschland in seinem Comfort Letter grundsätzlich keine (materiellen) Angaben zum Bestätigungsvermerk, die über die bloße Tatsache der Erteilung hinausgehen, da er zu weitergehenden Angaben bereits nach dem der Abschlussprüfung zugrundeliegenden Vertrag nicht verpflichtet ist. Abweichend davon kann der Aussteller aber auch Untersuchungshandlungen für den Zeitraum nach der Erteilung des letzten Bestätigungsvermerks vornehmen und Erklärungen über die gefundenen Ergebnisse abgeben[1565], die je nach dem Prüfungsvertrag in Form einer negativ formulierten Aussage (negative assurance) oder einer bloßen Berichterstattung über die durchgeführten Untersuchungshandlungen ohne negativ formulierte Aussage (factual findings) darzustellen sind[1566]. Untersuchungshandlungen zur Feststellung „bestätigungsvermerksrelevanter Ereignisse" stellen jedoch keine Abschlussprüfung entsprechend der maßgeblichen Prüfungsgrundsätze dar.

2. In den USA wird nach dem U.S.-amerikanischen Standard SAS No. 72 ebenfalls von einer Wiederholung der Bestätigungsvermerke in dem Comfort Letter oder von einer negativ formulierten Bestätigung (negative assurance) der Aussagen der Bestätigungsvermerke abgeraten[1567].

3. Sowohl in Deutschland wie auch den USA empfiehlt der entsprechende Comfort Letter-Standard dem Aussteller, die Bestätigungsvermerke über die Jahresabschlüsse weder vollständig noch teilweise in dem Comfort Letter zu wiederholen. Hierdurch soll der – irrige – Eindruck vermieden werden, dass der Aussteller bezogen auf den Stichtag des Comfort Letter nochmals zu der Richtigkeit der Vermerke Stellung nimmt. In Deutschland würden außerdem die sonderprivatrechtlichen Haftungsnormen des § 323 Abs. 1 Satz 3 und Abs. 5 HGB unterlaufen, die wie gezeigt nicht auf die Erteilung eines Comfort Letter anwendbar sind. Beide Normen wären alsdann zum Nachteil des Ausstellers ausgeschaltet.

D. *Aussagen zu ungeprüften Finanzdaten*

1. Nach dem U.S.-amerikanischen Standard SAS No. 72 soll der Aussteller in dem Comfort Letter grundsätzlich keine Angaben zu ungeprüften Daten und Zahlen des internen Kontrollsystem des emittierenden Unternehmens für den Werterhellungszeitraum nach dem Stichtag des letzten geprüften Jahresabschlusses bis zum

---

1565 IDW PS 910, WPg 2004, 342, 346 (Tz. 37).
1566 IDW PS 910, WPg 2004, 342, 347 (Tz. 38).
1567 AU §§ 634.28, 634.29.

cutoff date des Comfort Letter machen[1568]. Ausnahmsweise sind Aussagen dennoch möglich, wenn der Aussteller detaillierte Kenntnisse über die Vorschriften und Methoden des internen Kontrollsystems der Emittentin und deren Auswirkung auf die Erstellung der Jahresabschlüsse und Zwischenberichte besitzt[1569]. Aber selbst in diesem Falle soll er allenfalls eine negativ formulierte Aussage abgeben[1570].

2. Hat die Emittentin in Deutschland innerhalb der Folgeperiode nach dem letzten geprüften Jahresabschluss Zwischenabschlüsse aufgestellt, sollen diese regelmäßig einer prüferischen Durchsicht gemäß IDW Prüfungsstandard PS 900[1571] unterzogen werden. Welche Zwischenabschlüsse von einer prüferischen Durchsicht betroffen sind, hängt von dem Prüfungsvertrag über die Erteilung des Comfort Letter ab. Die Untersuchungshandlungen einer prüferischen Durchsicht beschränken sich auf eine kritische Würdigung des Zwischenabschlusses auf der Grundlage einer Plausibilitätsbeurteilung[1572]. Die als Ergebnis der prüferischen Durchsicht negativ formulierte Aussage ist in den Comfort Letter aufzunehmen[1573]. Der Aussteller kann auch beauftragt werden, Untersuchungshandlungen zu Pro-Forma-Angaben durchzuführen[1574].

3. Ebenso wie der U.S.-amerikanische Prüfungsstandard SAS No. 72 soll der Aussteller in Deutschland nach IDW Prüfungsstandard PS 910 keine negativ formulierte Aussage (negative assurance) in dem Comfort Letter machen, wenn der Werterhellungszeitraum (change period) mehr als 134 Tage beträgt; dies vor dem Hintergrund, dass es wegen der eingeschränkten Untersuchungshandlungen während der change period nach dem Ablauf von 134 Tagen keine hinreichende Sicherheit mehr für negativ formulierte Feststellungen geben kann. Der Aussteller kann dennoch nach den Grundsätzen eines factual findings über den Sachverhalt berichten[1575].

E. *Untersuchungshandlungen für die Folgeperiode*

1. Der Aussteller wird in der Regel in beiden Ländern damit beauftragt, Aussagen für den Zeitraum zwischen dem Stichtag des letzten geprüften Jahresabschlusses und dem cutoff date im Comfort Letter abzugeben. Ausführungen in dem Comfort

---

1568 AU § 634.36.
1569 AU § 634.36.
1570 AU §§ 634.12; 634.64, Appendix, Example A.
1571 IDW PS 900, WPg 2001, 1078, oder einem gleichwertigen internationalen Standard (ISA 910, SAS 100).
1572 IDW PS 910, WPg 2004, 342, 350 (Tz. 66).
1573 IDW PS 910, WPg 2004, 342, 350 (Tz. 67, 68-71).
1574 Siehe zur Erstellung von Pro-Forma-Angaben IDW RH HFA 1.004, WPg 2002, 980.
1575 IDW PS 910, WPg 2004, 342, 351 (Tz. 74). Kritisch zur 135-Tage-Regel *Meyer*, WM 2003, 1745, 1753.

Letter über Veränderungen der Finanzkennzahlen des emittierenden Unternehmens seit dem Stichtag des letzten geprüften Jahresabschlusses (subsequent changes) betreffen vor allem Feststellungen zu Veränderungen des Stammkapitals sowie zu Veränderungen der langfristigen Verbindlichkeiten oder anderer Posten der Unternehmensbilanz.

2. Der Aussteller kann zudem damit beauftragt werden, Sitzungsprotokolle der Gesellschaftsorgane der Emittentin, die in der Folgeperiode stattgefunden haben, kritisch zu lesen[1576]. Verfügt die Emittentin über eine hinreichende Monatsberichterstattung[1577], ist auch diese vom Aussteller kritisch zu lesen. Die Vertreter der Emittentin sind zu befragen, ob bei der Erstellung dieser Monatsberichte im Wesentlichen die gleichen Bilanzierungs- und Bewertungsgrundsätze angewandt wurden wie bei der Aufstellung der letzten Abschlüsse[1578]. Für den Zeitraum zwischen dem letzten Monatsbericht (oder dem letzten geprüften oder einer prüferischen Durchsicht unterzogenen Abschluss) und dem cutoff date kann der Aussteller bei entsprechender Vereinbarung neben dem kritischen Lesen der Sitzungsprotokolle auch eine Befragung der für das Rechnungswesen der Emittentin verantwortlichen Personen zu Veränderungen von im jeweiligen Einzelfall zu bestimmenden Abschlussposten durchführen.

3. Sowohl in den USA als auch in Deutschland ist es für den Aussteller unerlässlich, dass dieser auf den eingeschränkten Prüfungsumfang der Untersuchungen in dem Comfort Letter hinweist, der in seiner Gesamtheit weder eine Abschlussprüfung noch eine prüferische Durchsicht darstellt.

F. *Verwendungsklausel (Disclaimer Paragraph)*

1. Zur Vermeidung von Missverständnissen wird in den USA in dem Comfort Letter darauf hingewiesen, dass sein Inhalt lediglich der Information der Empfänger dienen soll und nicht anderweitig verwendet werden darf. Der disclaimer lautet: "This letter is solely for the information of the addressees and to assist the underwriters in conducting and documenting their investigation of the affairs of the company in connection with the offering of the securities covered by the registration statement, and it is not to be used circulated quoted, or otherwise referred to within or without the underwriting group for any other purpose, including, but not limited to, the registration, purchase, or sale of securities, nor is it to be filed with or referred to in whole or in part in the registration statement or any other document, except that reference may be made to it in the underwriting agreement or in

---

1576 IDW PS 910, WPg 2004, 342, 349 (Tz. 62).
1577 Zumindest bestehend aus verkürzter Bilanz und verkürzter Gewinn- und Verlustrechnung.
1578 IDW PS 910, WPg 2004, 342, 351 (Tz. 75).

any list of closing documents pertaining to the offering of the securities covered by the registration statement"[1579].

2. In Deutschland nimmt der Aussteller sinngemäß folgende Verwendungsklausel in den Comfort Letter auf: Dieses Schreiben dient allein den oben genannten Adressaten zur Information und Unterstützung bei der Durchführung und Dokumentation ihrer eigenen Untersuchungen hinsichtlich der Geschäftstätigkeit der Gesellschaft im Zusammenhang mit der Zulassung von Aktien der XY Gesellschaft zum Handel an (Marktsegment/Börse). Es darf nicht zu anderen als dem oben genannten Zweck benutzt, nicht veröffentlicht, nicht an andere als die Adressaten weitergegeben und auch nicht (ganz oder teilweise) in den Prospekten abgedruckt oder in sonstiger Weise in Bezug genommen werden, außer dass hierauf in der Börseneinführungsvereinbarung oder in der Dokumentation der Abschlussunterlagen im Zusammenhang mit dem vorgenannten Angebot Bezug genommen werden darf.

3. Die Verwendungsklausel (disclaimer) ist, wie insbesondere die Untersuchung des U.S.-amerikanischen Haftungsrechts hat deutlich werden lassen, das Kernstück der für den Aussteller notwendigen Sicherungsmechanismen. Soweit sich die U.S.-amerikanischen Gerichte bisher mit der Frage der Haftung des Ausstellers gegenüber den Emissionsbanken befasst haben, ist ein Anspruch vielfach bereits mangels eines „berechtigten Vertrauens" (justifiable reliance) in die Darstellungen des Comfort Letter abgelehnt worden. Dabei ist für die Gerichte in der Regel entscheidend, dass die Verwendungsklausel des Comfort Letter die Entstehung des „berechtigten Vertrauens" jeweils einschränkt bzw. ausschließt. Wie vorstehend ausgeführt, sollte daher auch in Deutschland der Kreis der Adressaten des Comfort Letter sowie dessen Verwendungszweck berücksichtigt werden.

G. *Rechtliche Einordnung der Prüfungsstandards für Comfort Letters*

Abschließend stellt sich noch die Frage, inwieweit die Prüfungsstandards in den beiden Rechtsordnungen bei der Gesetzesauslegung zu beachten sind.

1. Der deutsche IDW Prüfungsstandard PS 910 besitzt keine Rechtsnormqualität, da dem Institut der Deutschen Wirtschaftsprüfer (IDW) keine Rechtssetzungsbefugnis zukommt und keine abgeleitete Rechtssetzungskompetenz besteht[1580]. Dies bedeutet für die Praxis, dass der IDW Prüfungsstandard PS 910 bei der Gesetzesauslegung zwar nicht verbindlich ist, jedoch als wichtige Entscheidungshilfe

---

1579 AU § 634.61; vgl. oben Fn. 233, S. 63.
1580 Vgl. zum Meinungsstand MünchKomm HGB/*Ebke*, § 323 Rn. 26 f.; *Adler/Düring/Schmaltz*, § 323 Rn. 23; BeckBilKomm/*Winkeljohann/Hellwege*, § 323 Rn. 17.

heranzuziehen ist[1581]. Bei den vom IDW herausgegebenen Prüfungsstandards handelt es sich um verbandsinterne Regeln ohne rechtliche Außenwirkung. Nach der internen Satzung des IDW sind die IDW Prüfungsstandards von den Mitgliedern im Rahmen ihrer beruflichen Eigenverantwortlichkeit zu beachten[1582]. Abweichungen von einem IDW Prüfungsstandard können nur in begründeten Einzelfällen erfolgen. Solche Abweichungen sind schriftlich an geeigneter Stelle hervorzuheben und ausführlich zu begründen[1583]. Wird ein IDW Prüfungsstandard ohne gewichtige Gründe nicht beachtet, so muss der Wirtschaftsprüfer damit rechnen, dass die in dem IDW Prüfungsstandard niedergelegten Grundsätze als Maßstab für die Bestimmung der erforderlichen Sorgfalt herangezogen werden[1584]. Anders als bei den gesetzlich vorgeschriebenen Abschlussprüfungen ist die Erteilung eines Comfort Letter allerdings nicht gesetzlich vorgeschrieben. Der Umfang der Tätigkeit des Ausstellers ergibt sich vielmehr aus dem der Ausstellung des Comfort Letter zugrundeliegenden Prüfungsvertrag[1585]. Dessen Ausgestaltung hängt insbesondere vom Emissionszeitpunkt und dem Inhalt des zu erstellenden Prospekts ab. Daher liegt eine Abweichung von dem Prüfungsstandard *nicht* bereits vor, wenn ein Comfort Letter lediglich einen Teil der in dem IDW Prüfungsstandard PS 910 vorgesehenen Aussagen enthält und nur ein Teil der darin beschriebenen Untersuchungshandlungen durchgeführt wird[1586].

2. Der IDW Prüfungsstandard PS 910 stellt insbesondere, wie oben in Paragraph 7 ausgeführt, mangels Gesetzesqualität auch kein Schutzgesetz im Sinne des § 823 Abs. 2 BGB dar. Andererseits kommt dem IDW Prüfungsstandard PS 910 allerdings eine mittelbare Rechtsverbindlichkeit dadurch zu, dass die darin enthaltenen Prüfungsgrundsätze als Verkehrs- bzw. Berufspflichten des Ausstellers eines Comfort Letter anzusehen sind (faktische Bindungswirkung). Hierbei handelt es sich zum einen jedenfalls um die Mindestpflichten des Ausstellers. Auf der anderen Seite werden hiermit nicht zugleich sämtliche Verkehrs- und Berufspflichten des Ausstellers enumerativ aufgeführt, so dass der IDW Prüfungsstandard PS 910 nicht als Maximalanforderung zu verstehen wäre. Der Aussteller wird zwar in der Regel seinen Pflichten Genüge getan haben, wenn er die ausgewogenen Grundsätze für Comfort Letters beachtet. Es ist jedoch nicht auszuschließen, dass in besonderen Fällen vom Aussteller ein über die Pflichten im IDW Prüfungsstandard PS 910 hinausgehendes Handeln gefordert wird, wenn entsprechende Anzeichen erkennbar sind.

1581 MünchKomm HGB/*Ebke*, § 323 Rn. 27; i.E. auch *Hopt*, FS Pleyer, S. 341, 363 (zu den vormals geltenden Fachgutachten und Stellungnahmen des IDW).

1582 *Kunold*, in: Habersack/Mülbert/Schlitt, § 21 (S. 618).

1583 *Kunold*, in: Habersack/Mülbert/Schlitt, § 21 (S. 618).

1584 *Adler/Düring/Schmaltz*, § 323 Rn. 23; *Kunold*, in: Habersack/Mülbert/Schlitt, § 21 (S. 618).

1585 IDW PS 910, WPg 2004, 342, 344 (Tz. 10); *Kunold*, in: Habersack/Mülbert/Schlitt, § 21 (S. 619).

1586 *Kunold*, in: Habersack/Mülbert/Schlitt, § 21 [Fn. 4] (S. 619): So ausdrücklich der Hinweis im Anhang zu IDW PS 910 vor den einzelnen Formulierungsbeispielen.

3. In den USA erlangen die im U.S.-amerikanischen Standard SAS No. 72 niedergelegten Prüfungsgrundsätze für die Erteilung eines Comfort Letter mittelbare
Rechtswirkung, sofern es im Rahmen kapitalmarktrechtlicher Ansprüche gemäß
Section 11 (a) Securities Act oder Rule 10b-5 i.V.m. Section 10(b) Securities Exchange Act sowie anderer verschuldensabhängiger Anspruchsgrundlagen des Deliktsrechts um die Frage geht, ob der Aussteller bei der Erteilung des Comfort Letter die erforderliche Sorgfalt beachtet hat. Das erstinstanzliche Gericht für den
Südlichen Bezirk von New York hat in *Escott v. BarChris Construction Corporation* angenommen, dass bereits ein Verhalten, das im Einklang mit den berufsüblichen Sorgfaltspflichten der accountants steht, den Sorgfaltsanforderungen der Federal Securities Laws entsprechen kann. Das Gericht stellte fest: "accountants
should not be held to a standard higher than that recognized in their profession"[1587]. Allerdings hat das Bundesberufungsgericht für den Vierten Bezirk eine
strengere Auffassung vertreten, die im Prinzip mit der in Deutschland geltenden
Rechtsauffassung übereinstimmt. Es führte aus, dass die Beachtung der berufsüblichen Sorgfaltspflichten nur einen "minimum standard" darstellt und die Beachtung der Berufsgrundsätze den Verschuldensvorwurf noch nicht ausschließt:
"While [AICPA] standards may not always be the maximum test of liability, certainly they should be deemed the minimum standard by which liability should be
determined"[1588]. Andererseits hat das erstinstanzliche Bundesgericht für den Südlichen Bezirk von New York in einer neueren Entscheidung zur Haftung nach Rule 10b-5 i.V.m. Section 10 (b) Securities Exchange Act festgestellt, dass mit dem
Verstoß gegen die Berufsgrundsätze noch keineswegs eine Entscheidung über den
Verschuldensvorwurf gefallen ist[1589].

4. In der Entscheidung *SEC v. Seaboard Corporation* wurde konkret für die Erteilung des Comfort Letter im Grunde anerkannt, dass ein in Einklang mit den Generally Accepted Auditing Principles stehendes Verhalten des Ausstellers den Vorwurf einer Pflichtverletzung (breach of duty) entfallen lassen kann. Dies trifft insbesondere zu, wenn der Aussteller die Regelungen des U.S.-amerikanischen Standards SAS No. 72 einhält.

1587 *Escott v. BarChris Construction Corp.*, 283 F.Supp. 643, 703 (S.D.N.Y. 1968); siehe zur Ermittlung der Berufpflichten des accountant in den USA *Ebke*, Dritthaftung, S. 176 f.

1588 *Rhode Island Hospital Trust National Bank v. Swartz, Bresenhoff, Yavner & Jacobs*, 455 F.2d 847
(4th Cir. 1972).

1589 *SEC v. Price Waterhouse*, 797 F.Supp. 1217 (S.D.N.Y. 1992) ("failure to follow accounting
practices was not itself sufficient to establish scienter"); siehe auch die Stellungnahmen in der
U.S.-amerikanischen Literatur *Resnik*, 34 Bus.Law. 1725, 1745 (1979); *Causey/Causey*, 12 Miss.
Coll.L.Rev. 7, 21(1991).

§ 14: Reformbestrebungen in Deutschland

Zum Abschluss soll noch ein kurzer Überblick über das Kapitalmarktinformationshaftungsgesetz und das Kapitalanleger-Musterverfahrengesetz gegeben werden. Die Bundesregierung hat im Februar 2003 einen 10-Punkte-Plan vorgestellt und wissen lassen, dass sie die Unternehmensintegrität und den Anlegerschutz als herausragende Ziele ihrer Regierungsarbeit ansieht. Unter Punkt 2 dieses Programms wurde die verbesserte Realisierung von Anlegeransprüchen und unter Punkt 5 die Erweiterung der Haftung des Abschlussprüfers genannt[1590].

A. Änderung der Börsenprospekthaftung[1591]

Der Gesetzentwurf eines Kapitalmarktinformationshaftungsgesetzes ist derzeit zurückgestellt worden, nachdem scharfe Kritik von Unternehmens- und Bankenverbänden vor allem an der geplanten persönlichen Managerhaftung geübt worden war[1592]. Der Gesetzentwurf sieht eine Haftung der Wirtschaftsprüfer als externe Experten gemäß einem neu zu schaffenden § 44a BörsG vor. § 44a des Gesetzesentwurfs lautet: „Haftung von Dritten – (1) Der Erwerber von Wertpapieren, die aufgrund eines Prospekts zum Börsenhandel zugelassen sind, in dem für die Beurteilung der Wertpapiere wesentliche Angaben unvollständig oder unrichtig sind, kann von einem Dritten, der bei der Erstellung dieser Angaben mitgewirkt und hierfür im Prospekt ausdrücklich die Verantwortung übernommen hat, einen Geldbetrag in Höhe des Unterschiedsbetrags zwischen dem Erwerbspreis, soweit dieser den ersten Ausgabepreis nicht überschreitet, und dem durchschnittlichen Börsenpreis des Wertpapiers während der ersten 30 Tage nach dem öffentlichen Bekanntwerden der Unrichtigkeit oder Unvollständigkeit des Prospekts verlangen. Der Ersatzpflichtige kann geltend machen, dass durch die Handlung oder Unterlassung im Sinne des Absatzes 1 ein Schaden des Gläubigers in dieser Höhe nicht entstanden ist. Die Geltendmachung eines über Satz 1 hinausgehenden Schadens ist nicht ausgeschlossen. § 44 Absatz 1 Satz 2 sowie § 44 Absatz 3 und 4 finden entsprechendes Anwendung. – (2) Die Haftung der nach Absatz 1 Verantwortlichen beschränkt sich auf einen Geldbetrag in Höhe von vier Millionen Euro für einen Prospekt, es sei denn, der Verantwortliche hat vorsätzlich gehandelt. Hat der Verantwortliche an mehrere Personen zu leisten, deren Erwerbspreise insgesamt 4 Millionen Euro übersteigen,

---

1590 Dazu ausführlich *Seibert*, BB 2003, 693.
1591 Der Entwurf des Kapitalmarktinformationshaftungsgesetzes der Bundesregierung (Stand 7. Oktober 2005) ist abgedruckt in der NZG 2004, 1042; siehe auch AG-RR, 2004, R391.
1592 FAZ, Nr. 263, 10.11.2004, S. 13; *Drost*, Handelsblatt, Nr. 219, 10.11.2004, S. 29; *Drost/Hoenig/ Hussla*, Handelsblatt, Nr. 225, 18.11.2004, S. 26.

verringert sich der an den einzelnen Erwerber zu zahlende Betrag in dem Verhältnis, in dem der Gesamtbetrag der Erwerbspreise zu dem Höchstbetrag steht."

Eine Haftung des Wirtschaftsprüfers nach § 44a BörsG-E ist hiernach an eine Mitwirkungshandlung bei der Erstellung der Prospektangaben und an eine ausdrückliche Übernahme der Verantwortung für bestimmte Teile des Prospekts geknüpft. Allerdings ist die Haftung des Wirtschaftsprüfers nach dem Entwurf weiterhin beschränkt auf eine Haftungshöchstsumme von 4 Millionen Euro je Schadensereignis, die auch für Fälle grober Fahrlässigkeit gelten soll. Dagegen ist eine Haftung des Jahresabschlussprüfers, der die in den Prospekten wiedergegebenen Abschlüsse des emittierenden Unternehmens geprüft und einen Bestätigungsvermerk erteilt hat, nach wie vor nicht vorgesehen. Das Gesetz stellt nämlich in § 44a BörsG-E auf eine Mitwirkungshandlung und ausdrückliche Übernahme der Verantwortung ab. In der bloßen Wiedergabe der geprüften Jahresabschlüsse und Bestätigungsvermerke im Prospekt liegt jedoch keine ausreichende Handlung für die Begründung einer Haftung. Weiterhin ist das Mandat einer Abschlussprüfung auch nicht auf die Mitwirkung an der Prospekterstellung gerichtet. Im Mittelpunkt steht die Erstellung des Jahresabschlusses und nicht die Mitwirkung am Prospekt.

Die beabsichtigte Modifizierung des Börsengesetzes wird die Prospekthaftung in Deutschland zwar nicht vollständig an die in den USA geltende Prospekthaftung angleichen. Nach wie vor fehlt es in Deutschland an einer gesetzlichen Haftung des Jahresabschlussprüfers. Dennoch bleibt für den Fall der Realisierung des Reformvorhabens festzuhalten, dass der Jahresabschlussprüfer, soweit er eine Übernahme der Verantwortung für einen Teil des Prospekts erklärt und eine entsprechende Mitwirkungshandlung an der Erstellung vornimmt, bei gegebener Pflichtverletzung auch in Deutschland künftig in die Haftung geraten kann.

B. Kollektiver Rechtsschutz: Kapitalanleger-Musterverfahrengesetz[1593]

Nach dem am 17. August 2005 in Kraft getretenen Kapitalanleger-Musterverfahrengesetz kann ein geschädigter Anleger, dem ein Schadensersatzanspruch wegen falscher, irreführender oder unterlassener öffentlicher Kapitalmarktinformation[1594] zusteht, im Rahmen des erstinstanzlichen Verfahrens die Einleitung eines Musterverfahrens beantragen[1595]. Das Gesetz basiert auf dem Modell eines Musterverfahrens und unterscheidet sich damit von den U.S.-amerikanischen class actions, die eine echte Gruppen-

---

1593 Siehe zum KapMuG *Duve/Pfitzner*, BB 2005, 673 ff.; *Haß/Zerr*, RIW 2005, 721 ff.

1594 Aus § 1 Abs. 1 KapMuG, BGBl. I 2005, 2437 ergibt sich, dass „öffentliche Kapitalmarkinformationen" alle für eine Vielzahl von Kapitalanlegern bestimmten Informationen über Tatsachen, Umstände, Kennzahlen und sonstige Unternehmensdaten, die einen Emittenten von Wertpapieren oder Anbieter von sonstigen Vermögensanlagen betreffen. Dies sind insbesondere Angaben in (...) Verkaufsprospekten nach dem Verkaufsprospektgesetz sowie dem Investmentgesetz.

1595 § 1 Abs. 1 KapMuG, BGBl. I 2005, 2437.

klage gegen die Gesellschaft vorsehen. Zuletzt ist die fehlende Möglichkeit einer Bündelung der Anlegerinteressen in Deutschland im Prospekthaftungsprozess gegen die Deutsche Telekom vor dem Landgericht Frankfurt am Main offensichtlich geworden[1596].

Die Erfahrungen in anderen Ländern zeigen, dass die prozessuale Zusammenführung gleichgerichteter Interessen den Vorteil einer kostengünstigen Prozessführung und effektiven Rechtsdurchsetzung haben. Auch wenn der einzelne Geschädigte vielleicht nicht gewillt sein mag, eine Rechtsverletzung zu verfolgen, kann über die kollektive Klagemöglichkeit die Lenkungs- und Präventionsfunktion des materiellen Haftungsrechts sichergestellt werden. Andernfalls würde eine Sanktion des Rechtsverletzers gänzlich entfallen. Dagegen kommt gerade auch aus den USA erhebliche Kritik an der kollektiven Rechtsverfolgung, da die Gefahr eines Missbrauchs ihre Vorteile rasch ins Gegenteil verkehren kann. So haben Rechtsanwälte mit ungerechtfertigten oder aussichtslosen Klagen Unternehmen zum Abschluss eines Vergleichs gedrängt, um teure, langwierige und öffentlichkeitswirksame Gerichtsverfahren zu verhindern. Dabei haben Anwälte die Möglichkeit, ein Erfolgshonorar mit den Mandanten zu vereinbaren, was sie in Einzelfällen von der Mandantschaft entfremden kann, etwa wenn ihr eigenes Gebühreninteresse vor das Wohl der Mandanten rückt. Äußert man Kritik an den class actions in den USA, sollte auf einige Besonderheiten des U.S.-amerikanischen Prozessrechts hingewiesen werden. Dieses erlaubt das klägerfreundliche pretrial-discovery-Verfahren, nach dem der Anspruchssteller bereits frühzeitig in den Besitz wichtiger Unterlagen des beklagten Unternehmens gelangen kann. Hierdurch kann sich das Unternehmen zum Abschluss eines außergerichtlichen Vergleichs genötigt sehen. Ungerechtfertigte class actions werden in den USA auch begünstigt durch eine fehlende Schlüssigkeitsprüfung seitens des Gerichts, durch hohe Haftungssummen, wenn in einem Verfahren punitive damages (Strafschadensersatz) zugesprochen werden, sowie durch die Unwägbarkeiten einer Juryentscheidung.

Das Kapitalanleger-Musterverfahrengesetz begründet allein die prozessualen Rahmenbedingungen für eine schärfere Kapitalmarkthaftung, ohne allerdings die materiell-rechtlichen Haftungsvorschriften zu verändern. Das Kapitalanleger-Musterverfahrengesetz lässt jedoch keine Gruppenklagen nach dem Vorbild U.S.-amerikanischer class actions zu. Es sieht vor, dass dieselbe Haftungsfrage, die für den Ausgang einer Vielzahl von Prozessen entscheidend ist, einheitlich mit Breitenwirkung durch den vom Oberlandesgericht zu erlassenden Musterentscheid geklärt werden kann[1597]. Der Musterentscheid soll im Rahmen eines eigenständigen, vom Ausgangsverfahren losgelösten Musterverfahrens ergehen, wenn innerhalb von vier Monaten mindestens zehn vergleichbare Anträge dem zuständigen Landgericht vorliegen[1598]. Im

1596 *Hussla*, Handelsblatt, Nr. 229, 24.11.2004, S. 35; *dies.*, Handelsblatt, Nr. 207, 26.10.2005, S. 33.
1597 § 16 Abs. 1 KapMuG, BGBl. I 2005, 2437, 2441; siehe auch *Zypries*, ZRP 2004, 177.
1598 § 4 Abs. 1 Nr. 2 KapMuG, BGBl. I 2005, 2437, 2438; siehe auch *Zypries*, ZRP 2004, 177.

Übrigen werden die Musterfeststellungsanträge im elektronischen Bundesanzeiger unter der Rubrik „Klageregister nach dem Kapitalanleger-Musterverfahrensgesetz" veröffentlicht[1599]. Dem Urteil des Oberlandesgerichts sollen alsdann in einem zweiten Verfahrensabschnitt die Entscheidungen in den einzelnen Verfahren folgen. Die einheitliche Klärung einer Musterfrage vermeidet die Gefahr divergierender Entscheidungen über ein und dieselbe Haftungsfrage.

Es bleibt hiernach festzuhalten, dass infolge der nunmehr erfolgten Realisierung des Reformvorhabens einerseits die Rechte der Anleger gestärkt wurden, indem für den Bereich des Kapitalmarktrechts in Deutschland die Möglichkeit einer kollektiven Rechtsdurchsetzung eröffnet ist, auf der anderen Seite jedoch die negativen Begleiterscheinungen der den USA praktizierten class actions (Erfolgshonorare, zwangsweise Kollektivvertretung) weitgehend vermieden wurden.

[1599] § 2 KapMuG, BGBl. I 2005, 2437, 2438.

Literaturverzeichnis

Adler, Hans/Düring, Walter/Schmaltz, Kurt: Rechnungslegung und Prüfung der Unternehmen, Teilband 7, §§ 316-330 HGB, 6. Auflage, Stuttgart 2000

AICPA Professional Standards, Band 1, New York 1996

Altenburger, Peter: Grundlagen der Dritthaftung für fahrlässig falsche Beleihungswertgutachten, WM 1994, 1597-1611

Anderson, Roy R./Steele, Walter W. Jr.: Fiduciary Duty, Tort and Contract: A Primer on the Legal Malpractice Puzzle, 47 SMU L.Rev. 235-269 (1994)

Arlinghaus, Olaf/Balz, Ulrich: Going Public – Der erfolgreiche Börsengang, München 2001

Assmann, Dorothea: Prospekthaftung, Verschulden bei Vertragsverhandlungen, Verjährung, EwiR 1998, 439-440

Assmann, Heinz-Dieter: Entwicklungslinien und Entwicklungsperspektiven der Prospekthaftung, Festschrift für Friedrich Kübler, Heidelberg 1997

- Grundfälle zum Vertrag mit Schutzwirkung für Dritte, JuS 1986, 885-891
- Prospekthaftung, Köln, Berlin, Bonn, München, 1985

Assmann, Heinz-Dieter/Schütze, Rolf A.: Handbuch des Kapitalanlagerechts, 2. Auflage, München 1997

Augenbraun, Barry S.: Comfort Letters get the Squeeze – Auditors Restrict Negative Assurance, Bus. Law Today, Jul./Aug. 1993, 31, 52-53

Baetge, Jörg (Hrsg.): Rechnungslegung und Prüfung, Düsseldorf 1994

Bar, Christian von: Verkehrspflichten, Richterliche Gefahrsteuerungsgebote im deutschen Deliktrecht, Köln, Berlin, Bonn, München, 1980

- Unentgeltliche Investitionsempfehlungen im Wandel der Wirtschaftsverfassungen Deutschlands und Englands, Ein Beitrag zur Ersatzfähigkeit reiner Vermögensschäden, RabelsZ 44 (1980), 455-486
- Anmerkung zum Urteil des Bundesgerichtshof vom 15.05.1979, JZ 1979, 728-730

Baumbach, Adolf/Hopt, Klaus: Kommentar zum Handelsgesetzbuch, 32. Auflage, München 2006

Baumbach, Adolf/Lauterbach, Wolfgang/Albers, Jan/Hartmann: Kommentar zur Zivilprozessordnung mit Gerichtsverfassungsgesetz und anderen Nebengesetzen, 64. Auflage, München 2005

Baums, Theodor: Haftung wegen Falschinformation des Sekundärmarktes, ZHR 167 (2003), S. 149-192

Beck'scher Bilanzkommentar, Handels- und Steuerrecht, 6. Auflage, München 2005

Berg, Hans: Zur Abgrenzung von vertraglicher Drittschutzwirkung und Drittschadensliquidation, NJW 1978, 2018-2019

Bilek, Thomas E.: Accountants' Liability to the Third Party and Public Policy: A Calebresi Approach, 39 SW.L.J. 689-708 (1985)

Bloomenthal, Harold S./Wolff, Samuel: Securities and Federal Corporate Law, Band 3 B, West 2001.

Boecken, Tobias Heinrich: Die Haftung der Stiftung Warentest für Schäden der Verbraucher aufgrund irreführender Testinformationen – Zugleich ein Beitrag zur Dogmatik der außervertraglichen Auskunftshaftung, Berlin 1998

Borgmann, Brigitte/Jungk, Antje/Grams, Holger: Anwaltshaftung, Systematische Darstellung der Rechtsgrundlagen für die anwaltliche Berufstätigkeit, 4. Auflage, München 2005

Bosch, Ulrich: Expertenhaftung gegenüber Dritten – Überlegungen aus Sicht der Bankpraxis, ZHR 163 (1999), 274-285

Bosch, Ulrich/Groß, Wolfgang: Das Emissionsgeschäft, 2. Auflage, Köln 2000

Boujong, Karlheinz/Ebenroth, Carsten/Joost, Detlev: Kommentar zum Handelsgesetzbuch, Transportrecht und Bankrecht, Band 2, München 2001

Breinersdorfer, Stefan: Die Haftung der Banken für Kreditauskünfte gegenüber dem Verwender, Mainz 1991

Brickey, Kathleen F.: Corporate and White Collar Crime, 3. Auflage, New York u.a. 2002

Briloff, Abraham J.: Unaccountable Accounting, New York u.a. 1972

Brody, Sara Beth/Hartel, Sherry D.: The Due Diligence Defense in Public Offering Litigation, Practising Law Institute Course Handbook Series, April-June 2002, 305-333

Brox, Hans/Walker, Wolf-Dietrich: Schuldrecht Allgemeiner Teil, 30. Auflage, München 2004

Brüggemeier, Gert: Deliktsrecht, Baden-Baden, 1986

Büschgen, Hans E.: Das kleine Börsenlexikon, 22. Auflage, Düsseldorf 2001

Canaris, Claus-Wilhelm: Die Reform des Leistungsstörungsrechts, JZ 2001, 499- 524
- Wandlungen des Schuldvertragsrechts – Tendenzen zu einer Materialisierung, AcP 200 (2000), 273-364
- Die Schadensersatzpflicht der Kreditinstitute für eine unrichtige Finanzierungsbestätigung als Fall der Vertrauenshaftung, Festschrift für Schimansky, Köln 1999, 43-66
- Die Vertrauenshaftung im Lichte der Rechtsprechung des Bundesgerichtshofs, 50 Jahre Bundesgerichtshof – Festgabe aus der Wissenschaft, Band I, München 2000, 129-197
- Die Reichweite der Expertenhaftung gegenüber Dritten, ZHR 163 (1999), 206-245
- Staub Großkommentar Handelsgesetzbuch, Bankvertragsrecht, 1. Teil, 3. Auflage, Berlin, New York 1988, 2. Teil 4. Auflage, Berlin, New York, 1995
- Schutzgesetze – Verkehrspflichten – Schutzpflichten, 2. Festschrift für Karl Larenz, München 1983, 27-110
- Die Vertrauenshaftung im Deutschen Privatrecht, München 1971
- Ansprüche wegen „positiver Vertragsverletzung" und „Schutzwirkung für Dritte" bei nichtigen Verträgen, JZ 1965, 475-482

Causey, Denzil Y.: Duties and Liabilities of Public Accountants, Starkville 2001
- Accountant's Liability in an Indeterminate Amount for an Indeterminate Time to an Indeterminate Class: An Analysis of Touche Ross & Co. v. Commercial Union Ins. Co., 57 Miss.L.J. 379-416 (1987)

Causey, Denzil Y./Causey, Sandra A.: The Accounting Profession in the Courts, 12 Miss.Coll.L.Rev. 7-38 (1991)

Chaffee, Nancy: The Role and Responsibility of Accountants in Today's Society, J.Corp.L. 1988, 863-894

Coffee, John C. Jr./Seligman, Joel: Federal Securities Laws, Selected Statutes, Rules and Forms, 2003 Ausgabe, New York 2003

Cox, James D.: Just Desert for Accountants and Attorneys after Bank of Denver, 38 Ariz.L.Rev. 519-545 (1996)

Cox, James D./Hillmann W./Langevoort, Donald C.: Securities Regulation, Cases and Materials, 3. Auflage, New York, 2001

Damm, Reinhard: Entwicklungstendenzen der Expertenhaftung, JZ 1991, 373-385

Dauner-Lieb, Barbara/Heidel, Thomas/Ring, Gerhard (Hrsg.): Das neue Schuldrecht – Ein Lehrbuch, Heidelberg 2002

Dauner-Lieb, Barbara/Heidel, Thomas/Lepa, Manfred/Ring, Gerhard (Hrsg.): Das neue Schuldrecht in der anwaltlichen Praxis, Bonn 2002

D'Arcy, Anne/Leuz, Christian: Rechnungslegung am Neuen Markt – Eine Bestandsaufnahme, DB 2000, 385-391

Deutsche Börse: Going Public Grundsätze – Endgültige Version (Stand: 15.7.2002), NZG 2002, 767-777

Deutsch, Erwin: Allgemeines Haftungsrecht, 2. Auflage, Köln, Berlin, Bonn, München 1996

Dietz, Rolf: Anspruchskonkurrenz bei Vertragsverletzung und Delikt, Bonn, Roehrscheid 1934

Di Matteo, Larry A./Sacasas, Rene: Credit and Value Comfort Instruments: Crossing the Line from Assurance to Legally Significant Reliance and Toward a Theory of Enforceability, 47 Baylor L.Rev. 357-419 (1995)

Dodd, Travis Morgan: Accounting Malpractice and Contributory Negligence: Justifying Disparate treatment Based upon the Auditor's Unique Role, 80 Geo.L.J. 909-937 (1992)

Dooley, Michael P.: The Effects of Civil Liability on Investment Banking and the New Issues Market, 58 Va.L.J. 776-843 (1972)

Drost, Frank M.: Regierung schiebt Managerhaftung auf, Handelsblatt Nr. 219, 10.11.2004, S. 29

Drost, Frank M./Hoenig, J./Hussla, Gertrud: Deutschland legt strengere Regeln auf Eis, Handelsblatt Nr. 225, 18.11.2004, S. 26

Duve, Christian/Pfitzner, Tanja V.: Braucht der Kapitalmarkt ein neues Gesetz für Massenverfahren?, BB 2005, 673-679

Ebke, Werner F.: Haftung bei Rechnungslegung und Prüfung international, in: Ballwieser, Wolfgang/v. Coenenberg, Adolf G./v. Wysocki, Klaus (Hrsg.), Handwörterbuch der Rechnungslegung und Prüfung, 3. Auflage, Stuttgart 2002, 1085-1100

- Der Ruf unserer Zeit nach einer Ordnung der Dritthaftung des gesetzlichen Jahresabschlussprüfers, BFuP 2000, 549-571
- Die Haftung des gesetzlichen Abschlussprüfers im Internationalen Privatrecht, Festschrift für Otto Sandrock, Heidelberg 2000, 243-266
- Unternehmensrechtsangleichung in Europa: Brauchen wir ein European Law Institute?, Festschrift für Bernhard Großfeld, Heidelberg 1999, 189-221
- Abschlussprüfer, Bestätigungsvermerk und Drittschutz, JZ 1998, 991-997
- Haftung des Pflichtprüfers aufgrund der Rechtsfigur des Prüfungsvertrages mit Schutzwirkung für Dritte weiterhin höchstrichterlich unentschieden, WPK-Mitt. 1997, 196-200

Ebke, Werner F.: Buchbesprechung, Wirtschaftsprüferhaftung gegenüber Dritten in Deutschland, England und Frankreich (Volker Land), JZ 1997, 295-296
- Risikoeinschätzung und Haftung des Wirtschaftsprüfers und vereidigten Buchprüfers – international, WPK-Mitt. Sonderheft, 04/1996, 17-40
- Keine Dritthaftung des Pflichtprüfers für Fahrlässigkeit nach den Grundsätzen des Vertrages mit Schutzwirkung für Dritte, BB 1997, 1731-1734
- Die zivilrechtliche Verantwortlichkeit der wirtschaftsprüfenden, steu- er- und rechtsberatenden Berufe im internationalen Vergleich, Heidelberg, 1996
- Abschlussprüferhaftung im internationalen Vergleich, Festschrift für Reinhold Trinkner, Heidelberg 1995, 493-524
- Neuere Rechtsprechung zum U.S.-amerikanischen Handels- und Wirtschaftsrecht, RIW 1993, 767-774
- Wirtschaftsprüfung und Dritthaftung, Bielefeld 1983

Ebke, Werner F./Fechtrup, Benedikt: Anmerkungen zum Urteil des Bundesgerichtshofs vom 19.3.1986, JZ 1986, 1112-1116

Ebke, Werner F./Gehringer, Axel: Anmerkungen zum Urteil des Bundesgerichtshofs vom 26.9.2000, WPK-Mitt. 2001, 83-85

Ebke, Werner F./Paal, Boris: Die Unabhängigkeit des gesetzlichen Abschlussprüfers: Absolute Ausschlussgründe und ihre Auswirkungen auf den Prüfungsvertrag – Zugleich Besprechung der Entscheidung BGH WM 2004, 1491 (K. of America Inc.), ZGR 2005, 894-912
- Anmerkungen zum Urteil des Oberlandesgericht Düsseldorf vom 15.12.1998, WPK-Mitt. 1999, 262-264

Ebke, Werner F./Scheel, Hansjörg: Die Haftung des Wirtschaftsprüfers für fahrlässig verursachte Vermögensschäden Dritter, WM 1991, 389-398

Ebke, Werner F./Siegel, Stanley: Comfort Letters, Börsengänge und Haftung – Überlegungen aus Sicht des deutschen und U.S.-amerikanischen Rechts, Sonderbeilage Nr. 2, WM 2001

Ebke, Werner F./Struckmeier, Dirk: The Civil Liability of Corporate Auditors: an International Perspective, London 1994

Eckebrecht, Marc: Vertrag mit Schutzwirkung für Dritte – Die Auswirkungen der Schuldrechtsreform, MDR 2002, 425- 428

Eggert, Matthias: Für eine Regelung der Dritthaftung im Gefolge der Modernisierung des Schuldrechts, KritV 2002, 98-109

Eichel, Hans: Das Vertrauen der Anleger in den Deutschen Finanzmarkt muss wiederhergestellt werden, FAZ Nr. 56, 7.3.2003, S. 20

Eisolt, Dirk: Die rechtlichen Grundlagen der amerikanischen Konzernrechnungslegung, AG 1993, 209-233

Ellenberger, Jürgen: Die Börsenprospekthaftung nach dem Dritten Finanzmarktförderungsgesetz, Festschrift für Herbert Schimansky, Köln 1999, 591-611

Emmerich, Volker: Das Recht der Leistungsstörungen, 6. Auflage, München 2005

Engisch, Karl: Die Einheit der Rechtsordnung, Heidelberg 1935

Ekkenga, Jens: Die Fahrlässigkeitshaftung des Jahresabschlussprüfers für Insolvenzschäden Dritter, Sondbeilage Nr. 3, WM 1996

Erman, Bürgerliches Gesetzbuch, Band 1, 11. Auflage, Köln 2004

Esser, Josef/Schmidt, Eike: Schuldrecht, Band I, Allgemeiner Teil, Teilband 1, 8. Auflage, Heidelberg 1995
- Schuldrecht, Band I, Allgemeiner Teil, Teilband 2, 8. Auflage, Heidelberg 2000

Feddersen, Christoph: Die Dritthaftung des Wirtschaftsprüfers nach § 323 HGB – Zugleich Anmerkungen zum Urteil des LG Hamburg vom 22.6.1998, WM 1999, 105-116

Fezer, Karl-Heinz: Teilhabe und Verantwortung, München 1986

Fikentscher, Wolfgang: Schuldrecht, 9. Auflage, Berlin, New York 1997

Fink, Mark H.: Third-Party Liability of Public Accountants, Mich.B.J. 1992, 1286-1289

Fischer, Frank O.: Praktische Probleme der Einbeziehung von AGB unter Kaufleuten, insbesondere bei laufenden Geschäftsverbindungen, BB 1995, 2491-2494

Fliess, Wolfgang: Die Haftung des Wirtschaftsprüfers unter Berücksichtigung internationaler Entwicklungen, WPK-Mitt. 1992, 49-62

Folk, Ernest L.: Civil Liabilities Under The Federal Securities Acts: The BarChris Case, 55 Va.L.Rev. 1-84 (1969)

Fredebeil, Uta: Aktienemissionen – Das underwriting agreement und seine spezifischen Klauseln, Frankfurt am Main u.a., 2002

Gehrlein, Markus: Die Prospektverantwortlichkeit von Beirats- oder Aufsichtsratsmitgliedern als maßgeblichen Hintermännern, BB 1995, 1965-1968

Gehringer, Axel: Abschlussprüfung, Gewissenhaftigkeit und Prüfungsstandards, Baden-Baden 2002

Gernhuber, Joachim, Handbuch des Schuldrechts, Band 8, Das Schuldverhältnis, Tübingen 1989

Geuer, Caroline: Das Management des Haftungsrisikos der Wirtschaftsprüfer, Düsseldorf 1994

Goldwasser, Dan L./Arnold, M. Thomas: Accountants' Liability, Loseblatt Sammlung, Stand März 2001, New York

Gormley, R. James: The Foreseen, the Foreseeable, and Beyond – Accountants' Liability to Nonclients, 14 Seton Hall L.Rev. 528-573 (1984)

Gossman, Thomas L.: The Fallacy of Expanding Accountants' Liability, Colum.Bus.L. Rev. 1988, 213-241

Gräfe, Jürgen/Lenzen, Rolf/Schmeer, Andreas: Steuerberaterhaftung – Grenzen und Risiken steuerlicher Beratung, 3. Auflage, Herne, Berlin 1998

Groß, Wolfgang: Kapitalmarktrecht, 2. Auflage, München 2002
- Die börsengesetzliche Prospekthaftung, AG 1999, 199-209

Grumann, Marc-Olaf: Prospektbegriff, -pflicht und -verantwortlichkeit im Rahmen der allgemeinen bürgerlich-rechtlichen Prospekthaftung im engeren Sinne, BKR 2002, 310-316

Grunewald, Barbara: Die Haftung des Abschlussprüfers gegenüber Dritten, ZGR 163 (1999), 583-600
- Die Haftung des Experten für seine Expertise gegenüber Dritten, AcP 187 (1987), 285-308

Gruson, Michael: Prospekterfordernisse und Prospekthaftung bei unterschiedlichen Anlageformen nach amerikanischem und deutschem Recht, WM 1995, S. 89-98

Gumpel, Peter E./Ramin, Kurt P./Schiessl, Maximilian: Kapitalmarktregeln für Emissionen und Akquisitionen in den USA, DB 1988, 1432-1435

Hagen, Willis W.: Accountants' Common Law Negligence Liability to Third Parties, Colum.Bus.L.Rev. 1988, 181-211

Haller, Axel: Die Grundlagen der externen Rechnungslegung in den USA, 4. Auflage, Stuttgart 1994

Harrer, Herbert/Heidemann, Dieter: Going Public – Einführung in die Problematik, DStR 1999, 254-260

Haß, Detlef/Zerr, Christian: Forum Shopping in den USA nach Erlass des KapMuG, RIW 2005, 721-727

Hauser, Harald: Jahresabschlussprüfung und Wirtschaftskriminalität, Baden-Baden 2000

Haft, Robert J./Haft, Arthur F.: Due Diligence – Periodic Reports and Securities Offerings, Westlaw Datenbank, § 2.1 und 7.4

Hay, Peter: U.S.-Amerikanisches Recht, 3. Auflage, München 2005

Hazen, Thomas Lee: The Law of Securities Regulation, 4. Auflage, St. Paul 2002

Heck, Philipp: Grundriß des Schuldechts, 2. Neudruck der Ausgabe Tübingen 1929, Aalen 1974

Henderson, James A. Jr./Pearson, Richard N.: The Torts Process, Boston, Toronto 1975

Hein, Thomas: Rechtliche Fragen des Bookbuildungs nach deutschem Recht, WM 1996, 1-7

Henssler, Martin: Haftungsrisiken anwaltlicher Tätigkeit, JZ 1994, 178-188
- Die Haftung der Rechtsanwälte und Wirtschaftsprüfer, AnwBl 1996, 3-11

Henssler, Martin/Dedek, Helge: Die Auswirkungen der Schuldrechtsreform auf die Mandatsverhältnisse von Wirtschaftsprüfern, WPK-Mitt. 2002, 278-282

Herzog, Peter/Amstutz, Therese: Rechtliche Überlegungen zur Haftung des Wirtschaftsprüfers für Comfort Letters, ST 2000, 757-766

Hirte, Heribert: Berufshaftung, München 1996

Honsell, Heinrich: Die Haftung für Gutachten und Auskunft unter besonderer Berücksichtigung von Drittinteressen, Festschrift für Dieter Medicus, Köln u.a. 1999, 211-233
- Anm. zum Urteil des BGH v. 23.1.1985, JZ 1985, 952-954
- Probleme der Haftung für Auskunft und Gutachten, JuS 1976, 621-629

Hopt, Klaus J.: Haftung bei Rechnungslegung und Prüfung in Deutschland, in: Ballwieser, Wolfgang/v. Coenenberg, Adolf G./v. Wysocki, Klaus (Hrsg.), Handwörterbuch der Rechnungslegung und Prüfung, 3. Auflage, Stuttgart 2002, 1073-1084
- Kapitalmarktrecht (mit Prospekthaftung) in der Rechtsprechung des Bundesgerichtshofs, Festschrift 50 Jahre Bundesgerichtshof, Band 2, München 2000, 497-547
- Haftung des externen Prüfers, in: v. Coenenberg, Adolf G./Wysocki, Klaus (Hrsg.), Handwörterbuch der Revision, 2. Auflage, Stuttgart 1992, 791-802
- Die Verantwortlichkeit der Banken bei Emissionen – Recht und Praxis in der EG, in Deutschland und in der Schweiz, München 1991
- Dritthaftung für Testate, NJW 1987, 1745-1746
- Die Haftung des Wirtschaftsprüfers. Rechtsprobleme zu § 323 HGB (§ 168 AktG a.F.) und zur Prospekt- und Auskunftshaftung, Festschrift für Klemens Pleyer, Köln 1986, 341-369
- Nichtvertragliche Haftung außerhalb von Schadens- und Bereicherungsausgleich – Zur Theorie und Dogmatik des Berufsrechts und der Berufshaftung, AcP 183 (1983), 608-724

Huber, Konrad: Verkehrspflichten zum Schutz fremden Vermögens, Festschrift Ernst von Caemmerer, Tübingen 1978, 359-388

Huber, Peter/Faust, Florian: Schuldrechtsmodernisierung. München 2002

Hübner, Ulrich: Berufshaftung – ein zumutbares Risiko?, NJW 1989, 5-11

Hussla, Gertrud A.: Telekom-Prozess wird Präzedenzfall, Handelsblatt Nr. 207, 26.10.2005, S. 33

- Telekom-Prozess zieht sich in die Länge, Handelsblatt Nr. 229, 24.11.2004, S. 35

Hutter, Stephan/Leppert, Michael: Reformbedarf im deutschen Kapitalmarkt- und Börsenrecht, NJW 2002, 2208-2213

IDW, Wirtschaftsprüferhandbuch, Handbuch für Rechnungslegung, Prüfung und Beratung, Band 1, 11. Auflage, Düsseldorf 1996

Jäger, Stefan: Das Prospekthaftungsstatut, Heidelberg 2007

Kiethe, Kurt: Prospekthaftung und grauer Kapitalmarkt, ZIP 2000, 216-224

Kiss, Henning: Die Haftung berufsmäßiger Sachkenner gegenüber Dritten – Zugleich eine Besprechung der Entscheidung des BGH vom 13.11.1997, WM 1999, 117-124

Kleine-Cosack, Michael: Kommentar zur Bundesrechtsanwaltsordnung, 2. Auflage, München 1996

Koch, Jens: § 311 Abs. 3 BGB als Grundlage einer vertrauensrechtlichen Auskunftshaftung, AcP 204 (2004), 59-80

Kommentar zum Bürgerlichen Gesetzbuch mit Besonderer Berücksichtigung der Rechtsprechung des Reichsgerichts und des Bundesgerichtshof (RGRK), Band 2, Teil 1, §§ 241-413, 12. Auflage, Berlin, New York 1976

- Band 2, Teil 5, §§ 812 – 831, 12. Auflage, Berlin, New York 1989

Kort, Michael: Neuere Entwicklungen im Recht der Börsenprospekthaftung (§§ 45 ff. BörsG) und der Unternehmensberichtshaftung (§ 77 BörsG), AG 1999, 9-21

Korts, Sebastian: Der Weg zur börsennotierten Aktiengesellschaft: Leitfaden für das Going Public von Unternehmen, Heidelberg 2000

Kölner Kommentar zum Aktiengesetz, Band 4, Rechnungslegung der Aktiengesellschaft, 2. Auflage, Köln 1991

Köndgen, Johannes: Zur Theorie der Prospekthaftung, Teil II, AG 1983, 120-132

- Selbstbindung ohne Vertrag, Tübingen 1981

Köhler, Annette G.: Eine ökonomische Analyse von Comfort Letters, DBW 2003, 77-91

Köhler, Annette G./Meyer, Stephanie: Umsetzung des 10-Punkte-Plans der Bundesregierung zur Stärkung des Anlegerschutzes und der Unternehmensintegrität, BB 2004, 2623-2630

Köhler, Annette G./Weiser, Felix M.: Die Bedeutung von Comfort Letters im Zusammenhang mit Emissionen, DB 2003, 565-571

Kötz, Hein/Wagner, Gerhard: Deliktsrecht, 10. Auflage, Neuwied u.a. 2006

Krämer, Lutz: Comfort Letter, in: Marsch-Barner, Reinhard/Schäfer, Frank A. (Hrsg.), Handbuch börsennotierte AG, Aktien- und Kapitalmarktrecht, § 9 III, Köln 2005

Kümpel, Siegfried: Bank- und Kapitalmarktrecht, 3. Auflage, Köln 2004

Kunold, Uta: Comfort Letter, in: Habersack, Matthias/Mülbert, Peter O./Schlitt, Michael (Hrsg.), Unternehmensfinanzierungen am Kapitalmarkt, § 21, 610-637, Köln 2005

Kunz, Jürgen: Die Börsenprospekthaftung nach Umsetzung der EG-Richtlinien in innerstaatliches Recht, Berlin, 1991

Küting, Karlheinz/Hayn, Sven: Börseneinführungsmodalitäten in den USA, WPg 1993, 401-411

Lammel, Siegbert: Zur Auskunftshaftung, AcP 179 (1979), 337-366
Lang, Arno: Zur Dritthaftung der Wirtschaftsprüfer, WPg 1989, 57-64
-      Die Rechtsprechung des Bundesgerichtshofs zur Dritthaftung der Wirtschaftsprüfer und anderer Sachverständiger, WM 1988, 1001-1008
Lange, Hermann: Schadensersatz, Tübingen 1979
Langendorf, Sebastian: Haftungsfragen bei Anleiheemissionen – Insbesondere vor dem Hintergrund des Comfort Letter, Heidelberg 2006
Larenz, Karl: Methodenlehre der Rechtswissenschaft, 6. Auflage, Berlin, Heidelberg u.a. 1991
-      Anmerkung zum Urteil des Bundesgerichtshofs vom 25.04.1956, NJW 1956, 1193-1194
Larenz, Karl/Canaris, Claus-Wilhelm: Methodenlehre der Rechtswissenschaft, 4. Auflage, Berlin 2005
Larenz, Karl/Wolf, Manfred: Allgemeiner Teil des Bürgerlichen Rechts, 8. Auflage, München 1997
Lawson, Gary/Mattison, Tamara: A Tale of Two Professions: The Third-Party Liability of Accountants and Attorneys for Negligent Misrepresentation, 52 Ohio State L.J. 1309-1341 (1991)
Lazare, Stephen M.: H. Rosenblum, Inc. v. Adler: A Foreseeably Unreasonable Extension of an Auditor's Legal Duty, 48 Alb.L.Rev. 876-921 (1984)
Lehmann, Michael: Die zivilrechtliche Haftung der Banken für informative Angaben im deutschen und europäischen Recht, WM 1985, 181-187
Levenson, Alan B./Cord, Jim: Going Public: Filing Problems, Practising Law Institute, Transcript Series Number 8, New York 1970
Littbarski, Sigurd: Die Berufshaftung – eine unerschöpfliche Quelle richterlicher Rechtsfortbildung?, NJW 1984, 1667-1670
Lorenz, Werner: Das Problem der Haftung für primäre Vermögensschäden bei der Erteilung einer unrichtigen Auskunft, 1. Festschrift für Karl Larenz, München 1973, 575-620
Loss, Louis/Seligman, Joel: Fundamentals of Securities Regulation, 5. Auflage, New York 2004
Lowenfels, Lewis D./Bromberg, Alan R.: Liabilities of Lawyers and Accountants under Rule 10b-5, 53 Bus.Law. 1157-1180 (1998)
Lutter, Marcus: Der Letter of Intent, 3. Auflage, Köln 1998
Lutter, Marcus/Drygala, Tim: Rechtsfragen beim Gang an die Börse, Festschrift für Peter Raisch, Köln 1995, 239-253

Marinelli, Arthur J.: Accountants' Liability to Third Parties, 16 Ohio N.Univ.L.Rev. 1-18 (1989)
Martiny, Dieter: Pflichtorientierter Drittschutz beim Vertrag mit Schutzwirkung für Dritte – Eingrenzung uferloser Haftung, JZ 1996, 19-25
Maxl, Peter/Struckmeier, Dirk: Neue Deckungssummen und Versicherungsbedingungen in der Berufshaftpflichtversicherung, WPK-Mitt. 1999, 78-82

McDonough, Walter F.: Does the Punishment Fit the Crime? How Federal and State Civil RICO Statutes Transform Accountant Liability, 26 Suff.Univ.L.Rev. 1107-1132 (1992)

Medicus, Dieter: Bürgerliches Recht, Schuldrecht Allgemeiner Teil, 16. Auflage, München 2005

- Bürgerliches Recht, Eine nach Anspruchsgrundlagen geordnete Darstellung zur Examensvorbereitung, 20. Auflage, Köln u.a. 2004
- Anmerkungen zum Urteil des Bundesgerichtshofs vom 10.11.1994, JZ 1995, 308-309
- Probleme um das Schuldverhältnis, Berlin, New York 1987

Merkt, Hanno: Das Europäische Gesellschaftsrecht und die Idee des „Wettbewerbs der Gesetzgeber", RabelsZ 59 (1995), 545-568

- U.S.-amerikanisches Gesellschaftsrecht, Heidelberg 1991

Mertens, Hans-Joachim: Deliktsrecht und Sonderprivatrecht – Zur Rechtsfortbildung des deliktischen Schutzes von Vermögensinteressen, AcP 178 (1978), 227-262

- Verkehrspflichten und Deliktsrecht – Gedanken zu einer Dogmatik der Verkehrspflichtverletzung, VersR 1980, 398-408

Meyer, Andreas: Der IDW Prüfungsstandard für Comfort Letters – Ein wesentlicher Beitrag zur Weiterentwicklung des Emissionsgeschäfts in Deutschland, WM 2003, 1745-1756

- Anlegerschutz und Förderung des Finanzplatzes Deutschland durch die Going Public Grundsätze der Deutsche Börse AG, WM 2002, 1864-1874

Minow, Newton N.: Accountants' Liability and the Litigation Explosion, J.o.A., Sep. 1984, 70-86

Möllers, Thomas M.J.: Zu den Voraussetzungen einer Dritthaftung des Wirtschaftsprüfers bei fahrlässiger Unkenntnis der Testatsverwendung, JZ 2001, 909-917

Müller, Hans-Peter: Grenzen und Begrenzbarkeit der vertragsrechtlichen Dritthaftung für Prüfungsergebnisse des Abschlussprüfers, Festschrift für Karl-Heinz Forster, Düsseldorf 1992, 452-469

Müller, Klaus/Breinersdorfer, Stefan: Wirtschaftsprüfer und vereidigte Buchprüfer als Sachverständige und Gutachter, WPK-Mitt. Sonderheft 10/1991

Müller-Graff, Peter-Christian: AGB-Einbeziehung bei kaufmännischer Geschäftsübung und AGB-Gesetz, Festschrift für Klemens Pleyer, Köln, 1986, 401-420

Münchener Kommentar zum Bürgerlichen Gesetzbuch, Band 2, Schuldrecht Allgemeiner Teil, 4. Auflage, München 2001

- Band 2a, Schuldrecht Allgemeiner Teil, 4. Auflage, München 2003
- Band 4, Schuldrecht Besonderer Teil II, 4. Auflage, München 2005
- Band 5, Schuldrecht Besonderer Teil III, 4. Auflage, München 2004

Münchener Kommentar zum Handelsgesetzbuch, Band 4, München 2001

Münchener Kommentar zur Zivilprozessordnung, Band 2, München 2000

Musielak, Hans-Joachim: Die Grundlagen der Beweislast im Zivilprozess, Berlin, New York 1975

- Haftung für Rat, Auskunft und Gutachten, Berlin, New York, 1974

Nann, Werner: Wirtschaftsprüferhaftung, Geltendes Recht und Reformüberlegungen, Frankfurt am Main, 1985

Neuner, Jörg: Der Schutz und die Haftung Dritter nach vertraglichen Grundsätzen, JZ 1999, 126-136

Note, Escott v. BarChris: "Reasonable Investigation" and Prospectus Liability under Section 11 of the Securities Act of 1933, 82 Harv.L.Rev., 908-920 (1969)

Ostrowski, Markus/Sommerhäuser, Hendrik: Wirtschaftsprüfer und Going Public – Eine explorative Studie über die Dienstleistungen von Wirtschaftsprüfern bei Börseneinführungen, WPg 2000, 961-970

Otto, Hans-Jochen/Mittag, Jochen: Die Haftung des Jahresabschlussprüfers gegenüber Kreditinstituten, WM 1986, 325-333 und 377-384

o.V.: Die direkte Managerhaftung verzögert sich, FAZ Nr. 263, 10.11.2004, S. 13

Paal, Boris P.: Kommentar zur Entscheidung des Bundesgerichtshofs vom 8.6.2004 – X ZR 283/02, BB 2004, 2183-2184

Painter, Richard W.: Symposium Case Studies in Legal Ethics: Irrationality and Cognitive Bias at a Closing in Arthur Solmssen's The Comfort Letter, 69 Fordham L.Rev. 1111-1137 (2000)

Palandt, Kommentar zum Bürgerlichen Gesetzbuch, 65. Auflage, München 2006

Picker, Eduard: Gutachterhaftung, Festschrift für Dieter Medicus, München 1999, 397-447

- Vertragliche und deliktische Schadenshaftung, JZ 1987, 1041-1057

- Positive Forderungsverletzung und culpa in contrahendo – Zur Problematik der Haftung „zwischen" Vertrag und Delikt, AcP 183 (1983), 369-520

Pleyer, Klemens/Hegel, Thomas: Zur Grundlage der Prospekthaftung bei der Publikums-KG in der Literatur, ZIP 1986, 681-691

- Die Prospekthaftung bei der Publikums-KG, ZIP 1985, 1370-1379

Pohl, Ulf: Risikoeinschätzung und Haftung des Wirtschaftsprüfers und vereidigten Buchprüfers -national-, WPK-Mitt., Sonderheft 1996, 2-16

Poll, Jens: Die Verantwortlichkeit des Abschlussprüfers nach § 323 HGB, DZWir 1995, 95-101

Quick, Reiner: Zivilrechtliche Verantwortlichkeit europäischer und amerikanischer Abschlussprüfer, BFuP 2000, 525-548

- Die Haftung des handelsrechtlichen Abschlussprüfers, BB 1992, 1675-1685

Quick, Reiner/Baker, Richard: Die zivilrechtliche Haftung des Abschlussprüfers in den USA, RIW 1995, 474-485

Reiff, Peter: Die neuen berufsrechtlichen Bestimmungen über Haftungsbeschränkungen durch AGB, AnwBl 1997, 4-15

Reithmann, Christoph/Meichssner, Claus/von Heymann, Ekkehardt: Kauf vom Bauträger – Rechtliche und steuerliche Gestaltung von Erwerbsverträgen, 6. Auflage, Köln 1992

Resnik, Bruce L.: Understanding Comfort Letters for Underwriters, 34 Bus.Law. 1725-1745 (1979)

Romain, Alfred/Bader, Hans Anton/Byrd, B. Sharon: Wörterbuch der Rechts- und Wirtschaftssprache, 5. Auflage, München 2000

Rosenberg, Leo: Die Beweislast: auf Grundlage des Bürgerlichen Gesetzbuchs und der Zivilprozessordnung, 5. Auflage, München u.a. 1965

Rosenberg, Leo/Schwab, Karl Heinz/Gottwald, Peter: Zivilprozessrecht, 16. Auflage, München 2004

Roth, Herbert: Die Reform des Werkvertragsrechts, JZ 2001, 543-551

Rüthers, Bernd: Rechtstheorie, 2. Auflage, München 2005

Rüthers, Bernd/Stadler, Astrid: Allgemeiner Teil des BGB, 13. Auflage, München 2003

Rützel, Stefan: Der aktuelle Stand zur Haftung bei Ad-hoc-Mitteilungen, AG 2003, 69-79

Schack, Haimo: Der Schutzzweck als Mittel der Haftungsbegrenzung im Vertragsrecht, JZ 1986, 305-314

Schanz, Kay-Michael: Börseneinführung – Recht und Praxis des Börsengangs, 2. Auflage, München 2002

Schäfer, Carsten: Diskussionsbericht zu Referaten von Canaris, Schneider und Bosch, ZHR 163(1999), 286-289

Schäfer, Frank A.: Kommentar zum Wertpapierhandelsgesetz, Börsengesetz mit Börsenzulassungsverordnung, Verkaufsprospektgesetz mit Verkaufsprospektverordnung, Stuttgart, 1999

Schönke, Adolf/Schröder, Horst: Strafgesetzbuch – Kommentar, 26. Auflage, München 2001

Schlechtriem, Peter: Schutzpflichten und geschützte Personen, Festschrift für Dieter Medicus, Köln 1999, 529-543

Schimansky, Herbert/Bunte, Hermann-Josef/Lowowski, Hans-Jürgen: Bankrechtshandbuch, Band 1, 2. Auflage, München 2001

- Bankrechtshandbuch, Band 3, 2. Auflage, München 2001

Schindler, Joachim/Böttcher, Bert/Roß, Norbert: Bestätigungsvermerke und Bescheinigungen zu Konzernabschlüssen bei Börsengängen an den Neuen Markt – Anmerkungen zu dem Prüfungshinweis IDW PH 9.400.4; WPg 2001, 477-492

- Erstellung von Pro-Forma-Abschlüssen – Systematisierung, Bestandsaufnahme, Vergleich mit U.S.-amerikanischen Regelungen –, WPg 2001, 22-32

Schlimm, Dirk: Kreditgeberhaftung gegenüber sanierungsbedürftigen Kunden nach deutschem und US-amerikanischem Recht, Stuttgart 1992

Schlitt, Michael: Die neuen Marktsegmente der Frankfurter Wertpapierbörse, AG 2003, 57-69

Schlitt, Michael/Smith, Philip/Werlen, Thomas: Die Going-Public-Grundsätze der Deutschen Börse AG, AG 2002, 478-489

Schlitt, Michael/Werlen, Thomas: Veröffentlichung beim Börsengang eingeschränkt, FAZ Nr. 106, 8.5.2002, S. 29

Schmidt, Reimer: Die Obliegenheiten, Karlsruhe 1953

Schneider, Hannes: Reichweite der Expertenhaftung gegenüber Dritten, ZHR 163 (1999), 246-273

Schröder, Jan: Haftung von Börseninformationsdiensten, NJW 1980, 2279-2286

Schwab, Martin: Grundfälle zu culpa in contrahendo, Sachwalterhaftung und Vertrag mit Schutzwirkung für Dritte nach neuem Schuldrecht, Teil 2, JuS 2002, 872-878

Schwark, Eberhard: Börsenrecht, Festschrift 50 Jahre Bundesgerichtshof, Band 2, München 2000, 455-495

- Wertpapier-Verkaufsprospektgesetz und Freiverkehr, Festschrift für Herbert Schimansky, Köln 1999, 739-760

- Prospekthaftung und Kapitalerhaltung in der AG, Festschrift für Peter Raisch, Köln 1995, 269-290

Schwark, Eberhard: Kommentar zum Börsengesetz und zu den börsenrechtlichen Nebenbestimmungen, 2. Auflage, München 1994
- Kommentar zum Börsengesetz und zu den börsenrechtlichen Nebenbestimmungen, 1. Auflage, München 1976
- Das neue Kapitalmarktrecht, NJW 1987, 2041-2048
- Zur Haftung der Emissionsbank bei Aktienemissionen - börsen-, bilanz- und gesellschaftsrechtliche Aspekte -, ZGR 1983, 163-188

Semler, Johannes/Volhard, Rüdiger (Hrsg.): Arbeitshandbuch für Unternehmensübernahmen, Band 1, München 2001

Seibert, Ulrich: Das 10-Punkte-Programm „Unternehmensintegrität und Anlegerschutz", BB 2003, 693-698

Shroyer, Thomas J.: Accountant Liability, New York 1991

Siebert, Lars Michael: Anmerkung zum Urteil des OLG Stuttgart vom 25.07.1995, WPK-Mitt. 1996, 235-239

Sieger, Jürgen J./Gätsch, Andreas: Anmerkungen zum Urteil des Bundesgerichtshofs vom 2.4.1998, BB 1998, 1408-1409

Siliciano, John A.: Negligent Accounting and the Limits of Instrumental Tort Reform, 86 Mich.L.Rev. 1929-1980 (1988)

Sittmann, Jörg W.: Die Prospekthaftung nach dem Dritten Finanzmarktförderungsgesetz, NZG 1998, 490-496

Soergel, Kommentar zum Bürgerlichen Gesetzbuch mit Einführungsgesetz und Nebengesetzen, Band 2, Schuldrecht I, 12. Auflage, Stuttgart u.a. 1990
- Band 4/2, Schuldrecht III/2, 12. Auflage, Stuttgart u.a. 2000

Sonnemann, Erik (Hrsg.): Rechnungslegung, Prüfung, Wirtschaftsrecht und Steuern in den USA, Wiesbaden, 1989

Spanner, Robert A.: Limiting Exposure in the Offering Process, 20 Sec. & Comm.Reg., 59-66 (1987)

Späth, Wolfgang: Die zivilrechtliche Verantwortlichkeit des Steuerberaters, 3. Auflage, Bonn 1987

Stahl, Michael: Zur Dritthaftung von Rechtsanwälten, Steuerberatern, Wirtschaftsprüfern und öffentlich bestellten und vereidigten Sachverständigen, Frankfurt am Main u.a. 1989

Staudinger, Kommentar zum Bürgerlichen Gesetzbuch mit Einführungsgesetz und Nebengesetzen
- Buch 2, Recht der Schuldverhältnisse, §§ 249-254, Neubearbeitung 2005, Berlin 2005
- Buch 2, Recht der Schuldverhältnisse, §§ 255-304, Neubearbeitung 2004, Berlin 2004
- Buch 2, Recht der Schuldverhältnisse, §§ 328 – 359, Neubearbeitung 2004, Berlin 2004
- Buch 2, Recht der Schuldverhältnisse, §§ 826-829, Produkthaftungsgesetz, Neubearbeitung 2003, Berlin 2003
- Gesetz zur Regelung des Rechts der Allgemeinen Geschäftsbedingungen (AGBG), 13. Auflage, Berlin 1998

Steffen, Erich: Verkehrspflichten im Spannungsfeld von Bestandsschutz und Handlungsfreiheit, VersR 1980, 409-412

Steinberg, Marc I.: Understanding Securities Law, 2. Auflage, San Francisco 1996

Stern, Duke Nordlinger: An Accountant's Guide to Malpractice Liability, Charlottesville 1979

Sutschet, Holger: Der Schutzanspruch zugunsten Dritter, Berlin 1999

Teichmann, Arndt: Strukturveränderungen im Recht der Leistungsstörungen nach dem Regierungsentwurf eines Schuldrechtsmodernisierungsgesetzes, BB 2001, 1485-1492

Thomas, Heinz/Putzo, Hans: Kommentar zur Zivilprozessordnung, 28. Auflage, München 2006

Timm, Wolfram/Schöne, Thorsten: Zwingende gesamtschuldnerische Haftung der Mitglieder eines Übernahmekonsortiums?, ZGR 1994, 113-143

Ulmer, Peter/Brandner, Hans Erich/Hensen, Horst-Diether: Kommentar zum Gesetz zur Regelung des Rechts der Allgemeinen Geschäftsbedingungen – AGB-Gesetz, 9. Auflage, Köln 2001

Vaupel, Christoph F.: Liabilities to Third Parties on Issues of Securities in Germany, International Bar Association, Durban, October 25, 2002

Vollkommer, Max: Anwaltshaftungsrecht, München 1989

Wagner, Klaus: Prospekthaftung und Prospektprüfung, BFuP 2000, 594-606

Waldeck, Werner Michael/Süßmann, Rainer: Die Anwendung des Wertpapier-Verkaufsprospektgesetzes, WM 1993, 361-367

Wang, William K.S./Steinberg, Marc I.: Insider Trading, New York 1996

Weber, Martin: Die Entwicklung des Kapitalmarktrechts 2001/2002, NJW 2003, 18-26

- Die Haftung des Abschlussprüfers gegenüber Dritten, NZG 1999, 1-12

Weiss, Stephen J./Israels, Carlos L./Schwartz, Donald E.: Bar Chris: A Dialogue on a Bad Case Making Hard Law, 57 Geo.L.J. 221-252 (1968)

Westphalen, Graf Friedrich von: Zusammenhang zwischen der Prospekthaftung und der Haftung aus individueller Anlageberatung, BB 1994, 85-89

Wolf, Manfred/Horn, Norbert/Lindacher, Walter: Kommentar zum AGB-Gesetz, 4. Auflage, München 1999

Wolf, Manfred: Anwaltshaftung in der Sozietät, Festschrift für Egon Schneider, Herne u.a. 1997, 349-360

Wolf, Manfred: Haftungsbegrenzungen durch Individualvereinbarungen, WPK-Mitt. 1998, 197-200

Wiegand, Anette: Die „Sachwalterhaftung" als richterliche Rechtsfortbildung, Berlin 1991

Zisa, James W.: Guarding the Guardians: Expanding Auditor Negligence Liability to Third-Party Users of Financial Information, 11 Campbell L.Rev., 123-174 (1989)

Zugehör, Horst: Berufliche „Dritthaftung" – insbesondere der Rechtsanwälte, Steuerberater, Wirtschaftsprüfer und Notare – in der deutschen Rechtsprechung, NJW 2000, 1601-1609

Zypries, Brigitte: Ein neuer Weg zur Bewältigung von Massenprozessen – Entwurf eines Kapitalanleger-Musterverfahrensgesetzes, ZRP 2004, 177- 179

Gregor Schiffers

Haftung von Altaktionären bei Verstoß gegen Marktschutzvereinbarungen (IPO-lock-up-agreements) im deutschen und US-amerikanischen Recht

Frankfurt am Main, Berlin, Bern, Bruxelles, New York, Oxford, Wien, 2006.
XXXIV, 197 S.
Europäische Hochschulschriften: Reihe 2, Rechtswissenschaft. Bd. 4440
ISBN 978-3-631-55776-1 · br. € 42.50*

In jüngerer Zeit ist an den internationalen Kapitalmärkten zu beobachten, dass Unternehmen im Rahmen ihrer Erstemission vermehrt Gebrauch von IPO-lock-up-agreements machen, um die Altaktionäre des Unternehmens für eine gewisse Zeitspanne nach dem Börsengang an das Unternehmen zu binden. Als schuldrechtliche Veräußerungsverbote kommt ihnen jedoch keine dingliche Wirkung zu, so dass sich zwangsläufig die Frage nach der Schadensersatzpflicht der vorzeitig veräußernden Altaktionäre bei einem etwaigen Kursverlust stellt. Die Arbeit analysiert die im deutschen und US-amerikanischen Recht zur Verfügung stehenden Anspruchsgrundlagen aus dem Kapitalmarkt-, Delikts- und Vertragsrecht und weist nach, dass eine Schadensersatzpflicht der abredewidrig veräußernden Altaktionäre gegenüber dem Unternehmen bzw. den übrigen Aktionären nur in Ausnahmefällen in Betracht kommt.

Aus dem Inhalt: IPO-lock-up-agreements · Lock-up-agreements · Marktschutzvereinbarungen · Haftung von Altaktionären · Insider Trading · Verstoß gegen das Verbot der Kurs- und Marktpreismanipulation · u.v.m.

Frankfurt am Main · Berlin · Bern · Bruxelles · New York · Oxford · Wien
Auslieferung: Verlag Peter Lang AG
Moosstr. 1, CH-2542 Pieterlen
Telefax 0041 (0)32/3761727

*inklusive der in Deutschland gültigen Mehrwertsteuer
Preisänderungen vorbehalten
Homepage http://www.peterlang.de